JN219216

人間と社会
——自然法研究——

山田　秀 著

熊本大学法学会叢書 16

成 文 堂

はじめに

　本書は、『ヨハネス・メスナーの自然法思想』に続いて自然法論の基本視座から書かれた既刊論文の中から数篇を採り上げて一冊に纏めたものである。前著が特定の偉大な人物に密着してその思想と人物像を描くことに重きを置いたのに対して、本書は、基本的にメスナーをその代表的主唱者の一人として数える伝統的自然法論の立場から、様々な論題に取り組んだ姿を晒したものであって、身の程も知らないと言われればその通りである。それでも、敢えて手掛けてみたのは、或る学説を正確に消化紹介するというそれ自体有意義な研究の価値を正当に評価するに些かも吝かではないが、そこから脱皮して伝統的自然法論が一般的に論じる論題に限らずそれ以外の特定論題についても考察を自分なりに展開してみたいと考えたからである。そうした考えは、家族の自然法的意義、教育の自然法的意義、東西思想に見られる自然法的顕現形態に特に向けられた。ここに各章について、ごく簡単に著者による解説を施しておきたい。

　第1章は、経済社会学会の第51回の全国大会に際して、その共通論題「幸福の経済社会学」の話題提供者の一人として要請を受けて、準備した原論文に僅かの字句訂正を加えたものである（大会及び年報では時間制約と紙幅制約のため縮小版を採用）。一人一人の人間にとって幸福は最重要な課題である。しかし、これを「人間本性に適合した徳」と結びつけて理解するか、それとも「感覚的快楽」にその本質を見るかによって（尤もこれには身体的快楽のみならず精神的快楽も含まれるのではあるが）、人間及び社会の理解が、そして人生の設計図までもが全く異なって来る。本章では、人間を「創造的存在」と見るメスナーの幸福論を忠実に辿って、考察を進めている。とりわけ考えさせられるのは、「苦悩・苦痛」といった誰もが経験することにメスナーが重要な意味づけをしている点である。私自身そうとう考えさせられることであった。苦悩、苦痛、失敗を経験して、それを潜り抜けて人は成長するのではないか。快楽主義や功利主義では苦悩は除去されるべき否定的なものでしかあり得ないが、それは我々を突然襲うかも知れないのである。「高齢化・老い」

の問題も避けられない。そして、やがては死が訪れる。人間にとって、しかも「創造的存在」としての人間にとってそれらはどのように捉えられるだろうか。そうした問題を読者におかれては一緒に考えていただきたい。

第2章は家族と自然法の問題を論ずる。註にも記しておいたが、偶然の導きで人類学に対する興味は中高生時代から漠然と有していた。法哲学を専攻するようになってからも折に触れてその方面の文献にも関心を払い続けており、形質人類学（自然人類学）や霊長類学（取り分けて江原昭善と河合雅雄）、更には社会学の方面からも（森岡清美、望月崇、大橋薫）、自然法論同様に、人間の存在にとって家族が有する位置と意義が説かれていることに励まされて纏めたものである。

第3章は、三島淑臣先生の記念論文集に献呈したもので、「共同善」bonum commune を中心に、社会と国家とを考えるべきことを論じている。メスナーの議論に即して、人間の社会的本性から説き起こし、社会の存在と価値、国家の存在と課題を詳細に論じておいた。人間集団、組織を考察し運営していくためには不可避的に目的因を中心に置かねばならないのではないか、それも我々によって恣意的に案出される類のものではなく、人間存在に定礎されているという意味で客観的な目的因の探求と実現に粉骨砕身すべきではないかという根本的問題提起でもある。尚、紙幅の関係から圧縮ないし割愛していた註の記述に関して、本書を編むに当たって当初の元原稿を、ほんの僅かではあるが復元することで多少の内容補充を為し得たことは幸いであった。

第4章は、社会の本質的構成原理を尋ねてみた場合、伝統的自然法論ないしカトリック社会倫理学は、論者によって論述の順序やニュアンスに微妙な相違が見られはするが、直ちに共同善原理、補完性原理、連帯性原理で対応してくる。そこで、この意味を改めて問うてみる試みをした。

第5章は、ヨハネ・パウロ2世の社会回勅『百周年回勅』Centesimus annus を2部に亙って論じた。第1部ではラテン語原典に当たりつつその全体像のできるだけ正確な描出を目指した。第2部では、回勅の法哲学的な観点からの読解のサンプルを示した。回勅に関する論文ないし解説は多くの場合、聖職者や神学者によって行われるのが通例であるので、法哲学者による読解作業の提示にも少しは新鮮味があるかも知れない。

はじめに　iii

　第6章は、30代半ばにふとしたことから『四書五経』（竹内照夫）、取り分けて四書に触れる機会があり（主に岩波文庫）、その後断続的ではあったが、研究手引書（宇野精一、加賀栄治、金谷治、小林勝人、渡邊卓）を傍らに置いて漢文と格闘している過程で中国古典の中にはっきりと自然法論的なものを自分なりに察知したからには、何時かは不十分ながらも論じなくてはならないだろうとの思いを抱いていた。それには矢張り、恩師水波朗先生の教えと諸著作、稲垣良典先生の孟子への言及、そして南山大学図書館所蔵の内野台嶺『孟子新釈』上・下を借り出して読んだことなどが大きかった。私にもっと力量があったならば王陽明についても（もちろん、安岡正篤、岡田武彦、荒木見悟、山下龍二などの先学の遺産に大いに依拠して）同様の論考を纏めてみたいところであるが、これは実現しそうもない。

　第7章は、異色の教育哲学者林竹二の思想と行動を論じたものである。これもふとした偶然から誕生した。南山大学の最寄の地下鉄駅杁中（いりなか）の交差点にあった三洋堂書店に足を踏み入れた或る日、不思議なことに、一冊の本が私に手招きしているような感覚に襲われた。吸い寄せられるかのように近づいて手に取った本が『教育亡国』であった。買い求めて読み通した後の衝撃は並大抵ではなかった。その後数か月のうちに20冊ばかり関連書物を読み漁ったという思い出がある。院生時代から村井実先生の著作にかぶれていた私は、林先生にもこれ以降大いに感化され今日に至っている。現在日本がその中に埋め込まれており、自己認識が益々困難になって昏迷を深めている進行中の切実な問題を考える上で、林竹二氏の生き様と提言、告発は光彩を放ち続けているのではなかろうか。

　本書の巻末に、附録 Anhänge として私がドイツ語で発表した論文ないしインタヴューなど4篇が収録してある。そもそも私が学会発表なるものを初めて行ったのは、それも当時私がヴィーン大学客員教授だったとき初めから終わりまでドイツ語で考え、構想を練り、1995年2月21日発表当日の午前中も会場ノイヴァルトエックに向う路面電車に揺られながら、結論部分をボールペンで書き上げて纏めたものであった。EU（ヨーロッパ連合）の運動が進展する中、ヴィーンで開催された社会倫理学者が集うシンポジウム「ヨーロッパ連合、及び拡大ヨーロッパにおける社会・文化・宗教政策の拡充強化」に

おいて「ヨーロッパとは何か」というテーマで、私が論理学的観点を手掛かりに法哲学的に論じたもの „Rechtsphilosophische Betrachtungen über das Thema, Was verstehen wir unter Europa?"である。その後、書いた論文は、これもいずれも最初からドイツ語原稿として起草したので、ものによっては日本語で書き始めていたならばもっと違った表現や論理展開を見せたかもしれない。しかも、全く独力で起草しているから、ドイツ語としてたどたどしいところも随分あろうかとも思う。しかし、校正ミスを除いてその他の点では、それも敢えて訂正せずに原型のままに止めておきたい。何故なら、日本語原稿のばあいも、これまでの経験から一度として完璧なものはないのだから。どちらにしても、不十分ではあっても、そのときどきの私の真剣で、ありのままの思索の痕跡を遺していると考えられるので、私としてはそれが謂わば愛しいのである。収録附録 4 論文のそれぞれに簡単な解説を加えておこう。

Anhang I Philosophische Überlegungen über die Menschenrechte und Menschenwürde. 第 1 附録論文は、人権というものが、人権思想の歴史性を超えて人間一人一人の実存的本性に根ざすということを、それ故、宗教観、信仰の相違を超えて万人が語りうる性質のものであることを示そうと試みた。これも、人権が人間の尊厳と並んで本性適合的に各人により内的に了解されていることを示唆するものである。

Anhang II Der Mensch als Familienwesen in der Naturrechtslehre und in der personalen Psychologie. In tiefer Verbundenheit zum Gedenken an Frau Dr. Annemarie Buchholz-Kaiser gewidmet. 第 2 附録論文は、2014 年 5 月 21 日に天に召されたアネマリー・ブーフホルツ＝カイザー女史を偲んで、彼女が長年携わってこられた Europäische Arbeitsgemeinschaft Mut zur Ethik（倫理への勇気）主催の国際会議の場で、同年 8 月 29 日にジルナッハ（スイス東部）における報告原稿に僅かな手を加えた、家族的存在としての人間を自然法論と人格心理学（わが国では一般に個人倫理学と呼ばれる）の観点から論じたものである。

Anhang III Einige Gedanken zum Thema „Rechtlichkeit stärken". この第 3 附録論文は、同 2018 年 8 月 31 日にジルナッハで行った報告原稿である。大会テーマは „Gewissen bilden, Rechtlichkeit stärken, Frieden fördern—Wie weiter in Zeiten des Umbruchs?" であった。「良心を形成する、レヒトリッヒ カイトを強化する、平和を促進する」。その翻訳困難な用語が含まれている第二主題が私の担当である。「本来的意味での法を強化する」或いは「名実ともに法であるものを強化する」というと原義に近いであろうか。それを踏まえれば、単に「法を強化する」と受け取ってもよさそうである。尤も、それだけではなく、良心形成と平和促進の中間に置かれた法強化の位置と意義を考えなくてはならない。

Anhang Ⅳ „.... in Richtung auf mehr Menschlichkeit zu führen." Interview mit Prof. Dr. jur. Hideshi Yamada 附録第4論文は、2011年9月6日にフィッシンゲン(スイス東部)のレストラン・シュテルンで行われたインタヴューである。ヨアヒム・ヘーフェレさんとモーリッツ・ネストルさんがインタヴューを企画され、文字起しを担当して下さった。

本書は、以上の本論と巻末に添えた附録論文から成る。ドイツ語による附録論文とドイツ語による全体の目次は、海外の友人・知人に本書の一部なりとも読んでいただければと考えて、収録した。ご海容を乞う次第である。

　　2018年12月10日

　　　　　　　　　　　　　　　　　　　　　山田　秀

目　　次

はじめに

初出一覧

第1章　人間的実存における幸福衝動……………………………………1

初めに　幸福への衝動………………………………………………………1

第1節　幸福理解の二極(1)——エピクロス、ベンサム、ラスキ——………2

第2節　幸福理解の二極(2)——プラトンとアリストテレス—— …………4

第3節　創造的存在としての人間…………………………………………7

第4節　創造の原課題と実存充足…………………………………………9

第5節　苦悩と希望と悔悛…………………………………………………12

結びに代えて…………………………………………………………………18

第2章　家族と自然法——経験科学と自然法論の

架橋の試み——………………………………………………27

初めに……………………………………………………………………27

第1節　自然法をどう捉えるか(1)——基礎的考察——……………………28

第1項　自然法に就いての注意事項……………………………………28

⑴　自然法と自然法観（乃至自然法思想）…………………………29

⑵　伝統的自然法論と近代的自然法論……………………………30

第2項　自然法への接近方法……………………………………………32

第3項　人間本性の傾動構造と実存的諸目的…………………………35

第4項　自然法則（本性法則）と自然法——自然法に就いての

注意事項(3)………………………………………………39

第2節　自然法をどう捉えるか(2)——共同善について——…………………41

第1項　人間の社会的・個人的本性……………………………………41

第2項　共同善に就いての注意事項……………………………………42

⑴　社会化、文化化、社会形成力……………………………………42

viii　目　次

　　　⑵　国家の存立目的としての国家的共同善と共同善の
　　　　　多元的構造の問題‥‥‥‥‥‥‥‥‥‥‥‥‥‥‥‥‥‥‥44
　第3節　家族をどう捉えるか（その1）──自然人類学、動物生態学の
　　　　　視点から──‥‥‥‥‥‥‥‥‥‥‥‥‥‥‥‥‥‥‥‥‥49
　　第1項　自然人類学・動物形態学に学ぶ‥‥‥‥‥‥‥‥‥‥‥49
　　　⑴　系統進化、分岐進化、向上進化‥‥‥‥‥‥‥‥‥‥‥49
　　　⑵　人類を人類たらしめたもの‥‥‥‥‥‥‥‥‥‥‥‥‥50
　　第2項　動物生態学・霊長類学に学ぶ‥‥‥‥‥‥‥‥‥‥‥‥52
　　　⑴　形態学的観点と生態学的観点‥‥‥‥‥‥‥‥‥‥‥‥52
　　　⑵　哺乳類離れをした動物‥‥‥‥‥‥‥‥‥‥‥‥‥‥‥53
　　　⑶　熱帯雨林とは‥‥‥‥‥‥‥‥‥‥‥‥‥‥‥‥‥‥‥53
　　　⑷　熱帯雨林への進出戦略‥‥‥‥‥‥‥‥‥‥‥‥‥‥‥55
　　　⑸　サバンナに進出した類人猿‥‥‥‥‥‥‥‥‥‥‥‥‥57
　　　⑹　家族の誕生‥‥‥‥‥‥‥‥‥‥‥‥‥‥‥‥‥‥‥‥59
　第4節　家族をどう捉えるか（その2）──家族社会学の視点から──‥62
　　第1項　家族に就いての注意事項‥‥‥‥‥‥‥‥‥‥‥‥‥‥62
　　　⑴　用語の確認──家族、家庭、世帯、家計（家政）‥‥‥‥62
　　　⑵　家族の類型と分類‥‥‥‥‥‥‥‥‥‥‥‥‥‥‥‥‥63
　　　⑶　家族と婚姻の叙述の先後問題‥‥‥‥‥‥‥‥‥‥‥‥64
　　第2項　家族機能の諸問題‥‥‥‥‥‥‥‥‥‥‥‥‥‥‥‥‥64
　　　⑴　集団機能論‥‥‥‥‥‥‥‥‥‥‥‥‥‥‥‥‥‥‥‥64
　　　⑵　家族機能論‥‥‥‥‥‥‥‥‥‥‥‥‥‥‥‥‥‥‥‥65
　第5節　自然法と家族──伝統的自然法論の視点から──‥‥‥‥‥68
　　第1項　初めに‥‥‥‥‥‥‥‥‥‥‥‥‥‥‥‥‥‥‥‥‥‥68
　　第2項　「社会の細胞」としての家族‥‥‥‥‥‥‥‥‥‥‥‥69
　　第3項　自然法の作動の場としての家族の根源的意味‥‥‥‥‥72
　結　論‥‥‥‥‥‥‥‥‥‥‥‥‥‥‥‥‥‥‥‥‥‥‥‥‥‥‥74

第3章　共同善、社会、国家──トミスムの観点から──‥‥‥97

　第1節　トミスムと三島『法思想史』──三島『法思想史』の特徴の一端──

目　次　ix

　　　……………………………………………………………………97

　第2節　昨今の情況と通説の問題点——国家目的の不在——………99

　第3節　伝統的国家観と国家の存在目的

　　　　——アリストテレスとメスナーに即して—— ……………100

　第4節　社会の存在論的地位⑴——人間の社会的、国家的本性——

　　　　……………………………………………………………………105

　第5節　社会の存在論的地位⑵——社会の本性、社会と個人——……111

　第6節　共同善——その本性、機能、地位——…………………………117

　第7節　社会原理と国家の課題——共同善原理と補完性原理、

　　　　国家の法機能——………………………………………………124

　結　論　要約と政治の優位………………………………………………133

第4章　共同善と補完性原理——伝統的自然法論の

　　　　立場から——………………………………………………………155

　初めに……………………………………………………………………155

　第1節　社会回勅と補完性原理……………………………………………156

　　第1項　社会回勅 Rerum novarum の基本課題と指導原理………156

　　第2項　社会回勅 Quadragesimo anno における補完性原理………159

　第2節　伝統的自然法論による人間観及び社会観……………………162

　　第1項　伝統的自然法論の人間観…………………………………162

　　第2項　伝統的自然法論の社会観…………………………………166

　　第3項　伝統的自然法論の国家観…………………………………168

　第3節　伝統的自然法論による社会構成原理…………………………169

　　第1項　社会理論の二つの課題……………………………………169

　　第2項　伝統的自然法論における共同善理解……………………171

　　第3項　社会構成諸原理……………………………………………175

　結　論……………………………………………………………………182

第5章　『百周年回勅』の今日的意義

　　　　——法哲学的観点から——…………………………………………199

初めに……………………………………………………………… 199

第一部　『百周年回勅』の概要 ……………………………………… 200

第1節　導入部………………………………………………… 200

第2節　「第1章『レールム・ノヴァールム』の特徴」………… 201

第3節　「第2章　今日の『新事態』に就いて」………………… 202

第4節　「第3章　1989 年」……………………………………… 204

第5節　「第4章　私的所有と財の名宛の普遍性」……………… 206

第6節　「第5章　国家と文化」………………………………… 211

第7節　「第6章　人間こそ教会の道なれ」…………………… 214

第8節　第二部の課題…………………………………………… 216

第二部　『百周年回勅』の今日的意義 ……………………………… 217

第1節　万民法…………………………………………………… 217

第1項　歴史的意義に於ける万民法…………………………… 217

第2項　現代的意義に於ける万民法…………………………… 218

第2節　私的所有権と自然法…………………………………… 221

第1項　伝統的自然法論の私的所有権理論………………… 221

第2項　「私有共用」という標語……………………………… 226

⑴　私有対共有………………………………………………… 226

⑵　私有対公有（ないし国有）……………………………… 229

⑶　共用の意味………………………………………………… 231

第3項　伝統的自然法論に於ける所有思想の史的素描………… 232

⑴　クリューバーによる問題提起…………………………… 232

⑵　諸財の共同使用原理……………………………………… 233

⑶　私的所有権擁護論………………………………………… 234

⑷　トマス説の検討…………………………………………… 236

結びに代えて…………………………………………………… 240

第6章　孟子、共同善、洞見知 …………………………… 263

初めに——自然法論の問題意識——………………………………… 263

第1節　孟子の生きた時代背景…………………………………… 265

第1項　政治・社会状況……………………………………………… 265
第2項　思想状況…………………………………………………… 269
第2節　孟子思想への接近方法……………………………………… 273
第1項　体系的論述と思想発展史的論述………………………… 273
第2項　『孟子』本文の構成……………………………………… 275
第3項　発展史的論述の実例……………………………………… 280
第3節　孟子に於ける共同善思想…………………………………… 284
第1項　仁義の高唱とその本旨——仁義に本づく対楊墨宣言——

……………………………………………………………… 284
第2項　王道の具体的内容——政治に於ける共同善——………… 289
第3項　王道可能性と性善説及び四端説

——家族に於ける共同善——…………………………… 299
第4節　孟子思想の根柢に在るもの………………………………… 307
第1項　民本思想とその派生原理………………………………… 307
第2項　孟子に於ける人間理解(1)——「浩然之氣」を巡って——

……………………………………………………………… 315
第3項　孟子に於ける人間理解(2)

——良心論、修養論を中心に——……………………… 324
結論——要約と新しい解釈の提示——……………………………… 332

第7章　生命への畏敬と教育の根源——林竹二博士の人と
教育哲学——………………………………………………… 363

初めに…………………………………………………………………… 363
第1節　林竹二博士の人と思想——誕生から復員軍人・軍学徒
大学受験講習会まで——…………………………………… 364
第1項　誕生からキリスト教との出合いまで…………………… 364
第2項　角田桂獄とジョン・G・メイチェン …………………… 365
第3項　哲学研究と復員軍人・軍学徒大学受験講習会………… 368
第2節　大学紛争の渦中における林竹二の行動とそれを支えたもの

……………………………………………………………… 371

第1項　東北大学時代……………………………………………………371
第2項　宮城教育大学学長就任と大学封鎖……………………………373
第3項　学長時代の大学諸改革…………………………………………377
第3節　授業研究から授業巡礼へ
　　　　――授業実践の深化と問題提起―― …………………………379
第1項　授業実践を始める………………………………………………379
第2項　授業に「病みつき」になる……………………………………381
第3項　「授業を根本から考え直す」ことを訴える …………………385
第4項　授業とは何なのかを考える……………………………………390
第5項　学ぶとは何なのかを考える……………………………………392
結　論　教育の根底にあるもの…………………………………………396

Anhang Ⅰ　Philosophische Überlegungen über die Menschenrechte
　　　　　und -würde ……………………………………………………407

Anhang Ⅱ　Der Mensch als Familienwesen in der Naturrechtslehre
　　　　　und in der personalen Psychologie, in tiefer Verbundenheit
　　　　　zum Gedenken an Frau Dr. Annemarie Buchholz-Kaiser gewidmet
　　　　　……………………………………………………………………421

Anhang Ⅲ　Einige Gedanken zum Thema „Rechtlichkeit stärken"
　　　　　……………………………………………………………………429

Anhang Ⅳ　„・・・in Richtung auf mehr Menschlichkeit zu führen."
　　　　　Interview mit Prof. Dr. jur. Hideshi Yamada ………………437

おわりに……………………………………………………………………449
参考文献……………………………………………………………………456
欧文目次……………………………………………………………………469

初出一覧

第1章　人間的実存における幸福衝動

「「幸福の経済社会学」を考えるために——ヨハネス・メスナーに依拠して——」
経済社会学会編『経済社会学会年報』XXXVIII（現代書館、2016 年）

第2章　家族と自然法——経験科学と自然法論の架橋の試み——

「家族、国家、共同善——経験科学と自然法論の架橋の試み——」『熊本法学』第
135 号（熊本大学法学会、2015 年）

第3章　共同善、社会、国家——トミスムの観点から——

「同名論文」『法政研究』第 59 巻第 3・4 合併号（九州大学法学会、1993 年）

第4章　共同善と補完性原理——伝統的自然法論の立場から——

「同名論文」『社会と倫理』第 20 号（南山大学社会倫理研究所、2006 年）

第5章　『百周年回勅』の今日的意義——法哲学的観点から——

「同名論文（1）」『社会倫理研究』第 1 号（南山大学社会倫理研究所、1992 年）
「同名論文（2）」『社会倫理研究』第 2 号（南山大学社会倫理研究所、1993 年）

第6章　孟子、共同善、洞見知

「同名論文」『熊本法学』第 131 号（熊本大学法学会、2014 年）

第7章　生命への畏敬と教育の根源——林竹二博士の人と教育哲学——

「同名論文」『社会と倫理』第 6 号（南山大学社会倫理研究所、1999 年）

Anhang I　Philosophische Überlegungen über die Menschenrechte und -würde
　　„Philosophische Überlegungen über die Menschenrechte und Menschenwürde", in
　　Zeit-Fragen, 20. Dezember 2011, 19. Jahrgang, Nr. 51.

Anhang II　Der Mensch als Familienwesen in der Naturrechtslehre und in der
personalen Psychologie, in tiefer Verbundenheit zum Gedenken an Frau Dr. Annemarie
Buchholz-Kaiser gewidmet
　　„Der Mensch als Familienwesen in der Naturrechtslehre und in der personalen
　　Psychologie. In tiefer Verbundenheit zum Gedenken an Frau Dr. Annemarie

xiv 初出一覧

Buchholz-Kaiser", in *Zeit-Fragen*, *23*. September 2014, 23. Jahrgang, Nr. 23/24.

Anhang III　Einige Gedanken zum Thema „Rechtlichkeit stärken"

„Einige Gedanken zum Thema „Rechtlichkeit stärken" gehalten in den Septemberge-sprächen im Rahmen von *Europäischer Arbeitsgemeinschaft* **Mut zur Ethik** zum Thema **„Gewissen bilden, Rechtlichkeit stärken, Frieden fördern — Wie weiter in Zeiten des Umbruchs?"** am 31. August 2018 in Sirnach, Ostschweiz.

Anhang IV　„・・・in Richtung auf mehr Menschlichkeit zu führen." interview mit Prof. Dr. jur. Hideshi Yamada

Interview mit Prof. Dr. jur. Hideshi Yamada, „・・・in Richtung auf mehr Menschlichkeit zu führen.", Interviewer: Joachim Höfele und Moritz Nestor, den 6. September 2011 im Gasthaus Sternen, Fischingen TG.,,『熊本法学』第 135 号（2015 年 12 月）.

第1章　人間的実存における幸福衝動

初めに　幸福への衝動

　本章では、「幸福」に関連する考察を、二人のカトリック思想家に依拠して、展開してみようと思う。ヨハネス・メスナーとローベルト・シュペーマンである。叙述の都合上、メスナーの著作を中心に紹介しつつ考えて、適宜、シュペーマンを、そしてその他の思想家の知恵を顧みていくことにする[1]。

　メスナーの『人間的実存における諸矛盾』[復刻版 2002 年、初版 1952 年]は前書きで次のごとく語っている [尚、本書からの引用は、頁数のみ記す]。

　19 世紀から 20 世紀への転換期 [のおよそ 100 年間] に人間的実存の意味が人間にとって課題となった。二つの大戦の経験。国際関係の緊張。伝統的な価値観・人生観を支えてきた確信が時代遅れになってしまった。現代人 [1950 年代] は以前とは比較できないほど人間的存在における緊張・諸矛盾を意識している。それら諸矛盾は、個人的及び社会的次元を包み込むと同時に、人間本性を形成する諸衝動（傾向）、即ち、認識の、自由の、社会的な、幸福の、性的なそれを含む。イデオロギーに左右されずむしろ現実に目を向けて、人間の存在、その運命、そして希望を何とか理解したいと願う人々、とくに若者たちに参考となる諸考察を提供すること、それが著者の執筆動機である （S. 5-6）[2]。

　手掛かりとなるのは、本書の主に第 2 章「人間的実存における諸矛盾の根拠としての**幸福への衝動**」Glückstrieb である。「人生の虚しさの感情」das Gefühl der Lebensleere を端緒として第 2 章の論述は展開される。「人間の全実存が充足を祈願している。一人ぼっちでいると、恰も空虚に陥るかのように感じるものだ」(94)。そこで現代人、とりわけ西洋文明圏にある人々は、一方ではそれを忘れるべく他者との交流・親交に入るが、それは**不安恐怖から**

逃れるための一時しのぎの手段に過ぎず、「個々人が幸福の衝動を満たして、一人でいながらも空虚に陥ることのない真の助け」となることがない（94）。ここに、商業主義の付け入る隙がある。多くの文化の歴史から認められ得る法則、それは、文化が人間的自己に集中する度合いが増せば増すほど、より強く文化は人間の自己逃避によって特徴づけられるということ。そして自己充足し自律的で進歩を信奉する人間が自己逃避を図るという事態が見られるにいたる。現代の「自律的」人間は、技術・報道・宣伝・流行、速度・成功・大衆崇拝、大きな数一般の専制に自ら進んで身を委ねる（95）。

第1節　幸福理解の二極（1）──エピクロス、ベンサム、ラスキ──

　幸福の問題は太古からのもので、それに対する回答は真っ二つに分裂してきた。一つは人間本性に適合した徳にそれを見る立場で、もう一つは、感覚的快楽に幸福の実質を見る立場である[3]。

　徳を重視する立場は、人間本性の認識を前提にするのだから、人間が動物と区別される理性を重視する。即ち、「理性に基づく生活が人間の幸福衝動の充足を図る道である。」（97）それに対して、**Epikuros エピクロス（342?-270B.C.）**は感覚的快楽が幸福の本質であるとした。追求と回避を根底で動かすものは快楽・苦痛（快苦）である。快は肉体に痛みがないことであり、精神に不安がないことである。尤も、エピクロス自身は精神的な快楽主義者として知られているが。古典的立場、その系譜に立つキリスト教は、人間的実存の現実を分析するに際して理性を偏重した。それに対して、エピクロスは、「人間的現実を、直接的な衝動の発現から、即ち快楽の追求、自己決定を行いつつ快楽の最高度を実現しようとする意志から、捉える」（98）。彼は、現在と未来（将来）の可能性を衡量する。しかし、単純な快楽原理では用をなさない。動物は現在、この瞬間の経験として苦痛を感じるが、人間は苦痛を現在のみでなく、過去のそれ、未来のそれとして把握する。即ち、記憶において過去のものとして、恐れにおいて未来のものとして、それを把握する（99）。かくして、エピクロスは身体的な局面から精神的な局面に歩を進める。精神の安ら

ぎ（ataraxia）が最高善を人間に約束するというエピクロスの考えは、幸福の消極的な意味づけ、「苦痛と不安のないこと」に帰着する[4]。しかし、メスナーはここで、人間の幸福衝動は積極的な充足を求めて已まないと言う（101）。

　幸福の理念に基づいて生の哲学を最も強力に推進しているのは **Jeremy Bentham ベンサム（1748-1832）**の思想である。「最大多数の最大幸福」こそがベンサムにとってすべての倫理の目的になる。この公式には、特に科学と技術によって実現される人間の文明の無限の進歩に対する 19 世紀の信仰が先取りされている。しかし、事実はそうではなかった。19 世紀末から 20 世紀初めにかけて神々の黄昏が見られる。**Leopold von Wiese ヴィーゼ（1876-1969）**はベンサムに対抗して「人間の苦難・苦痛の減少」原則を唱えた（102）。

　ベンサムの公式にはもちろん真理が含まれている。公式に接して誰も、いったい幸福とは何かと問うべき必要性に迫られはしなかった。公式は、誰もが幸福は何に存するかをどのみち知っていると、ただ想定している。ベンサムは、人間的実存は快楽を追求し、従って、人間は誰もが何が快楽であり何がその反対であるかを知っていることが人間的実存の根本事実であると考えた。ところで、個々人だけが幸福が何に存するかを窮極のところで発言し得るのだから、「最大多数の最大幸福」が要求する内容確定のためには公衆の意見を問わなければならない。**従って、人間の幸福への問いに答えるためには、民主主義の投票機構が作動しなくてはならないことになる**[5]（103）。

　ところが、この 100 年間の経験は、ベンサムの幸福の哲学の基本想定が人間的実存の現実によって確証され得ないことを教える（103）。と言うのも、多くの人々は、自分たちが何を必要とし欲するかを全く知らないし、幸福衝動の充足を窮極的にどこに求めるべきかを知らない。これに連関して様々な考察を施した末に、**Harold Laski ラスキ（1893-1950）**はそこから論理的に導出される唯一の結論を提示した。「多くの人々が幸福が実のところ何を意味しているかを知らないのであるから、国家のみが大衆の幸福を配慮することができる。」これが**幸福問題の集合主義的解決方法**である。

　ラスキはベンサムの最大多数の最大幸福の公式を援用した。そして、ベンサムの個人主義的諸前提が誤った解釈を生み出したと批判する。しかし、ラスキによるベンサム公式の集合主義的解釈も同等に現実離れしている（105）。

4　第1章　人間的実存における幸福衝動

第2節　幸福理解の二極(2)──プラトンとアリストテレス──

　方向を異にするギリシャ哲学に目を転じよう。それは、快楽価値を人間的実存に位置付けはするが、二次的な地位を認めるという仕方においてであった。それは **Platon プラトン**（427-347B.C.）において劇的な、しかも人間的実存に見出される現実所与に専ら基づいて描かれるが故に、今日までも通用する力を持ち続けている（105）。

　プラトンは快楽価値を分析するに際して否定し得ない三つの事実を強調している。**第一に**、快苦には身体的なものだけでなく、精神的なものと身体-精神的なものとが認められる。**第二に**、三種の快苦の感情の何れにおいても、快苦からなる混合感情が存在するという事実が見られる。**第三に、感覚的な快楽価値の領域を超えたところに存在する価値領域に幸福衝動の充足は依存するという事実。**そして、プラトンが「イデア」の世界に突き進んでいったのは、外的経験現実とは別のそうした価値の現実を明らかにするためであった（106）。

　殉教などの犠牲者を語った後で、メスナーは次のように纏めている。

　　若し幸福が感覚的な快楽に根差すだけならば、苦難に自らを置くことになる行為、信念のためにすべてを犠牲にした幾千もの人々の行為は無意味でしかない。人類は、歴史の中で現代の全体主義国家の犠牲者にいたるまですべての犠牲者を或いは崇敬し或いは同情している。……名誉は、最も厳しい要求を人間に突き付け得る生の価値である。実際、名誉概念は心理的快楽のカテゴリーで捉えられないし、まして感覚的快楽のそれで捉えられることなどあり得ない（107）。

　ここで問題となっているのは人間の全存在である。このことは誰だった理解可能であろう。メスナーは、プラトンの『饗宴』とベートーヴェンの『フィデリオ』を参照資料として挙げている（108）。

　古代ギリシャにおいて良心の声が引き合いに出されたことは周知である。ソクラテスのダイモニオンの声、アンティゴネーの「書かれざる法」その他[6]。

そうした中でも、プラトン自身は、人間を超越する法から人間的実存の分析を行うのではなく、あくまでも人間本性自身に語らせるという手法をとったことが特筆される (109)。しかも、人間が幸福の実現を本当に願うならば（幸福への欲求が充足されるべきであるならば）、人間の全実存が、全人格性が呼び出される。言い換えると、人間的実存の本質的な充足は、単なる感覚的な次元を超えた次元に人間を引き上げる諸価値に服している (110)。

　ここまでがプラトンに関連してメスナーが述べる内容の大意である。次に扱われるのは **Aristoteles アリストテレス (384-322B.C.)** である。彼は、プラトンが遺した思索を更に進める。彼は、幸福（eudaimonia、字義どおりには「良い魂の状態」）を誰もが目指すことであるとし、幸福ないし「善い生活」を探求する。

　人間本性を考慮しつつ行動様式を考察すると「素質問題」（今日の言葉で「先天的性格」）と「後天的性格」（あらゆる教育の結果）が区別される (110-111)。

　今日の言葉でアリストテレスの重要思想を表すならば、「**人間は人格として自分自身を完成することを通して実存充足を果たす**」ということになる (111)。

　　苟も生きるに値する生への渇望が満たされるべきであるならば、人間はその実存を創造的に人格性へと展開しなければならず、その方法をアリストテレスははっきりと示すことができた。同時に彼は、人格性が選択の自由に、それ故自己責任に根拠を有することを、人間の実存充足の問題、従って幸福の問題が結局のところ倫理的完成であることを示した。(112)

　流石の知の巨人といえども、完成態ではあり得ない。先ず人格性に関する彼の哲学はポリスと強く結びついていた。ポリスに奉仕することが人間性の完成と深く関わっていた。そこから自由な人格性の理想［国家が人間的実存に意味を与えるのではなく、逆に、国家は人間的実存からその深い意味賦与を受け取るという思想］への距離は長くて遠い (112-113)。アリストテレス自身が自覚的に論じたところだが、ポリスの市民権を有する少数者のみが人格性の理想を実現する可能性を有する。そして彼はこのことに疑問を抱かな

6 　第 1 章　人間的実存における幸福衝動

かった（113）。

　しかし、メスナーが問題視するのは、人間の実存と運命の解釈で Leiden「苦悩（苦難・受苦）」の問題が避けられていることである［後述参照］。それが世界観・人生観としての哲学の試金石となるからである（113）。**アリストテレスは苦悩と不運のなかでも、そしてその中でこそ人格性が成長し得ることを未だ知らなかった**（114）。

　なるほどポリスを強調し過ぎる誤りは犯したが、それでもアリストテレスは人間的実存の解釈で重要な認識の段階に到達してもいた。人間は自分の人生が生きるに値することを知るためにその人生に意味を見出さなければならない、と。こうして我々は**新しい矛盾**に逢着する。即ち、人間は自己を保持するために彼自身より偉大な何ものかに自己を捧げる。**人間は、自己を獲得するために自己を失う**[7]（115）。

　西洋文明の危機が遺した教訓は否定しようもない明らかなものである。人間は、小さな自己の上に彼自身を高める生きることの意味なしには本当に生きることができないというものである（115）。

　人間的実存はひじょうに広範に及んでいるため、自己自身で満足などできない。創造的な次元を含んでいるということであろう。なるほど人間的実存を担う諸価値に創造的な取り組みをすることには、労苦・努力・落胆・そして苦悩すらもが伴う。しかし、**全力で事に当たった時には、たとい失望せざるを得ない事情があったとしても、創造的な取り組みをすること自体に即して成長したことを彼自身が知る**[8]。このことが重要である（116-117）。

　人間的実存の分析によって、我々はキリストによる人間的実存の解釈の重大局面に差し掛かる。「**人は、たとえ全世界を手に入れても、自分の命を失ったら、何の得があろうか。**」（マタイ 16. 26）。メスナーの註釈によれば、本来の自己を犠牲にして人間が獲得することができる諸目的が「世界」„die Welt“ と呼ばれ、「より善き自己」＝「魂」„seine Seele“ が「命」„Leben“ と呼ばれている[9]（118）。

第3節　創造的存在としての人間

　人間は、その最内奥の本性に即してみるならば創造的存在である、とメスナーは言う。**創造的であるというのは、「価値を見て、価値を実現すること」である**（118）。どれほど奇抜に見えようとも、メスナーは、「**我々のテーゼは、人間は創造的存在であり、それ故に、創造的な現存在の意味を欠いてはその幸福衝動が充足されることはあり得ないということである。**」（119）と言う[10]。

　人間の創造的本性は、子供を見れば明瞭である。人間の子供の両親に対する関係性は動物の場合とは異なって、これまた創造的である。両親の子供に対する関係を見ても同じことが当てはまる。即ち、動物の親が子を育てるのとは異なり、「子供を教育し、精神的創造的に育て上げる課題を引き受ける」（121）。

　創造的本性、衝動、力などに関連して、性愛、夫婦愛、親子愛が論じられる（122-123）。人間の子供が動物の子供と根本的に異なるのは「創造的衝動」によることが既に指摘された。**動物は環境を変えようとしない。人間は意識的に創造的に活動すること**によって生活水準を向上させて来た（123）［動物の生存環境 Umwelt, environment に対して、人間の生活世界 Welt］。女性の創造的働きに関連しては、「箴言」から有能な妻の話が参照される（124-125）。更に、普通の主婦の働きが論じられる（125-126）。尤も、主婦であれ夫であれ、その創造的活動は、**近現代の社会制度によって様々な形で制約**を受けているので、次にその問題が論じられる。

　多くの労働者は現代の生産機構の一部となってしまい、生産要因に過ぎず、もはや創造的要因ではないと、しばしば語られる。生きることの意味の喪失ないし希薄化、そして社会制度の根深い腐敗化。しかし、それ以上に問題だとメスナーが指摘するのは、「社会経済過程への創造的参加を通じて経済的・社会的実存拡張を図ることではなく、経済的・社会的実存保障を労働者に図ることだけで、問題が治癒されると考えること」である（126）。

　労働者を始め人々の創造的な仕事や他の様々な取り組みを重要視しないままの社会保障制度は、社会問題を解決することはできなかった。その理由は、

8   第1章　人間的実存における幸福衝動

「社会問題は創造的衝動における人間の実存充足の問題であり、裸の実存の問題ではない」点にある (127)。この観点から、社会主義の問題と自由経済の問題に言及されている。

　話は、人間の創造的展開の可能性・前提としての**芸術（精神的諸価値）と自然（の鑑賞）**に及ぶ (127-129)。作り手側だけでなく受け手側における「創造性」が注目され、そこに作品鑑賞の深浅の多種多様な理由が求められる。また、**作り手においては当然だが、受け手も創造的理解が出来るようになるためには「長くて辛抱強い訓練」が必要とされる**[11] (128)。週末には欠かさずヴィーンの森を数時間散歩して回ったというメスナーは、森の植物のほぼすべてを知っていたという[12]。これなども長期にわたる心がけの賜物だったのだろう。

　上述してきた内容に基づくならば、「(現代の) 社会状況にとって、人間的実存の感覚的充足として幸福を語ることに重きが置かれ過ぎるならば、それは致命的である」という帰結をメスナーが導出する理由が理解できるであろう (130-131)。現代の民主主義の投票機構で作動せしめられる「最大多数の最大幸福」という理想は、大衆の価値評価によって定まってくる。その理想が向かうところは「安全」であり、その論理的帰結は**「扶養国家」Versorgungsstaat**［「福祉国家」の頽落形態］である[13]。**Friedrich Wilhelm Nietzsche ニーチェ (1844-1900)** は「民主主義が全力で追い求めるものは、万人にとって安心、安全、心地よさ、生の充実を約束するそこかしこ緑の牧草地の幸福である」と喝破した (131)。

　古代の都市国家と区別される近現代の領域国家の登場と発展に対応して市民の国家建設への積極的関与が数年に一度の投票へと制約されていく。これと関連しつつ発生した現代の病巣を、**Jose Ortega y Gasset オルテガ (1883-1955)** は「大衆の反逆」と呼び警鐘を鳴らし、**Max Scheler シェーラー (1874-1928)** は「価値の転倒」と呼んだ (132)。

　技術との関連では事態はどうであろうか (132ff.)。自由時間についてみても、技術は個人からその生活の創造的な形成を奪い取りこれに取って代わる。なるほどラジオは人間精神の最も素晴らしい創造の形である。しかし、それ故にこそ、「精神的自殺」への手段ともなり得る。大衆迎合の風潮によって、

それに対応した価値表によって番組が企画され、それが大衆に洪水のように提供されるからである（133）。もちろんこれに対抗するための努力がなされている。しかし、それにも長い時間をかけた地道な取り組みが求められよう（134）。続いて子供に対する技術の影響、従って、将来の我々の社会の行方を左右する技術の意味に関する興味深い記述があるが、これは割愛する（134-135）。

　技術の学術的応用以上に憂慮すべきは、自然科学的人間観である。それは実は経験科学的ではなく形而上学的な人間観の一種に外ならない。これによると、人間に創造的要素の認められる余地はない（135）。創造的な人生充足への無関心と諦念が大衆を襲う。かくして先入観による「自然科学的」思考は創造的発展と実存充足に呼び出されているという人間の意識の前提を掘り崩してしまう（136）。これには三つの代表的立場がある。弁証法的唯物論、進化論的人間観、フロイトの精神分析学である（136-137）。

第4節　創造的原課題と実存充足

　幸福衝動には分裂が見られること、それも想像以上のそれが現実にあることが明らかになってきた。単なる快楽価値による生の充足と本質的な実存充足とは互いに排斥し合う。それに加えて、幸福衝動の充足と創造的衝動の充足との一致が存在することも見た。**「最善の自己において人間の創造的自己充足を図ること、これが人間の創造的課題である」**（138）。それは快楽価値を排除するのではなく、然るべき即ち従属的位置を知っている（138-139）。

　　人間の課題は最高の自己において自己充足を図ることであり、それこそが人間の創造的な、否、極めて創造的な課題であると言うと、多くの人は驚くことであろう。……何となれば、そうした自己充足の創造課題は厳しい努力を要求するし、この課題は安直な満足で報われることはないからである。正反対である。自己放下（自己放棄）Selbstentsagung を求める。（139）

　興味深いことに、人間の創造的課題は、これを真摯に遂行している当人に

10　第1章　人間的実存における幸福衝動

とってはしばしば創造的とは感じ取られていない。と言うのも、そうした自己充足が進めば進むほど、それだけ一層彼らは自分の至らなさの感情に圧倒されるからである（139）［実るほど頭が下がる稲穂かな］［後続の引用文をも参照］。人間本性自体が、創造的活動がなされるための「素材」を提供すると同時に「基準」をも提供する（139-140）。

　人間がその素材をもとに人格形成をしなければならないところの、その素材は、「身体的及び精神的傾向性（衝動）と素質とを持った人間本性」である（140）。それらは分裂しているには相違ないが、それにも拘らず、「人間の認識はより善き自己の諸要求について疑問の余地を残さない」とメスナーは主張する（140）。**人間的実存を根底から分裂させるこの諸矛盾こそが**、しかしながら、**人間一人一人がその存在の展開と統合を創造的に果たしていくための前提である**（141）。**種子が発芽し成長し花がいわば自動的に咲くのと違って、人間の創造的課題は人間本性に賦与されしばしば頑迷に抵抗する素材を手なずけて最善の自己の自己充足を達成することである**。社会的課題も結局はこの課題から存在理由と意味を獲得する（141）。そして逆説的ではあるが、次の事実が認められる。

　　人はより完全になればなるほどより一層鮮明に不完全さを認識する。鏡に比較して言われる。鏡は手で磨けば磨くほど微小な塵や埃でもより鮮明に写し出すものである[14]（142）。

　自己実現に向けての取り組みの中で、人はどれほど弱められたとしても気分や先入観や感情といった素材が暴れようとする様にいよいよ敏感になってくる。「**人間の自己完成の過程における創造的課題は、生きている限り已むことのない課題である**」[15]（143）。

　人間的実存の現実に深く取り組んでいく中、注意すべきは「その意味を人間人格の外に求めようとする解釈」である。それは成功倫理学あるいはプラグマティズム倫理学である。人間的実存の意味は成功（成果）の最大値で測られる。では、その成功とは何か？　個人主義的傾向であれ集合主義的傾向であれ、成功倫理学が依拠するのは「社会的および文化的進歩という基準」で

ある（143）。しかし、成功の理念が厳しく対立するということ自体が、それが人間的実存の解釈として持ち堪えられないということが理解できる（144）。

　成功の如何を測る基準として価値表 Werttafeln がある。その価値表の最高位の要素について成功することは、人間にとっての外的状況を有利にし、その本質的生存課題の充足を促進するような諸善に向けられそれらを示唆するとは確かに言えるであろう。しかし、**成功倫理学は人間の現実の周辺、手前で滞留しているに過ぎない。何となれば、人間の現実は実存充足の前提としての人格価値を志向しているからである。**更に言えば、**個人の外的成功は真の自己実現の妨げになることすらある**（144）。

> かくして、人間的実存の或る次元での失敗は、他の次元での成功ともなり得る。成功と失敗のこの矛盾こそが、人間的実存の現実の決定的な特徴をなすばかりでなく、人生及び運命の逆説にも拘らず人間に与えられた大きな希望でもある。（144-145）

　Earl of Shaftesbury シャフツベリー（**1671-1713**）や Francis Hutcheson ハチソン（1694-1746）、その影響を受けた David Hume ヒューム（1711-1776）、Adam Smith スミス（1723-1790）、Joseph Butler バトラー（1692-1752）、Voltaire ヴォルテール（1694-1778）、Denis Diderot ディドロー（1713-1784）、Johann Gottfried von Herder ヘルダー（1744-1803）、Johann Wolfgang von Goethe ゲーテ（1749-1832）、**Friedrich von Schiller シラー**（**1759-1805**）といった錚々たる人物が倫理的唯美主義 ethischer Ästhetizismus, ästhetisierende Ethik を唱えた。それは、シラーの die „schöne Seele" 「美しい魂」[16]に表現されるもので、「善の理念を美の理念に還元するか、若しくは両者を一つにしようとする」試みであった（145）。流石に往時の勢いはなく、その人間像はもはや過去のものと言わねばならない。二度の大戦を思えば明らかである。

　メスナーは、唯美主義的倫理学を全面的に退けるのではなく、その長所も活かそうとする。即ち、善と美とが内的に緊密に結びついているとするのは古くからの考えであり、プラトンやアウグスティヌスが想起される。その根本思想によると、善は本質的に秩序であり、秩序は美である（146）。この現実

12 　第1章　人間的実存における幸福衝動

の秩序を見出すのは理性の仕事であり、美的感情のそれではない。

　そのためには透徹した現実分析に基づいた明瞭な秩序概念が必要になる。更に、美的感情の命令よりもなお一層強い命令——即ち、より善き自己の命令、要するに倫理的命令——に由来するところの、個人生活及び社会生活において人間の秩序付ける力が必要になる（147）。

第5節　苦悩と希望と悔悛

　苦悩・苦難（受難）Leiden という我々の人生においてきわめて重要な問題について人間的実存は何を語っているのだろうか（147-150）。苦しみに意味がないならば、この暗闇の中へ至る道を見出すことに絶望するしかないだろう（148）。我々は、人間を定義して「完全な意味で苦悩することのできる存在」と言うことができる。

　快楽主義、功利主義、プラグマティズム、唯美主義の倫理学においては、苦悩は何か廃滅されるべきものでしかない（148）。しかし、苦悩はなくすることはできない。**哲学の主要課題は、苦悩がなくされ得るか否かではなく、苦悩はどんな意味を有するのかを考えることである**（149）。ここでも最近の経験に学ぶことがよいとメスナーは勧める。そして、大戦中及び大戦後の絶望下における自殺の試みが、どれほど耐え難いものであったにせよ、その苦悩の問題解決に資することなどなく、却って自己確証のみが解決への道であることを人々は知っている。それだけでなく、そうした自己確証にとって不利な外的状況は試金石となり、この試練に耐え抜くことは本質的自己に忠実であり続けることを意味するということをも人々は知っている。このようにメスナーは言う（149）。

　　人間がより善き自己になる過程で苦悩が助けになるというその理由は何処に存するというのか。諸衝動の一側面を切り落とすことによってのみ人間が本質的自己に成長すると、我々は語った。この切り落としが人間に可能となるのは長い厳しい闘いを通じてのみである。苦悩は人間にこの闘いをより容易にする（149）。

第5節　苦悩と希望と悔悛　　13

　我々人間はすべての衝動に二元性を——直接的快楽充足に向かう衝動と人間の本質的存在充足へと向かう衝動との二元性を——抱えている。「**苦悩が単なる快楽価値の方向に向かう衝動の働きを抑えるならば、本質的自己充足に向かう人間のまなざしと推進力が開発される。こうして我々は、人間における真に偉大なことは苦悩なしに達成されはしない**ということを、人類の経験のより深い根拠からも知ることができる」(150)。

　苦悩に続いて論じられるのは「**高齢化（老齢化）問題**」**das Problem des Alterns** である（150-152）。それは 40 歳代を過ぎてから襲ってくる現代人の人生の空虚さの問題である（150、151）。昔はこうした問題はそれほど発生していなかった。人の一生は宗教的な人生観で満たされていたからである（152）。外的な、或いは外面的な生存使命が後退していったならば、当然のこと、究極の自己充足をみることに直結する本質的な生存使命に人の目は向かわざるを得ない。**この本質的生存・生命の意味の認識と充足に人間を導くことこそが宗教の目的である**（152）。

付説　生命の始まりと終わりについて

　ここで、宗教学、生命倫理学者の安藤泰至とカトリック社会倫理学者野尻武敏の見解を少しだけ辿っておきたい。

　先ず、安藤泰至「いのちへの問いと生命倫理—宗教にとって生命倫理とは何か？」『宗教哲学研究 No. 31 2014』（昭和堂、2014 年）1-17 頁から。

　安藤氏は、「出生前診断（or 出生前検査）などによる選択的中絶（selective abortion）、いのちの選別」に関連して、次のように論じて、現代の医療や生命操作技術の下では、人間の生における「選択」が必然的にある種の「選別」に繋がっていはしないか、という懸念を表明している。

　„selection" は、„choice" と違って何らかの基準によって、基準以下のものをふるい落す「選別」である。

　「あからさまに中絶を勧めるような医師は論外としても、「医学的説明」と呼ばれるものはけっして客観的でも中立でもないのです。医学では、あくまで標準的なもの（健康なもの）に対して、何が欠けているか、どこが異常か、という視点でものをとらえます。こうした視点（だけ）で見た場合、胎児が将来、何らかの病気や障害をもって生まれてくることは、「〜がない」「〜ができない」といったようにすべてマイナスのこととしてしか語れないのです。」(10 頁上段)

14   第1章　人間的実存における幸福衝動

　夫婦がその子を産むか産まないかという選択に影響するような情報に関連しても……

　「一般の人々の多くと同じように産科医たちはそうした子どもの生活をほとんど知りません。……こうした染色体異常というのは、母胎内の胎児については（実際ダウン症の子どもが生まれてくるよりも）はるかに高確率で起こっているのです。ところが、そういった胎児のほとんどは初期に自然流産してしまうのですね。なので、出生前検査が可能なような時期（妊娠10週以降）まで成長している胎児というのは、いわばそういう自然の「選別」をくぐり抜けた胎児なのです。こういうことも「医学的情報」であるはずですし、それを伝えることは少なからず夫婦の選択に影響すると思いますが、そういうことを伝えている医師は非常に少ないようです。」（10頁下段）

　次の一節もまた示唆的である。

　「私たちが生きるなかで出会い、向き合わなければならないさまざまな出来事。そのなかには、私たちの「幸せの絵」のパズルには嵌まらないように見えるものも多いわけですが、それと向き合い、受け入れることで、私たちは成長していくのではないでしょうか。あらかじめ絵に描き、デザインされた生の枠内ですべてを判断し、その「幸せの絵」にそぐわないものはすべて切り捨てていくという現代社会の傾向（それを「個人の選択」に丸投げする現代の医療システム）は、私たちが予期せぬものと出会い、それを受け入れ、くぐり抜ける力を削ぎ、そうした出会いのなかで生と死（いのち）を問う力、それによって自らが成長する力を削いでいくのではないでしょうか。」（11頁上段）

　次に、我が国の代表的トミスト経済学者である野尻武敏が平明に書いた書物『長寿社会を生きる』の中に人間における大切なことを深く想起させてくれる示唆がふんだんに埋め込まれている。ここでは「熟成したいのちの香り」の項目の下、円熟した人格に不思議と共通する三点、即ち、①暖かく、それでいて同時に②厳しく、更に③ユーモアがあることが語られる。よくできた高齢者すべてに共通して見られる性格を挙げたのち結論する。「**このような人格は一朝にして生まれるものではない。長い間の精進のなかから初めて現われてくる人間の姿である。**」（133頁）

　では、そのような円熟に向かっての上り坂の人生を生き抜いていくために何が要求されるか？　この問いに、野尻は「学び続けること」と「与えること」で以て答えている。

　前者「学ぶこと」には、「目を開いていること」、「耳を傾けること」、「物事にこだわらないこと」が含まれる。目は、外に向けているだけでは足りない。内にも

向けられねばならない。即ち、「自らを見つめ自らを省みる目」である。「どんな主張でも、すべてがまったく誤りということはありえない。誤りとは、一部をもって全体とするところにある」とのトマス・アクィナスの言葉を引いて、野尻は、「どんな主張でも、だから、耳を傾けるに値することが含まれているはず」と言う。更に、「つとめて物事にこだわらないことが大切である。」そしてまとめる形で、次のようにある。「目を開き、耳を傾け、物事にこだわらないというこれらのことは、別に高年の人々にだけ大切なことではない。人間いつでも大切なことである。が、それらはどれも、齢を加えると一般にむずかしくなる傾きがある。だから、それだけ高年の人々の心がけるべきこととなってくるわけである。それに、第三の人生が人生の仕上げのときだとすれば、いっそうそうでなくてはならなくなってくるはずである。」（139-140 頁）

　後者「与えること」に関しては、簡潔に纏めよう。「**人間の人間としての豊かさ、その生の深さを決めるのは思いやりであり、この思いやりは行為に現われるときは与えるという形をとる。だとすると、人生の仕上げに決定的に大切になるのは、学ぶこととともに、わけても与えることだということになるであろう。**」与える形態も様々あるだろう。野尻は、無財でも可能な仏教のいわゆる布施行を挙げている。そして、笑顔や労りの言葉、自らの能力、そうしてものを与えることに関連して、「いつも笑顔でやさしい言葉をかけるといったことは、実は大変なことである。誰でも、気分のいいときは顔はほころび言葉は和む。が、長くは続かずすぐに笑顔は消え言葉は荒くなる、というのが人の常である。笑顔ややさしい言葉だけでも、だから大変な努力がいる。そして、それらがいつでもできるようになれば、人生の達人といってよい。常人にはそれは至難ではある。だとしても、というよりは、だからこそ、一歩でも二歩でもそれに近づく精進が必要になる」（141 頁）

　以上を承けて、いよいよ「死は生のゴール」の節が始まる。「楽しみは、人間生活に欠かせない。しかし、感覚的な楽しみは、その場かぎりの一時的なものであり、しかも追えば追うほど逓減していく性質をもつ。……喜びを深め安らぎを加えていくには、感覚的な欲望はむしろ抑え、さらには自我を超えてもいかねばならないだろう。……欲望と精神、個人と社会の間は、深い緊張関係をはらむことになり、人間は、そして人間のみが、こうした緊張関係のなかで自己を実現していくものとなる。そこでまた、人生は不断の努力の過程ともなり、そうした過程を通して人は人となり人間は人間になっていくのである。／で、そうなると、人の死はどういうことになるだろうか。……人の死は生の終わりであるとともにその完成である。生涯をかけて生き抜いてきたその人の努力とその人生の上昇曲線

16 　第 1 章 　人間的実存における幸福衝動

の高さが、死をもって最終的に決まる。……では、その高さはどのようにして定まるのだろうか。それは、生涯をかけてその人がなにをなしたかではなくて、どのように生きたかによって、決まるのでなくてはなるまい。」そして、わからない死について、見解は様々であっても宗教家に任せようと言った後、野尻は、次のようにこの節を結んでいる。「しかし、その前にただ一ついえることがある。一日、充実して生きた日は、夜、安らかに眠れる。」（149 頁）

　尚、中村元（監修）『新・佛教辞典』（誠信書房、増補版、昭和 55 年）「波羅蜜多」の用語解説の末尾に、六波羅蜜（1. 布施、2. 持戒、3. 忍辱、4. 精進、5. 禅定、6. 智慧（般若））及び、第 6 の般若を、方便・願・力・智の四つに開いて十波羅蜜とする場合でも、「いずれも、自己を完成すると同時に、多くの他者を利益することを目的としている。この徳目が、まず、＜与えること＞から始まることは注目すべきである。」とある。

　ここで我々は、**永続することを願う生命と回避できない死との撞着**に辿り着く。この問題連関で差し当たり指摘できる事実がある。生物学者と心理学者は、永続する生命への人間の衝動を動物における自己保存本能と同視することで**二重の誤り**に陥っている（153）。動物の自己保存本能は**身体的衝動**に過ぎないが、永世への人間の意志は**精神的な衝動**であって、両者は異なる。第一に、そうした衝動を人間が持ち得るのは永世の理念を人間が形成し得るからである。第二に、そのような生が生きるに値する生であるという理念を人間が形成し得るからである。そして第三に、永世を願う幸福衝動のうちに「身体的実存の諸次元を超越する希望の能力」が見出され、これこそが人間的実存の特徴である（153）。

　人間だけが自らの実存が矛盾を抱え込んでいることを知ることができる。それと同じく人間だけが希望によってこの矛盾を克服することができる。（153）

　生が意味を持つのは死が意味を持つ場合だけである。快楽からは究極的な自己充足は得られない。自己自身最善のものを達成したとしても事情は同じである。人間の幸福への衝動は予感と望みに満ちており、幸福への衝動が人間本性に一致した現実を経験すればするほど一層無限なものに向かうもので

ある（154-155）。人間的実存の分析を通じて辿り着く我々の結論は、**幸福衝動に基づいた人間の根本状況は希望 Hoffnung である**、ということである（155）。しかし、これは何も死後のことがらに関する希望にとどまらない。人生における希望のすべての経験とも一致するとメスナーは言う。

> **希望こそが、いつでも人生の困難、苦しみ、喜び、労苦、努力、成功を最終的に乗り切ることを可能にするものである。希望がもはや見えなくなった時に、人はまったく不幸となる。(155)**

　今日の実存主義の解釈にかんして、これを反駁する根拠は、それが人間的実存における二次的な事実に基づくからである。正しくは、**第一次的事実、即ち、幸福衝動自身のうちに既に与えられている希望と、この希望に対応する現実があるという人間の意識に基づかねばならない**（155）。これを見損なうところから人は、不安、恐れ、絶望へと陥る（156）。神の理念を恐れや不安に還元する解釈の誤りも同じ理由から説明される。

　幸福衝動を巡って人間の根本状況を分析診断した我々の（即ちメスナーが主張する）立場は、更なる事実によって確証される。即ち、**悔悛（後悔）Reue**という事実。**希望と悔悛は我々人間の実存を見事なまでに規定している両極である**。ここでいう悔悛は、短期的な幸福充足のための好機を逃してしまったときに見られる安っぽい後悔では勿論ない。悔悛は、人間の現実とこの現実によって規定された人間的実存秩序について教示する内心の声に我々人間が答える場合の悔悛である。これら三者、即ち、**幸福衝動と希望と悔悛は、緊密に結ばれている**（156）。

　この連関で、メスナーはマックス・シェーラーの二つの証言を紹介している（157-158）。真正な悔悛において問題となるのは、人間の実存全体である（157）。言い換えると、悔悛において、過去の失敗が、幸福衝動に根差す最内奥の希望にかなう現実に徹底的に聴き入る機縁となり得るのである（157-158）。シェーラー自身が自分の見解はいわゆる自然理性（カントの単なる理性）の次元で展開されていることを強調する。「もし世界に、神の理念を汲み上げるための他のものが存在しなかったとしても、悔悛これだけでも神の現存在

18　第1章　人間的実存における幸福衝動

を我々に示唆し得るであろう」(158)。

　こうした理由から人間にとって悔悛はいつでも、人間的実存が黙することなく無限を目指す幸福への憧れを有しつつ生きて息をする、あの希望に近づくための源泉である。何となれば、人間的実存におそらく最も直接的に力強く迫ってくる事実はこの憧れとその対極にあるこの憧れの目標を窮極的に喪失する恐れだからである (158)。

結びに代えて

　さて、考察を締めくくるに際して、苦悩 Leiden の問題についてどれ程のことが暫定的にでもあれ語り得るであろうか。メスナーは、この秘密に満ちた、不可思議な人間的実存の問題にもちろん理性だけで完全対応ができる訳ではないとしても、理性もその役割を果たし得る限度で次の如く語るという。㋑人間にとっても成功は真の自己充足と一致するわけではない。却って、失敗や失望が真の自己への目覚めの機縁となる場合もある。㋺苦悩を経験する中で、人は短期的な快楽価値への衝動を抑制し、長期的な真の自己に向かった努力を行う自由を経験する。㋩精神文化の領域における偉大な創造的取り組みは、苦悩に条件づけられるところ大である。美や高貴や善の世界への視界が開かれるからである (159)。二度の大戦を経て、そしてその後の人々の生き様から証明されたこととして、メスナーは、人間の内面法則を否定しようとする合理主義的「科学的」解釈を否として、その法則が存在することを挙げる。この法則は、それだけでも、無限に至高でありつつ慈悲深く愛情あふれる神へ目を向けさせるだろう (160)。

　苦悩が窮極的な意味を有し得るのは、愛にあふれた神が存在する場合だけである。多くの人々を驚かすに違いないこの重要点は、「神が人間をして、苦悩を通して、自己自身の幸福にとっても最大のことを含めて、被造物が為し得る、最も偉大なことを為さしめることが示される以上」一般の思い込みが根拠ないことを示している (160)。

　『アッシジの聖フランチェスコの小さき花』を手掛かりにメスナーが考察

したことをここに引用しよう。

　　人間は自由に神を愛することができる。この愛する自由が最も完全に表され得る
　　のは苦悩においてである。何となれば、フランチェスコが示唆するように、他の
　　愛の諸形態はすべて贈られた者の愛であり、苦悩において示される愛は自由に贈
　　る者の愛だからである。(161)

　ここではフランシスコ会の川下勝師の邦書によりつつアッシジの聖フラン
チェスコに関して最小限の挿話を紹介しておく。

＜聖フランチェスコの挿話＞
　1224 年夏フランチェスコは、ラ・ヴェルナ山へ赴き、そこで 8 月 15 日の聖母
マリアの被昇天祭から 9 月 29 日の大天使ミカエルの祝日まで 40 日間の断食を
し、静かな祈りのときを過ごそうと思っていた。9 月 14 日の十字架賞賛の祝日に
不思議な出来事がフランチェスコの身の上に起った。聖痕と呼ばれるキリストの
五つの傷痕が刻印された出来事で、その傷は死後も体に残っていたと記されてい
る (136-140 頁)。この頃からフランチェスコは肉体的にも精神的にも大きな苦し
みを体験した。生来虚弱で、青年時代からマラリアを患い、エジプトから中東に
旅して以来トラコーマに罹り、激しい目の痛みと頭痛があった。視力は落ち晩年
には殆ど失明に近かった。こうした肉体的苦痛に加えて、精神的に苦悩が苦しみ
を大きくしていた (164 頁)。そうした状況下で、フランチェスコは、「いと高い、
全能の、善い主よ」で始まる『太陽の賛歌』を、ウンブリアの言葉で詠っている
(165-172 頁)。
　「自らは心身ともに苦しみの只中にあり、眼は光を失っていても、心の眼に焼
きついた、優美で力強い自然に向かって、偉大な存在者への賛美と感謝を呼びか
ける。その呼びかけは、万物に対する慈しみに満ち、朗々と響き渡る。」(175 頁)
　1224 年の賛歌は自然への呼びかけで終わっていたが、2 年後の 1226 年の秋に
フランチェスコは「ゆるしと平和」の章句を付け加えた。長年犬猿の仲であった
アッシジの聖俗両界の指導者、即ち、グイド司教とオポルトゥロ執政長官が対立
し、流血の騒ぎにもなりかねない様相を呈していたときのことである。「フラン
チェスコは弟子の一人を長官のもとに遣わし、市の主だった人々を連れて、司教
館前の広場に来るようにと願った。またもう一人の弟子を司教のもとに送って、
長官が到着すれば快く出迎えるように懇願した。」(120 頁) 長官はフランチェス

20 　第 1 章　人間的実存における幸福衝動

コの心を熟知し、彼の生き方に深く傾倒していた。司教もフランチェスコの生き
方に尊敬の念を懐いていた。多くの人々が見守る中で二人が対面すると、パチ
フィコ［かつて吟遊詩人の王と呼ばれ、今はフランチェスコの弟子の一人］の言
葉が沈黙の中に響く。「フランチェスコは、すべてのものが神を賛美するように
と、神への賛歌を作りました。かれは、皆さんにこれを聞いてくださるようにと
願っています。」（1991 年、204 頁）と。二人の弟子が太陽の賛歌に曲をつけて歌
い始めた。そしてゆるしと平和のくだりに差し掛かる。長官は泣いていた。彼は
司教の前に進み出て、跪き、ゆるしを求めた。司教は長官の手を取って立たせ、
自らの非を詫びた。かくして、二人は抱擁し合い、互いにゆるしを求めた。
　「氷が太陽の光を受けて溶けるように、二人の心にわだかまっていた憎悪と復
讐の念は消えていた。」（122 頁）
　太陽の賛歌は、「姉妹なる死」の章句が付け加えられた（182-184 頁）。

　以上、メスナーの思考を「**幸福衝動**」Glückstrieb という論題にかんする記
述に即して追跡確認してきたが、そこで特徴的であったのは「**創造的**」
schöpferisch という人間存在の基本的理解であり、これを巡って様々な考察
がなされた。更に「**希望**」Hoffnung と「**悔悛**」Reue によって議論が深めら
れ、看過し得ない「**苦悩**」Leiden の人間論的な意味が検討されたのではない
かと思う。もちろんこれだけで現代の何か具体的な、特に現代の我が国の特
定問題への明快な諸方策が得られるとの幻想を抱くわけではない。しかし、
基本的な人間観や社会観を抜きにして、あるべき社会像などは描けないであ
ろう。そういうささやかな意味合いにおいて、本章の論述が掛け替えのない
自分自身の存在の意味と人間の尊厳を後押しすべき社会及び国家の在り方を
考えていく際の何らかの参考にして頂けるなら幸いである。

1　Messner, Johannes, 2002, ***Johannes Messner Ausgewählte Werke*** hrsg. von Anton
　　Rauscher und Rudolf Weiler in Verbindung mit Alfred Klose und Wolfgang Schmitz, Verlag
　　für Geschichte und Politik Wien u. Verlag Oldenbourg München. **Band 4：*Widersprüche**
　　in der menschlichen Existenz：*Ausgewählte Artikel*, eingeleitet von Anton Rauscher und
　　Rudolf Weiler, Wien-München.
　　　Spaemann, Robert, 1998, ***Glück und Wohlwollen***. *Versuch über Ethik*, 4. Aufl.,
　　Stuttgart.
2　鎌田茂雄『維摩経講話』（講談社学術文庫）本文冒頭の 17-18 頁に次の如くある。

人生は矛盾に満ちている。人間という生きものは矛盾を平気でおかす。人は神と悪魔の分有というが、仏教でも仏と衆生とは対立概念であり、現に生きている人間は、仏になる可能性と、衆生のままで永遠に苦悩の泥沼の中に沈んで生きる可能性の両面をもっているのだ。

仏教は現に汚濁と煩悩の真只中に生きている現実の人間の心を問題とする。救いがたい衆生を問題とする。煩悩の真只中に生きている衆生であっても、その中には清らかな仏になる可能性をもっているのだと説く。

仏教は生きる意味とか、何故にこのようにつまらぬ世の中であえて生きねばならぬのか、というようなことを考える人に、何らかの答えを与えてくれる。人生問題について考えることのない人には、この『維摩経講話』は無縁となる。しかし生きることの意味、生きることの苦しさを痛切に感じている人にとっては、この『維摩経講話』は何らかの意味において役立つかもしれない。

3　Spaemann, S. 32f. によると、「すべての人が幸福であることを希求する。」これは、どれほどそれ以外の点で相違するにせよ、正しい生き方に関する古代の教えの根拠となっていた共通の確信である。第二テーゼ：すべての人がこの幸福以外で意志するものは総べて究極的には究極目的たるこの目標の故に意志される。第三の厳密な意味で「幸福主義的」テーゼ：人間的行為の正邪は、究極的にはこの目標を促進するか否かに従って判断される。それぞれのテーゼが近現代では否定される。

ここで我々がごく普通に経験する事実を顧みておこう。我々は何か意志したものを達成したとき、元々意志したものを実は達成していなかったという経験事実がある。こうした感情は、様々な形で現れる。絶対的に見えた目標の相対性に逢着するのに、二つの場合があるとシュペーマンは言う（33）。一つは、事が成就した暁に初めて、その目標が実は手段に過ぎなかったことを知る場合。二つ目は、目的が部分的な目的としてしか意味を持たないことが判明する場合。シュペーマンは、事例を誇張して理解してはならないものの、「通常、我々は諸目標を追求する能力を、それ故に我々の将来の行為の自由を犠牲にしてまで或る目標を追求することはない」と言う（33-34）。これは、言い換えると、**大抵の行為は、究極目的の故に行われているのではなく、「目標追求のための制約条件としての自由を維持する」ために行われているということである**（34）。これですべてか、と言うと、シュペーマンは、「自己目的として追求された目標が現に達成された後でも尚みられる欲求不満という現象」に即して、更に考察を展開する。

獲得しようと努力して我々が見出したものとは異なるものを追求していたことが判明するということがある。こうした現象は、病的な形式では „Zwangsneurose"（強迫神経症）に見ることができる。通常の生活の場面でも類似の事態は見られる。「追求されたものが一旦手に入ると、最早追求に値しないように思われる事態」がそれである。「欲求から欲求へと駆り立てられ移行する」ことにしか幸福を見出さない人々（ホッブズ）。彼らが経験し得るのは、ただ目先の主観的満足に過ぎない。これとは別に、詰まりこうしたいわば病的な形式のものとは別に、「それを我々が追求している限りでは

22 第1章　人間的実存における幸福衝動

その獲得ないし達成が人生の幸福と成功のすべてだと思われていた事物や状態が色褪せる」ことも我々が経験するところである。この事態を「それは約束していたことを守らなかった」と表現することができると考えるならば、その前提に「それを見たり享受したり所有したりすることを我々が追求していたその事物は、実は『それ自身』とは何か別のものを約束しているのだ」という考えがある (34)。興味深いことに、これこそがプラトン思想に通底する基礎的な経験事実であるとシュペーマンは指摘する。

　「我々の欲求を喚起する人物や事物は、それ自身とは別のもの、より偉大なもの、要するに、それ自身が本来有し得ないものを約束するということ、これこそが、『善それ自身』に関するプラトンの説の根底にある基礎経験である。」(35) そして、この「より偉大なもの」の基礎づけの態様の如何に拘らず、「包括的な何のために Wozu によって、行為目標の相対化という現象」は明らかに認められる。古代ギリシャ人は、具体的個別目標を包括するこの地平を „eudaimonia“（幸福）と呼んだのだった。因みに、シュペーマンは eudaimonia を „Gelingen des Lebens“（生活・人生の成功）と独訳している。

4　Spaemann, S. 58f. は、**快楽主義 Hedonismus**（45-59）を論ずる中で、エピクロスに関連して次の如く語っている。

　我々の言語は、Wohlbefinden と Unwohlsein につき、基礎的なものからより高い形式を区別している。前者については、„Lust“, „Vergnügen“, „Zufriedenheit“, „Freude“, „Seligkeit“ を、後者については、„Unbehagen“, „Mißvergnügen“, „Schmerz“, „Unzufriedenheit“, „Kummer“, „Trauer“, „Verzweiflung“ を。このうち、「喜び」は、一般的に「不快な状態」によって沈黙（消失）を余儀なくされる。それでも、両者が共存するとき、我々の基調をなし我々の存在を積極的に規定するのは「より精神的な」感情、「意図的な」感情、要するに喜びである。「肉体的な快楽」や「表面的な楽しみ」は、人生に対する嫌悪感情とも両立し得るものである。一種独特の第三の感情として、「退屈」の感情がある。充足された意図性は人間の幸福と不可分である。エピクロスは、こうした事態を熟知していた。詰り、彼の理論に極めて不都合な事実を知っていた。それに、彼自身古代世界の人物として、友情という喜びを抜きにして真の幸福を考えることなどできなかった。受けるよりは与えるほうが幸い seliger であることを教える聖書（使 20, 35）よりも以前にエピクロスはこれを説いていた。しかもエピクロスは更に歩を進める。「賢者は時と場合によっては友のために我が命をさえ投げ出すだろう。」快楽主義の弁証法は、こうして最後には次の文以上明瞭に表明され得ない。「自分の生命を保とうとする者は生命を失う」という格言がどんな利己的な体系 jedes selfish system にも当てはまる。

5　メスナーは義務 Die Pflicht（57-64）を論ずる中でベンサムに関連して次の如く語っている。

　「ベンサムは有神論的基礎を放棄して、経験に即して（経験的に）はもう我々の行為の快楽的な或いは苦痛的な結果だけしか確定できず、人間は経験的に一般的な幸福に

その行為を向けることによって自分自身の幸福の最大限を達成するという考えにもう依拠するしかない。そこで、彼は『最大多数の最大幸福』をいうかの有名な道徳原理に辿り着く。若しこれが正しく解されるのであれば、共同善にとって有用な表現方法であることを否定することはできないだろう。例を挙げれば、トマス・アクィナスの場合も、共同善は法一般の、それ故にまた倫理法則の根本内容であり、『共同善に秩序付けられない限り、如何なる個々の法であれ法の本質を有しない』。ベンサムの道徳原理の主要な誤りは、共同善の内容の規定を、輿論および近代民主主義の国民投票で示されるような個々人の（主観的）判断に委ねてしまったことであり、人間本性の（客観的）基礎に還元しなかったことにある。」(Messner, *Kulturethik*, S. 60.) (Vgl. Messner, *Das Naturrecht*, S. 191.)

6　ソクラテスのダイモニオンの声については、何よりも先ず、田中美知太郎『ソクラテス』（岩波新書）（現在『田中美知太郎全集』第三巻、所収）が参照されねばならない。アンティゴネーの「不文の法」を巡っては、次の拙稿 „Philosophische Überlegungen über die Menschenrechte und Menschenwürde", in *Zeit-Fragen*, 20. Dezember 2011, 19. Jahrgang, Nr. 51（本書、附録第１論文）を参照されたい。

7　水波朗『指月の譬え』「担当学科紹介②　基礎法学」（24-25頁）に味わい深い文章が見える。

　　「『人間の条件』とか『人間の使命』とかいわれる言葉があるが、わたしの考えでは、これは実は同じものを指していて、哲学的には、各人の実存の存在論的構造のことである。／それは何かの思い込みや主観的思念のようなものではなくて、いっそう根源的に各人の実存のうちで洞見されている事態である。／わたしの好きな言葉に、中世のある聖人の述べた **Ad majorem natus sum** 『モット　イダイナモノノタメニ　ワタシハ生マレテイルノダ』というのがある。これなどもまさにそうした人間存在の客観的な『条件』であり、『使命』であり、『構造』にほかならない。そこから発しているこの声は実存の叫びとも言うもので、行住坐臥、諸君がマージャンに遊びほうけているときでも、難しい書物にとり組んで勉強に夢中になっているときでも、ふと自分の心に蘇り、生涯執拗にまとわりついて離れないはずの心のささやきである。／わたしは諸君が一人でも多く学究の道を志してわれわれの後を継いでくれることを、日夜願っているのであるが、学問への召命もまた、諸君がより『偉大なもの』への自己の実存の呼びかけに真面目にこたえる仕方でしか、諸君の中に芽生えてこぬものだろうと思う。／法学部の大学院修士課程の入学試験では、今年は九人に一人しか合格しなかったが、多少とも召命の声の聞こえる諸君は、こうした難関にしり込みすることなく、学部進学の今から猛勉強して、勇気を出して受けてみればどうだろう。」

8　教育哲学者村井実は、教育思想の根本形態を、結果重視と過程重視に大区分した上で、更に踏み込んだ興味深い考察を行っている（『教育学入門』上下、講談社学術文庫、特に第１部第５章）。村井は、教育を「人間形成」、より厳密には「子どもを『善く』しようとする働き」と定義して、この教育への問いは、一方で「善い人」のイメージ、他方でそのイメージを目的として達成する手段への問いへと進む。目的のイメージも

24   第1章　人間的実存における幸福衝動

手段のイメージも多種多様であるものの、教育の二つの要件を結合する「方法」のイ
メージに注目すると、そこに二つの類型が見出されるという。第一のイメージは、「押
印」や「染色」や「鋳型に嵌める」に見られるように、「善い人」のイメージと手段の
イメージとを、子どもに押し付ける仕方で結合するイメージである。「型に嵌める」教
育方法と言える。それに対して、第二のイメージは子どもの「自発性」を重んずる教
育方法である。それは、ソクラテスの「想起」説に見られる。外部から知識を与えら
れるのではなく、たまたま忘れていた真実を当人（子ども）が自ら想起することを、
即ち自主性を尊重する方法である。多くは結果像重視の第一類型の教育方法であった
が、時にルソーのように過程像重視と形容できる第二類型を唱道する改革者が出た。
しかし、彼とて、曖昧性と矛盾を抱えたままであった。そこから村井は、一歩進めて、
第三類型の教育方法を提唱するに至った。「目的地」や「出来上がった壺」との類比で、
教育の目的像としての「善い人」のイメージを吟味して、この目的像としての「善い
人」のイメージには、「でき上がった善い人」のイメージと同時に、「でき上がりつつ
ある善い人」、つまり「善くなろうとする人」のイメージも必然的に含まれると言う（上
巻、188頁）。この類型を受容するならば、一方では子ども自身がいずれは「善い人」
（結果像）を自分で作りだすものとして期待されており、しかも同時に、人々が「善い
人」（過程像）のイメージをもって子どもに働きかけることが期待されている。そして、
「過程像志向の教育思想の中でも、特にこのE-Miii型［第三類型］の方法像に立つ教
育思想を区別し、これをもっとも真正というべき教育思想と考えることができる。」と
結論している（192-193頁）。拙稿「『善さ』を志向する人間本性—村井実博士の自然法
論的教育思想—」（『南山法学』第31巻第1・2合併号、2007年）を参照されたい。

9　極論に走らず人間の現実に聴従する姿勢を取り続けたメスナーは、その自然法論の
　基礎を提供する「良心」論 Gewissenslehre でも、穏当な解釈を展開した。詳細は、拙
　著『ヨハネス・メスナーの自然法思想』第三章第二節を参照されたい。

10　拙著『ヨハネス・メスナーの自然法思想』203頁註（18）参照。尚、『文化倫理学』
　でメスナーは次の如く語る。「文化は価値実現であるが、それは単に創造された価値物
　の存在として考えられるべきでなく、**殊に社会成員が職業を通して価値実現の過程で
　眼前に生起する社会生活の発展に参与するなかで遂行される創造的人格の展開に外な
　らない。**」（J. Messner, *Kulturethik*, S. 343.）

11　更に、拙著『ヨハネス・メスナーの自然法思想』160頁参照。

12　類例としては、前述した村井実が、植物名を一々学名で、即ち、ラテン語の専門用
　語で記憶しておくという逸話がある。世界のどの国を訪れたときでも、植物に関連す
　る話ができることを配慮したらしい。

13　J・メスナー『自然法』特に第22章。「共同善は、社会体成員の実存的諸目的に予め
　印刻されている生存使命の——固有の責任、固有の力をもってする——充足を可能に
　すること、それも社会的結合を通じてこれを可能にすることに、存している。したがっ
　て共同善は上述の目的のための補助でのみありえ、それ以上のことが志向されれば、
　もはや完全なものとはなりえない。たったいま用いた例をもってこれを一そう分かり

註　25

よくさせるなら、こういえる。家畜を他のものが扶養したところで、家畜の本性固有
の本質的存在が損なわれるわけではない。ところが「扶養国家」は、人間の本性固有
の本質的存在を損うのである。なぜならそうした国家は、人間から自己決定や固有責
任の領域をとり去るからである。そうした国家は、したがって人間の最高の善を害す
るのであるから、「社会保障」の利益の点で最高のサービスが供されるにもかかわらず、
共同善に背くものである。」(Messner, *Das Naturrecht*, S. 189f.、邦訳 206 頁) 尚、この
問題に関する透徹した論考として、水波朗「福祉国家の法理―社会国家・補完性原理・
扶養国家―」(『公法研究』第 28 号（1966 年）、現在『トマス主義の憲法学』所収）が
ある。

14　同じ趣旨は、「**善いことにおいて進捗すればするだけ、人は真の目標、つまり完全な
るものから自らがどれほど隔てられているかをより一層痛感するものである。**」とい
う日記の一文にも窺われる。拙著『ヨハネス・メスナーの自然法思想』「まえがき」v
参照。

因みに、王陽明『伝習録』上、63（『王陽明全集第一巻語録』130 頁）に明鏡論が説
かれている。

日仁云ふ、「心は猶ほ鏡のごときなり。聖人の心は明鏡のごとく、常人の心は昏鏡の
ごとし。近世の格物の説は、鏡を以て物を照すがごとく、照上に功を用ひ、鏡の尚ほ
昏きこと在るを知らず。何ぞ能く照さん。先生の格物は、鏡を磨きてこれをして明か
ならしむるがごとく、磨上に功を用ふ。明かにして後、亦た未だ嘗て照すことを廃め
ず」。

岡田武彦『王陽明(下)』92 頁「余説」に「陽明は昏鏡と明鏡の譬えで、わが格物説と
朱子の格物説との相違を述べた。これによると物を映す鏡を磨くことに力を注ぐのが
陽明の格物説で、物を映すことに力を注ぐのが朱子の格物説である。しかも陽明の格
物説によれば鏡を磨いてこれが明るくなれば何時までも物を映すことをやめない。こ
れが、師、陽明の格物説である、と徐日仁はいうのである。」

15　倫理の基準 das Kriterium der Sittlichkeit を論ずる中で、自然法 lex naturalis（従って、
主要には人間の道徳法則を指しつつも、メスナーの場合には人間本性の法則全般を包
括的に意味するところから、「人間の自然法則」と訳出することも可能）が関わる人間
本性の存在秩序及び目的秩序の二重性を正しく区別することが必要である、とメス
ナーは言う。言い換えると、目的秩序の存在論的側面とその倫理的側面との区別であ
る。「後者に関してはその都度より高い目的が義務づけを為す訳ではなく、すべての目
的が実現されなければならない訳ではない。何となれば、現実化という秩序にとって
決定的なのは、目的のその都度の「実存的」性格だからである。状況によって条件づ
けられた行為が、その都度の人間存在（個人的であれ社会的であれ）の全現実の要求
として決定的だからである。**人間的実存の根本事実がこの点できわめて重要である。
完全な人間的存在の実現は、一回限りの行為において見られるのではなく**（一回限り
のそして最終的に決定的な天使の意思決定について神学が言うべきことを有するのと
は対照的に）、**全生涯を貫く已むことのない過程において、それ故にその都度状況に制**

26　第1章　人間的実存における幸福衝動

約されて図られるのである。」(J. Messner, *Das Naturrecht*, S. 50)

16　「美しい魂」については、内藤克彦『シラー』129-133頁を参照。要約引用しておこう。

　「シラーは論文『優美と尊厳について』において、広く人間のさまざまな行動様式の美的側面についても論じているが、そのことは、彼の美の論が、ひとり自然美や芸術美などのような、感覚によって把捉することのできる、客体の表現における美だけではなく、人間という主体の存在形式、ならびに、行動形式の美をも考察の範囲内に取り込んだ、いや、むしろ、これを核として美について考える、まさしく人間学的な美の論と呼んでいいものだった。」(129頁)

　「カントにおける「従属美」が、その美の担い手であるものに対しては外的なものに留まったのに反して、「優美は自然から与えられる美ではなく、主体自身から生み出される美である」と解することによって、……彼は、そのようにして、カントがいわば外様の席しかあてがわなかった理想美に、主たるものの席を与えたのである。この理想美の究極が、この論文の白眉なす「美しい魂」であった。……しかし、この「性格美」は、「人間に与えられた課題」であり、しかも、「人間が、あらゆる努力を傾けても、決して完全には到達できない」理想である、ともしたのであった。」(130頁)

　「シラーの、とりわけ古典主義期の創作や、美ならびに芸術に関する思索は、現実逃避的な芸術至上主義と批評されることがあるが、彼の古典主義的努力は、あのような、時代の最も緊急度の高い政治的問題との対決においてなされていたことを、銘記しておく必要があろう。たとえ、彼が学問芸術の象牙の塔に立てこもっているように見えるにしても、それは、それなりに、彼の時代の問題に対する彼自身の態度決定だったのである。」(133頁)

第2章　家族と自然法——経験科学と自然法論の架橋の試み——

初めに

　本章は、自然法論が現実にしっかりと目を向けて人間的な問題に取り組んでいる一つの姿を提示してみようという私の細やかな試みである。自然法は、それを巡って我々が或いはより十全に或いは不完全な仕方で、時には拒絶的に相対するものであるが、自然法自体は、そうした我々の意識的で主観的な営為とは実は独立に（と言っても、まったく無関係にという趣旨ではないけれども）時々刻々働いている。それ故に、個人生活においても社会生活においても国家生活においても、本当のところ、自然法、人間の存在法則にして当為法則としてのそれは、一刻も休むことなく働いており、しかもこれを各人が生き抜いている人間の規定性である。

　こうした自然法とそれを巡る認識の努力としての自然法論にまつわる問題を先ず論じることを通して、問題の所在を確認する第1節から始まり、自然法的存在である人間が社会生活を営む上で必ず主要な問題として登場する共同善の探求を試みる第2節までは、一般的意味での法哲学・法倫理学の射程内の問題を扱っている。第3節と第4節は、経験科学からの知見を私の理解し得た限りで自然法論に結びつけようとする意図で草されることになる。振り返ると、中学・高校時代に國弘正雄先生のテレビ英語会話中級講座に夢中になり、その先生が文化人類学専攻であると知ってから、その方面の文献に関心を抱いたのが機縁となり、その後、人類学はもともとは形質人類学（自然人類学）から始まったことを知り、そちらにも関心を有し続けて来た。こうした偶然がなかったならば、恐らく自然人類学や動物生態学、霊長類学の文献に親しむことは凡そなかったことであろうし、況やそうした知見から学ん

28　第2章　家族と自然法

だところを本章に組み込んで論ずることなどなかっただろうと考えると、感慨一塩である[1]。

　自然法論、それもここでは伝統的自然法論乃至哲学的次元で語られるカトリック社会倫理学であるが、そこにおいて、家族が重視されていることは言うまでもない。そして、私が長年携わってきているヨハネス・メスナーの自然法倫理学では「家族」が格別の地位を占めている[2]。そこで、第4節では家族社会学の領域から、幾人かの重鎮の文献を利用しながら、問題に関連する要点をなるべく我流で曲解しないように配慮しつつ剔抉することを試みたいと思う。

　最後の第5節で、伝統的自然法論の立場から「家族」の意味を論じる。しばしば家族は「社会の細胞」とか「社会生活の細胞」と規定され、その観点から論じられるが、メスナーにおいては三重の意味でそれが論じられることになるだろう。又、そうした論述を遙かに超過して、文字通り人間存在にとってその生命を左右するほど重大な意味を家族が有することを、即ち、自然法原理がそこにおいて具体的に経験されつつ各人に受容されていく根源的な場として家族共同体があることを明らかにしたい。こうした考察は、経験科学の提供する知見と基本的に調和するものであると私は思っている。

　結論部では、本章全体の趣旨を踏まえて、更に一歩を進めて、人間の生存にとって大切なもの、貴いものに目を向けて、それを人間の存在・当為の構造法則としての自然法及び自然法論の観点から、再考してみたい。

第1節　自然法をどう捉えるか（1）──基礎的考察──

第1項　自然法に就いての注意事項

　自然法、自然法思想を語る場合には、既に別途論じたことではあるが[3]、予め幾つかの点に注意を促しておく必要があるように思われる。その注意を軽視したり無視したりする所から、無用の混乱が生ずるからである。では、自然法に就いての注意事項とは何であるか。それは、第一に、自然法と自然法観（乃至自然法思想）の区別であり、次ぎに、伝統的自然法論と近代的自然法論の区別であり、第三に、自然法則（本性法則）と自然法の区別である。それ

ぞれは、大なり小なり関係が無い訳ではないが、そしてその意味で正確には「区別と連関」と表現すべきではあろうが、ここでは寧ろ区別の方に注意を注いだ方がよい、と思われる。順に簡単な説明が施されなくてはならない。特に第一注意事項と第二のそれは緊密に関わる。第三注意事項は、本節の末尾（第4項）で考察する。

(1)　自然法と自然法観（乃至自然法思想）

　先ず、第一注意事項から見ていこう。それは、**自然法と自然法論（自然法思想）との区別**に関わる問題である。「自然法」と聞いて読者は第一に何を思うだろうか。それは、多くの場合、恐らく自然法思想、自然法論、自然法観念のことなのではなかろうか。学問の世界においても、即ち、法思想史でも人権思想史でも、更には哲学史においても、事情は押し並べて同じであろう。実際、グロティウス、ホッブズ、ロック、ルソー、プーフェンドルフ、カント等につき、その法思想、自然法思想が論及される場合には、決まってその「思想」が如何なる内容を有するかとか、その内容上の或いは方法論上の首尾一貫性であるとか、或る特定問題を抽出した上でその歴史的展開過程を解明するとか、そうした問題関心からその論述はなされる。そのこと自体は、まことに正当なことではあるのだが、そこでは、自然法そのものと当該思想家、哲学者によって苦心の末提示されるに至ったそれについての思索の結晶としての自然法思想の最も重要な問題は、往々にして等閑に付されているかにさえ思われる。自然法は、観念ではなく、実在である。そればかりか、我々一人一人の存在の構造法則として常に働いている[4]。そこに目を向け、そこから自然法思想、自然法観を問わないとすれば、これは周辺的事情に囚われていると言わねばならないのではなかろうか。従って、私は、自然法については、何よりも先ず、**自然法と自然法論（自然法思想）との区別**を知ることが肝要である、と思う[5]。自然法それ自体と自然法についての諸観念、規範形象態としての自然法とその認識にむけられた考察様態との区別である。それは権利の存在と認識の問題に引き寄せて考えてみると、了解しやすいであろう。多少は位相が異なるとはいえ、解り易い例を挙げて説明するならば、正当な権利を侵害されしかもそれが認定されなかったとしても、それが存在することが疑い得ないことは誰でも了解するであろう。実定法上それまで仮に認定され

30 第2章 家族と自然法

て来なかったとしても「新しい権利」が語られるようになるのは、その権利が正しく存在するものとして、切実な要求を伴って認識されたためではないだろうか。実際、我々は既に、プライバシーの権利であるとかそのようにして受容して来た[6]。現代的な問題で言えば、環境権が挙げられるであろう。それは所謂実定法上承認されるとされないとを問わず、それに先立って、人間の現実に定礎されそれに密着して存在するものである。事態がこのようであるならば、権利の存在と権利の観念とは、たとい深い関連があるとしても〔何故なら、全く基礎を有しない或る要求を「権利」として正当化することは、事実問題（de facto の問題）としてならばいざ知らず、権利問題（de iure の問題）としては許されないから。〕、やはり区別しなくてはならない。自然法に就いても事情は全く同じである。しかし、啓蒙期自然法思想の影響のため、人は自然法を自然法観念ないし自然法思想と長期に亙ってしばしば混同してきた。

⑵　伝統的自然法論と近代的自然法論

　次に注意すべき事項は、**近代的自然法論と伝統的自然法論の区別の問題**、或いは、自然法論即啓蒙期の近代的自然法論と考えることの問題性である。ヨハネス・メスナー自身は、自然法論を三つの類型に区別して、伝統的自然法論を観念論的自然法論と唯物論的自然法論と対置した。自然法論に造詣の深い法哲学者（例えば、我が国では、稲垣良典、阿南成一、水波朗、三島淑臣、ホセ・ヨンパルトなど）に共通して見られることとして、彼らの自然法理解においては、少なくとも二つの類型が区別されているという事実を指摘することができる。即ち、それらが「自然法」論である限り、そうでない理論との対比に於いて共通するところがあるのは当然であるのだが、同じ自然法論でありながら、それらが類型を異にするということは、そこに差異が存在するということでもある。

　啓蒙期の近代的自然法論の特徴を、ここでは主として三島淑臣の明快な記述に依拠して確認しておこう[7]。三島は、伝統的自然法論を「古典的自然法論」と呼んでいるが、それは、宇宙秩序（コスモス）に基礎をもつ自然的「正（ユス）」から成立しており、客観的な秩序の下、それ自体義務を含意していた[8]。もう少し丁寧に言い換えると、それは「前七-八世紀のギリシャの叙事詩人ホ

メロスやヘシオドスに始まり、ギリシャ古典期哲学者たち（とくにプラトンとアリストテレス）によって理論的に体系化された後、ローマの法学者たち（とくに古典期法学者たち）によって法的実務に応用された自然法論、しかもキリスト教的中世世界にも生き続け、一二〜一三世紀思想革命の中で一つの頂点に達した後、急速に変容しはじめ、やがていわゆる「ルネッサンス」と宗教改革の過程の中で完全に解体されて近代的自然法論に道をゆずった自然法論[9]であった。その基本思想として特筆されるべきは、「法的規制の本質的＝不可欠的契機をなすもの——ユスとしての＜法＞——は、一般的・抽象的規範ではなく、正しい事柄（＜法＞）、「各人のもの」ないしその配与という事態であり、これはその本質において＜自然（本性）＞にその究極的基礎を置いている[10]」という考え方である。

　それに対して、近代的自然法論の特徴を最も端的に示しているのはトマス・ホッブズである。彼の思想に即して、近代自然法論の特徴を眺めてみよう。その第一の特徴は、「自然権の優位」思想である。第二の特徴は、「国家（及び法律）の社会契約説的基礎附け」である[11]。

　第一特徴について詳言すると、①近代自然法論は自然法論というより、寧ろ自然権論と言うべきであること。ここでは権利中心の思考様式が特徴的である。②自然権と区別される自然法は、「それ自体、人間的理性の発する命令ないし指図として、人間理性に最終的根拠を有する一つの技術的＝算術的命題という性格を与えられ」、終に「理性の推論によって創出される一般的規範の体系」となる。③この規範体系は、数学の命題の如く、不変・普遍的妥当性を持つものと見なされる。

　第二特徴について。①国家や国法秩序は、意図された目標追求のために各人の合意によって作り出された「一種の人工機械」であるという思想。②国家が目標に根本的に違背した場合に認められる抵抗権（革命を含む）思想。

　このうち、第一特徴について更に明解に述べておくならば、ホッブズの自然法 lex naturalis は、自己保存という自然権 ius naturale を前提し、これを根拠とし、その実効性を保障するための理性の勧告である。ここに、法思想史上特異な見解、即ち、「法に権利が先立つ」という思想が提示された訳である[12]。それ故に、ホッブズの自然法論は、正確には、「自然権論」と呼ばれる

32 第2章 家族と自然法

べきである。更に又、（計算的）理性の推論によって創出される一般的規範の体系としての自然法は、当然、ア・プリオリな絶対的「真理」乃至「原理」から演繹的に導出される不可謬の体系と観念されることとなり[13]、古典的乃至伝統的自然法論を知らない者は、自然法とか自然法論と聞けば、直ちに近代的自然法論を想起するという事態が生じたのである。

第2項　自然法への接近方法

さて、それでは、その我々に常に働いて一刻も休息することのない自然法には、どのようにすれば我々は接近することが出来るのであろうか。そこで次に、自然法論者の中でも特にその緊密な関係を、即ち、自然法という実在するものとそれを認識対象として認識する活動との内的緊密な相互関係を重視するヨハネス・メスナーの思索を踏まえて[14]、自然法の存在及び作用様態をごく簡単にではあるが考えてみよう。

「スベテノ事物ノ本性ハ、ソノ働キカラ明ラカニナル[15]。」

これは13世紀の聖トマス・アクィナスの言葉であるが、私が帰依する伝統的自然法論は、啓蒙期のそれが豪語したように第一原理から始めて幾何学的推論により得られるような「不変普遍的な」自然法典を提供できるなどとは僭称しない。その対極に近代的な自然法論が位置する。完璧な自然法典の提供、それが出来ると近代自然法論が思い誤った根源・根底には、人間を霊魂と身体との独立の二実体の偶有的結合からなるとするデカルト的なものの見方、考え方があった。即ち、もし人間の霊魂が、デカルトが考えたように身体なしに独立して存在するというのであるなら、そしてこの独立して存在するということが「実体」substantia ということの意味であるのだから、そうである以上規範の一形態に外ならない自然法は、原理的には身体の拘束のないところでこそ最も純粋な姿で明瞭に認識され得る筈である。そこで、ジャック・マリタンは、デカルトによって人間に「天使的理性」が注入されたとずばり言い当てた[16]。そして実際この延長上に自然法と自然法論との同一視化ないし混同が発生した。それをいち早く実行して見せたのが、英国のホッブ

ズであった。しかも、この含意するところは決して無視し得ない。と言うの
は、その後錚々たる哲学者や法学者を含む社会科学者がこれに続き、現在我
が国においても、その影響下にあり続け、しかもその事実に気付かないまま、
多くの者が観念論的な権利論を振り回しているように見えるからである。重
要な一例を挙げておくと、「批判的な哲学の洗礼を受けた」刑法学の泰斗平野
龍一博士が価値判断の相対性や多様性からそれが関わっている倫理の客観性
や普遍妥当性を否定する点に、言い換えるならば、倫理と倫理意識、道徳法
則と道徳意識をナイーブに同一視する点、「倫理」という言葉で示される多様
な現実の無批判的な同一視に、明らかにみられる[17]。

　そこで、我々としては、人間本性の作用様態として一般的に経験するとこ
ろを改めて振り返ってみるのがよかろう。すると、直ちに、人間は他のすべ
ての生物同様、**自己実現 Selbstverwirklichung, self-realization** を求めるこ
とを知る。**自己充足 Selbsterfüllung, self-fulfillment** とも言い換えられるこ
の自己実現は、勿論精神身体両側面に互る基本的必要を充足し、素質を展開
することを求める。第二に、人間は、その人間としての素質と独自性の十全
な展開を**家族共同体**に依存せしめている。第三に、家族共同体内において各
人が夫々の自己実現を求めての努力を通じて内容空虚でない**行為の範型**が形
成されることを、人間は経験を通じて知るのである。そうした行為範型とし
ては、相互の敬愛尊重、相互愛、誠実性、正義、両親への服従、約束遵守な
ど様々な行為範型が挙げられよう。更に第四に、人間の親子の場合には、動
物の親子とは異なり[18]、**情愛のみならず理性による考量**が共に働いて行為の
範型形成が見られる。第五に、かかる人間的な経験のお蔭で、人は人間の自
己実現にとって**共同善が必要不可欠**であることを知る。禽獣と異なる人間は、
人間に相応しい仕方での自己実現を、全家族成員を拘束する外的秩序によっ
て整序された補助支援の助けを得て、果たすのである。第六に、人はその成
長するに及んで、行為の範型に内在する価値［自然法原理とも倫理原理とも
呼ばれる。］を、その当為性を良心の判断として洞察するに到る。しかも、他
者もまた自分同様に自己実現を願う存在であることを認識する人間は、家庭
内で拘束的であった行為規範が**より大きな社会でも**各人が満足すべき生活を
送るための**前提条件**であることを知る。勿論ここに列挙した事柄は、簡潔に

34　第2章　家族と自然法

過ぎて、本来ならばより詳細に亙る説明を要しよう。しかし今はそれに深入りすまい。

伝統的自然法論は、人間を＜霊肉一体的な存在＞と見、さればこそ勝義における相互補完的存在であると説く。先ず、身体的条件からみれば、人間とりわけ乳幼児はその生存を全く養育者の世話に負っている。しかし、より一般的にみて身体の活動能力は、人間霊の資質と希求との関係において制約されているので、人は他者による補完を得てより人間的な充足を得ようとする。しかし他面、人間の理性的本性もその精神的発展のために、詰り欠乏の故に補完を必要とするというばかりでなく、寧ろ積極的に相互補完をすることへと人格的に指向していると言わねばならない。人間の社会的本性の根底には、こうした**相互補完必要性と可能性**とがある。これを我々に雄弁に教えてくれる事例として、ベンガル狼に育てられ、1920年シング夫妻によって保護され、ミドナポールの孤児院で養育された、カマラとアマラの余りにも有名な話がある[19]。

人格としての人間各人の存在充足、自己完成のために必要とされるものは、実に多種多様であって、それらは身体的、経済的、社会的、文化的、宗教的、政治的、法的等々諸領域に及ぶ。それらを充足すべく、人間は多様な相互補完の方途を求め、多様な社会を形成して来た。こうして人間の生存形態の現実は、**社会の多元性**を要求する。しかも、多元性の中において人格性を恐らくは反映してのことであろうが、統一性も求められる。それを伝統的自然法論は「完全社会としての国家」と規定してきた。国家以外の他の社会諸集団は、人間の存在充足に必要な部分的善益ないし目的を追求する。営利を追求する諸団体、同好会の如きもの、非営利の諸団体、地域共同体等々。それらに対して、人間の諸々の必要がそこにおいて充足され、そこにおいて人々が「自己完成」を遂げることが可能となるような社会、それが「完全共同体」perfecta communitas[20]（聖トマス・アクィナス）であり「総体社会」（ヨハネス・メスナー）であり、国家である。ここで与えた「総体社会」という訳語は、原語がGesamtgesellschaftであるから[21]、「全体社会」としても良い。伝統的自然法論がしばしば「完全社会」と言うといかにも仰々しい響きを有するが、国家はそれに先立つ諸々の社会集団なくしては存在しない。勿論、社会集団と

て、その成員なくして存在しないこと、言うを待たない。それらを前提にし、それらの出来る限りでの自主的・自発的活動目的を実現させるべく補完することに多元的国家論の主意がある[22]。

　相互補完を為すべく結集した人々の具体的現れ方は、様々である。それらは果たして人間の自己完成に資するかそれとも寧ろ背くか。この問題を制度的側面、イデオロギー的側面の両面から考察する学問が私の解する自然法論・自然法倫理学であり社会倫理学である。それは、人間の存在に刻印された法則としての自然法と不即不離の知的人間的営為でなくてはならないであろう。

　かくして、我々は、伝統的自然法論と近代的自然法論とを区別すべきことの理由と意義とを考察した。自然法則（本性法則）と自然法の区別は、人間本性の傾動構造と実存的諸目的について論じた後で、簡単に説明しよう。

第3項　人間本性の傾動構造と実存的諸目的

　倫理学体系の名に値する倫理学は、伝統的自然法論の代表的論者ヨハネス・メスナーに依れば、次の三つの根本問題に対して自覚的に取り組んできた。それは、倫理の根拠、本質、規準への問である。根拠、それは人間において倫理が正に倫理として成立してくる根拠の問題である。善悪は、今それを広義に解した場合には、生命個体や集団の存在保存ないし維持に役立つ限りにおいて認められよう［道具主義的見解］。又より一般的に、事物がその本性からして具有している機能の適切な実現を果たしているか否か（果たし得ているか否か）によって善悪は語られ得よう。これは、存在論的に見た善悪の謂いである。「事物相応の完全性」とも言い換えられる。良馬か駄馬か、優れた楽器か否か、それは当該存在者の存在の規定性によって定まってくるものである。では、人間の場合の善悪はどうであるか。人間における善悪は、厳密には理性と意志に基づいて、即ち、各人の主体的責任のもとにおいて実現されていくべき地平で問題となる。［これは刑事責任の問題を振り返ってみれば、理論的対立情況を考慮に入れたとしても、明白である。］要するに、人間における善悪は、単に存在論的に善であると言うだけでは足りず、もう一つの、しかも重要な一次元が、即ち、自由という次元が参入してくる訳であ

る。それを「課題としての善」とも「倫理的善」とも或いは、「人間的善」とも呼べるかも知れない。聖トマスは、人間における善が語られるのは、「人間の行為」から区別される「人間的行為」に就いてであることを夙に指摘している。

　では、人間にとっての善、詰り、人間本性によって要求されている存在の完全性乃至卓越性（アレテー）とは何であるか。それは、人間存在の全現実に合致していること、と一先ず規定しておきたい。人間が全現実として、真の自己として、形相化して存在するか、それとも単に事実上の現実として［どのように堕落した生活を送っていたとしても、種的本性からして人間である、人間という種に属するということには変わりはない。］、事実上の自己として、質料化して存在するか、これは勝れて人間的倫理的な問題であり、課題であり、それこそ人間の実存的な事態である。このことを誰しもよく知っている。

　　「存在の完全性と全現実を生物が獲得するのは、その本性を規定している素質、力、そして傾動が完全に展開され、この本性の故にそれらに内在する諸目的が完全に作用する限りにおいてである[23]。」

　以上述べたことを、**善さを志向する人間本性［自然法］という視角**からやや詳しく言い換えてみることにしよう。

　我々は先に、聖トマス・アクィナスの言葉を引いて「スベテノ事物ノ本性ハ、ソノ働キカラ明ラカニナル。」と言った。確かに、ある事物の作用様態は、その実体と存在とを示す。科学は、一般に生命のない自然や自然の法則を捉えるに当たって、その事物のうちに作用している諸力を観察すること（Beobachtung, observation）から出発する。同様に、生命のある自然の場合についても、その行為の仕方、とりわけその環境への応答の仕方を観察することから出発する。とすれば、人間の本性や人間に固有な行為法則を尋ねる場合にも他の方法がある訳ではないと我々は考えなければならない。従って、我々は、人間の中に働いていると知られる諸力や諸傾動（傾向 Triebe）を究明することが必要である。すると、直ちに次のものが観察される。自己維持、栄養摂取本能、生計保障への傾向（未来への配慮）、性的衝動、両親の子供への愛、

第1節　自然法をどう捉えるか（1）　37

家族生活への傾向、社交への傾向、経験や知識を広めようとする傾向、美への傾向、他人から尊重されたいと願う傾向、最高存在との正しい関係に入ろうとすることへの傾向、その他一切の目的を含めて幸福への傾向、こういったものが観察されるであろう。

　これら今列挙したものを眺めてみると、その内の若干は動物と共通し、又他のものは相違している。人は、自己内の諸傾向（諸傾動）を理解し、その傾向と傾向内在的目的との連関を［例えば、栄養本能が個人の生命や健康維持に役立っていることを］把握し得る。更に、傾向を充たしてその目的を遂げることが適切か否か、又その際問題になりうるとしてその程度はどうあるべきか、こうしたことを決定することが、少なくとも部分的には（人間としての）自己自身に、その自己決定に委ねられていることを自覚している。飲食に即して考えると、その摂取方法、及び、摂取量は、自己の恣意に委ねられているのではなく、適量に控える場合にのみ「理性的本性に適った」ものであることを、そしてそれが責任に適っていることを人は（特に、重大重篤な病気を経験した者は誰よりも明らかに）知っているのである［ここでアリストテレスの言うプロネーシス、思慮が重要な意味を有する］。そしてこうした責任と一致した行為を行うことへの「一種の内的な傾向」を、即ち、義務の必然性を、自覚しているのである。そして更に、人は、他の人間にも直ちに同じ理性的本性を認め、それと共に、他人に求めもすれば、又他人から求められもする特定の諸行為態様を知るのである[24]。

　かようにして、人間本性の領域には精神的・身体的な傾動素質（geistige und körperliche Triebanlagen bzw. Veranlagungen）が観察される。そして、傾動素質の作用を人間の内にある自然法（自然法則）の作用と見ない理由はない。しかも事物の本性は、生命ないもの、生命あるもの、それも植物的存在と動物的存在とにおいて、それぞれ異なった作用をする。そうした作用の相違性は人間にも妥当しなくてはならず、人間の中においても又、本性はそれ固有の作用の仕方を有している。人間の場合その本性理解のための鍵は「理性」であると考えられる。それ故、理性的本性によって条件付けられた固有に人間的な行為が人間の自然法（自然法則）探求の対象となる[25]。

　倫理的意識については、我々は、万人が善悪の意識を有するということ、

無条件の要求として差し向けられていることを良心が認識し得ていること、その他の行為諸原理（節度、黄金律、正義、報恩、約束遵守、正当権威への服従など）がこれに結びついていること、こうしたことどもを知っている。

　では、そうしたことが一体成立する基盤は何処にあるのか。それは、**倫理の存在根拠（基礎）**の問題である。日常的意味での「善」とは何であろうか。少し硬い表現を用いると、善とは「事物相応の完全性」、「或る事物の本性によって要求されている存在の完全性ないし完全な現実在」を意味する。では、倫理的な善とは何であろうか。それは人間にとって「課題としての善」である。と言うのも、人間の行為は、盲目的な諸力によって決定されるのではなく、人間本性の要求に合致するにせよ背反するにせよ、理性の作用と自己決定、即ち自由と責任とによるのであるから、正当にも「課題としての」善と呼ばれ得るであろう。

　では、**倫理の本質**は何に存するか。人間にとっての善、本性によって要求されている存在の完全性・卓越性とは何か。それは、先に述べた如く、存在の完全性を生物が獲得するのは、その本性を規定している素質、力、傾動が完全に展開され、本性に内在する諸目的が完全に働く限りにおいてであるから、「倫理の本質は、人間の行為が、人間本性や身体的・精神的諸傾動に予め刻印された諸目的と合致することに、簡潔に言うと『傾動の正しさ』にある。」ということになる。

　我々は、既に、人間本性の領域には精神的・身体的な傾動素質（geistige und körperliche Triebanlagen bzw. Veranlagungen）が観察されることを指摘しておいた。かかる諸傾動は、それらが無秩序に実現されることを求めるものではない。それら傾動自体に予め刻印されている「傾動目的」と一致して実現を見る場合に人間本性は実現されるのである。即ち、そのとき初めて倫理的本質に適った仕方で人間的行為が遂行されるのである[26]。念のために明言しておくと、人間の場合には、本性がそもそも理性によって浸透されているので、その本性に内在する諸傾動は、傾動素質ないし傾動構造として、謂わば作動する態勢にありはするが、先ずそれは諸傾動に予め刻印された諸目的により目的論的位階秩序の連関の下に置かれており、しかも、現実の作動の仕方は理性認識と理性的意思による目的秩序の維持に依存せしめられている〔『自

然法』第三章参照。]。そして、この「人間本性や身体的・精神的諸傾動に予め刻印された諸目的」をメスナーは、**人間の実存的目的 die existentiellen Zwecke des Menschen** と命名した[27]。実存的諸目的は、自然法原理とも呼ばれる。或いは又、倫理原理であり、倫理の規準ともなる。何となれば、それこそが、何が人間や社会にとって倫理的に善であるか否か、の規準として機能し得るからである。

第4項　自然法則（本性法則）と自然法──自然法に就いての注意事項（3）

　本節冒頭で留保しておいた、自然法に就いての第三注意事項の問題をここで最小限検討しておこう。

　人間においてその本性を規定するところの、その規定性［これを差当たり、自然法ないし自然法則又は本性法則と仮に呼んでおく。］は、我々の現実感を以て具体的に経験する場では「良心」を通じて知られる。この良心において、良心を通じて現われる倫理法則は自然法である。但し、自然法は多義的であるので、ここではスコラ学でいう lex naturalis と ius naturale の両者を含む広義での自然法と考えたい。前者は、現代印欧語でも例えば、ドイツ語及びフランス語では Naturgesetz, loi naturelle と対応し、後者はそれぞれ Naturrecht, droit naturel に対応する。一般には、人間が勝れて倫理的な存在であるところから「道徳律」ないし「自然倫理」と訳され［道徳律という用語は、人間理性が作り出したかのような印象を与えるので、避けたほうが良いのではないか、と私は以前から考えている。「自然倫理」という訳語を用いるのはホセ・ヨンパルト博士である。又、ヨンパルト博士の実質的意味での門弟秋葉悦子教授は、「自然道徳法」という術語を用いる。］、或いはまた、人間本性の法則という意味で「本性法則」と訳されることもあるが、所謂自然において見られる法則と同様に、人間という自然に見られる法則という意味において「自然法則」という訳語を私は使いたい。そして、その方がメスナーの趣旨にも適うことになるからである[28]。

　人間の自然本性の法則としての自然法則 lex naturalis は、人間の一人一人が、そして人間集団が形成する社会がその本質存在を獲得し、自己の存在充足を遂げるか否か、その成否を分つ規準となるものである。この意味におい

40 第2章 家族と自然法

て、それは人間生活全般に、従って、個人的、法的、政治的、社会的、文化的、経済的、倫理的といった様々な次元での人間生活に関わり、かつそれを規定する存在法則でもあれば、当為法則でもある。この広義の自然法則に対して、それ自身は広義の自然法、詰り、自然法則でありつつも、とくに自然法 ius naturale と呼ばれる狭義の自然法が人間の集団生活に即して語られてきた。こちらは、人間一人一人が、そして各集団が、他者からの侵害を受けることなく、自己の存在充足を遂げるべく自己決定によって行為しうる権限、或いは所管事項を確定する。詰り、自然法則のうち、法と正義に直結する部分を以て、自然法と呼ぶことを常とする流派があって、メスナーを始め、伝統的自然法論者によって今日においても採用されている語法である[29]。

自然法及び自然法則の作用様態に就いては、第5節で再論する予定である。

【附論】Ius と lex、droit と loi、Recht と Gesetz についての補足説明。この区別は、現在でもなお意味を有する。Lex は、その立法権威者並びにそれに固有の仕方での制裁（賞与）sanctio を前提したもので、神的立法者の制定になるものが自然法則（道徳法則を含めて）であり、人的立法者によって制定されたものが所謂「法律」である。これに対して、Ius、詰り法は、広く社会規範の総体であるとか、社会秩序を意味し、更には、一方で「正しいもの」「正しい関係」dikaion（これを三島淑臣『法思想史』は「正＝法」とか「法＝正」と訳したりする。）を意味し、他方では正しい持分を有する主体の側から他者に対して要求し得る事態、詰り、権利をも意味する。ユースは、古代ギリシャにおいても、ゲルマン古法においても、人間が作り出すものではなく、却って、世界秩序、社会秩序の一部として人間に与えられ、人間の勝手にできるものでなく、発見されるべきものであった[30]。一方レークス、詰り法律は、共同体を維持するため［共同善実現のため］の首長による立法現象と捉えられていた［例えば、聖トマスによる、有名な法の定義（Et sic ex quatuor praedictis potest colligi definitio legis, quae nihil est aliud quam quaedam ordinatio rationis ad bonum commune, ab eo qui curam communitatis habet, promulgata.[31]) を想起されたい］。この謂わば二重構造的な法理解が、近代に入ってから急激に変質していった。それは、「法＝法律」という考え方である。別な言い方をすると、法律がそして法律のみが真の法であり、それ以外のもの、例えば、自然法は法ではない、古来からの慣習法も法律に合致するか、少なくとも違背しない限り承認される、という訳である[32]。これには、近代的な自然法論が地均し

をし、それをフランス革命以後の人民主権論が完成させて、[フランス註釈学とかドイツ概念法学に就いては省略するが] 終には、法の内容は、至高の権力を有する主権者が自由に決定できるという思想に到着した。こうして、発見されるべき法は、任意に作成可能な法律に取って代わられた。その不都合は、法律実証主義という高い代価を払って人類は経験することとなった。それにも拘らず、我が国では、法というと制定法、とりわけて法律が観念され、他の要素が等閑に付されがちである。より顕著であるのは、例えば、憲法と聞けば、憲法典のことばかり、その条文だけが想起され、条文をいじるだけで、法問題が解決できる筈だ、と思い込んでいる始末である[33]。

第2節　自然法をどう捉えるか（2）——共同善について——

第1項　人間の社会的・個人的本性

　人間存在が問題となる我々の探求において出発点とすべき基礎は、メスナーが言うように、そして又、多くの者が同意するであるように、**社会的、且つ個人的存在としての人間**（人間の社会的・個人的本性）であるであろう。否、それ以外には無いように私には思われる。何となれば、それのみが人間の真実の姿に合致していると確信するからである[34]。以下、ヨハネス・メスナーに従って、共同善への端緒を拓いていくこととする。

　　「文化を分有し、文化［形成］に協同することこそ、個人が完全な人間に成るための前提条件である。人間とは自分だけで完足した理性的生物であり、社会的義務も又負う者だとする俗説とは正反対に、人間は、交流と協同を通じてのみ、先ずは家族の中で、次ぎにより大きな社会の中で、完全な人間的存在に、完全な人格に、語り、文化的存在に成るのである。それ故、人格にとって交流が構成的であるのは、文化にとって協同が構成的であるのに比肩相当する。然も、両者は分ち難く絡み合っている[35]。」

　人間にとって社会的結合への傾動はこのことに連関しており、本質的である[36]。社会の存在根拠は、メスナーによれば、「霊肉一体的人間本性の特殊性」、「人間に於ける霊肉の不可分離的統一性」にある。ここで註釈を施しておくならば、「人間とは自分だけで完足した理性的生物であり、社会的義務も又負う

42　第 2 章　家族と自然法

者だとする俗説」とは、言うまでもなく、啓蒙期の近代的自然法論が前提と
する、従って又今日においても基本的に前提されている人間観である。メス
ナーは、「俗説」或いは「ドクサ」としてそれを批判するのである。

　社会的傾動によって成立する社会とは一体何であるのか。それは、人間本
性の存在構造に由来するものであって、**「実存的諸目的によって要求されて
いる完全な人間存在の獲得を相互に促進するため形成された人間の結合体」**
である[37]。社会は、人間の恣意によって成立するのでなく、本性に規定されて
存在する。尤も、意志的要素、人為的要素が全く介在しないなどと言うので
は勿論ない。従って、共同社会と利益社会、或いは必然社会と任意社会の区
別を強調しすぎるのは、却って我々を誤まらすことにもなりかねない[38]。

第 2 項　共同善に就いての注意事項

⑴　社会化、文化化、社会形成力

　さて、我々はここで、共同善に就いて考察を進めるに際して注意すべき事
項を、自然法論者でない者の見解をも交えながら、予め簡単にでも語ってお
いた方がよいだろう。

　第一注意事項は、**社会化、文化化、社会形成力**という用語に関わる。社会
学や心理学においては決まって**「社会化」**socialization, socialisation, Ver-
gesellschaftung という概念が登場する。何故それは重視されるのであろう
か。その意味は何であるのか。社会化は、一般的に言えば、「人間が社会的存
在としての人間に成長する過程」である、と言うことが出来る。それには広
狭両義があり、広義における社会化は**「文化化」**enculturation とも呼ばれ得
るものであり、当該所属社会に特有な行動文化を身につける側面をいう。(こ
こでは宗教社会学などで使われることの多い inculturation には触れない。) 他方、
狭義の社会化は、所謂社会規範を内面化して自我を統合する側面を指す[39]。
周知の如く、心理学において社会化は、パーソナリティとの連関で語られる。
その外、経済体制論で主に使用される私有化に対する意味での社会化 Sozia-
lisierung [より細かく見れば、公有化と国有化とを含む。] という用法もある
にはあるが[40]、ここでの議論とは直接の関連は無い。教育社会学者の門脇厚
司教授 (1940 年-) によれば、社会学における「社会化」は「社会を社会たら

しめているある状態」を言い表し、心理学における「社会性」は現存社会への適応性の有無に力点が置かれているという。何れの場合においても、人間の受動能力、消極面に視点が傾斜している。それに対して、メスナーは常に文化形成力を強調したのであったが、門脇教授も、独特の仕方で同じ方向を歩まれる。その具体的な現われが「社会力」の概念の提唱である。

　門脇教授は、必ずしも伝統的自然法論者を以て自認されてはいない。否、決してさようなことはされないであろう。しかし、その著書『子どもの社会力』を繙くと、その思想を支える根底において我々の見解と軌を一にするところ実に多く［勿論相違点もある訳で、門脇教授は、ヘーゲルやヘーゲル主義者にその傾向が見られるように、社会の存在を実体化して捉えることは避ける点でスコラ学に一致するが、社会の独自の存在性を結局は個人に還元してしまう点で、社会の偶有的存在性格を首肯するスコラ学とは相違する[41]。］、同時に、現代の社会問題（いじめ、学級崩壊、増える後天的自閉症児、広がる人間嫌い、その他の諸問題）を考える場合に示唆するところが多いと私には思われる。アリストテレス以来、人間は「社会的動物」（厳密には「ポリス的動物」）である、と言われて来た。それ自体は間違いなかろう。しかし、では、社会的動物であるとは一体「人間のどういう特性ないしは資質能力」をいうのか。そうした「資質能力」は人間の子に先天的に備わっているのか、それとも後天的学習によって獲得されるのか。人間だけが「社会を作る力」を有するとして、それを人間はどのように発揮し活用し、社会を実際形成するのであろうか。こうした問題意識から、上掲近著は執筆されている。

　さて、先に社会学や心理学に一般的見られる「社会化」ないし「社会性」概念はどこか受動的、消極的な概念の色彩があった。それに対して、**門脇教授が提唱する「社会力」は、積極的・能動的で、「社会を作り、作った社会を運営しつつ、その社会を絶えず作り変えていくために必要な資質や能力」を意味する**[42]。この着想は、形式社会学者ゲオルク・ジンメル Georg Simmel のVergesellschaftung から得たと言うが、これは、正にメスナーが『自然法』「第二巻社会倫理学」の劈頭に 20 頁近くを割いて論じているところである[43]。

　「社会力」という新しい概念は、提唱者の門脇教授によると、社会性（或いは社会化）が現にある社会の側面に重点を置いているのに対して「社会をつ

44　第2章　家族と自然法

くる人間の側に力点をおいた概念」である[44]。この区別を前提にすれば、「若い世代に欠けているのは、社会性ではなく、社会力である、ということになる。……社会力が欠けているのは何も若い世代だけではなく、先行世代である大人たち自身が相当に社会力を欠いているのが現状である[45]。」厳しい、しかも事実を穿った指摘である。

　ところで、一体社会力が何も基盤なくして成立することは、当然のことながら、あり得ない。それは、第一に、他者を認識する能力であり、第二に、他者への共感能力ないし感情移入能力である。「常に他の誰かのことを心にかけている人は、常に社会への関心を持ち続けている人でもある。社会を作り、社会を運営し、社会を変える力である人間の社会力は、このような心の動きに支えられていることも忘れてはならないことである[46]。」

　社会的凝縮力、或いは社会的磁場とも換言されうる「社会力」の衰弱は、社会に、従って又、そこに生きている我々自身にどのような影響を及ぼすであろうか。そうした状況下では、先ず、社会が良くなることは望むべくもないであろう。社会力の衰弱は、反対に、社会の衰弱を、そして場合によっては社会の崩壊をも惹起するであろう。しかしそれに止まらず、恐らくは人生の充実感をも奪っていくであろう。「人間は、自分の存在価値を他人に認められてこそ、生きる実感をもつことができる生き物だからである[47]。」

　このように見て来ると、社会性と社会力とは、言わば、そのベクトルの向きが逆であることに気付かされる。社会性が既存社会への適応を旨としており、社会維持を志向する概念であると言うならば、社会力は、既存社会の改革改善を志向する概念である、と言うことが出来る。社会性が受動性概念であるのに対して、社会力は能動性概念である、とも言えよう。以上で、門脇教授提唱になる「社会力」についての解説を終えるが、ここで謂う社会力は、この語自体から連想されるような意味ではないこと、即ち、決して社会が発揮する外的強制力としてのそれではないことに注意する必要がある。

⑵　**国家の存立目的としての国家的共同善と共同善の多元的構造の問題**

　次に我々は、国家の存立目的としての国家的共同善［公共善］と共同善の多元的構造の問題を論ずることにしよう。

　国家と政治に関して、伝統的自然法論は何を論じてきたであろうか。そこ

第2節　自然法をどう捉えるか（2）　45

では、最近徐々に耳にするようになった政治倫理学という用語よりも寧ろ国家倫理学という用語が一般的に流布していた。それは恐らく政治が最も典型的な姿で現われる舞台が国家であることによるのであろう。

　自然法論以外からの証言として、例えば、**矢部貞治『政治学』**によれば、政治は、一般的形式的にこれを見れば、「国家意思の決定と行使に直接関連する人間の行動[48]」であり、実質的にこれを定義すれば、「国家内の対立分化を権力的に統合組織化し、法規的に組織化された一体的秩序を創造し、それによって国家目的を実現する全過程である[49]。」人間社会に何らの対立矛盾相剋もない社会秩序などは期待し得ないのであるから、政治は行われざるを得ない。しかも、対立分化のみでは無政府状態（無法状態）であるが故に、政治は対立や矛盾或は相剋を前提はするが、それらを統合して一体性を樹立することに政治の政治たる所以が見られる。そこで、今度は、政治の本質が対立分化を統合して一体性を樹立することにあるのであれば、何もそうした機能は、必ずしも国家に固有のものではなく、どのような人間集団においても見られるのではないか、との疑問が生じてきた。詰り、権力の社会的機能から政治を見定めようとする方向である。機能主義政治論や多元的国家論などである。こうした傾向に対して、矢部教授は次の如く指摘しておられる。

　「このような所論には確かに一面の真理があることを否定できないけれども、根本においてはこの考え方は社会現象の機能の面のみを抽象して、その機能の発する源であるところの実体を無視し、その実体をなす人間社会の価値の序列を忘れた謬見と言わねばならぬ[50]。」

　かようにして、固有の政治と国家との本質的連関が説かれる。

　矢部教授の場合、上述したように、国家と政治とが緊密な関係において説かれている。実質定義に含まれる「国家目的」について、更に別の箇所で次の如く述べている。「政治によって実現されるべき国家目的には、少なくとも治安と秩序の維持、国民の生活の維持、国家の安全と独立性の保持が含まれねばならない[51]。」と。伝統的自然法論は、後述するように、国家目的を共同善ないしその実現に見る訳である。例えば、メスナーは、政治を端的に定義

して、政治とは「共同善の実現、保持、増大のためにそれに責任を負う者によって合目的的な措置をとること」のうちにある、と言う[52]。

ドミニコ会師のフランツ＝マルティン・シュメルツ教授も、『新自然法―ヨハネス・メスナー追悼論文集―』に寄せた一文において、結局、メスナーにおいては政治倫理学という言葉は使われなかったが、国家倫理学が実質的にはそれを覆っていた、と結論づけている[53]。

さて、政治倫理学が国家倫理学とほぼ同義語であると認められるならば［厳密には交差する二円の関係に擬えられるであろうがここでは無視する。］、政治倫理学が取り組むべき課題を我々が確定することはそれだけ容易になる。典型的な論題としては、例えば、国家の本性、起源、課題、主権的団体としての国家に纏わる権力の本性、その起源、担い手、国民主権、法服従義務と抵抗権、近代民主制の諸問題、更に、国家の諸作用の諸問題として、国家の法律作用、福祉作用、文化作用、自衛作用、自己維持作用、財政作用等、国家の動態の諸問題として、国家事由（raison d'Etat、一般的な訳語は国家理性）、戦争、人口変動、民族主義、イデオロギー、倫理的諸力等が挙げられ得る。これら総てについて語ることは無論ここでの問題ではない。最重要であると思われるのは、政治という活動、それがそこにおいて繰り広げられる国家という人間の社会集団がそもそも共同善の実現を目指して存在すべきものである、ということの確認である。

この観点からすれば、国家は必ずしも「国民国家（民族国家）」Nationalstaat, nation state である必要はない訳である。人間本性論に基づいて（上述した多元論とは一種異なる）多元的国家論を説くトマス主義自然法論者の一人メスナーは、一民族一国家を要求する民族自決原理をむしろ有害なイデオロギーと見て、多民族国家は専制政治に対する保障をなすという英国歴史家アクトン卿 Lord Acton のテーゼを夙に肯定的に引いて論じていた。

「同じ国家において複数の民族が共同生活する場合は、それが国家の自由の試金石であると同時にまた自由の最上の保障でもある。このような共同生活は文化発展の最も重要な推進力の一つであり、近代的自由主義思想に基づく民族国家よりも、真の進歩をもたらすという意味で、遙かに大きな効果をあげるものである[54]。」

ここには社会的多元性を支える自然法的原理、即ち補完性原理の一つの見事な説明が見出される[55]。我々は次に、国家の本質、本性、存在目的の問題を一瞥することにしよう。

そもそも**国家とは何であるのか**。国家の存在と目的を一瞥した後で、メスナーは国家の定義を与えて、「**一定の地域に定住した人々によって構成された、そして最高の支配権力を備えた共同体であって、その共同善の全面的な充足を目的とするもの**」と言う[56]。それは人間の社会的・国家的本性に根ざしており、その社会［広義の社会］目的によって特徴づけられる。即ち、人は自らの本性によって社会的協同へと結集し、その生存使命や文化使命を果たそうとする。そうした使命達成を可能にする包括的統合的共同体［前出、加藤新平博士のいう「全体社会」[57]］が国家である。従って、それは「人間本性の完成のために必要な諸々の社会的基本作用の、詰り共同体の自己防衛とか、その法秩序や一般的福祉を保証することといった作用の、包括的な全面的な達成」を目的とする[58]。言い換えれば、社会的協同全般を築き上げ、促進し、規制することを通じて、人間本性の完成に必要な諸条件を、共同善を創出することこそが国家の作用であり、課題である[59]。

国家の本質と使命がこうしたものであると理解されるならば、既述の如く、何もそれは国民国家（アクトン卿のテーゼを引用する箇所では「民族国家」を使用している。）という形式をとる必然性はないのであろう。しかし、それが法的団体であることには些かの変更もないだろう。又、秩序を樹立することが人間の社会生活、国家生活にとって最重要であることは誰もが同意するであろう。更に、国家は実力を伴った法団体であるからには、単なる実力にも解消できなければ、同じく単なる法規範にも解消できない。血肉を備えた平均的な人間の集合するところでは、現実的に事柄を把握しそれに対処することが、結局は人間の共同生活、それも少しでも「善き生活」を送るために適合するような共同生活を可能にするであろう。それは、私の見るところでは、伝統的自然法論が説いてきた方向で最もよく実現され得るように思われる。

この辺りで一度は国家の存在論的諸原因に論及しておくのが適切であろう。メスナーによれば、国家は通説が説くような三要素（国民、領土、主権ないし統治権）のみによって成立するにあらず、四要素によって成立するとい

48 第2章 家族と自然法

うことを、即ち、上記三要素に目的たる共同善が加わるということを我々は学んだ。ベルギーの生んだ偉大な法哲学者ジャン・ダバンの場合は、より形而上学的に洗練されている。即ち、国家の予備的要素として人口と領土、構成的な要素として共同善（公共善）と権威。それらは、存在原因としての質料原因（人民と土地）と形相原因（公的権威、権力）、更に作用の原因としての目的原因（ダバン独自の用語では世俗的公共善）と起動原因（人間の国家的本性）である。尤も、メスナーによっても、実質的には同じことが語られている[60]。

　一般的に諸原因のうちで窮極的なものは、目的原因である。従って、国家を考察する場合にも、何よりも**国家の存在理由、即ち、世俗的公共善 le bien public temporel** に注目しこれを重視すべきである[61]。それは、質料的観点からと形相的観点から更に考察することが出来る。質料的観点からは、公共善の内容としては、この世の一切の事物が登場しうる。ダバンは、それを一応(1)国家と経済、(2)国家と人格の諸価値、(3)固有に政治的な諸価値に分説している[62]。形相的観点からは、それは、(1)正義の秩序樹立による平和と安全の保障、(2)私的活動の合理的調整、(3)私的善益の現実化への援助、(4)必要な善益を私人に肩代わりしての提供、と分類される[63]。形相的観点からの公共善は、公衆が権利として国家より期待できる便益又は役務の一般的な概観とも言い換えられる。公共善を形相的観点から眺めるとは、国家の本質、詰り完全社会性に照らして、他の一切の事物の中から何が優先して選び取られるべき内容であるのか、を考察し語ることである。そして上にあげた四つの規準は、何れもその中に所謂補完性の原理［ここに言う原理とは、観念的に構想されたものではなくして、人間本性に定礎された客観的な事態を指しており、ロゴスと呼び得るものである。］を含んでおり、例えば、私的善益の現実化への援助について見れば、ある私人（私的団体）の活動が充分行われるならば公衆にとって大きな善益が生ずることが相当程度に見込まれるのに、これら私人や私的団体が自分自身の力だけでは充分な活動を行う条件を整えていない場合に、国家が乗り出してこれを援助する、というものである[64]。この場合、私人が自立して活動できるところまで成長したならば、当然援助はもはや与えられるべきでない[65]。援助は自助を目指すのである。更に、形相的観点から述べられた四規準は、そのまま重要性の順序でもある。

そして私が重要と考える事項に次にのべる人間の現実がある。人は誰しもダバンによって定式化された国家の存在目的としての共同善の主要内容を洞察していると見なくてはならない。何となれば、それのみが一見いかに厳しく共同善解釈で対立するかに見える場合においても、執拗にその妥協点を見出すよう人々を義務付け、且つ又、それが事柄自体として不可能事ではないことを人々に教示するのであるから。この本性適合的な共同善への各人の洞見なくしては国家生活は、そもそも不可能であろう。我々は、理屈を捏ね回す概念的で表層的な理性認識の基底に、こうした言挙げせずして自らの本性に融合したままでの主体的認識を、少なくとも人間の本性に関する限りは存在被拘束的に有しているのである[66]。

第3節　家族をどう捉えるか（その1）——自然人類学、動物生態学の視点から——

第1項　自然人類学・動物形態学に学ぶ

　人類の誕生に関連する昨今の研究成果には目覚しいものがある。本節では、視点を少し移して、自然科学的な分野から人間を考察していく場合に明らかにされる事実乃至仮説を紹介していくことによって、人間にとって家族の占める位置と意義とを考えてみたい。

⑴　系統進化、分岐進化、向上進化

　とは言い条、ここでは、自然人類学（形質人類学）と動物生態学（霊長類学）の成果をごく手短に眺めることで満足しなくてはならないだろう。自然人類学及び霊長類形態学の江原昭善博士（1927年-）によれば、生物の起源とか進化というと、我々はややもすると「生物の系統の起源や祖先」を考えがちであるが、その他の観方もそれに劣らず重要である。生物進化に関しては、一般的にAからBへと進化する現象（**系統進化 phyletic evolution**）、AがBやCへと分岐する現象（**分岐進化 cladogenesis**）、更に或るレヴェルからより高いレヴェルへと改善向上する現象（**向上進化 anagenesis**）が見られる[67]。博士の近著『人類の起源と進化』は、脊椎動物全体について向上進化の観点から、その主な特徴の進化を眺め［第三章は骨格系、脳、呼吸血管循環系、生殖メ

50　第 2 章　家族と自然法

カニズムの改良、特殊化と一般化などを論ずる。〕更に、霊長類のなかから人類が誕生してくる過程を、カテゴリー・エラーを犯さないように常に注意を払いながら、論じている好著である[68]。

　人間は形を変えたサカナである、と言われるが、それは、両者の形態上の対応関係〔頭部だけ見ても、左右一対の眼、それに続いて鼻腔と口があり、左右対称の平衡感覚器官ないし耳もある。消化器官の排列も対応している。〕から見て取ることが出来る。神経系を見ても、同様のことが言える。人間の斯くも複雑な神経系も、進化の観点からは、「クラゲのような下等動物のルーズな神経網から出発したらしい。サカナになると統合性が進んで脊髄を形成し、反射運動はもとより、触覚・音覚・痛覚、味覚、嗅覚、視覚、聴覚、平衡感覚などの神経終末からのシグナルを脳へ伝え、その刺激を受けて脳は各筋群へ司令を伝える。人間の主要な感覚器官は初期の原始的な脊椎動物同様に頭部に集中している。〔原文改行〕ヒトもサカナも、原理的には溶けた物質を感ずることによって、あるいは水や空気の振動を感ずることによって反応する[69]。」目について見ると、サカナもヒトも原理的にカメラと同じ構造をしている。両生類で、涙腺が発達し、爬虫類で瞼が形成された。霊長類では、眼球が前方に寄って来て立体視が可能となる[70]。昼行性霊長類では色彩感覚が発達した。循環器系についても同様の向上進化が確認され、それらが複雑に相連関しながら生物の向上進化が生じたと予想されるが、ここでは言及するに止めよう[71]。

⑵　**人類を人類たらしめたもの**

　さて、人類を人類たらしめたものは一体何であったか。これを考える上で大きな発見があった。それまでは、仮に進化論の立場から人類の起源の問題に接近することを試みるとしても、animal rationale という伝統的人間理解を背景にしていたため、人類は先ず理性の座である脳から進化した（筈である）とするパラダイムが支配的であった。そうした思潮があったものだから、E. ヘッケル（1834-1919 年）の予測通り、E. デュボア（1858-1940 年）がジャヴァでピテカントロプス・エレクトゥス（ジャヴァ原人）を発見した時に、「頭がサル的で、あしがヒト的」であったために、一時期物議を醸したのであった。しかし、その後 1924 年にアフリカでタウング化石が発見されて以降、ジャ

ヴァ原人やペキン原人よりももっと古い猿人化石が次々と発掘された。脳の容積はゴリラやチンパンジーをわずかに上回るに過ぎないが、骨盤や下肢骨から見る限り、90パーセント直立二足歩行を完成させていることが判明した[72]。かくして、ヒトは、「頭からではなく、あしから進化した」と考えざるを得なくなった。ここに、直立二足歩行こそ人類をして人類たらしめ得たとする考え、詰り、自由になった手で道具を作り、その刺激が脳を刺激し、現在の人類の繁栄の歴史を可能にしたのだとする考えや、「人類＝直立二足歩行する霊長類」とする定義が由来する理由がある。そしてこうした見方が今日優勢になりつつあるやに見える。しかし、こうした「短絡」思考に陥りがちな我々に対して、江原博士は、直立二足歩行説には二つの大きな不備があると指摘される。不備その一は、直立二足歩行は、ヒト化現象 hominization のなかでは、原因であったというより寧ろ結果であった可能性の方が高いと見るべきこと。その二は、ヒト化を直立二足歩行という、ただ一つの生物学的要因にだけ求めるのは現実的でないこと、である[73]。重要箇所を引用しよう。

「サルからヒトへのレベルアップには、さまざまな要因が複雑かつ緊密に絡まり合っている。……ヒト化への諸要因やヒトの諸特性の各々には、出現の時期や強化程度に、多少の時間的ずれがあるようだ。だが重要なのは、それらが網の目のように絡まり合っていて、それぞれが他の要因との間で、相互触媒的に作用し強化し合ってレベル・アップしていることだ（向上進化）。まさに経営学でいう『シナジー効果』である[74]。」

かように、**ヒト化或いは人間化への諸要因や諸特性は相互触媒的に向上進化したのであると観る立場**からは、注意深くそれら諸条件が考察される[75]。若干例を挙げておくと、道具使用における手段と目的との因果連関の洞察、道具の高次化（メタ化。石器はチンパンジーの一次的レヴェルの道具に対して、二次的レヴェルの道具である。）、又、（主としてホモ・ハビリスの）住居跡から発見され推認される共同生活の様子、子供の猿人化石から知られる長くなった授乳期間、家族社会の出現などが、相連関していることが説かれる[76]。**ここで**

52　第2章　家族と自然法

我々が特に注目したいのは、人類の出現と家族の存在とが切り離されないことについての、自然人類学からの指摘である。

「猿人たちは、すでに述べた居住跡の存在からもわかるように、ゴリラやチンパンジーと異なり、ベース・キャンプをもち、大型動物を狩りしていたらしい。また、未熟な子供を生み、直立二足歩行性を完成させるべく成長に時間がかかり、あまつさえ高度に学習能力をもった彼らは、その長くなった成長期に言語や技術や複雑な社会行動を学習したことだろう。裏返せば、その分だけ母親とのかかわりや父親との社会的な関係もより深くなったことだろう。発情の季節性がなくなったことも大切な要因の一つである。これらの要因がすべて相互触媒的に働いて、上記のような状況のなかで、伊谷も指摘するように系統論的なペア型構造は崩壊して、二次的に家族を生み出していった可能性はきわめて高いといってもよい[77]。」

第2項　動物生態学・霊長類学に学ぶ

(1)　形態学的観点と生態学的観点

　次に、我々は動物生態学・霊長類学の研究成果を、河合雅雄博士（1924年-）の著作に依拠して、見ることにしよう。先ず、知能の高い哺乳動物のなかで、何故サルからヒトという高等動物が進化してきたのか、という問題を考える。これに関しては、従来、木登り説というのがあった。それによると、サルは、樹上生活をしている間に様々の適応形質を獲得した。①先ず、攫取するに便利な拇指対向性。次に、②平爪と指紋の出現。更に、③両眼視と色の識別能力の獲得。そして、④手と足の分化。これらは、確かに、サルからヒトへの進化に何等かの意味を持ち得るであろう。しかし、それは、形態学的観点からの説明である。河合教授は、これに対して、樹上生活というものを生態学的な観点から見直して、進化史的に展望する必要を唱えられる[78]。別言すると、「哺乳類におけるサルの位置」を生態学的な観点から解明するという課題に取り組むということである。その手始めとして、哺乳類の適応放散に言及しよう。

　最初の哺乳動物が現われたのは、恐竜時代の中生代の三畳紀、およそ二億年前のことであった。その後、突然恐竜が絶滅し、哺乳類の時代が到来した。

哺乳類は、色々な所に住みかを求めて適応放散した。その生活の場所（棲み場所＝niche）は、大別すると、陸地、水圏、気圏である。陸地には、更に、山地や森や草原、半砂漠、砂漠の別があり、これに海抜高度が絡んで来る。又、森にしても、熱帯多雨林、針葉樹林、照葉樹林などの違いがある。水圏にはクジラ類などが、気圏にはコウモリが適応放散した。陸上について見れば、人間が開発を始める以前は、陸地の60ないし70パーセントが森林であったという。森林面積は現在では約32パーセントである。生活環境としての森は、林床（地面）と樹上に二分される。林床にはゾウやバッファロー、有蹄類、齧歯類などの色々な哺乳動物が棲息しているが、樹上に棲んでいるものは割合に少なく、真獣類の目の中では、霊長目と皮翼目（ムササビなど）だけである。**だとすると、サル類が目レベルで森を占領した、森の住人になった、と言い得る訳であって**[79]、これが我々の主題に繋がる進化にとって如何なる意義を有するのか。以下に纏めていこう。

(2) 哺乳類離れをした動物

脊椎動物の進化の歴史を瞥見すると、次の如くである。海に、そして後には川にもすむ魚類の時代、水陸両方にすむ両生類の出現、それから中生代に爬虫類が陸と水の両方に棲息した。やがて、爬虫類のうちの恐竜が突然滅び、代わって鳥類、哺乳類の時代が訪れた。こうした流れの中で、とりわけ我々の興味を惹くのは、爬虫類が地球上の色々な棲み場所（ニッチ）を開拓していったことである。哺乳類は、一般に爬虫類より高等だと思われているが、ニッチについて言えば、爬虫類が開拓したものをそっくりその儘継承した。ところが、サルだけは、爬虫類が、それ故に又他の哺乳動物が侵攻できなかった森林の樹上に進出していった[80]。詰り、**哺乳類の中で独特のニッチを開拓して獲得したサルは、正にその点において、「哺乳類離れをした動物」だと言うことが出来るのである。**そして、この哺乳類離れをしたという性質こそが、ヒトを生み出す母体になったと、河合博士は考えておられる[81]。それは一体どういうことなのであろうか。

(3) 熱帯雨林とは

サルが進化した舞台である森、熱帯多雨林とは、一体どういうものだろうか。それは、樹冠の高さが40メートルにも及ぶ巨大森林であり、5層から6

層の成層構造を有する。又、その樹木の量は多大であって、バイオマス（現存量）は1ヘクタール当り470トンにも及ぶ。植物が作る有機物（純生産量）は、地上部で年間1ヘクタール当り28ないし40トン。因みに、照葉樹林では18トンであるという。更に、構成樹種が多い。直径10センチメートル以上の樹が1ヘクタール当り277種も見られる。こうしたことから、熱帯多雨林に住むサルたちは、「だいたい五〜六階建ての緑のビル、各階とりどりの植物がみんな揃っている、そういうショッピング・センターに住んでいるようなもの」である[82]。このような森林に関して、次のような二つの謎が浮上してくる。一つは、何故か動物が少ない。そして又、サルたちの食事の仕方がいかにも贅沢である。言い換えると、生活環境の豊かな森林に動物が少なく、生活環境が明らかにより厳しいサバンナにおける方が動物が多いという事実は何を意味しているのだろうか。熱帯多雨林の姿を浮き彫りにするために、我々はこの謎を一瞥してみよう。

　熱帯雨林の主役である樹木の立場から、即ち、樹木の繁殖戦略の観点から考えてみるとどうなるか。樹木、即ち、植物に一番必要なのは、言うまでもなく、水と光である。ところで、熱帯雨林では水は十分供給される。と言うことは、ここでの繁殖上の問題は、光の獲得という問題であることが理解される。植物同士の最大の闘いは、かくして、光の取り合い、奪い合いということになる[83]。そのために、植物は光を求めて生長し、葉っぱを多数付け、なるべく大きくするなどの手段を用いて、光合成を図る。そして、葉っぱを大事にしなくてはならない。ところが、この葉っぱに大きなダメージを与えるのは動物である。そこで、動物に対する植物の防衛機構が生まれて発達することになった[84]。

　動物から葉を食べられないようにするために、植物は、①有毒成分、更に、②消化を阻害する物質を蓄える方向へ進化した。即ち、「植物は、新たに被子植物を誕生させ、摂食阻害物質を含有させて動物の食害に対抗するようになった[85]」。こうした意味で、森林全体が動物に対する、いわば防衛ギルドを作っている、と言われ得るのである。こうした事情から、普通の動物は、森の植物を餌にして暮らしていくことは非常に難しい。ところが、この植物の防衛網をサルは突破した。さて、サルはどのような戦略で植物の防衛網を突

破したのだろうか。

(4)　熱帯雨林への進出戦略

　もともとサルは、食虫類から進化した。現存するサルの中でも下等な原猿は、だいたい虫食いである。サルの祖先は、森の中にいる餌である虫を求めて森に入っていき、虫食いの生活をしていた[86]。サルは、次に、果実（フルーツ）を食うようになった[87]。

　ここで、アフリカのガボンの森に棲むサル、5種の原猿について興味深い事実を略述紹介したい[88]。ロリス亜科のポットとアンワンティボ、ギャラゴ亜科のコビトギャラゴとアレンギャラゴ、それにハリツメギャラゴ。ロリス亜科の二種では、昆虫食を巡る戦いを通じて、強い種であるアンワンティボが森の下層部を占拠してしまったので、弱いポットは追われて森の上層部での生息を余儀なくされた。ところが、ここには高タンパクで高栄養価の虫があまり居ないから、もともとは不承不承であったろうが、果実を摂取するようになった。するとどうだろう。果実は、虫に比べて豊富に摂取できる。その結果、ポットは、アンワンティボよりずっと大きくなって、より栄えるようになった[89]。ギャラゴ亜科についても同様の事実を指摘できる。即ち、強い種であるコビトギャラゴが森の上層・中層・下層を走り回り食虫するものだから、弱いアレンギャラゴは、下層部に押し遣られ、餌の虫をあまり捕食できないため、果実や葉を食するようになった。その結果、体重が増えて、コビトギャラゴの4倍以上もの身体になった。尚、ハリツメギャラゴは、ギャラゴ亜科の中で最も劣位であったが、これは樹脂（ガム）を食べるという特殊化の道を歩んだ[90]。

　この例から、河合雅雄博士は、次のように語られている。

「食性の拡張は、適応性が高いという観点から説明すべきものではなくて、競争に負けた劣位種が仕方なく開発したと解釈すべきものなのである。／よく考えてみると、この事実はたいへん重要な問題を提起している。ネオ・ダーウィニズムにおける自然淘汰説では、生存価において優位者が劣位者を淘汰する、いわゆる適者生存説が定説になっている。ところが、**上に見た例は、優位者に圧倒された劣位者が新たな食物の豊かなニッチを開拓し、それによって新たな進化の方向を**

56   第2章 家族と自然法

きり拓いたということであって、進化の動因は劣位者にあるということになる。このことは、従来いわれてきた自然淘汰説では理解できない現象であり、また生存価とか、適者とは何かという問題を、あらためて考えなおすことが迫られる[91]。」

　さて、果実（フルーツ）を食し始めたサルには、森の鳥という強力な競争相手がいた。鳥類の食物も、殆どが虫か果実だからである。と言うことは、競争相手がいなくて、尚且つ森の中にふんだんに在るものと言えば、それは葉っぱである。ところが、先に見たように、葉っぱには毒が含まれていることが多い。そこで、森に侵入していった（或いは、進出していった）サルが講じた対策の一つは、**多くの種類の葉っぱの「つまみ食い」**であった。もう一つは、**葉っぱ食いのための「身体的な適応」**である。即ち、セルロースやヘミセルロースといった繊維素を消化器内のバクテリアや原虫によって消化させるとか、盲腸を長くしたり結腸を幅広くして、そこでバクテリアによる繊維素の分解を行うとか（クロテナガザルやゴリラ）、反芻獣のようなルーメン胃をもつとか（テングザルなどのコロブス類）、糞の再食（イタチキツネザルやゴリラ）、頬袋（ニホンザル）に見られる適応方法である[92]。第一の対策、即ち、「つまみ食い」によって、摂取した食物に含まれる毒性物質の拡散希薄化を図る訳である。かくして、サルは、一見ずいぶん贅沢な食事をしている。例えば、タンザニアのチンパンジーは、およそ360種類の食事メニューを、ニホンザルもほぼ同様、マウンテンゴリラは104種類くらいを、ボルネオのオランウータンは132種類もの植物を食べている[93]。このように多種類の葉っぱをつまみ食いしながら移動するのであってみれば[94]、彼らの生活様式が遊動生活にならざるを得ないことは容易に理解できる[95]。河合博士は、サルたちの遊動生活を下絵として、更にこれに狩猟採集民の遊動型の考察を重ね合わせることによって、そこから原初人類の遊動型を説いている[96]。

　興味尽きない記述は多岐に及び、しかもそれぞれ重要ではあるが[97]、我々は本節の主題に引き寄せて、論述を思い切って、霊長類から人間（人類）へ飛躍する鍵となる問題を次に取り上げることにしよう。しかしその前に、ごく簡単にでも、森を捨てて地上に降りたサル、即ち、サバンナに進出した高等なサルについて語っておかなければならない。

⑸ サバンナに進出した類人猿

中新世の後期から鮮新世の初めにかけて、アフリカの熱帯雨林には何種類かの、恐らく十数種類の類人猿がすんでいた。その中から森を出てサバンナに進出し、新たなニッチを開拓した類人猿が現われた[98]。ヒト化への道を辿ることとなったこの類人猿は、サバンナに出るための導入口ともいえる「川辺林」（サバンナを走っている川岸にできた茂み、ギャラリー・フォレスト。乾季に川が干上がったとしても、川底の伏流に根を下ろし樹木の生育は可能。）や「疎開林」（密林の外側にあるまばらな森、オープン・フォレスト。木の間隔が大きく、森は透けて明るく、したがって下草が茂りやすい広闊として林）を拠点にして、サバンナに進出した[99]。

サバンナへ進出した類人猿は、現存の類人猿の中では、最もピグミーチンパンジー（ボノボ）に近い形態をもっていた。他方、ピグミーチンパンジーは他の類人猿と同様に、ナックル・ウォーキング（指背歩行）をするが、人類の祖先であるこの類人猿［ヒト化に向かうこの類人猿を「人猿（マンエイプ）」と呼ぶ］は、ナックル・ウォーキングをしない[100]。河合博士の考察によれば、「ナックル・ウォーキングは、体軀が大型化した類人猿の樹上生活による適応行動である。人猿はそこまでの適応を進める以前に地上に降り、サバンナに進出したのであった。それゆえ、彼らのマニピュレーション能力はホモ・サピエンスとは、それほど隔たっていなかった[101]。」

手の長さも重要であるという。樹上生活は類人猿の手の伸長を促進させ、足のそれを抑制するように働く。「人猿は樹上生活に過度に適応する以前に地上に降り、したがって、足は現存の類人猿よりも長く、二足歩行に向かう態勢を十分内包していたと考えられる[102]。」

ところで、サルにとって楽園であったはずの森を、何故ある種のサル、即ち、人猿は捨ててサバンナに進出していったのだろうか。当然浮かんでくる疑問である。これについては、先ず、何故、樹上から地上に降りたのかを考える必要があるだろう。そうすると、その理由は「体重の増加」が挙げられる[103]。併せて、「食性の進化」が考慮されなければならない。その中でも、体軀の巨大化に植物食中心の食性が関わっていること、そして、その食性から脱却し「肉食を併用した雑食化」に向かうところにヒト化への道があったこ

とが特記される[104]。「雑食化への道を自ら塞いだゴリラ」は、類人猿の中では最も体躯が巨大であるが、そのゴリラ亜科の三種、詰り、マウンテンゴリラ、東ローランドゴリラ、西ローランドゴリラ、を比べてみると、徹底的に葉食に依存しているマウンテンゴリラが最も体躯が大きい[105]。ゴリラは、植物食への道を完成することによって——それは咀嚼のための側頭筋の発達を促したが、同時に脳の大化を阻害することを意味した——、適応性の幅を狭め、雑食化への道を自ら塞いでしまった[106]。オランウータンに関しては、食性からみる限り、チンパンジーとあまり変わらないが、霊長類の特徴の一つである集団生活をして社会性が発達しているという特徴を欠いていること、即ち、単独生活者であるという点だけを指摘しておけば、ここでは十分であろう。

　こうして、森からサバンナに進出したチンパンジーが我々の注目すべき問題として登場する。氷河時代の環境の大変動期に、適応力の弱い（小さい）ゴリラやオランウータンは上手く対応できなかったと考えられる[107]。それに対して、チンパンジーは生活力が旺盛で、生息環境も、熱帯多雨林から、山地林、川辺林、疎開林やサバンナにも進出している。

　元来は熱帯雨林の森林生活者であったチンパンジーは、その食性に注目すると、（ガボンの森での調査によると）果実食が中心であって（68パーセント）、葉食は僅かであるが（28パーセント）、動物食が4パーセントを占めていることが特色として挙げられる[108]。アリやシロアリなども動物食に含まれるが、さらに他の哺乳動物も含まれる。そのチンパンジーがサバンナに出ると、植物食が少なくなり、代わって動物食が非常に増加することが注目される（タンザニア草地で43.7パーセント）。サバンナに進出するためには、前に述べたように、その間に経由地点、拠点が必要であるが、川辺林や疎開林がその役割を果たした。チンパンジーは、たんぱく質、炭水化物、脂肪などを豊富に含有するマメ類をよく食することが調査によって明らかにされたが、マメ類は、森林からサバンナに到る途上に恵まれていた。そして、この食性の追加は重要な意味を有する。何となれば、「植物食から雑食へ向かう道筋の中で、その中間項として種子食がある」と看做し得るからである[109]。

　さて、森で既に肉食も始めていたチンパンジーは、サバンナに出ても、もちろん、これを継続し、増大発達・加速させていった[110]。そして、チンパン

第3節　家族をどう捉えるか（その1）　　59

ジーは、食物のレパートリーの広さにおいてのみならず、その狩猟方法においても注目すべきである。即ち、「協同作業」と「追跡捕獲」が見られる[111]。

　かくして、原初人類を生んだ母体となる類人猿はチンパンジー型のものだったと考えられる。適応能力が強く、好奇心も強い、そうした中から、ヒト化への道を歩み進める我々の祖先、マンエイプは、どのようにして、人間・人類へ進化していったのだろうか。論述は、多少飛躍せざるを得ないが[112]、我々は、これを次に「家族の誕生」という視点から考察することにしよう。

⑹　家族の誕生

　ここまで我々は主に『人間の由来』に依拠して論述して来た。同書に拠って本項目を書き進める方法もあるが［そうすると、更に相当な紙幅を要することになるだろう］、幸い、河合博士自身による簡明な説明が別著『著作集第七巻』にあるので、両文献のうち主としてこれに拠り、纏めていくことにしよう。

　地球上に現在約3000の民族がいるというが、どの社会であれ、これを構成する基本的単位は家族である[113]。一方、チンパンジーやゴリラなどの類人猿や、ヒヒ類、ニホンザルから原猿にいたるまでのサル類の社会の研究から判明したことは、サル類の社会には家族という社会集団はないということであった。現在地球上に生存している約4600種の哺乳類において、動物社会学の立場から検討すると、彼らの集団はやはり「家族」とは言えない。

　　「家族という社会集団をもつものは、哺乳類のなかでも人間だけだ、といってよい[114]。」
　　「家族という社会集団を形成した高等霊長類をヒトという[115]。」

　そこで、当然、**家族とは何か、という問い、乃至、家族の定義の問題**が生まれる。河合博士は、霊長類学の立場、それも社会構造論から次の如く定義される[116]。

　　「㈠　**オイキアを構成する特定の雄・雌間の持続的な親和関係が社会的に承認されていること。**

60　第2章　家族と自然法

㈡　雄・雌間に経済的分業があること。
㈢　インセスト・タブー（近親相姦がタブーとなっている）があること。
㈣　オイキア間に外婚制（エクソガミー）があること。
㈤　複数のオイキアによってコミュニティーが形成されること。
この五つの条件を満たしたオイキアを、家族と名づける[117]。」

　この家族の定義に含まれるそれぞれの条件につき簡単な説明を与えておく
と[118]、㈠の条件は、家族の繁殖単位として必要条件である。㈡の条件は、家族
が「子どもを育て保護するための社会的な器」であることから、雄と雌との
間でそのための、詰り、食料の確保のためにそれ相応の役割分担が必要にな
る。主として、雄は狩猟、雌は採集活動であるが、「もちろん、二つの生計活
動は確然と性別されているわけではなく、雄が狩猟の帰りに食料になる果実
を採集するとか、雌が小動物を捕らえる行動があってもよい[119]。」㈢の条件は、
家族内の性的秩序の安定のみならず、近親婚による遺伝的障害の回避とも密
接に関連する[120]。㈣の外婚制は、オイキア間に、雄或いは雌の交換がなされ
ることであって、レヴィストロースの説とは反対に、「サル社会からの類推で
は、雌の交換に限る根拠はなく、雄の交換も等しく視野におさめる必要があ
る[121]」という。又、オイキアは、相互に無関係に独立していては外敵に対して
弱いため、防衛のために「オイキアどうしが協同」する必要がある。そして、
㈤外婚制は、オイキア間の紐帯として作動することが期待されるが、「それら
が相互に協同的な関係をもち、オイキア共同体ができるとき、コミュニティー
が形成されたとする[122]」と言う。

　河合博士は懇切丁寧に、この家族の定義の条件に関連させつつ、「サル社会
に見る家族性」を解き明かす[123]。先ず、ニホンザルなどの複雄群は、㈠の条件
を満たさないし、㈡の条件も満たしていない。㈢はその基礎はあると言える。
㈣も外婚制への道が開かれてはいるものの、全体的に見ると、家族をつくる
には遠い社会構造である。㈤については、群は縄張りをつくって対立するか
ら、コミュニティーは形成されていない。
　テナガザルのオイキアは、厳密な一夫一妻制で㈠の条件は満たす。㈡につ
いては、積極的な分配行動が見られないから、この条件は満たされていない。

㈢については結果的にインセストが回避されている。そのオイキアは厳重な縄張りをつくって拮抗的である。「テナガザル社会は、外見からいかにも家族をつくっているように見えるが、オイキアは、内容的に家族とはとうていいえない[124]。」

　狭鼻猿単層社会、類人猿社会、狭鼻猿重層社会の各種について上記五条件をどの程度満たしているか、また縄張り制など家族の発生に必要な諸条件を比べてみると、ゴリラ、チンパンジー、ボノボ、ゲラダヒヒとマントヒヒが高得点をとってはいるが、もう一歩という地点でとどまっている。

　家族の発生で興味があるのは、「父親とは何か」という問題である。父親は、社会的存在であり、社会的役割がある[125]。

　「㈠所属するオイキアを防衛する。㈡オイキアを維持するための経済活動をする。㈢子どもの養育にあたる。そして、この三つの役割を果たす雄を父親と名づける[126]。」

　ニホンザルの群には、種をつける性（＝雄）はいるが、父親はいない。テナガザルは、縄張り防衛にあたるのは雄であるから、㈠の条件は満たすが、㈡、㈢の条件を満たしていないが故に、雄のレベルにとどまっている。ゴリラは、子どもとよく遊びその面倒をよく見るので、㈢の条件は満たしているが、㈡の条件を全く満たしていない[127]。かくして、

　「サル社会には母親は存在するが父親はいない。父親が現出するのは、家族の発生と同期するということである。つまり、父親はヒト社会においてしか存在しない[128]。」

　以上において、家族形成の要件とその説明を行った。家族が成立するためには高度な行動の発達——協同[129]、分配と交換[130]、道具使用と製作[131]、狩猟と肉食[132]——が必要である。更に、性の無季節性と開放化についての周到な考察がなされているが[133]、そこで河合博士は「人間に性の季節がなくなったのは、基本的には家族の出現によってではないか、と私は考えている[134]」と述

62　第2章　家族と自然法

べておられる。

　さて、上述した条件が整ったからといって自動的に家族が成立するという
ものでもない。それらの必要条件を背景に、直立二足歩行と言語の獲得が必
要である。家族は創られた社会制度であるが故に、制度を創出するために、
高次の文化的創造力と言語が必要である[135]。

　かくて、本節第1項で見た人類の誕生と家族の出現が切り離せない関係に
あるとの結論と同じことを、我々はここで確認することになる。即ち、人間
は「家族をもったサル」、より適切には「家族をもったヒト」であると。

第4節　家族をどう捉えるか（その2）
——家族社会学の視点から——

　本節では、家族社会学が家族を考察するに際して我々に提供してくれる成
果を確認していきたい。

第1項　家族に就いての注意事項
(1)　用語の確認——家族、家庭、世帯、家計（家政）

　先ず、家族とその類似用語に就いての説明を施しておこう。それらの用語
は家族、家庭、世帯、家計（家政）である。我が国の代表的家族社会学者であ
る森岡清美博士（1923年-）による家族の定義は次の通りである。

　　**「家族とは、少数の近親者を主要な構成員とし、成員相互の深い感情的なかかわ
　　りあいで結ばれた、第一次的な福祉志向の集団である[136]。」**

　この定義とほぼ同様の定義［執筆者は何れも森岡博士自身である。］を参考
までに掲げておく。

　　「家族とは、夫婦・親子・きょうだいなど少数の近親者を主要な構成員とし、成員
　　相互の深い感情的なかかわりあいで結ばれた、第一次的な福祉志向の集団であ
　　る[137]。」

「家族とは、夫婦・親子・きょうだいなど少数の近親者を主要な構成員とし、成員相互の深い感情的なかかわりあいで結ばれた、幸福（well-being）追求の集団である[138]。」

　森岡博士との共著もある望月嵩教授（1935 年-）によれば、「第一次的な福祉志向の集団」によって、家族が共同の生活を営む単位として多面的、包括的機能をもっていることを示している。そして、<u>こうした家族と密接に関連しながら微妙にニュアンスの異なる幾つかの用語がある</u>ので、以下に掲げる。

世帯：元々は「所帯」（所帯もち、所帯道具、所帯じみる、所帯やつれ）という日常語に由来するが、家の崩壊過程を背景として、行政用語として成立した。住居の共同という側面に重点を置いて家族を捉えたもの。後、消費生活の単位という側面から「世帯」の語が利用される。
家庭：明治 25 年（1892 年）創刊の『家庭雑誌』で説かれている家庭とは、「戸主によって率いられた家父長的な家ではなく、夫婦が心をひとつにして築きあげるもの」であった[139]。現在では、家庭という言葉は、「共同生活を展開する『場』を意味する」と言われる[140]。
家計：家族（多くの場合、住居を共同にする世帯）を単位とした収入と支出の総体[141]。

(2)　家族の類型と分類
　第二注意事項は、家族の類型（家族制度）に関わる。そもそも家族制度は、様々な観点から分類することが可能であり、分類観点の違いに応じて分類内容は当然違ってくる。(1)配偶者の数に着目すれば、単婚制 monogamy（一夫一婦制）、複婚制 polygamy（これは更に、一夫多妻制 polygyny と一妻多夫制 polyandry に区分される。）に大別される。(2)又、居住規則（rule of residence）に着目して、夫方居住制（patri-locality）、妻方居住制（matri-locality）、新居制（neo-locality）、選択居住制（biolocal residence）に区別することも出来る。しかし、家族の形成をどう捉えるかという視点から、「夫婦家族制（conjugal family system）」、「直系家族制（stem family system）」、「複合家族制（joint family system）」に区分するのが現在一般的である[142]。

64   第2章　家族と自然法

(3)　家族と婚姻の叙述の先後問題

　第三に我々の注意を惹くと思われるのは、家族を論ずる場合に、果して婚姻と家族の両者の何れを先に論ずるか、ということである。一見些細な問題に見えるようでもあるが、実際はどうなのであろうか。婚姻、家族の順で論ずるタイプとしては、容易に事例を挙げることが出来る。即ち、カトリック自然法論は必ずこの順で論を進めていくのである。ところが、逆の論述方法を採る立場も確かに見受けられる。家族、婚姻の順で論ずる立場である。本節で紹介する社会学の文献の多く、そして前節で取り上げた自然人類学や霊長類学は、家族を優先的に取り上げる。それぞれに十分な理由がありそうである。それにも出来れば注目したい。

第2項　家族機能の諸問題

　さて、我々は、以下において、大橋薫教授（1922年-）の論文[143]に依拠して、家族機能の諸問題を集団機能論の立場から概観してみたい。家族は集団の一形態であるからである。

(1)　集団機能論

　集団機能とは、集団目標〔集団構成員が有する特別の意図や目的〕の達成を目指しての、集団成員個々人の役割行動の体系、と規定され得る。実際、集団が形成されるに当たって、何らの意図も目的も有しないなどということはあり得ない。その「特別の意図や目的の達成」を**固有機能（proper function）**と呼ぶ。この固有機能を集団が果たし得るためには、当然それなりの条件の整備が求められるのであって、それを**基礎機能（basic function）**と呼ぶ。具体的には、集団それ自体の構造化、取り分けて、地位・役割関係の確定、並びに、固有機能遂行のための基礎的条件整備である。物的な活動拠点の確保・整備と経済的資源の獲得と処理とがそれに含められる。集団が形成され、固有機能と基礎機能が確定されると、それらから派生してくる諸機能が見られる。それを**副次機能（secondary function）**と呼ぶ。これらの三機能は、言うまでも無く、相互に連関している。しかも、それら三機能は、二方向性において、詰り、対内的（或いは対構成員的）機能、及び、対外的（対社会的）機能という側面からも考察され得る[144]。

第4節　家族をどう捉えるか（その2）　65

　集団機能が遂行されるとは、具体的に言えば、集団成員がその地位に応じた役割行動を適切に果たす、ということに外ならない。そこで、地位及び役割について幾つかの問題が出て来る。役割は、必ずしも単独で遂行されるとは限らないということ。複数員で遂行され、或いは分担されもする。又、担当者に異変が生じた時の「役割代替」とか、地位異動に伴う「役割交替」の問題がある。更に、役割行動の二重性、即ち、明示性と黙示性の問題がある。その外、役割行動が順調に、或は不調に、好首尾に、或は不首尾に進行するという問題がある。これを、役割行動の過程及び結果の“eu”と“mal or dis”の問題と呼ぶ。そして後者は、集団の機能障害、機能不全の問題として社会学的にも（mal or dis-function の問題として）社会倫理学的にも（social question, soziale Frage として[145]）極めて重要な研究領域を成す[146]。

　集団機能を考える場合欠かし得ないもう一つの問題は、**機能集団とニーズのそれ**である。集団機能とは、畢竟、集団全体の、そして集団成員個々人のニーズ［欲求、要求、必要性など］の統一体であり、集団成員の役割行動遂行によって、所期の目的を果たすからである。このニーズは、集団の種類や性質、そしてその規模に応じて様々であり得る。しかも、現代社会は、集団が相互に複合的に関連しあい、その上、複合機能（multi-function）までも遂行するようになってきている。そうした中で、例えば、ニーズの分担率が低下することは、そのまま分担量の低下減少を意味しない、という事態が生じている。これは、家族機能縮小論との関連で無視し難い意味をもってくる[147]。

　【家族機能縮小論】オグバーン William F. Ogburn（1886-1959 年）は、産業化によって、家族で為される様々の機能が縮小したと論じた。以下に見る家族機能のうち、愛情機能以外の六機能は、企業や学校や政府といった専門制度体 institution に吸収されて、言い換えると、家族から奪われ失われ、残っていても弱まるという事態に到った。

(2)　**家族機能論**

　さて、以上の集団機能の一般論を下敷きにして、家族機能論を少し眺めてみよう。家族と呼ばれる小集団がそもそもそれの為に存在せしめられる**固有**

機能とは、社会学的には、性愛機能と生殖・養育機能であるとされる。このこと自体に何らの異論はないであろう。**養育機能**には、乳幼児の躾け、即ち、基礎的な社会化が含まれる。**性愛機能**に対応する対社会機能は性愛統制機能であって、性愛生活の社会的統制と秩序の維持に役立つ。生殖・養育機能の対社会的な機能は、種族の保存であり、種の再生産である[148]。

　この固有機能を果たすために要求せられる**基礎機能**としては、住居機能と経済機能が挙げられる。前者は、家族成員の生存生活を成り立たせる物的な拠点となる「住まい」に関わる。当然、自然条件や社会文化条件、歴史的条件などによっても実際の現われ方は異なってこようが、我々一人一人の人間が安心して暮らせるためには欠かし得ないものである。経済機能としては、生産機能と消費機能とが考えられる。生産機能は生活資源を獲得するための稼動であり、消費機能は獲得したその生活資源を家事担当者が中心となって、他の家族成員と共に処理・分配・利用する作業である。この両機能は、夫々物的側面と経済的側面から家族成員の生活保障を行うことになる。また別の労働力という観点から見ると、経済機能は、稼動という点で労働力を社会的に提供することであり、居住機能は労働力再生産の場を提供することである[149]。

　副次機能に就いてはどうだろう。大橋教授によれば、教育、保護、休息、娯楽、宗教という五つの機能が挙げられ、それに今後益々弱まっていくであろうと予測される地位付与機能が附加される。ここに言う教育機能は、固有機能に見られた養育機能を更に発展させることで「より高度の社会化」を指す。又、保護機能としては、①疾病傷害からの家族員の予防と治療、②外敵や災害からの家族員の生命財産の保護がある。前者に就いては現在では、家族外での機能遂行が大いに見られるようになり（病院や診療所などの医療機関や設備）、又、後者に就いても警察制度や消防制度に依存する割合が高くなってきてはいるが、やはり第一次的には、そして長期的にも家族員による世話が様々な意味において重要であることには変わりが無いであろう。次の休息機能、言い換えると、「安らぎ」の機能は、社会的緊張の強いられる現代社会においては、その心身の疲労を癒す働きとして重要である。娯楽機能は、従来地理空間的に非常に限定されていた娯楽欲求の充足の形態が、益々豊かに

なっていく社会思潮の環境下でその質量の増大と相俟って複雑多岐に及んでいる。宗教機能は、家族員の信仰の欲求を充足する機能である。世俗化する中で［科学技術偏重、経済至上主義、物質的富裕優先主義などの傾向］ともすれば軽視されるかに見えるものの、正月やお彼岸、お盆時の日本人の行動様式を見る限り、家族の宗教機能が衰えたとは言えまい[150]。

　さて、これら副次機能を対外的機能の側面から眺めなおすと、教育機能は文化伝達の意味を有する。次に保護機能と休息機能は心理的・身体的な安定機能を、娯楽機能と宗教機能は精神的・文化的安定機能を果たしている、と考えられる。そして、結局それらは社会的安定機能を遂行している、という訳である。

　大橋論文は、これに続き、家族機能と役割行動、家族機能の二面性、家族形態別にみた家族機能を論じている。実際、家族機能の一般理論を家族形態とクロスさせることによって、「経験的に考えられる家族形態別の家族機能の傾向」を推測することが出来ると考えられるからである。しかし、我々はその多くを割愛して幾つかの問題に言及するに止めたい。

　第一は、家族機能の二面性（二重性）の問題、明示性と黙示性の問題である[151]。これは固有機能、基礎機能、副次機能の総てに多少なりとも関わるもので、特に乳幼児においては黙示性機能が大きい。

　第二は、家族機能における"eu"又は"mal or dis"問題である[152]。家族内での役割期待と役割行動、及びその遂行情況とが、それを巡る価値観や感情の遣り取りとの関連でどのようであるか、という問題である。大局的には価値観の相違、局所的にも行動の役割期待からの逸脱度が家族機能の遂行を妨げ、感情的な葛藤を発生させる。所謂家族病理過程である。又、臨床心理学などの登場してくる場面である。

　第三には、先に触れた家族機能縮小論と関わる[153]。果して、家族機能のニーズの充足が家庭外の諸機関諸施設に委譲されて、家庭内には余り残らないのだ、という考えは事実に合致しているのであろうか。大橋教授の説明を借りると、家族の生活量（ニーズ）を戦前においては100、そのうちの60パーセントが家族内で充足されたとする。戦後のニーズは飛躍的に高まって200に達した。そのうちの40パーセントが家族内で充足されることを要請されると

68　　第2章　家族と自然法

しよう。すると、充足率では確かに減少はしているが、充足量は寧ろ増大している。これが「家族機能の相対的減少・絶対的増大論」の考え方である、という。

　次に考えるべきは、家族形態別に見た家族機能の問題である[154]。家族形態としては、単独家族［一人暮らし世帯］、夫婦家族世帯［夫婦だけか夫婦と未婚子から成る世帯］、直系家族世帯［夫婦家族世帯に親が同居する世帯］、単親家族世帯［母子世帯か父子世帯、それに父・母の親が同居する世帯］、準家族世帯［兄弟姉妹、おじおば、甥姪、祖父母孫が同居する世帯］、擬似家族世帯［長年に互り職場を共にした友人同士や同性愛者や施設住居者が作る世帯］の六つの類型が考えられる。最後の準家族世帯と擬似家族世帯は、現代社会を特徴付けるもので、無視できない。準家族世帯は、相互に血縁関係はあるが、「親子という家族本来の核[155]」でないところに特徴が見られる。又、擬似家族世帯は、定義上は家族とはいえないが、「家族的雰囲気のなかで、世帯生活を送ろうと努力している」と考えられるから、そのように命名されたのである[156]。

　我々は、社会学的知見の成果を十分尊重して、家族の問題を考察することが必要であることを確信するものである。それと同時に、社会学的方法の特性を考慮に入れて、人間存在の全現実へ視線を向けなければならないだろう。

第5節　自然法と家族――伝統的自然法論の視点から――

第1項　初めに

　第3節と第4節において、我々は、経験科学の二分野から、家族と呼ばれる集団が人間にとって如何なる意味をそもそも有するのか、という問題を考察してきた。この節では、伝統的自然法論がこの問題に対して如何なる態度をとっているか、何故そうなのか、それにはどのような利点なり意義が見出しうるのか、こうした問題を少し考えていきたい。

　前節の始めの方で、三つほどの注意事項を掲げた時、第三注意事項として、家族を論ずる場合に、果して婚姻と家族の両者の何れを先に論ずるか、という問題があることを予告しておいた。この一見些細に思われる問題にも、そ

れ相応の背景があることは、容易に想像がつくだろう。例えば、第3節で取り上げた自然人類学や霊長類学は、家族を優先的に取り上げる。それは、霊長類に属する我々人間人類は、当然哺乳類に属するわけで、その哺乳類は、名前の通り、母子の強固な養育関係において生命を継承し続けている。しかし、その中でも人類のみが、遺伝子を提供するという仕方で生物学的な意味での父であるに止まらず、社会学的な意味でも父であることによって人類が誕生した、と見るからである。この点を指して、河合雅雄博士は「家族をもった霊長類」ないしは「家族を持ったサル」として人間を捉えられたのであった。

　それに対して、自然法論は、——そして、カトリック社会倫理学乃至倫理神学も——婚姻、家族の順で論ずる[157]。それは、畢竟、家族を形成するに際しては、男女が一組の婚姻関係を結ぶことによって基盤となる人間の単位が成立するからである。しかも、その一組の男と女は、ともにペルソナであるという限り、掛け替えのない存在者である、と看做されるからである[158]。

　ここでは最小限なりとも、婚姻（結婚）について記載する必要がある[159]。**婚姻とは、「男と女の合法的で、永続的な生活共同体にして性共同体」**である。大事なことは、夫婦愛というものが、精神的愛と肉体的愛とが相互に浸透し合った愛（geistige wie körperliche Liebe in gegenseitiger Durchdringung）であるということである。実存的目的の個人的な側面から、婚姻の単一性と不可解消性とが導出される。何となれば、婚姻における夫婦愛は、性衝動が利己主義に堕さない人格同士の全人格的相互愛である筈のものであるから。しかし、婚姻の単一性と不可解消性とは、その社会的目的によってより明瞭になる、詰り、子供の養育という目的によって。

第2項　「社会の細胞」としての家族

　カトリックの著名な哲学者フルキエ Paul Foulquié は、「家族は人間の起源自体と分ち難いものであるから、すべての制度のなかで最も古い制度である。それはまた最も普遍的な制度でもある。家族ほどその構成員に深い刻印を押す制度はない。しかし、それはまた、自己閉鎖への自然的傾向を最も強くもつ制度でもある[160]。」と言う。

70　第2章　家族と自然法

　カトリック教会の公式文書においても、「人間は国家よりも起源が古い[161]」とか、「家族は国家よりも起源が古い[162]」とか、或いは、家族を以て「社会の基礎（基盤、土台）[163]」と明言されている。我が国の代表的倫理神学者である濵口吉隆教授（1946-2015年）は、主著『結婚の神学と倫理』で次のように明言している。

　「男性であれ女性であれ、人はそれぞれに自分の性に目覚めながら、自分の人生の伴侶を探し求めるものであるが、言葉だけでは表現できない自分の人格全体にかかわる性を表現する、自分に相対するあるいは対応する相手を探しているのである。……結婚に至る出会いは人格的に『あなた』と呼び合う二人の間の出来事であって、各人に備わっている性的要素に支えられているものである。……結婚生活において互いに与え合うという性的交換は、単なる生殖行為ではなく、互いに受容し合って生きる呼応関係であり、それによって二人は一体感を味わい、性と愛による『生の充実感』を体験することにもなるからである。そのような結婚生活においてこそ、夫婦の相互愛の次元と生殖の次元とが真の統合を得て、夫婦相互の人格形成と子供の教育という大切な責任を果たすことが期待されているのである[164]。」

　「キリスト教はいつの時代にも常に人間の性能力と結婚の正当性やその本質的な善性を擁護してきたのであるが、この公会議は、聖書の教えにみられるように、すべての人が神の賜物である性能力を正しく発揮して人格的な愛の交わりである結婚生活を営み、人間社会の基礎である『愛と命の親密な共同体』である家庭を築くように勧めている。人間の性は夫婦の人格的な相互愛のなかで真価が問われるものであり、夫婦は新たに生まれる子供の命を育むという使命を果たしながら、豊かな人格形成の最初の学び舎である家族共同体を営むことができるからである。神は結婚する人にも独身を生きる人にも独自の召命を生きるように招いておられ、人は各自の生活様式においてその招きに応えて生きるという課題と責任を委ねられたのである[165]。」

　メスナーもまた、家族を以て「社会の細胞」或いは「社会生活の細胞」と規定している[166]。この「社会の細胞」として家族を把握するメスナーの見解を、自然法論からの考察として要録して行こう。

　家族は、彼によれば「両親とその子供達との共同体」である。先に見た「夫

婦家族制」ないし「核家族」と符合するかに見えるこの捉え方は、一面では近代的な家族形態にだけ当てはまるに過ぎない、との批判があり得よう。そして言うまでもないことであるが、メスナーはそれを知らぬのではない。寧ろ人格として人間を捉える観点から、伝統的自然法論の観点から、上記の家族の定義を出した、と我々は理解すべきであろう。「両親と子供を結び付ける血の紐帯は、家族共同体内での諸傾動及び衝動の基礎を成しており、この故に、家族共同体の自然法的構造の根本法則［が存在すること］について何らの疑問を挟む余地がない[167]。」

　家族の有する目的には三つがあり、日常生活に必要な肉体的・精神的諸財を家族成員に提供すること、子供を養育すること、社会の細胞となること、この三つである。家族は、こうした個人的・社会的生存目的に、要するにメスナー独自の用語を用いるならば、実存的諸目的に根基するものである以上、他の総ての社会形象に優位する。何となれば、「実存的諸目的とこれに基づいた使命と責任とが社会秩序及び法秩序の多元主義の内における共同体の地位を決定する」からである。こうした主張自体には、社会学者とて何ら反論はないであろう。

　秩序権力と家族の権威の問題として、家族法による、国家の両親の決定権への介入問題がある。これに就いては、C. フランツ Constantin Frantz の次ぎの適切な見解を引用する。「これにつき、法律は様々な規定を設け得る。婚姻の本質と目的に合致し得るのであれば総て許容され得る。婚姻の本質を純粋に維持し、又はその目的を保障するのに有益なものは総て称賛されるべきである。これに反し、婚姻の本質に悖り、その目的を危殆化するものは許容されない[168]。」かくして、我々は婚姻の本質と制度をも視野に保持しておかなくてはならない。これに就いては既に述べた。また今は指摘するに止めざるを得ないが、社会学者山根常男氏（1917-2007 年）の業績は、我々自然法論の立場とは相当異なるが、注目されるべきであろう[169]。

　家族に関しては、生活共同体、経済共同体、教育共同体等、様々な機能側面から考察することが可能であって、それぞれに大きな意味を有することは言うまでもない。又、それらについて簡単ではあるが、そして必ずしも自然法論の立場からという訳ではないものの、集団機能論という立場から家族

72 第2章 家族と自然法

機能を眺めてみた。ここでは特に「社会の細胞」という観点から、もう少し論及しておこうと思う。

　家族は、メスナーに言わせれば、三つの意味において社会の細胞である。第一に生物学的意味において、第二に道徳的意味において、第三に文化的意味において。生物学的意味における「社会細胞」については、いまさら説明を要しまい。夫婦の数が十分な割合に存し、多産である場合に社会の人口が維持ないし再生されるからである。**人間は、家族関係の中で成長することを通じて、社会的徳の重要なものを、即ち、隣人愛と正義とを学ぶのである。**

> 「それに、正しい服従と正しい命令という、次ぎに重要な二つの社会的徳が付け加わる。正しい服従は、倫理的神与の権力としての権威を前提し、正しい命令は、命令を受ける者の福祉のために権威が与えられているのだという意識を前提している[170]。」

　家族が、文化的観点から見て、社会の細胞であるということ。「**文化の高さを決定する諸価値、即ち、生命の形成力としての倫理的・精神的諸価値の尊重への最重要な推進力は、家族の衰退と共に消滅する[171]。**」これは文化法則と呼びうるものである。また、次の発言も、それ自体では異論の余地なきものと思われる。即ち、「**或る社会の状態を正しく判断しようとする者は、医者が先ず患者の脈をとるように、家族を診なければならない[172]。**」

第3項　自然法の作動の場としての家族の根源的意味

　ここで、家族が何故伝統的自然法論において殊更に重要な位置を与えられているのか、その一つの利点について次に見ておきたい。それは、自然法がそこに於いて作動し、内容を充たされたものとして習得される場としての家族共同生活の有する意義を重視するからに外ならない。言い換えると、**自然法の存在と認識にとって、家族という人間の原社会が格別な意味を有するからである。**

　既に述べたことであるが、人間は、**根源的にそして真っ先に、家族的存在**である。人間は、他のあらゆる生き物同様、自己実現、自己の存在充足を求

第 5 節　自然法と家族　73

めてやまない。自己の存在充足を果たすとは、最も重要な肉体的・精神的諸要求を満足させると共に、自己の素質を現実化することである。そして、人間はそうした根本諸要求を充足し、十全な実存を獲得するために、しかも他の動物（霊長類）と比べても、はるかに長期に亙って家族共同体に依存した存在である。詰り、「**人間の自然本性そのものこそが、総ての者に人間的実存を可能ならしめる家族共同体の秩序へと［人間を］押し遣るのである**[173]。」そして、家族の中で人間は、家族の全成員が自己実現を目指して生活する中で、自己の態度や精神や人格を具体的に形成しつつ、同時に、全家族員を拘束する行為範型が形成され作動し存在していることを洞見する［これを、周知の如く、人格形成とか社会化とか、文化化、人間形成、などと呼ぶことがある。］。人間の自然本性に内在する「幸福傾動」Glückstrieb[174]は、社会集団内で、ことに**家族共同体内で**、何が客観的に正しく何がそうでないかという点での認識を人間の恣意に委ねないのである。かくして、人間本性の自然法則及び自然法の作用様態において、「価値経験と存在経験、原理洞察と存在洞察とが、根源において不可分に結合しており、従って、自然法則は、その存在論的・客観的側面においても心理学的・主観的側面におけると同様、その始原から作動している[175]」という訳である。

　メスナーは、自然法（則）及びその原理の認識の問題を、現実に即して存在論的に探求する道を選んだ。その基本的態度は、"Omnis cognitio incipit a sensibus."即ち、「総ての認識は感覚から始まる」であって、これは、通常理論的認識の領域で承認されるのであるが、それに止まらず、メスナーによって、実践的認識においても妥当しているのだ、と主張されたのである。何故これが目新しく有意味であるのか。それは、一方で普遍的妥当性を要求する代償として実質的内容を放棄してしまい形式性にのみ注目する形式主義にも、他方で何らかの心理的事実に実質的価値（当為）を還元してしまう自然主義にも陥らずに、正しい中庸の現実的な道の探求を可能にする、と期待されるからである。

　ところで、倫理的・法的基本諸原理（自然法則と自然法の諸原理）は、メスナーによって「アプリオリな綜合判断」と特徴付けられた。彼は、自然法の細則にまでも及ぶ自然法典は固より言うに及ばず、その諸原理についてさえ、

74　第2章　家族と自然法

「生得説」を斥ける徹底振りである。「生得的」angeboren なるものは、「諸原理認識への素質上の能力」である[176]。

> 「こうした［最も一般的な倫理的・法的真理への］洞察は、生得的ではなく（nicht angeboren）、獲得的（erworben）である。生得的であるのは、こうした洞察（認識）への素質的能力（Anlage）のみである。然しながら、最も一般的な倫理的真理は、ひとたび認識されると、外的経験によって獲得されたというその獲得態様とは無関係に、十分発達した理性によって、それ自身において明白で且つ必然的に妥当するもの（in sich gewiß und notwendig gültig）と理解されるのである[177]。」

　黄金律を始めとする倫理及び法の諸原理は、なるほど、外的経験（個人にとっても集団にとっても、従って、歴史的経験とも言い換えられる。）に制約されてはいるが、具体的には、人間が家族共同体の中で人間的実存を獲得することが可能になるような生存秩序の基本的諸原理として、各人によって直接に体得されるのである（外的経験に対して内的経験）。従って、それらは決して無内容ではありえない。故に、綜合的な性質のものである。しかも、それら諸原理は、なるほど理性が生来的に所有するものではないが、一旦認識されると「熟慮する理性にとっては直接的に明白になり、必然的に且つ普遍的に妥当する点で明白であるので、先天的性格を有する[178]。」かくして、自然法原理は、カントとは違った意味で „synthetische Urteile a priori"、即ち、「先天的綜合判断」である、と言われる。それらは、確かに、„unmittelbar einsichtige Wahrheiten auf Grund von Erfahrung und einfacher Vernunftüberlegung"（経験と簡単な理性の考量に根基する直接的に明白な（洞見的）真理）なのである。

結　論

　第1節で、我々は自然法を理解するに際して基礎的で弁えておくべき幾つかの論点を取り上げて、これに最小限の説明を施した。我が国では現在でも尚依然として、自然法についての吟味を経ていない先入主が文字通り無反省に通用しているかに見えるからである。煩を厭わず論じた次第である[179]。

結　論　75

　第2節で我々は、トミスムとは無関係の教育学者門脇教授によって、通常
解される消極的な意味合いの濃厚な「社会化」（これを教授は「社会性」と呼ぶ）
と区別される能動的で積極的な意味を有する「社会力」に関する創見——例
えば、社会力の基盤をなすものに「他者を認識する能力」と「他者への共感
能力ないし感情移入能力」があるという主張や、社会的凝縮力とも呼ばれ得
る社会力の衰退が投げかける問題の指摘——を紹介して論じた。それは基本
的に首肯できるものであった。人間存在の現実を見つめたところから発想し
ていたからに違いない。メスナーは、門脇のいう「社会力」に相当する概念
として „Vergesellschaftung" を、少なくとも 1966 年には明確に意識して用
いていた。これは文献で文字通り裏付けできる事実である。しかし、実質的
内容は、1952 年出版の『人間的実存における諸矛盾』において既に論じて
あった[180]。又、国家をその存在理由である国家的共同善から理解し直すトマ
ス主義自然法論の基本的なものの見方を紹介しておいたが、そこにおいては、
公共善は各個々人の人格完成に究極的に秩序付けられねばならないこと、そ
れに奉仕すべきものという揺るぎない主張が、補完性の原理などにも触れつ
つ展開された。

　ところで、メスナー自身は、「倫理学の危機」の時代に[181]、そしてある意味
でキリスト教徒の教会離れが散見されるようになった社会状況の中で、しか
も、ただキリスト教徒のみを語り掛けるべき相手とするのではなく、「善意の
すべての人々」に向けて[182]、従来の大陸合理主義的な著述スタイルから英米
流の帰納的な論述スタイルを採用して、なるべく多くの心ある読者に語り掛
けようという一大決意をして、それを自分に課せられた生涯の使命と位置付
けた。その成果が、あの膨大な著作、とりわけて主著『自然法』と『文化倫
理学』となって世に問われたのであったが、既にその中で、例えば、我が国
で十数年は遅れてブームとなった分析哲学系の文献を渉猟し、他方では文化
相対主義的な著作にも目を通して、その批判的取り組みが論述にきちんと織
り込んである。そのメスナーの基本姿勢を引き継ぎたいものだという想いか
ら、私は、本章では、思い切って第3節で自然人類学や動物生態学の諸成果、
及び第4節で家族社会学の然るべき文献を取り上げて、微力ながら、この方
面で一歩でも前進したいと考えて、これを試みた。

さて、我が国の代表的トミスト経済学者である野尻武敏博士（1924-2018年）が平明に書いた書物『長寿社会を生きる―美しく老いるために―』の中に人間における大切なことどもを深く想起させてくれる示唆がふんだんに埋め込まれている。ここでは家族・家庭に関連する記述の内容を紹介しておこうと思う。そこでは日本の高齢者の生きがいに関する意識調査を手掛かりに論が展開されている[183]。アンケート調査には様々な要因が絡んでいることだし、そこから「在るべき姿」は得られない。そこで野尻博士は、「人を動かす動機づけの面から、人々の生活にハリを与え生きがいを与えるものを類別してみる方法」を採用し、**三種のもの――楽しみ、喜び、安らぎや感動――を区別**する。大意を再現するならば、以下のようになろうか。

楽しみには種々様々なものが含まれるが、それは生活に変化を与え、リズムを与える。楽しみのない生活など、凡俗は言うまでもなく、聖人君子にも考えられないことだろう。しかし、レジャーを始めとする楽しみは感覚的なものであり、「感覚的な楽しみは、欲望の体系に属し、この体系のもつ宿命を免れることはできない。」否、それだけに止まりはしない。「楽しみを追うとなると絶えず繰り返していかねばならなくなるが、繰り返していくと、こんどは刺激が少なくなる。経済学に限界効用逓減の法則というのがあるが、**楽しみも逓減の法則に従う。**」「なにをしてみても刺激がなくなってくると、**こんどは楽しみを人為的に造り出そうともなっていく。麻薬が典型的である。**」これは人格の破綻、人間の破壊につながる[184]。

趣味に打ち込み、教養を深め、スポーツに精を出すことからは、楽しみとは区別される喜びが得られる。レジャーに比べてみると、こちらはそれほどカネがかからない。茶道や華道や書道を嗜む者には自明であろうが、「喜びは楽しみと違って精神的な要素をもつ。」精神の体系に属するが故に、喜びは、欲望の体系のもつ宿命をも免れることになる。詰り、この喜びを求める生活態度は、単に受け身ではなく、能動的、主体的な営みとなる。その喜びは、持続する。後に深まる。やればやるほど、打ち込めば打ち込むほど、その喜びは高まっていく。「これは、手芸でも書道でもスポーツでも、それに打ち込んだ人なら誰でも経験することである。つまり、**喜びは逓減ではなく逓増する。**」その世界は、奥が深い。「この世界は、喜びを深めながら、生涯やりぬ

いていける世界、それだけに絶えず人生にハリを与えそのハリを深めていける世界となるはずである[185]。」

　もう一つ高次のものがある。それは、**安らぎや感動、いわば「涙の世界」**だと、野尻博士は言う。

　　「**安らぎや感動は、**自分のため、自分の利益のために、やっているかぎりは、開かれてこないように思われる。それは、**広義の他者のためにするときにしか、あるいは他者とのかかわりにおいてしか、開かれてはこないようである。**これには、さらに二つの世界を区別できる。一つは宗教、もうひとつは対人関係である[186]。」

　前者について、宗教いろいろあれども、共通項がある。それは「自己をこえる世界をもっていること」だと博士は喝破する。宗教との関連でいえば、我が国では、宗教をもつ人、もたない人がいる。しかし、宗教を信じていない人であっても、「安らぎや感動に関連して、どんな人でも例外なくもっているものがある。人と人との交わりである。」画然と分別してしまうのは問題があろうが[187]、テンニースが立てた区別、即ち、ゲゼルシャフトとゲマインシャフトの区別を借用するならば、算盤ずくの交わりのゲゼルシャフトにおいては、安らぎよりはストレスが溜まる。これに対して、「**多くの家庭が典型的にそうであるように、利害打算をこえたゲマインシャフト的な関係のなかで、人は心に安らぎを感ずる。感動もそうした関係からしか生まれてこない[188]。**」

　先に家計という用語を見たが［第4節冒頭］、家計は何よりも、「自分一人では、生産過程・消費過程・交換過程の循環を展開できない人たちを家族という集団に組み込むことによって、生活を成立させるところに生まれる経済活動」である[189]。子どもや高齢者が生活を保証される点に家計の本来的意味が見出されよう。そしてその実現のためには、原始社会であれ、未開社会であれ、資本主義社会であれ、共同生活を営む単位である家族内において自力で生産に当り、交換を行い、消費する者は、そうした活動が十分に或いは全く出来ない者の為に、生産物や収入を独占することなく、家族成員のために供出する必要があったし、現に今でもある。この供託、プーリングは、所得プーリング、資金プーリング、労働力プーリング等の形態を取り、家族の資

源となる。望月教授によれば、家計におけるプーリングは、三つの機能を有する[190]。第一は、「貯蔵性」である。第二は、「危険分散性」機能である。保険に類似はしているが、「**保険が拠出額に見合った保障がなされるだけであるのに対して、家計のプーリングでは、拠出や負担に関係なく必要な配分がなされる。**」第三は、家族の凝集性を高める「統合」機能である。単なる打算を超えたプーリングの家族内での配分は、成員が相互に相補的関係にあることを認識することに確かに資することであろう。

　家事労働に関して、望月教授が、何故それは無償なのであろうか、とある意味で見落とされがちな［何故なら、経済学では（？）財生産に換算したら如何程になるか、という GNP ないし GDP の問題にしてしまうか、或いは、（それ自体は言うまでもなく正当なことであるが）女性の労働を正当に評価すべきことを主張する立場から賃労働評価をすることが正当であるように思われる昨今のことであるから］問を発せられ、それを困難な問であるとしながらも、四項目を挙げた後、段落を改めて次ぎの如く纏めておられる。

　　「……**家事労働は経済的視点からとらえられない性格をもっているということができる。人間はすべてなんらかの見返りや報酬をあてにするのではなく、自分が利益を得るどころか損をすることがわかっていても、他者のために働くことができる存在である。こうした人間性を無視して、すべて経済的尺度で人間の行動を推し量ろうとすることが問題かもしれない。……経済的な市場的価値以外にも重要な価値尺度があり、その価値を再評価することが、われわれの課題であるといってもよい。家事労働は、犠牲になってしなければならない Domestic Labor ではなく、自己の創造性を活用することができる Housework という側面ももっているといえよう[191]。**」

　極めて重要な指摘であると言わねばならない。そして実に興味深いことであるが、こうした趣旨で、ヨハネス・メスナーは、人間が幸福を希求して実現していく上で重視されるべき諸条件を多面的に考察する中で、或いは聖書「箴言」から有能な妻の話の意味深い引用を行い[192]、或いは又、一般的な意味での主婦の働きを論じている[193]。

　上の望月教授の引用文で語られている内容を、もう少し倫理学的人間学的

な観点からメスナーは次のように語っている。

　「人間の課題は、最高の自己において自己充足を図ることであり、それこそが人間の創造的な、然り、すこぶる創造的な課題であるのだ、と言うと、多くの人々が驚くことであろう。……何となれば、そうした自己充足の創造的課題は厳しい努力を要求するし、この課題は安直な満足で報われることなどないからである。正反対である。自己放下（自己放棄）Selbstentsagung を求める[194]。」

　人間の最も人間らしい、そして貴い生存様式は、単なる利害打算、或いは、互酬性で片付けられない、人格的な交わりにおいて遂行されていくものである。そうした基礎的条件と環境と堅固な場を提供するのは、人類の歴史を通覧してみて、家族のほかにはない。本章でその成果に多くを学んできた河合雅雄博士の著作から、一段落を引用しておきたい。

　「家族の問題と言うのは、話せば問題が深いのですけれども、とにかく結論だけを繰り返しますと、社会を構成する単位集団として家族をもっているのは人類だけだということです。それだけに私たちは家族というものを、ほんとうに大事にしていかなきゃならないと思います。それは人間社会を支えているいちばんの基礎だということであります[195]。」

　私は本章において、人間の全存在、本性の十全な展開にとって家族が有する決定的な意義の解明に、教育学[196]、自然人類学、（家族）社会学の成果を尊重し、これを考察に活用しながら[197]、しかし、やはり基本的には自然法論的人間理解・世界理解に依拠しつつ取り組んで来た[198]。

　1　凡そ 40 年振りに國弘正雄先生の著書を読んでみたが（『英語の話しかた―国際英語のすすめ［新版］』サイマル出版会、1984 年。残念ながら、1970 年出版の初版本は手元にない。声楽指導をして頂いた先生にお礼に差し上げた。）、要点だけは今でも鮮明に刻印されていることを確認した。只管朗読、只管筆写。愚直に実践し続けた。講座の外国人ゲストは、確か Richard Freeman 先生だったと思う。他に、ミシガン大学留学帰りで構造言語学の pattern practice を導入され講座で学習内容に活用された安田一郎先生と M.E. Lash 先生（「ラジオ続基礎英語」ラッシュ先生のクリスマス・ソ

ングが素晴らしく、アンコールで翌日も歌われた。）、早川東三先生と Heinz Steinberg 先生（TV「やさしいドイツ語」）、平尾浩三先生（「ラジオドイツ語入門・入門編」）、Think in English を説き続けられた松本亨先生と Helen Mageau 先生（「ラジオ英語会話」）、どれもこれも、中学二年生のときに、夢中になって取り組み始めた語学番組である。当時は、往復ハガキに添削用シールを添付して実施される月末添削問題があり、とくに平尾先生からの返信には添え書きまであり、感激したものだ。早川先生も、私の如き田舎の生徒からの質問に懇切丁寧なご回答を寄せて下さり、今でも大切に秘蔵されている。こうした無心の取り組みが今の研究者としての私を大いに支えてくれていることを思うと、先生方に対する感謝の念を改めて深くすると同時に、人生における機縁の不思議を感じずにはおれない。

2　拙著『ヨハネス・メスナーの自然法思想』随所、特に「終章　伝統的自然法論の精華」、就中 308、311 頁の引用文を参照されたい。

3　拙著『ヨハネス・メスナーの自然法思想』第一章。そこでは、更に、哲学的自然法論と神学的自然法論の区別をも論じている。本章では、この問題に就いては、論述を省略した。

4　そして、この問題提起を真剣に受け止めて、宗岡嗣郎博士の一連の研究が遂行されている。註 (6) 引用文献のほか、『リーガルマインドの本質と機能』、『犯罪論と法哲学』など。

5　この問題の指摘と意義を提示した先駆者として、水波朗、ホセ・ヨンパルト、三島淑臣がいる。ここでは、三島（「第二章　自然法論」26 頁）の次の簡潔な一文を引用しておく。「自然法論とは、一般に、自然法もしくはそれと本質的に同類のものの存在を認め、それについて人間が認識すること——少なくとも認識的接近をなすこと——が可能かつ必要であると主張する理論的立場ないし思考態度である。」。尚、拙稿「メスナーの伝統的自然法論」『社会と倫理』第 30 号、2015 年、特に「初めに」及び第一章を参照されたい。

6　尤も、これとても先入見に囚われていれば、何か権利獲得のための意識的、利害関係的、政治的政争の結果に過ぎぬものであって、何らそれ以前に厳然として存在したのだ、とは認めない多くの論者が後を絶たないとは予想されるが。プライバシーの権利についての先駆的な重要文献として、伊藤正己『プライバシーの権利』（岩波書店）がある。宗岡博士は、「あらたな権利」は本来的には「あらたな権利の発見」と表現されるべきという。「大切なことは『あらたな権利の発見がありうる』ということの意味をあらためて認識することだろう。このことは、実は、ある時点において実存の利益を保障していた実定法規が他の時点において実存の利益を侵害するものに変化しうるということを示しているのである。実定刑罰法規が倫理的形成機能をもつのかが考察の対象となる場合、単に『国民の行動パターンの変更』の有無というところに矮小化されてはならないことを確認しておくべきであろう。実定刑法はけっして『ソーシャル・コントロール』の手段ではありえないのである。」（『法と実存』168 頁）

7　拙著『ヨハネス・メスナーの自然法思想』第一章第三節（85-92 頁）でも論じてお

註　81

いた。

8　三島『法思想史』228 頁。

9　三島「第二章　自然法論」29-30 頁。

10　三島「第二章　自然法論」32 頁。

11　三島「第二章　自然法論」35-39 頁。

12　三島『法思想史』228 頁。山田晟博士の名著の誉れ高い『法學』（東京大学出版会）もその例に漏れず、曖昧な記述になっている。

13　三島『法思想史』91 頁。水波朗『ホッブズにおける法と国家』は更に深い根源的視角から論じている。

14　メスナーが自然法の存在を自然法の作用様態から考察すべきこの重要性を、晩年にことのほか重視強調したことについて、拙著『ヨハネス・メスナーの自然法思想』55 頁註（42）、86-87、308 頁を参照されたい。

15　„Natura enim uniuscuiusque rei ex eius operatione ostenditur.“（*Summa Theologiae*, Ⅰ, Qu. 76, art. 1.）

16　Jacques Maritain, *Three Reformers*, 1970, pp. 53ff. 水波朗『ホッブズにおける法と国家』1987 年、37 頁。これに関連して水波『トマス主義の法哲学』（1987 年)375-376 頁に及ぶ註（1）が詳しい。尚、長年ハイデガーに拘り続け、近年ニーチェ、ハイデガーの構想に即して「反哲学史」として哲学史を説き始めた木田元中央大学名誉教授は、マリタンとは説明の仕方が多少異なるが、興味深い次のような認識に到達した。「人間理性の明確な認識になりうるもの、人間理性がその何であるか（本質存在）を明確に認識しうるものだけが、その現実存在を保証されることになります。こうして、当時の知識の混乱のなかで実に多義的に用いられていた『存在する』という言葉に、『理性の明確な対象でありうること』というまったく一義的な意味が与えられることになりました。ということはつまり、もし世界なるものが存在者の総体を意味するとすれば、この世界にいったい何が存在し何が存在しないかを決定するのは人間理性にほかならない、ということです。そして、当然そのような決定権をもつ理性そのものは、他の存在者と同じ意味では『（世界のうちに）存在する』とは言われえないことになります。その意味で人間理性は、それ自体は世界を超越し、しかも世界そのものをあらしめている形而上学的――後世の用語を借りれば『超越論的』――原理の座を占めるわけです。」（『反哲学史』2000 年、147-148 頁）。又、近刊『わたしの哲学入門』では、労苦の末に了解できるようになったと告白され、デカルトの理性は我々日本人に理解が極めて困難であるのは、それが「神的理性の出張所のようなもの」（286、381 頁）だからであると率直に説かれる。

17　この問題点については、宗岡嗣郎『法と実存』第一章、特に 10 頁以下の論述が有益かつ明快である。特に、16 頁を参照。

18　人間を「理性的動物」animal rationale と定義する従来の見解を否定する趣旨ではないが、メスナーはより現実に即した「文化的存在」Kulturwesen と人間を規定する（J. Messner, *Kulturethik*, Kap. 68（S. 336-344）, bes. S. 342.）。そして、これは人間の「創造

82　第2章　家族と自然法

的本性」と緊密に関係する。J. Messner, *Johannes Messner Ausgewählte Werke*. Band 4：
Widersprüche in der menschlichen Existenz, S. 116-129.

19　Hideshi Yamada, „Kultur als Gemeinwohl und Gemeinwohl als Kultur", in：Verein zur
Förderung der Psychologischen Menschenkenntnis（Hrsg.）, *Bonum commune—Ethik in
Gesellschaft und Politik*. Zürich 1999, S. 45-51.

20　Thomas Aquinas, *Summa Theologiae*, Ⅰ-Ⅱ, Qu. 90, art. 2；Ⅱ-Ⅱ, Qu. 65, art. 2. Zur
Bezeichnung „vollkommene Gesellschaft" siehe Karl-Heinz Peschke, *Christliche Ethik.
Spezielle Moraltheologie*, S. 630f.

21　J. Messner, *Das Naturrecht*, S. 181, 183, 216f., 725, 727, 777ff..

22　加藤新平『法哲学概論』も、トミストとは異なる立場から、徹底した思索の末にほ
ぼ同じ見解を提示している。

23　J. Messner, *Kulturethik*, S. 152.

24　J. Messner, *Das Naturrecht*, S. 34.『自然法』17-18頁。

25　但し、ここに言う「理性」は、前述した所から充分予想されるように、デカルト的
な天使的理性ではない。のみならず、意識化的・対象化的・概念的に認識する理性に
限定されず、より広く深く本性と融合したままでの前意識化的・非対象化的・前概念
化的に認識する理性をも含む。尚、傾動素質は、完全に一致する訳ではないが、例え
ば、孟子における四端（惻隠の心、羞悪の心、辞譲の心、是非の心）のようなもので、
それが充分発揮されて成長すれば、やがて四徳（仁、義、禮、智）が生ずるようなも
のである。拙稿「孟子、共同善、洞見知」45-53頁。本書299-307頁。

26　このメスナー流の説明は、同じカトリック自然法論者の間においても、しばしば誤
解された。例えば、同じオーストリアの自然法論者であるシュメルツによってもそう
であった。拙著『ヨハネス・メスナーの自然法思想』228-229、特に221頁。

27　詳細は、拙著『ヨハネス・メスナーの自然法思想』222頁以下、及び、J. Messner,
Kulturethik, S. 157. J. Messner, *Das Naturrecht*, S. 42.『自然法』27頁を参照されたい。
Rudolf Weiler, Die „existentiellen Zwecke" im Verständnis von Johannes Messner, in：V.
Zsifkovits u. R. Weiler（Hg.）, *Erfahrungsbezogene Ethik*, Berlin 1981.

28　J. Messner, *Das Naturrecht*, S. 55.『自然法』39頁。

29　拙著『ヨハネス・メスナーの自然法思想』第一章第四節（93-112頁）、特に、107頁
以下を参照されたい。Alfred Verdross, *Abendländische Rechtsphilosophie*, 2. Aufl. 1963,
S. 282ff.

30　近年の研究によれば、(1)ゲルマン時代に「法の発見」や「判決の発見」という語は
みられないこと、(2)「判決」、「判決する」という語が史料上出現するのは800年より
も少し前であること、(3)その際「判決はjusに従って発見された」という形で史料に
出現するが、(4)この場合の „jus" は客観的・抽象的な法を指しておらず、「発見され
た」のは「判決そのもの」（判決発見の正しいやり方ないし手続）だったとされると
の由である。K・クレッシェル（石川武訳）『ゲルマン法の虚像と実像』創文社、「三
『法発見』―或る近代的観念の中世的基礎」105頁以下。

註　83

31　Thomas Aquinas, *Summa Theologiae*, Ⅰ‐Ⅱ, Qu. 90, art. 4.

32　星野英一『民法のすすめ』第 1 章。星野教授は、「法」と「法律」の区別の根拠を、語源の側面からと、理論上の便宜という側面から、説く。前者に関連して、近代法学に至って「法」と「法律」との同一視という事態が生じた。かくして、「法」は、「発見されるもの」から「作られるもの」という観念へ移行する。そして、これは国家主権の概念の確立と表裏一体をなす。そこでは、主権者によって作られた法、詰り、「法律」のみが「法」であるということになる。その実、近代に特有の歴史的相対的な見方に過ぎないことが、説かれている（15-22 頁）。小山昇『民事訴訟法［新版］の「まえがき」（3-5 頁）では、「条文」と「それにより表現されたもの」とが区別されるべきことが指摘され推奨されている。本文でいう「法律」と「法」の区別に相当する。そして、この表現されたもの、即ち、法がどういうものであるかを知る作業、これを法の「解釈」と呼ぶ。「法は人の具体の共生状態において存するものであるから、そのような具体の事実と密着している。ところが法典の条文はいくつかの具体的な事実を抽象的な型の中におさめて、この型に密着して語っている。つまり、条文の法は現実の法よりも抽象度が高い。他方において、条文の法はある時点において立法機関がこれが法であるとして定立したものをその内容とするものである。しかし、現実の法は時とともに変化するものである。／抽象度のより高い条文を解釈して抽象度のより低い現実に即した法の規定を認識するという作業は、抽象度が高いがゆえにいくつかの解釈が可能であるところを、現実に即して法を認識することによって、その可能なことのなかから一つをきめることであることになろう。」

33　小嶋和司『憲法学講話』第一講、及び、第二講を参照されたい。

34　それ故に、個人的存在側面のみを過度に強調して社会的存在側面及びその展開である社会並びに共同体の独自性を否定する見解も、個人を社会的諸関係に解消して社会並びに共同体を過度に強調して実体視するする見解も、双方ともに人間存在の全現実を見損なっていると私は考える。

35　J. Messner, *Das Naturrecht*, S. 150.『自然法』158 頁。

36　J. Messner, *Widersprüche in der menschlichen Existenz*, S. 253-295.

37　J. Messner, *Das Naturrecht*, S. 156.『自然法』166 頁。

38　拙稿「ロールズ正義論と伝統的自然法論」『社会と倫理』第 19 号、2006 年、57-72 頁。

39　安田三郎編著『基礎社会学　第一巻：社会的行為』内の安田教授執筆箇所［第一章　行為の構造、第二章　行為者としての個人、第三章　行動文化］を参照されたい。尚、拙著『ヨハネス・メスナーの自然法思想』192 頁以下の批判的記述をも併せて参照されたい。

40　尤も、数少ない用例として、メスナー自身が「社会化」ないし「国有化」という意味で Vergesellschaftung を用いている箇所が確認できない訳ではない。それは、Rerum novarum に関連する文脈で大凡次のように語られている。「ところで、労働者問題解決を図るためには、生産手段に対する特別所有権の制度的承認が不可欠であり、

84　第2章　家族と自然法

従って、社会主義の主張とは反対に、特別所有権の社会化乃至国有化は賃金労働者を害することになる。そればかりか、天賦の権利をも侵害する（RN, 4, 5, 35）。要するに、社会化 Vergesellschaftung は、労働者から財産形成の可能性を奪い、相続可能な財産を通じての将来への家族の備えを家族から奪うものでしかない」（J. Messner, *Die Magna Charta der Sozialordnung*, S. 9）。

41　方法論的な自覚をかなり強く有する Ludwig von Wiese フォン・ヴィーゼを論じるなかで、メスナーは次のように語っている。「我々は、以下の諸章において、社会はなるほど全体（的なもの）Ganzheit であるが、だからといって実体 Substanz ではないことを、そして同様に社会的形象態は現実に固有な存在 wirkliches Eigensein を有しており、それ故に『虚構』Fiktion でないことを、示したいと考えている。フォン・ヴィーゼに関する我々の否定的な評価は、彼自身によって主張された経験科学としての社会学の方法論上の厳密さに反する限界踰越に向けられているのであって、この領域で彼の研究と労苦の豊かな収穫に向けられているのではない。」（J. Messner, *Das Naturrecht*, S. 174f.『自然法』184 頁。）

42　門脇厚司『子どもの社会力』61 頁。

43　J. Messner, *Das Naturrecht*, S. 529-546.『自然法』559-576 頁。この箇所の長い論述は、1966 年刊行の第 5 版で初めて登場した。

44　門脇『子どもの社会力』64 頁。

45　門脇『子どもの社会力』64 頁。

46　門脇『子どもの社会力』68 頁。

47　門脇『子どもの社会力』70 頁。

48　矢部貞二『政治学』17 頁。

49　矢部『政治学』18 頁。

50　矢部『政治学』48 頁。

51　矢部貞二『政治学入門』16 頁。

52　J. Messner, *Das Naturrecht*, S. 841.『自然法』892 頁。

53　Franz Martin Schmölz, Staatsethik oder politische Ethik, bes. S. 216.

54　J. Messner, *Das Naturrecht*, S. 664.『自然法』702 頁。訳文はメスナーによる独訳から。原英文は次の通り。„The coexistence of several nations under the same state is a test as well as the best security of its freedom. It is also one of the chief instruments of civilization；and, as such, it is in the natural and providential order, and indicates a state of greater advancement than the national unity which is the ideal of modern liberalism."

55　拙稿「共同善と補完性原理―伝統的自然法論の立場から―」『社会と倫理』第 20 号。本書第 4 章。

56　„Wir können daher definieren：Der Staat ist die mit höchster Herrschaftsgewalt ausgestattete Gesellschaft eines auf bestimmtem Gebiete seßhaften Volkes zur allseitigen Begründung seines Gemeinwohls."（J. Messner, *Das Naturrecht*, S. 727.『自然法』763 頁。）

57 その浩瀚な体系書『法哲学概論』（306頁）において、加藤新平博士は、「法の暫定的な定義」として次のように定式化した。

「法は全体社会を基盤として存立し、正義実現の要求のもとにたつ所の、強要的、外面的、一般的な社会規範であって、典型的には、その全体社会における組織的強制——或いは少なくともその萌芽形態としての、社会的に是認された一定の定型的強制——を、その効力保障手段としてもつ所のものである。」

上記の定義から我々は何を解読することが可能であろうか。大凡は上記体系書の解説（306-427頁）に即しつつ、一つのサンプルとして以下にそれを試みてみよう。

先ず、前半の「法は全体社会を基盤として存立し、正義実現の要求のもとにたつ所の、強要的、外面的、一般的な社会規範であって」を検討してみる。

①法は「社会規範」である。それも社会秩序を樹立しこれを支える社会規範である。勿論自然界の存在秩序とは区別される人間界の秩序を規制する社会規範がここで問題となるのであって、この秩序樹立と維持に法は特別の役割を果たしている。

②規範について少しく述べておかねばなるまい。存在世界で見られる整合性・規則性を指して自然法則ないし存在法則と呼ぶならば、社会事象を制約する諸法則もこれに含ましめられる。他方、そうあるべきだとか、そう行為すべきだということを要求する「当為」の法則が規範（規範法則）である。当為の内容としては、直ちに命令及び禁止が想起されるであろう。しかし、それに止まらず、法規範の指図は、命令・禁止の外に更に許容や権限ないし権利の付与が認められる。

③価値は、一般的に評価主体により事実上望ましいものとして欲せられ、又、望まれるべきものとされる或る存在（事態）の或る一定の性質・関係・状態について、当該存在の欲せられ、望まれるべきとされる所の、一定の相、一定の様態が一般的抽象的に観念されたものである。従って、一般に価値あるものは欲せられるべきものであるが、逆に欲せられざるべきものも価値があると言わねばならない。但し、それはマイナス価値のものであり、法規範との関係でいうと、不法な行為や犯罪とされる（べき）行為である。当為は何らかの価値を予想しており、逆に、価値は価値として承認され又は実現されるべきものという当為性を備えている。かくして、規範は、この不可分の結合関係にある価値・当為の実現のための準則であり、規範のもつ承認・遵守の要求という性格は一つの当為的事態を意味している。因みに、刑法学で「行為無価値」、「結果無価値」と一般に無自覚的に用いられている原語は Handlungsunwert, Erfolgsunwert であって、従って、価値が「ない」のではなく、逆に価値が「ある」のである。但し、マイナスの値の価値がある。それ故に、「反価値」と訳出する方が原意に近い。

④当為法則としての法規範は、社会規範である他のものから如何なる仕方で区別されるであろうか。ここでは主に道徳（乃至倫理）との関係でこれを考えてみる。法が規制するところの対象は人間の社会的行為であるが、人間の行為はその全体で眺めるならば、内外両界の統一である。即ち、それは或る心的な状態・過程が身体的の動作を通して外部的に表現されたものである。こうした行為を通して人は人間関係、社会関係を結ぶ訳であるが、その内でも法は主として行為の外的な側面に注目してこれ

86 第2章 家族と自然法

を然るべく規制する。この点で、法は行為主体の当該行為の内面にも関心を充分払い、行為を規制誘導する道徳と異なる。法の外面性、道徳の内面性といわれる問題側面である。ニュアンスは異なるが、法の他律性と道徳の自律性という論者もある。何れにせよ、法も行為者の内面に全く関知しないなどというのではなく、「故意に」「過失によって」、「悪意で」「善意で」のような法文に認められるように、これらをも重要な意味を担う要件として取り上げている。

　法は、外面的社会規範として、社会制度の形成維持に役立っている。制度は、何らかの社会目的実現に好都合なように、人々の採るべき行動の型が指示され組み合される、そのメカニズム、仕組みを言う。

⑤法の名宛人は、聖人君子などではなく、世間一般の関心に突き動かされて生活を送る傾向のある平均人であり、通常人である。言い換えると、平均的な人間が法の前提している人間像である。藤木英雄博士の『新しい刑法学』は、これを特に意識して執筆されたものである。勿論、一般化・類型化した名宛人と言っても、それぞれの法目的に応じた仕方での類型化がなされる。例えば、一般市民を予定する民法、商人にこれを特化させている商法、或いは又、使用者・労働者とか、一般民と公務員とかの区別・範疇を設けながら、法はその社会生活の秩序付け作用を果たす。

　尚、ケルゼンの如きは、法を規範として捉えながら、それを必ずしも「一般性」と結び付けて考える必要はないとし、一回限りの個別的規範（例えば、裁判官の決定など）も又法であるとする法段階説を説いた。しかし、判決が「法を適用して」下されることを素直に受け止めるならば、やはり判決の類は、それ自身が法であるとは言い難いであろう。詰まり、それ自身もまた法秩序全体を構成しはするが、法は一般規範であると考えるのが適切無難であろう。

⑥「全体社会を基盤として」というのは、法の存立と作用を保障する基盤としての社会、即ち、法の生命を窮極において支えている社会を指しており、その社会において法が語られ得ることを意味している。解り易く言えば、厳密な意味での法は国家法に限られるのか、それとも多種多様な部分社会にも法が存在するのかという問題に関連する。この外にも実は近代の国家、所謂主権国家に限らない「全体社会」が想定されるのであって、上掲の法の定義はこれを予想する。若し国家を近代的な主権国家と同一視して考えるならば、近代以前にも当然のことながら、社会秩序を樹立し維持存立せしむる「法」は存在した訳であり、それ故にこの場合は国家説を退けて、全体社会説を採用しなければならない。これは、「社会ある処に法あり」Ubi societas, ibi ius という場合の「社会」societas は何かという問題である。

　次に、定義の後半「典型的には、その全体社会における組織的強制——或いは少なくともその萌芽形態としての、社会的に是認された一定の定型的強制——を、その効力保障手段としてもつ所のものである。」について述べる。

⑦法は、社会秩序樹立及び維持規範としての重要な役割を担うものであるが故に、その遵守が公的に強要されるところの社会規範である。この「強要性」は、法規範の指定する一定の行為の指図が、受範者（規範の名宛人）たる法共同体成員によって必ず

遵守されるべきであるという要求を意味する。即ち、強要性は「べし」という当為の問題である。しかし、法は強要される性格を有すると同時に、更に現実に強要・実施される見込みがなければならない。これが「強制性」の問題であり、法を強要する社会にはこの意味での強制が伴わねばならない。即ち、法は「実効性」を有しなければならない。これは「あり」という存在の問題である。要するに、法の強要性と強制性は、法の「当為」と「存在」の両側面を表している。

⑧さて、全体社会における法の実現が確実に行われ見込まれる場合、そのためには当然に、その効力保障手段が何らかの形で定型的に確立されている必要がある。これは近現代社会においては勿論のこと、そこに於いてのみならずそれ以外の社会においても見出される。典型的には裁判制度であり、その中身を成す具体相は千差万別ではあるが、刑罰の内容及び手続・執行、民事における法律要件と効果及び手続・強制執行などの定型化された形を採って、法の効力保障手段が存在している。

　以上、加藤新平博士によって与えられた法の定義を手掛かりに、その諸要素に即して博士自身の見解を解説してきたが、勿論、法の定義にはこの外にも無数の定義があり得る。しかし、核心的な点については、それほど大きく異なることはないであろう。

58　J. Messner, *Das Naturrecht*, S. 725.『自然法』762 頁。

59　Arthur Fridolin Utz, *Sozialethik*, Ⅲ. Teil : *Die soziale Ordnung*, Achtes Kapitel, bes. S. 199-210.

60　本書第 3 章「共同善、社会、国家」を参照。

61　ジャン・ダバン（水波朗訳）『国家とは何か』69-165 頁。

62　ダバン（水波訳）『国家とは何か』109-148 頁。

63　ダバン（水波訳）『国家とは何か』89-109 頁。

64　水波朗『法の観念』165 頁以下。

65　「補完の削減」（subsidiäre Reduktion）としてこれを重視するのは、ローター・シュナイダーである。Lothar Schneider, *Subsidiäre Gesellschaft—Erfolgreiche Gesellschaft*, 3. ergänzte Aufl., Paderborn 1983.

66　このことの詳細に関しては、哲学及び倫理学並びに社会諸科学と本性適合的認識について論じた、水波朗『自然法と洞見知』「第三章　自然法における存在と当為—ヨハネス・メスナーの倫理学体系に即して—」を参照されたい。

67　江原昭善『稜線に立つホモ・サピエンス』265 頁、註（3）。「進化の考え方が行き渡るにつれて、その影響はまず自然分類学を直撃し、系統発生学や系統分類学となった。そのような影響から、進化的研究といえば系統の解析や起源の探求が主流になった。J・ハックスリー（1887-1975）は、このような風潮のなかで改めて、生物進化には以下のように 3 パターンがあることを強調した。」そのパターンが、進化学者 Rensch の命名によるもので、身体構造の改善進化、あるいは主要機能の完成を目指す進化を指す「向上進化（アナジェネシス）」、ある系統種が枝分かれして、新しい種へと進化する現象を指す「分岐進化（クラドジェネシス）」、ハックスリーの命名によるもので、分岐進化して生じた種が、向上進化その他の進化を遂げることなく、長期にわたって

88 第2章 家族と自然法

安定的に生存する現象を指す「安定進化（スタシジェネシス）」に分かたれる。例え
ば、人類の起源といった場合、分岐進化では「系統上どの化石が最古の人類か」を問
い、向上進化では「どの時点で人類のレベルに達したか」が問題になる、という。

68　カテゴリー・エラーに対する警戒は、江原博士の近著でも健在である。江原『稜線
に立つホモ・サピエンス』「Ⅳ　人間の深層を探る」（139-164 頁）、特に、153-154 頁。
その外、137-138 頁。

69　江原昭善『人類の起源と進化』41 頁以下。

70　哺乳類のうちでサル類においてのみ樹上生活をする間に発達した両眼視による世
界の立体視と色覚とが獲得されたことについて、河合『人間の由来』上巻、256 頁以
下を参照。

71　江原『人類の起源と進化』41-48 頁。

72　江原『人類の起源と進化』85-88 頁。

73　直立二足歩行に関連して、山際寿一博士は、スティーヴン・マイスンを参照しつつ、
次のように語っている。「直立二足歩行は、咽頭を下げて発声機能を拡大したと同時
に、メロディックな音を出せるように声帯を変化させた。同時に自由になった手や腕
で音楽的な表現ができるようになり、他者と共鳴しながら身体で音楽を感じられる
ようになった。現代人はみな絶対音感をもって生まれてくる。しかし、言葉が話せる
ようになるとこの能力は消え、多くの人は相対音感になる。なぜなら、話し手の音の
高低によって意味内容が変わってしまっては会話が成り立たないからだ。どんな高
さの音で話しても同じ単語を認識できるように、成長に沿って変わるようにプログ
ラムされているのである。おそらくネアンデルタール人は、絶対音感で音楽的なコ
ミュニケーションを多用しながら暮らしていたのではないか、とマイスンは推測し
ている。彼らは言語に必要な装置をすべて揃えていたのに、現代人のような言葉を話
さなかった。それは共同の歌やディスプレイのための踊りとして使われたのである。
言語によって三つのモジュールが連結されておらず、認知的流動性が生じなかった
ために、ネアンデルタール人の社会は分化せず、きわめて保守的だった。獲物に合わ
せて専用の狩猟具を製作することも、用途に合わせて多様な生活用品を考案するこ
とも、人間関係に合わせて装身具で身を飾ることもできなかった。おそらく集団同士
の協力関係もなく、交易も発達していなかったと考えられる。」（『人類進化論』169-
170 頁）

74　江原『人類の起源と進化』82-83 頁。

75　江原『人類の起源と進化』82 頁の図 5・2 参照。

76　江原『人類の起源と進化』「第Ⅵ章　人類の起源探究の軌跡」を参照されたい。

77　江原『人類の起源と進化』98 頁。

78　河合『著作集第三巻　森林がサルを生んだ』。河合『著作集第七巻　サルからヒト
への物語』39 頁。

79　河合『著作集第七巻　サルからヒトへの物語』41-42 頁。

80　河合『著作集第三巻　森林がサルを生んだ』45 頁。また、同書、220 頁には次の如

く見える。「現在でも、地球上に森林が三二パーセントくらいあるといわれているんですけれども、ずいぶん耕地化したあげくがそうですから、大昔はほとんど森だったと考えてよい。／ところが、この森を自分のすみかにした哺乳類はものすごく少ない。むしろサルだけといっていいかもしれません。」

81　河合『著作集第七巻　サルからヒトへの物語』42頁。

82　河合『著作集第七巻　サルからヒトへの物語』44頁、同『人間の由来』上巻、34頁。

83　河合『人間の由来』上巻、34頁以下。

84　河合『人間の由来』上巻、39頁以下。

85　河合『人間の由来』上巻、44頁。

86　河合『人間の由来』上巻、55頁以下。

87　フルーツは、植物にとって、ある意味で、即ち、種（たね）の散布という点において、食われた方がいい。しかし、他方では、フルーツの中の種を食べられるのは困る。そこで、植物は、果実は美味しくし、種は有毒にしたり、又は、その殻を堅くした。河合『著作集第七巻　サルからヒトへの物語』48頁。尚、河合『人間の由来』上巻、76頁以下も参照されたい。

88　河合『人間の由来』上巻、65-67頁。

89　河合『著作集第七巻　サルからヒトへの物語』48頁。

90　河合『著作集第七巻　サルからヒトへの物語』49頁。

91　河合『人間の由来』上巻、67頁。

92　河合『著作集第七巻　サルからヒトへの物語』51-52頁。

93　河合『人間の由来』上巻、119頁。

94　サルの食物の多様さの理由として、①毒性物質の拡散［つまみ食い］、②栄養のバランス［栄養的ホメオスタシス］、③嗜好と文化、④食物資源の管理、⑤食物の季節性が挙げられている。これにつきより詳しくは、河合『人間の由来』上巻、119-131頁を参照。

95　河合『人間の由来』上巻、131-138頁。

96　河合『人間の由来』上巻、138-143頁。「サバンナには、鋭い棘をつけた木がたいへん多い。サバンナの遊牧民は、この木を家の周囲にめぐらして防御壁をつくるが、原初人類がこの方法を用いて肉食獣の侵入を防ぐのに役立てたということも、不自然なスペキュレーションではない。／このように自然物を巧みに利用し、また多少の細工をして、夜の安全を確保できる根拠地を行動域の中に数カ所設定する、という方策をとることが必要になってくる。こうして原初人類は、これらの根拠地から根拠地へ移動し、根拠地を中心にした採食活動をしていたと思われる。つまり、遊動型からいえば、根拠地型の遊動生活が、彼らの基本的な生活様式だといえるのではないだろうか。」（同書、143頁）

97　一二例を挙げてみると、サルたちの一日の活動様態を、生活の時間配分、移動距離等によって比較考察するとか、類人猿と狩猟採集民のアクティヴィティーを比較検討するなど（『著作集第七巻』146-172頁）。或いは又、サル類の形態学的特徴は、特

90　第 2 章　家族と自然法

殊化した形質が少なくて、一般的形質を保持しているということの意味の指摘と考察など（同書、123-126 頁）。

98　河合『人間の由来』下巻、381 頁。河合『人間の由来』上巻、99-101 頁。

99　河合『著作集第三巻　森林がサルを生んだ』、410 頁。詳細は、河合『人間の由来』上巻、82-116 頁。

100　河合『人間の由来』下巻、382 頁。

101　河合『人間の由来』下巻、383 頁。

102　河合『人間の由来』下巻、383 頁。

103　河合『人間の由来』上巻、87 頁。大型のサル、即ち、大類人猿は樹上生活をする場合（枝渡りの際）常に大きな体重を支えなければならないため、過度の力が指にかかるため、その指は屈曲した形で以て固定されたため、地上に降りて歩行するときもこれが影響して（いわば災いして）、ナックル・ウォーキングをするようになったと考えられる。即ち、ナックル・ウォーキングはサルからヒトへの進化の途中経過の段階にある歩行様式であるとは考え難いということである。（河合『人間の由来』下巻、383 頁）。

104　河合『人間の由来』上巻、86 頁以下。

105　河合『人間の由来』上巻、86-91 頁。

106　河合『人間の由来』上巻、90-91 頁。

107　「昔はゴリラやオランウータンも、現在よりずっと広い地域に住んでいた。……オランウータンは、今はスマトラとボルネオに局在しているが、化石の出土状況から判断すると、中国にも広く分布していたことがあり、古い時代には東南アジア全域に生息していたのであろう。」（上巻、92-93 頁）。

108　河合『人間の由来』上巻、94 頁。

109　河合『人間の由来』上巻、96 頁。

110　河合は、「肉食という食性は、潜在的にサル類に広く認められる性質であって、それがチンパンジーにおいて開花した」という。（『人間の由来』上巻、109 頁）。

111　河合『人間の由来』上巻、113 頁。

112　「協同作業と肉食」、「集団統合のための社会システム」、「インセスト・タブー」（これについては、後出註（120）を参照）の問題などが考えられる。

113　河合『人間の由来』下巻、13-14 頁。

114　河合『著作集第七巻　サルからヒトへの物語』249 頁。

115　河合『著作集第七巻　サルからヒトへの物語』250 頁。

116　河合（『人間の由来』下巻、15 頁）によると、「今西錦司は生物社会学を基礎にふまえ、霊長類学の立場から巧妙な家族の定義を与えた。」これに多少の改変を加えたのが河合博士の家族の定義である。尚、家族の定義を巡るより詳しい考察は、同書下巻において展開されている。

117　河合『著作集第七巻　サルからヒトへの物語』250 頁。

118　河合『著作集第七巻　サルからヒトへの物語』250-255 頁。

註　91

119　河合『著作集第七巻　サルからヒトへの物語』251頁。

120　インセスト・タブーに関しては、従来から観念的に論じられることが多かったが［家族起源論やインセスト・タブーに興味をもって考察した人のすべてが、人間と動物を峻別し、人間優位の考え方に固執して、そこから自説を展開しただけであったが］、日本のサル学者らによる精力的で時間のかかる地道な共同研究などによって、明らかにされてきた。「重要なことは、インセストの回避は、けっして人間社会にのみ見られる特有な現象ではなく、サル類にも同じく普遍的に見られる現象だということである。この事実から、重要な仮説が導きだされる。つまり、人類社会に見られるインセスト・タブーは、サル類社会に普遍的な現象であるインセスト回避の延長として、社会進化の系譜の中で理解すべきだということなのである。」（『人間の由来』下巻、23頁）。河合『著作集第三巻　森林がサルを生んだ』421-422頁。

121　河合『著作集第七巻　サルからヒトへの物語』251-252頁。

122　河合『著作集第七巻　サルからヒトへの物語』252頁。人間社会でいえば、「家族が集合した村」がそれに該当する。

123　河合『著作集第七巻　サルからヒトへの物語』252-254頁。

124　河合『著作集第七巻　サルからヒトへの物語』253頁。

125　「父親というのは、家族ができると同時にできた。……哺乳類の起源というのは、だいたい一億五〇〇〇万年とか二億年前といわれますね。だから哺乳類の母親というのは、二億年前くらいから地球上にあったという古い歴史をもっている。／母親というのはひじょうに生物学的な存在です。それから、もちろん社会的な存在です。父親ができたのは――人間がいつ生まれたかわかりませんが、たかだか四〇〇万年くらいですね。……もちろん、ごく最近といっても、四〇〇万年前というのはかなり前のことですが、生物の長い進化の歴史からいえば、わりと最近といってもよいわけです。父親は新しく人類によってつくられてきたものだから、徹底的に社会的な存在だということができます。／われわれは、父親と母親とは同時にできた、まったく同じレベルのものだと思っていますけれども、実は生物社会の進化という見方でみますと、まったく異なった存在だといっていいと思います。」（河合『著作集第三巻　森林がサルを生んだ』416頁）。

126　河合『著作集第七巻　サルからヒトへの物語』253-254頁。

127　河合『著作集第七巻　サルからヒトへの物語』254頁。本来そうあるべきだと思うが、こうした事実を知らされたこともあって尚更のこと、私は子供や幼児の面倒をなるべき積極的にみるように心がけてきている。それをしないようでは、ゴリラにも顔向けできない類のヒトに成り下がってしまうだろう。育児に父親はきちんと関与すべきだと思う。

128　河合『著作集第七巻　サルからヒトへの物語』253頁。少し長くなるが、江原博士の著書から関連箇所を紹介しておく。性行動の変化と家族を論じている段落で、サル類に見られる発情周期と交尾季がヒトの場合脱落して、より適切には恒常的になって、ヒトの生活形態に大きな変化がもたらされたことが描かれている。「サル類とく

92 第2章 家族と自然法

にチンパンジーなどでも、少なくとも母としての育児の期間中はメスであることを
止める。しかし発情季が恒常化したことは、母であると同時にメスとしても振舞える
ための前提条件であり、育児期間とは無関係にオスを受け入れることができるよう
になり、特定のオス・メスの配偶関係は、いっそう強化されるようになった。その場
合、オスは配偶関係のほかに、母—子関係を保護し、子には狩りの技術の伝承や教育
をほどこし、単なる生物学的なオスではなくはじめて社会的な父としての振舞いを
発達させた。このようにして生じたらしい単位集団としての人間家族は、血縁集団と
してまとまり、それはさらに地域集団として統合された。／家族の出現を日常的感覚
から考えると、まず新しい配偶関係が成立し、やがて子供ができ、育児が始まる。だ
から核家族はまず配偶関係、つまり、特定のオスとメスの永続的な結びつきから出発
するものと考えたくなる。しかし、霊長類全体をみくらべると、むしろ『母子関係に
オスがどのようなかたちで関与しているか、その関与の仕方によってはじめて、生物
学的オスが社会的な父の性格をもつことができる』と考えた方がよいように思われ
る。つまり核家族の第一要因は、進化史からみると、配偶関係よりも母子関係が先行
するというわけである。事実、サル類のなかには、常にオスのレベルにとどまり、つ
いに（社会的な）父のレベルには達しない連中も、たくさんいる。ところが哺乳類で
あるかぎり母子関係は、期間に長短のちがいはあってもかならず存在し、メスは一定
期間はかならず（社会的な）母として振舞う。このように母子関係の存在が哺乳類の、
もっとも基本的な特徴であるならば、母子の歴史は一億年近い実績をもつわけで、そ
れにくらべると父親の歴史はせいぜい三〇〇〜四〇〇万年にすぎないということに
なろう。つまり母子の歴史の三〜四パーセントの厚みしかないわけだ。」(江原昭善『人
類—ホモ・サピエンスへの道［改訂版］』193-194頁)。尚、註(197)をも参照。

129 河合『人間の由来』上巻、222頁以下。

130 河合『人間の由来』上巻、234頁以下。

131 河合『人間の由来』上巻、174-213頁。

132 河合『人間の由来』上巻、216-234、263-277頁。

133 河合『著作集第三巻 森林がサルを生んだ』142-153頁。

134 河合『著作集第三巻 森林がサルを生んだ』152-153頁。

135 河合『著作集第七巻 サルからヒトへの物語』255頁。詳細は、河合『著作集第三
　　巻 森林がサルを生んだ』88-140、194-207頁。

136 森岡清美『現代家族の社会学』13頁。

137 森岡・望月共著『新しい家族社会学』三訂版、3頁。

138 森岡・望月共著『新しい家族社会学』四訂版、4頁。

139 森岡『現代家族の社会学』21頁。

140 望月『家族社会学入門』3頁。

141 望月『家族社会学入門』39頁。

142 詳細は、森岡『現代家族の社会学』37頁以下、望月『家族社会学入門』3-4頁。

143 大橋薫「家族機能の変化」(森岡監修『家族社会学の展開』所収)。

註　93

144　大橋「家族機能の変化」165 頁。

145　Johannes Messner, *Die soziale Frage*, 6. Aufl., Wien 1956. J. Messner, *Das Naturrecht*, I.
Buch. Grundlegung, VI. Teil. Das Versagen der gesellschaftlichen Ordnung：Soziale
Frage und soziale Reform.『自然法』第一巻 「基礎、第四部　社会秩序の失敗―社会
問題と社会改革」。

146　大橋「家族機能の変化」166-167 頁。

147　大橋「家族機能の変化」167 頁。

148　大橋「家族機能の変化」168 頁。

149　大橋「家族機能の変化」168-169 頁。

150　大橋「家族機能の変化」169-170 頁。

151　大橋「家族機能の変化」172 頁。

152　大橋「家族機能の変化」173 頁。

153　大橋「家族機能の変化」173-174 頁。

154　大橋「家族機能の変化」174-179 頁。

155　大橋「家族機能の変化」178 頁。

156　大橋「家族機能の変化」178-179 頁。

157　Karl-Heinz Peschke, *Christliche Ethik. Spezielle Moraltheologie*, S. 435-629；Joseph
Kardinal Höffner, *Christliche Gesellschaftslehre*, 8. erw. Aufl., S. 81-129.

158　J. Messner, *Das Naturrecht*, Kap. 13.『自然法』第十三章。

159　J. Messner, *Das Naturrecht*, Kap. 69.『自然法』第六十九章。

160　フルキエ『哲学講義』第 4 冊、412 頁。

161　社会回勅『レールム・ノヴァールム』第 6 番。

162　社会回勅『レールム・ノヴァールム』第 9 番。

163　『現代世界憲章』第 52 番。

164　濱口吉隆『結婚の神学と倫理』19 頁。

165　濱口『結婚の神学と倫理』307-308 頁。

166　J. Messner, *Das Naturrecht*, Kap. 75.『自然法』第七十五章。Joseph Kardinal Höffner,
Christliche Gesellschaftslehre, 8. erw. Aufl., S. 117-119. Wolfgang Ockenfels, „Ehe und
Familie als Kernzellen der Gesellschaft. Sozialethische Perspektiven“, in Wolfgang
Ockenfels（Hrsg.）*Familie zwischen Risiken und Chancen*, Schöningh 2001, S. 217-232,
bes. S. 217-220.

167　J. Messner, *Das Naturrecht*, S. 552.『自然法』583 頁。

168　J. Messner, *Das Naturrecht*, S. 551.『自然法』582 頁。

169　山根常男『家族と人格』、『家族と結婚』、『家族と社会』。註（197）参照。

170　J. Messner, *Das Naturrecht*, S. 579.『自然法』612 頁。但し、何故か訳書にはこの重要
な部分が欠落している。原文は以下の通り。„Dazu kommen die beiden nächstwichti-
gen sozialen Tugenden des rechten Gehorsams und des rechten Befehlens. Das rechte
Gehorchen setzt die Achtung der Autorität als sittlicher, gottgegebener Gewalt voraus,

94　第 2 章　家族と自然法

das rechte Befehlen setzt das Bewußtsein voraus, daß die Autorität zum Wohle derer gegeben ist, denen befohlen ist.“

　　ここで「権威」Autorität について、若干説明を施しておこう。自然法論では、権威は bonum commune との連関に登場して意味を獲得する。メスナーの説を聞こう。国家の秩序権力を基礎づけるのは、全体社会としての国家が一般社会の平和と秩序を保障するという bonum commune であった。しかし、国家の権力は、唯一ではなく、各種社会のそれぞれの秩序権力と並んで、その一つに過ぎない。即ち、それぞれの社会の共同善目的もそれぞれの社会の秩序権力を基礎づける。と言うことは、権威の多元性乃至多元主義が法多元主義の一部として存在すことを意味する。「社会の権威は、従って、客観的な社会目的、即ち、共同善が実現されるべき処では何処でも——詰り、家族、近隣共同体、地域共同体、及び、国家において——、存在する。」(J. Messner, *Das Naturrecht*, S. 288.『自然法』319 頁)。尚、同じ趣旨でペシュケも又、家族と国家の両領域に妥当すべきいわば「通則」として「権威」の問題を論じている (Karl-Heinz Peschke, *Christliche Ethik. Spezielle Moraltheologie*, S. 584-591.)。「権威」という語の語源・語意について、ペシュケの説明を訳出しておくと、「権威という語はラテン語の auctoritas に由来する。語根は動詞 augere で、その意味するところは、『成長させる、促進する、豊かにする』である。権威は、それ故に、それが行使される対象たる者の促進や充実化に向けられた制度である。これこそが実際、権威の真の本来の使命である。」(*Dortselbst*, S. 585.)

171　J. Messner, *Das Naturrecht*, S. 580.『自然法』613 頁。

172　J. Messner, *Das Naturrecht*, S. 580.『自然法』613 頁。

173　J. Messner, *Das Naturrecht*, S. 315.『自然法』348 頁。

174　J. Messner, *Widersprüche in der menschlichen Existenz*, S. 93-162.

175　J. Messner, *Das Naturrecht*, S. 57.『自然法』41 頁。

176　J. Messner, *Das Naturrecht*, S. 314.『自然法』348 頁。Hideshi Yamada, Der Mensch als Familienwesen in der Naturrechtslehre und in der personalen Psychologie. In tiefer Verbundenheit zum Gedenken an Frau Dr. Annemarie Buchholz-Kaiser.

177　J. Messner, *Kulturethik*, S. 17. usw.

178　J. Messner, *Kulturethik*, S. 244, auch ders., *Das Naturrecht*, S. 318.

179　こうした問題意識を有しつつも、メスナー自然法思想をその基礎理論に照準を合わせて論じた拙著の概要については、井川昭弘「書評　山田秀『ヨハネス・メスナーの自然法思想』成文堂（熊本大学法学会叢書 13）、2014 年。本文 355 頁。」（187-192 頁）（『日本カトリック神学院紀要』第六号、2015 年、所収）河見誠「書評・山田秀『ヨハネス・メスナーの自然法思想』」（竹下賢・長谷川晃・酒匂一郎・河見誠編集『法の理論 35』成文堂、2017 年）、米倉正美「山田秀著『ヨハネス・メスナーの自然法思想』（成文堂、2014 年）」（南山大学社会倫理研究所『社会と倫理』第 32 号、2017 年を参照されたい。

180　„Vergesellschaftung“ で指示される内容は、J. Messner, *Widersprüche in der mens-*

chlichen Existenz の随所で既に論じられているが、用語としては、„schöpferisch"（創造的）ないし „der Mensch als schöpferisches Wesen"（創造的存在としての人間）として登場している。門脇教授のいう「社会力」に単語としても最も近いと一般に考えられる „Sozialisierung"（社会化）は、否定的な文脈で使用されている（*Widersprüche*, S. 263）。

181　J. Messner, *Das Naturrecht*, S. 35.『自然法』19 頁。

182　カトリック教会が教皇書翰として社会問題について発言・発信するいわゆる社会回勅の中で、その名宛が誰であるかという点が、問題となる。当初聖職者向けであった社会回勅も、時代の変遷に呼応して、その「名宛人」addressee としてヨハネス 23 世教皇の社会回勅『パーチェム・イン・テリス』(Pacem in terris) の冒頭で初めて「善意あるすべての人々」が登場して以来、この形式が定着している。邦訳では、それ以前の回勅『マーテル・エト・マジストラ』221 番 (Mater et magistra, 221) に「善意のあらゆる人々」の語句が認められるが、この箇所のラテン語版は „egregie cordatos homines universos"、即ち、「素晴らしく思慮深いすべての人々」である。キリスト教社会理論、カトリック社会倫理学には、神学的なものもあれば、哲学的なものもある。「自然的理性の光」に照らされて営まれる後者の社会倫理学は、信仰を受け容れていない者にとっても、彼、彼女、要するに、我々誰もが「自然的理性の光の下で」日常生活を営んでいる限りにおいて、理解可能で受容可能である。こうした基本思想を正式に採用し表明するに至ったカトリック社会倫理学 die katholische Soziallehre, the Catholic social teaching に先立って、メスナーは独自の自然法論の膨大な体系を構築していった。特に第二次世界大戦後においては、彼は一方で自然科学の発展によって真理認識や認識確実性への取り組みが認識論的に要求され、他方で「自然」natura 概念の多義性が取り沙汰され旧来の「永久法」lex aeterna に依拠した自然法 lex naturalis vel lex naturae 概念が支持されがたくなったとき、メスナーは、「誰もが経験する」ことの可能な、即ち、普遍的に認識可能で議論可能な「人間本性の作用様態」die Wirkweise der Menschennatur から議論を開始することが何よりも重要であると考えて、これを実践したのであった。認識論に関連する詳細精密な議論は、次を参照されたい。J. Messner, *Kulturethik*, S. 225-227.

183　野尻武敏『長寿社会を生きる―美しく老いるために―』102 頁以下。

184　野尻『長寿社会を生きる』104-107 頁。

185　野尻『長寿社会を生きる』107-110 頁。

186　野尻『長寿社会を生きる』111 頁。

187　J. Messner, *Das Naturrecht*, S. 159f.『自然法』168-169 頁。

188　野尻『長寿社会を生きる』117 頁。

189　望月『家族社会学入門』39 頁。

190　望月『家族社会学入門』39-40 頁。

191　望月『家族社会学入門』48 頁。

192　J. Messner, *Widersprüche in der menschlichen Existenz*, S. 124f.（Spr. 31, 10-28.）

96   第2章　家族と自然法

193 J. Messner, *Widersprüche in der menschlichen Existenz*, S. 125-126.

194 J. Messner, *Widersprüche in der menschlichen Existenz*, S. 139.

195 河合『著作集第三巻　森林がサルを生んだ』422頁。

196 本章では言及・参照しなかったが、カトリック教育哲学者村井実博士の一連の学問的な活動は、明らかにここで展開している我々の伝統的自然法論と軌を一にする。又、人間の基本的理解において、プロテスタント教育哲学者林竹二博士の教育思想と授業実践活動も、実質的に見た場合、方向性を共有している真に人間尊重の姿勢に貫かれたものである。村井博士、林博士の教育哲学を自然法論から嘗て論じたことがあるので、ご参照頂ければ幸いである。拙稿「生命への畏敬と教育の根源―林竹二博士の人と教育哲学―」（『社会と倫理』第6号、1999年）［本書第7章］、拙稿「『善さ』を志向する人間本性―村井実博士の自然法論的教育思想―」（『南山法学』第31巻 第1・2合併号、2007年）。

197 基本的にフロイト精神分析理論に基づき家族力動論を説く山根常男教授は、結論においては、自然人類学及び動物生態学の説くところと類似の見解を述べている。一段落を引用して参考に供したい。「このようにして、人間の家族を理解する上にとくに重要なことは、父親の存在と父母子のつながりの心理的恒久性の二つである。人間以外の哺乳動物では、子育ては原則として子を生んだ雌によってなされ、この双方はそれぞれ視覚、聴覚、嗅覚、触覚を通じて相互に認知し合うだろう。しかし精子を補給して出産に寄与した雄の存在は、雌にとっても子にとっても特別にそれと認知されるかどうかは疑わしい。要するに彼らには母子の同一性（identity）は確かにあるが、父母子がそれぞれ相互に同一性をもち、しかもそれが社会的に認知されること（social recognition）はなく、それは人間のみに限られた現象なのである。しかも人間の場合、父母子の絆は個人にとって終生つづくが、他の動物の母子のつながりは、子が、ある程度、自立できるように成長するまでの短期間にすぎない。**父母子の絆は人間のみに固有なもので、これが家族の原点であり、人間の父母子間にはそれぞれ『自分は家族の一員である』という家族同一性（family identity）があるのである。**以上のことは、人間の家族が他の動物と共通した自然的存在とみなすことはできないことを、明らかに示している。」（『家族と社会』45頁）

198 アントン・ラウシャー（高橋広訳）「家族の再発見」（南山大学社会倫理研究所『社会と倫理』第7号所収）、205-215頁をも参照されたい。

第3章　共同善、社会、国家
──トミスムの観点から──

第1節　トミスムと三島『法思想史』
──三島『法思想史』の特徴の一端──

1　トミスムの法哲学、社会倫理学、或いは伝統的自然法論は、仏語圏、独語圏、西語圏の諸国で今日有力に展開されているにも拘らず、我が国では顧みられること余りに少ない。ましてや、ある特定論題についてのトミスムの見解が格別の注目を以て語られることは、まず期待するのが無理、といった情況である。たとえば、社会哲学上の普遍的課題である筈の「共同善」「公共の福祉」に就いて調べてみるといいであろう。即ち、トミストたる水波朗教授の「公共の福祉と自然法─自然法の復活ということへの批判─」、「共通善について─聖トマスを遶っての発展[1]─」、『基本的人権と公共の福祉[2]』、同じく稲垣良典教授の『トマス・アクィナスの共通善思想[3]』、『法的正義の理論[4]』の諸業績を除けば、わずかに若手研究者河見誠氏［現在青山学院女子短期大学副学長］による「公共の福祉と個人の関係─個人主義理論の限界とヘンケルの所論[5]─」が目に止まるくらいである。

　公法学界、殊に憲法学の領域を一瞥しても、故小嶋和司教授を除いて、真剣に公共善の意義に関心を寄せている論者は、現在までのところ、私は知らない。

2　ところで、本稿をそもそも献呈申し上げるべき三島淑臣先生は、およそ10年前［1980年］に、『法思想史[6]』を世に問われた。それは、周知の如く、様々の意味に於いて、画期的な御業績であった。私は、ここでその一つ一つを挙げつらおうとは考えていない。唯、次の二点は明らかにしておきたいのである。先入見に囚われず、流行や曲学阿世から最も遠くにありて思索に徹

して来られた三島先生なればこそ、かの法思想史を世に贈ることが可能であったのだ、ということを。今少し、具体的に述べよう。イエス・キリストに関する記述の重大さ、そして中世法思想史に充てられた精根と紙幅。ここには特に聖トマスの法思想に対する先生の敬意と同感とが読み取られるのである。lex と ius の相互関係の問題提起と解説、これは、その後の先生の問題意識の中で常に生き生きと働いている[7]。そして又、聖トマスの「共通善 bonum commune に就いての論述方法も、いかにも十分咀嚼された上でのこととあって、三島先生独特の語り口である。以下に若干引用しよう。

> 「私たちは、トマスの共通善を単に『すべての成員に共通な善』としてスタティックに把えるのではなく、全体（共同体）の本質と個人の本質（人格性）との非通約的な両極性を踏まえた上で、両者の（一種弁証法的な）緊張統一という力動的プロセスの中に共通善を位置付ける必要があるように思われる。つまり、共通善の内容は、……、共同体性と個体性（人格性）との二元的緊張の中で両者の合一点を探求するという、絶えざる人間の歴史的＝集合的な努力を通して徐々に開示されてくるのである。それゆえ、共通善の内容は、共同体と個的人格との間に存する弁証法的関係に対して開かれたところの、非固定的かつ流動的な X であるといわなければならない。そして、共通善を固有対象とするかの〈法的正義〉（一般的正義）とはこうした X へ向けられた無限の探求努力に対して与えられた名前だったのである[8]。」
> 「トマスはヘーゲルと並ぶ無双の体系的思想家である。……トマスの（法）思想体系も、安定した強固な建築物の外見にもかかわらず、その内部に立ち入ってみれば、共通善の概念に典型的に示されていたように、多様で非通約的な諸思想要素の内的緊張によって貫通され、そこから逆に躍動する生命力を汲みとっていることがわかる[9]。」

3　このように、『法思想史』は、聖トマスの記述が従来の法思想史の概説書とは比較にならぬ程優れているのである。明らかにすべきもう一点は、執筆に当たって重要な箇所で導き手となっているのが少なくとも、A. フェアドロスと M. ヴィレイという、独語圏、仏語圏を代表するトミストの法哲学者である点である。特に後者は、lex と ius に就いての問題を明確にする上で多大なる影響を先生の著作に及ぼしているように思われる。しかも、自然法論

を「古典的自然法（論）と「近代的自然法（論）」とに明確に意識して二分されるのも[10]、ヴィレイの le droit naturel classique と le droit naturel moderne（la doctrine du droit naturel classique と la doctorine du droit naturel moderne）を踏襲しておられるのではなかろうか。

　私は、「公共善」をめぐって若千論ずる本稿を献呈申し上げることを以て、三島先生からの御学恩に少しでも報いたい、と思うのである。

第2節　昨今の情況と通説の問題点――国家目的の不在――

4　我が国の公法学、殊に憲法学では、国家の哲学的考察は殆ど無視されている。著名な憲法学者ですら透徹した国家理論を展開していない。一次元的思考しか知らないが如くである。次世代、第三世代の憲法学者になると、そうした哲学嫌いに拍車がかかる[11]。我々は、トミスムの観点から、国家とは何か、従って、国家の倫理的性格の問題、そして又、国家の存在目的（＝目的因）の問題に取組もう。しかし、その前に、憲法学者が国家をどのように概念的に理解しているか、その実例から入ることにしたい。

5　宮澤俊義博士（明治23年～昭和51年）の体系書『憲法』によれば、

　「国家（Staat, Etat）は、一定の地域（領土）を基礎とする一定の範囲の人間（国民）によって組織される統治団体であると定義される[12]。」

　次に、伊藤正己前最高裁判所裁判官の『憲法』によれば、「普通には、国家は一定の地域を基礎として、一定の範囲の人間によって、固有の統治権のもとに組織された団体であると定義される。ここでは、領土、国民、統治権の三つが、法学的にみた国家の不可欠の構成要素とされている[13]」。他の論者に於いても事情は余り変わらない[14]。

6　しかし、我々はここで或る疑問を抱かない訳には行かない。国家と呼ばれる程の大きな――量的にも質的にも――団体乃至社会の定義――より柔らかく言えば説明――に、何ら目的に関する言及が見出されないのはどういう訳か、という点である[15]。これは一体どういう理由によるのだろうか。

100 　第3章　共同善、社会、国家

　一般に、我が国に於いては、善や幸福や目的は、各人が善と思い、幸福と
思い做し、目的として意識的に設定するところのものと同一視される。新カ
ント派的二元論を前提とする限り、いわゆる自然主義的誤謬推理を犯さずし
ては、価値を事実によって基礎づけることは出来ない、とされる訳である。
してみると、価値は、客観的存在としての資格を最初から剥奪されてしまっ
ている。では、国家の目的に言及した国家論はこの世に存在しないものであ
ろうか。トミスムの国家理論である。試みに、その代表例として、ヨハネス・
メスナーによる国家の定義を次に見てみよう。

第3節　伝統的国家観と国家の存在目的
——アリストテレスとメスナーに即して——

7　「国家とは、一定の地域に定住する人々によって構成され、最高の支配権
力を備えた共同体であって、その共同善の全面的な実現を目的とするもので
ある[16]。」

　この定義からも窺われるように、トミスムの国家思想では、国家目的、即
ち国家の共同善が重要な意味を有する。形式的に観ても、メスナーの Das
Naturrecht では、S. 189-217、及び、S. 290-294（Kap. 44 Rechtsordnung und
Gemeinwohlprinzip）、更に随所で共同善が語られている。Ⅲ. Teil Die Funkti-
onen des Staates（S. 836-914）も実質的には Gemeinwohl des Staates（国家の共
同善）を論じているといってよい。トミスムの他の代表的国家論の書 Jean
Dabin, L'Etat ou le politique[17]に於いても、pp. 60-140（邦訳 69-165 頁）が国家目
的の記述に充てられている。してみれば、トミスムの国家思想で国家目的が
重要視されていることは明らかであると言えよう。

8　参考までに、我々はここで眼を古代に向けてみよう。アリストテレスで
は、国家はどのように捉えられていたであろうか。彼は、国家の中に、倫理
の全体と完成した姿とを見た。そこでは、近現代に特有の歴史的所産という
意味での偏見、即ち、政治と倫理乃至道徳の分離とか二律背反とかが見られ
ない[18]。言い換えると、アリストテレスにとっては、恰も自由の経験が大書さ
れたのが習慣であるように[19]、倫理の大規模な実現が政治であった。国家の

存在理由は、身体的生存の為の配慮で以ても、経済的活動の担い手で以ても、権力行使の制度化で以ても汲み尽くすことが出来ない。国家は、そうした課題を排するどころか、否寧ろ、それら諸課題をも引き受けるであろう。しかし、そうした付随的課題の履行を通じて目標とされる国家の使命は、国民の「善き生活」、「完全な生活」、即ち、「倫理的精神的に完成されるべき高貴な人間性」、要するに、人間本性の実現である。実に、国家は、「なるほど、生活のために生じてくるのであるが、しかし、善き生活の為に存在するのである[20]。」

9　我々は、今暫くアリストテレスの見解に踏止どまって、その主張を聴いてみよう。国制の種類を論じた箇所で、彼は、民主制論者と寡頭制論者の配分的正義に関わる夫々の見解を批判する拠り所として、国家目的、即ち、「善き生活」を引合に出す。

> 「両方とも或る種の正しいことに触れてはいるが、しかしただ或る点まで前進しているだけで、本当の意味での正しいことを全体として言ってはいない。例えば、『正しいこと』とは『等しいこと』であると思われている。そして事実、そうである。しかし凡ての人々にとってではなくて、等しい人々にとってそうなのである。また、他方『不等なこと』が『正しいこと』であると思われている、そうして実際そうである。しかし凡ての人々にとってではなく、不等な人々にとってそうなのである。しかるに両方ともこの点、すなわち『誰々にとって』を取除いて、そういう風に拙く判断している。その原因は、その判断が自分自身に関することであるが、しかし殆ど大多数の人々が自分のものに関しては拙い裁判官であるということにある。……
> 　しかし両方とも最も重要なる点〔国的存在の目的の本質〕を言っていない[21]」

では、国的存在の目的の本質とは何であるのか。アリストテレスは、この問題に連関して、経済利益団体にも、軍事同盟にも解消され得ない国家の特性に「徳について意を用いる」という表現を与えている。彼に言わせれば、土地の隣接も、当該地域内での自由な婚姻も、物品交換上の正・不正についての合意の存在も、人々の多寡も、或いは軍事同盟の有無も、それ以上に出て共同するところがないのであれば、そこに国家は存在しない。

102　第3章　共同善、社会、国家

「では、いったい、それはどんな理由によってか。……従って国は場所を共同にする団体でもなく、また互に不正をしないことや物品交換のための共同体でもないことは明らかである。むしろそれらはいやしくも国があろうとする以上は必然に存しなければならない。が、しかしそれらがことごとく存しても、それですでに国が存するのではない。いや、完全で自足的な生活のために家族や氏族が善き生活において共同する時、初めて国が存するのである。……
だから、国の目的は善く生きることであるが、以上の団体はこの目的のためにあるのである。して国とは氏族（ゲノス）や村落（コーメー）の完全で自足的な生活における共同である、そしてかかる生活は、われわれの主張するように、幸福にそして立派に生きることである。従って国的共同体は、共に生きることの為ではなく、立派な行為のためにあるとしなければならない[22]。」

　彼にとって、国家は、人民の単なる共生のためにではなく、国民の「善き生活」のために、換言すれば、「幸福で立派な生活」のために存在する共同体であった。

10　以上、8、9の二番に於いて、我々は、国家の存在と目的についてのアリストテレスの見解を一瞥した。それには、二つの含意がある。一つは、国家を観念する場合、それは五感で確認できぬが故に存在しない、とかいう見解に反対して、実存する国家を観念するのである、と言うこと。国家の目的をアリストテレスに同意して語り得るとする者は、必然的に国家の存在を肯認していなければならないのであるから。2つめの含意はこうである。本稿に於いて、私はトミスムの国家理論を語ろうとする訳であるが、いわゆるトミスムはキリスト教、それも殊にカトリックの権威的学説であって、その理論に聞く耳をもたないという論者に反対すると言うこと。実のところ、アリストテレスは偉大な思想家であった。そして、彼自身キリスト教徒ではないのである。その彼が、国家をヘーゲルとは勿論同一ではないとしても、そこにおいて国民が夫々その人間本性を充足する倫理の完成態と見做したのである。事柄は、人間本性の充足と関わっている客観的事態の問題なのである[23]。その意味で、我々は、トミスムの、伝統的自然法論の見解にもっと虚心に対向し取組む必要があるのではないか。

11　本節初めに於いて（第7番）、我々はトミストの国家定義の一例として、

メスナーによる定義を提示した。ここでは、その定義が獲得されるべき理由を、即ち、その存在論的理拠を尋ねてみることにしよう。

(1) 国家に関しては、個人主義的国家観と集合主義的国家観の対立を始め、様々の相対立する諸見解が存する。それら相対立する国家観に於いて強調され語られている諸要素は、何れも国家の本性と不可分に結び付いていよう。とは言え、国家なるものは、その深奥の本質に於いて「共同体」Gemeinschaft である。と言うのは、それが人間の社会的本性に根基しており、その社会的目的によって特徴を得るのであるから。

「人間は、自らの本性によって、生存使命並びに文化使命を果たすべく、社会的協同へと導かれている。詰り、こうした社会的協同を通じてのみ、人間は完全な人間 Vollmensch に、即ち文化的存在 Kulturwesen に成るのである。大きな集団のみが、量的には社会成員の数の［多さの］お蔭で、又、質的には諸成員の能力の多様性のお蔭で、成員の完全な相互補完と人間本性の包括的な充足を可能とし、以て実存的諸目的を刻印され自らに課せられた生存使命の全面的実現を保障することが出来る[24]。」

かかる諸条件を満足し、人間の実存的諸目的[25]の実現可能性を確保する社会、これが国家である。メスナーの独自の用語を使うと、「総体社会」Gesamtgesellschaft である。

12 (2) 国家目的は、他の社会——家族、地域社会、労働組合、株式会社、学校、クラブ、等——の目的と異なり、人間本性の完成に必要な諸々の社会的基本機能の包括的且全面的な充足にある。「人間本性の完成に必要な社会的基本機能」の問題を、メスナーは、国家の諸機能という項目の下で[26]、①法機能——憲法、立法、行政（司法を含む）——、②福祉機能——経済秩序、社会政策——、③文化機能——学校、文化保護——、④自己防衛機能、⑤自己維持機能（人口政策を含む）、⑥財政機能と具体的に詳論している。

13 メスナーによって総体社会と命名された国家は、伝統的自然法論者の間では、一般的に、societas perfecta, perfecta communitas, vollkommene Gesellschaft、即ち「完全社会」と呼ばれている。この完全社会という術語は、国家

104 第3章 共同善、社会、国家

の本質を言い当てている。何となれば、「社会的協同全般を築き上げ、促進し、規制することを通じて、人間本性の完成に必要な諸条件を創ることが、現在もそして未来も変わることなき、国家の機能であろう[27]。」からである。完全社会としての国家は、前に観たように、アリストテレスによって語られていた「善き生活」——メスナーはこれを「一般的福祉」とも言う——を可能とする諸前提条件を整備することによって、自己の存在使命を達成しなければならない。

尚、アリストテレスの引用文にも現れている概念 $\alpha\dot{v}\tau\acute{\alpha}\rho\kappa\epsilon\iota\alpha$、即ち「自給自足性」は、なるほど伝統的自然法論に於いて完全社会としての国家の重要な指標とされて来た。しかし、それは、古代及び中世の都市国家という具体的歴史的情況下で、殊の外経済的側面に関心が寄せられて概念化されたものに過ぎない。完全社会の果たすべき課題が、経済領域に限定されないこと、勿論である。

以上の検討を踏まえて、我々は、国家を「アウタルケイア」乃至「民族国家の経済的自給自足という近代的観念」とは本質的に異なる「完全社会」乃至「総体社会」と把握するのを至当と考える。

14 （3） 共同体の目的並びにその目的に基づいた諸機能とが共同体の秩序権力（いわゆる主権）を規定する。国家は安全社会、総体社会と規定された。そこに於いて初めて、個々の人間が自己の存在充足を遂げること——今様に表現すれば「自己実現」——が出来るからであった。「人間本性の完成に必要な諸々の社会的機能」、換言すれば、「基礎的で全面的な国家目的にこそ、包括的な国家主権が根ざしている[28]。」国家と呼ばれる制度的なものは、その成立の基礎に制度的なものを存在せしめる規定性、即ち、国家目的を有する。国家目的を共同善と呼ぶか、ダバンに従って「公共善[29]」le bien public と呼ぶかは別にして、凡そ国家が存在するのは、国家目的を実現している限りに於いてである。

15 （4） さて、国家主権が国家目的に根基することを我々は理解した。しかし、主権が行使されるためには、行使の及ぶ対象が明確にされる必要がある。人的範囲と地域的範囲である。それぞれ、国民、領土と呼ばれるものである。「法秩序並びに共同体の善を創立すべく、命令権力が異論の余地ない仕方で

行使される為の前提として、国家共同体の明確な領域割定が為されねばならない。それが為されて初めて、一定地域内の個々人や小共同体を秩序権力に服属せしめ得るのである[30]。」国家は、必然的に領域団体である。詰り、領土（正確には領域）は国家概念という本質的構成要素である。

16 かくして、国家の存在要素として、国民、国家目的、国家権力、そして国家領域という四要素が承認されることになる。我々が第七節で見たメスナーによる国家の定義は、これら四要素を考慮した上で与えられたのであった。

今一度本章を要約して確認しておこう。人間は、自己充足を遂げるために、国家的本性に押し促されて国家へと結集する。国家目的は、それ故、国家の存在にとって不可欠的要素であること誰の眼にも明らかである。と言わなければならない。そして、この目的が国家主権を在らしめる。と言うことは、国家主権は存在即応的規準の下に初めから置かれている訳である。そして、主権の行使の為の前提として国家領域が必要であった[31]。

第4節　社会の存在論的地位（1）
——人間の社会的、国家的本性——

17 前節に於いて、我々は、伝統的国家観をアリストテレスの『政治学』とメスナーの『自然法』に即して明確化することを試みた。そこでは、国家が「総体社会」乃至「完全社会」であるという点で、爾余の如何なる社会とも異なる「主権的」社会であることが突き止められた。

「国家は他の組織社会の如くに何かの限定された特定の人間本性の要求を、目的を追求するものではなくして、これら他の組織社会及びその成員たる個々人の自由なイニシャーティブによる特殊目的追求活動を補完することを通じて包括的に一切の人間目的を追求し、これによって人間が『よく生きる』為の、つまり充全な自己完成をとげるための必要条件を備えることを目的とする社会である[32]。」

我々は、これまで幾度となく「生存使命を果たすべく社会的協同へと導か

れる」とか、「自己完成を遂げる」ために、人間は、凡る人間的目的の実現可能性を保障する共同体、即ち完全社会としての「国家へと本性的に規定されている」というようなことを、当然のこととして語って来た。それは、人間の社会的本性の、国家的本性の問題である。或いは、人間と社会（広義に於ける）の問題である。そこで、本章に於いて、この問題を独立して論ずることとしたい[33]。

18　(1)　メスナーは、『自然法』第一巻基礎附を四部に分ち、第一部で「人間の本性＝基礎倫理学[34]」を論じた後、第二部で「社会の本性＝社会哲学」を取扱っている。そして、「第14章　人間の社会的本性」の本文は、次の如く始まっている[35]。

„Der Mensch ist von Natur ebensosehr ein gesellschaftliches wie ein Einzelwesen.“

　我々は、これを無造作に「人間は、本性的に、社会的存在であると共に、個人的存在である。」と理解してはならない。私はここで何もドイツ語の相関語句の語学的説明を行おうと欲するのではない。ここでこだわるのは、それによってメスナーの人間本性観が明らかになるであろう独自の観点に着目せんがためである。従って、訳文は、その理解の下に自ら修復されることであろう。問題の一文は、先ずは本性適合的に万人によって知られる事実を、更にメスナーが意識的に一方では個人主義的人間観と、他方では集合主義的人間観と自説を対決させることによって確証した結論なのである。それ故、我々は、この点に留意しながら、メスナーの思索を共に辿って行かねばならない

19　メスナーは、誰もが恐らく同意するであろう所から議論を開始する[36]。人間が個別的存在でも社会的存在でもあることは、二つの事実によって明白であると。一方は「身体的本性」に、他方は「精神的本性」に関わる事実である。即ち、人間はその身体的構成からして、社会（特に家族）に依存している。更に、精神の発達も、凡る点で例外なく、社会に深く関係している。

　ヘーゲルを評してメスナーは大要次の如く語る[37]。啓豪合理主義の人間観、即ち、人間を自立した理性的個別存在と把握する人間観に対して、ヘーゲルは、個々人の精神的発展が社会的精神にしっかり根附いていることを看破し

た。しかしながら、他方で例の「客観精神」を余りにも自立的存在に昇格せしめるという行過を犯した。換言すれば、ヘーゲルは理性の立場で悟性の立場を乗越えようとした点は実に正しかったが、その度に超過して純粋現実有（actus purus）に比すべき絶対精神の域にまで跳躍してしまった。人間が社会的存在たることは、既に古くはアリストテレスが述べた。そして新たに、民俗学、文化人類学によって確証された。

20 メスナーは、彼の方法論に基づいて[38]、経験に足場を求めつつ、人間の社会的本性の問題と取組む。ここで彼が重視する要素は三つある。「文化」と「人格」と「経験現実」である[39]。そして、経験現実として"Kommunikation"の意義が注目される[40]。人間は、個別的にして社会的存在である。社会的存在たる所以は、人間が自己完成を遂げる為には、身体的にも精神的にも自己外の援助、即ち他の人格及び文化に依存しているという事実によって裏付けられる。即ち、人間が「完全な人格」Vollperson、「文化的存在」Kulturwesen に成るのは、「交流と協同」Kommunikation und Kooperation を通じてのみである[41]。幾世代をも通じて交流と協同が持続したとき、その結晶として、文化の中核たる各民族の「生の形」Lebensform が生まれる。

　「文化を分有し、文化（の形成）に協同することが、個人が完全な人格に成るための前提条件である。人間とは自分だけで完足した理性的生物（理性的動物）であり、社会的義務をもまた負うとする俗説とは正反対に、人間は、交流と協同を通じてのみ、先ずは家族の中で、次により大きな社会の中で、完全な人間的存在に、完全な人格に、詰り、文化的存在に成るのである。それ故に、人格にとって交流が構成的たるのは、文化にとって協同が構成的たるに等しい。しかも、両者は分ち難く絡み合っているのである[42]。」（傍点部分は、原著者による斜体クルジーフ強調である。）

　上の引用文中で俗説と言われるのは、近現代に通有な思考様式であり、個人主義的政治理論、法理論、要するに社会理論である。それは又、個体にだけ存在資格を認める個体主義、要素主義の社会理論への反映でもある。それによれば、個人にとって社会は附加的でしかなく[43]、「社会的義務をもまた負

う」訳である。メスナーは、全現実を把握することが可能となるのであれば、社会理論は、個人から出発してもよいし、或いは社会から考察を開始してもよいと表明している[44]。しかし、上の俗説はそれに失敗した。それに対する優位を伝統的自然法論は保持するのである。メスナーは「交流」という伝統的概念に着目し現実を探求することを通じて、人間の「社会的結合への傾動」der Trieb zu gesellschaftlicher Verbindung に逢着する。

> 「実際、社会的結合への傾動は、人間本性の最強の根本傾動そのものとは言わぬまでも、最強の根本諸傾動の一つである。何となれば、この傾動の要求を満すことなくしては、爾余の諸傾動の何一つとして、充足され得ないのであるから。この傾動によって、理性は人間をして、こうした補完の諸前提条件を保障し、かくて万人がその実存的諸目的のうちに刻印された諸要求に即応して完全な人間的実存を獲得することを可能にする、社会的存在の秩序へと赴かしめる[45]。」

こうした筋道を経て、我々は、人間本性のうちに個別的本性と社会的本性とが分ち難く深い根をおろしており、社会目的自体が「根本的実存的諸目的の一つ[46]」である所以を理解することができる。

21 （2） 以上、18 番から 20 番に亘って、人間の社会的本性が考察された。我々は、人間の「社会的結合への傾動」及び社会目的の格別の地位の認識へたどり着いた。引続いて、社会の存在根拠の問いへ進まねばならない。

結論を先に言っておくと、社会の存在根拠は「霊肉一体的人間本性の特種性」乃至「人間に於ける霊肉の不可分離的統一性」にある。このことを説明しよう。異論のない前提として、第一に、人間は、倫理的課題を予め刻印された実存的諸目的を有する本質的本性において平等であるが[47]、第二に、しかし、相異なる資質や能力を有するために個別的本性において不平等である、という二つの現実がある[48]。人間本性は精神と身体の全き統一から成り立つ。そして、精神は質料と一体化する故に、質料の制約を受ける。これ補完の必要性に繋がる。しかし、同時に正に質料的、身体的本質に基づいて、個別的人間本性は、相互補完の可能性を得るのである。

第 4 節　社会の存在論的地位（1）　　109

「人間は、その個別的本性の諸力が劃一的でなく、本質的本性に固有な目的が同
じであるが故に、協同と交流を通じてこれら諸目的に拘束された完全な人間的実
存に到達すべく諸力と諸能力とを結合するのである[49]。」

　人間は、その潜在能力を能う限り広範に顕現することによって自己完成を
遂げんとする。しかし、霊肉一体的本性故に、自足的ではあり得ず、他者と
の交流と協同へと規定されている。換言すれば、人間は自然本性的に社会を
志向する[50]。勿論、ここで言う社会は、広義の社会であって、国家をも含んで
いる。国家が爾余の社会から区別されることは既に第三節で明らかにされた。
22　メスナーは、人間の自己完成にとって不可欠な社会の存在論的分析を更
に徹底して行こうとする。社会の不可避性、必要性を、或いは A. ゲーレンな
どのように自然主義的に進化に還元したり、或いは、余りにも安易に神学的
に神の創造意思によって済ましている両方の見解に対抗し得る独自の道を歩
む必要を痛感したからである[51]。そこでメスナーが採用した方法は、「交流と
協同を可能とする、人間本性に固有の資質[52]」を直接的な経験事実に即して拾
い上げることであった。それには相連関する四つの資質が数えられる。第一
の資質は、経験と知識を集積し、総合し、世代から世代へと継続的に形成し
て行く可能性。第二は、価値洞察（価値認識）と価値追求の能力。第三は、自
分の生活環境を築くに際して個々人が有する、価値選択、価値実現、価値習
得の自由。そして第四番目の資質は、一般的拘束力を有する秩序の要請する
ところに従って行為する能力である[53]。
　第一の能力に連関して語るべきは、この能力の成果は「文化遺産」、伝統的
自然法論の用語を使うならば「伝統」として客観化されるということである。
伝統成立の前提としては、「経験を反省的に判断し、以て認識の一般化を行う
人間知性の能力[54]」が挙げられる。即ち、人間は、概念形成と言語運用の能力
に恵まれている訳である。そして、この両能力は、「交流と協同」の過程で相
互規定依存の関係に立つ。第二の資質は、第一の能力と密接に連関する「価
値洞察と価値追求」の能力であった。この能力の故に、人間は「創造的存在」
たり得る。物質的、精神的価値領域が、いよいよ豊になってゆく背景には、
人間の価値追求——「幸福追求」と表現してもよい。——がある。価値追求は

110　第3章　共同善、社会、国家

何らかの分業という仕方で為されるものであって、ここでは明らかに「交流と協同」が重要である。第三の資質たる自由も、これに深く関わる。実に、人間本性を分析した場合、抽象的に「補完必要性と補完能力」と把握されたものが社会の中に具体的に結晶化するのは自由を通じてなのであるから。即ち、動物と異なり、人間の場合は、伝統に連関して述べた通り、自由な「交流と協同」によって人間の生活形式を可塑的に築いて行くのである。第四の資質に関しては、2つの基本的洞察が注目される。「他のすべての人間と同じ人間本性を有することの洞察、そして、倫理的・法的意識（良心）と共に与えられた、人間相互間の及び対社会的な行為に関わる最も一般的な命令の洞察、これに連関した、そのような行為の最小限は制度的に保障されねばならないとする認識[55]」がそれである。

23　我々は以上で、人間の社会的本性についてのメスナーの見解を特に「交流」に注目して概観した。社会的本性の重要な意義に鑑み、今暫く、この問題を、メスナーの『文化倫理学』を参照しつつ[56]、考察したい。アリストテレスは、『ニコマコス倫理学』第八・九巻に於いて、愛乃至友愛の現象学的探求と体系的提示とを試みている[57]。友愛は、いつの時代、如何なる情況下でも、人間の生にとって欠くことができない。従って、家族に於いても、社会に於いても、国家に於いても。

　さて、先ず、愛が人間の原体験（根源的体験）であることに異論はあるまい[58]。第二に、両親に対して自然本性的愛として感じていたものは、理性の発達によって、倫理的義務と関係しているのだということを人は諒解できるようになる。第三に、家族共同体の中で愛を身を以て経験することを通じて、人は、やがては共に生きる人々一般に対する愛をも理解できるようになる。この過程で、黄金律[59]の意味も行為しつつ内的に諒解もすれば単なる感情とも異なる愛が存することも理解する。第四に、以上の愛の諸形態を前提とした基本的愛の経験がある。「人間は、その生が真に人間的で生きるに値する［と言いうる］ために、相互に依存しているのだ。」という経験である。これも家族という共同体の中で、互いに相和し配慮し合うことによって成長する。倫理的に非常に重要な経験がここには結合している。即ち、「各成員にとって極めて重要な共同善 ein lebenswichtiges Gemeinwohl を有する社会として家族が経

験されること、それ故そこに於いて各人にとって倫理的義務が基礎づけられていること[60]」の経験である。メスナーに言わせれば、共同善の経験こそが、英語圏の倫理学の相当部分にとって議論の出発点となっている[61]。してみると、我が国で英米倫学に多大の関心を有する大方の学者が共同善や公共善について自覚的に取り組まないのは一体どういう訳なのだろうか[62]。ドイツ倫理学からの証言として、ボルツァーノの弟子達への遺言が引用されている。「教師として広めたいと願う私固有の見解のうちで、発言を撤回することも決して行わず、他人に知らしめても後悔することのない見解を確信を以て発言するとせば、凡そ義務と言われるものの最終根拠に関して立てた見解であり、それは、即ち、全倫理学の最高の根本法則は一般的善益の促進 die Förderung des allgemeinen Wohles に外ならない、と言う主張である[63]。」最後に、通常の人間相互間の関係を越えた人格と人格の間に成立する経験がある。そうした関係は、自由に、そして遣り取りの交互関係に基づく。ハルトマンの言葉を借りると、「自分の在ることが誰かにとってもまた在るということが人生の憧憬であり、ただ空しくそこに在るという無意味性を誰も耐えられない。誰もが、自分が存在することの為に、評価され、理解され、受け容れられ、道徳的に『見』られるという意味充足を必要としているのだ[64]。」

第5節　社会の存在論的地位（2）
——社会の本性、社会と個人——

24　社会の存在論的根拠を明らかにしたからには、社会の本性乃至定義が直ちに諒解される[65]。社会は「実存的諸目的によって要求されている完全な人間的存在の獲得を相互に促進するための人間の結成体[66]」である。上述したところから明らかな如く、社会は個別的人間の補完の必要性と補完の可能性に基づき、「交流と協同」によって結合体として存在する。相互補完のうちに人間が力を結集して生み出すものは、個々人がバラバラに活動した場合の成果の単なる集積を優に越える[67]。

　「社会的協同は、社会の全成員が生存目的を達成する際に分有する**何か新しいも**

の etwas Neues を産み出す。社会は、それ故、単なる多数の人間［の集まり］以上のものであり、個々人の平和な共同生活以上のものであり、人間相互の諸関係の総体以上のものである。それは、超個人的統一体である[68]。」

　尤も、社会の超個人的存在を語ることが、社会の自律的存在性を承認することを意味するものではなく、社会成員の目的と無関係な自律的目的を主張するものでないこと、改めて言うまでもない。

　社会の本性が上に述べられた通りであるとして、次に社会には様々な形態があるが、それらを分類する存在論的な利点はあるのだろうか。別な言い方をすると、「必然的社会」と「任意的社会」の区別、「共同社会」と「利益社会」の区別（Ferdinand Tönnies）に連関する社会の区別原理の問題である。

　「社会の存在論的地位（順位）は、どの程度個人の完全な人間的実存が当該社会的統一体によって条件づけられているか、というその度合によって決まってくる[69]。」家族はブリッジクラブよりも、民族は株式会社よりもより一層完全な意味で社会である。それは何故か。家族にしろ、民族にしろ、これらの社会は「自然本性的傾動によって直接要求されており、他の社会より完全な人間的存在にとってより不可欠であり、従って又その基礎を生存に重要な実存的諸目的に有する[70]。」からである。こういう理由から、「必然社会」と「任意社会」とが区別されて来たのである。

25　必然社会と任意社会の区別には看過できない意義がある。次にそれを見る。先ず、伝統的自然法論とは明らかに性格を異にする近代自然法論の多くの論述に見られる如く、社会の本質的構成要素として「意図的自覚的目的設定」を一面的に誇張する傾向がある。つまり、社会の「任意社会性」が前景化されて理解される。すると、当然「必然社会性」の側面が等閑視される。すると、たとえば、国家共同体以上にその社会成員の全人格に対して絶大なる影響を及ぼす「民族」といった集固が、共通目的を熟慮する反省的意識に登場しないものだから、「社会」の範疇から抜け落ちてしまう[71]。しかし、民族が任意社会ではなくとも、必然社会であることは、最近の東欧、旧ソ連邦の事件から容易に理解し得よう。次に問題となるのは、こうである。存在論的観点に立つ限り、「共通の目的達成の為、永続的、意識的、意欲的な人間の

第5節 社会の存在論的地位（2）　113

結合を以て社会を概念把握する見解」は、株式会社のような任意社会は固より、家族や国家といった必然社会にも同様に妥当する。しかし、個人主義的先入見に囚われていては、両類型の本質的差違性を見過し、結局存在論的に等価値的なものと看做してしまう[72]。これが、自由主義的多元国家論である。我々は、第七章でこの問題に立帰ってこれを論ずるであろう。

26　我々は、第24番に於いて、個人主義が想定するのとは反対に、社会が「超個人的、永続的な固有の存在[73]」を有することを理解した。更に歩を進めて、では一体その固有の存在とは如何なる存在であるのか、を問うてみよう。社会の現実在、現実在としての社会への問いである。たとえば、国家の現実在を取り挙げて考えてみよう。それは、確かに「人々の相互関係に於ける行為様態の現実化」として現れる。他方では、国家の現実在それ自身が、上記人間の行為様態の原因となっているとも言い得る[74]。この逆説的な事態を我々はどのように考えるべきなのか。メスナーは、ここで、存在論的、形面上学的観点からの考察が不可欠だと言う。

　社会が一般的に、それ故国家もまた、それぞれに「国有の存在」を有するということは、詰り、それが単に、或る表象とか理念とかの存在様態に過ぎないとする、個人主義的な、より厳密に言えば唯名論的な思想を拒絶することを含意している。当然、次の疑問が湧くであろう。では、トミスムはヘーゲルを代表とするような集合主義的ないし普遍主義的社会観に与するのであろうか、と。そこで、我々としては、一体、社会や国家は、自立的存在なのか、それとも依存的存在なのか、と問の形式を少し変形してみるとしよう。伝統的用語に翻訳すれば、それは実体 substantia か、それとも偶有 accidens か、という問である。ヘーゲルは、第19番で触れたように、近代啓蒙主義の悟性的人間観を乗り越えて、彼の倫理国家（人倫国家）の思想にたどり着いた。しかし、そこで彼は、国家に実体性を認め、個人を偶有と位置づけるという行過ぎを犯した。

　「国家は倫理的理念の現実性である。」「国家は、実体的意志の現実性であり、この現実性を、国家的普遍性にまで高められた特殊的自己意識のうちにもっているから、即自かつ対目的に理性的なものである。この実体的一体性は絶対不動の自己目的であって、……個々人の最高の義務は国家の成員であるこ

とである。」そして、「国家は客観的精神なのであるから、個人自身が客観性、真理性、倫理性を持つのは、彼が国家の一員であるときだけである[75]。」又、他の箇所（第145節）では次の如くある。

「倫理的なものはこうして、客体的なものとしての、すなわち必然性の円環としての、自由であり、言いかえれば、そのようなものとしての、即自かつ対目的に存在している意志である。そして、この必然性の円環の諸契機は、もろもろの倫理的威力なのであって、これらの威力は、諸個人の生活を支配しており、おのれの偶有性としての諸個人のうちに、おのれの表象と、現象する形態と、現実性とを持っている。」

かように、ヘーゲルにあっては、客観的精神としての国家は自立的存在であって、個人は依存的存在、即ち、偶有に貶められた。

27 伝統的自然法論は、ヘーゲルのようには考えない。社会は独自の存在を有する。しかし、それは実体的存在ではない。偶有的存在である。人間だけが実体的存在である。従って、集合主義的理論とも個人主義的理論とも異なって、伝統的自然法論は、両者の中道を歩む訳である。

「社会は、永続的に存在するために、その担い手として個々人を必要とする。社会は、人間の存在を通じてのみ存在し、その成員としての人間の実存に基づいてのみ実存する。個人は、これとは違って、社会に依存せずとも存在するし、社会生活を通して完全な人間的存在を獲得したならば、社会とは独立に、それをも有する[76]。」

尚、一、二附言しておくと、社会は偶有ではあるが、「論理的偶有」ein logisches Akzidens ではなく、「存在論的偶有」ein ontologisches Akzidens（乃至「形而上学的偶有」）である。たとえば、皮膚の色は人間本性と何ら本質的関連をもたない。それに対して、理性の使用は、存在論的偶有である。というのは、理性が使用されないときでも、人間は人間であるのだから。社会は存在論的偶有である。

第5節　社会の存在論的地位（2）　　115

「人間本性の個別的及び社会的本質は、形而上学的、存在論的にみて、同等に根源的である。人間は、本性からして、既述の如く、完全な人間的存在に到達するために、即ち、本性によってそれに成るべく規定されている文化的存在となるために、社会的結合に依存している。交流と協同によって成就されるこうした結合から、その分有が個人にとって完全な人間的存在の条件となる新しい現実在が生まれる。社会に一次的存在が認められ、個人に二次的存在だけが承認されるというのは間違っている。同様に、個人に一次的存在が帰せられ、社会に二次的存在しか認められないというのも間違っていよう。何となれば、それでは、次の事実が、即ち、個人が真に人間的存在に到達するのは社会的存在、［より厳密には］このものの中に永続的に存在するもの、を分有することを通じてのみなのだと言う事実が説明され得ないであろうから[77]。」

28　社会は、超個人的統一体である。それは、存在論的偶有としての統一体 Einheit であった。では、この統一体（或いは一者と言ってもよい）は如何なる種類のものであるのか。群集とか外部的目的のために組織された軍隊とかとは異なって、社会は「秩序統一体」である。では秩序 Ordnung とは何か。それは、「内的構成原理に基づく統一体[78]」である。内的構成原理とは、形相因 causa formalis を意味する。この原理は、作用原因的（因果的）でもあり得るし、又、目的原因的でもあり得る[79]。社会の特長は、比翼の鳥の如く、両原因が分かち難く結合している事態にある。即ち、人間の社会的本性は、作用因として働き、人々を社会へ、そして国家へと押し促す。それと同時に、人間の現実の行為様態は、認識と意志に条件付けられており、その目的が目的因として働く。「社会統一体は、内的形相原理として、社会成員の自己決定を介して現実化される固有目的を有する秩序統一体である[80]。」

　社会は、一方では精神的統一体であるが、——何故なら、目的認識及びその実現に際しての自己決定に基づくのだから——他方では、外的紐帯も必要である。これ、即ち、「制度[81]」である。「社会の内的形相原理は、実効的であるために、外的結合紐帯によって保護されねばならない[82]。」制度が必要とされる最深の理由は、「霊肉の統一体」としての人間本性の二面性にある。制度のこうした必要性から、「組織（化）」Organisation も社会の一つに数えられる。

29　今暫く、社会の現実在の特徴を眺めよう。それも極く簡潔に纏めよう。

「全体（性）」及び「有機体」として眺められた社会の特質に関わる問題である。

　個々人が完全な人間に成長し得るのは、社会的全体、即ち、家族、民族、国家などの成員としてである。その限りで「全体は部分に先立つ。」と言える。これを急進化したのが、特に新ヘーゲル学派の学者、たとえば O. シュパンであった[83]。しかし、我々の健全な常識はこれに反発する。一体、人間はどの程度社会の一部であって、又、そうでないのだろうか。人間本性に予め刻印された実存目的、それも超社会的実存目的とて、その実現は「人間は自己の資質（的能力）を完全に展開するために社会的結合を欠くことができないのだから、社会的にもまた制約されている[84]。」その意味では、確かに「社会全体は個人に先立つ。」しかし、個々人は自立的固有存在であり、超社会的目的を有するのだという意味では、「個人が社会全体に先立つ」と言わねばならない。何れの命題も、要するに、「人格としての人間」に帰着するのである[85]。

30　社会は、しばしば生物に適用される術語で以て形容される。勿論、社会が「有機体」Organismus であると言うのは、社会が人間や動植物の如き「内的活動原理」を有する「実体的全体」であるなどと言う意味に於いてではない。類比的な意味に於いてである。とは言え、社会は独自の内的原理を確かに有している。「社会内には内的生命原理、目的因が働いており、これによってその成員［←肢体］と機関［←器官］の多種多様な活動が統一的生命過程へと結合されるのである[86]。」その目的因、即ち、社会成員の実存的目的に資すべき共同善の担い手は精神的存在たる人間であるので、社会も又、それを反映して「精神的有機体」geistiger Organismus ということになる。

　総体社会とは、より小さな社会的統一体を自己と個々人との間に中間肢体としてもつところの、分節された統一体である。

31　社会の特性として最後に、「人格性」を検討しよう。前節で社会を精神的有機体と規定することを得た我々にとって「人格としての社会」を肯認することに困難は左程あるまい。念のために、自然人との比較で、より正確には類比に於いて、社会の人格性を押さえておくのが妥当であろう。

　では、「法人」とか「法人格」とも呼ばれる社会の人格は、自然人（格）と如何なる共通性を有するのであろうか。メスナーは、その共通性を五つ挙げ

ている[87]。①人格としての社会は、自然人のように実体的ではないが（本稿第27番参照）、成員の世代を超えて存在する、固有の存在を有する（第24番参照）。②自然人と同様に、法人は、統一体として本質固有の目的を追求する上で自己決定を行う。詰り、意思能力と行為能力を有する。③自然人同様に、社会的人格に実存目的（達成）のための責任が基づいている。従って、社会は権利を有する。④社会は又、法効果を伴う。②、③、④が承認せられるので、社会（国家、会社、協会、結社、など）は社会同士で、或いは自然人との間で、契約を締結することが法律上可能である。ここでは、法人格が擬制されるのではない[88]。実在的基礎があるのだ（第27番参照）。⑤人間が社会の成員であるように、社会はより大規模な社会の成員（寧ろ「構成分子」と呼ぶべきか）たり得る。他方では、社会は、「固有の存在、固有の目的、固有の責任の故に、一層大規模な全体の部分に過ぎぬのでは決してなく、あくまでも固有の権利を有する独立無二の人格なのである[89]。」以上を要約して、我々は次の結論を下すことができる。「総体社会の自然本性的構造法則［自然法的憲法］は、必然的に社会的多元構造体［社会的多元主義］を要求するものであって、その結果、『より小さな』共同体［部分社会］や結社は、実存的人間目的に根基するが故に、人間的位格の尊厳と自由という特徴を附与せられるのである[90]。」

32　以上我々は、第4節、第5節に於いて、祉会の存在論的地位の問題をかなり詳細に検討して来た。通常、余り語られることが少ない（と筆者に思われる）だけに、更に、人間の社会的本性、国家的本性の重要性に鑑み、一見迂遠とも思われる課題に我々は取り組んだのであった。次節以下に於いて、我々は、これまでの成果を踏まえて、社会の目的、即ち共同善、社会と国家の区別、国家の主な課題、即ち、公共善の問題を一瞥し、最後に政治の優位に説き及ぶこととしたい。

第6節　共同善──その本性、機能、地位──

33　社会は何のために存在するのか。この社会目的は、社会の存在根拠（第4番参照）と存在秩序から明らかにされる。

118　第3章　共同善、社会、国家

「社会の目的は、実存的諸目的に根基する生存使命を自己の責任に於いて果たすために万人が必要とする援助［を与えること］である。こうした援助は、社会的統一体の全成員の結合によって可能となり、しかし又他方では、万人によって必要とされるのであるから、共同善とか共同利益或いは社会善と呼ばれる[91]。

　社会目的としての共同善は、かくして第一に、社会によって個々人にもたらされる援助である[92]。第二に、共同善は、存在に立脚した客観的現実であるので、恣意に左右されはしない。尤も、許容し得る範囲内では、即ち人間の実存目的に刻印された要求に反しない限度に於いては、共同善の形成及び計画それも特に共同善実施のための手段、方法、適用の問題は、社会の意思乃至任意に委ねられている[93]。第三に、共同善は、二つの根本機能を使命としている。第一は、消極的根本機能としての「平和秩序の樹立」、第二は、積極的機能としての「福祉秩序の樹立」である[94]。第二、第三の問題に就き、説明を試みる。

34　共同善は、前節で述べたように、それ自体としては客観的現実在であるのだから、恣意に左右されるものではない。この点、若干補足しておく必要があるかと思われる。世上しばしば正義原理は内容空虚であると言われる。共同善についても——実定法上は「公共の福祉」——同様である。内容空虚とまでは言わぬとしても、社会政策、国家政策、経済政策、文化政策等を導くには一般的に過ぎると考えられているのではなかろうか。しかし、こうした疑念にも拘らず、上記諸政策の具体的提言に際して決まって援用されるのは、多くの場合、共同善なのではないだろうか。メスナーは、権力政治の手段で以て諸団体によって政策提言がなされる今日の民主政治に於いてすらも然り、と言う[95]。即ち、原案対案が対立し譲らぬ場合、交渉の場で討議がなされる。その討議の中心となるのは、「現実の共同善への利害関心」wirkliche Gemeinwohlinteresse である。討議は、「事物の本性」に訴えてなされるが、その際、交渉当事者とか公的機関により実に多面的に眺められるという特色がある。それも、当然と言えば極めて当然で、事物の本性自身が、社会的、政治的、経済的、等の多面性を保有しているのである。

第 6 節　共同善　　119

「ところで、（賛成）理由と反対理由を事物に即応して考量する問題で議論が可能であるというこのこと自体が、共同善原理は、たとえ議論の成果が外見的には大抵の場合妥協の色彩を帯びるとしても、決して形式的ではなく内実のある原理 ein sachliches Prinzip であることを証示するのだ[96]。」

35　第 33 番に於いて、我々は根源的二機能が共同善に帰せしめられることを指摘した。それらは、平和秩序の樹立と福祉秩序の樹立であった。前者に就いて先ず述べると、「全人間的実存にとっての前提条件となる共同生活の秩序を、人間本性のより低い傾動資質によって脅かす妨害から防衛する[97]」ことにその意義がある。個々人の基本的権利も、こうした社会的協同によって保障されるのであって、この課題は、後に再度見るであろうように、国家の重要課題でもある。

　個人主義的社会観、国家観によれば、社会目的は上に述べた機能に尽きる。その理念は、「諸利益の調和」であり、そのために法律制度が役立たねばならない訳である。ところが、歴史的経験は、その虚偽性を露呈した。思想の有効性は、結局、人間本性自身によって評価されるのである[98]。かくして、共同善の第二の根本機能は、福祉秩序の樹立である。人間はその生存使命、自己完成を果たすべく、社会的本性に促されて社会を形成する。そして、この社会は、個々人の自己完成を援助することを以て自己目的とする訳なのであるから、社会の存在目的たる共同善が福祉機能を担うのは、実は当然の事理だとも言えるのである。

「社会の存在根拠と存在秩序自身のうちに、完全な存在へ向かっての、霊的、精神的、倫理的、宗教的、文化的、社会的発展がそれに結合しているところの多様な実存的社会的諸目的が見出される。従って、共同善の概念とその本質たる援助で以て国家乃至政治社会だけが考えられるべきではなく、同様に、家族と民族、近隣共同体と職業共同体、宗教共同体と国際共同体も併せて考察されるべきなのである[99]。」

36　人間の個別善は、既述より判明する如く、様々の局面、諸相に於いて、社会的結合によって、そして又、共同善の分有とによって条件付けられてい

る。換言すれば、個別善は、社会全体の善自体の部分として存在する。と言うことは、共同善は、社会の現実在がそうであったのと同様に、個別善の単なる集積とは異なる「一つの新しい現実在」である。詰り、共同善は、「超個人的、持続的な固有存在」なのである[100]。

社会全体の価値善益それ自体として把握される共同善から区別されるべきものとして、それ自体共同善の一部を成すものではあるが、下位の価値領域に属するが故に「共同善に仕える手段」と呼ばれ得るものがある[101]。これには、法制度、公的教育制度、病院や研究所を含めての公的公衆衛生機関、福祉施設、軍隊、警察、交通網、交通手段の整備、上下水道、電気供給、等が数え上げられよう。かかる制度的なものの共同善にとって、それ故、人間の生存充足にとって、欠かし得ない意義を我々は過小評価してはならない。しかし、それと同時に、制度的なものは、「窮極的には、価値善益 Wertgüter にその本質を有する共同善に対する手段[102]」に過ぎぬことも強調しておかねばならない。では、その価値善益とは具体的に何なのか。メスナーは、それを列挙して、「社会の秩序と平和、社会成員の自由の保障、自己責任と自己努力による本質的生存使命の達成を万人に可能とすること、社会全体の良好な衛生状態、将来及び子子孫孫のためにする経済的生活基盤の保障[103]」と言う。

37 共同善に連関して語るべき事項は、上述したところの外、多岐にわたる。我々は、本論の目的に照らして必要な限りで以下に、そのうちの若干の事項を採り上げて要約することで満足せざるを得ない。それらは、秩序としての共同善、共同善の作用因、共同善の補助的地位に関係する。

38 共同善は、社会成員の自己完成への援助であり、自己完成は、実存的諸目的によって人間に課せられた使命の達成にある。従って、共同善は、人間本性に刻印された目的秩序に資すべき性格を内含している。詰り、それは秩序である。そして、秩序としての共同善には、第36番で示された如く、二側面が見られた。価値善益としての共同善と制度としての共同善がそれである。これら両者に就いて、今少し説明を施すことにしよう。

（1）価値善益のうちでも最も人間にとって主要なものは、「人格としての完全な人間存在にとって基礎的な自由[104]」である。従って、共同善秩序は、先ず何よりも、「自由の秩序」である。勿論、これは、実存的諸目的及び目的秩

序に基づく、個々人及び部分社会の責任領域（自律領域）に即して語られるべきではあるのだが。次に、共同善秩序には位階秩序が見られる。丁度倫理一般に位階秩序が見出されるように[105]。従って、物質的領域に属する価値善益よりも、霊的、精神的、倫理的領域の価値善益の方がはるかに高い価値を有する。文化の決定的生命基盤は、こうした領域にこそあるのだ。

> 「社会の文化は、包括的意味に於いては、あらゆる価値領域に伸張する共同善の現実在であり、これを分有することによって、個々人はそもそも本性によって定められている文化的存在に、即ち、社会と共同体とがその前提条件となって奉仕すべき完全な人間的実存と名付けられたところのものに成るのである[106]。」

39　共同善の著しい特徴として、その超個人性と永続性が挙げられる。それは、何世代もの人間の思惟、努力、勤勉、労働、経験が蓄積されて、霊知的、精神的、倫理的創造として結晶化したものに外ならない[107]。この領域での共同善実現過程への媒介と分有とは、社会成員には一部自覚されないまま行われている。何れにせよ、文化は、過去に向かっては、幾万世代もの祖先の生の収穫、未来世代にとっては生の基盤としての意味を有する。

40　(2)　次に、制度面から見られた共同善を問題にしよう。こちらの方は、価値善益としての共同善と異なり、より外的な事柄に関わり、制度的なものに自己を顕在化させるところからも理解されるであろうように、意識に上り易いという性質を有する。即ち、事物の価値善益（物質財）を事とする経済的、社会的事象は、日常の労働に密着しているが故に、意識の舞台に容易に登場する。「社会成員は社会的協同を意識的に経験する。何となれば、社会協同は二重の自己関心、即ち、自己の労苦の軽減と労働成果の増大と結合しているのだから[108]。」

　共同善は、「比例性の秩序」eine Ordnung der Verhältnismäßigkeit である[109]。社会的協同がどれほどの実を結ぶかは、社会成員の能力の供出と努力の傾注による。

> 「共同善の秩序が比例性の秩序として表わされる場合には、平等の側面と差異性

122　第3章　共同善、社会、国家

の側面とが内的連関に於いて把握されている。即ち、全社会成員の人間本性の平
等、これは全成員にとって本質的に平等な生存使命の遂行を可能にするよう要求
する。そして、社会的協同並びにその果実の産出への寄与に於ける差異性、これ
は果実の分有［配分］に於けるそれ相応な差異性を基礎付ける[110]。」

41　共同善秩序は比例性の秩序として把握されるので、「動態的発展の秩
序[111]」でもあることが判明する。人間が他の動物と異なる本質特徴は、或いは
「理性」、或いは「言語」——共に、ギリシャ語では同一の言葉 λόγος[112]——、
メスナーによれば「伝統[113]」或いは「価値追求[114]」に求められる。

　人間は創造的な生命体である。即ち、他の生物と異なり、人間は、その価値
傾動及び価値追求、要するに、本性に押し促されて、物質的且つ精神的生存
条件の改善に努めて来た。今後も又そうするであろう。その延長線上に、国
家の内に於いて初めて可能とされるであろう「善き生活」も位置する。かく
して、人間は、その歴史を通じて——歴史という意味のドイツ語 Geschichte
自体が幾世代にも亘る人間の営為の積み重ねを偶然にも（と言うのは、語源的
には Schicht にではなく、geschehen に関連するものであるから）暗示してい
る。——様々な分野で発展を遂げて来た。創造的発展を可能とした媒介は、「社
会的協同」がこれを担当した[115]。「こうした協同の諸力や諸成果（果実）は変
遷する。故に、共同善も又、移り変わる個々の集団の寄与と社会的協同全体
の生産性に応じて社会的協同の成果を分有する（成果の配分を受ける）ことが
できるよう、比例性を不断に更新して樹立することによってのみ現実化され
るのである[116]。」即ち、共同善秩序は「力道的発展の秩序」である。

42　共同善の諸原因に就いては、結論だけを適要する[117]。その作用因は「個々
人の努力」である。形相因は「社会の秩序権力」である[118]。作用因に連関して
述べると、共同善は、個々人がその力をなるべく妨げられない仕方で協同に
投入できるとき、最もよく現実化される。そこで自利追求が承認される。他
方、個々人の自利追求が調和せしめられ、共同善へと方向づけられるよう形
相因が働く。即ち、秩序権力は、「個々人や団体の自由な活動の上に、監督的
に、指導的に、鼓舞的に、そして援助的に、その影響を及ぼす[119]。」

　制度的なものが共同善に資することは前に見た（第28番参照）。それは「中

間原因」とも呼び得るものである。尤も、その中には、法制度の如く共同善の本質的価値それ自体の一部を成すと考うべきものから、交通制度の如く手段価値としての性格が明瞭なものまで、多様な類型が含まれる。

43 共同善を相当詳しく取り扱って来た本節を、我々はその「補助的地位」の問題の考察を以て閉めくくろう。これまでの論述全体から明瞭に窺われる如く、共同善は、人間の自己完成に資すべき善益であって、自己目的では決してない。メスナーの説明を引用すると、それは、「人間が、自己の実存的諸目的に根基する生存使命を実現するために社会的協同から獲得するところの援助[120]」である。従って、共同善の補助的性格を諸利益の自由競争の保障に縮限する個人主義的社会理論も、自己目的的に共同善の全面支配を要求する集合主義理論も謬説である。

> 「正しくは、共同善は補助的地位を有するのみ。しかしその地位は人間的実存の全域に及ぶものである。何となれば、人間は己の実存目的に刻印された生存使命を遂げるためにこそ、社会的協同を必要とするのであるから[121]。」

同じことを、ダバンは次のように表現している。公共善は「完全な人間的善」le bien humain complet に奉仕するものである。従って、「この世の生活と諸価値の次元で人間に係わるものであって、公共善に無縁であるものは何もない[122]。その素材（質料）の観点からみれば、公共善は、この世の一切の事物を含んでいる。詰り、この世のあらゆる事物――一切の人間的要求と活動――が公共善の内容となり得るのである。ではこの「得る」という語は、より厳密に言うと何を意味しているのか。公共善の質料的客体は、なるほど、この世の一切の事物である。しかし、それが現実に公共善の内容として立ち現れるのは、「形相的」客体との連関に於いてである。即ち、形相的客体としてダバンにより叙述された四つの観点によって現実にすくい上げられる限りに於いて、この世の一切の事物が、可能的に公共善の内容であった次元を超え出て、具体的実存的公共善へと現実化するのである。

44 共同善の補助的・補完的地位からして、実存的諸目的の中に刻印された人間的位格の発展を犠牲にして共同善の拡張が企図される限り共同善は存在

124　第3章　共同善、社会、国家

し得ないことが理解される。更に、共同善は、存在論的に、人間の実存的目的に根基するものなのだから、「目的秩序の枠内に於いて」のみ現実在たり得る。従って、「人間的位格は決して共同善の単なる手段とされてはならない[123]。」若しさようなことがあれば、共同善は実は存在しないのである。従って、「低い位階秩序の目的の領域に於いてすら、介入が共同善を損なわずに行われるのは、この方法によってしかより高い秩序の善益に奉仕する共同善の補完機能が確保できないという場合に限られる[124]」のである。社会全体の物質的福祉増進のために、個人の物質面での、たとえば重課税、という形での国家介入は許容されるが、倫理的、宗教的良心とか、自分の子供の基礎教育といった「人間の自己責任」への国家介入は到底共同善の名目で以て許容し得るものではない[125]。これら両者の中間に様々な事態が想定されるであろう。

　自由社会にあっては、精神生活の領域に関する共同善の補助的地位は疑うべくもあるまい。経済生活に於いても事柄の本質に変わりはない。即ち、計画経済が功を奏したところで、人間の欲求や能力の多様性を考慮して直ちに判るように、それが即共同善の実現とは言えないのである。「共同善は、人間本性のこうした両面性［欲求と能力］に発する価値追求に最大限の可能性を確保することによって現実のものとなるのだ[126]。」

45　共同善の補助的・補完的地位は、社会の、そして共同善の存在論的地位に由来する必然的帰結である。我々は、次節以降で、社会と国家の関係、国家の諸課題、政治の優位を考察する予定である。

第7節　社会原理と国家の課題
——共同善原理と補完性原理、国家の法機能——

46　本節に於いて、我々は国家の共同善課題を論じることとしたい。しかし、その前に再度、社会と国家の区別の問題に関説せねばならない。そして、この問題を考える上で、共同善原理と補完性原理——補助性原理とも言う——に一瞥を与えることが有意義である。

47　社会より発し社会と関連する行為が倫理的拘束的性格を獲得するのは、社会成員の自己完成に資すべき共同善に基づいてのことである[127]。換言する

と、共同善は、社会権威の基礎付けを行うが故に、社会及び国家の最高原理であると言われている[128]。即ち、共同善は、社会権威の権限を基礎付けると同時に、その限界をも劃するものである。それは、丁度、憲法規範が一方で援権規範であり、同時に他方で制限規範としての役割を担う事態に比べられよう[129]。

既に第34番で見たように、共同善原理は、客観的内実を伴った原理であった。この原理は第二に「法＝権利原理[130]」でもある。これは、社会全体及び社会成員それぞれに帰属せしめられるべき「各人の持ち分」に関わる。それは、自由の範域、共同善への寄与と分有に関わる（第38、40、41番参照）。第三に、共同善原理は、その義務付けの様態に於いて幾重にも働く。一方では、立法者をして、共同善によって要求される法規整を行うよう義務付ける。他方では、国民をして、権威への服従を要求する。部分社会の共同善実現の為の地位及び義務、殊に政治的部分としての正当に関して語られる共同善優先義務がこの原理に繋がる。しかも、これらの義務付け様は、実定法上のものでもあり得るし、又、自然法士のそれでもあり得る。そして、勝義に於いての義務付けは、後者のものである[131]。

48 第四に、共同善原理は、時と場合によって、倫理法則の要求する行為様態や徳をば正義の要求する義務とすることもある。具体例を挙げると、「飲会の楽しみを節制するのは、倫理法則の要求するところであるが、戦時下には共同善法則によって殊の外要請され得るし、立法者によって食料配給によって強課されることもある[132]。」かくして、一切の行為様態が事情によっては共同善原理に服せしめられ得る訳である（一般的正義の問題）。

共同善原理は、従って「優位原理」を意味する。即ち、「共同善は個別善に優位する。」第44番で言及した如く、重課税は共同善の要求に従って或る場合には正当化されるであろう。しかし、こうした優位原理が妥当するのは、同一の位階秩序に属する諸善益（諸価値）の間に於いてのみである。「共同善はそれが個別善に影響する限りに於いてのみ現実在するのであるから、より高次の実存的諸目的（人間的価値）にとって本質的である諸善益は、より低次の社会的善益（価値）に優越されてはならないのである[133]。従って、物的犠牲で済む場面で敢て人格的自由の犠牲を社会成員に要求することは共同善原理

126   第3章　共同善、社会、国家

からして正当化されない。いわんや、人的犠牲乃至給付で済むところを生命の犠牲を要求し得ないこと、明らかである。良心の決断が犠牲にされてはならないのは、それが「人間の倫理的全人格[134]」に、「超社会的生存目的[135]」に密接に関わっているからである。

49　法秩序は共同善秩序である[136]。共同善原理は、社会成員すべての者が実存的目的によって課せられ、それ故に自己責任に於いて実現すべき生存使命を果たすことができるよう、それに必要であり、且つ社会協同によってもたらされるべきかの援助が提供されることを要求している。従って、かかる使命の実現を援助すべき地位を有する共同善は、既述の如く[137]、補助的・補完的性格のものである。補完性原理が意味するのは次の通りである。「共同善は、個々人や部分社会 Gliedgesellschaft が自力で行い得る事柄に関して、何らの権限も資格をも社会に付与しない[138]。」別な表現を用いるならば、「自己責任は総体責任に優位する。」

　かくして、共同善原理と補完性原理は同一事態（存在論的倫理的現実）の二側面を表わしている[139]。従って、両原理を一命題で表現すれば次の如くなる。「共同善は本性からして援助である。しかも、あくまでも、社会成員——個々人及び部分社会——が自己の使命を果たす上での援助なのである。」と。前に述べた通り（第47番参照）、共同善は社会的秩序権力を基礎付けると同時に、制限をするのである。

50　補完性原理も又事物に即応した客観的原理であること、共同善原理の然る程度に優るとも劣らない。自己決定と自己責任に基づく社会成員の自己完成に資すべき共同善の補完的地位の故に、共同善は、社会成員の責任領域及び権限領域を毀損して追求される限り、実は自らの現実在をも毀損している。

> 「共同善の全現実は、実存的諸目的に基づいた諸使命に奉仕すべき補完的地位を尊重すべき拘束を受けている。故に、社会的権限の割定原理としての補完性原理は存在原理である。しかも、共同善の存在秩序に属するので、それは共同善原理に劣らず存在原理なのである。と言うのは、補完性原理は、人間の人格的社会的本性の統一に根基し、そこに書き記された目的秩序のお陰で内容の規定されたものなのであるから[140]。」

自然法原理が内容空虚でないのと同じく[141]、補完性原理も又内容空虚な定
式に過ぎぬ訳ではない。補完性原理は、存在秩序と目的秩序に根拠を有する
が故に、全く特定された比較的狭い社会単位、たとえば、家族、大小様々な
近隣（地域）共同体や職業共同体に、内容的に全く特定された責任、権限、そ
して権利を割り当てる。それ故、補完性原理は「特定内容を有する正義原理」
でもある[142]。

51　補完性原理は「法原理」である。それが「責任領域に根拠を有する権限」
を規整するからである[143]。この原理は又、法秩序を律する自然法的根本原理
でもある。権利がそもそも支配力の一種であるように、社会的乃至国家的権
威の有する権利も同様である。それ故、当然のことであるが、この支配力は、
補助性原理によって本質的に制限を受けることになる。

　かくして、補完性原理は、「社会に於ける権限配分の原理」ともなる。これ
は大いに意味がある。

　「補完性原理は、団体に対しても国家に対しても全権力の掌握の要求を拒絶する。
　補完性原理は、全権掌握を要求する国家に対して、自然本性的にして自由な諸団
　体の固有の権利を保護するものである。かかる理由からして、それは、多元社会
　の構造法則であり、機能法則である。補完性は国家の全能要求を行う全体主義に
　反対する。補完性原理は、『国家』と区別される『社会』の固有性を保護するとこ
　ろの自由社会体制の自然法的根本法則である[144]。」

国家と社会の区別を踏まえた多元社会論が上の引用文から明瞭に窺える。

52　補完性原理は、実に重要な社会原理である。前節では、この原理が有す
る一面に力点が置かれた。ここでは、他の側面を見なければならない。

　補完性原理のお陰で国家やより大きな集団の介入から守られた個々人やよ
り小さな集団の権限並びに権利は、強力に行使されねばならない。詰り、そ
れらの基礎付けとなっている責任は、可能な限り、自力と自己発意の下で果
たされねばならない[145]。ここに含意されているのは「自由は義務を伴う」と
いう原理である。そして、この面での補完性原理は、次のように変換される。
「出来るだけ多くの自由、必要なだけの国家」と。又、こうも言い換えられる。

128 第3章 共同善、社会、国家

「できるだけ多くの自己責任、必要なだけの国家要求」とも、そして又、「できるだけ多くの自己援助、必要なだけの国家援助」とも。

53 以上、述べ来ったことは、補完性原理に関わる一部にしか過ぎない[146]。しかし、この簡単な叙述からも、伝統的自然法論の、そして、トミスムの、共同善という社会態の目的因を議論の中心に置く――それは結局具体的人格を中心に据えることに外ならない。――社会及び国家思想の特徴が敢えていうならば、優位性が理解されるのではなかろうか。

54 共同善原理と補完性原理に連関してこれまで述べて来たことを前提にすると、国家と社会の区別、及びその意義が明らかになってくる。

　全体としての社会は、個々人及び部分社会から成り立っている。そして、それらは国家に於いて統一されている。勿論、国家とて広義に於ける社会の一形態ではある。しかし、共同善原理と補完性原理とに基づいて、国家は爾余のすべての社会、即ち狭義の社会から区別されるのである。国家の目的は、第12番で見たように、人間本性の完成に必要な諸々の社会的基本機能の包括的全面的な充足にあった。それは、社会や個々人の共生と協同とを万人の実存的諸目的の実現にとって、自己完成にとって必要である限りに於いて可能にすることにある。

　　「国家の課題は補完的であるのみ。より小さな共同体には固有の責任と固有の権利の広大な領域が有する。即ち、固有の諸力に基づいて、それ故、国家の援助に俟たずして、実存的固有目的を実現することの可能な全範域に及ぶ領域が存するのである。社会的共同生活並びに社会的協同のこうした部分は『国家』Staat と区別して『社会』Gesellschaft と呼ばれる[147]。」

55 社会とは、特殊目的の実現を目指す国家内的並びに超国家的共同体である。前者には、社会の細胞としての家族、近隣共同体、職業共同体、任意団体（階級、政党、組合その外を合む）などの部分社会、近代とみに重要度を増して来た大集団としての民族、が含まれる。後者には、国際共同体、及び、教会が含まれる[148]。国家とは、或る特定地域内での、基礎的な社会目的の実現を目指した共同体である。ここで言われる「基礎的な社会目的の実現」が、

第3節で紹介された国家の定義に於いては「共同善の全面的な実現」とあるのを我々は見た。以上のことより、国家と社会の種差が明らかとなる。それは、目的の相違に求められる。即ち、「国家目的は、社会的根本機能の実現に基づいた一般的善益であり、『社会』を形成する大小様々な共同体及び個々人の目的は個別善である[149]。」約言すれば、国家目的は共同善、社会目的は個別善、となる。視点を変えて見ると、「国家は万人の協同を通じて果たさるべき生存使命に基づく、人々の社会生活の統一体である。『社会』は、個々人、集団、共同体が夫々に負うている生存使命に基づく人々の社会生活の多様性（多元的構造体）である[150]。」

56 国家と社会はこのように区別された。そして、直ぐ上の引用文に見られる如く、国家は「人々の社会生活の統一体」、社会は「人々の社会生活の多様性」と述べられていた。これは、「多元性原理」に連関する問題である。極く簡単に触れておこう。

国家と呼ばれる共同体の構成員は一体誰であるのか、と先ず問いを発してみよう。すると、直ちに、「個々人」と答えが返されるのではないだろうか。これに対して、メスナーは、「この答えは正しい［間違いではない］が、極めて不十分である[151]。」と、我々の意表をつく。一体、これはどういう趣旨なのだろうか。ここには、個人主義的国家観が吟味されぬまま、我々の先入見になってしまっているのだ、という、メスナーの警告が提示されているのである。我々人間が先ず直接に所属するのは、国家なのだろうか。否。家族であろう。そして、地域共同体であるとか、職場社会であるとか、要するに、我々は先ず以て部分社会の所属成員である。それ故にこそ、国家は、部分社会が自らに課せられた使命を遂げることができるよう、その諸条件を整備するという固有の義務を負うのである。これ、既に論究したところである。かような諸使命のうちに自然法上の固有権が根基し、その固有権に基づき部分社会自身が共同体人格（法人格）を獲得する。そうした上で、部分社会は、この法人格を有する社会的統一体として国家の構成員となるのである[152]。伝統的自然法論は、かように考える。従って、国家はより小さな共同体、即ち、部分社会から成る社会、であるので、社会団体 Gemeinschaftsverband である[153]。ところが、より大きな共同体、詰り、国際共同体との関係で見ると、国家は

130   第3章　共同善、社会、国家

その構成員である。

　このように眺めてくると、国家は、内に対しては、部分社会が始源的に有する諸権利を尊重し保障する責を負い、外に向かっては、国際共同体に対して自然法上の諸義務を負う。こうした観点をもたぬ近代の個人主義が、そして集合主義が大衆社会の出現を、そして、全体主義の擡頭を準備したのである[154]。

57　今や我々は国家の諸課題に取り組む局面にたどり着いた。しかしながら、既に当初の予定を大幅に超過してしまったので、本格的な研究は別の機会に譲ることとして、以下、概略を示すにとどめたい。

58　国家は、社会的協同全般を築き上げ、促進し、規整することを通じて、人間本性の完成に必要な諸条件を創ることをその使命とする[155]。そして、国家が引き受けるべき共同善課題の二機能は、消極、積極二様のもの、即ち、「平和秩序の樹立」と「福祉秩序の樹立」であった[156]。

59　平和秩序の確立に就いて。人間の共同生活に於いて、平和と安全の保障が最も基礎的たることに異論はあるまい。平和と安全乃至秩序は、個々人の反社会的、暴力的、或いは不法な行為によって破られもすれば、又、具体的情況下で当事者に帰属すべき権限及び要求に関する不明確性から生ずる争いによっても撹乱され得る。故に、法秩序を樹立保障することによって、人間の共同生活を可能にし、更に、人間の使命を果たすための協同を可能とすること、このことが国家の第一の課題となる[157]。法秩序の確立、これは国家権威を基礎づけると同時に、権力の恣意的発動を制約する[158]。法秩序樹立に連関する国家機能として、メスナーは、「憲法」、「立法」、「法管理」（Rechts-verwaltung、行政、判決、執行を含む概念として用いられている。）を挙げている。ここでは、前二者に就いて語るのみとしよう。

60　(1)　憲法に関しては、歴史的制約の問題、自然法的憲法原理、憲法変更に関する自然法原理が語られる。先ず、憲法の歴史性に就いて、その要因として、国家の特性を本質的に規制するもの、諸民族の法意識の発展[159]、民族の特質、国家創設行為等が列挙される[160]。

　次に、自然法的憲法原理として、五原則が挙げられている[161]。ここでは、次の二、三の原理に関説しよう。何れも共同善に直結する原理である。その第

一原理は、「権威による統一の秩序」と「自然権に基づく自由の秩序」という二側面で不文の根本規範として妥当する共同善の原理である[162]。次に、たとえば、両世界大戦のような国際的な破局後に於けるが如く、国民が国家生活の新たな開始に際会している場合、自己自身の憲法を制定することは、国民の自然権である[163]。更に、三つめはメスナーの動態的自然法思想が憲法原理として登場したものである。

「如何なる憲法といえども歴史的に、それ故、変転常無き諸要因によって制約を受けるものである。しかも、国家共同体の最高法則としての共同善は絶えず新たに現実化されねばならない。それ故に、如何なる憲法といえども、たとえそれが制定者の揺ぎない意図であったとしても変更不可能と承認されねばならぬ程窮極的なものと看做され得ないのである[164]。」

61 (2) 立法に連関して、メスナーは「慣習法」にも言及しているが、ここでは「委任立法」の問題に視線を向けることに限定しよう。

伝統的自然法論が立法者の義務を詳細に論じたのに比し、今日では「国民主権」が定着したからか、上の事情に関心が払われない。ところが、周知の如く、国民主権は、行政権の肥大化現象と表裏を成して、今日ますます空洞化している。国民代表議会の多くはその責務を怠っている情況が常態化した。その要因としてメスナーは二つを挙げている[165]。第一は、所謂立法事実の複雑さと法案の数の増加である。第二は、細部の詰めを官僚が進んで引受けたことである。かくして、立法とは一般原則のみにかかずらうものであって、細目に亘らないというイデオロギーが原則に迄伸し上った。

「この原則の御墨付があったものだから、政府は、『大綱宣言的法律』Rahmen-gesetze の執行の上で全権を振うこととなり、しかもその［権力］行使を再吟味することが困難である事情もあって、国民代表の支配から著しく逸脱することができるようになった[166]。」

上の原理は、国家行政の中央集権化及び官僚制化の助長にも一役買った。

かくして、現代国家に於いて国民代表議会は、その実質的立法機能の一部を行政部から奪取されてしまった。言い換えると、立法部は重要な自己責任の一部を拠棄したのである。

62　上の事態の含む意味を憲法典[167]の規定の様態[168]の特色から説明してみよう。民法典、刑法典、民事訴訟法典等の法典は、「法の安定期に、裁判規範の体系的整備、叙述を目的として」周到な準備の下に起草制定される。それに対し、憲法典は、「政治情勢の変動期に、政治組織の変更を目的として」政治家の早急な決断の下に制定されるのを一般とする。従って、それは、新しく採用せらるべき組織規範の「大綱」を宣言するという性格を有する。即ち、憲法典は、法律を始めとする法令による細目化、具体化、現実化を最初から予定している、と言い得る。その最も重要な法規範を制定すべき任を担う機関が立法部である。憲法典を始めとする国法は、共同善実現のための法的手段である。そして、「現実の共同善は、或る法律に託された事実的原則によりも、法律の細目的規定に依存する[169]。」法律の細目的規定、別言すれば、大綱宣言的憲法の精神を活かしつつ具体的共同善実現のための細部の仕上げを法律という法規範の形式に化体せしめるのが立法部たる国民代表議会の責務である。ところで、「委任立法」die delegierte Gesetzgebung とは、「下級官庁が立法権力の権威付けに基づいて行う立法」である。なるほど、それは形式的には、立法部による全権委任によって正当化される。しかし、「それは、合法性原理に基づく正当化ではあっても、自然法的憲法の正統性原理と矛盾するのである、何となれば、単なる技術問題にとどまらぬ場合、国民代表議会は、かかる委任を行う真の権利を有しないからである。権利の目的達成が確実でない場合には、誰も自分に課せられた義務に根基した権利を拠棄し得ないのであるから[170]」。

63　メスナーは、こうした弊害を除去する上で、職能的自治団体の果たすべき役割に大いに期待しており、又、法管理の局面でも職能団体の意義を説いている[171]。それは要するに、共同善原理、補完性原埋、多元性原理に由来する考えである。

結　論　要約と政治の優位

64　第1節、第2節に於いて、我々は本稿の主題たる共同善に着目する緒を掴んだ。共同善は、伝統的国家観に於いて国家の本質的構成要素であり続けた。しかし、我が国の憲法学では無視乃至軽視されて来た。そこで、第3節に於いて我々は、伝統的国家観を代表せしめるに古代のアリストテレスと現代のメスナーの見解を以てした。そこでは、国家とは、国民の「善き生活」εὐ ζῆν のために存在する「完全社会」societas perfecta である理由が確認された。それ故に、我々の眼から見れば、国家三要素説では不充分であって、国家四要素説を採らねばならない。それらは、国家成員、国家目的、国家権力、国家領域、或いは簡明に、国民、共同善、主権、領土であった。

65　ところで、上の四要素は、質料形相論の観点から眺めた場合、実は未だ真の意味での四要素を網羅してはおらず、三要素に過ぎぬと言わねばならない。ダバンが明説する如く、国民と領土とは、国家の「予備的要素」としての質料に過ぎぬと言い得るからである[172]。主権は形相因で、共同善が目的因である。とすれば、上の「四要素説」には国家の作用因が欠落している訳である。そこで、我々は、国家の作用因の問題を、第四節に於いて論じたのであった。メスナーは、この問題を、国家の起源の問題として『自然法』第114節で取り上げて論じている。しかし、我々は、より広い視野の下に問題を配置し、事柄を明らかにしようとの意図を以て、『自然法』第一巻第二部を手掛かりに、人間の社会的本性の問題を考察した。そして、経験に即応しつつ、人間の社会的本性を考究して行くときに重視すべき要素として、文化、人格、経験現実が指摘された。ここで「交流」に格別の意義が承認されることになる。そもそも、人間は自己完成を遂げんとするものであるが、霊肉一体的本性なるが故に、自己完結的ではあり得ず、他者との交流並びに協同へと本質的に規定されている。こういう訳であるから、人間に於いて個別的本性と社会的本性とは、分ち難くその根を深く下していると言わねばならない。

66　第5節は、社会の本性を論じ、それが超個人的統一体であることを示した。それは、個人主義的社会観とも異なれば、集合主義的或いは全体主義的

社会理論とも異なる。要するに、伝統的自然法論は、社会を「存在論的偶有」と位置付ける訳である。存在論的偶有は存在論的実体、即ち、人間の自己完成に奉仕すべく存在するものである。他方に於いて、存在論的偶有は、それなりの実在性を有しているので、人格性をも帯有し、それに拠って、法主体たり得たのである。こうした全体的理解が伴った上であるならば、第18番に於いて引用した独語の一文は、邦語に表現する場合、かなり自由に訳出してもよい、と私は思うのである[173]。たとえば、「人間とは、その本質的内奥に於いて、個別的且つ社会的存在である。」とか、「社会的本性と個別的本性は、人間本性を等根源的に構成するところの、不可分、不可同の弁証法的緊張関係に立つものである。」とか。勿論、二つめの訳文は、訳文としては不適当ではあろう。しかし、弁証法的思考を採る論者がメスナーのかの一文を読んで上のように解したとすれば、それは正しい読み方であろう。他方、いくら邦訳それ自身に一見難点が見られない場合であっても、私が本稿で縷述して来た内容の理解が伴わぬのであれば、それは意味をもち得ないのではないか。より明確に述べるならば、社会の存在論的地位の理解が得られずに、従って、法人擬制説を奉じているようでは、伝統的国家観は理解できていない、と言わざるを得ないのである。

67 さて、我々は、第6節で共同善を巡る幾つかの問題と取り組んだ。共同善が各人格の自己完成に対する援助であること、存在に立脚した客観的現実であること、大別して二つの根本機能を有すること、を明らかにした。引続いて、第7節に於いて、共同善原理と補完性原理の意義を尋ね、そこから国家と社会の相互関係に対する視界が開かれた。そして、最後に、国家の共同善課題に関説した。しかし、それはメスナーが言うところの「平和秩序の樹立」に関わるのみで、もう一方の国家機能たる「福祉秩序の樹立」に就いては、これを本稿で扱うことが出来なかった。今後の課題としたい。

68 最後に、これは委任立法を一つの手掛かりとして考察した国民代表機関にも連関することであるが、本質的には共同善原理そのものから直接要請される「政治の優位[174]」に就いて若干述べておこう。

先ず「政治」Politik の語義を見定めて置く必要がある。政治とは、「共同善の実現、保持、増大のために、責任ある地位にある者によって採用される合

目的的な行為 Maßnahme[175]」である。ここでも、政治はアリストテレス以来の伝統に繋がっている。アリストテレスに於いて、テクネーとしての政治は、諸諸のテクネーのうちでも最高のテクネーであった。ところが、政治に就いての昨今の学知乃至理論、要するに政治学は政治の概念で早くも躓く。権力を政治の目的乃至最高価値と見たり、或いは、権力関係を説明対象と見る。更に、学知乃至理論の概念で又躓く。と言うのは、理論乃至学知の概念を「事実」の説明に限定するからである。詰り、この考えに立つ以上、共同善は価値概念であるから、最初から政治の学知乃至理論としての「政治学」に占めるべき位置を有しないのである。ところが、ここに始末に負えない問題が立ちはだかる。政治というものが概念必然的に価値目的に連関していることは、政治の理論乃至学知がそうした目的を明示的にか黙示的にかの違いはあるにせよ、何れ学的説明にもち込まざるを得ないのである。そして、権力奪取とか権力関係が中心議題となったとして、ではその権力は「何の目的の為なのか」と更に問われることになるであろう。

> 「政治の理論乃至学知に関する大著の中に共同善という表現や概念がそもそも記載されていないのは、驚くべき事実であり、学問的に説明するとせば、価値中立性を欠くことになるのではないかという不安に由来するのであろう。社会倫理学にとって、そして又事実、社会を問題として取り扱うどの学問にとっても、その中心には全現実に於いて眺められた人間が居るのであるから、上述諸理由からして、政治の目的は共同善にのみ見出されるのであって、それ故、この共同善こそが政治概念の基礎とされねばならないのである[176]。」

69 政治の本質、政治と共同善の内的連関を理解したので、我々は、次の「政治の優位」を明確に理解し得るであろう。政治の優位とは、「共同善の保持並びに増大をその機能とする国家の主権 Oberhoheitsgewalt[177]」の謂である。政治の優位は、かくして、共同善原理より由来し、権威の充実を要求する。「政治よりパン」とか「政治より経済」とかが罷り通るところでは、「政治の優位」は存在しない[178]。政治的権威が失墜したならば如何なる情況が生ずるであろうか。そこでは、国内の諸勢力を共同善へと向けて導く能力 virtus が弱まっ

136　第3章　共同善、社会、国家

ている訳であるから、「政治」は本来の政治の力を発揮し得ず、諸々の利益集団乃至圧力団体の多種多様な要求に翻弄され、共同善実現課題とは無関係なところで、精々利害調整を行うに過ぎないであろう。我が国の憲法学の通説が、「公共の福祉」の現実在に正当な地位を承認することを得ず、精々「人権の調整原理」と把握する精神的背景にも上に述べて来た事情の一端が窺われるのではなかろうか。

70　最近の我が国に於いては、「政治の不在」に対する危機意識がとみに高まって来ているように思われる。そこでは、万人が一致して洞見し得る政治的なものの核心が、国家の完全社会性に基づく共同善を志向しての統合課題が、前概念化的様態に於いて諒解されているのであろう。

> 「デモクラシーの、それも特に功利主義的人生観並びに社会観に立脚するデモクラシーの危険の一つは、国家を唯『社会』の集団利益の手形交換所に貶めて、政治を政党や利益団体の闘争と同じであるように思わしめることである。国家には、単なる集団利益とは異なって、万人の利益を保障する使命が負わされているのだから、国家の自然法的根本法則は共同善に仕えるべき政治の優位と権威の充実とを基礎付ける[179]。」

伝統的自然法論は、人間の全現実に関心を払い、二千年以上の学知の遺産を伝統として継承して来た。本章に於いて私が描いたのは、その極く一部に過ぎない。

1　初出『法政研究』19巻3号（昭和27年）、『法政研究』20巻2-4合併号（昭和28年）、何れも現在『トマス主義の法哲学』（九州大学出版会、1987年）所収。
2　九州大学出版会、1990年刊。
3　有斐閣、昭和36年刊。
4　成文堂、昭和47年刊。
5　『上智法学論集』1990年、第33巻、2-3合併号。
6　青林書院新社、昭和55年。尚、脱稿後に、『法思想史［新版］』が刊行された。
7　アルトゥア・カウフマン論（「自然法と法の歴史性の問題―現代ドイツ自然法論の一考察―」『法政研究』第33巻、第3-6号、昭和42年、及び「〈自然法論〉と法実証主義の彼方―アルトゥール・カウフマン―」大橋・田中・深田編『現代の法及び思想』

昭和 60 年）もその観点から読まれるべき論考であろうし、先鋭な姿では「法の近代的観念と古典的観念」『月刊法学教室』五が有る。三島先生の lex と ius の相互関係に就いての考えは、カウフマンよりも E. ヴォルフ及びヴィレイによってより豊かにされているように思われる。但し、ヴィレイ法哲学に関する独立の論文は現在迄先生によってものされていないので、その刊行が待望される。尚、カウフマン法思想の通時的・共時的研究の成果として、永尾孝雄「アルトゥール・カウフマン法哲学の成立と構造」『現代所有論』法哲学年報、有斐閣 1992 年を参照されたい。

8　『法思想史』183 頁。

9　『法思想史』187 頁。

10　「二つの自然法論」『講義法哲学』青林書院。勿論、『法思想史』に於いても同様に区別されている。「アリストテレスを自然法論の定礎者とみることは、彼の法思想の経験的＝実証的特質のゆえに、また正義概念の可変性・相対性の強調のゆえに従来なかなか承認されなかった。自然法論をば、ア・プリオリな絶対的原理から演繹的な仕方で具体的規定を導出するような思考様式とみなす限りは……アリストテレスと自然法論とは結びつかない。しかし、上のような自然法論の特質は特殊＝近代的な自然法論だけに特有なものであって、古典的自然法論……については話は全然別である。ここでは自然法の主張と、経験的＝実証的であるということ、あるいは正義その他の価値の可変性・相対性を強調することとは別のものではないのである。アリストテレスがその定礎者として結びつくのは後者の意味での自然法論にほかならない。」(89 頁) 或いは又、Leo Strauss, *Natural Right and History,* 1953 の影響も充分考えられることである。私自身は、メスナーに従って、「伝統的自然法論」die traditionelle Naturrechtslehre という用語を使っている。

11　水波朗『トマス主義の憲法学』(九州大学出版会、昭和 60 年) 序論参照。

12　宮澤俊義『憲法（改訂版）』有斐閣、昭和 60 年、1 頁。

13　伊藤正己『憲法』弘文堂、昭和 57 年、4 頁。

14　橋本公亘『日本国憲法［改訂版］』(有斐閣、昭和 63 年) 2 頁は、「国家は、一定の地域を基礎として固有の支配権のもとに法的に組織された人類の団体である」と言い、鵜飼信成『新版憲法』(弘文堂、昭和 43 年) 4 頁は、国家の三構成要素としての領土、国民、主権を分説する。以上、本文及び注で挙げた四氏のうちでは、橋本教授が最も詳しく論じておられるが(1-17 頁)、鵜飼教授の記述の方がスッキリしている。何れも基本的には新カント派の立場に立っており、その理解の度合がそのまま論述の透明度に反映しているように思われる。尚、政治学者による国家の定義を新旧紹介しておくと、矢部博士は「國家は、最高にして一般的な統制組織を有する人間の地域的團體である」という（矢部貞治『政治學』勁草書房、昭和 24 年、143 頁。更に 61 頁［『政治學　新版』勁草書房、1981 年、113 頁。48 頁］をも参照）。矢部博士も国家三要素説を採る。又、最近のものとして、山川教授は「国家とは、主権的な領域的政治体系である。」(『政治学概論』有斐閣、1986 年、108 頁) と説く。同書 107 頁の記述によると、政治学に於いても、国家三要素説が通説のようである。

138   第3章　共同善、社会、国家

15　前に、小嶋教授の名を私は挙げた。小嶋教授は、そのコンパクトながら、実に周到に配慮された好著『憲法概観 [第三版]』有斐閣、昭和61年、の4、5頁で国家の意義を論じておられる。更に又、憲法の諸義を常に念頭に置かれ（特に『憲法学講話』有斐閣、第一講）、——それ故、大方の憲法学者と違って、首尾一貫して——憲法（勿論実質的意味に於ける憲法）と憲法典の区別を弁識し（『憲法学講話』第二講）、「これらのこと [憲法典の規定の態様の特長—引用者] は、憲法典の規定は、その文字にのみ着目して、文字のままで法として実施するには不完全であることを意味する。言いかえれば、憲法典は、その内容においても表現においても、実質的憲法の法源としては不完全なもので、それを解釈して現実的な憲法規範をよみとるためには、法典に述べられない国家生活の本質や立憲原則などの不文の法理のほか、社会の現実的諸条件や社会の現実的必要にも十分な尊重をあたえて勘考すべきものであることを意味する。」と主張される（『憲法概観』15頁）。ここでいう「国家生活の本質」、「立憲原則などの不文の法理」、更に、「社会の現実的諸条件や社会の現実的必要」に迄踏み込んで「憲法解釈のあり方」（同箇所、及び『憲法概説』良書普及会、昭和63年、30頁）を総論で明言し、各論でも実施して来られた実定憲法学者としての小嶋教授は別格である。さて、では、「国家生活の本質」は、教授によってどのような概念規定を与えられているのだろう。それは「社会秩序の維持と共同善の実現」（『概説』30頁）である。今は、教授の諸業績を法哲学的観点から評価する時ではない。ただ、「共同善」という術語が意識して採用されている事実の指摘に止めておこう。「国際的に通用する学問水準に立って日本憲法を剖解すること」を「学問上の念願」とし、（『概観』序2頁）、「一作一作を遺言とすべき覚悟をもってものす心境」にあったればこそ（『概観』序2頁）、能く為し得たのであろう。但し、教授自身による国家目的に関する積極的記述は終に為されることがなかった。

16　Johannes Messner, *Das Naturrecht*, Duncker und Humblot, 7. Aufl., S. 727.
　　„Der Staat ist die mit höchster Herrschaftsgewalt ausgestattete Gemeinschaft eines auf bestimmtem Gebiete seßhaften Volkes zur allseitigen Begründung seines Gemeinwohls.“ 尚、第56番、及び同箇所の註（153）を参照。

17　Jean Dabin, *L'Etat ou le politique-Essai de définition*, 1957. 水波朗訳『国家とは何か——政治的なものの探求』創文社、昭和50年。Bernhard Sutor, *Katholische Sozial-lehre als politische Ethik. Leistung und Defizite*, S. 21f.

18　アリストテレスに於ける倫理学と政治学の相互関係に就いては、山本光雄『アリストテレス』（岩波新書）124頁以下、アリストテレス『政治学』（岩波文庫）訳者（山本光雄）解説、特に448頁以下、岩田靖夫『アリストテレスの倫理思想』（岩波書店、1985年、19-20頁、カール・J・フリードリヒ『政治学入門』（安、林田、田中、福島共訳、学陽書房）第八講、特に137-138頁を参照されたい。

19　稲垣良典『習慣の哲学』創文社、昭和56年、「第三部第七章　習慣と自由」参照。

20　アリストテレス『政治学』第1巻第2章、岩波文庫、山本光雄訳、34頁。『ニコマコス倫理学』第1巻第2章（高田三郎訳、岩波文庫、上巻17頁）では、「人間という

ものの善」を「政治の究極目的」と表現している。尚、国家内存在としての人間を、アリストテレスの2つの視点——ポリスの自然性と人為性——の検討解決を通じて、人間的諸事の特徴を浮び上らせる「思慮」の意義を見定めることによって、存在論的・人間学的に明らかにした高橋広次「『ポリス・内・存在』について」、水波・稲垣・ヨンパルト編『自然法——反省と展望』昭和62年を参照のこと。

21　『政治学』第3巻第9章、邦訳141-142頁。

22　『政治学』同箇所、邦訳144-145頁。矢部博士は、「概念又は定義」と「本質とか理念とか」とを区別すべきことを強調して曰く、「概念というのは、或現象の持つ色々の事實の中からその現象の不可缺で且充分な特徴を把え、それを價値判斷のない無色の定義にまで構成したものである。これに對し本質というのは、現象に内在する意味を言うのであつて、概念に價値判斷の伴わないのとは異り、本質を言う場合には一種の價値判斷が含まれている。……理想は、それぞれの主體がかくあるべしと考えるところの、窮極の價値に志向された當爲の要請なのである」（『政治學』141頁［111頁］）。このように、国家の定義に「目的」を語る本質論の介入することを断固排除すべしと主張された矢部博士も、「政治の定義」に於いては、国家の目的に言及せざるを得なかったし、更に又、国家の本質を独立項目の下に論じられた。以上に就き、本稿終章注（5）、第五章注（13）を参照。

23　伝統的自然法論と自然理性の問題に就いては、拙著『ヨハネス・メスナーの自然法思想』第一章第二節を参照されたい。

24　J. Messner, *Das Naturrecht*, S. 725. 尚、第56番及び同番中の註（27）をも参照。

25　Vgl. J. Messner, *Das Naturrecht*, S. 40-48. 前掲拙著、213-229頁参照。

26　J. Messner, a.a.O., S. 844-914.

27　J. Messner, *Das Naturrecht*, S. 726. かように、国家を「完全社会」societas perfecta ないし「総体社会」Gesammtgesellschaft と把握する観点に立てば、およそ「人間ノ存スルトコロ国家アリ」（ubi hominess, ibi civitas.）と言える訳である。従って、阿部斉教授が無前提に次の如く発言されるのは、一面的な誇りを免れ得まい。「われわれが今日国家と呼んでいるのは、近代国家のことである。」古代ギリシャのポリス、ローマの古代帝国を始めとする爾余の、いわば前国家的な諸形態を「state の意味で国家と呼ぶのは、近代国家を過去に投影することに他ならず、必ずしも正確な用法とはいえないであろう。厳密な意味での国家とは、最初まず西欧近代世界に出現し、次いで一九世紀以後は全世界に拡散するに至った近代国民国家に他ならない」（阿部斉『概説現代政治の理論』東京大学出版会、1991年、19頁）。尚、トミスムとは異なるが、矢部博士の次の発言に注目されたい。「そもそも人間は共同生活なくして生存し能わぬものであり、その共同生活は又何らかの統制秩序なくしては不可能である。而してこの共同生活の統制秩序こそ國家の本質的要素であることを考えるならば……。しかしながら共同生活の統制組織としての國家そのものの本質的萌芽は、何らかの形で人間の共同生活が存在したと同時に既に、存在していたものと考えざるを得ない」（矢部『政治學』149頁［117-118頁］）。「これらの諸要因が結合して、國家がより明確な

140 第3章 共同善、社会、国家

形となりより高度の姿をとつて來るのは、根本に於ては一つの連續的發展にほかならず、それらの個々の要因や契機のみを把えて、それ以前には國家や政治は全然存在せず、それ以後にのみそれがあると論斷することはできない。……要するに國家の起源は、これを人間共同生活そのものの内的要求に求めるのが正しいと言わねばならない」（同書、150-151頁［118-119頁］。傍点強調は引用者による。）。尚、本章第7章註（18）をも参照。

28 J. Messner, *Das Naturrecht*, ebendort. 主権の存在論に就いては、水波朗『トマス主義の憲法学』310頁以下、特に312-314頁を参照されたい。

29 J. Dabin, *L'Etat ou le politique*, pp. 66-68. 邦訳71-79頁。Bonum commune, bien commun, common good, Gemeingut bzw. Gemeinwohl は類比的概念である。これに関して、稲垣良典『トマス・アクィナスの共通善思想』及び『トマス・アクィナス』（勁草書房、一九七九年）、欧語文献として、Otto Schilling, *Die Staats- und Soziallehre des heiligen Thomas von Aquin*, zweite wesentlich verm. u. verb. Aufl., 1930, S. 55-74, bes. S. 70ff. u. S. 328f. 阿南成一「カトリック社会論の課題（その一）」（『社会倫理研究』第1号、南山大学社会倫理研究所、1992年）「共同善の三層」6-10頁を参照されたい。尚、「共通善」よりは「共同善」の訳語を採るべき理由に就き、阿南前掲論文2-4頁を参照。尤も、独創的見地から「公共善」le bien public とすべき理由を説く論者もいる。ダバンは、bonum の豊かな意味を近代語の intérêt, interest によっては表現し得ないところから、bien, good を採るべきことを言う。次に、これは一層重要なことであると註して語るのだが、「共同善」がそれに関して語られる共同体には三種がある。即ち、「全宇宙の共同体」la communauté de *l'Univers*、「全人類の共同体」la communauté du *genre humain*、「都市国家乃至近代国家の共同体」la communauté de *la Cité* ou *État* がある。そして、「政治的共同体」即ち「国家」の共同善を語る場合には、その本質を顧慮して「公共善」le bien public と明確に述べるべきことを主張する（J. Dabin, *L'Etat ou le politique*, pp. 62-68, 邦訳71-79頁）。更に、水波朗『基本的人権と公共の福祉』82-85頁は、用語の問題のみならず、現実在としての公共善の問題を、存在論的により厳密に論じている。

30 J. Messner, *Das Naturrecht*, S. 726f. ダバンは、領土の有する二重機能 la double fonction を言う。第一は、一般に承認されている消極的機能で、領土は国家に国境des frontiers の劃定を許容する（Dabin, *op. cit.*, p. 47, 邦訳52頁）。明確な国境が存在するお蔭で、無益有害な重大な結果を招来しかねない他国との紛争が回避され得る。しかし、ダバンに言わせれば、異論の余地ない領土の機能とされる上記消極的機能は、実は、「国境のそれであり、それに、国境を備えているかぎりでの領土のそれ」（Dabin, *op. cit.*, p. 49, 邦訳54頁）である。領土の第二の積極的機能は、定義困難性もあって縷々否定されるが（これ現代の思潮であろう）、確実でない訳でもない。領土は、国内的には、「国家の権力を強化し、国家に統制基盤と強制支点を提供」し、更に、様々な「領土のもたらす資源」resorts territoriaux を供する（Dabin, *op. cit.*, pp. 49-50, 邦訳54頁）。他方、国外的次元において、領土は、防衛基盤を与える。かくして、「領土の

保有に、国家の所属成員（国民）に対する権威、並びに外国に対する独立が依存している」（Dabin, *op. cit.*, ibid., 邦訳 54 頁）。この第二の積極的機能の故に、仮に個々の国家が世界規模で統合されたとしても、尚国家は厳存するとの帰結が得られる。同旨、矢部『政治学』163 頁［128-129 頁］。即ち、「血肉を持つ地上の人間が存在する限り、共同生活を缺くことはできず、共同生活が存在する限り、國家が失われるということは考えられない。個々の國家は或は變化し、或は消滅するであろう。しかし國家そのものが人間に不必要となることはあり得ないであろう。假に將來世界が單一に組織化せられるような場合を豫想して見ても、それは個々の國家が國家性を失うだけのことで、その代りに世界そのものが、最高一般的な統制組織として、一つの國家となるというにほかならない。」と。

31　メスナーによる国家の定義には、四要素、即ち、国民、国家目的（としての共同善）、国家権力、そして国家領域が含まれている。ダバンの場合は、アリストテリコ・トミスムの質料形相論に基づいて、より一層明確に事を論じている。即ち、先ず、国家の予備的要素として「人口」population と「領土」territoire を、次に、国家の構成的要素として「世俗的公共善」le bien public temporel と「権威」乃至「権力」autorité を論じる。予備的要素は質料因 causa materialis、構成要素のうち権威が形相因 causa formalis、そして、世俗的公共善が目的因 causa finalis に該当する。ダバンは更に論を進めて、国家の作用因 causa efficiens 用の問題を考究している。尚、国家の作用因の問題は、メスナーの場合、人間の社会的本性に就いての論証の中で詳論されている。我々は、次節でこの問題に取り組むであろう。

32　水波朗「ジャン・ダバンと法観念の二つの系列」『法政研究』第 28 巻 2 号、59 頁（現在『トマス主義の法哲学』1987 年所収 71 頁）。国家の存在根拠と本質の問題に就いては、マルセル・プレロー Marcel Prélot の著書、殊に『政治社会学』*Sociologie politique* に即して論じた水波「マルセル・プレローの憲法学(二)」『法政研究』第 50 巻第 3-4 合併号 6-16 頁（『トマス主義の憲法学』62-73 頁）が非常にまとまっている。

33　人間の社会的本性を、人間存在の「個別性」と「人格性」の観点、質料形相論、実体と偶有、多と一、といった存在論的伝統を踏まえて明らかにしているものとして、E. Welty, *Gemeinschaft und Einzelmensch, eine sozialmetaphysische Untersuchung bearbeitet nach den Grundsätzen des hl. Thomas von Aquin*, 1935 がある。本書を要約した水波「共通善について―聖トマスをめぐっての発展―」（『トマス主義の法哲学』）364-369 頁参照。

34　初版では "Moralphilosophie"「道徳哲学」となっていたが、第 5 版では „Fundametalethik"「基礎倫理学」と副題が変更されている。Vgl. Rudolf Weiler, Logos und Ethos, in *Das Neue Naturrecht, Die Erneuerung der Naturrechtslehre durch Johannes Messner*, hrsg. von A. Klose, H. Schambeck, R. Weiler, Duncker u. Humblot, 1985. S. 9. メスナーは、研究の深化発展に基づいて、或いは現代の精神情況に応じて、大小様々な、多岐に亘る補正、補充、項目の新設を行った。次に述べる「コムニカツィオーン」も第 5 版で新設されたものである。更に、『自然法』や『文化倫理学』の方法論、記

142 第3章 共同善、社会、国家

述のスタイルは、現代の精神的情況を顧慮して選ばれたものであった。この点につき、拙著『ヨハネス・メスナーの自然法思想』第二章第一節、特に 132-135 頁参照。

35 J. Messner, *Das Naturrecht*, S. 149. Vgl. ders., *Das Gemeinwohl*, S. 37. „So ist der Mensch von Anfang an gleichzeitig Person und Sozialwesen, ist seiner Natur nach nicht weniger Sozialwesen als Individualwesen, ist er Sozialwesen, weil er Kulturwewen ist." 後註（173）を参照。

36 J. Messner, *a.a.O.*

37 J. Messner, *a.a.O.* 尚、次番、殊に第 26 番以下を参照。

38 彼の方法論は、「概念的―演繹的」に対して「経験的―帰納的」とも（vgl. J. Messner, *Kulturethik*, S. 231f. und ders., Naturrecht in Evolution, S. 467f., in *Internationale Festschrift für Stephan Verosta zum 70. Geburtstag.* Duncker u. Humblot, 19）、「経験的―歴史的」、「形面上学的―神学的」に対して「帰納的―存在論的」とも（vgl. J. Messner, *Das Naturrecht*, S. 344ff., 67f.）彼自身により特徴づけられている。

39 「文化」に就いては、J. Messner, *Kulturethik*, Ⅲ. Buch Kulturethik, bes. S. 336-355 を、「人格」に就いては、*Kulturethik*, Ⅱ. Buch Persönlichkeittsethik, u. *Das Naturrecht*, S. 124-148, bes, Kap. 13 Die menschliche Person. を参照。「経験現実」は、『文化倫理学』では「経験事実」Erfahrungstatsachen と呼ばれており、倫理的経験事実の記述におよそ 140 頁が充当されている。

40 Kommunikation「交流」という術語は、『自然法』第 5 版（1566 年）に於いて初めてまとまった形をとって（150-151 頁、153-155 頁）登場する。日本語に適切な訳語を見出だすのが困難な語の一つである。片仮名で済ますか、或いは、「意思疎通」、「交信」、「交渉」、「交わり」等候補者は思い浮かばぬ訳ではないが、メスナーの使う Kommunikation は、トマス・アクィナスの communicatio に遡る。後者は、人格者間の意志伝達疎通及び相互作用（現代的表現では「間主観性」）、世俗的愛の諸形態（たとえば、血縁、ポリス内での市民の交際、経済活動その外）、超自然的愛、即ち神愛、など広範に及ぶ「類比的概念」である。故に、「友愛」とかなり近いニュアンスを有する。しかし、「友愛」では $\varphi\iota\lambda\iota\alpha$ 乃至 amicitia を連想しがちであろう。「交わり」ではヤスパースなどが直ぐ思い浮かんでしまう。そういう背景を考慮して本稿では、一応「交流」という訳語を与えておくこととしたい。

41 Vgl. J. Messner, *Das Naturrecht*, S. 150.

42 J. Messner, a.a.O. „vollmenschliches Wessen", „Vollperson", „Kulturwesen" は、互換性のある同意語として使用されている。勿論、観点の差は残して、の話であるが、生の形成としての伝統は、人間を他の動物から区別する指標である。Vgl. *Kulturethik*, S. 346., *Das Naturrecht*, S. 154.

43 この点に特別の注意を促すのは、Arthur Fridolin Uts, Johannes Messners Konzeption der Sozxiaphilosophie, in *Das Neue Naturrecht*,（1985）S. 22ff. である。

44 J. Messner, *Das Naturrecht*, S. 23. 拙著『ヨハネス・メスナーの自然法思想』68-70 頁参照。

45 J. Messner, *Das Naturrecht*, S. 152.

46 J. Messner, *ebendort*.

47 「予め刻印されている」vorgezeichnet という語の含みを持つ二重の意味について
は、拙著『ヨハネス・メスナーの自然法思想』222-223 頁参照。Vgl. J. Messner, *Kul-turethik*, 156.

48 Vgl. J. Messner, *Das Naturrecht*, S. 152. Siehe auch J. Messner, *Das Naturrecht*, S. 442f.

49 J. Messner, *Das Naturrecht*, S. 153.

50 次の文章は、社会を必要としないのは獣か神の何れかであると言うアリストテレス
の有名な箇所を人間の存在論的人間論の周到な検討を経て、国家的本性をも視圏に組
入れつつ更にリファインしたものである。「国家も単に住まうためでなく、善く住ま
うために、孤立して争闘している人々を引き寄せ、こうして彼らに隠されていた一つ
の種が顕現し完成するのを助けるべくうち樹てられた場所である。人家は雨露を凌
ぐ可視の建物であろう。しかし、国家は法という不正を凌ぐロゴスにより設計された
不可視の建物である。実に人間は一個の形而上学的動物ということができる。鳥は空
に棲み、魚は水に棲む。されど人はポリスに住まうのである。」（高橋広次「『ポリス・
内・存在』について」60 頁）

51 Vgl. J. Messner, *Das Naturrecht*, S. 153. Anm. 2, auch ders., *Kulturethik*, S. 353ff. 自然
科学者の立場から還元主義的誤謬を戒めるものとして、江原昭善『人類の起源と進化』
（裳華房、1993 年）20、80 頁以下、151 頁以下を参照。

52 J. Messner, *Das Naturrecht*, S. 153. 引用文中、傍点部分は原著者による斜体強調。尚、
この「交流と協同の可能根拠」の存在論的考察は、第 5 版で新たに起草されたもので
ある。

53 Vgl. J. Messner, *Das Naturrecht*, S. 154f.

54 J. Messner, *Das Naturrecht*, S. 154. 伝統に就いては次を参照。*Kulturethik*, Kap. 69.
Die Tradition（S. 345-355）.

55 J. Messner, *Das Naturrecht*, S. 155.

56 手掛かりとすべき主な箇所は、*Kulturethik*, Kap. 15. Die Liebeserfahrung（S. 112-118）である。

57 アリストテレス『ニコマコス倫理学』下巻 206 頁、訳者高田三郎教授による註（1）
参照。

58 ここでフロイト理論を想起する者が一応予想される。しかし、メスナーが小児科医
シュティルマン博の発言を引用する如く、「誕生の不安を反復するのは、客観的に観
察できる事実に反する。」と言うべきであろう。「不安と憎悪ではなく、愛と環境（母
親）の中での安心感とが子供の現存在感情を先ず規定する人間の経験なのである。」
（*Kulturethik*, S. 113）

59 拙著『ヨハネス・メスナーの自然法思想』251-154 頁を参照されたい。

60 J. Messner, *Kulturethik*, S. 115.

61 *Kulturethik*, S. 115. Anm. 3. メスナーによれば、功利主義及びプラグマティズムの

144　第3章　共同善、社会、国家

倫理学説がそれに該当する。読者はベンタムを直ちに想起して問うかも知れない。伝統的自然法論はベンタム功利主義と一致するのか、と。例の「最大多数の最大幸福」the greatest happiness of the greatest number, das größte Glück der größten Zahl の原理は、共同善にとって有用である。但し正しく解された上でのことであるが。ベンタムが犯した主要誤謬は、「共同善内容の確定を、世論や近代民主主義の国民投票に現されるような個々人の（主観的）判断に委ねてしまい、それを人間本性という（客観的）基礎に帰着せしめなかった」ことにある。(*Kulturethik*, S. 60)

62　校正時に［1992年初め］、高橋広次教授より、共同善 common good に関心を40年来払って来ておられる政治学者北岡勲教授の主著『イギリス政治哲学の生成と展開』（柏林書房、1954年、1955年再版）と『日本保守主義』（お茶の水書房、1992年）のご教示とご貸与を賜った。新たに入手し得た『新保守主義―保守政党の政治哲学―』（御茶の水書房、1991年）の三冊に急いで目を通したばかりで、補正が当然必要とされるであろうが、本稿と関わる限りに於いて一部内容を要約紹介しておきたい。北岡教授は、「真正の保守主義」――それは「新自由主義」とも呼ばれる――と T・H・グリーンを始祖とする「オックスフォード学派」の研究を経て、「公共善」common good の意義を確認された。保守主義は、「人間性への不信を抱きつつ、人間にとって最後の防壁である宗教に依存」する傾向を有し、「抽象的理念を拒否する。」従って、「自由、平等、博愛のような抽象的理念」による仏革命の如きには、極めて懐疑的である。実際、ジャコビニスムに於ける恐怖政治、ボナパルティスムによる独裁、それが抽象的自由の帰結ではなかったか（『新保守主義』125-127頁）。1790年に E・バークにより開始された「バランスの哲学」（同書11頁）をその本質的特徴とする「近代保守主義」（同書3頁）こそ「自由の哲学」である（127頁）。では、その自由とは一体如何なる自由か。形式的自由、抽象的自由、消極的自由ではなくて、実質的自由、具体的自由、積極的自由 positive freedom である。その自由は、オックスフォード学派によって理論的展開を示すものとなった（128頁）。そこで、我々は、オックスフォード学派の主張を、そのれも特にグリーンを中心に尋ねてみよう。

　オックスフォード学派――前期の代表としてグリーンと E・ケアード、後期の代表として F・H・ブラッドレーや B・ボーズンキット――は、ギリシャ理想主義、ドイツ観念論の影響を受けつつ形成されたが（『イギリス政治哲学の生成と展開』65-102頁、110-261頁）、直接の機縁となったのは、功利主義であった。即ち、ベンサム、オースティン、J・ミル等の功利主義、ベンサミズムの非を悟り、それを克服しようとした J・S・ミルの社会的個人主義の如き楽観的見解を以てしては、「産業革命以来、急速に増大しゆく社会的難題」は、解決さるべくもなかった（『生成と展開』404-406頁）。J・S・ミルの思想も、「根源的に経験主義的功利主義的基盤に立脚する故に、社会への働きかけに於て積極的な力を保有することができなかった」（同書407頁）。「実践に適合し実践を基礎づける哲学」（同書404頁）が求められたのである。かくて、オックスフォード学派は、「公共善」の概念を導入することによって、上記閉塞情況を打開しようと努め、現にそれに成功した。即ち、「社会と個人」との緊張関係、更

に、「国家と個人」との問題を、「公共善」概念を架橋として、即ち、紐帯として、解明して行った（同書 427、432 頁）。それは、個人を没して社会に到るものでも、社会を没して個人に到るものでもない。「個人が個人として止まる限り、個人の人格完成もあり得ない。ところで、この『公共善』は、人間に内在する善の中核を形成するものであり、……。それは、時代の流れに伴い、公共の範囲の拡大をもたらしつつ実現されてゆく。充全ならずとも、そうした『公共善』の実現の過程に於て、個々人の自我が実現され人格が成長してゆく」（544 頁）。では、「公共善」をグリーンに従って、今少し具体的に見てみよう。

　グリーンに於て、人間の窮極目的は、個々人の人格完成であった。その意味において個人主義的であった。しかし、個々人が自己完成乃至自己発達を遂げてゆく為には「公共善」が不可欠である。「個人は自己を超えた他者への働きかけを通じて人格を築き上げてゆくことができる。この社会への公共への積極的な働きかけは、むしろ人間の本性を形造るものである」（『新保守主義』131 頁）。「公共善」は、道徳善の中核である。次に、「安定と安全」を構成要素とする。更に、「公共善」によって「社会制度」が基礎づけられる。従って、社会制度は、「当然に公共善」に寄与するもの、社会の道徳的発達を促進するものとして、たとえ充全な程度ではなくとも、『公共善』を重要な要素として孕む」（同書 133 頁）。社会制度が、常に不完全な人間の制度たる以上、改革は必要とされよう。しかし、公共善を実現している限りでは当然擁護されるべきものでもある。そうであるから、「グリーンは、『公共善』という倫理的概念を基礎に置いて、安定や安全の状態の中で、漸進的改革を推進しようとした」（134 頁）。かくして、北岡教授は、オックスフォード学派によって展開された「公共善」論とバークを嚆矢とする「真正の保守主義」とを関連付けて語られる。「『公共善』に寄与する――社会の道徳的発達を促進する――すぐれた制度を保存する、ここに真正の保守主義の姿がある。……確かに保守主義は、ひたむきに既存の社会秩序を維持することである。にもかかわらず、真正の保守主義は、『公共善』に寄与し得る現存の根元的な社会秩序を維持することでなければならない。」（135-136 頁）と。

　北岡勲教授の優れたご研究を急いで取り纏めて、ここにやや詳しく紹介してみたが、その要約を前提にして若干補足しておきたい。全体として、我々の共同善論と一致しているように思われる。しかし、右の要約に表現し得なかった細かなニュアンスがあるにも拘らず、オックスフォード学派の公共善には、存在論的に深い考察が欠けているのではなかろうか。次に「公共善への寄与」と「社会の道徳的発達の促進」をほぼ同一視される点にも問題があるように思われる。但し、ここに記した項目は、何よりも先ず私自身がより一層明確にすべき自己課題でもある。

63　Bolzano, Erbauungsreden, 1849, S. 217ff., zitiert aus J. Messner, *Kulturethik*, S. 116. Anm. 3.

64　N. Hartmann, *Das Problem des geistigen Seins*, 148f., zitiert aus J. Messner, *Kulturethik*, S. 116.

65　メスナーは、社会に就いても本文で述べた通り、存在根拠を問うてから本性（本質）

146   第3章　共同善、社会、国家

の問題へと進む。倫理に就いても（*Kulturethik*, S. 150-155, *Das Naturrecht*, S. 37-47, bes. S. 37-41)、法に就いても（*Das Naturrecht*, S. 223-242, bes. S. 223-229）又然り。国家に関しては、国家以外の社会と異なる国家の特性を列挙して定義を与えた後、「国家の起源」と題する一節を設けている。（*Das Naturrecht*, Kap. 113 u. 114）

66 J. Messner, *Das Naturrecht*, S. 156. „Die Gesellschaft ist nach dem Gesagten das Verbundensein von Menschen zur gegenseitigen Föderung in der Erreichung des durch die existentiellen Zwecke geforderten vollmenschlichen Seins."

67 水波朗『基本的人権と公共の福祉』86-87頁参照。

68 J. Messner, *Das Naturrecht*, S. 156f. この直後の文にこうある。「これ［超個人的統一体（としての社会）］は、相互補完の過程と成果に個々人が能動的に乃至受動的に参与することに基づく。」この箇所にこだわって、ウッツ教授は、メスナーの言う通りであれば「我々は社会学的経験の純粋に因果的な秩序の中に」置かれているだけであって、何故超個人的存在の形成維持に人間が義務づけられるのか、という肝腎な倫理的問題に答え得ない、と主張する。（Arthur F. Utz, *a.a.O.*, 37f.）。しかし、この批判は、メスナーの全体系に当該箇所を位置づけてみると、当らない。たとえば、本章23番を参照。より詳しくは、拙著『ヨハネス・メスナーの自然法思想』243頁以下を読まれたい。

69 *Das Naturrecht*, S. 157.

70 *Das Naturrecht*, a.a.O. トミスムに於ける必然社会［必要社会］と任意社会の区別と、テンニスの共同社会と利益社会の区別との異同を説き、評価した文献として、水波『トマス主義の憲法学』327-329頁注（3）を参照されたい。

71 *Das Naturrecht*, S. 157-158.「歴史的に永続し、如何に困難な運命を甘受しても再興し、その成員を全面的に形成する本質を有する民族が、個々人の態度から把握され得るのだなどと、誰が本気で主張するであろうか。」（a.a.O., S. 163）

72 *Das Naturrecht*, S. 158.

73 *Das Naturrecht*, S. 162.

74 Vgl. *Das Naturrecht*, S. 163.

75 引用文は、ヘーゲル『法の哲学』（世界の名著35、中央公論社、藤野・赤澤訳）によった。引用箇所は、257節、258節、同節。

76 J. Messner, *Das Naturrecht*, S. 165.

77 J. Messner, *Das Naturrecht*, S. 165-166. 同旨、矢部『政治学』165-166頁［130-131頁］。「人間は共同體の中に生れ、共同體の中に成長するのであつて、抽象的孤立的な自然人の如きは存在の餘地はない。しかしそれと同時に忘れてならないのは、このような共同體は、その個々の成員を通じ、個々の成員に擔はれて存在するのであつて、超越的絶對的な、それ自體で獨立している共同體という如きものも亦、存在しないということである。このような團體とその成員との關係は、……この両者が常に相互に結合し、同時に顧みられるべきものであることは、これを忘れてはならない。（原文改行）その意味で國家は、多かれ少かれ、人間の團體性と分化性、權威と自由、連帯

性と闘争性、保守性と進歩性などの二元的性淸の綜合體であり、スメントのいわゆる『個人的であつて同時に超個人的である生活の交合』だとも言い得るし、又バーガーの言葉を借りれば『人間の意見を社會が超越し、社會を人間の意思が超越する』ところの、『不完全な人間と不完全な社會との』ディレンマの表現だとも言い得るものである。」

78　J. Messner, *Das Naturrecht*, S. 176.

79　作用因の例として、太陽系に於ける重力法則、目的因として企業社員の活動目的（a. a.O.)、家屋建設に於ける人々の協同作業（J. Messner, *Ethik, Kompendium der Gesammtethik*, 1955. S. 254）が挙げられている。

80　J. Messner, *Das Naturrecht*, S. 177.

81　制度についての詳細は、水波『トマス主義の法哲学』162-201 頁を参照。

82　*Das Naturrecht*, a.a.O.

83　Vgl. *Das Naturrecht*, S. 33, 167.

84　Das Naturrecht, S. 179.

85　Ebendort. 公共の福祉と基本的人権の優劣関係も同様の問題を包んでいる。これに就き、水波『基本的人権と公共の福祉』特に 117-120 頁を参照。

86　*Das Naturrecht*, S. 180.

87　*Das Naturrecht*, S. 183. 尚、国家が実在的人格性を具備することに就いては、Dabin, *L'Etat ou le politique*, pp. 214-236., spécialement pp. 222-228, 邦訳 257-284 頁、特に 266-274 頁の詳細で説得力ある論証を参照されたい。

88　Vgl. *Das Naturrecht*, S. 166f., 182. Anm. 1. 権利能力なき社団に実定法上付与すべき法的地位の問題に関しては、差し当たり四宮和夫『民法総則』第四版、昭和 61 年、弘文堂、84 頁以下参照。法人の本質論に就いては、四宮『民法総則 75-78 頁を参照。四宮教授は、現実即応的観点から法人の問題に取り組まれ、バランスのよく取れた論旨を展開しておられる。その見解は、結果的に見ると、我々の見解にすこぶる近い。

89　Vgl. *Das Naturrecht*, S. 183. 傍点強調は、引用者による。

90　*Das Naturrecht*, ebenda. „Demnach kommen wir neuerdings zum Schluß, daß die naturgemäße Verfassung der Gesamtgesellschaft einen gesellschaftlichen Pluralismus in sich trägt mit der Folge, daß alle „kleineren" Gemeinschaften und Vereinigungen, die in den existentiellen Zwecken wurzeln, mit Zügen der Würde und der Freiheit der menschlichen Person ausgestattet sind." 傍点強調は原著者による。訳文中カギ括弧内は訳者が説明として挿入した。この引用文中に、トミスムの国家観、即ち、自律的部分社会の存在と活動を大いに歓迎する、多元的社会論乃至多元的国家論が明瞭に述べられている。J. Messner, *Ethik*, S. 259. では、「それ故、共同体の共同体たることが総体社会の本質固有の憲法［構造法則］である。」との一文が見られる。

91　J. Messner, *Das Naturrecht*, S. 189. 訳文中の「共同善」、「共同利益」、「社会善」は、原語でそれぞれ „Gemeinwohl", „Gemeinnutzen", „Sozialwohl" となっている。尚、第 3 番註（29）をも参照されたい。

148　第3章　共同善、社会、国家

92　*Das Naturrecht*, S. 212ff. 尚、後出第38番及び第43番以下をも参照。

93　Vgl. *Das Naturrecht*, S. 190.

94　Vgl. *Das Naturrecht*, S. 190f.

95　Vgl. *Das Naturrecht*, S. 290f.

96　*Das Naturrecht*, S. 291. 公共善そのものと解釈された公共善の関係に就いて、水波『基本的人権と公共の福祉』105-109頁を参照されたい。更に、共同善や正義等が理性による概念化に於いて必然的に多様となり、討議、議論の必要が生じることの形而上学的根拠に就き、水波朗「ペレルマンの哲学―新しい自然法論？―」『自然法の多義性』（阿南、水波、稲垣編、創文社、1991年）32-34頁を参照。

97　*Das Naturrecht*, S. 190.

98　拙著『ヨハネス・メスナーの自然法思想』第一節を参照。Vgl. auch *Das Naturrecht*, S. 24. 集合主義的理論では、結局、個々人の自己責任、自己関心の占める場が奪われてしまい、人間は「圧倒的力をもった国家の生産並びに配分機械の生産要因と消費単位」と静的機械的に把握される。(J. Messner, *Ethik*, S. 260f.)

99　*Das Naturrecht*, S. 191. ダバンは、こうしたメスナーの共同善論に対して批判を加える。それは、メスナーによって、共同善があらゆる社会に就いて語られているが、国家の共同善（ダバンの用語では公共善）が爾余の社会の共同善と異なる種差を「目的」に連関して語っていないことに向けられている。J. Dabin, *L'Etat ou le politique*, p. 68 note (1). 邦訳78頁註12。この問題に関しては、我々が既に第3節で観た如く、メスナーは国家の「総体社会性」を明言することによって、ダバンの言う公共善の人間的実存目的達成の上での全面性、包括性を、他の社会の共同善との対比で語っているのではないか、と筆者は理解している。Vgl. *Das Naturrecht*, Kap. 128 bes, S. 777f.

100　*Das Naturrecht*, S. 193. ダバンの場合だと、公共善は、「公衆」の善であり、公共善の主体としての公衆を詳論して行く中で、同様の趣旨を説いている。J. Dabin, *L'Etat ou le politique*, p. 70 et s. 邦訳81頁以下。

101　Vgl. *Das Naturrecht*, S. 193f.

102　*Das Naturrecht*, S. 194. ダバンも、同様な観点から、公共善とそれを実現するための道具の善としての「国家の善」(le bien de L'Etat) 乃至「固有に政治的な諸価値」(les valeurs proprement politique) とを区別すべきことを強調する (J. Dabin, *L'Etat ou le politique*, p. 125 et s.) 邦訳書146頁以下。

103　*Das Naturrecht*, ebendort.

104　*Das Naturrecht*, S. 196.

105　Vgl. *Das Naturrecht*, S. 49ff., J. Messner, *Kulturethik*, S. 185ff. 拙稿「倫理的真理について」113頁以下参照。

106　*Das Naturrecht*, S. 196. 文化の最も簡潔な定義は、「価値実現」である (*Kulturethik*, S. 343)。尚、第20番をも参照。文化存在としての人間にとって家族の有する意義に就いてメスナーは随所で言及しているが (*Das Naturrecht*, S. 57. 163ff., Kap. 47, *Kulturethik*, S. 113ff., 246, usw.)、今は割愛せざるを得ない。

註　149

107　Vgl. *Das Naturrecht*, S. 197. Ioannis Pauli PP. II *Summi Pontificis Litterae Encyclicae «Centesimus Annus»* no. 36 によると、次の如くある。「新たな諸必要が生まれ結晶化して行く様の根底には、常に多少とも人間並びにその真の善に合致するところのものの観念がある。如何なる財を生産し、消費するかという選択の仕方から、生の統合的把握としての文化が明らかになってくる。」(傍点は引用者による強調)

108　*Das Naturrecht*, S. 197. 傍点は原著者による。

109　*Das Naturrecht*, S. 197f.

110　*Das Naturrecht*, S. 198.

111　*Das Naturrecht*, S. 199.

112　周知の如く、アリストテレスに遡及する「ロゴスを有する動物」という人間の規定を、通常は「理性的動物」animal rationale と訳している。倫理実証主義の当初から随分柔軟な思索の下に離れて来ている澤田允茂教授の近著『言語と人間』(講談社学術文庫、1989 年) 特に 283 頁以下参照。Vgl. *Kulturethik*, S. 353ff.

113　Vgl. *Kulturethik*, S. 346., *Das Naturrecht*, S. 154.

114　Vgl. *Das Naturrecht*, S. 154, 198.

115　本章第 4 節、殊に第 20 番以下参照。

116　*Das Naturrecht*, S. 199.

117　Vgl. *Das Naturrecht*, S. 199ff.

118　第 14 番参照。Vgl. *Das Naturrecht*, Kap. 43.

119　*Das Naturrecht*, S. 200. ここに語られた秩序権力の私人への介入様態 (überwachend, leitend, anspornend, fördernd) は、ダバンが公共善の形相的客体 l'object formel du bien public に関して述べるところを想起せしめる。ダバンによれば、「公衆が権利として国家より期待できる便益乃至役務」は、図式的に以下の四項目に纏められる。①正義の秩序の樹立による平和と安全の保障、②私的活動の合理的調整、③私的善益の現実化への援助、④必要な善益を私人に肩代わりして供すること、の四項目である。J. Dabin, *L'Etat ou le politique*, pp. 77-93. 邦訳 89-109 頁参照。尚、ダバンの公共善の形相的客体 (又は形式的対象) objectum formale に就いては、水波朗『基本的人権と公共の福祉』101-104 頁が「国家の補足性原理」を意識した明解な鳥瞰を与えている。又、観点は異なるが、猪口孝『国家と社会』(東京大学出版会、1988 年)「第六章　国家の介入」をも見よ。

120　*Das Naturrecht*, S. 212.

121　*Das Naturrecht*, ebendort.

122　J. Dabin, *L'Etat ou le politique*, p. 94. 邦訳 110 頁。

123　*Das Naturrecht*, S. 213. 第 48 番をも参照。

124　*Das Naturrecht*, ebendort.

125　Vgl. *Das Naturrecht*, ebendort.

126　Ebendort. ダバンは「媒介的善益」bien intermédiaire と言う。J. Dabin, *L'Etat ou le politique*, p. 90. 邦訳 105 頁。

150   第3章　共同善、社会、国家

127　Vgl. *Das Naturrecht*, 1. Aufl, 1950. Tyrolia-Verlag, S. 197.

128　教皇レオ13世は、「共同善は、神に次ぐ、社会の始源的且つ終極的法則とされている。」と簡潔に語った。(*Au milieu, Breue an den französichen Klerus*, 16. 2. 1892, zitiert aus J. Messner, *Das Gemeinwohl*. Idee, Wirklichkeit, Aufgaben, 2. Aufl., S. 10)

129　清宮四郎『憲法 I』第3版、有斐閣、昭和54年、16-24頁参照。

130　J. Messner, *Das Naturrecht*, 7. Aufl, S. 291.

131　Vgl. *Das Naturrecht*, S. 292f.

132　*Das Naturrecht*, S. 293.

133　*Das Naturrecht*, S. 293f. 引用原文では、„……, dürfen Güter, die für die existentiellen Zwecke（menscheliche Werte）höherer Ordnung wesentlich sind, nicht den Vorrang vor Gemeinschaftsgütern（Werten）niederer Ordnung erhalten." 即ち、「より高次の実存的諸目的（人間的価値）にとって本質的である諸善益は、より低次の社会的善益（価値）に優位してはならない。」とあるが、これでは論旨が矛盾してしまう。そこで、私は、"erhalten" を "geben" に読み替えて訳出した。

134　*Das Naturrecht*, S. 294.

135　J. Messner, *Ethik*, S. 267.

136　*Das Naturrecht*, Kap. 44, bes. S. 290. 尚、第6節参照。

137　本章第6節、特に第33、38、43、44番参照。

138　*Das Naturrecht*, S. 295., Vgl. Lothar Schneider, *Subsidiäre Gesellschaft*, 1983, Verlag Ferdinand Schöningh.

139　それ故、ピオ11世は、補完性原理を全く正当にも、「最高の社会哲学上の原理（gravissimum illud principium）」（Quadragesimo anno）と呼び得たのである。「共同善と補完性原理」50番以下。

140　*Das Naturrecht*, S. 296.

141　Vgl. *Kulturethik*, Kap. 46 u. *Das Naturrecht*, Kap. 47, bes. S. 313-325. 尚、拙著『ヨハネス・メスナーの自然法思想』252-254頁参照。更に、共同善原理に就き、本章第34番参照。

142　*Das Naturrecht*, S. 296.

143　Vgl. *Das Naturrecht*, S. 298.

144　*Das Naturrecht*, S. 298f. 国家を他の社会諸集団と本質的差違のない社会、それ故部分社会と看做し、ただ他とは異なる特定機能を有するのみとみる所謂多元的国家論を論駁して矢部博士は曰く、「假りに國家が統制とか調整とかという特定の機能に限られているという點を認めるとしても、その機能そのものに大きな特殊性がある。必要あらば物理的強制権力を以て、領土内の一切の他の團體を服従せしめ得る、最高にして一般的な規律統制の機能は、それ自身が他の部分社会とは本質的に異ると言わねばならぬ。況や單なる政府と區別された國家は、凡ゆる職業や機能を包括してその基盤に存在する全體的社會であつて、これを特殊の部分社會と同列に置くことは到底できない。人間を様々の特殊部分に分析して見ても生きた生命統一體としての人

間の實體は捉えられないと同じく、色々の部分團體のみを見て、それらを包括する全體的統一團體の存在を否定することはできない。それが正に國家なのである。」と（矢部『政治學』146-147 頁［115-116 頁］）。トミスムの国家論は、本稿がその論証を試みたように、国家主権万能論、絶対化を相対化するという多元的国家論の利点を活かしつつ、尚且つ、矢部博士の正当な批判の観点をも採り入れた、より十全的なものである。

145　*Das Naturrecht*, S. 299. 本文中の標語は、何れも同箇所からの引用である。尚、第 6 節註 (119) で触れた国家による「私的善益の現実化への援助」は、「天ハ自ラ助クル者ヲ助ク」という諺が示す如く、各個人又は私的諸集団がその固有の使命を先ずは自己の努力と責任に於いて遂行することを前提として、場合によってはそうした努力を刺激乃至励行すべく援助を与えることを意味する。国家による援助は、要するに、個人又は私的諸集団の自助への援助なのである。

146　より詳細な記述、研究は、次ぎに掲げる諸文献のご参照を願う。J. Messner, *Die Soziale Frage*, 6. Aufl., 1956, Kap. 118., Arthur F. Utz, *Formen und Grenzen des Subsidiaritätsprinzips*, 1956., Franz Klüber, *Katholische Gesellschaftslehre*, 1. Band：*Geschichte und System*, Osnabrück, 1968, S. 867-910. 簡単なものとしては、Franz Furger, *Christ und Gesellschaft*, ImbaVerlag, 1978, S. 40-45. 補完性原理のより詳細な研究に就いては、本書第 4 章を参照されたい。

147　*Das Naturrecht*, S. 503.

148　Vgl. *Das Naturrecht*, S. 504. 但し、その本質からして、自然法倫理学の対象に馴染まない。

149　*Das Naturrecht*, S. 503.

150　*Das Naturrecht*, ebendort. ここにトミスム独特の「多元的国家論」が見られる。国家の総体社会性と社会の多元性とが同時に活かされているのである。所謂多元的国家論を批判して我々の国家論に近接するものとして、本稿で度々引用している矢部博士の国家論がある（『政治學』145-147 頁）。尚、阿部斉教授によれば、多元的国家論の成立史的背景には、「夜警国家から福祉国家への転換にともなう国家機能の圧倒的増大と、それによる自由主義の危機の自覚があった」と考えるべきであって、それは取りも直さず、国家の絶対化の防止と自由主義原則の貫徹擁護を目的とした、と言う（阿部『概説現代政治の理論』32 頁）。トミスムの多元的国家論に就いては、水波『トマス主義の憲法学』173 頁以下、191 頁、330-331 頁の註 (7) を参照されたい。

151　J. Messner, *Ethik*, S. 359.

152　Vgl. *Das Naturrecht*, Kap. 42, bes. S. 274-281.

153　第 31 番を参照。尚、第 7 番で紹介した定義は、それ故、次のように補正されるであろう。「国家とは一定の地域に定住する人々、詳言すれば、個々人及び部分社会、によって構成され、最高の支配権力を備えた共同体であって、平和秩序の樹立と福祉機能を主内容とするその共同善の全面的実現を目的とするものである。」

154　Vgl. *Ethik*, S. 359f.

152　第3章　共同善、社会、国家

155　第12、13番参照。

156　第33、35、36番参照。

157　Vgl. *Das Naturrecht*, Kap. 43. S. 190, 736. J. Dabin, *L'Etat ou le politique*, pp. 79-82, pp. 100-102. 邦訳書92-95頁、117-119頁。

158　法治国家に就いては、*Das Naturrecht*, Kap. 140 及び Herbert Schambeck, *Vom Sinnwandel des Rechtsstaates*, Walter de Gruyter, 1970 等を参照されたい。

159　本書第5章、216-219頁を参照されたい。

160　*Das Naturrecht*, S. 844.

161　*Das Naturrecht*, S. 845f.

162　*Das Naturrecht*, S. 845.

163　*Das Naturrecht*, S. 846. 我が国の現行憲法に関しては、微妙な問題がある。憲法学に於ける通説的見解は、この問題に対する明解な発言を控えているように見受けられる。制定経過に某かの瑕疵がたとえ見られたとしても、内容がよければ問題ない、との見解を奉ずる論者が優勢であろうか（たとえば、清宮四郎教授、伊藤正己前最高裁判所裁判官、等の憲法学者、そして法哲学者としては、碧海純一教授）。しかし、自然法論者のように基本的に価値客観主義に立脚する論者ならいざ知らず、価値の相対主義に帰依する論者が上の如き見解を表明される点は、少々理解に苦しむところである。砂川事件と苫米地訴訟の二件に関して、最高裁判所が下した両判決を比較してみた場合、「高度の政治性」の故に、「司法審査権の範囲外」、即ち、司法判断適合性をもたないという所謂統治行為の法理が援用された。苫米地訴訟では無条件で。他方、砂川事件では留保条件付きで。即ち、「一見極めて明白に違憲無効」の場合には、裁判所の審査権に服する、というのである。小嶋教授の次の発言は肯綮に中る。「政治性の程度からいえば、国の存立の問題と解散とでは、前者の方がヨリ基礎的と考えられ、それに司法審査の及びうる場合がみとめられるのはバランスを失するとも言える。」（『憲法概説』492頁）現行憲法制定の法理に纏わる問題に就いて、私は丁度小嶋教授が抱かれたようなアンバランスを感じるのである。尚、独自の価値相対主義の立場から、この通説的見解を最も明解に論証しているものとして、故岩崎武雄博士の『正しく考えるために』「第四章　何について判断するか」特に91-93頁（講談社現代新書、現在『岩崎武雄著作集　第五巻』に収録されている。）がある。

164　*Das Naturrecht*, S. 846. かくして、憲法変更（法律用語としては「憲法改正」が定着しているが、改正、改悪の両義性を含むと考えて「変更」の語を用いる。因みに、変更は決意性、行為性を帯びるが、「変遷」はむしろ受容的、描写的である。）の問題（憲法変更の自然法上の諸原理）が引き続き論じられるが（S. 847-849）、今は割愛する。尚、小嶋『憲法学講話』「第一五講　憲法改正の限界」は、一読に値する。

165　*Das Naturrecht*, S. 849.

166　*Das Naturrecht*, ebenda. 引用文中の Rahmengesetz の訳語「大綱宣言的法律」は、小嶋『憲法学講話』36-42頁、『憲法概説』28-30頁、『憲法概観』13-15頁を参考にして、筆者が与えたものである。

註　　153

167　「憲法典」とは、実質的意味の憲法を、組織的網羅的に編纂した制定法の謂である（小嶋『憲法概説』17頁参照）。

168　小嶋『憲法概説』28-35頁参照。

169　*Das Naturrecht*, S. 849. 原文は一見理解し難い（と私には思われる）ので、相当意訳して引用した。„Sie（d.h. Die Volksregierung）ist nicht berechtigt, weil vom Gesetzesdetail meist viel weniger für das tatsächliche Gemeinwohl abhängt als von den tatsächlichen Prinzipien in einem Gesetz."

170　*Das Naturrecht*, S. 850.

171　Vgl. *Das Naturrecht*, S. 850f., 852, 855, 599-612

172　Jean Dabin, *L'Etat ou le politique*, pp23-53. 邦訳23-59頁。尚、本章第3節註（31）をも参照。

173　念のために付言しておくと、引用原文は決して次のようには書換えられない。„Der Mensch ist von Natur ebensosehr ein Einzel-wie ein gesellschaftliches Wesen." 何故かと言うに、wie 以下は、著者、読者双方にとって自明の事柄が引合いに出され、「それと同等に……」と表現するのだから、文の成立する背景的了解世界が異なるのである。即ち、個人主義が、より正確には、個体主義が前提されたところで、メスナーの一文は書かれているのである。

174　「政治の優位」die Primat der Politik は、初版、第5版（第6、7版も同様）共に、第一三七章で論じられている。しかし、大幅な書換がなされ、又、表現も幾分改められている。分量は凡そ1.5倍になっている。即ち、初版では535-537頁、第5版では841-844頁。

175　J. Messner, *Das Naturrecht*, S. 841. 尚、初版536頁は次のように規定する。「政治は、根源的意味で理解されるので、全体としての国家共同体に、そして共同善の全面的実現と保障に連関している。」

176　*Das Naturrecht*, S. 842. ここで「政治」に就いての一般的理解を眺めておこう。「政治とは、われわれの住む社会における紛争を解決し対立を調整しながら、社会の秩序を維持する人間の活動である」（阿部、『概説現代政治の理論』1頁）。山川教授は、その優れた記述に於いて、「《権力》は、制御目的を達成する手段ないし要因の総称であって、二面的に作用するもの」と考うべきことに言及されるが（山川『政治学概論』5頁）、政治を「社会的生活諸条件にたいする公的制御に関連する諸活動」と定義される（『政治学概論』6頁）。定義の段階では目的への言及が影を潜めてしまった。矢部博士は、政治を形式と実質の両側面から定義しておられる。政治は、形式的観点からは、「國家意思の決定と行使に直接に關連する人間の諸行動」であるが（『政治學』21頁、新版17頁）、実質的に定義すれば、「單なる権力そのものでも、権力闘争そのものでも、更には成立した秩序そのものでも、實現せんとする目的そのものでもないのであつて、むしろ國家内の對立分化を權力的に統合組織化し、法規的に組織化された一體的秩序を創造し、それによつて國家目的を實現する全過程である」（『政治學』23頁、新版18頁）。では、政治によって実現されるべき国家目的とは何か、と更に問う

154 第3章 共同善、社会、国家

と、「少なくとも治安と秩序の維持、國民の生存の維持、國家の独立性の保持が含まれねばならぬが、更にそれ以上……を言うのは、理想的又は恣意的であつて、政治の不可缺な本質的要素とは認められない。」とされる（『政治學』23頁、新版19頁）。これは、要するに、矢部博士の新カント派的な前提（同書第一章参照）より帰結せざるを得ない限定であり限界である。国家外現象説を採る論者として、永井陽之助教授（「政治とは何か」『現代政治学入門［第二版］有斐閣、1984年』、特に7頁）が見られる。

177 *Das Naturrecht,* ebenda.

178 メスナーの「政治の優位」に倣って、今「倫理の優位」を語るとすれば、ここでも「倫理より経済」という現象が見られる。剩え、それに学問的裏付けを能く為し得たと思い誤って経済倫理学を説く者として、竹内靖雄『経済倫理学のすすめ』（中公新書、平成元年）『正義と嫉妬の経済学』（講談社、平成4年）がある。

179 *Das Naturrecht,* S. 844. 尚、本書の伝統的自然法論乃至トミスムとは勿論立場を同じうするものではないが、阿部教授の近著『概説現代政治の理論』は、「複眼的視点」を保持することの重要性を随所で説きつつ、「公共性」乃至「公共空間」と政治の内的結合性、多元的国家論の受肉化、等を説き、最終章の「第八章　政治理論の課題」に於いて、攻治に対する経済の優位を克服すべく、「政治の復権」を唱導する。小異は残しつつも、全体の論旨は、実にトミスムの考えるところに近い。それは、実在に徹底的に聴き従うところから、自ずと共通項が自己発現し顕現して来るということを示すのではないだろうか。

第4章　共同善と補完性原理
——伝統的自然法論の立場から——

初めに

1　補完性原理（das Subsidiaritätsprinzip od. das Prinzip der Subsidiarität, principium subsidiaritatis）は、ヨーロッパ統合の問題が進んでいく中で中心的な思想を表わす術語として浮上し、我が国でも俄然注目されてきて、現在では社会科学に携わる者の一般教養語として完全に市民権を獲得した感がある。その間、新聞では「権限配分の原理」とか「権限委譲の原理」とかの訳語もみられたようである。確認はしていないが、他の訳語も使われていたかも知れない。しかし現在では、ほぼ「補完性の原理」又は、「補完性原理」で定着していると見てよさそうである[1]。

2　ところが、この原理は、実は、ヨーロッパ統合の動きが仮に見られなかったとしても、ずいぶん以前から極めて重要な原理として、或る学問の世界では常識であった。それはカトリック世界である。より限定して言うならば、カトリック社会理論ないしカトリック社会倫理学（katholische Soziallehre bzw. Sozialethik）、或いは伝統的自然法論（die traditionelle Naturrechtslehre）といってもいいのであるが、そこにおいて補完性原理は人間的な社会建設にとって決定的に重要な原理として公認されている[2]。しかも、そこで注意されなければならないのは、孤立してその原理のみが語られるのではなく、他の重要な社会諸原理との緊密な全体的連関の下に位置づけられ論じられてきていることである（第3節参照）。

3　本章で私が試みようとするのは、そうした問題について多少の考察をしてみようとのことである。既に邦語文献でも充実した内容を提供するものが見られるようになって来ているが、以上の問題設定のもと、主にドイツ語文

献によりながら、補完性原理についての論を以下では展開していきたい。

　ここでの具体的な手順として、私は先ず、カトリック公式文書におけるこの原理に直接関わる重要箇所を紹介し、それについての極めて簡単な解説を与えた後に、それを準備した先行思想乃至を紹介し、それを踏まえた上で、現在までに体系的に補完性原理がどのような位置と意味を有しているかについて論じることにしたい。その重要箇所を語り始めるに先立って、しかしながら、多少の予備的論述が求められる。

第1節　社会回勅と補完性原理

4　社会回勅（Sozialenzykliken, Sozialrundschreiben）とは、メスナー門下の一人ツィフコヴィッツ Zsifkovits によれば、「全世界規模での人間社会の再建や秩序樹立」を根本関心として発せられた教皇書簡である[3]。

　その最初の社会回勅 *Rerum novarum* 『レールム・ノヴァールム』（以下ではRN と略記する）は、ローマ教皇レオ 13 世（1878-1903 年）によって 1891 年 5 月 15 日に、労働者問題に対して、カトリック教会の公式の態度を表明するために纏められ公布された。その 40 年後に、ピウス 11 世（1922-1939 年）によって 1931 年 5 月 15 日に文字通りの 40 周年の社会回勅、即ち、*Quadragesimo anno* 『クワドラジェジモ・アンノ』（以下では QA と略記する）が公布された。ヴィーン在住のイエズス会の重鎮ヨハネス・シャーシング Johannes Schasching はこれを「ピウス 11 世の原則綱要」と評しているが、この回勅において、カトリック教会で初めて公式の文書において、「補完性原理」principium subsidiaritatis が登場した。回勅自体は、全体主義的な世界秩序が進展しつつある世界情勢の中、社会秩序、福音に基づくその再建と完成とについて述べたものである。

　そこで、我々は先ず、社会回勅の嚆矢である RN について本論に関わる限りでの最小限を語っておくのが便利であろう[4]。

第1項　社会回勅 *Rerum novarum* の基本課題と指導原理
5　RN は教皇レオ 13 世によって公布された。必要性が高まっていたからで

あった。何の必要性か。工業化の進展の中で見られる労働者問題の深刻化にカトリック教会として対応するためであった。より詳細に述べると、社会の大部分がプロレタリア化し、賃金労働者が社会転覆の危険に曝され、マルクス主義への依拠が増大しつつある一方、経済思想及び経済秩序を自由主義が牛耳り、資本所有者が社会勢力を振るい、自由を主張する資本主義と特別所有権の廃棄を要求する社会主義が対立する中で、その両者のいずれも真の解決を提供し得ないとの観点から、カトリックの立場を鮮明に打ち出して、以後の教会の社会理論の基本線の軌道を敷いた[5]。

では、19世紀最大の社会問題とされた労働者問題並びに労働者階級の生存危機を克服するという目的及びその実現のための手段を模索する上で決定的な出発点とすべきは何であるか。これを教皇は「人間の尊厳」に求めた。この基礎付けに援用されたのは、言うまでもなく、神の似像性であり、又、人間にその本性と共に負わされた倫理的義務であった[6]。「この点ではすべての人が平等であり、富みも貧しきも、主も僕も、領主も臣下も人間の尊厳に変わりがない。……人間の尊厳を侵害すればどのような権力も罰せられずには済まない。」(RN, 32) レオ13世は、公権力が配慮すべき配分的正義の実現を怠り、賃金労働者が貧困にある状況を断罪した。社会が二階級に分裂を余儀なくされているとしたならば、その原因は、公権力の失敗と生産手段所有者の財力とにある[7]。

6　社会主義の理解では、分裂した二つの階級は和解することなく闘争へと定められている。しかし、レオ13世は、労働者問題の解決は、しかもその共同善に適った解決方法は、万人の人間の尊厳を同等に尊重することと共同利益がそれを命ずるのと同様に、協調と協同においてのみ成立し得ると説いた(RN, 15)。

労働者問題を、教皇は、人間の尊厳という根源から捉えることによって、人権を実定法以前の、言い換えるならば国法以前の次元から取り組むべき視界を導入し得た。即ち、それは「人間に本性からして帰属する」(RN, 32) 人権であり、従って、不可譲の権利である。実に国際連合による1948年の世界人権宣言の半世紀も前に教皇は、人間の尊厳と権利とが経済及び社会秩序の合意に左右されない根本規範であることを宣言したのである。

158　第4章　共同善と補完性原理

　人間の権利、人権、それは前国家的なものである[8]。ところで、この人権には個々人のそれもあれば、家族のそれもある。従って、国家はこれを尊重し、保護を与えなければならない。「人間が国家よりも古い」（RN, 6）のは勿論のこと、「家族は如何なる公的団体よりも古い」（RN, 9）、詰り、家族は国家よりも古いのであるから。

7　レオ13世教皇がRNにおいて基礎に置いたのは人間の尊厳であった。そこから、人間こそあらゆる経済活動の意味であり目的である、という命題が帰結される。かくして、時の賃金労働者は、経済生活において全面的に人間として評価される基本権を有する地位を承認されたのである。そして、労働者問題解決のための大方針が宣言されることになる。

　回勅の中で術語としては未だ用いられてはいないが、後に「社会的パルトナーシャフト」と呼ばれる思想が既に提出されている（RN, 20, 21）。即ち、資本無しには労働が無いように、労働無しには資本は存在し得ない（RN, 15）。これは労使協調の思想であり、共同決定法の成立にも関わっている。そして、この思想は更に1981年の回勅『働くことについて』*Laborem exercens* に再登場する。

　ところで、労働者問題解決を図るためには、生産手段に対する特別所有権の制度的承認が不可欠であり、従って、社会主義の主張とは反対に、特別所有権の社会化乃至国有化は賃金労働者を害することになる。そればかりか、天賦の権利をも侵害する（RN, 4, 5, 35）。要するに、社会化 Vergesellschaftung は、労働者から財産形成の可能性を奪い、相続可能な財産を通じての将来への家族の備えを家族から奪うものでしかない[9]。

8　教皇の採った立場は、社会主義との対比で、社会的現実主義 Sozialrealismus と名づけることができよう[10]。この立場は、社会主義の悪平等主義を退ける（RN, 14）。人間一人一人の素質に相違があり、共同善への各人の寄与能力に相違があることは歴然たる事実であるからである。又、二つの階級が和解できない闘争を繰り広げるという社会主義思想をも退ける。両階級が協力してこそ初めて社会の均衡も平和ももたらされ得るのであるから（RN, 15）。

　国家について教皇は次のように考える。国家の存在目的は、共同善の実現

（乃至創出）であり、この協同の成果たる共同善に与る資格を国民は有しており、賃金労働者も同様である（RN, 37）。更に国家は、社会全般及び個々人の福祉を追求すべき権威ある社会であるが、社会主義国家とは異なり、家族成員の将来を配慮するという両親の役割を尊重し、家族共同体の絆を重んじる。それと対照的に、家族が非常困窮状態から脱け出せないでいる場合には、この非常事態を是正緩和すべき義務を国家は負っている（RN, 11）。しかし、そうは言っても、「国家権力の担い手が為し得るのはそこまでであって、それ以上ではない。彼等に限界を与えるのは自然である」（RN, 11）。ここに共同善実現課題を負う国家に対して、事物の本性からして補完性原理が妥当していることを我々は確認することができる。尤も、「補完性原理」がその定式化を公的に獲得するのは、回勅 QA においてであった。RN は社会主義のみならず自由主義もイデオロギーとして退ける。教皇は全体としての真理に対して義務を負っているのであって、イデオロギーとは現実の個別的側面だけを見る態度に外ならないと考えられるからである[11]。

　以上で最小限の準備が整ったのではないかと思う。次に、RN から 40 年の後にローマ教皇の名で発せられた回勅を取り上げてみることにしたい。

第 2 項　社会回勅 *Quadragesimo anno* における補完性原理

9　本回勅が公布された時期は、イタリアではムッソリーニのファシズムが既に政権の座にあり、ドイツではヒトラーのナチスが擡頭しつつあったことが想起されなければならない。民主主義は危機に立たされ、世界経済の危機も進行中で、第一次世界大戦の傷も癒えない状況下、軍国主義や軍拡を伴う全体主義政治体制を歓迎する空気が立ち込めている時代のことであった[12]。こうした状況下で、補完性原理は正式に姿を現すことになったのである。即ち、一方では全体主義体制が広がり、ファシズムや国家社会主義が力を振るう。他方では生活全般で集中化と官僚化が進んだ。そうした中、自由主義思想は、個人と国家の間にある中間団体の正当な存在を軽視するものであったから、公的領域における国家の全権掌握に手を貸してしまった[13]。人間の人格的・社会的自由がこうした様々な脅威に曝される中で根本的な回答を求められた教会の声明文書たる QA において定式化されたのが外ならぬ補完性原

160　第 4 章　共同善と補完性原理

理であった。

10　如上の精神史的背景を考慮に入れて、補完性原理を語る QA の次の段落は読まれなければならない。ここでは、近代諸語訳を参照しつつラテン語原典から訳出されている優れた澤田訳を引用する[14]。

つまり、昔は小さな集団が行なっていた多くのことが、社会状態のもろもろの変化のもとで今や大きな集団でなければ遂行できなくなっているということは、歴史が明らかに示しているように、真実ではあるが、それにも拘らず常に確固不動で、変更も牽強付会も不可能なのは、社会哲学のあの、きわめて重要な原理である。すなわち、個々の人間が自らの努力と創意によって成し遂げられることを彼らから奪い取って共同体に委託することが許されないと同様に、より小さく、より下位の諸共同体が実施、遂行できることを、より大きい、より高次の社会に委譲するのは不正であると同時に、正しい社会秩序に対する重大損害かつ混乱行為である。けだし、社会のあらゆる活動は、その権能と本性ゆえに、社会体の成員たちに補助を提供せねばならず、彼らを破壊し吸収するようなことは決してあってはならないからである。(QA, 79)

したがって国家の最高権力は、もし自ら関わっていると本来の任務への精力集中を著しく妨げるような副次的業務、問題の処理を、より下位の諸グループに任せるべきであり、そうすれば、最高権力のみに遂行可能であるがゆえに最高権力のみに属するすべての業務を、状況が勧め必要が迫る指導、監督、奨励、抑制を通じて、より自由、より強力、より効率的に執行できるようになろう。それゆえ為政者たちに確信して貰いたいのは、**この補完義務の原理**を守ることによって、多様な諸集団のあいだの段階的秩序がよりいっそう強化されれば、社会組織の権威と効率はいっそう秀で、国家政体はいっそう幸福かつ豊かになる、ということである。(QA, 80)

QA 第 79 番は、その後折りに触れ、例えば、ピウス 11 世によって「教会の社会教説によって守られた根本命題」と表明され、ヨハネス 23 世による回勅『マーテル・エト・マジストラ』(*Mater et magistra*, 53) において QA 記載の文言がそのまま引用され、その意義が説かれている。『現代世界憲章』(*Gaudium et spes*, 86) でも、その意義が国際経済協力の場面で強調されている。

11　補完性原理（principium subsidiaritatis）という用語[15]は、支援、救援、補助、

補完などを意味するラテン語 subsidium に由来する。そしてこのラテン語は元来は軍事用語であって、「予備軍」(subsidiarii cohortes, Reservekohorten)を意味していた[16]。連帯的結合及び義務によって社会共同体がその成員［より詳しくは、個々人の成員のみならず、大小様々な人間集団をも含む］に与えるべきものは支援、援助であって、それ以上ではない。それ故この原理が関わるのは、個々人の活動は固より、個々人を基盤として成立するが個々人に解消し得ない独自の存在性を獲得しそれ相応の作用を示す社会集団でもあり得る。

> 補完性原理は、様々な共同体の権限を相互に割定することによって、この関係を律する。すべての社会は、家族とか地方自治体といったより小さな社会も、固有の使命を自己の権限で自己の手段を用いて果たさなくてはならない。そのために社会は他者にお伺いを立てたりする必要などない。より大きな手段を有する他の社会といえども、介入して、特定課題の実現の仕方を命じてはならない[17]。

かくして、一般的に、より小さくより下位の単位（個人又は社会）に対して補完的支援を行うべくより大きくより上位の単位社会は義務づけられている、と言わねばならない。簡潔に述べると、補完性原理は基本的に「自助への支援」を意味している。

12　国家と呼ばれる人間の社会集団に補完性原理を適用して事態を考えてみると、国家の為し得、且つ為すべき出来るだけ多くの課題がより下位の単位社会に委譲されなければならない、という趣旨ではない。国家は、国家固有の、詰り、全体社会或いは総体社会としてその独自の作用を果たすべく存在を獲得したそもそもの課題を洩れなくすべて遂行すべきなのである。それにしても、補完性原理は、上位単位の絶えざる拡張欲に対しては制約を課し、下位単位の生活圏の活動権を上位社会の侵害から防禦する。その一方、補完性原理は、他の権限領域に属する問題を当該上位単位社会［ここでは国家］が背負い込んではならないことをも教示する。

このように見てくると、「出来るだけ少ない国家、必要なだけの国家」という格率の言わんとする内容も自ずと了解せられるであろう。そしてこれに

162　第4章　共同善と補完性原理

よって QA 第 80 番の意味も明らかになるであろう。

13　ところで、如上の補完性原理は、かつて位階秩序擁護のカトリックにのみ通用する原理と非難される時代もあった。しかし、現在では広く受容されているように見られる。一体、補完性原理は特殊カトリック的原理に過ぎないのか、それとも普遍的原理であるのか。この問題に連関してよく引証されるのは、リンカーン大統領の次の言葉である[18]。

　　政府は、人々が自らでは全く為し得ないか、或いは、自力で頑張っても左程首尾よく為し得ないことへの必要がある場合、それを人々のために調達しなければならない。人々が自分でよく遣りおおせることには、政府は介入してはならない。

　この問題提起の意味は、第2節、第3節でより実質的に考察されることになるであろう。

第2節　伝統的自然法論による人間観及び社会観

第1項　伝統的自然法論の人間観

14　本節では、補完性原理が展開される前提乃至基盤となる伝統的自然法論による人間観及び社会観を取り上げて論ずることにする。

　　人間は、その本性からして社会的存在であること、個人的存在であることに優るとも劣らないものである[19]。

　伝統的自然法論は、人間の本性についてこのように観る。人間が個人的・個体的存在であるのは言うまでもない。しからば、それに尽きるのか、と更に問うならば、決して然りとは断言できない筈である。何となれば、誰しも自分自身がそれであるところの「人間」が個人的存在に尽きるものでないことを内心で確かに、「本性適合的に」connaturaliter 知っているからである。これは一体何を示唆するのか。

　人間は、その身体的本性からしても、同時に又、その精神的本性からして

も、あらゆる点で、社会に深く関係している[20]。換言すると、人間は文化に深く依存しこれによって彩られている。しかし、同時に又、文化や社会を作り出すのも人間自身である。その意味で、人間は、真に文化的存在であり社会的存在である[21]。前に引用した文とこの認識を結び付けて、メスナーは別の箇所で次のように表現している。

　それ故、人間は最初から個人であると同時に社会的存在である。その本性からして個人的存在であることに劣らず同様に社会的存在である。彼が社会的存在であるのは、**文化的存在であるからである**[22]。

15　ここで上記の「個人的でもあり社会的でもある人間本性」について、カトリック社会倫理学も特にドイツ語文献で目にする説明を一瞥しておきたい。一般的に、人間を冒頭で「人格」と捉え、それを更に「個人性」と「社会性」に分説する[23]。しかも、その際、個人性と社会性とが一体的に扱われる点にその共通特色が見られるようである。結局は同じことを言おうとする趣旨であると考えられるのであるが、ジャック・マリタン等は、人格を構成する二極を、「個体性」individualité と「人格性」personnalité と表現し、現実在する具体的個々人は両極を含んでしか存在しないのではあるが、この二極の間で或る時は一方の極に、又ある別の時には他方の極に存在の様態を傾斜させながら存在する悲劇的な存在者である、と考える。それは、彼一流の形而上学乃至存在論が下敷きになった首尾一貫した透徹した考察によるもので、人間的存在を第一質料という消極的存在原理と形相でもある霊魂という積極的原理との全き合体によって成立すると見る観方が背景にあった[24]。以下の第17番で検討するメスナーの理論は、表現だけに囚われるとドイツ語圏一般に見られる見解と一致しているが、実質的に見た場合には、どちらかと言えばマリタンの思想に親和的であるように思われる。

　何れにせよ、伝統的自然法論者、カトリック社会倫理学者の間では、人間は先ず神の似像として人格であると理解されていること、そして、その上で、人間人格を形成する契機に「個人性」と「社会性」とが同時に緊密一体的に捉えられていること、こうした共通理解が見られる。ここでは故フランツ・

フルガーの『キリスト者と社会』の冒頭文を見てみよう[25]。

人間は、その本質からして共同体を志向している。共同体の中においてのみ彼は個人的人格性になり得るのであり、またそうあり得るのである。この言わば逆説的な本質構造が、人間が自己自身を反省し始めた時から、人間を襲来している。個人ではあるのだが、人間は古代ギリシャの哲学者達が既に確信していたように、本質的に Zoon Politikon、即ち、「ポリス的動物」である。

同様に、個別性と社会性と人格性を正確に説く者として宮川教授の補完性原理に関する論文から紹介しておきたい[26]。

人格は自己であるという「個別性」と、対他者関係存在であるという「社会性」の二面の総合である。人はそれぞれ独自的個別的で理性と意志を備え他の全ての者から区別される自存的個別人であるだけではない。同時に他の人間とのさまざまの共同体を形成し協力関係の一定秩序の中で相互にまた共同体に対して責任を負う生き方をする「社会的」存在である。……トマス主義的人格概念において特に強調されるのはこの社会性と個別性が不可分の統一的相互内在関係の中にあるということである。……勿論、根源的には人格の「自我性、責任ある自由行為の主体としての個別的自存的自己」は絶対者による創造行為に由来し、……現世の現象界にあっては他者との関係において初めて人は「自分」であり、具体的な個々の人格の個別性は社会性に内的に浸透された個別性であり社会性抜きの個別性はありえない。

16 文化の核心を成すのは、社会的生活形式であって、それは幾世代もによって形成され蓄積継承されてきた、その集団特有の生きるための智慧の遺産である。抽象的な人間、頭の中で構想される人間「像」や人間「観」ではなく、具体的な人間を問題にするならば、「人間が真に人間的な実存を達成しうるのは、たといそれがどれほど未開であったとしても、社会及びその社会に固有の文化においてのみである。」[27]というメスナーの発言を誰もが首肯するのではなかろうか。しかも、そうした社会生活を営むに際しては、各人が人間としてそれなりに然るべく尊重され生存充足の意志を実現し、或いはその利

益を追求することが可能となるような平和の秩序へと人間はその本性からして追い遣られる。詰り、この事態は、社会契約などの意志的、設計的なものに由来するのでは決してないのであって、その意味で客観的な事柄である、と言わねばならない。尤もこう言うからといって、何も細部まで人間の社会的意志に依らずに客観的に定まる、と主張するのでないこと勿論である。具体的に歴史的に登場する様々な社会制度は、人間の社会的本性に根基しつつ人為の努力によって仕上げられるものに外ならないからである。

それにしても、ここでは次の三点を指摘しておきたい。一つは、**人間の基本的価値評価が問題となるところでは、人間本性の要求が働くため、存在論的な基礎づけが得られる**、ということ。もう一つは、**社会生活上要求せられる倫理的責任に基づく行為様態への認識は生得的ではない**ということ。これは、伝統的自然法論と啓蒙期のいわば理性法論との大きな相違を成す[28]。何れにせよ、このように存在論的基礎を有する本性適合的倫理的意識が、あらゆる社会の根本秩序を形成する具体的場面で働いている、と言わねばならない。そして、第三に、社会の平和及び法秩序を樹立していくに際しては、本章第3節で改めて述べる**社会諸原理が方向づけを与える**。

17 社会の存在根拠は、「霊肉一体的人間本性の特殊性」と「人間における霊肉の不可分離的統一性」にある[29]。それは、精神は質料と一体化するが故に、質料の制約を受けるということを意味する。これは「補完の必要性」に繋がる。しかし、同時に、個別的人間本性は、その質料的本性に基づいて「補完の可能性」をも得る。ここに形而上学的社会的本性への鍵がある。

> 人間は、その個別的本性の諸力が劃一的でなく、本質的本性に固有な目的が同じであるが故に、協同と交流を通じてこれら諸目的に拘束された十全な人間的実存に到達すべく諸力と諸能力とを結合するのである[30]。

人間は、その潜在能力を能う限り広範に顕現することによって自己完成を遂げようとする。しかし、直ぐ上に述べた如く、霊肉一体的な本性故に、人間は自足的ではあり得ず、他者との交流と協同（Kommunikation u. Kooperation）へと規定されている。換言すれば、人間は（自然）本性的に社会［国家をも含

む広義の社会] を志向している。伝統的自然法論は、その中でも特にメスナーはそれに注意を促すのであるが、人間は静態的・抽象的に「理性的動物」animal rationale と把握されて足りるものではない。経験現実に開かれた態度を保持し続けたメスナーにとっては、人間は、なるほどその実在的本質定義からすれば「理性的動物」であるに違いないが、現実的動態的には、「歴史性を帯びた文化的存在」であった[31]。

次に、我々は社会の存在理由が共同善の実現にあることを尋ねることにしたい。

第2項　伝統的自然法論の社会観

18　社会は、以上の考察を前提にすると、メスナーに従って、「実存的諸目的によって要求されている十全な人間的存在獲得を相互に促進するための人間の結成体」[32]と規定することが出来るであろう。社会は個別的人間の補完可能性と必要性とに基づき、「交流と協同」によって結合体として存在する。相互補完のうちに人間が力を結集して産み出すものは、個々人がばらばらに活動した場合の成果の単なる集積を優に超える（第28番以下を参照）。伝統的自然法論によれば、社会は「超個人的、永続的な固有の存在」を有しはするが、それは実体的存在（G.W. Fr. Hegel）などでは決してなく、偶有的存在であり、あくまでもそれにとどまる。しかし、それにも拘らず確かに独自の存在性を有する。この社会がそれ相応に存在を充足している場合には、そこにそれ相応に充足した共同善が創出されて存在している。スコラ的に表現すれば次の通り。Ens et bonum convertuntur.[33]

19　社会の存在根拠及び目的が上述した通りであるならば、既に共同善の存在及び内容が、少なくとも含蓄的に且つ基本的に、了解されている、と言わねばならない。この大本さえ押えているのであれば、その概念的把握は様々であり得る[34]。メスナー自身、存在論的、倫理学的、静態的及び動態的、ベンサム公式の修正的、文化倫理学的、そして価値秩序的観点から定義を下している程である[35]。ここでは存在論的定義を紹介しておこう。

　共同善とは、各人の本性に印刻された個人的且つ社会的生存使命を自己の責任に

おいて果たすために、社会成員の社会結合から生み出される援助である[36]。

　共同善は、二つの根本機能を有する。第一に、消極的根本機能としての「平和秩序の樹立」、第二に積極的なそれとしての「福祉秩序の樹立」である。いわゆる近代社会の幕開けにおいては第一機能に力点が置かれた。法的には形式的法治国家思想ないし夜警国家思想であり[37]、経済的には自由放任社会である。やがて、時代の変遷と社会情況の変化をうけて実質的法治国家思想ないし社会国家思想が唱えられるようになった。経済的には単なるレッセフェール思想を乗り越えようとする動きである[38]。何れにせよ、歴史に登場した諸国家は、共同善の根本二機能の内を行きつ戻りつし、尚且つそれをより十全に或いはより不完全に果たしてきたように見える。

20　共同善の価値内容に着目した場合、そこでは少なくとも二重の層が認められる（第30番参照）。その実質を成す価値善益 Wertgüter とそれを保障する制度的なもの das Institutionelle との区別である。この位置付けについては論者によって幾つかのニュアンスの相違が見られ、それに一部応じて用語上の相違もみられる[39]。例えば、ヴィルヘルム・ヴェーバーの説明によると[40]、トマス主義を任ずる神学者の中に共同善 bonum commune を多少なりとも委曲を尽くし網羅的に数え上げ、その全体で「共同善」Gemeingut を構成する一定の諸価値及び価値表象を内容的に語ろうとする者があり、他方ではスアレス主義者のように、bonum commune を組織化の価値 Organisationswert と表現し、これを Gemeingut に対比させる者も見られる[41]。共同善は、それぞれの次元から、例えば、存在論的次元、形而上学的次元[42]、倫理的次元、法的次元、政治的次元、経済的次元、政策的次元などの諸次元から、これを眺めることも勿論できる訳である[43]。しかし、ここでは指摘するだけで満足しなければならない。

　社会の存在の充実度がそのまま共同善の価値充実度を示しているのであってみれば、その共同善秩序を体現する典型を我々は何において見出すであろうか。その一つは国家である。そこで、次に国家に目を向けることにしよう。

第3項 伝統的自然法論の国家観

21 そもそも国家は、メスナーによれば、「一定の地域に定住した人々によって構成された、そして最高の支配権力を備えた共同体であって、その共同善の全面的な充足を目的とするもの」[44]と定義される。それは人間の社会的・国家的本性に根ざしており、その社会目的によって特徴づけられる。即ち、人は自らの本性によって社会的協同へと結集し、その生存使命や文化使命を果たそうとする。そうした使命達成を可能にする包括的統合的共同体が国家である。従って、それは「人間本性の完成のために必要な諸々の社会的基本作用の、詰り共同体の自己防衛とか、その法秩序や一般的福祉を保証することといった作用の、包括的な全面的な達成」[45]を目的とする。言い換えれば、社会的協同全般を築き上げ、促進し、規制することを通じて、人間本性の完成に必要な諸条件を、これを要するに共同善を創出することこそが国家の作用であり、課題である。国家の本質と使命がこうしたものであると理解されるならば、歴史学者が言うとおり、何もそれは国民国家という形式をとる必然性はないのであろう。しかし、ここで述べられた国家観は、歴史に埋没してしまう特殊性の次元で把握された国家次元を超えている。だからこそ、国家必ずしも国民国家たる必要なし、という命題が成り立つ訳である。又、ポリスという名の国家形態も歴史上存在した。しかし、それらが法的団体であることには些かの変更もないだろう。又、秩序を樹立することが人間の社会生活、国家生活にとって最重要であることについても異論はあるまい。更に、国家は実力を伴った法団体であるからには、単なる実力にも解消できなければ、同じく単なる法規範にも解消できない。血肉を備えた平均的な人間の集合するところでは、現実的に事柄を把握しそれに対処することが、結局は人間の共同生活、それも少しでも「善き生活」を送るために適合するような共同生活を可能にするであろう。それは、私の見るところでは、伝統的自然法論乃至自然法倫理学が説いてきた方向で最もよく実現され得るように思われる。即ち、空想に走らず現実から学び、楽観主義にも悲観主義にも陥らず、どこまでも社会改革を目指すということである。これ、社会倫理学が本質的に、社会生理学、社会病理学、応用自然法論としての社会改良論から成り立つ所以である[46]。

次節では、社会の存在の充足が共同善創出の業であり意味であるが故に、それを生み出すための方途を振り返ってみよう。いわゆる社会構成原理の問題である。

第3節　伝統的自然法論による社会構成原理

22　アルトゥル・ウッツ（1908-2001年）は、20世紀におけるトマス哲学、とりわけてその社会哲学・法哲学の徹底的包括的研究で傑出した業績を上げた代表的カトリック自然法論者である[47]。その彼が「カトリック社会理論とは何か」という論文で、私が本章で論じようとしている主題に関連して示唆に富む説明を与えている。しばらくそれに従おう。

カトリック社会理論（乃至社会倫理学）の学問的位置づけを行うためには、誰もがその構成要素の夫々を吟味すればよいと考えるであろう（尚、「カトリック的」に就いては、第56番以下を参照）。そこで先ず「社会理論」について。

第1項　社会理論の二つの課題

23　社会理論とは、「社会的協同によって実現されるべき人間的諸価値に関する教説[48]」である。別言すると、「人格の如何なる価値と目標とが共同体の課題（共同善）に取り入れられるかという問い[49]」に対する学問的応答である。その試みは、社会理論における第一課題としての価値統一に関する問いと、第二課題としての組織原理に関わる問いに及ぶ。第一主題について述べよう。

24　ウッツは言う[50]。マルクス主義によれば、人間は此岸的存在に過ぎず、従って、「人間はその人生において社会的なものへの統合を実現したならば、自己の人生の意味をも充足したことになる」。この理解に従えば、死とは当該個人の社会全体への組み入れが終了したことに外ならない。しかし、人間が、**若しも彼岸を期待する存在**であるならば、この者にとってマルクス主義の人間観、社会観、国家観は誤謬に立脚し、それを強要するイデオロギーであり、その装置であるということになる。マルクス主義が宗教を「阿片」と見る所以である。マルクス主義は国家権力乃至共産党最高機関或いは執行部の決定を凌駕するような個人の自由を認めることができない。要するに、宗教的心

情の持ち主は、「唯物論者という社会構成員として」しか生きていく外ない。たとい私事として宗教が認められようとも、実質的自由はそこに存しない。

この例が示しているのは、社会理論において重要なのは「社会の共同善に数えられる諸価値」であるとウッツは教示する[51]。

25 他方、自由主義にとって社会は価値中立のものである。それ故、自由主義社会は多数者の自由をなるべく障害せずにこれらに秩序を与える役割を負うだけである。この考えに従えば、道徳規範は「個人の感じ方の結果」に過ぎないということになる。道徳の位置づけに関しては、自由主義的社会主義も自由主義と異ならない。勿論、自由の理解の仕方において区別されはする。そして、より重要な区別はその世界観的基礎にある。

自由主義が、個人の自由は社会秩序なしには衝突するという功利主義的な観点から個々人の社会への統合を眺めるのに対して、自由主義的社会主義にあってはマルクス主義に由来する残響がある。即ち、個々人が私事として社会秩序から除外されている道徳領域において拘束されていないとされるとしても、その社会政策並びに経済政策の基本観念において、個人は社会から規定されるのであって、従って歴史的に生成する社会規範の下に置かれている。自由主義と自由主義的社会主義の社会理論の相違は、とりわけ私的所有秩序への見解に、延いては経済への国家介入及び生産手段の国有化に対する見解に明瞭に現われる[52]。

26 社会理論を特色づける問題は、ウッツによれば先述の如く、二次元乃至二層に分かたれる。第一次元は、個人と社会に関するもので、共同善の内容（共同善概念）に関わる問いである。如何なる価値と目標が共同体の実現価値として引き受けられるのかという問いである。第二次元は、第一次元で受容された価値実現の課題がその実現に際して依拠すべき組織原理への問いである。

自由主義については、この第二次元の課題は単純明瞭である。自由がなるべく妨げられることがないように組織化が図られるべきこととなるだけである。それに対して、自由主義的社会主義、マルクス主義は、共同体課題として引き受け実現する責めを負っている物質的福祉を提供しなければならず、

そのための強力で容赦ない国家権力の動員が要請されることとなる。

　かくして、第二次元の課題が社会理論を、社会体系とか経済体系と呼ばれるものに仕上げていくことになる。自由主義社会の価値中立性という第一次元の価値は、「自由の調整」を要求する。我が国の公共福祉論で、公共の福祉とは「自由の調整原理」或いは「人権の調整原理」と表明される場合、基本的にはこの見解に立つ訳である。そして、ここでは自由主義経済体制が帰結されることになる。マルクス主義の唯物論的共同善価値は、社会成員に全体の経済目標に厳格に順応することを要求する[53]。

　では、カトリック社会倫理学の場合はどうであろうか。次に、メスナーの文献を参照しつつ、この立場を確認することにしたい。

第2項　伝統的自然法論における共同善理解

27　既に我々は、人間が個人的存在であると同時に社会的存在であることを見た（第14、第15番参照）。一体、人間はどの程度社会の一部であって、又、どの程度そうではないのであろうか。人間本性に予め印刻された実存目的それも超社会的実存目的とて、その実現に就いてみるならば、人間は自己の素質を完全に展開するために社会的結合を欠かしえないのだから、社会にも又制約されている[54]。その意味では「社会全体は個人に先立つ」と言わねばならない。しかし、個々人は自立的固有存在であり、超社会的目的を有するという意味では、「個人こそが社会全体に先立つ」と言わねばならない。この両命題は、要するに、「人格としての人間」に帰着する。

28　そこで、社会は何のために存在するのか、その社会目的を考えてみると、それは社会の存在根拠と存在秩序から明らかにされる。

　社会の目的は、実存的諸目的に根基する生存使命を自己の責任において果たすために万人が必要とする援助［を与えること］である。こうした援助は、社会的統一体の全成員の結合によって可能となり、しかし又他方においては、万人によって必要とされるのであるから、共同善とか共通利益、或いは社会善（社会福祉）と呼ばれる[55]。

172　第4章　共同善と補完性原理

　共同善とは、かくして、社会の存在目的であり、それは第一に、社会によって個々人にもたらされる援助である。第二に、共同善は存在に定礎された客観的現実である。即ち、恣意的なものではないし、内容空虚なものでもない。勿論、これは共同善実現のための計画、手段、方法、適用等の社会の意思の関与を否定する趣旨ではない。第三に、共同善は、その根本使命として「平和秩序の樹立」という消極的機能と、「福祉秩序樹立」という積極的機能を有する[56]。

29　共同善には根源的二機能が認められる（第19、28番）。その第一機能は、「全人間的実存にとっての前提条件となる共同生活秩序を、人間本性のより低い傾動素質によって脅かす妨害から防衛する[57]」ことのうちにある。個人主義的な自由主義国家観・社会観によれば、社会目的はこの機能に尽きる。その理念は「諸利益の調和」であり、法制度はその手段である。しかし、歴史的経験はその虚偽性を露呈した。共同善の第二機能は福祉秩序の樹立である。人間は、その生存使命、自己完成乃至自己充足を果たすべく、社会的本性に促されて社会を形成する。そして、その社会は、個々人の自己完成を援助することを以て自己目的とするのであるから、社会の存在目的たる共同善が福祉機能を担うのは、実は極めて当然の事理である。

30　共同善を別の角度から眺めてみよう。共同善は、社会の現実在がそうであったように、これもまた個別善の単なる集積とは異なる「一つの新しい現実在」であり、「超個人的、持続的な固有存在」である[58]。共同善は、存在論的形而上学的には、社会成員にその十全な人間的実存を可能ならしめるところの、社会全体それ自体の固有の現実在である。そして、この固有存在である共同善に二つの層、即ち、社会全体の価値善益それ自体とそれ自体共同善の一部を成すものではあるが下位の価値領域に属するが故に「共同善に仕える手段」と呼ばれ得るものとが見られる（第20番）[59]。これには、法制度、公的教育制度、病院や研究所を含めての公的公衆衛生機関、福祉施設、軍隊、警察、交通網、交通手段の整備、上下水道、電気供給、等が列挙され得る。それらの重要な役割を過小評価してはならないが、それでも手段的なものであるが故に、その仕えるべき目的、即ち、価値善益が軽視されてはならない。ではその価値善益 Wertgüter とは何かというと、メスナーによると、「社会の

平和と秩序、社会成員の自由の保障、自己責任と自己努力による本質的生存使命達成を万人に可能にすること、社会全体の良好な衛生状態、将来及び子々孫々のためにする経済的生活基盤の保障[60]」である。

31　共同善に就いては尚最小限語っておかねばなるまい。それは「秩序として」の共同善、共同善の「作用因」、共同善の「補助的地位」である。

　共同善は、当該社会成員の自己完成への援助であり、自己完成は実存的諸目的によって各人に課せられた使命の達成にある。それ故、共同善は、本来人間本性に印刻された目的秩序に奉仕すべき性格を有していると言わねばならない。第30番で見たように、共同善には二層乃至二側面があった。価値善益としての共同善と制度としての共同善がそれである。そこで秩序という観点から価値善益としての共同善に注目すると、「人格としての完全な人間存在にとって基礎的自由」こそが最も主要であることから、共同善秩序は何よりも先ず「自由の秩序」である[61]。そして、倫理一般に位階秩序が見出されるように、共同善秩序にも位階秩序が見られる。

　　社会の文化は、包括的意味においては、あらゆる価値領域に伸張する共同善の現実在であり、これを分有することによって、個々人はそもそも本性によって定められている文化的存在に、即ち、社会と共同体とがその前提条件となって奉仕すべき完全な人間的実存と名付けられたものに成るのである[62]。

32　共同善は、個別善の単なる集積とは異なる「一つの新しい現実在」である（第30番）。それは超個人性と永続性によって特徴づけられる。それは、何世代、否何十世代にも亙る人間の思惟、努力、勤勉、創意工夫、労働、経験が蓄積されて、霊知的、精神的、倫理的創造として結晶化したものに外ならない[63]。即ち、共同善に外ならない文化とは、過去に向かっては多くの先行世代の**生の収穫**、未来世代にとっては**生の基盤**としての意味を有する。

33　価値善益という側面では必ずしも十分意識化自覚化されないとしても、制度面では共同善は、それが外的な事柄に関わっているが故に、意識に上りやすいと言えるであろう。即ち、事物の価値善益乃至物質財を事とする経済的、社会的事象は、日常の労働に密着しているが故に、意識の舞台に容易に

174　第4章　共同善と補完性原理

登場する。

　　社会成員は社会的協同を意識的に経験する。何となれば、社会的協同は二重の**自己利益関心**、即ち、自己の労苦の軽減と労働成果の増大と結合しているのであるから[64]。

　かくして、共同善は「比例性の秩序」eine Ordnung der Verhältnismäßigkeitとなる。社会的協同がどれほどの実を結ぶかは、社会成員の能力の醸出と努力の傾注の度合いに懸かっている。比例性の秩序として把握される共同善秩序は、「動態的発展の秩序」でもある。他の動物と人間が相違する本質的特徴は、「理性」或いは「言語」（ギリシャ語では同一語）、メスナーによると「伝統[65]」或いは「価値追求[66]」に求められる。
　人間は、「善き生活」を求めてのその長い歴史を通じて、様々な分野で発展を遂げて来た。創造的発展を可能とした媒介は、「社会的協同」がこれを果たした。

　　こうした協同の諸力や諸成果は変化する。故に、共同善もまた、移り変わる個々の集団の寄与と社会的協同全体の生産性に応じて社会的協同の成果を分有することが出来るよう、比例性を不断に更新して樹立することによってのみ現実化される[67]。

　かくして、共同善秩序は「力動的発展の秩序」でもある。

34　共同善の**諸原因**については簡潔に次のように述べておこう。その作用因は「個々人の努力」以外にあり得ない。そして、当然のことながら、共同善は個々人がその持てる力をなるべく妨げられない仕方で協同の業に投入できるとき、最もよく現実化される。それ故、自己利益追求が承認される。これは補完性原理に繋がる。他方、個々人の自己利益追求が調和せしめられ共同善へと方向づけられるよう形相因が働く。その形相因とは「社会の秩序権力」である。秩序権力は、「個々人や団体の自由な活動の上に、監督的に、指導的に、鼓舞的に、そして援助的に、その影響を及ぼす[68]」。

35 共同善に就いて考察してきた以上の論述は、既に、その本質的な「補助的」地位を随処で語っている。この問題に就いて、ここで少し纏めておきたい。

共同善は、人間の自己完成・自己充足に資すべき善益であって、自己目的では決してない。それは「人間が、自己の実存的目的に根基する生存使命を実現するために社会的協同から獲得する援助」である[69]。

正しくは、共同善は補助的地位を有するのみ。しかし、その地位は人間的実存の全領域に及ぶものである。何となれば、人間は自己の実存的目的に印刻された生存使命を遂げるためにこそ、社会的協同を必要とするのであるから[70]。

共同善の補助的地位（補完的地位）からして、実存的諸目的の中に印刻された人間的位格の発展を犠牲にして共同善の拡張が企図される限り共同善は存在し得ないことが理解される。更に、共同善は、存在論的にみて人間の実存的目的に根基するものであるから、**目的秩序の枠内においてのみ現実在たり得る**。人格は決して共同善の単なる手段とされてはならない[71]。従って、「低い位階秩序の目的の領域においてすら、介入が共同善を損わずに実施されるのは、この方法によってしかより高い秩序の善益に奉仕する共同善の補助機能が確保できないという場合に限られる[72]」。

以上を要するに、**共同善の補助的・補完的地位は、社会の、そして共同善の存在論的地位に由来する必然的帰結である**（尚、第55番をも参照されたい）。

第3項　社会構成諸原理

36　人間の社会集団、ことに国家の共同善課題を論ずるに際しては、共同善原理と補完性原理（補助性原理）を語らなければならない。

社会より発し社会と関連する行為が倫理的拘束的性格を獲得するのは、社会成員の自己完成に資すべき共同善に基づいている[73]。共同善は、社会権威の基礎付けを行うが故に、社会及び国家の最高原理である。教皇レオ13世は、「共同善は、神に次ぐ、社会の始源的且つ終極的法則とされている」と簡潔に語った[74]。即ち、共同善は、社会権威の権限を基礎付けると同時に、その限界

176 第4章 共同善と補完性原理

をも劃する[75]。

37 共同善原理は、第一に、客観的内実を伴った原理である（第28番参照）。第二に、共同善原理は法［＝権利］原理でもある。これは、社会全体（例えば、国家）及び社会成員それぞれに帰属せしめられるべき「各人のもの」に関わる。それは、自由の範域、共同善への貢献と分有に関わる（第30、33番参照）。第三に、共同善原理は、その義務付けに関して、立法者に対しては共同善によって要求される法規制を行うよう義務付け、他方国民に対しては権威への服従を要求する。第四に、共同善原理は、優位原理を意味する。即ち、共同善は個別善に優位する。しかしながら、この優位原理が妥当するのは、同一の位階秩序に属する諸善益（諸価値）の間においてのみであることに注意しなければならない。従って、物的犠牲で済む場面で敢えて人格的自由の犠牲を社会成員に要求することは共同善原理からして正当化されない。給付提供で済むところを生命の犠牲を要求できないのは勿論である。良心の決断が犠牲にされてならないのは、それが「人間の倫理的全人格[76]」に、「超社会的生存目的[77]」に密接に関わっているからである。

38 さて、法秩序は共同善秩序であって、共同善原理は、全社会成員が実存的目的によって課せられ、それ故に自己責任において為されるべき生存使命を果たすことが出来るよう、それに必要であり、且つ社会的協同によってもたらされるべき援助が正しく提供されることを要求する。そこで、補助性・補完性原理が意味するのは次の通りである。

　共同善は、個々人や部分社会が自力で行い得る事柄に関して、何らの権限も資格をも社会に付与しない[78]。

　ここから解るように、共同善原理と補完性原理とは同一事態、存在論的倫理的現実の二つの側面を表している。であればこそ、ピウス11世は補完性原理を全く正当にも、「最高の社会哲学上の原理」と呼び得たのである（尚、この訳語と解釈の問題に就いては、結論において再度検討することになろう）。そして又、両原理を一命題で表現することが可能であるとメスナーが発言し得たのであった。

共同善は本性からして援助である。しかも、あくまでも、社会成員——個々人及び部分社会——が自己の使命を果たす上での援助なのである[79]。

39 補完性原理も事物に即応した客観的原理である。

共同善の全現実は、実存的諸目的に基づいた諸使命に奉仕すべき補助的地位を尊重すべきとの拘束を受けている。それ故、社会的権限の割定原理としての補完性原理は存在原理である。しかも、共同善の存在秩序に属するので、それは共同善原理に劣らず存在原理なのである。と言うのは、補完性原理は、人間の人格的社会的本性の統一に根差し、そこに書き記された目的秩序のお蔭で内容の規定されたものなのであるから[80]。

補完性原理は、存在秩序と目的秩序に根拠を有するが故に、全く特定された比較的狭い社会単位、例えば、家族、大小さまざまな近隣共同体や職業共同体に、内容的に全く特定された責任、権限、権利を割り当てる。それ故、補完性原理は特定内容を有する正義原理でもある。別の箇所では次のような記述が見られる。

補完性原理は**社会の基礎的構造原理**である。人間の本性はその完全な展開を遂げるため多様な社会的結合に依存しているのであるから、補完性原理は内容的に特定した具体的な社会秩序の構造原理であって、決して単に形式的でしかないようなものではない[81]。

40 補完性原理は法原理である。それが「責任領域に根拠を有する権限」を規制するからである[82]。この原理は、法秩序を規律する自然法的根本原理でもある。権利がそもそも支配力の一種であるように、社会乃至国家的権威の有する権利も同様であって、それ故、この支配力は、補完性原理によって本質的に制限を受ける。かくして、補完性原理は、「社会における権限配分の原理」ともなる。

補完性原理は、団体に対しても国家に対しても全権力の掌握の要求を拒絶する。

178　第4章　共同善と補完性原理

補完性原理は、全権掌握を要求する国家に対して、自然本性的にして自由な諸団体の固有の権利を保護する。かかる理由からして、それは**多元社会の構造法則**であり、**機能法則**である。補完性は、国家の全能要求を行う全体主義に反対する。補完性原理は、「国家」と区別される「社会」の固有性を保護するところの自由社会体制の自然法的根本法則である[83]。

　国家と社会の区別を踏まえた多元社会論が右の引用文から明瞭に窺われる。但し、国家の完全社会性乃至全体社会性と一体化した多元的社会論であり、国家と他の社会集団を機能においてのみ相違すると見立てた上での多元的国家論とは異なる。

41　補完性原理のお蔭で国家やより大きな集団の介入から守られた個々人やより小さな集団の権限並びに権利は、強力に行使されなければならない。この面での補完性原理は、次のように変換される。「出来るだけ多くの自由、必要なだけの国家」と。又、言い換えて次のように定式化され得よう。「出来るだけ多くの自己責任、必要なだけの国家要求」、或いは、「出来るだけ多くの自己援助、必要なだけの国家援助」と。

42　共同善原理と補完性原理に連関して掻い摘んで述べてきた内容を前提すると、国家と社会の区別、及びその意義が明らかとなる。

　全体としての社会は、個々人及び部分社会から成り立っている。そしてそれらは国家において統一されている。その国家は、共同善原理と補完性原理とに基づいて、爾余のすべての社会から区別される。国家の目的は、人間本性の完成に必要な諸々の社会的基本機能の包括的全面的な充足にある（第21番参照）。

国家の課題は補助的であるのみ。より小さな共同体には固有の責任と固有の権利の広大な領域が存する。即ち、固有の力に基づいて、それ故、国家の援助に俟たずして実存的固有目的を実現することの可能な全範囲に及ぶ領域が存する。社会的共同生活並びに社会的協同のこうした部分は「国家」と区別して「社会」と呼ばれる[84]。

　社会とは、特殊目的の実現を目指す国内的並びに超国家的共同体である。

第3節　伝統的自然法論による社会構成原理　　179

前者には、社会の細胞たる家族を始め、近隣共同体、職業共同体、任意の諸団体、民族などが含まれる。後者には、国際共同体、教会が数えられる。国家とは、或る特定地域内での、基礎的な社会目的の実現を目指した共同体である。共同善の全面的な実現を目指す共同体である。これを踏まえて、「国家は万人の協同を通じて果たされるべき生存使命に基づく**人々の社会生活の統一体**であり、社会は個々人、集団、共同体がそれぞれに負うている生存使命に基づく**人々の社会生活の多様性**（多元的構造体）である[85]」と言える。

43　国家は、より小さな共同体、社会、要するに部分社会から成り立つ一種の社会である。メスナーは、それを「社会団体」Gemeinschaftsverband とも表現している。ところが、より大きな共同体との関係でみると、国家はその構成員である。

　即ち、国家は、内に対しては、部分社会が始原的に有する諸権利を尊重しこれを保障する責めを負い、外に向かっては、国際共同体に対して自然法上の諸義務を負う。こうした観点をもたぬ近代の個人主義が、そして集合主義が大衆社会の出現を、そして全体主義の擡頭を準備したのである[86]。

44　伝統的自然法倫理学では、共同善原理、補完性原理を語った後、更に、連帯性原理を語り、メスナー門下のルードルフ・ヴァイラーは、自由原理、参加原理を論じている[87]。メスナー自身の『社会問題』では、自由原理が共同善原理に先置されているが、最も一般的に挙げられる、共同善原理、補完性原理、連帯性原理の三原理の論述の順序を見ると、メスナー学派、ウッツ学派では共同善原理が最初に登場する。それに対して、北ドイツ学派と仮に名付けることができるならば、このグループでは、ミュンスター大学教授で後のケルン大司教ヨーゼフ・ヘフナー、ミュンスター大学教授ヴィルヘルム・ヴェーバー[88]、イエズス会ネル＝ブロイニング、レーゲンスブルク大学教授フランツ・クリューバー[89]、そして政治倫理学者として著名なベルンハルト・ズートル[90]は、連帯性原理から社会原理の論述を開始する。これについては、結論の部で再度関説しよう。何れにせよ、ここで簡単に連帯性原理について述べよう。

45　社会秩序形成のための指針としての社会原理の一つである「連帯性原理」das Prinzip der Solidarität, Solidaritätsprinzip は、自由主義とも社会主義とも異

なるキリスト教の立場を特徴づける「連帯主義」Solidarismus に由来する名称である。連帯性原理は、存在の原理という観点と当為の原理という観点から考察されうる。ここではズートルに拠る。

46 存在原理として見られた連帯性原理が意味するところは、人格の社会性乃至社会志向性に他ならない。ここでの社会性 Sozialität は人格にとって何か外在的で附加的なものではなく、「自らにとって本質的な根本特徴の一つ」である[91]。

> 諸々の人格はお互いを必要とし合う。諸人格は歴史的・社会的生活を送る最中において自己を展開する。……社会は、それ故、外面的に様々な利益を実現するための目的団体であるばかりではない。社会は、寧ろ、協同して価値を実現していくための空間であり、それ故に、人格の展開のための可能根拠である。従って、我々はいわば、運命的に相互に結合されているのである。我々の幸福は、他者の幸福と連関している[92]。

　尤も、こうした結合の度合いは、これまた言うまでもないことであるが、濃淡緊密希薄に相違が見られる。しかし、時代の変化、技術進歩のもたらした新しい世界状況下では旧来の図式を単純に維持するだけでは足りないであろう。存在に即した全人類の連帯を語らねばならない時代が、そして実践せねばならない時代が既に到来しているのではないか。即ち、「いよいよ狭くなる地球で人類が生き延びることが出来るとするなら、それは、我々全員に関わる問題の解決に必要な限度での共同性を発揮する場合だけであろう[93]」。

47 当為原理としての連帯性原理について述べよう。相互依存という人間存在の構造から、相互義務が帰結する。それも、個々人及び集団相互間の義務、個々人及び集団の全体性（全体社会）への義務、全体社会の個々人及び集団への義務、という三つの方向でそれは問題になる。共同体の各成員は、共同善の実現のために共に責任を負う反面、共同体は各成員の幸福のためにこれまた責任を負う。個別善と共同善は相互に条件し合う。と言うことは、「同じ船に乗っている」ということである。

　尤も、これは連帯性原理が、個別的な（個人的な）利益への権利を放棄せよ

と要求しているのでもない。このような説明を聞いてくると、これは、共同善を語り、共同善原理を補完性原理に先行させてきたグループが主張していたことと実質的に重なってくるのではないか。実際、ズートルは次のように述べている。

連帯性は、紛争が生じている正にそこにおいても尚、共同性を要求する。……連帯性は人格的な自己主張の放棄を要求するものではない。人格は集合体に埋没してはならない。しかしながら、連帯性は特殊利益の利己主義的隔離と容赦ない貫徹とを禁ずる。連帯性は我々が共同善と呼ぶ一般利益の次元において秩序付けられた利益の擁護・実現を配慮するよう義務付ける[94]。

かくして、我々は、共同善の現実在と共同善原理にここでも逢着することになった。

48 カトリック社会倫理学ないし伝統的自然法論で社会の構成原理の一つ「自由原理」と呼ばれるものがあることに触れておいた（第44番）。ここで簡単に説明しておきたい。

自由は、自由主義が考えたような「からの」自由 Freiheit „von"、即ち消極的な自由ではなく、キリスト教的な理解の下では、それ故、伝統的自然法論においても何か積極的な自由、即ち、「への」自由 Freiheit „zu" である[95]。自由が人間の尊厳、人格性との連関で考えられる以上、それは内容を具体的に含んだものでしか本来あり得ないのである[96]。

自由は、人間にとって人格的にも社会的にも、理性的本性を通じてその倫理的責任に任された本質的生存使命に関する自己決定の能力のうちに存する。人格の側面からはこの自己決定は責任秩序に拘束されており、社会的側面からはその行使の保障となる社会秩序に拘束されている。この倫理的責任に基づく自由の解釈はキリスト教の人間観社会観に拠るもので、自由に<u>積極的な意味</u>が与えられる。それは何かであること<u>への</u>自由、即ち、本性を通じて人間に予め印刻された本質的生存目的の実現<u>への</u>自由である。かくして、自由はその確固たる基礎付けと同時に明瞭な限界をも獲得する[97]。

182　第4章　共同善と補完性原理

　これにより、拘束のない（無制約の）自由など存在しないことが判る。人間が自由であるのは、社会共同生活においてその倫理的使命を実現するためである[98]。自由の本来の意味は、人間としての存在目的を自発的に実現するという意味での「自己実現」にあるであろう。

　　「自由」という言葉の本来の最勝義の意味は、トミストの哲学者ジャック・マリタンもいうように、かような物質的・精神・道徳的な多様な諸事物の適切な、つまり自然法適合的な追及のなかで遂げられる自らの「存在の充足」、自己完成の状態を意味しているのである。それはまた「幸福」ということの真の意味である[99]。

49　自由原理との連関で、メスナーはいわゆる**意思の自由**についても紙幅を割いているが、今は割愛せざるを得ない。ただキリスト教的社会改革との連関で自由原理について次のことを附言しておきたい。自由原理は、自己責任と自己創造的な人格の展開に基礎付けられているものであるが、それに優るとも劣らず、この人格の展開に秩序づけられた共同善と補完性の原理は「秩序づけられた自由の最大可能性」を要求する。どういうことかと言うと、自由が社会において発揮される程度は、倫理的力がどれ程活き活きしているかに掛かっている。詰り、社会改革を考える上で、「気風の改革」Gesinnungsreform が重要課題となる。これは直ぐさま「状況の改革」Zuständereform を想起させる（QA, 77）。尚、その外の重要問題として、補完性原理との関連でいわゆる「私的所有制度」、「私有財産制」の論題があるが、これについては既にかなり詳細な考察を別稿で展開しているので、そちらのご参照を乞う[100]。

結　論

50　以上、伝統的自然法論の観点から、社会構成諸原理の内でも最近特に注目を浴びるようになってきた補完性原理に関連する幾つかの問題について、特に共同善との連関で論じてきた。最後に、補完性原理について賦与される評価語を取り上げ、これについて多少とも私なりの考察を施してみたい。先ず、QA 第79番に登場する一文を再度引用して確認することから始めよう。

つまり、昔は小さな集団が行なっていた多くのことが、社会状態のもろもろの変化のもとで今や大きな集団でなければ遂行できなくなっているということは、歴史が明らかに示しているように、真実ではあるが、それにも拘らず常に確固不動で、変更も牽強付会も不可能なのは、**社会哲学のあの、きわめて重要な原理**である。すなわち、個々の人間が自らの努力と創意によって成し遂げられることを彼らから奪い取って共同体に委託することが許されないと同様に、より小さく、より下位の諸共同体が実施、遂行できることを、より大きい、より高次の社会に委譲するのは不正であると同時に、正しい社会秩序に対する重大損害かつ混乱行為である。以下略。

　引用文中傍点を附した箇所の原文は „in philosophia sociali gravissimum illud principium" となっている。このラテン語原文を訳出する場合に、澤田訳のように「社会哲学のあの、きわめて重要な原理」と訳出することは固より可能であり正しくもある。他方ではしかし、宮川論文で「だがその中にあっても、無視も変更も決して許されないかの社会哲学の最重要な根本原則は依然確固不動の効力を有しているのである。[101]」と見られるように、「かの社会哲学の最重要な根本原則」と訳すことも可能であると思われる。詰り、ここでの問題は、gravissimum illud principium の gravissimum をどのように理解するかということである。両方とも成り立つのか。何れかが正しいのか。一見些細に思われるこの一語の理解は、私の見るところ、実は社会諸原理の構造的な理解と一体的であるが故に、手短にではあっても検討に値するのである。

51　直ちに参照に値すると期待されるのは、回勅の起草に関与した者の発言ではなかろうか。その一人、オスヴァルト・フォン・ネル＝ブロイニングは、或る箇所で註記して次のように明言している[102]。

　回勅をここに訳文にて復刻するに当り、最終的に第 79 番の「最上の」oberst という語を変更してある。それは「極めて重要な」höchst gewichtig に置き換えられている。この方がラテン語の gravissimum により忠実であるばかりでなく、補完性原理が社会哲学の最高原理であるかのような誤解を避けることになるからである。

184　第4章　共同善と補完性原理

回勅起草当事者によるこの発言がある以上、我々は「最重要な社会哲学上の原理」と訳出すると誤りを犯すということになるのであろうか。どうもそうとは速断できないのではないかと私は思う。それは、有力な社会倫理学者が多くの箇所で、繰り返し、„jener oberste sozialphilosophische Grundsatz" とドイツ語で表現しているからである。例えば、ラテン語を自由に読んだメスナーもその一人である。ラウシャー然り[103]、フルガー然り[104]。メスナーにせよ、ウッツにせよ、ネル＝ブロイニングが起草原案を練った事実、その後の彼自身及び彼に近い論者の発言を知らない筈はあるまい。何かがそこにある筈ではなかろうか。こうして、この訳語をめぐる問題をどう解釈するかという疑問が浮かんでくる。次にそれを少し検討してみたい。

52　カトリック社会理論の学者間で社会諸原理の一つとして補完性原理が承認されていることは言うまでもない。それ以上に出て、多くの論者間で、共同善原理、連帯性原理の承認も共有されている。ここまでは略完全な一致が見られよう。更に、論者によっては、人格原理、自由原理、参加原理を説くこともある。このうち特に人格原理は、原理と銘打たれなくともカトリック社会倫理学の出発点に常に置かれていることについて、全く疑問の余地がない。

53　前に見たように、社会諸原理を論ずるに際して論者によって、その論述の展開の順序に違いが見られた。ここで改めてその意味を再検討してみよう。例えば、先に見たように、ヘフナーやネル＝ブロイニング、ズートル等は、連帯性原理から説き起こし、共同善原理、更に補完性原理へと説き及んでいた。それに対して、メスナーやウッツ等は、先ず共同善原理を論じ、その後で補完性原理、連帯性原理へと詳説する。特徴を敢えて明言するならば、カトリック社会倫理学者には大別して、連帯性原理から思考を開始するグループと共同善原理から開始するグループとが見られるように思われる。そして、実はこれは bonum commune を独訳する場合、価値実質については Gemeingut という訳語を、組織価値については Gemeinwohl の訳語を当てる論者[105]と、両価値内容を同一用語 Gemeinwohl で包括的に表現する論者[106]との区別に略対応する。そして更に述べるならば、後者のグループは、カトリック社会倫理学の伝統の中でも格別に共同善の独自の存在性格と作用とを強調し

結 論　185

て、社会倫理学が学問としてそもそも存立する位置を闡明ならしめようと努力した論者でもあった[107]。

54　我々は、先に（第38番参照）、例えばヨハネス・メスナーの自然法論の観点から見た場合、共同善原理と補完性原理とは同一事態を二つの側面から言及しているに過ぎないことをみた。そればかりでなく、一つの命題に集約できるという見解も紹介した。尤も、言語的表現として我々が意識的にある事態を取り上げる場合、それ相応の根拠もある筈で、今の場合、両原理が完全に符合するということはないであろう。私もそこまでは考えていない。しかし、両原理がそれに関わっている事態に着目する限り、それは同一事態であると考える。参考までに、別の著作から関連する箇所を抜粋しておこう。

時に見られることではあるが、補完性原理は**基礎的倫理的・法的秩序原理及び社会原理**として共同善原理に或る意味で対立すると考えるならば、これは誤りであろう。上述した所から明らかなように、共同善原理と補完性原理は根本において同一事態の両側面である。この事態は簡潔に次のように表現され得る。即ち、共同善は<u>援助</u>であり、しかも<u>援助</u>であるのみである。それ故、その作用様態は本質的に補助的なものである。**両原理が根本において一つであり**、社会の一本質作用をその規定の側面とその制約の側面から表しているが故に、レオ13世はその共同善を「社会の始原的且つ終局的法則」と呼ぶことができ、ピウス11世とヨハネス23世は補完性原理を「社会哲学のあの堅固で揺るぎない極めて重要な根本法則」と呼び得たのであった[108]。

社会全体から眺められた場合「**分肢の秩序**」として現れるものが、より小さな単位の固有の共同善や諸権利に関しては、社会の「**構築の秩序**」であることが、即ち、より大きな社会に補助の地位だけを割り当てる「**補完性原理**」であることが判明する。それ故、分肢秩序と構築秩序において社会の［同じ］一つの存在秩序と社会秩序とがある。一方は言わば上から、他方は下から見られると言う形で。全体からは**共同善秩序**、部分から、即ち、社会の肢体からは**補完性秩序**として、要するに、責任の優先、権限の優先、法の優先、それらの秩序として現れるのである[109]。

55　以上の簡単な考察を通じて、先に提起された問題に就いて私は次のように答えよう。何れの訳語を採るかは論者の自由に任されており、何れも成立

し得る。但し、それは、その採用した訳語を成り立たせる背景との整合性に裏打ちされての話であって、この問いのみを分離して論ずることは不毛である。尚、最後に補完性原理は普遍性を有するのか否かについて述べよう（第35番参照）。この原理が承認されたのは、或いは公式に表明定式化されたのが比較的に最近のことであるとしても、又、歴史的条件が揃う必要があったとしても、それだけで普遍性を否定する根拠にはならないのではないか。寧ろ、メスナー等の考察に従うならば、そしてカトリック社会倫理学の基本的な思想に従って首尾一貫して考えるとするならば、人間の人格性を、それ故、人間の尊厳を出発点に置き、その存在論的な構造から共同体の必然的存在理由、その目的、その作用の基本的内容及び態様を大枠において定めるのが所謂社会構成原理であるのだから、これは歴史性を超えるものでなければならない。即ち、補完性原理は普遍的である。そして、それ故、カトリック思想がそれを準備し定式化し、牽引車として普及に努力した歴史的事実があったとしても、それはそれで大いに意義あることであるに違いないが、そのことによって補完性原理の普遍性が減殺されることはないと私は考える[110]。

56　尚、前に予告はしたものの、未だ検討していない課題が残されている。それは、第3節冒頭の第22番で指摘したことで、カトリック社会理論（カトリック社会倫理学）の「社会理論」に就いては第23番以下で検討したが、「カトリック的」という形容詞に照準を合わせた検討が為されないままであった。ここでは簡単に、カトリック社会理論には神学的な社会理論と哲学的な社会理論とがあるということ、そして、自然理性の光の下で営まれる哲学的な社会理論の有力な思想として「伝統的自然法論」があるということを先ず確認しておきたい。世俗化が進んだ、そして世界観的多元主義の現代社会にあっては、例えばメスナーが自己の使命として受け止めて実践した「哲学的な」カトリック社会倫理学の存在理由は大きいと言わねばならない[111]。そして、メスナーは、この立場を好んで「伝統的自然法論」とか「伝統的自然法倫理学」と呼んだのであった。これに対しては、異なる立場を表明するカトリック学者も勿論いる訳で、実際メスナーはこの問題に関して論争まで行っている。誤解を最小限避けるべく次の文を引用しておく。

人間の本質に就いて人間の理性認識に接近可能でないものをキリスト教的啓示は何ら語らない。ただ、啓示は、理性の光で人間が認識する事柄についての**明瞭さと確実さと**を人間に与える[112]。

57　その思想が歴史的事実（の問題）としてはカトリック思想界で保存され豊饒にされ伝達されてきたとしても、その思想内容の妥当性は畢竟人間の存在構造に定礎されそれに由来している限りで自然理性によって十分検討され得る内実のものである限りにおいて人類一般に通用するという点を強調して「伝統的自然法論」と呼ぶことには十分理由がある。そして、そうであるならば、これをカトリック社会倫理学と殆ど重なる学問と考えることが出来るのである[113]。メスナー門下でヴィーンのカトリック社会倫理学者の代表者の一人であるアルフレート・クローゼ博士は、カトリック社会理論にとって自然法的な基礎付けが特徴となっているのである以上、これに即してみる限り、カトリック社会理論はキリスト教よりも更に以前に遡るとまで主張している[114]。

　信仰厚い研究者はこれに如何反応するであろうか。しかし、信仰者を対象とした神学的カトリック社会理論は厳然と存在するのであって、案ずるには及ぶまい。寧ろ、倫理学の危機の時代、特定の教義・信仰を前提としない次元において万人が「自然的理性の光の下に」その所論の当否を論議し得る哲学的カトリック社会理論の存在意義は益々高まるものと私は信ずる者である[115]。

　カトリック社会理論の「カトリック的」という形容詞の意味は、自然法論としてのカトリック社会理論はその原理や規範に関して殊更にカトリック的な構成要素（詰り、他の社会理論には見られないものでカトリック社会理論にのみ見られるという意味での構成要素）を持つものではないが、歴史的にこの理論がカトリック教会の精神的状況の中で保存され発展し、教授されて来たのであるから、やはり「カトリック的」という形容詞を冠せられることは正当であるという事態を指している[116]。

　　1　ヨーロッパ統合との連関では、澤田昭夫「補完性原理 The Principle of Subsidiarity：

188 第 4 章 共同善と補完性原理

分権主義的原理か集合主義的原理か？」『EC 統合の深化と拡大』（日本 EC 学会年報
第 12 号、有斐閣、1992 年）が推奨される。尚、刑法学では或る特定論題（緊急避難）
に関して多くの論者によって「補充（性）の原則」という用語で論じられてきた。こ
の思想をより一般的に取り入れて論ずるものに、梅崎進哉、宗岡嗣郎『刑法学原論』
（成文堂、1998 年）がある。実定法ではその外、社会保障法、行政法で論じられるこ
とがある。石森久広「行政活動の『目的』とその明確性—行政の評価・監視を中心に—」
『西南学院大学法学論集』第 42 巻 3・4 号、2010 年、276-254 頁（pp. 79-101）。

2　補完性原理についてのドイツ語基本文献は、巻末参照文献欄を参照。尚、宮川俊行
「『補完性原理』のトマス主義社会倫理学的考察」『法の理論 17』（成文堂、1997 年）
末尾の文献欄も参照されたい。その他、桜井健吾「補完性原理の萌芽—ケテラーと
テュージングの論争（1848 年）—」水波朗・稲垣良典・阿南成一編『自然法と宗教 I』
創文社、1998 年。最近のものとして、マイケル・シーゲル「グローバル化と補完性の
原理」『社会と倫理』第 13 号、南山大学社会倫理研究所、2002 年。尚、補完性（補助
性）原理は、我が国において、水波朗・野尻武敏・栗城壽夫共訳によるヨハネス・メ
スナー著『自然法』がドン・ボスコ社から出版され、公衆に接近可能となった。昭和
32 年（1957 年）のことである。その後、水波教授が諸論考を通じて精力的に補完性
原理の紹介・導入を図った。一篇を挙げる。水波朗「福祉国家の法理—社会国家・補
完性原理・扶養国家—」『公法研究』第 28 号、1966 年。

3　Valentin Zsifkovits, Sozialenzykliken, in：A. Klose, W. Mantl, V. Zsifkovits（Hrsg.),
Katholisches Soziallexikon, 2. Aufl., 1980.

4　本回勅には、元々章節番号は附されていなかった。後に引用の都合上賦与されたも
ので、ドイツ語版とフランス語版とでは相違する。ここでは、ドイツ語版の番号に拠
る。KAB（Hrsg.), *Text zur katholischen Soziallehre. Die sozialen Rundschreiben der Päpste
und andere kirchliche Dokumente*, mit Einführung von Oswald von Nell-Breuning SJ u.
Johannes Schasching SJ, 8. erweiterte Auflage, Kevelaer 1992, S. 40 u. 121-122.

5　Johannes Messner, *Die Magna Charta der Sozialordnung, 90 Jahre Rerum novarum*,
Kirche und Gesellschaft Nr. 76, Köln 1981. 橋本昭一「社会回勅の 110 年」『社会と倫理』
第 13 号（南山大学社会倫理研究所、2002 年）は、ローマ教会と近代社会との和解と
いう観点から RN の歴史的意義を捉えようとする。

6　J. Messner, *Die Magna Charta der Sozialordnung*, S. 6.

7　J. Messner, *Die Magna Charta der Sozialordnung*, S. 6.

8　我が国の憲法学の教科書、基本書、体系書と呼ばれる著作の中では、（基本的）人
権［正確には人権思想］の歴史と分類、特に後者に関して必ず、「前国家的」（基本的）
人権と「後国家的」（基本的）人権が紹介される。しかし、その自覚的基礎付けを周
到に行ったものは皆無に近い。多少の学問的バリエーションを見ながらも法につい
ての強制説を基本的に承認し、実定法上の権利が語られ、これに先行し国家以前の存
在論的な権利の実在を積極的に説くための方法を有しない論者には、そもそもそれ
を語ることが出来ない訳である。否、語ろうと欲して語ると、それは勢い「意思」に

註　189

還元されざるを得ない。こうした趨勢の中で、独自のアプローチを示すものとして、水波朗『自然法と洞見知―トマス主義法哲学・国法学遺稿集―』創文社、2005 年。

9　J. Messner, *Die Magna Charta der Sozialordnung*, S. 9.

10　Johannes Messner, *Das Naturrecht. Handbuch der Gesellschaftsethik, Staatsethik und Wirtschaftsethik*, 5. neubearbeitete u. wesentlich erweiterte Aufl., Innsbruck-Wien 1966, S. 125, 479. 拙稿「ヨハネス・メスナーの生涯と著作」、南山大学社会倫理研究所『社会と倫理』第 18 号、2005 年、102-103 頁。拙著『ヨハネス・メスナーの自然法思想』成文堂、2014 年、「終章」参照。

11　J. Messner, *Die Magna Charta der Sozialordnung*, S. 6；ders., *Das Naturrecht*, S. 24.

12　Rudolf Weiler, *Die soziale Botschaft der Kirche. Einführung in die katholische Soziallehre*, Wien 1993, S. 24.

13　Anton Rauscher, *Personalität, Solidarität, Subsidiarität. Katholische Soziallehre in Text und Kommentar*, Köln 1975, S. 38.

14　澤田昭夫「補完性原理 The Principle of Subsidiarity：分権主義的原理か集合主義的原理か？」37-38 頁。尚、ドイツ語版に即した同箇所の拙訳は、アントン・ラウシャー「人格性・連帯・補完性」『社会と倫理』第 9 号（2000 年）、150、151 頁に掲載されている。

15　尚、宮川教授の指摘にある通り、QA の原文中には "servato hoc subsidiarii officii principio" とあり、「この補完義務の原理を守ることによって」とか「この補完責務の原理に忠実に」とか訳せるであろう。詰り、厳密に言うと、「補完性原理」というこのままの形での術語は見られない。該当箇所のドイツ語訳は „durch strenge Beobachtung des Prinzips der Subsidiarität" となっているので、「補完性原理を厳格に守ることによって」と訳出できる。因みに、後の回勅のなかでは、「補完性の原理」principium subsidiaritatis と表現されている。文脈によって主格以外の格変化形で登場するのではあるが。

16　Johannes Messner, *Das Naturrecht*, S. 298 Anm. 4.「予備軍」とは、その主力部隊がその第一次的義務を自分たちだけの力で遂行し得ない場合に、投入される軍を意味する。

17　Anton Rauscher, *Personalität, Solidarität, Subsidiarität*, S. 40.

18　Lothar Schneider, *Subsidiäre Gesellschaft-Erfolgreiche Gesellschaft*, 3. ergänzte Aufl., Paderborn 1983, S. 18. Dort heißt es：„The legitimate object of government is to do for a community of people whatever they need to have done but cannot do at all, or cannot so well do for themselves in their separate and individual capacities. In all that the people can individually do as well as for themselves, government ought not to interfere." „Die Regierung hat für die Bevölkerung das zu besorgen, wonach die Menschen ein Bedürfnis haben, was sie aber selbst überhaupt nicht tun können. In all das, was die Menschen ebensogut selber tun können, hat die Regierung sich nicht einzumischen." （Zitat aus A. Rauscher, *Personalität, Solidarität, Subsidiarität*, S. 41.）

190　第4章　共同善と補完性原理

19　„Der Mensch ist von Natur ebensosehr ein gesellschaftliches wie ein Einzelwesen." (J. Messner, *Das Naturrecht*, S. 149.) この一文は、近代思考に特有なイデオロギーに外ならない個人主義ないし個体主義が前提されたところ、即ち、いわゆる先進諸国で通用力をもつ個体主義的存在理解が前提されたところで語られている (Vgl. J. Messner, *Das Naturrecht*, S. 118)。尚、秋葉悦子訳著『ヴァチカン・アカデミーの生命倫理—ヒト胚の尊厳をめぐって—』（知泉書館、2005年）、とくに32-35頁。

20　Vgl. Walter Kerber, *Sozialethik*, Stuttgart-Berlin-Köln 1998, S. 31-34.

21　Michael Landmann, *Philosophische Anthropologie*, Berlin 1976, bes. S. 172ff.

22　J. Messner, *Das Gemeinwohl*, S. 37. „So ist der Mensch von Anfang an gleichzeitig Person und Sozialwesen, ist seiner Natur nach nicht weniger Sozialwesen als Individualwesen, ist er Sozialwesen, *weil er Kulturwesen* ist."

23　Joseph Kardinal Höffner, *Christliche Gesellschaftslehre*, 8. Aufl., Kevelaer 1983 ; Wolfgang Ockenfels, *Kleine Katholische Soziallehre, Eine Einführung—nicht nur für Manager*, 4. Aufl., Trier 1992 ; Bernhard Sutor, *Politische Ethik : Gesamtdarstellung auf der Basis der Christlichen Gesellschaftslehre*, Paderborn 2. Aufl., 1992.

24　詳細は、水波朗『自然法と洞見知』第1章、及び第9章を参照されたい。

25　Franz Furger, *Christ und Gesellschaft, Elemente zu einer christlichen Sozialethik*, Freiburg Schweiz 1978, S. 12. 尚、最もよく読まれた書物の一つに、上掲 J. Höffner, *Christliche Gesellschaftslehre* がある。その他、Alfred Klose, *Die Katholische Soziallehre*, Graz 1979, Franz Klüber, *Der Umbruch des Denkens in der katholischen Soziallehre*, Köln 1982. Oswald von Nell-Breuning, *Gerechtigkeit und Freiheit, Grundzüge katholischer Soziallehre*, Wien 1980. Rudolf Weiler, *Einführung in die katholische Soziallehre, Ein systematischer Abriß*, Graz-Wien-Köln 1991. Klüber (S. 30-31) は、簡にして要を得ていると思われるので、次に訳出しておこう。「人間は、自立的に存在すると同時に対面的に存在する。孤立的に存在すると同時に社会と共に存在する、そうした生き方をするものである。人間のあり方は、個人的本性並びに社会的本性の二重性ないし二極性に基づくものであって、それは人格性を構成する要素である。人間は ens individuale 並びに ens sociale の緊張統一のうちに実存する。つまり、独一的で且つ社会志向的な存在である。その人格性はこうした二要素から形成されている。その個別的本性のお蔭で、人間は他の被造物の因果的法則性から解放されており、自己の洞察と決定に基づいて自由に行為する。人間は、だからといって、アウタルク［自足的］な、つまり自分だけで充足している存在ではないのであって、社会的本性故に、他の同朋と共に生きることによって自らの人格性を発揮するのである。」尚、次の一文を参照のこと。„Person ist aber nicht nur Selbstand, sie ist vielmehr *Selbstand im Gegenüberstand* zu anderen Personen." (Wilhelm Weber, *Person in Gesellschaft*, Paderborn 1978, S. 11.)

26　宮川俊行「『補完性原理』のトマス主義社会倫理学的考察」13頁。

27　J. Messner, *Das Gemeinwohl*, S. 40. „Nur in Gesellschaft und der ihr eigenen Kultur, sei diese noch so primitiv, kann der Mensch zu wahrhaft menschlicher Existenz

註　　191

gelangen."

28　拙稿「ヨハネス・メスナーの良心論―良心の構造と機能をめぐって―」(『自然法―
反省と展望』創文社、1987 年) [拙著『ヨハネス・メスナーの自然法思想』第三章]
を参照。Vgl. J. Messner, *Das Naturrecht*, S. 102, 314. ヴィルヘルム・ヴェーバーもこの
見解を支持している。Wilhelm Weber, *Der soziale Lehrauftrag der Kirche, Katholische
Soziallehre in Text und Kommentar*, Köln 1975, S. 22. 尚、附言しておくと、伝統的自然
法論の中にもニュアンスの相違がみられるのは言うまでもない。そのうちの概念演
繹的・理性主義的色彩の濃厚なものを Neuscholastik bzw. Neuthomismus (新スコラ主
義、新トマス主義) と呼ぶ場合がある。

29　秋葉悦子「自己決定権の限界」(『法の理論』第 17 号、成文堂、1997 年)、105-111
頁。

30　J. Messner, *Das Naturrecht*, S. 153.

31　従って、メスナーの立場からは、文化と自然とにつき、両者を対立概念とみる通念
とは根本的に異なり、むしろこれを一種のイデオロギーの歴史的思惟産物と見る。文
化こそ人間の「自然」状態である。Vgl. J. Messner, *Kulturethik*, S. 336-344. 尚、ここで
人間の社会的本性、自然法、共同善を考察するに際して伝統的自然法論で殊のほか重
視されてきた家族共同体について一言しておかなくてはならないだろう。そもそも
我々人間が、とにもかくにも現代にいたるまで様々な問題を常に孕みながらも生き
長らえてきているという厳然たる事実を全面的に認めるところから出発しなければ
ならないと私は思う。それは人間の基本的存在単位として「家族 (共同体)」が常に
存在し、それに固有の働きを果たしてきたからであろう。伝統的自然法論では、それ
もとくにヨハネス・メスナーにおいては、人間の共同生活一般における家族共同体の
全人間的次元に対して深く寄与している様が強調されている。その先駆としてメス
ナーは、聖アウグスティヌスを挙げているが、それら伝統的自然法論によって存在論
的形而上学的に探求されてきた人間論が昨今の自然人類学や霊長類学等のいわゆる
経験諸科学によっても基本的に支持され補強されている事態を私は興味深いものと
思っている。RN でも最初から家族の意義が強調されていた (本章第 6、第 8 番参照)。
尚、本書第 2 章「家族と自然法」をも参照されたい。

32　J. Messner, *Das Naturrecht*, S. 156. Die Gesellschaft ist „das Verbundensein von
Menschen zur gegenseitigen Förderung in der Erreichung des durch die existentiellen
Zwecke geforderten vollmenschlichen Seins". ここで上記社会の定義中に登場した実
存的諸目的 die existentiellen Zwecke (J. Messner, *Das Naturrecht*, S. 43ff.) についての
簡単な説明を施す必要があるだろう。聖トマス・アクィナスは「スベテノ事物ノ本性
ハ、ソノ働キカラ明ラカニナル。」(Natura enim uniuscuiusque rei ex eius operatione
ostenditur.) と言った (Sanctus Thomas de Aquino, *Summa theologiae*, I, qu. 76, a. 1.)。
確かに、ある事物の作用様態は、その実体と存在とを示す。科学は、一般に生命のな
い自然や自然の法則を捉えるに当たって、その事物のうちに作用している諸力を観
察することから出発する。同様に、生命のある自然の場合についても、その行為の仕

192　第4章　共同善と補完性原理

方、とりわけてその環境への応答の仕方を観察することから出発する。とすれば、人間の本性や人間に固有な行為法則を尋ねる場合にも他の方法がある訳ではない。従って、我々は、人間の中に働いていると知られる諸力や諸傾動（傾向 Triebe）を究明することが必要である。すると、直ちに次のものが観察される。自己維持、栄養摂取本能、生計保障への傾動（未来への配慮）、性的衝動、両親の子供への愛、家族生活への傾動、社交への傾動、経験や知識を広めようとする傾動、美への傾動、他人から尊重されたいと願う傾動、最高存在との正しい関係に入ろうとすることへの傾動、その他一切の目的を含めて幸福への傾動、こういったものが観察されるであろう。

　これらを今列挙したものを眺めてみると、その内の若干は動物と共通し、又他のものは相違している。人は、自己内の傾動を理解し、その傾動と傾動内在的目的との連関を［例えば、栄養本能が個人の生命や健康維持に役立っていることを］把握し得る。更に、その傾動を充たしてその目的を遂げることが適切か否か、又その際問題になりうるとしてその程度はどうあるべきか、こうしたことを決定することが、少なくとも部分的には（人間としての）自己自身に、その自己決定に委ねられていることを自覚している。飲食に即して考えると、その摂取方法、及び、摂取量は、自己の恣意に委ねられているのではなく、適量に控える場合にのみ「理性的本性に適った」ものであることを、そしてそれが責任に適っていることを人は知っているのである［ここでアリストテレスの言うプロネーシス、思慮が重要な意味を有する］。そしてこうした責任と一致した行為を行うことへの「一種の内的な傾動」を、即ち、義務の必然性を、自覚しているのである。そして更に、人は、他の人間にも直ちに同じ理性的本性を認め、それと共に、他人に求めもすれば、又他人から求められもする特定の諸行為態様を知るのである。これ、倫理及び法の存在論的基盤である。尤も、こうしたメスナーの方法論に批判的なカトリック社会倫理学者がいない訳ではない。同じ自然法論者であっても別の立場を採る者に、Franz Martin Schmölz, Eberhard Schockenhoff, Martin Rhonheimer 等が見られる。

33　拙稿「自然法論的認識論—メスナー自然法論の一貢献—」（『法と国家の基礎にあるもの』創文社、1989年、274-275頁［拙著『ヨハネス・メスナーの自然法思想』第四章］。

34　この認識主体の本性に融合したままでの「本性適合的認識」と、反省化し対象化する「概念化的認識」については、水波朗「指月の譬え」『創文』第432号（創文社、2001年）が示唆的である。

35　J. Messner, *Das Gemeinwohl*, S. 91-94.

36　„Das Gemeinwohl besteht in der aus der gesellschaftlichen Verbundenheit der Gesellschaftsglieder erwachsenden *Hilfe* für die eigenverantwortliche Erfüllung der ihnen in ihrer Natur vorgezeichneten persönlichen und gesellschaftlichen Lebensaufgaben." (J. Messner, *Das Gemeinwohl*, S. 92) 尚、他の箇所（J. Messner, *Ethik. Kompendium der Gesamtethik*, 1954, S. 456）では簡潔に「人間本性の充足的展開となる前提を全面的に創り出す社会目的」を共同善とする。

註　193

37　公法と私法の形式的区分論は、とりわけ近代社会（ないし市民社会）の成立と、言い換えれば、国家と市民社会との区別（Unterschied vom Staat und der Gesellschaft）と関連している。団藤重光『法学の基礎』（有斐閣、1996 年）88 頁、［第 2 版］2007年、90 頁以下。

38　自然法、殊に伝統的自然法論の立場からみた自然法と経済社会体制の問題について、野尻武敏『転換期の政治経済倫理序説―経済社会と自然法―』（ミネルヴァ書房、2006 年）「第 8 章　経済社会体制と自然法思想」を参照されたい。

39　Allgemeininteresse u. Allgemeinwohl bzw. Individualismus u. Kollektivismus について略記しておこう。一般利益と一般善と訳語を与えよう。もちろん両者は同義語として使うことも出来る。しかし、一般利益が個人の利益や集団の利益の「均衡」Ausgleichの結果でしかないとしたら（我国の憲法学者の理解による「公共の福祉」とは正にこの「諸権利の調整」としか見ない）、それは異義語としなくてはならない。そこでは物質的利益への傾斜が見られがちで、利益調整のための民主主義的権力獲得が主要関心事となる。それは正義の全面的な実現としての共同善原理に悖る。個体主義には更に唯名論が附着する。すると、例えば、「同じ人間の尊厳」、「同じ人間の権利」というものすら、それが「共通のもの」「一般的なもの」である以上「虚構」とされ、基礎が剥奪されてしまう。以上は個体主義の帰結であるが、対極に立つ集合主義では、事態は改善されるどころか、その弊害は余りにも明白となった。「我々の結論は、それ［＝共同善］は超個人的な独自の現実在であり、しかも、人間は超社会的な独自の現実在である、ということであった。」（J. Messner, *Das Gemeinwohl*, S. 119.）

40　Wilhelm Weber, *Person in Gesellschaft*, Paderborn 1978, S. 29f. Vgl. auch Bernd Kettern, *Sozialethik und Gemeinwohl*, Berlin 1992, S. 120-123.

41　Oswald von Nell-Breuning, *Gerechtigkeit und Freiheit. Grundzüge katholischer Soziallehre*, Wien 1980, S. 34-36.

42　例えば、共同善を形而上学的観点から論ずるところでは、メスナーは、英米圏で耳にしない中欧独特の表現を三つ取り上げてそのイデオロギー性を告発している。その三つの表現として、「世界観的多元主義」weltanschaulicher Pluralismus、「新しい寛容の理念」die neue Idee der Toleranz、「政治の脱イデオロギー化」die Entideologisierung der Politik がある。このように用語だけを聞けば何ら違和感を覚えないこれらの語句は、メスナーに言わせれば、反形而上学的な人間観、社会観、共同善観を有する政党の「反形而上学的イデオロギーを隠蔽する用語」、チャールズ・スティーヴンソンの所謂「説得定義」persuasive definition に外ならない。結局、こうした反形而上学的イデオロギーは、現実に対する人々の目を晦まし、現実在の本質的特徴への通路を遮蔽してしまう。同様の欺瞞は、生命倫理（学）の分野でも着実に進行しつつある。エンリケ・プラート（E.H. Prat, S. 62.）によれば、「胎児の殺害」を「妊娠の中断（中絶）」と言い換え、「自殺（自己殺害）」を「自由死」と言い換え、そして「IVF 用にとってあったが最早不要になってしまったヒト胚の殺害」を「余剰胚をその運命に委ねる」などと言い換えることによって、真実を隠蔽する風潮が見られる。更に、一般的には

194　第4章　共同善と補完性原理

見逃されているが、従来「安楽死」Euthanasie と呼ばれていたものを、昨今我が国の生命刑法学では、「臨死介助」という訳の分らぬ、少なくとも不適切な訳語を与えて深い考慮なしに導入する向きがあり、既に訳語として定着しているようにも見える。原語の Sterbehilfe についてすら、その問題性が指摘されているにも拘らず、である。Vgl. Günther Pöltner, *Grundkurs Medizin-Ethik*, Wien 2002, S. 251-262.

43　J. Messner, *Das Gemeinwohl*, S. 103-247.

44　J. Messner, *Das Naturrecht*, S. 727. „Der Staat ist die mit höchster Herrschaftsgewalt ausgestattete Gemeinschaft eines auf bestimmtem Gebiete seßhaften Volkes zur allseitigen Begründung seines Gemeinwohls."

45　Vgl. J. Messner, *Das Naturrecht*, S. 725. „Dieser Zweck ist die umfassende und allseitige Erfüllung der von der Vollwirklichkeit der menschlichen Natur geforderten gesellschaftlichen Grundfunktionen des Selbstschutzes der Gemeinschaft sowie der Sicherung ihrer Rechtsordnung und ihrer allgemeinen Wohlfahrt."

46　拙稿「カトリック社会理論における自然法の意義―カトリック社会理論入門―」『社会倫理研究』第四号、1996 年、18-21 頁。

47　Arthur Fridolin Utz OP, *Recht und Gerechtigkeit. Thomas von Aquin : Theologische Summe II-II, Fragen 57-79*. Nachfolgefassung von Bd. 18 der Deutschen Thomasausgabe. Neue Übersetzung von J.F. Groner. Anmerkungen, sowie vollständig überarbeiteter und ergänzter Kommentar von A.F. Utz, Bonn 1987. 社会倫理学体系全五巻 *Die Sozialethik*（*1. Teil, Die Prinzipien der Gesellschaftslehre ; 2. Teil, Rechtsphilosophie ; 3. Teil, Die soziale Ordnung ; 4. Teil, Wirtschaftsethik ; 5. Teil, Die politische Ethik*）は、メスナー『自然法』と並ぶ、最高級の社会倫理学大全である。又、カトリック社会倫理学の重要資料（社会倫理学全般の文献目録、教会文書、教皇回勅、ピウス 12 世教皇の社会大全等）の編纂でも大変な功労があった。ウッツについては、野尻武敏訳『第三の道の哲学』（新評論、1978 年）、島本美智男訳『経済社会の倫理』（晃洋書房、2002 年）、島本美智男「アルトゥール・ウッツの経済秩序倫理学」（『社会と倫理』第 10 号、2001 年）を参照されたい。

48　Arthur Fridolin Utz, *Was ist katholische Soziallehre?*, Kirche und Gesellschaft Nr. 46, Köln 1978, S. 3.

49　A.F. Utz, *Was ist katholische Soziallehre?*, S. 5.

50　A.F. Utz, *Was ist katholische Soziallehre?*, S. 3.

51　A.F. Utz, *Was ist katholische Soziallehre?*, S. 3.

52　A.F. Utz, *Was ist katholische Soziallehre?*, S. 4.

53　A.F. Utz, *Was ist katholische Soziallehre?*, S. 2.

54　J. Messner, *Das Naturrecht*, S. 179.

55　J. Messner, *Das Naturrecht*, S. 189.

56　J. Messner, *Das Naturrecht*, S. 190-191.

57　J. Messner, *Das Naturrecht*, S. 190.

58 J. Messner, *Das Naturrecht*, S. 193.

59 J. Messner, *Das Naturrecht*, S. 193f.

60 J. Messner, *Das Naturrecht*, S. 194.

61 J. Messner, *Das Naturrecht*, S. 196.

62 J. Messner, *Das Naturrecht*, S. 196.

63 J. Messner, *Das Naturrecht*, S. 197.

64 J. Messner, *Das Naturrecht*, S. 197. 引用文中の傍点は、メスナーによる強調。

65 J. Messner, *Kulturethik*, S. 346.

66 J. Messner, *Das Naturrecht*, S. 154, 198.

67 J. Messner, *Das Naturrecht*, S. 199.

68 J. Messner, *Das Naturrecht*, S. 200.

69 J. Messner, *Das Naturrecht*, S. 212. 註（36）をも参照されたい。

70 J. Messner, *Das Naturrecht*, S. 212. ベルギーの法哲学者ジャン・ダバンは、同じこと
を次のように語る。公共善（国家的共同善）は「完全な人間的善」le bien humain
complet に奉仕するものである。従って、この世の生活と諸価値の次元で人間に関わ
るものであって、公共善に無縁であるものは何もない。その素材・質料の観点からみ
れば、公共善は、この世の一切の事物を含んでいる。即ち、公共善の質料的対象はこ
の世の一切の事物である。しかし、それが現実に公共善の内容として立ち現われるの
は、「形相的」対象との連関においてである。即ち、形相的対象としてダバンによっ
て叙述された四観点によって汲み上げられる限りにおいて、この世の一切の事物が、
可能態から現実態へともたらされる、即ち、具体的公共善へと現実化するのである。
Jean Dabin, *L'État ou le politique. Essai de définition*, Dalloz Paris 1957, p. 94.

71 J. Messner, *Das Naturrecht*, S. 213.

72 J. Messner, *Das Naturrecht*, S. 213.

73 Vgl. J. Messner, *Das Naturrecht*, 1. Aufl., Innsbruck-Wien 1950, S. 197.

74 Au milieu, Breue an den französischen Klerus, 16. 2. 1892, zitiert aus J. Messner, *Das
Gemeinwohl*, S. 10 sowie J. Messner, *Die soziale Frage*, S. 365.

75 憲法学では、一般的に、憲法規範が一方では「授権」規範であり、他方では「制限」
規範であるという。

76 J. Messner, *Das Naturrecht*, 5. Aufl., S. 294.

77 J. Messner, *Ethik*, S. 267.

78 J. Messner, *Das Naturrecht*, S. 295.

79 J. Messner, *Ethik*, S. 267.

80 J. Messner, *Das Naturrecht*, S. 296.

81 Johannes Messner, *Die soziale Frage*, 7. neubearbeitete und erweiterte Auflage mit dem
Untertitel：Im Blickfeld der Irrwege von gestern, der Sozialkämpfe von heute, der
Weltentscheidung von morgen, 1964, S. 377.

82 J. Messner, *Das Naturrecht*, S. 298.

196 第4章 共同善と補完性原理

83 J. Messner, *Das Naturrecht*, S. 298f.

84 J. Messner, *Das Naturrecht*, S. 503.

85 J. Messner, *Das Naturrecht*, S. 503. こうした観点を踏まえて、社会政策との関連で国家の権限を補完性原理を適用して次のようにメスナーは説明している。即ち、「国家の全権は、共同善にその基礎を有する義務が終了するとことで、終了する。社会政策にも一般的な補完性原理が、即ち、責任と権限が国家に与えられるのは、実存的目的に基づく生存課題を社会成員が自力と自己責任で果たし得ない限度に於いてであるという原理が通用する。」(*Das Naturrecht*, S. 862f.)

86 水波朗『自然法と洞見知』、344頁。

87 Rudolf Weiler, *Einführung in die katholische Soziallehre. Ein systematischer Abriß*, Graz Wien Köln, 1991, S. 40-41.

88 Wilhelm Weber, *Person in Gesellschaft*, Schöningh-Verlag Paderborn 1978, S. 28ff.

89 Franz Klüber, *Katholische Soziallehre und demokratischer Sozialismus*, Bonn-Bad Godesberg 1974, S. 11-26.

90 Bernhard Sutor, *Politische Ethik. Gesamtdarstellung auf der Basis der Christlichen Gesellschaftslehre*, S. 32-39.

91 Bernhard Sutor, *Politische Ethik*, S. 32.

92 Bernhard Sutor, *Politische Ethik*, S. 32.

93 Bernhard Sutor, *Politische Ethik*, S. 32f.

94 Bernhard Sutor, *Politische Ethik*, S. 33.

95 神原和宏「共和主義のおける自由の概念について」三島淑臣教授古稀祝賀『自由と正義の法理念』(成文堂、2003年) 参照。

96 宗岡嗣郎「自由の法理」三島淑臣教授古稀祝賀『自由と正義の法理念』参照。

97 J. Messner, *Die soziale Frage*, S. 353.

98 Rudolf Weiler, *Einführung in die katholische Soziallehre*, S. 40.

99 水波朗『基本的人権と公共の福祉』(九州大学出版会、1990年) 92頁。

100 本書第5章第二部。

101 宮川俊行「『補完性原理』のトマス主義社会倫理学的考察」2頁。

102 KAB (Hrsg.), *Text zur katholischen Soziallehre*, S. 121. Bernhard Sutor, *Politische Ethik*, S. 37.

103 Anton Rauscher, *Personalität, Solidarität, Subsidiarität*, S. 39.

104 Franz Furger, *Christ und Gesellschaft*, S. 41.

105 Oswald von Nell-Breuning, *Gerechtigkeit und Freiheit*, S. 34-35.

106 Franz Furger, *Christ und Gesellschaft*, S. 36.

107 拙稿「共同善―伝統的自然法論ないし社会倫理学におけるその概念と機能をめぐって―」経済社会学会編『経済社会学会年報』XXVI、現代書館、2004年、67-79頁。

108 J. Messner, *Die soziale Frage*, 7. Aufl., 1964, S. 368-369.

109 J. Messner, *Die soziale Frage*, S. 377.

110　水波朗『自然法と洞見知』339 頁には次のように見える。「観念的に事を考えること
に慣らされた大方の日本人は、『補完性の原理』といった言葉を聞くと、これを何か
補完性原理思想・観念・概念と捉えて、これが現実に各国家内に働き存在する存在論
的現実在であることを理解しない。しかし正しくは補完性は国家をあらしめている
国家的本性法則（自然法法則）の基本的なものであって、それぞれの国家で、その国
家作用がこれに従って働いている限りでのみ諸々の社会集団の多種多様な共同善の
現実化が、その総体としての国家的公共善の現実化があり、（公共善は即ち国家の固
有存在そのものであるから）国家の存在があるのである。」

111　例えば、秋葉悦子訳著『ヴァチカン・アカデミーの生命倫理』10 頁には次のように
ある。「本書で多くのセラ論文を取り上げた理由の一つは、博士の論文が、高度に専
門的な最先端の自然科学の知識を扱うものでありながら、自然科学に従事する人ば
かりでなく、臨床医にも、倫理学者にも、一般の人々にも十分理解できるように細心
の配慮が払われているためである。特にキリスト教の知識を持たない人々のために、
神学的記述は最低限に抑えられている。」

112　J. Messner, *Die soziale Frage*, S. 334. 水波朗『自然法と洞見知』298-313 頁。

113　拙稿「カトリック社会理論の現代的意義—出会いとその発展相及び射程につい
て—」高橋広次編『現代社会とキリスト教社会論』1998 年、193 頁。

114　Alfred Klose, *Die Katholische Soziallehre*, S. 11f., 19ff. u. 25.

115　水波朗『自然法と洞見知』313 頁。

116　J. Messner, *Das Naturrecht*, S. 310f. Vgl. auch Walter Kerber, Artikel „Sozialphiloso-
phie", in：A. Klose, W. Mantl, V. Zsifkovits（Hrsg.）, *Katholische Soziallexikon*, 2. Aufl.
1986.

第5章 『百周年回勅』の今日的意義
——法哲学的観点から——

初めに

　1991年5月1日に、ローマ教皇ヨハネ＝パウロ2世の第三番目の社会回勅『チェンテージムス・アンヌス』が発布された。今から丁度100年前に、記念碑的第一番目の社会回勅『レールム・ノヴァールム』が眼前に拡がる社会問題、いわゆる労働者問題にカトリック教会の立場から取組む姿勢を鮮明ならしむべく、当時のローマ教皇レオ13世によって発布された。その百周年を記念して公布された社会回勅であるので、標題に便宜的に『百周年回勅』と掲げておいた[1(*)]。

　本章は、二部より成る。先ず第一部で、『百周年回勅』を概観する[2]。しかる後に、第二部で、法哲学徒の観点から、特にその今日的意義を探ろうと試みる。何れの論点もそれ自体大変難しい問題であり、私にそれらを論じ尽くす力量があるとはとても思わないが、それにしても、伝統的自然法論に帰依する——と言っても、自然（的）理性の光の下で（sub lumine rationis naturalis）との意味に於いてのことであるが——法哲学徒が『百周年回勅』から何を実際読み取るかということを記録に残すことは無意味ではなかろう。

第一部 「百周年回勅」の概要

第1節 導入部

本稿第一部では、最も新しい回勅たる『百周年回勅』の概観を試みる。全体の構図を一応なりとも押さえた上でなければ、その今日的意義を語ることなどできよう筈がないからである。回勅は、短い「導入部」、「第1章 『レールム・ノヴァールム』の特徴」、「第2章 今日の『新事態』に就いて」、「第3章 1989年」、「第4章 私的所有と財の名宛の普遍性」、「第5章 国家と文化」、「第6章 人間こそ教会の道なれ」より構成されている。尚、概観を試みるに当って、第1章、第2章、及び第6章は丁寧に扱うが(第2章は、相当程度『レールム・ノヴァールム』の内容に関説しており、その意味では、第1章と緊密な関係にあることを注意しておく必要がある。)、第3章は思い切って相当簡潔に纏めて見たい。私としては、第4章と第5章をかなり丁寧に紹介しようと思う。とは言え、冒頭にも予告した通り、本章の主眼は、あくまでも第二部「百周年回勅の今日的意義」の解明に注がれるのであるが。

導入部では、先ず『レールム・ノヴァールム』が「不滅の文書」(immortales Litteras)として賞賛される[3]。それを起点にして、以後幾つかの社会回勅が折りに触れ公布され、一方では、それら回勅を骨格としてカトリックの立場から観た社会理論、いわゆるカトリック社会理論が形成されて来たという実績があるからである[4]。

『百周年回勅』は、「レオ13世によって宣言された諸原理の豊饒性を提示せん(CA, 3)」と試みる。そして、より具体的に述べるならば、『レールム・ノヴァールム』を「今一度読む」(relegi、再読される)と同時に、今日の「新事態」を「見回し」(circumspectare)、「未来を展望する」(futurum inspectare)ためのよすがとされたい、と勧告する[5]。

第2節 「第1章 『レールム・ノヴァールム』の特徴」

　19世紀は、人も知る通り、歴史の重大な局面を迎えていた。即ち、社会観、国家観は固より、経済、技術及び爾余の様々の領域に及んだ当時の根本的な変化並びに新たな影響、要するに「新事態」(res novae)[67]を前に、一方で社会主義が労働者問題の解決策を提示するのに革命を以てしたのに反対して、教皇レオ13世は『レールム・ノヴァールム』を以て答えた。それ以前に既に『リベルタース・プレスタンティッシムム』に於いて、自由主義に対する根源的な異議が提示されている。「回勅『レールム・ノヴァールム』がそれを阻止し(obsistere)ようとした諸悪は、経済及び社会の活動領域に於いて人間の真理に繋留されていない自由以外の一体どこに由来すると言うのだろうか。」(CA, 4)

　教皇は、階級闘争に断固反対し、平和が正義の土台の上に樹立されることを見て取り、「当時の経済並びに社会の情況下での正義の基礎的諸条件」を宣言したのであった(CA, 5)。そして、その具体的内容として、一連の権利が列挙される。「労働者の基本的権利」(CA, 6)、「私的所有権」(CA, 6)、「人格に固有で不可譲の他の諸権利」(CA, 7)、特に、前国家的権利としての結社の自由、我が国の現行法で言えば労働基準法のカヴァーする労働条件に関する諸権利(CA, 7)、それには「適正賃金」要求権(CA, 7)も含まれる。

　労働者の基本的諸権利を考える場合に重要なことは、「労働者の尊厳」であり、「労働の尊厳」である。労働とは、回勅の定義を引用すると、「人生の様々な必要、とりわけ自己の生存の維持のための諸々の事物を調達すべく、行為し努力すること」(RN, 43；CA, 6)である[8]。又、労働者の尊厳との関連で、「自由に宗教上の諸義務を果す権利」が労働者に保障せらるべきこと、特に休息日としての日曜日の重要性が強調される(CA, 9)。

　『レールム・ノヴァールム』は、私的所有権を是認することにより社会主義に反対したが、返す刀で当時の自由主義をも退けている。もっとも、それは国家の諸義務を論じる文脈に於いてのことではあったのだが(CA, 10)。そこではいわゆる補完性の原理(Subsidiaritätsprinzip)が妥当するのである。「教皇

は、あらゆる政治的制度の基本原理を、即ち、個々の市民が社会内で保護されること少なければ少ない程それだけ一層他者の好意ある助け（auxilium）と世話（curatio）を、そして特に公的権威の援助（subsidium）を必要とするという原理を力説している[9]。」

そして、これら社会的諸制度の根底には「友情」（amicitia、レオ13世）、「社会愛」（socialis caritas、ピオ11世）、「愛の文明」（civilis amoris cultus、パウロ6世）、言い換えれば「連帯の原理」（principium solidarietatis、ヨハネ＝パウロ2世）が存在する[10]。

回勅は、「第1章『レールム・ノヴァールム』の特徴」を締め括るに際して、カトリック教会の社会教説が正しい人間理解、「人（間的位）格の正しい概念［把握］とその独一的意義」（rectus personae humanae conceptus eiusque unicum momentum）に基づくことを確認している[11]。

第3節 「第2章 今日の『新事態』に就いて」

レオ13世は、当時の情況をかなりの程度的確に把握していたが故に、その頃は未だ社会哲学[12]にすぎなかった社会主義思想の行末を、特に1989年から1990年にかけて生じた種々の出来事を、遥か昔に看破していた（CA, 12）。「当時の社会主義の本性を定義して、即ち、私的所有（権）制度 privatae possessiones の廃止にそれを見ることによって、レオ13世は、問題の根本 caput に完全に達していた。」（ibid）なるほど、社会主義の本質が私的所有制の廃止に見られるとしても、しかし、その淵源たる誤謬は人間学的な性質のものである。「そこ［＝社会主義］に於いては、人間は社会体 corpus sociale の元素 elementum 且つ小部分 particula としか看做されない。」（CA, 13）かくして、人間は「社会及び経済の諸連関の結節点に」ad seriem quandam socialium oeconomicarumque necessitudinum 還元されてしまうと同時に、社会秩序の立役者である「倫理的意思の自由な主体たる人格」が集合体たる社会に併呑され消失してしまう[13]。

では、このような誤った人間観、従って又、誤った社会構想が導出される元凶は一体何なのか。何処に求められるのか。その第一の原因を「無神論」

なりと回勅は明言している[14]。この無神論に更に「啓蒙期の理性主義」が荷担する[15]。以上の考えに基づいて社会主義が採る行動の形式、「社会主義に固有な行動」、即ち階級闘争は、『レールム・ノヴァールム』によって断罪された（CA, 14）。

　それでは、一体我々はどのように事態を改革して行けばよいのだろうか。正しい人間像に適合する（congruere）という意味で「適切な諸改革の道」（congruarum reformationum iter）が提示されている。即ち、経済政策、賃金政策、労働政策が然るべく実施されることこそ肝要である。補説すると、経済政策は失業対策である。賃金政策と労働政策——これについては前節参照——に連関して重要な意義を与えられているものとしての「労働組合」をここで特記しておかねばならないだろう[16]。そして、これら適切な改革を実現する上で、社会と国家は、共に[17]、補助性と連帯性の原理に基づいて応分の貢献をすることが期待されている（CA, 15, 16）。特に国家に付託された責任は重い[18]。かかる改革の動きにも拘らず、かの誤謬が時を経て終いには二度の悲劇的世界大戦を惹起した。戦争の歴史的原因としては様々な要因が挙げられよう。回勅は、「正にこの誤謬が、一連の戦争に於いて 1914 年から 1945 年に至るまでヨーロッパと世界とを阿鼻叫喚の世と化したのであった。」（CA, 17）と確言している。人間の自由を真理への服従から解放するところに過誤の端緒があった。しかし、それだけではあれ程の事態は生じ得なかった。それには、憎悪のイデオロギーが組織化されることを要した[19]。

　さて、第二次世界大戦終結後はどうかと言えば、「真の平和」からは程遠い。「平和は、軍事上の勝利からではなく、戦争の諸原因の除去から、そして、諸人民間での真実の調和から生まれる。」（CA, 18）のだから。ヨーロッパ大陸は二分され、東方はマルクス主義の支配下に入り、西方は NATO として団結した[20]。所謂冷戦である。軍備競争である。止めどもない核兵器開発競争である。第三世界では流血の紛争がある。テロリズムも蔓延する。核戦争の危険すら生じた。こうした情況に直面して、戦争の、憎悪の、階級闘争の論理は放棄されねばならない（CA, 18）。

　戦後の国家再建という動きの一つとして、或る国々では、そしてこれが回勅の支持する再建の立場なのであるが、自由な市場経済を導入し、社会秩序

の平和の樹立と雇傭の不安（失業の懸念）の解消を確保し、社会正義を求めて努力する「民主的な社会」societas popularis を建設しようと努力している。反マルクス主義の運動には、この外にも二つの形態がある。一方では反共思想を国家指導の下に展開し、以て別の形で自由と人格を否定しかねない運動がある。他方では、マルクス主義同様、物質偏重の思想土壌に立って、自己の優越性を誇示する「消費社会」commodorum societas が存在する[21]。この類型に我が国も該当するであろうが、これに対する批判は第二部で展開されるであろう。「植民地の廃絶」coloniarum demolitio が行われて行く一方で、それらの新興国は、国内諸事情からなかなか旨く事が運ばない。それにイデオロギー上の諸問題が絡んで来る（CA, 20）。

　第2章を締括るに当って、教皇は次のように発言している。第二次世界大戦後、「人権に対する生き生きとした意識」が伝播して、言わば新たな「万民法」novum 《ius gentium》[22]が生れ、国際連合が設立された。かくて、個々人の権利のみならず、諸国民乃至諸民族の権利に関する意識が、更に、世界の諸地域に於ける社会的不均衡是正の意識が成長して来た。換言すれば、国際的社会問題に取組むべき時代が到来していると言うことである。しかし、戦争に代る有効な国際紛争解決手段が出来上がっていないというのが現状である（CA, 21）。

第4節　「第3章　1989年」

　1980年代には、諸地域の諸国で「或る独裁の、専制政治の支配（体制）」quaedam dictaturae tyrannidisque gubernia が瓦解し、「より広範な参加を受容し、より一層の正義を証示する国家体制の諸形式」civilis ordinis formae quae maiorem patiuntur participationem maioremque prae se ferunt iustitiam への移行が進んだ。その頂点に立ったのが1989年の東欧革命であった。その間、教会は常に「人格の尊厳」、「神の似像としての人間」の教えを強調して、人々の精神的支えとなって来た。「より善い将来」melior aetas ventura への希望は、「対話と連帯を実践してこそ」colloqui ac solidarietatis usu 生れるのである（CA, 22）。

かかる転換に決定的意味を有した第一の原因は、「労働の諸権利の侵害[23]」であった。特にポーランドに於ける連帯運動が組織され、遂には平和裡に[24]、マルクス主義を崩壊へと追遣ると共に、ヤルタ協定によって樹立された全ヨーロッパ秩序に終止符を打つ迄に至った（CA, 23）。この危機乃至分岐点の第二原因は、「経済制度全体の効率の悪さ」efficientia ipsa manca totius oeconomici instituti、即ち、経済体制の破綻であった。それも、「自由な勤勉、所有、経済面で行使される自由に関する人権に対する侵害の結果」として現象したものであった（CA, 24）。

ところで、人間をその具体的実相に於いて把握することが肝要なのであってみれば[25]、経済だけとか、所属階級だけとか、要するに或る一面のみから人間を理解し定義することの不当さは、今更言うまでもあるまい。「それ故、人間的行為（＝労働）opus humanum の擁護の戦い dimicatio は、人間的精神文化のための、並びに諸民族自身の権利（＝万民法）のための戦い pugna と自ら相連関するのである。」（CA, 24）

このように、マルクス主義社会体制が崩壊した原因を、労働の諸権利の侵害と経済体制の破綻に見た教皇は、そのより深い真の原因を看破して「神の否定によって惹起された精神的虚無」spirituale vacuum Dei negatione inductum（CA, 24）と表現した。

人間の本性[26]、従って又、自然法[27]に反しては、更に、原罪を負うが故に人間は救いを必要とすると観る神学的人間観[28]を無視しては、正しい「人間的社会の秩序」humanae ordo societatis は樹立し得ないのである（CA, 25）。それ故に、「人間的諸事物に福音の精神を賦与するという使命へと、キリスト教徒、そのなかでも特に一般信徒が、総ての善意の人々と共に、召喚されている[29]。」

さて、1989年の出来事がもたらした諸結果のうちの第一は、ある国々に於いて、マルクス主義主導の下で行われていた「労働者の運動」が教会に関心を寄せるようになったことである。しかしながら、マルクス主義とキリスト教との間では、和解は形成され得ない（compromissum quod effici minime potest）。人間の自由への解放 liberatio を顧慮する真正なる神学は唯一つなのであって、それは第三世界にも妥当すべきものである（CA, 26）。第二の結果は、「ヨーロッパの諸国民自身」に関係するもので、「平和と赦しの精神が総ての

人々に於いて成長しなければならない。」（CA, 27）更に、全ヨーロッパの平和
樹立及び道徳的、経済的再生のために、平和的調停機関が設立されることが
望ましい（CA, 27）。こう言うことは、しかしながら、第三世界をヨーロッパ
が無視して構わないというのでないこと、勿論である（CA, 28）。そして、軍
備削減乃至制御が必要なことも贅言を要さず（CA, 28）、人間の真の成長が遂
げられるためには[30]、「真に自由な政治的（国家的）秩序」politicus ordo revera
liber が樹立されねばならない（CA, 29）。附言すれば、先進諸国に於ける実質
的には唯物論である消費主義に由来する、或いは又、「宗教的ファンダメンタ
リズムの諸形態」に由来する危険も生れている（CA, 29）。

第5節　「第4章　私的所有と財の名宛の普遍性」

　レオ13世及びその後任諸教皇は、社会主義に断固反対して、私的所有（制）
possessio privata の必要性とその許容性を強調すると共に、私的所有（制）に
内在する本質的制約条件をも併せ宣言した（CA, 30）。換言すれば、本回勅第
四章の題目とされている「私的所有と財の名宛の普遍性」possessio privata et
universalis bonorum addictio が、歴代教皇によって確認されて来たのである[31]。
そして、私的所有（権）の起源は、神によって贈与された大地 terra に人間が
労働 labor という形式で働き掛けることを通じて大地の恵みを自己のものと
する点に在る[32]。言い換えると、土地（自然）と労働（人為）が出会うところに
具体的所有の起源が求められる。

　ところで、土地と労働という諸々の善、財を産出するこれら二要因は、常
に同じ相互関係に立っていた訳ではない。人間社会成立の初期には土地の地
位が圧倒的に高く、労働の占める地位はそれほどではなかった。しかし、後
者の占める地位は徐々に上がって来た。更に、「他の人々と共に在る労働」そ
して「他の人々の為に在る労働」を認識する必要性が今日ますます大きくなっ
ている[33]。又、今日に於いては、土地の所有とは別の所有形態 aliud posses-
sionis genus が存在する。「知識、技術、全学知の所有[34]」である。特に先進諸
国に於いてこの種の所有形態の占める比重は非常に大きい。そして、「他の
人々の必要なもの（需要）と、求められているもの（需要）とそれを充足する

のにより適合的な諸事物の組合わせ concursiones を時宜を得て認識する能力、これこそが今日の社会に於ける富のもう一つの源泉である。」(CA, 32) 従って、「計画を立て仕事を請負う能力[35]」が重要となってくる。要約すると、最も重要な生産要因は、初めのうちは「土地」terra であり、次に「資本」pecuniae caput となったが、今日では断然「人間自身」ipse homo となって来ているのである（CA, 32）。

　しかし、こうした発展は、積極的側面だけでなく、消極的側面をも併せ有している。実際、大半の人々は、現代の企業活動の中にあって、「自らの創造力を発揮し、自らの潜在能力を育て挙げていく augere ための第一に必要な認識」を身に付けることもできず、「相互に認識し、意思疎通を計る手段」もなく、「要するに、完全に膏血を絞り取られているとは言わない迄も、大いに凝離されている segregantur。」のだ[36]。又、第三世界では、人々は、「伝来の組織形態」を失い、都市へ集中し、「文化については、その根を喪失し、」「人間的尊厳に反する人口抑制策」を強要される（CA, 33）。

　更に、他の多くの人々は、「完全に分離されているとは言わない迄も、必要なものの争奪が第一であるような情況下に」置かれている。そこでは、「初期資本主義の諸法則」regulae capitalismi pristini が厳然たる法則として通用している。土地耕作者はどうかと言えば、「所有から締出され、半ば奴隷状態に貶められている。」(CA, 33) かかる資本主義がかかえる「人間的悪とそれに由来する人間に対する事物の優位」humana vitia cum consequenti dominatu rerum in homines は、第三世界の大部分の住民に当てはまる[37]。そればかりか、既述の如き問題は、何も第三世界に限らず、先進諸国に於いても見出される。即ち、周辺集団の問題である。

　自由市場は、なるほど効率的な制度であるとは言え、それに参入することが現実的に不可能な人々、国々にとっては、何らの意義を有し得ないのである（CA, 34）。ここに、他の箇所（cf. CA, 17）でも言及されていた「労働組合並びに爾余の労働者の諸団体」が正義の名の下で「奮闘し、努力するための、広大で絶好の場が開かれている[38]。」これら諸集団は、労働者の権利擁護という側面に於いてのみならず、文化に関しても重要な役割を演じているのである（CA, 35）。そして、望ましい社会とは、「自由な労働、（創造的）請負［企業

208 第5章 『百周年回勅』の今日的意義

家的の精神]、参加を旨とする社会」societas, liberi operis, conductionis et participationis を指す。それは、社会主義社会とも異なれば、消費主義社会でもない。「社会全体の諸必要（需要）が充足されるように、国家の権威によって適切に管理されねばならない。」(CA, 35)

　教会は、「利潤の正当な役割」iustas quaestus partes を承認しないことはないが、企業の目的は、利潤追求それのみにあるのではなく、「人々の共同体」hominum communitas として存在するという事態にこそある（CA, 35）。「利潤は企業の生命の指標である。しかし、唯一の指標ではない。即ち、それとならんで、長期的に観たばあい、全企業の生命にとって少なくとも同等の重要性をもつ、他の人間的そして道徳的要因が考慮されなければならないのだ。」従って、資本主義が現実社会主義を打ちのめして勝ち残ったとは言えないのである。又、一般的に「負債は返済さるべし」debita sunt solvenda が妥当するとしても、負債国から「期待できぬ程過酷な犠牲」を要求せずに、解決の道を探るべきである（CA, 35）。

　さて、教皇は、所謂先進諸国が抱える憂慮すべき問題に注意を促す。人間は、曾ては自分の言わば身の丈に見合った経済生活を送っていたが、やがてそれを乗り越えて、今や過剰なまでの財、それも、質的に見ていよいよ向上していく財を享受するようになった。かくして、ここに史上初めて、「過度の消費主義」nimium rerum consumendarum studium[39]が生じ得た。「新たな諸必要が生れ結晶化して行く様の根底には、常に多少とも人間並びにその真の善に合致するところのものの概念が在る。如何なる財を生産し、消費するかという選択の仕方から、生の統合的把握としての文化[の特質]が明らかになって来る。」(CA, 36) 文化として把えられた消費主義は、どこかに問題がある筈である。それは、要するに、存在論的価値秩序の転倒した選択を恒常的に行う社会全体の問題である。この消費主義の問題は、回勅の中で更に形而上学的観点から若干言及されている。即ち、存在と所有に関する問題である。

　「より善き生を望むことが悪いのではない。悪いのは、存在にではなく所有に方位付けられているときに、人間はより善く存在するのだと考え、そして又、より充足して存在するためではなく、生を余分で無益な独善的快楽のために消費する目的でより多くを所有することを望むような、そのような生活

様式 constitutio vitae である[40]。」消費主義は、更に、生態学的問題 quaestio oecologica に迄も波及する（CA, 37-39）。これには自然環境 loci naturales 及び人間環境 hominim ambitus の破壊という問題が含まれる。そして、後者 oecologia humana 即ち人間的生態学の第一にして基礎的組織が familia 家族（乃至家庭）であることは言うまでもない。ここでは、今後ますますその重要度を増すと思われる生態学的諸問題に若干関説しておこう。

　第一に自然環境について。回勅に拠れば、「自然環境の無思慮な破壊の根底には、我々の時代に蔓延している人間学的誤り error anthropologicus（より平明には、誤った人間観）が在る。」（CA, 37）。この誤りに陥っている人間は、「存在し、成長する esse et crescere ことよりも、所有し、享楽する habere et gaudere ことを熱望し、法外に節度も弁えずに、地球の資源ばかりか、己の生命の資源をすら消費するのだ[41]。」それは、人間を含めてすべての被造世界を創造主たる神との関係に於いて観ることを積極的にせよ消極的にせよ失った人間の生き様に外ならない。事物に関わるとき、情念に流されることなく、真理に導かれてこそ、我々は未来の世代に対する責務を果たすことができるであろう[42]。

　第二に、人間環境について。自然環境保護に関する人々の意識の覚醒が、未だ不充分であるとは言え、見られることは、喜ばしいことである。しかし、それに引換え、「『人間生態学』oecologia humana たる道徳的諸条件を遵守することについては、顧慮されること余りに少ない。」（CA, 38）人間生態学的に考えるとは、如何なることか。それは、造物主が創り給うたのが自然のみでなく、人間自身でもあることに深く思いを致し、自然の秩序 structura naturalis に劣らず倫理的秩序 structura moralis を充分尊重する思考様式であり、生き方に外ならない[43]。この観点から「労働の社会生態学」oecologia socialis laboris にも言及される（CA, 38）。

　さて、「人間生態学に貢献する、第一にして且つ基礎的組織は家族（家庭）である[44]。」殊に婚姻を基礎とする家族である。それは「生命の聖域」vitae sacrarium である。たとえば、文明社会、先進諸国では堕胎が広く行われ、あまつさえ積極肯定の主張すら為される。しかし、そこで責められるべきは、経済制度それ自体と言うよりは寧ろ「倫理的―文化的制度」ratio ethicaculturalis である。これこそが、経済を普遍化絶対化し、価値規準たらしめ、延いては、人間を疎外へと追遣るのだ。

　以上を承けて、第40節は、国家の任の新局面を語る。即ち、「市場の力、論理のみによっては保護され得ない自然環境並びに人間の環境及び外的事物の如き、共同善（＝共同財）illa bona communia を保護、保全することは国家の任である[45]。」と。

　人間の疎外を問題にしたマルクス主義は、その原因を「生産─所有」関係のみに見、ブルジョワ社会を非難した。しかし、社会主義の大規模な実験は、「疎外は共産主義によって廃棄されるどころか、増幅され、更に必要な諸事物は不足し、経済は非効率的になる」ということを証明した（CA, 41）。マルクス主義は、疎外を克服も出来なければ、経済面でも成功しなかった。では、西側諸国の事情は薔薇色か、と言えば、そうでもない。即ち、「疎外並びに生の真の意味の喪失 alienatio cum veri sensus vitae amissione」は西欧社会に於いても確かに存在する。疎外は、たとえば、労働の場面では、労働が高収益に定位せられ、共同体への真の参与のうちに行われない場合に生じ得る。消費主義に於いて見られることは前述した。「疎外の概念は、キリスト教的洞察に呼び戻され、その洞察によって人間の手段と目的とが逆転せしめられねばならない[46]。」では、疎外を克服する真の道、積極的な発言は見られないものか。前の引用文の直後にこうある。「実際、人間は、自由な自己放下によって per liberum sui donum 本来的自己自身に成るのである。」（CA, 41）その可能根拠は、「人間的位格の本質的超越能力」に在る。現下の自己に閉じ籠るのではなく、他者に、或いは共同体に自己を抛つことこそ、人間が自己実現を遂げる所以である。人間も社会も、何れもが、自らの本質的・存在論的目的への規定から逸れるならば、それだけ疎外されるのである（cf. CA, 41）。

　さて、回勅は、次に、共産主義が失敗した以上、資本主義が経済及び社会建設をそれに基づいて行うべき指導形態として推賞されるべきなのか、という問いを立て、それを吟味する（CA, 42）。そして、その場合、基本的に資本主義の二義を区別しなければならない。第一は、より適切には「指導経済」oeconomia administrationis[47]、「市場経済」oeconomia mercatus、「自由経済」oeconomia libera と呼ばれるべきもので、市場や私的所有制、そして一般に経

済領域に於ける個人の自由な創造能力に基本的意義を認める経済体制である。第二は、経済的自由の然るべき位置、即ち、宗教的、倫理的自由に本来的には従属する地位にあるのだということを直視し、それに立脚した法的規制を行う体制に反対する。第一の意味での資本主義は肯認されるが、第二の意味での資本主義は到底支持できるものではない。しかし、後者の資本主義は、特に第三世界で見られる上に、マルクス主義が挫析した今、「急進的疑似資本主義イデオロギー[48]」が拡がる虞すらある（CA, 42)。第一の意味での資本主義、即ち、自由経済が基本的に支持せらるべき体制であるとして、その具体化のプログラムを積極的にカトリック教会は提示し得るであろうか。これについて、回勅は慎重な発言を行っている。教会は、社会教説を通じて、「不可欠で最良の方向付け」*necessaria directio optima* を提供する、と (CA, 43)。その内容をより具体的に述べるならば、市場と企業[49]の積極的評価、それらが共同善 bonum commune を志向すべきこと、「労働者の努力は、それによって自らの尊厳が充分評価されることを求め、且つ、より充全な仕方で企業活動に参加することを求める正当性を有する」(CA, 43) ことである。

企業（administratio, Unternehmen, business）は、「資本財の社会」capitum pecunairum societas とのみ看做されるべきでなく、同時に「人格の社会」societas personarum である。そこでは、各人が「参加共演者」particeps である[50]。従って、労働は、私的所有と財の名宛の普遍性に合致すべく、「自己自身の為のみならず、他者の為に、そして又、他者と共に」尽力する人々をば結合するのである[51]。

第6節 「第5章 国家と文化」

『百周年回勅』の第五章は "CIVITAS ET ANIMI CULTUS" とある[52]。本章「国家と文化」は、先ず、総論的に、法治国家（乃至法の支配）と全体主義の問題 (CA, 44-46)、民主主義と基本価値（乃至基本的人権）(CA, 47)、次に、各論的に、経済領域に於ける国家の課題 (CA, 48)、その連関で福祉国家と供給国家（乃至扶養国家）の区別の問題 (CA, 48)、中間社会の積極的意義 (CA, 49)、民族文化の問題 (CA, 50, 51)、そして、平和の課題 (CA, 52) より構成されて

いる。

　レオ 13 世は、健全な国家理論の必要を認めた。何故か。「人間的行為、即ち、何れも不可欠である精神的並びに物質的行為の前進及び成長」を実現するために（CA, 44）。そして、そのために、三権分立の思想を「レールム・ノヴァールム』で説いた[53]。それは法治国家の思想であり、「法の支配」の原則に通じる。ところが、これに対して、全体主義 totalitarismus が、特にマルクス＝レーニン主義の形態で sub marxiana et leniniana specie 登場した。社会主義の根本誤謬が無神論にあったとすれば（CA, 13）、全体主義のそれは何か。それは、「客観的真理の否定」に由来する。より限定して言うならば、「人間的位格の超越的尊厳の否定」にある[54]。全体主義は、本質的に、教会を拒否し、根絶しようとする（CA, 45）。教会が超越的客観的価値乃至真理の擁護者であるから。

　では、全体主義に代わるべきは何か。民主主義である。しかし、「人類史が明らかにしている如く、原理を欠いた民主政体 populare regimen principiis carens は、公然あるいは隠然たる全体主義に容易に堕してしまう。」（CA, 46）従って、教会が支持する民主政体は、真の民主政体でなければならない。より厳密に言うと、「法治国家に於ける、且つ、人格についての正しい理解に基づく」民主政体である。民主主義といえども、否、民主主義なるが故に、真理を求め、真理に立つ必要があるのだ。キリスト教信仰は、イデオロギーではない。その証拠に、「社会的及び政治的事物の多彩な本性を或る特定の枠に無理やり嵌め込もうとはしない。」（CA, 46）教会は、「真理が受容されて初めて充分に完全に評価される」自由を尊重する[55]。

　共産主義的全体主義を含む他の全体主義社会体制が崩壊して後、なるほど、民主主義政体像 popularis figura gubernii が繁栄している。しかし、それには更に、「真正で確固たる基礎を置か」ねばならない。そこで保障されるべき人権カタログが示される。中でも、「生存権」、「親密な家族の中で、そしてペルソナに相応しい環境下で生きる権利」、等々。そして、「総ての権利の源泉にして統合要点であるのは、或る意味で、自己の信仰の真理に生き、ペルソナ固有の超越的尊厳に生きる権利たる、信教の自由 religiosa libertas である。」（CA, 47）民主主義国家だからと言ってこれら諸権利が常に充分保障されてい

るという訳でもない。私的善が、特殊的善が余りにも優位に立ち、共同善実現の力を国家が満足出来るほど有しているとはとても言えない情況も見られる。教会自身は、民主政体の自律を承認している。従って、政治領域への貢献は、「人間的位格の尊厳が認識される」という点に求められる（CA, 47）。

　第48節では、経済領域に於いて果すべき国家の任務が語られる。その経済は、基本的には、個人の自由と私的所有が保障されることを前提として要求する、市場経済である。そこで国家に求められる仕事の内容は、第一に、通貨の安定、効果的公共サービス、適正な経済発展のために必要な安定乃至法秩序の確立並びに腐敗防止、次に、人権の保障及び失業対策、更に、例外的にではあれ、国家の介入権行使、である[56]。

　近年所謂「福祉国家」civitas prosperitatis seu commodorum, Welfare State, Wohlfahrtsstaat が発展して来た。それは、なるほど、非人間的苦境を改善するという、いくら評価しても評価し過ぎることのない役割を果した。しかしながら、福祉国家は、その正しい軌道を外れるや、「扶養国家」Civitas auxiliaries, Social Assistance State, Fürsorgestaat と非難されるようになった（CA, 48）。福祉国家は、補完性の原理に背くとき、必然的に、扶養国家乃至供給国家 Versorgungsstaat に成り下がる[57]。ヨハネ＝パウロ2世は、物質的援助のみでは事足りず、「より深い人間的必要」に応えるべきことの重要性を強調している。たとえば、難民、高齢者、病人、麻薬中毒患者、彼等は、「医療の外に、更に、真に兄弟愛的援助があって本当に援助されるのである。」(CA, 48) そのために、実のある援助、自発的援助活動が必要とされること言うまでもなく、更に、個人主義的精神 mens suis ipsius finibus saepta を克服するために、確固たる連帯と愛への取組みが重要となってくる。そして、それは、家族及び中間社会の自律性を充分尊重する、家族を原点に据えた家族政策及び社会政策によって具体化されねばならない（CA, 49）。「人格は、様々の社会結合の中で生活し、そして『社会の主体性』が増す[58]。」人類の文化、民族の文化は、幾世代をも通じて継承され改鋳される真理探求の壮大な経験の結晶である。従って、そこでは常に新たに諸価値の選択が行われている。この連関で、福音宣教の意義が理解される。即ち、「福音宣教は、諸民族の文化の内部へ浸透して行くことにより、真理への道程に於いて当該文化を支えもすれば、又、

文化の純化、富溢化の援けともなるのである。」(CA, 50)

　人間の全営為は、文化の中で、文化との相互作用に於いて行われる。そして、真の文化に対して教会が果し得る決定的で固有の役割は、「世界の創造」mundi creatio と「救済」redemptio についての真理を宣べ伝えることにある。人類が相互に協力し、隣人に対する配慮を払い、それによって戦争とは異なる国際紛争解決手段を探す一助ともなり得るのである (CA, 51)。

　国際社会に於いても、国内社会に於いて既に実現している如く、報復の論理に代えるに法の支配を以てしなければならない。そして、そのために必要なことは、「平和的な方途で」per pacis semitas、何よりも戦争の諸原因、諸誘因——不正、正当な願いが満たされぬこと、貧困、搾取等——を克服することである。「こういう訳であるから、平和の別名は『前進 (発展)』である。」相互理解と相互認識、良心の覚醒、発展のための努力を厭わぬこと、こうしたことを世界的規模で現実のものとすることが何よりも大切である (CA, 52)。

第7節　「第6章　人間こそ教会の歩むべき道なれ[59]」

　教会は、キリストにより、具体的、歴史的、一人一人の人間に対する配慮と責任とを委ねられた。そこで、教会の社会教説が一歩一歩体系的に説明されて来た (CA, 53)。「社会に於ける人間の第一の (中心的) 位置の解明」に、当然ながら、人間諸科学と哲学が大いに役立つ (CA, 54)。とは言え、それだけでは十分ではない。何故なら、「信仰のみが人間にその真の固有の本質を veram propriamque indolem 明らかに開示する」のだから。それ故、教会の社会教説は、そこから社会科学的認識の展開が可能となる文書として理解することが出来ない訳ではないのだが、寧ろ「福音化のための何らかの道具としての力を [福音宣教のための有効な道具としての実を] virtutem cuiusdam instrumendi ad evangelizandam」証示している (CA, 54)。

　「神の啓示から『人間の意味を』教会は受取る。同じ内容をシエナの聖カタリナの次の言葉のうちに見ることが出来る。「永遠なる神よ、御身の本性のうちに、私は自分の本性を見出すのです。」(CA, 55) これから解される如く、キ

リスト教的人間観、人間論は、神学のうちの一つの章であり、とりわけ倫理神学に属する。即ち、人間の理解、人間の社会生活の諸問題への取組みに於いて不可欠な神学的局面、次元を有する訳である。そして、回勅は、教会の社会教説の無神論的及び消費主義的見解に対する決定的優位を、この点に認める。キリスト教社会教説の研究、深化、普及が求められる所以である。特に現実社会主義崩壊後の社会に於いては、その社会再建のための指針として、西側諸国に於いても、「その経済体制に対して必要な修正を加える」ための指針として、更に、第三世界に於いてもキリスト教社会論は真価を発揮せねばならない（Cf. CA, 56）。

「教会にとって、福音の社会的告知は、……主として行動のための基礎であり、動機 fundamentum in primis occasioque agendi と看做さねばならない。」（CA, 57）それは、杓子定規の理論体系などではない。福音に照されて、押促されて、貧しい人々に対する様々な形での献身が、たとえば、病院、孤児院、その他の活動が、これまで行われて来た。現代に於ける貧困は、様々の形で存在する。従って、それぞれの特色に応じた諸方策、行動が為されなければならない。

正義の推進 iustitiae provectus は、キリストの故に隣人を愛することを通じて現実のものとなる。問題は、余り物を分与することではない。あらゆる民族、人々が、経済的及び人間的発展に参加することが可能とされねばならない。とりわけ、世界規模の経済活動が行われている現代では、「それによって諸民族の経済の舵が共同善に向けられるような、実効的な総ての民族の［国際］調整及び規制機関」（potentia instituta omnium gentium moderandi ordinandique causa, unde ipsa oeconomica populorum gubernatio in bonum commune collineetur）が求められる（CA, 58）。

第59節では、正義の実現のためには、「神から賜る恩寵」 gratiae munus a Deo profluens の必要なことが宣明される[60]。教会の社会教説は、学際的性格を有する。人間に関する唯一の全一的真理を、この世に受肉させるためである。更に又、歴史のうちで受肉させるべく、多くの人々によって、様々な社会次元に於いて、具体化という実験の努力が継続的に払われている（CA, 59）。

19世紀末、レオ教皇は、「かかる難題は、明らかに、活動と努力とを不可欠

なものとする。」(RN, 13) と述べた。しかし、当時のイデオロギーはこうした協力を拒んだ。実に、社会問題は、法秩序、社会制度の問題であるばかりでなく、「明確な倫理—宗教的原理、並びに精神的、行為的、構造的変革」の問題でもある[61]。そして、問題が倫理の基礎に関わっている限りに於いて、信仰の種別、有無に拘らず、「善意の人々」と教会は連帯するのである[62]。人間的社会建設のために、全世界の諸宗教の協力が今求められている (CA, 60)。

　最後に、昔も今も、階級闘争ではなく、「相互協力と連帯（友愛）の精神」に基づいて大事に当たることの重要性が、第61節に於いて再度確認される。そして、旅する人間を支えて下さる、全能の神、主キリスト、母マリアに対する感謝と祈りで回勅が締括られる (CA, 62)。

第8節　第二部の課題

　以上、我々は、ヨハネ＝パウロ2世の『百周年同勅』を通観した。その作業を通して、幾つかの重要な論点があることを確認し得た。そのうちの一つは、「新しい万民法」に関わる。この問題は、第二部の初めに（第1節）取上げて論ずるであろう。そして、万民法と自然法が関連するところから、次に（第2節）、私的所有権をめぐる諸問題を、応用自然法論との連関で論及することを通して『百周年回勅』の今日的意義に説き及ぶことになろう。

第二部 『百周年回勅』の今日的意義

第1節 万民法

第1項 歴史的意義に於ける万民法

　万民法 ius gentium は、ローマが小農業国家から、第二ポエニ戦争の勝利（B. C. 201）を経て、国際商業国家へと変貌を遂げ成長していく過程で、誕生した。それ以前ローマ市民間での法問題には厳格な形式主義が要求される市民法 ius civile が妥当していた。ところが、外国人が多数入国し、ローマ市民との間で、或いは又外国人同士で法的諸関係を取結ぶ機会が急増し、従って又、その間の法的紛争を解決する必要が増大してきたときに、属人法たる ius civile の妥当範囲外を所管する特別法領域が、praetor peregrinus（外国人掛法務官）の活躍によって開拓されていった。この特別法が「万民法」である。それは、市民法がローマ市民だけに適用されるのに対し、ローマ市民を含めて当時の帝国内諸民族 gentes に共通に適用されたが故に、「諸民族の法」ius gentium、即ち、万民法と呼ばれた[63]。この意味での万民法は、ローマ帝国住民全体に妥当する「当時のローマの実定法」であったので、我々はこれを「歴史的意義に於ける万民法」と呼ぶことにしよう。

　ところで、元来特別実定法であったこの万民法は、その人道性と普遍性の故に、ギリシャの自然法論の影響も受けながら、市民法領域へと浸透して行った[64]。別言すれば、ローマ法は、当初 ius civile として存在していたが、やがてより柔軟で普遍的な性格の ius gentium を受容することによって、漸次普遍妥当的な性格を有する法として面目を保持し、後世に影響を及ぼし続けることが出来たのである。かくして、法思想史的にみて重要な、市民法・万民法・自然法という概念トリオを巡る諸問題が生まれた[65]。

　近世初頭、所謂新大陸発見及び大航海時代に於いて、新興主権国家間で法

的、政治的諸問題が噴出した。正戦論であるとか、植民地領有の法的根拠の問題であるとか、様々な問題が当時の（国際法）学者に提出されたのである[66]。そこで、彼等が依拠することの可能なものとして何があったか。それは、自然法（ius naturale 乃至 lex naturalis）の観念であり、又、書かれた理性（ratio scripta）として当時通用していたローマ法であった。しかも、このローマ法は、各国家の単なる実定法よりもより高次の法であり、人間理性に合致するという点から見るならば、自然法に極めて類似していると考えられた[67]。たとえば、フランシスコ・デ・ビトリア（1480-1546）は、万民法＝国際法を「自然的理性が総ての民族（国民）の間に樹立したもの」と規定し[68]、スペイン王国の植民者が新大陸に於いて行っていた掠奪行為を激しく非難した[69]。この万民法 jus iner gentes は、中世の ius gentium がヨーロッパに限って適用されていたのとは異なり、「自然法」に根基するが故に全人類に及ぶ法、その意味での国際法であった。かくして、新大陸発見時代と呼応して、ヨーロッパ万民法は国際万民法へと発展していった[70]。それは、フランシスコ・スアレス（1548-1617）によって理論的により一層精緻に仕上げられ、更に、そこからフーゴー・グロティウス（1583-1645）やそれ以降の近世国際法学説が展開されることになった[71]。

　以上、我々は、歴史的意義に於ける万民法を一瞥した。それには、二つの重要な形態があることが確認された。そして又、万民法は、一方では市民法と自然法との関係に於いて、他方では実定法と自然法との関係に於いて、微妙な位置を占めるということも示唆された。それでは、万民法を、単に歴史的意義に於いてだけではなく、更に進んで、現代的意義に於いて語ることが出来ないものだろうか。そこで、我々は、次に、伝統的自然法論に立脚して「今日の万民法」の意義を説くヨハネス・メスナーの見解を聞いてみることにしよう。

第2項　現代的意義に於ける万民法

　メスナーによれば、万民法とは、「国内法的諸制度及び国際法的諸制度を樹立する際に諸民族に共通の経験によって実効的となった自然法[72]」である。この意味での万民法は、今日の所謂国際法 Völkerrecht, international law とは

異なる[73]。更に、先に言及した歴史的意義に於ける万民法とも同一視しては
ならない。彼は、ius gentium を独語に翻訳するならば、„Menschenrecht"「人
類法」、„Kulturrecht"「文化法」、又は „gemeinmenschliches Recht"「共通人定
法」とすべきであり、特に最後の表現が優れていると言う[74]。メスナーのいう
万民法、即ち応用自然法としての万民法は、一体どのような性質のものであっ
て、又、いかなる今日的意義を有するであろうか。我々は、以下に、万民法
を、国内的と国際的の両側面から眺めてみよう。

　先ず、国内法の側面で観ると、伝統的自然法論は、万民法と自然法との微
妙な連関を注視することを怠らなかった。即ち、一方では、万民法を、「諸民
族の実定法の基礎的貯え」と捉えるが故に実定法に算入するが、他方では、
「理性的洞見に固有の自然法原理」に支担されるが故に諸民族に共通に経験
され通用するようになったのだという事態を見落しはしなかった[75]。実に「万
民法の本当の起源は、今日では往々にして顧慮だにされないが、経験によっ
て裏付けられた自然的法良心に基づいて発現する習俗と法慣習の発展にこそ
求められなければならない[76]。」それにも拘らず、伝統的自然法論が万民法を
実定法に算入したのは、万民法の可変性を強調せんがためであったのだ。メ
スナーに言わせれば、伝統的自然法論は、万民法を実定法に組込むことによ
り、一方では静態的社会観を堅持しつつも、他方では「共通人定法」の進歩
的性格、歴史性及び相対性を認め、それによって、自然法とよりよく合致し
た人間の法意識の発展を、力動性を承認する道が開かれていたのである[77]。

　次に、国際法的側面から観た万民法について。この面での方民法は、「倫理
的・法的理性認識に由来し、諸国民の交流に於いて妥当するようになった法
原則であって、その承認と遵守は明示の契約に基づくのではなく、習俗並び
に法慣習に基づくものである[78]。」それは、必ずしも外交使節の特権とかに限
らず、国際商取引とか、出入国とか、様々な権利義務を含み得るものである。
既述の如く、歴史的意義の万民法にも二類型が現実に見られたのであった。
見方を変えれば、16 乃至 17 世紀になって初めて、そして必要にも迫られて、
スコラ学者が旧世界、新世界双方の民族間に妥当すべき自然法原理の問題、
即ち、応用自然法の問題に取組む中で第二の歴史的意義の万民法が生成した
のである。歴史の変遷と共に、人類の法意識及びそれに支えられた法制度が

変遷するのである。かように、万民法は、古くはローマ帝国圏内の国内法として顕現していたが、新たに国家間の法原理、国際法原理へと、その意味重心を推移させた。「この新たな特徴が万民法の概念に登場して来るのは全くその本性に適っている。何となれば、それは、国内的にも国際的にも、およそすべての領域での社会生活の制度化をなすに当って、人類が積んだ経験に基づく、人類の倫理的並びに法的意識の発達の発現に外ならないからである[79]。」

以上を要約して、メスナーは言う、「何れの面から観ても、万民法は、成長して行く応用自然法原理の遺産の宝庫 Gefäß である[80]。」と。即ち、伝統的自然法論は、応用自然法原理としての万民法に、初めのうちは特に国内法的諸制度、たとえば私的所有権とか売買契約に連関する諸制度を算え入れた。次に、大使や商人の安全保障に関する国際法上の諸原理を含めた。歴史的意義の万民法という観念に囚われずに、万民法をその本質に於いて捉えようとするメスナー流の伝統的自然法論の立場から見れば、更に、人身の自由、良心の自由、宗教礼拝の自由、言論の自由、結社の自由、人間的労働の保護のために必要な最小限の保障なども[81]、当然のことながら、万民法に分類されることになる。それらが今日一般に承認された法原理となっているからである。「これら諸原理の全体は、今日の発展段階に於ける諸国民の自然的法意識を表現するものであるから、今日の万民法 das heutige ius gentium を構成するのである[82]。」かくして、メスナーは、歴史的意義に於ける万民法、即ち、法史が取扱う、過去の或る時点に於いて存在した万民法の本質を自然法との連関の下で見極めることを通して、それとは別の「今日の万民法」を説くに至ったのである。それは、「万民法に内在して働く原動力」に、万民法の力動的性格とそれが法意識に及ぼす発展傾動 Entwicklungsantrieb に注意を促さんがためであった。

以上のメスナーの見解を踏まえた上で、Centesimus annus を読み直すとき初めて、「新たな万民法」novum ius gentium に言及した、かの回勅の趣旨が明瞭になって来ると言い得るであろう。

「万民法は、決して単に歴史的範疇にとどまるものではない。その歴史自らが、現代をも貫徹して働いている進化的性格を証言しているのである[83]。」

第2節　私的所有権と自然法

　前節に於いて、我々は、応用自然法論としての万民法に関するメスナー独自の貢献を見た。それは、時空に限定された或る特定の歴史的事象をそれだけ抽象化して取出して特別の名辞を与えることによって、他と区別し事足れりとする態度とは異質のものであった。歴史的事象としての「万民法」という観念に囚われず、それが人間の内的本性に呼応しつつ、自然法に底礎されつつ発現するという理解に立つ以上、「今日の万民法」乃至「日々新たに生成すべき万民法」という動態的、力動的万民法論に到達するのは極めて自然なことである。

　かくして、万民法論は、応用自然法論に属する。ところで、メスナーの定義によれば、万民法とは、「国内法的諸制度及び国際法的諸制度を樹立する際に諸民族に共通の経験によって実効的となった自然法[84]」であり、「人類法」とか「文化法」乃至「共通人定法」と称すべきものであった[85]。諸民族に共通に見出される法制度の一つ、しかも最も重要で代表的なものの一つとして私的所有制がある。この私的所有制に於いては、その必要性並びに許容性と同時にその本質的制約が歴代諸教皇によって確言されて来た[86]。そこで、本章では、私的所有と自然法に連関する問題に注目してみたい。本章の考察の具体的手順としては、先ず伝統的自然法論による私的所有権理論をメスナーに依拠して要約する。次に、伝統的自然法論の所有思想を際立たせる為の標語として時に使用される「私有共用」という標語を検討する。その要があると思われるのは、標語はしばしば一般の理解を妨げるからである。更に、聖トマスを項点として今日迄連綿と承継されて来ている伝統的自然法論の所有思想の展開を、クリューバーの好著、及び、トマス研究者として名高いウッツの著書に依拠しつつ概観する。

第1項　伝統的自然法輪の私的所有権理論

　社会経済の領域に於いて自然法的秩序を実現するためには、一体何が求められるであろうか。換言すれば、応用自然法は、この問題に如何なる態度で

臨んで来たのか。その基本思想は、私的所有権乃至私的所有原理であった[87]。そして、生産手段に関する私的所有制から「市場経済」という「財及び労務の自由な交換に基づく社会経済の一形態」が帰結する。「生産手段の私的所有、これこそが第一に、自然法的秩序問題となる[88]。」権利の本質を最も完全な姿で表現する所有権 Eigentumsrecht は、「事物に対する排他的にして無制限の支配力[89]」である。これに対して、「他人の労務に対する権利は、本質的に人間的位格という身分によって制限されている[90]。」たとえば、人格に於いて相当程度の法意識が形成されている社会にあっては、権利が根拠づけ得るのは、労務、役務への要求権だけであり、しかも、役務が「実存的諸目的」に矛盾しない限りに於いてのみである[91]。ここには、物権と債権の相違が端的に現れている。

　伝統的自然法論は、メスナーの場合であれば、「実存的目的[92]」を根底に据えた目的論的性格を有する。私的所有権に於いても事情は変わらない。即ち、「凡る法（＝権利）同様、私的所有権（＝法）もまた、法（＝権利）目的に根拠がある。しかも、社会目的が前景に立っている。詰り、地上の諸財は、総ての人がその実存的諸目的を実現するに当って彼等総てに役立つよう規定されている。従って、この意味に於いて、万物は万人に共属するとも言い得る[93]。」かかる根底的所有権理解に立って、伝統的自然法論は、個人倫理、社会倫理に係る次の帰結を直ちに得る。先ず、前者に就いて述べれば、誰しも極度の緊急必要性がある場合には、生存に不可欠なものを自らの所有とする権利を有する。たとえ実定法上それを禁ずる諸規定、たとえば、所有権保護規定、不当利得返還規定などの民事規定、窃盗、強盗、横領に関する刑罰規定が存したとしても、である[94]。

　次に、先の原理から直接導出される社会倫理に関する帰結は、「如何なる社会経済体制も、社会的協同に基づいて共同体内で利用可能な諸資源（諸力）の加工から生産される諸財の比例的配分 eine verhältnismäßige Verteilung を排除する限りに於いて、自然法秩序に違背する[95]」ということである。「故に、財の本性自身が私的所有制の必然性を指示するのではない[96]。」即ち、根源的自然法は、特定人が特定物を所有すべきことを要請しない。

　それでは、修道会に見られるような「共産主義」Kommunismus が上述した

第2節　私的所有権と自然法　223

根源的自然法に合致するが故に、私的所有権（制度）は基本的に支持できない、と考えるべきなのだろうか。この問題に関して、ドミニコ会師 G.M. マンセル教授の次の発言は明快である。

「私的所有権に対する原理的敵対者は共産主義である。では誰が共産主義者であるか。語の厳密な意味に於いて言えば、私的所有に対する如何なる権利をも認めない者だけである。それ故に、最初期のキリスト教徒や修道会が行ったように、私的所有への権利を否定しはしないが、自由意志によって抛棄する者は、決して共産主義者ではない。共産主義とは法問題なのである。キリストを共産主義者と看做すことは最大の毀損罪である、と言うのは、第七戒を十戒全体と共に確証し強く要請しているのだから。その上、教会は、中世に於いて既にカタリ派と Fraticelli を、私的所有への権利を否認したというただそれだけの理由で攻撃したのであった。明々白々のことであるが、私的所有への権利をも共同占有 Gemeinbesitz をも支持する者は共産主義者ではない。それは我々のテーゼでもある[97]。」メスナー自身も、修道会の如き小共同体で共産主義が可能となる前提として、「特別に浄化された本性」の必要であることを認めている。果して、伝統的自然法論に於いて私的所有権の制度が擁護されて来た背景には、人間本性に就いての現実主義的認識があったと言わねばならない[98]。

　この問題に関して、人間本性の毀損という現実を考察して、メスナーは次のように言う。「しかし、社会秩序は人間本性一般の発現形態を前提とせざるを得ない。そしてここで、理性と経験のお陰で人間は、自己の実存的諸目的の実現に最も有益であり、地上の諸財が万人の利益となるようにとの目的を最もよく実現できるのは、私的所有制に依るのである、との洞察を得る[99]。」と。かくして、私的所有制（私有財産制）は、なるほど第一次自然法によるのではないが、人間本性の充足に有益なるが故に第二次自然法によって正当に導入され得るのである。従って、その意味で、自然法的私的所有原理は確かに「万民法」に属する[100]。それでは、私的所有制は如何なる理由に基づいて正当視されるのか、その具体的根拠づけを次に見ておこう。

　メスナーによって列挙された諸理由は、二群に分たれるが、何れも「実存的目的」に根基する。第一群は、「個別的人格の本性」に連関する諸理由で、

224 第5章 『百周年回勅』の今日的意義

以下の六つに細分される[101]。①人間には所有への自然本性的欲求がある。この欲求は、「目的秩序によって規定された自己愛」の一つである。②人間には自ら進んで他者の役に立ちたいと願う気持ちがある。ところが、こうした愛他的行為が可能となる前提条件として、各人が自由に処分し得る私的所有（＝財産）が必要である。③生存使命遂行に際しての人格としての個人が負うべき自己責任、詰り、補完性原理[102]は、共同所有 Gemeineigentum を社会形成の一般的原理とすることを拒否する[103]。④生の展開を創造的たらしめんとする傾動 Trieb は、人間本性の本質的要素である。そして、この傾動は経済領域に於いてもその実現を見んと欲する。しかるに、私的所有なくしてはこの実現は不可能である。⑤人間本性の中には、不測の事態や他人の力に翻弄されずに済むよう将来に備えるという傾動がある。しかるに、かかる備えは私的所有に基づいてのみ可能である[104]。⑥家屋共同体、経済共同体、そして教育共同体としての家族、特に、国家の介入を受けない両親による子供の教育は、私的所有を前提にしている。家族は消費共同体であるばかりでなく、寧ろ家族成員の発展は、生産的所得 produktiver Erwerb に依存しているのであるから、生産手段の私的所有をも前提にしている。

　私的所有の自然法的基礎付けの第二群は、社会の本性乃至その目的に連関するものであって、以下の六理由に区分される[105]。①「私ノモノ」と「君ノモノ」、即ち私的所有は社会の平和に有益であり、紛争を排除する。他方、共同所有にあっては、処分権力の帰属をめぐる争いが絶えない。②私的所有制下にあっては、共同体内で利用可能な財[106]が万人の利益になるように有効利用される。各人が個人的関心をもって事に臨むからである。「万人が共同所有するものに就いて、個々人は余り関心を払わないものであって、その取扱いも勢い粗略になるものだ。」③トマスが指摘したように、私的所有は、交換を通じての人々の社会的結合にとって重要である[107]。他方、共同所有の下では、国家によって供給され管理された雑誌を通じて財を購入する外ない。④私的所有は、「社会体の自然本性的分肢構造」eine natürliche Gliederung des Gesellschaftskörpers に好影響を与える[108]。中央集権型の社会経済を伴う排他的共同所有にあっては、従属労働と従属的生活しか存しない。⑤私的所有は、人格の社会的自由の保障に役立つ。このことは、市民や家族が私的所有（財）

を有する場合とそうでない場合の何れが国家権力の自由権侵害に対して有効に対処し得るかを考えてみれば明瞭であろう。⑥私的所有は、社会内での支配力の配分乃至分散、換言すれば権力の多元化に役立つ。他方、共同所有は、国家権力が法外な力を掌握することを惹起し、権力濫用を誘発する。⑤、⑥に認められる私的所有の社会的効能は、たとえ私的所有秩序が不完全であったとしても、国家権力の異常肥大化に対する抵抗の砦たり得るし、更に、正しい所有秩序を目指す営為の拠点たり得るという点に見られる。

　以上、私的所有制の自然法論的根拠付けを二つの側面から眺めて来たが、メスナー自身がそれぞれ要約しているので、それを次に掲げておこう。

　「私的所有は、実存的諸目的に基づいた生存使命を達成するに際しての人（間的位）格の物質世界への伸長である[109]。」

　「私的所有は、社会と国家の自然本性的秩序を促進し保護する。と言うのは、この秩序は、人間的位格に資するが故に、本質的に自由の秩序であるのだから[110]。」

　かくして、私的所有の問題を考察する場合の重要事項として、共同善秩序とそれ自身共同善秩序の根幹をなす自由秩序とが確認された。「私的所有は、かかる機能の故に、自然法的存在である。しかしながら、その具体的形式は歴史的諸情況の条件下にある[111]。」本節の初めに私的所有制を万民法の一典型として、従って又、それが応用自然法として位置付けられることに言及した背景には、以上の如き伝統的自然法論の所有権思想があった。

　私的所有の理念に関しては、既述したところから理解される如く、これと二つの根本問題が常に緊密に結合していた[112]。詰り、私的所有の自然法的、永続的本質と、私的所有の社会的被規定性乃至可変性への問である。「第一の問は、社会の本質的な秩序原理としての私的所有への問であり、第二の問は、この秩序原理実現のための社会的―歴史的諸前提条件[113]」に係る正しい所有秩序への問である。第二の問には、常にいつの時代にも、最基本的社会改革の一つとしての所有秩序の改革の問が、従って又、社会体制の問題が随伴する[114]。」

　私的所有を秩序原理と見ず「予め構想された社会体制」に奉仕する機能原理と見る社会主義に於いては、私的所有は自然法的性格を否認され、結局、

国家の介入に対して何ら制約を課すところがない。逆に、個人主義的、自由主義的な「私的所有の絶対性、神聖性」原理が罷り通るところでは、既存の所有形式が不可侵、不可変として容認されてしまう。「自然法は、本質的な社会秩序機能の担い手として私的所有制度を要求する。しかし、それと同時に、この制度を秩序機能に合致させようとする改革をも不断に要求する[115]。」

第2項 「私的共有」という標語

以上、我々は、伝統的自然法論の説く私的所有論を、メスナーの著述に従って整理した。伝統的自然法論は、或いはカトリック自然法論、或いはカトリック社会（理）論と言い換えてもよい[116]。そして、所謂カトリックの所有思想を簡潔に表す標語として、しばしば「私有共用」原理が語られる[117]。カトリック所有思想が我が国で一般にどれ程理解されているか、筆者は知らないが、若し余り知られていないとしたら、これからその主張を普及させるために上述の標語が適切であるか否かを今一度考えてみることが必要なのではないか、と私は思うのである。と言うのは、「私有共用」の「私有」は、一体何に対して優先すべき所有形態として思念され採用されているのか、という問題を考えてみると、「共有」とされている。しかし、「私有」の対語は「公有」、場合によっては「国有」と考えるべきなのではないか、との疑問を先ず懐くからである。更に、「共用」に就いても、この言葉から一般的に理解されるであろう内容と、「私有共用」に言うところの「共用」とには齟齬があると考えられるからである。そこで、本節では、この標語を検討することにする。

(1) 私有対共有

先ず、私有対共有と図式化される共有に就いて考察したい。そして、この場合、特に共有が通常占める位置を明確にする為に、我が国の実定法上の所有権の諸形態を概観する。

私有の対語は、前述した如く、共有ではなく公有（又は国有）であると私は思う。そして、私有、詰り、私的所有には単独所有と共同所有の二類が見られる。単独所有とは、一つのものを単数の者が単独で、共同所有とは、複数の者が共同で所有している事態を指す。広義に於ける共同所有は、民法上、外延の観点から、①狭義の共同所有、即ち共有、②合有（組合所有、合手的所

有）、③総有、④互有、に区分される[118]。それに応じて、論理上当然、内包も推移する訳である。以上の内、互有（mitoyenneté）は、民法第229条以下の定める境界線上に設けた工作物に関する相隣者の共有を指すものであるところから、通常、共同所有の理論的考察から除外される。即ち、互有は、相隣関係の問題として取り扱われる[119]。それ故、以下では、共有、合有、総有に就いて順次見ていこう。

(A) 共有

(イ) 通常の共有に於いては、複数の所有権者（＝共有者）の相互間に何ら人間関係が予定されておらず、目的物（たとえば、土地家屋の如き不動産、近年の新類型としては所謂集合住宅に於ける共有部分など）に対する支配権能（＝持分権）は、相互に全く自由、独立であり、各人は、原則として、分割請求権を何時でも行使しうる[120]。即ち、通常の共有は、個人主義的色彩の濃厚な法概念となっている。ここでは特に共有の持分と共有物の分割という二項目に就いて若干分説する[121]。

(ロ) 民法上では、「持分」という用語に二義が認められる。即ち、「各共有者の有する持分の互いに相抑制する割合」と「単独所有権」とを表わす場合とがあって紛わしいので、正確を期すためには、前者を「持分の割合」、後者を「持分権」と呼ぶべきであろう[122]。

持分権は、他の持分権の存在により一定の割合で抑制を受けている点を除けば、一個独立の所有権である。従って、各所有者は、単独で、他の共有者及び第三者に対して、自己の持分権を、次の如き形式で主張することができる[123]。即ち、持分権の確認訴訟、持分権の登記請求（不正登記を行った第三者に対する抹消登記請求を含む）、取得時効の中断請求、更に、妨害排除請求並びに返還請求、等。

持分権は、既述の如く、一個独立の所有権である故、目的物を「使用、収益及ヒ処分」（206条）する権能を当然内有する。従って、各共有者は、自己の持分権を自由に処分することが、即ち、持分権の譲渡、担保設定、抛棄等が、出来る。その中でも特に、「持分権の譲渡が自由であるということは、誰が共有者となるかは重要でないという共有関係の特質を端的に示すものといえよう[124]。」尤も、持分権が、使用、収益、処分権能を包含すると言っても、持分

権者、詰り、共有者各人が共有物を自由に使用、収益、処分し得ないことは、改めて言うまでもない。第249条は、「各共有者ハ共有物ノ全部ニ付キ其持分ニ応シタル使用ヲ為スコトヲ得」と規定している。但し、「持分の割合に対応する」という基準は、未だ抽象的に過ぎるので、更に共有者相互間での具体化の為の協定が必要であるが、共有物の共同使用、収益が事実上不可能となった場合は、共有物の分割による共有関係の解消の外はない[125]。

(ハ) 共有関係の主な消滅原因としては、共有物の滅失、公用徴収、第三者への譲渡、持分の集中、及び、共有物の分割がある[126]。第256条第1項本文に曰く「各共有者ハ何時ニテモ共有物ノ分割ヲ請求スルコトヲ得」と。「もともと、共有は、合有や総有などと違って、共有者相互間に何ら人的なつながりがなく、ただ、目的物が共同であって、しかも何らかの事情で個別的に所有することができないため、やむなく共同に所有している状態なのであるから、いきおい共有物はそまつに取り扱われることが多く、また、共有者相互間にも紛議を生じやすい。したがって、民法の個人主義的な立場からいうと、あまり歓迎される性質のものとはいえないから、もし共有者のたれかが共有関係の廃止を希望するならば、いつでも自由に分割を許すこととしたのである[127]。」分割は、分割請求行為に始まり、協議により、協議が調わない場合は裁判により行われる（258条1項）。主な分割方法は、現物分割、代金分割（共有物を売却してその代金を持分の割合に応じて分配する方法）、代価支払いによる分割（共有者の一人が他の共有者の持分権を譲り受けて持分の割合に応じた代価を支払い単独所有者となる方法）である[128]。

(B) 合有と総有

(イ) 同じ共有という術語を用いている場合であっても、次の例に於いては、これまでの用法といささか意味を異にする。民法第668条に曰く、「各組合員ノ出資其他ノ組合財産ハ総組合員ノ共有ニ属ス」と。通常の共有との比較で組合共有の特徴を眺めてみると、各組合員は、持分権の処分に就き制限を受けており、更に、組合の解散、並びに清算終了前に分割請求を行い得ないのである（667条）[129]。かように、組合共有は、通常の共有と重要な点で相違する。そこで、学説は、持分権の自由処分や分割請求権に制約の付されている共有関係を「合有」と呼んで一般の共有と区別している[130]。即ち、合有とは、

「共同所有者がそれぞれ持分権を有するが共同所有者間に一定の結合関係——合手的結合あるいは合手的関係（Gesamthandsverhältnis）——があることによってその処分が制約され分割請求も否定されるという形の共同所有——合手的所有（Eigentum zur gesamten Hand, Gesamthandseigentum）——である[131]。」

　(ロ)　民法第263条は、「共有ノ性質ヲ有スル入会権ニ付テハ各地方ノ慣習ニ従フ外本節ノ規定ヲ適用ス」と規定している。本条に言う「共有」は、通常の共有とも、合有（組合共有）とも相当異なる。入会権とは、「一定地域の住民が、一定の山林原野などで、雑草、秣草・薪炭用雑木等を採取するなど、共同して収益する慣習上の権利[132]」であって、入会地の地盤が入会部落の所有であるとき、その所有関係を総有と言う[133]。即ち、総有とは、「単に多数人の集合にとどまらない一箇の団体が所有の主体であると同時にその構成員が構成員たる資格において共同に所有の主体であるような共同所有である。そのような団体の祖型はゲルマン法上の（特に農村に見られた）仲間協同体（Genossenschaft）に求められているが、そこでは——ギールケの構成に従えば——構成員の多数性と彼らの団体としての統一＝単一性とが有機的に結合しており、それの物支配への投影が、構成員の個別権（vielheitliche Sonderrechte）と総仲間の総体権（einheitliches Gesamtrecht）との有機的統一としての総有（Gesamteigentum）にほかならない[134]。」

　(ハ)　総有に於いては、共同所有者は潜在的にも持分権を有さず、従って、その処分が出来ないのは当然であって、更に、分割請求も為し得ない。合有に於いては処分に制約があったものの、持分権は潜在していた。更に、組合の終了前の分割請求は行い得なかった。両者を比較した場合、看過し得ない相違が見出される。

　かくして、我々は、共同所有（Gemeineigentum）に三類型、即ち、所謂共有（Miteigentum）、合有（Gesamthandseigentum）、総有（Gesamteigentum）が存することを確認した[135]。

(2)　私有対公有（ないし国有）

　次に、私有対公有又は国有と図式化される場合の公有乃至国有に就いて、「公物」を手掛りに若干言及しておきたい。

230 第5章 『百周年回勅』の今日的意義

㈤ ところで、公物と聞いた場合、一般人は何をその語意として思い浮かべるであろうか。思うに、国有財産の如きではないだろうか。しかし、ここにも又ズレがある。と言うのは、両者は区別の観点の異なる概念群に属するからである。即ち、前者は、その物が供用される目的に着目して用いられる観念であるが、後者は、その物の帰属主体に着目して用いられる観念である。この点に就いて更に説明しておこう。

所謂財産は、その所有権の帰属主体の区別に対応して、国有財産、公有財産、私有財産に、区別される[136]。国有財産も公有財産（地方公共団体の有する財産）も、行政財産と普通財産に分たれる。「前者は、その物自体の使用価値により直接公の目的に供用される有体物であり、その意味において、公物としての性質を有するものといってよい。これに対し、後者は、その物の持つ資本価値（その物の産み出す賃貸科、使用科その他果実）により間接的に公の目的に役立つにすぎない有体物であり、その意味では、原則として、私有の財産と異なるものではなく、ただ、その管理の適正を期するために、特別の規則を加えることがあるにすぎない[137]。」

㈥ 公物は私物に対立する言葉である。「公物（öffentliche Sache）とは、国又は地方公共団体等の行政主体により、直接、公の目的に供用される個々の有体物をいう[138]。」この定義からも判るように、公物の成立要件として所有権の帰属主体は問題とされない。と言うことは、財産に国有、公有、私有の三類型が見られたが、それに対応して、国有公物、公有公物、私有公物が有り得る訳である[139]。その外、公物は、①公物としての実体の成立過程の差異により、自然公物と人為公物（又は人工公物）、②管理権と所有権の差異により、自有公物と他有公物、③供用の目的の内容の差異により、公共用公物と公用公物、に分類される[140]。公共用公物（又は公共用物）とは、直接に一般公衆の共同使用に供せられる公物であり、公用公物（又は公用物）とは、直接に国又は公共団体の使用に供せられる公物である。前者の代表としては、道路、河川、公園、広場などが、後者の代表としては、官公庁含、国公立学校の建物などが挙げられる。

次に、一般公衆の使用を初めから予定している公共用公物の使用関係をみておきたい[141]。公物の使用関係は、①一般使用乃至自由使用（Gemeingebrauch)、②調整使用乃至自由使用の制限、③許可使用（Gebrauchserlaubnis）、④特許使用（Verleihung des Sonderrechts）、⑤私法上の使用権に類別される。①の自由使用とは、「公物を、公衆がその本来の供用目的にしたがって、他人の共同利用を妨げない限度において自由に使用すること[142]」である。道路の通行、公園の散策、海水浴の為の海浜の使用、河川に於ける水泳等。②の調整使用は、竹木の流送、舟筏の通航に係る河川使用に関して管理上必要とされるものである。③の許可使用は、「公物の使用が公共の安全と秩序に障害を及ぼすのを防止し、又は多数人の使用関係を調整するために、一般にはその自由な使用を制限し、特定の場合に、一定の出願に基づき、右の制限を解除し、その使用を許容すること[143]」である。公園、道路上での集会乃至デモ行進の公安条例による許可など。④の特許使用は、「公物の管理主体が、特定人に対して、公物について一般人には認められない特別の使用権を設定する[144]」場合の使用関係を言う。道路に電柱を建て、軌道を敷設し、水道管やガス管を埋設し、或いは発電用の河川にダムを建設する等。特別の使用権（占用権）を設定する行為は、占用許可と法律上呼ばれている。⑤の例としては、官公庁舎内に於ける食堂設置、電車内の広告等が挙げられる。

　(ハ)　以上、大雑把に公物に就いて紹介したところから、我々は次の点を確認しておきたい。公物は、供用目的の観点から私物と対比されるものであるが故に、帰属主体の観点からする財物の区別とは一致しない。即ち、私有公物が存在するということが第一点。第二点は、特許使用に於いて登場した「占用」という語である。それは、自由使用乃至一般使用に対立する語であって、「独占的使用」の意であると理解することが出来よう[145]。

(3)　共用の意味

　ここで我々は「私有共用」という標語に含まれる「共用」の意味に就いて考える段階に入った。共用は、今し方述べた占用に対する語、即ち、自由使用又は一般使用と類義語であると考えられる。或いは又、所謂マンションに於ける共用部分が想起されるであろう。共用部分、即ち、「廊下又は階段室その他構造上区分所有者の全員又はその一部の共用に供されるべき建物の部分」（建物の区分所有等に関する法律第4条第1項）は、共用部分に就き所有権を有する各共有者が、「その用方に従って使用することができる。」（同法第13

232　第5章　『百周年回勅』の今日的意義

条）。或いは又、日常語としての共用は、共同使用、共同利用の意を表わし、たとえば、学生アパートで「台所を共用する」等と言うであろう。

　以上の如くであるならば、「共用」される事物は、或いは不動産であり、或いは（仮に）動産であっても耐久財であるように思われる。ところで、伝統的自然法論が主張する所有思想が「私有共用」であるとして、その場合の「共用」が指示するものは、一体上記の事物と一致するであろうか。

　かくして、我々は、所有思想に関する史的素描を次に試みることによって、伝統的自然法論の、そして同時に又、聖トマスの所有思想の特徴を少しでも明確にしたいと思う。同時に、その行論を通じて「私有共用」の意味がより明確にされるであろう。

第3項　伝統的自然法論に於ける所有思想の史的素描
(1)　クリューバーによる問題提起

　カトリック社会理論家の代表的論者の一人である故フランツ・クリューバー教授は、未完の大著『カトリック社会理論』（その第一巻は「歴史と体系」と題され、本文及び脚注で 900 頁にも及ぶ。）を始め、自然法論、所有思想に関する浩瀚な著作を世に問われた[146]。本節では、内容的に観るならばクリューバー教授の研究成果の集大成とも言ってよい『カトリック社会理論に於ける思惟の大変革[147]』を手掛りに、カトリック所有思想の特徴を探ってみたい。『大変革』の「第三章カトリックの所有理論」の冒頭文は次の通りである[148]。

　„Eigentum ist das Verfügungsrecht über Sachwerte. Man unterscheidet zwei Grundkategorien des Eigentums, die des Privateigentums und die des öffentlich-rechtlichen Eigentums, das in der Katholischen Soziallehre auch als Gemeineigentum bezeichnet wird.“

　クリューバーの場合には、私的所有（権）の対語が公法上の所有（権）、即ち、公的所有（権）であることが正確に押えられている。しかも、カトリック社会理論内で後者が通常「共同所有（権）」と呼ばれることも同時に言い添えられている。イエズス会師ロージャー・チャールズもこの点を自覚した上で、

更に、「私的所有権は、確かに、個人的な私的支配権を含む。しかし、その形態に尽きるものではない。家族、種族、協同組合 cooperative、会社、これら総てが『公的』所有著に対して『私的』所有者である[149]。」と言う。もう一つ例証を挙げると、『現代世界に於ける教会に就いての司牧憲章』Constitutio Pastoralis de Ecclesia in mundo huius temporis——通例『現代世界憲章』、Gaudium et spes と略称される。——第71番に於いて、私的所有権が公的所有権との対比に於いて語られている[150]。

こうしてみると、私的所有が共同所有乃至共有に優位すると一般的に論じられる場合、後者によって理解されているのは、実は、公的所有（国有、公有を含む上位概念）の謂であったのではないか、という事態が一応明らかになったのではないかと思う。しかし、他方では、或いはアリストテレスを引合いに出し、或いは聖トマスの原典に返り、こうした理解に異議が提出されるかも知れない[151]。実際、本章第一節に於いて、私的所有の自然法論的基礎付けをメスナーに従って整理した際に、かかる異議を支持して呉れそうな理由付けが見られた。即ち、社会の本性乃至目的に連関して述べられた第一の理由である。しかし、それは、より正確には、複数者所有という意味での共同所有に対する単独所有という意味での私的所有の優越性擁護論であると理解できるであろう。それに止まらず、理由付け②で述べられた「共同所有」の正確な意味を確定することが若干困難であることを除けば、少なくとも③以下の諸理由付け中に見られる「共同所有」は、実は「国有」の意味であることが判る。

(2) 諸財の共同使用原理

クリューバーによれば、所有乃至所有権が有する意味は「人格性の展開の為の手段[152]」たることに尽きる。従って、労働者が企業経営上の事物装置 Sachapparat の数量並びに構成要素に貶められ、機械同様に「利用可能性」Brauchbarkeit の観点から眺められ、取扱われることは、価値転倒現象である、と把握される。国家の任は、そうした価値転倒が生じているときに、「所有政策の諸規定という手段を用いることによって、所有の社会的本性を通して彼等自身に課せられた限界を自覚せしめる[153]」ことにある。

もう一文、クリューバーの著書から引用しておこう。重要な文である。

234 第5章 『百周年回勅』の今日的意義

„Jedes Bemühen um die rechte Ordnung des Eigentums muß von der in der
Personalität und substantiellen Gleichheit aller Menschen gründenden Norm des
Gemeingebrauchs der Güter, ihrer Gemeinschaftsbestimmung ausgehen."[154]

　「諸財の共同使用」、この原理に基づいてのみ、正しい所有秩序が成立し得
る。少なくとも、正しい所有秩序形成を目指しての人間の努力は、総て、こ
の原理に拠らねばならない。このことから、財の利用に関する秩序形態とし
ての二形態、詰り、私的所有制と公法的所有制とは、「財の共同使用」という
原理を実現する為の手段と位置付けられることが了解出来る。クリューバー
の立場から観れば、私的所有制か否かは、二次的な問題に過ぎない。否、寧
ろ、二次的であるが故に、常に一次的根源に照らして、不断にその是非を問
うべき責務が人間に課されている、と言わねばならない。

(3) 私的所有権擁護論

　しかし、私的所有権の絶対性を説くカトリック思想家が後を絶たない。回
勅『マーテル・エト・マジストラ』の第109番に見える一文がその補強証拠
として引照される。「私的支配権（ius privati domini）は、しかも又、生産財に
対するそれさえも、いかなる時でも妥当する。」だが、他方で同回勅は、国有
制乃至公有制の必要性をも説いている[155]。だとすれば、我々は、クリューバー
がそうしたように、所有思想史を一瞥してみることによって、この問題に対
する方位付けの為のより確かな手掛りを獲得する必要があるのではないかと
思うのである。

　カトリック所有理論史は、私的所有権が時空を超えて絶対的に妥当すると
いう思想に反対の資料を供している。「原始キリスト教の愛のコムニスムス
Liebeskommunismus という模範を確信していたものだから、教父達は、私的
所有（権）にではなく、諸財の共同所有 communio bonorum に軍配を上げた。
ここに言う諸財の共同所有とは、（共同使用原理という意味で）倫理的であるの
みならず、社会学的にも解されるものであった[156]。」クリュソストムス曰く、
「財の共同所有制は、私的所有制よりも遙かに我々の生活に適した形態であ
り、自然に適合している[157]。」と。アンプロジウス曰く、「個人が共同所有物
Gemeingut を私的所有物 Privateigentum と看做すことは正しいと考えられ

た。しかし、これは自然と決して一致しない。自然は、万人に万物を共同所属するものとして allen alles gemeinsam 与えた。神が事物を創造し給いけるは、牧草地が万人に共属するところとなり、そもそも大地のすべてを万人の共同所有とせしめんが為であった。自然からして妥当するのは唯に共同の法＝権利 Recht であり、人間の横柄から初めて私法上の（私権上の）境界が生じた[158]。」と。ヒエロニュムスは、「富はすべて不正の結果である。それ故、私は、富者は不法者か、その相続人かの何れかであるという周知の格言を絶対的に正しいと考える[159]。」と記している。アウグスティーヌスも同様の趣旨を説いている。

　それにも拘らず、教父達の明確な主張がありのままに理解されていないのはどうしてなのか。この件に就いての責を負うべきは、オットー・シリングである、とクリューバーは言う。過度の自由主義、そして社会主義に対する憎悪とのため、伝統的なカトリック所有思想が個人主義的に変造された、と言うのである[160]。原資科からの適切さを欠く牽強附会の程は、M. ラロスの論考が充分証していると言う[161]。

　これに対しては、教皇レオ13世の回勅『レールム・ノヴァールム』に於いて、私的所有権及び私的所有制が大いに推奨乃至擁護されている事実を申立てる向もあろう[162]。実際、後の教皇レオ13世、ジョアキーノ・ペッチ Gioachino Pecci は、教皇登位前に、『レールム・ノヴァールム』作成に関与した人物 M. リベラトーレ Matteo Liberatore と共に、自由主義的個人主義の影響を受けたイエズス会師ルイージ・タパレッリ・ダゼッリオ Luigi Taparelli d'Azeglio の門弟であった[163]。我々は、既に本稿第一部第5章に於いて、歴代諸教皇によって、私的所有（制）の必要性と許容性と同時に、それに内在する本質的制約条件が宣言されて来たことを見た[164]。たとえば、「レールム・ノヴァールム』でも、「ところで、土地は、たとえ私人の間に配分されたとしても、万人の共同利用に奉仕することを止めない[165]。」と宣べられている。なるほど、或る箇所で（RN, 12）、私的所有権の不可侵性が宣言されている。しかし、クリューバーによれば、レオ13世が私的所有種を自然法＝自然権 Naturrecht と呼ばざるを得ないことに就いては、それなりの背景があった。即ち、盛期スコラ及び後期スコラ学では、私的所有制度は「万民法」ius gentium に算入されていたのだが、この ius gentium はビトリアやグロティウスによって「国際法」へと概念変換されていったので[166]、レオ 13 世は万民法という語を最早使用できず、自然法 ius naturae という術語を使わざるを得なかった、と言うのである[167]。我々は、次に、スコラ学の最も代表的な思想家として、聖トマスの思想を取上げて、理解すべく努めることにしたい。

(4) トマス説の検討

前述した教父達の見解との連関で眺めてみると、トマスはその伝統を踏襲している。即ち、彼にあっては、私的所有権、私的所有制には、近代自然法論に見られる如き「不可侵性」とか「絶対性」とかが認められない。「所有財産の区別 distinctio possessionum は、自然法 ius naturale によるのではなく、寧ろ、実定法 ius positivum に属する人間的合意 humanum condictum に基づいて存在する[168]。」と明言されている。クリューバーの理解によれば、トマスの根本原理は、「地上の諸財が人類共同体に贈与されていること」die Gemeinwidmung der Erdengüter である。私的所有秩序は、かの原理実現の為の手段として機能するのであって、「然るべき経験的諸前提条件が与えられた場合、共同使用原理 Gemeingebrauchprinzip を、社会哲学の空間から歴史的現実の空間へ変換し、原理の実現を可能ならしめる使命を有する[169]。」

しかし、他方では、既に第二部第 1 節で見たように、私的所有制は第二次自然法によって正当化され得る万民法である、とのメスナーの見解がある。やはり、一応なりとも、トマスの原典に即して関連箇所を吟味する必要がありそうである。

カトリック自然法論者の間で見解の一致した出発点が見出される。それは『神学大全』第二部第二巻第 66 問第 1 項に関わる。同項は、「人間にとって外的事物（財）の所有は自然的であるか否か」Utrum naturalis sit homini possessio exteriorum rerum という問題を扱う。答は然りである。外的事物の考察形態に二種がある。一つはその自然本性 natura に関する様態、他の一つはその使用 usus に関する様態である。前者の様態に於いては、万物は神の支配下にある。しかし、他の様態に於いては、「より不完全なものはより完全なものの為に存在する」のであるから、ペルソナたる人間は、外的事物に対する自然的支配権を有する。同項で第一異論に対して、「神は万物に対して主要な

支配権を有する。そして、その摂理に基づいて、或る事を res quasdam 人間の身体的維持へと秩序づけた。それ故に、人間 homo は、事物に対する自然的支配権を、その使用権能 potestas utendi に関して有する。」と叙べられている。凡る人間の支配権の最深の根は、人間本性の神の似像性である。それ故にこそ、人間は全能支配権者たる神に幾分か類似して、外的事物の支配者たり得るのである[170]。

　ところで、本項によって、個々人の私的所有権が容認されているのだ、と見るあり得べき個人主義的解釈に反対して、ウッツ教授はトマスが普遍的コスモス論的観点から事を眺め論じていたことを指摘する。「こうした観点から、一般的に解された意味での人間は、自己を取囲む自然に対して如何なる関係に立つのだろうか、と問われる。自然に対する如何なる力が創造主によって人間に賦与されたのであろうか。トマスは、人間は理性的本性故に、世界を自己の本性に適合した諸目的の為に利用できるように、世界の支配者として選ばれた、と答えている。個人としての人間が特定事物の支配者と看做され得るか否かは未決事項である[171]。」ウッツによると、トマスがここで問うているのは、本質的存在としての人間 homo であり、従って、ここで「消極的共産主義」が主張されていることになる。その意味で、キリスト教的伝統に一致している。クリューバーの見解とも一致する。

　第２項は、「或る人 aliquis が或る事物を固有の物として所有することは許されるか」と問う。ここでは、前項に見られた「人間」homo ではなく、「或る人」aliquis と言葉が遣い分けられている。ウッツに従って言うと、第１項では、問題の道徳的側面が扱われたのに対し、第２項では、人間の現実の振舞い方から必ずや要請されるであろう法的組織化の問題が論じられる。最高の道徳命令が社会によって実現されることこそが目的なのである[172]。であればこそ、第２項本文末尾にて、再度この根本原理に言及するのである。即ち、たとえ「取得し管理する権能」potestas procurandi et dispensandi が私的であったとしても、外的事物の「使用」usus は「共同的」でなければならない、と。この問題をより明らかにするに先立って、我々は、第２項に於けるトマスの思考の歩みを跡付けておかねばならない。

　トマスは、問題解決の糸口を、外的事物に対する「権能」potestas に就いて

の「取得と管理」procuratio et dispensatio と「使用」usus の区別に求める。その上で、前者に関して、私的秩序が実際上不可欠であることを三つの理由から主張する。第一の理由は、労働の生産性向上、第二は諸事物のより善い取扱い、第三は平和の樹立への貢献である[173]。そこで、我々は、トマスが区別した諸概念の意味を注目しておこう。さもなければ「古い所有観の正しい概念把握」は期すべくもない、とウッツは警告している程である[174]。

「権能」potestas という概念には「自由と自己決定の契機」が含まれている。しかし、勝手気儘、無拘束というのでは決してない。「或る者が何か或ることを行う権能を有するとは、彼が何か或る許されざることを行うことが出来るとの謂ではない[175]。」即ち、権能と訳された potestas は、初めから倫理的義務拘束性の下に置かれている、と考えられるのである。

次に、「管理」dispensatio には、ローマ法に由来し、近代法に於ける所有権の中核をなす「自由な処分」freie Verfügung が含意されていない。「dispensatio とは、固有の意味に於いて、或る共同の物の個々人への評定配分 commensuratio を意味する。それ故、家長も又、家族の各構成員に仕事と生活必需品を重さと量に応じて配分する限りに於いて dispensator と呼ばれる[176]。」"dispensatio" には様々な意味があり、或る時は罪の「免除」、或る時は事物の「配分」や「割当て」を意味する。ここでは勿論後者の意であろう。『神学大全』の邦訳で多大の貢献ある稲垣良典教授の邦訳では、「分与 dispensatio」、「分与者 dispensator」とある[177]。ところが、ウッツ教授の新旧どの著作を見ても、これに „Verwalten" の独語が当てられている。この語は、「管理する」、「処理する」、「切盛する」、「執行する」といった意味である。これをどう解すべきであろうか。引用文の語釈では、トマスは、dispensatio を単なる distributio ではなく、commensuratio を以て説明している。そこには「諸般の事情を鑑みる」という要素が加味されていると解する余地があるのではなかろうか。又、私的所有制の問題を取扱う箇所で、potestas dispensandi とあったが、これを単に「分配する権能」と訳しては、所有権能の全体をカヴァーし切れないように思われる。そこで、私はウッツ教授に従って、「管理」の意味に解したい。即ち、「諸般の事情を考慮して事物の適切な管理を行うこと」と解するのである。それが、文脈に応じて、「免除」、「執行」、「配分」等の意に

特定化される、と理解するのである。

　このように解された「管理」は、近代的な「自由処分」の意を含まず、トマスからの引用文から明らかな如く、「正しい配分」を含意していた。我々は、そうした意味を考慮しつつ、既存の法律用語を借用して「善良なる管理」と表現してもよいかも知れない。

　では更に、「使用」usus に就いてはどうであろうか。それは、人間の生存目的の為に或る事物を役立てることである。その例示として、消費財の消費、資金の使用、家屋に居住する等の使用方法が挙げられよう[178]。そして、一度外的事物の取得と管理に就いては私的所有が擁護されたものの、その使用に就いては外的事物の本来的意味、即ち、レースはそもそもペルソナに役立つべき存在目的を有するとする第一原理が再度登場する。「このこと（使用）に就いていえば、人間は外的事物を自己のもの proprias と看做してはならず、共同的なものと看做さねばならない。即ち、他人の緊急事態に於いて快くそれらを分与するが如く。」

　しかし、外的事物、諸財の共同使用への明白な言及から、所有者の法的資格が否定されることになるのだろうか。即ち、法的に正当に取得された財産であろうとも、その使用の段になるや、必ず共同で使用すべきとの法的義務が課される、と解すべきなのであろうか。そう解するのは、結局、法的共産主義の立場であり、これはトマスの採るところではない。取得管理の段階で私人に任されていたものが使用の段階で一般的に当該私人の手から取上げられるというのでは、間尺に合わないではないか。それ故、用語の問題は抛措くとしても、「私有共用」と平板化して語るべきではないと思う。実際、トマスは、所有者がその思い通りに所有物を使用し得ることを認めている。しかし、所有者には、相手が誰であれ、貧しい人々を助ける重大な義務が課せられている。しかも、その義務は、隣人の困窮の度が増せば増す程、より重大となる[179]。

　以上の検討から、我々は一応次の点をここで確認しておこう。第 66 問第 1 項に於いて、所有の道徳的側面が教父の伝統に一致して論じられた。即ち、物質的事物、外的事物は、全人類の利用に供さるべき神からの賜物と看做され、然るべく取扱われるべきであること。第 2 項に於いては、第 1 項で確定

された「共同使用」原理が、堕罪後の人間の本性を顧慮して、個々人の利害関心を媒介としつつ共同善実現へと結実する方途が論じられた。その為には、外的事物を私的所有へと分割すること、その意味で私的所有制が支持された。しかしながら、所有権能は二種に分たれ、「取得管理」権能は私人に認められ任されるが、「使用」権能に関しては、「財の共同性」が再び強調された。即ち、前者の権能に関しては確かに法的私的所有が語られるのだが、後者の権能に就いては「法的」意義は認められず、道徳的倫理的意義が語られるのみであった。

　しかし、果して上述したところに尽きるであろうか。否。トマスは、第7項で更に考察を進める。「一体緊急必要性 necessitas の故に盗むことは或る者に許されるか否か Utrum licet alicui furari propter necessitatem」と。そして、ここで人定法 ius humanum が自然法 ius naturale 乃至神法、ius divinum を廃棄し得ない non posse derogare ことが根拠となって解答が与えられる。「緊急必要性が極めて緊迫かつ明白であって、その場にある事物で現在の危難 necessitas を取除かねばならぬ程であるならば、たとえば、或る人に危険が迫っており、他の方法では取除くことを得ない場合には、その人は、公然とであれ隠然とであれ、他人の事物を窃取して自己の危難を凌ぐことが許されるのである。これは固有の意味に於いて、窃盗でも強盗でもない[180]。」第二異論への解答では、かかる場合に自己の生命を維持すべく「他人の物を窃取」した者が窃盗犯でない理由は、当該事物が実は「彼自身のもの」suum となることにある、と断定されている[181]。この場合、所有者は、当該事物に対する所有権を有しない。と言うのは、元来、「神的摂理によって確立された自然的秩序によると、より低次の諸事物は、それらによって人々の危難が取除かれることへと秩序付けられている。」からである。

結びに代えて

　以上、我々は、第一部において『百周年回勅』の概要をテキストに基づき理解したところを描くことに先ず努めた。そして、第二部では、万民法と私的所有権および所有思想に論点を絞って、その研究過程において聖トマスの

結びに代えて　241

所有思想の一端を垣間見た[182]。そのことによって、トマスの立論が極めて立体的である所以が明らかになったと思う。即ち、創造者と被造世界との、言わば垂直的関係の下で、人間は全体として他の諸々の事物、生物を自己の支配下に置くことが容認された。「諸事物の秩序に於いては、より不完全なるものは、より完全なるものの為に存在する[183]。」のであるから。この次元では、所謂消極的共産主義が説かれた、と考えることが許されるであろう。次に、消極的共産主義、クリューバーの表現を借りると「事物の共同使用原理」が、堕罪後の人間本性を顧慮してみた場合、如何なる形態に於いて最もよく実現されるか、と問われる。そこで、トマスは、私的所有制に傾く訳であるが、これに連関して二点注意を要する。第一点は、近代的自然権論と異なり、トマスの所有思想では、抽象的人格とか個人の絶対性を出発点として私的所有権が論証されるのではなく、共同善を重視しつつ、その社会的機能を考慮して私的所有制が肯定されるのである。無条件的正当化ではない。その意味で、確かに、クリューバーが主張する如く、「私的所有秩序の道具性と相対性[184]」を我々は肯認することが出来る。

　第二点は、人間相互間での外的事物に対する支配権能の問題に係わる。ここで、聖トマスは、「取得管理」と「使用」の権能とを区別した。前者に就いては、私的所有が承認される。一方、後者に就いては「事物の使用の共同性」が勧められた。そこで、我々は、一応前者は法的次元の問題、後者は倫理的次元の問題である、との見通しを得た。しかしながら、仔細に見ると、後者にも法的次元の問題が含まれていることを確認し得た。尚、「管理」に就いて附言しておきたい。私は、人間を外的事物の管理を任された「管理者」dispensator であると把えることによって、言わば「善良な管理者の注意義務」を負う者と解したい。そうすることによって、聖トマスの自然法論的所有思想から今般の問題たる「環境倫理学」への一つの接近可能性が見出されるのではないか、と思うのである[185]。更に、所謂無主物の所有権問題に就いて可能な解釈を提示してみたい。一般に、この問題には「先占」が妥当すると受容れられている。しかし、上述来の考察に基づくならば、たとえば、地下資源、海底資源等は、元来全人類に所属し利用されるべきものであるが、採掘技術その他の条件を偶然或る特定国家（単数でも複数でも構わない。）だけが満

足するという場合、当該国家のみが全部に対する所有権を当然に獲得するという先占理論は無条件に承認されるものとは言えなくなるのではないか。無論、事前調査とか技術や資本の投入を行う国家なり私企業なりにはそれ相応の言わば「一種の先取特権」を認めるのが、現実の人間本性を考慮に入れて事を論ずるトマス的な解決法であろう。或いは、こうした立場にはなかなか賛同が得られぬやも知れない。しかし、次のような事例を念頭においてみるとき、我々は反省すべき問題が腹蔵されていたことに気付くのではなかろうか。第一の事例としては、たとえば、小は地下水脈、温水脈から大は炭田、油田に至る問題であって、或る人がそれを開発して掘尽したため、他方は抜術刀が偶々遅れた為、その恩典に与かることが全くない場合、或いは、それどころか、地盤沈下した場合等が考えられる。ここでは、先占に出発するも、事態に応じた修正が当然認められるのではなかろうか。それを「権利乱用」の法理で説明するか、他の理由付けによるかは今は問題ではない。第二の事例として、たとえば、我々は、熱帯雨林を想定することが出来よう。その存在それ自体が地球環境の維持に多大なる貢献を果している事実は、何人も否定しないであろう[186]。さて、その熱帯雨林を経済開発と称して大開発を進めたらどうなるのだろうか。当該国家乃至企業に対して、他の者はそもそも如何なる権利を以て溶嘴し得るのであろうか。ここでは、トマスが提供している考察が何かしら時代の限界を超越した説得力を以て我々に迫って来てはいないだろうか。

　以上論述して来た諸理由から、カトリック所有思想を「私有共用」との標語で以て特徴付けることに対して、私は躊躇を覚えざるを得ない。仮に用語それ自体に今日を瞑るとしても、より適切には「共用私有」と語順を入替えねばならないであろう。しかし、それでも、実は余りにも単純化されてしまっている。このことも心得ておく必要があろう。勿論、私は、ここで「私有共用」という標語を遣う論者の理解を云為しているのではない。唯私は、より適切な表現を用いる方がよいのではないか、と思うだけである。

　社会回勅の論調に推移が見られるのは当然であるとして、私的所有に就いてそれをフォローすることは本稿に於いて果し得なかった。更に、自然法と万民法との絡みでそれを論究する作業も今回は見送らざるを得ない。他日を

結びに代えて　243

期したい。

　最後に、『現代世界憲章』第 69 番の見出しが「地上の諸財（善益）が総ての
人間に向けられていることに就いて」De bonorum terrestrium ad universos
homines destinatione となっており、私的所有権を論ずる第 71 番に先行して
いることを記しておきたい。ここでは、『百周年回勅』「第四章　私的所有権
と財の名宛の普遍性」の、それも特に次の二文の註釈として、法哲学徒の観
点から纏めてみた。

"Deus terram dedit universo humano generi ut ea omnia huius membra
sustentaret, nu11o excluso nullo anteposito. Hic *radix reperitur universalis
destinationis bonorum terrae.*"

"Leonis XIII Successores duplicem affirmationem iteraverunt：possessionem
privatam esse necessariam ideoque licitam, simul autem eandem esse
circumscriptam."

1　本回勅は、"*CENTESIMUS ANNUS* a promulgatione Litterarum Encyclicarum Dece-
ssoris Nostri v.m. Leonis XIII, quae verbis Rerum novarum incipiunt, multum habet in
praesenti Ecclesiae et Nostri etiam Pontificatus historis momentum." の一文で始まる。
文頭の二語は「百周年」を意味する。従って、本回勅を『百周年回勅』と呼ぶのは、
便宜的とは言え、不当ではない。カトリック中央協議会発行の邦訳版は、『新しい課
題—教会と社会の百年をふりかえって—』としている。
　　本稿では、ラテン語版を基本に、英語版、（英語からの）邦訳版を参照した。更に、
執筆中［1992 年 1 月］に、レーゲンスブルグ大学の L. シュナイダー教授より、独語
版を贈与された。そのため、後半部については、独語版をも参照し得た。この場を借
りて、お礼を申し上げる。
　　Hiermit dürfte ich Herrn Prof. Dr. Lothar Schneider, der mir die deutsche Fassung von
"Centesimus annus" geschickt und deren Benutzung ermöglicht hat, meinen herzlichen
Dank aussprechen.
　　次に、本回勅の原典を挙げる。
　　1．IOANNIS PAULI PP. II SUMMI PONTIFICIS LITTERAE ENCYCLICAE
《*CENTESIMUS ANNUS*》venerabilibus in episcopatu fratribus clericisque et religiosis
familiis universis necnon bonae voluntatis hominibus saeculo ipso Encyclicis ab editis
Litteris RERUM NOVARUM transacto. Libreria Editrice Vaticana, MCMXCI.
　　2．*ENCYCLICAL LETTER CENTESIMUS ANNUS* addressed by the Supreme
Pontiff JOHN PAUL II to his venerable brothers in the episcopate, the priests and

deacons, families of men and women religious, all the christian faithful, and to all men and women of good will on the hundredth anniversary of RERUM NOVARUM. Libreria Editrice Vaticana, Vatican City.

3．『福音と社会』147、社研試訳版 "チェンテジムス・アンヌス"、1991 年 8 月、カトリック社会問題研究所。

4．『新しい課題—教会と社会の百年をふりかえって—』イエズス会社会司牧センター訳、1991 年 10 月、カトリック中央協議会。

5．*Enzyklika CENTESIMUS ANNUS* Seiner Heiligkeit Papst Johannes Paul II. an die verehrten Mitbrüder im Bischofsamt, den Klerus, die Ordensleute, die Gläubigen der Katholischen Kirche und alle Menschen guten Willens zum hundertsten Jahrestag von RERUM NOVARUM. Herausgeber：Sekretariat der Deutschen Bischofskonferenz.

尚、原典 1、2 共にすべてに大文字で書かれているが、小文字を使用した。英語版にはコンマがないが、各宛人を明確にすべく、筆者が挿入した。日本語版は、3、4 共に、英語版からの邦訳である。

2　コンパクトな解説としては、次を参照されたい。Catholic Social Thought Encyclicals and Documents from Pope Leo XIII to Pope Francis, edited by David J. O'Brien, Thomas A. Shannon, 3rd Revised Edition, pp. 473f.

3　*Centesimus annus*, no. 1. 以下では、原則として引用文の後に（CA, 1）の如く記載する。

4　Cf. CA, 1, 2. 尚、*Mater et magistra*, n. 222 は、„die Soziallehre der Katholischen Kirche" を „ein integrierender Bestandteil der christlichen Lehre vom Menschen" "First, We must reaffirm most strongly that this Catholic social doctrine is an integral part of the Christian conception of life."「キリスト教的人間論の統合要素」と規定している。ラテン文は、「何よりも先ず、カトリック教会が公言する社会教説は、教会が人間の生命に就いて説いて来た教説から切り離され得ないのだということを、我々は断言する。」("Primum omnium illud confirmamus doctrinam socialem, quam catholica Ecclesia profitetur, ab ipsa non posse disiungi doctrina, quam de hominum vita tradit.") となっている。

尚、カトリック社会理論の歴史的乃至体系的な概観は、網羅的ではないが、次に掲げる好著によって得られたい。

1．Franz Klüber, *Katholische Gesellschaftslehre*, 1. Band：Geschichte und System, Osnabück, 1968.

2．Franz Furger, *Christ und Gesellschaft, Elemente zu einer christlichen Sozialethik*, Imba Verlag, 1978.

3．Alfred Klose, *Die Katholische Soziallehre, Ihr Anspruch Ihre Aktualität*, Styria, 1979.

4．Joseph Kardinal Höffner, *Christliche Gesellschaftslehre*, 8., erw. Aufl., Kevelaer, 1983.

5．Arthur F. Utz, *Ethische und soziale Existenz, Gesammelte Aufsätze aus Ethik und*

Sozialphilosophie 1970-1983, Walberberg, 1983.

　　6．Rudolf Weiler, *Einführung in die katholische Soziallehre, ein systematischer Abriß*, Verlag Styria, 1991.

5　CA, 3. 本文中では、それぞれ "……relegantur" "Sed hortamur etiam ad 《circum-spectandum》, ……" "Adhortamur denique ad《futura inspectanda》,……" となっている。

6　ここに言う「新事態」は、res novae の訳語である。それは、「新しいことども」、「新しい情況」を意味する。更に、社会回勅の中で使用されているその意を汲んで、「新課題」、「新たな挑戦」と訳してよいかも知れない（cf. CA, 61）。教皇レオ 13 世の回勅の正文の冒頭文は、この語の属格形 rerum novarum で始まる。そこから、本回勅の名称が採られた訳である。ところで、novarum は、novae（これは女性単数形主格 nova の複数形である）の属格形であるので、第二音節（厳密には、paenultima、即ち、最後から二番目の音節）が長音となり、ここにアクセントが置かれる。従って、「ノヴァールルム」と書かれるべきであって、本回勅は、『レールム・ノヴァールルム』と表記するのが適切である、と考える。

7　「ローマ教皇か関心を寄せた『新事態』は、決して善いことども（bonae）ではなかった。」（CA, 5）何故か。それは、イデオロギー的煽動、労使関係の変化、少数富者多数貧者の出現、労働者の団結、更に決して軽んずべからざる事態、即ち、「頽廃的風潮」（deteriora mores, decline in morality）とが相俟って、闘争状態（certamen, conflict）が生じていたからである。要するに、新事態は、政治的、経済的、及び爾余の諸分野に悪影響を及ぼす、と考えられたのである。

8　本箇所を『福音と社会』147（1991 年 8 月 30 日）カトリック社会問題研究所試訳は、「労働」の定義と解し、その後出版された『新しい課題』イエズス会社会司牧センター訳は、「労働の尊厳」の定義と解する。英語正文は、"……the dignity of work, which is defined as follows：'to exert oneself for the sake of procuring what is necessary for the various purposes of life, and first of all for self-preservation" となっており、which の先行詞は、一見、work とも the dignity of work とも何れとも解せる如く思われるが、文脈から、前者を正当と見なければならない。尚、ラテン正文は "……laboris dignitas qui sic definitur：……" とあり、関係代名詞の qui は、女性名詞 dignitas を承ける事は決してなく、男性名詞 labor を承けると考えねばならない。因みに、Rerum novarum の該当箇所を、*Texte zur katholischen Soziallehre*", 5. erweiterte Aufl., 1982, S. 56 で見ると、„Arbeiten heißt, seine Kräfte anstrengen……" 「労働とは、……諸力を尽くすことである」となっており、*Die katholische Sozialdoktrin in ihrer geschichtlichen Entfaltung*, Scientia Humana Institut, Aachen, S. 537 では、„Man arbeitet nämlich in der Absicht, sich die Güter zu beschaffen,……" 「労働は、……諸財を獲得する意図の下で行われる。」となっている。何故このようにこだわるかと言うと、凡そ「定義」の問題は、慎重の上にも慎重を期すべきと心得るからである。

9　CA, 10. 公的権威は、publica auctoritas の訳である。国家権力、政治的権威、或いは政府としてもよい。英語正文では、所により、public authority, govermental authority

246   第 5 章 『百周年回勅』の今日的意義

となっている。それを『新しい課題』では「公権」と訳しているが、これは不適訳である。何故なら、公権には、徴税権であるとか刑罰権であるとかの国家の有する権利としての公権、即ち国家的公権の外に、参政権の如き国民の有する権利としての公権、即ち国民的（個人的）公権があるからである。尚、『新しい課題』は、本文引用箇所直前の英文で見られる "the assistance of the State" を、何故か、わざわざ「公権の保護」としている。尚、国家に関する補完性の原理は、別の箇所（CA, 11, 15）に於いても言及されている。

10   ラテン語正文では "a Pontifice Pio IX"「教皇ピオ 9 世により」となっているが、これは勿論ピオ 11 世の誤植であろう。尚、友愛の本性と能動理性（能動知性）intellectus agens の関係に就いて、水波明『ホッブズにおける法と国家』成文堂、44 頁以下参照。

11   正しい人間理解とは、人間は神の似像たるものとして創造されているという事実を承認する考えである。

12   社会学 Soziologie との対比で社会哲学 Sozialphilosophie の意義を論じたものとして、J. Messner, *Das Naturrecht*, S. 168-176 を参照。

13   CA, 13. かかる誤った人間観から、言い換えると、人間を人格として把握しそこなったところから、社会主義は、「人格の自由の限界を劃定する法（ius）自身の歪曲（vitium）と同時に私的所有（権）制度の転覆」（iuris ipsius vitium, quod terminos definit libertatis personae eiusdemque condiciones, necnon pribatae possessionis eversio）という誤った考えを帰結する。誤れる大前提に立つ以上、いかに推論自体が妥当であろうとも、結論の内実の不当性は治癒されない、という訳である。

14   CA, 13. 「更に、かかる人（間的位）格と社会の『主体性』subiectivitas に関わる誤った観念が何処に由来するのか、と問われるならば、それら［誤った諸観念］は、特に無神論から流出しているのだ（ab atheismo dimanare）、と答えなければならない。」Vgl. J. Messner, *Das Gemeinwohl*, 2. Aufl., 1968., S. 45.

15   CA, 13. 「加之、論究されている無神論は、人間的事物を機械的に（機械を取扱うその仕方で）machinae modo 考察判断する啓蒙主義的理性主義と緊密に結合している。」

16   CA, 15. ここに言う「労働組合」は、英語版では "trade union"、ラテン語版では "opificum collegium" である。後者は、直訳すると「労働者の組合」となる。回勅では、この労働組合が、最低賃金確保並びに労働条件改善のための交渉に於いて果たし得る役割を高く評価すると共に、更に、「確かなる労働文化（cultus operis）の発展に寄与し、同時に又、労働者が工場（職場）の生活に真に人間的な仕方で参加できるように援助する」ことが明言されている。要するに、労働組合は、労働契約上の条件改善に関する事柄と、職場に於ける労働者の自己実現という二つの局面で重大な役割を担っていると言うのである。

17   この点で大いに貢献した社会として、特に労働組合が挙げられている。その外、各種の協同組合等も列記されている（CA, 16）。

18 CA, 15.「これら諸目的を達成すべく、国家 Respublica は、直接的にも間接的にも（tam directe quam oblique）自己の任務を果たさねばならない。即ち、間接的に且つ補完性の原理 subsidiaritatis principium に基づいて、十分な労働（雇傭）機会と豊饒な秣（財源；capita, sources of wealth）がそこからもたらされ得ることになるであろう、経済活動の自由な行使に役立つ好条件を造り出すことによって。直接的且つ連帯性の原理 solidarietatis principium に基づいて、労働条件を取決める（両）当事考の自由自体により弱い立場にある人々を保護するための或る一定の制限を設定することを通じて、失業労働者が最低生活援助を受給できるように配慮することによって。」尚、国家の課題については、後述するところを参照されたい。

19 CA, 17.「しかしながら、憎悪と不正（odium iniquitasque）とが総ての国民に浸透し、彼等を行動へと駆り立てるためには、人間の真理ではなく寧ろそれら［＝憎悪と不正］に基づく、かの諸学説によって doctrinis illis、当該憎悪と不正が是認され、形態を採って現れることが必要である。」ここに言う「かの諸学説」doctrinae illae とは、「人間の真理から乖離した、多少とも概念的反省を伴った思想」の謂である。さればこそ、英語版ではその意を汲んで、„the doctrines" とはせず „the ideologies" としたのであろう。

20 CA, 18. この箇所のラテン文は、"Marxianus dominatus dimidiam Europaeae continentis partem temperavit, dum altera pars periculum illud idem vitare nitebatur."「マルクス主義の支配がヨーロッパ大陸の半分を tempero し、他方、他の部分はその同じ危険を回避しようと努めた。」とある。ここで tempero は、通常の穏当な語感とは異なる意味合いで用いられているようである。英語版では、"Half of the continent fell under the dominion of a Communist dictatorship,……"「大陸の半分は、共産主義独裁の支配下に落ちて、……」となっている。

21 CA, 19. なるほど、西側諸国、言い換えれば自由経済諸国は、マルクス主義陣営諸国よりも物質財を効果的に豊富に生産、調達することができるという事実を実証した。しかし、「道徳的生の、法の、人間文化の、宗教の自律性、価値の存在、そして意味を専ら経済領域へと追遣り、物質的必要の充足に還元する」点で、マルクス主義と何ら撰ぶところがない。

22 英語版は "a new 'right of nations'" とあり、これに基づいて日本語版は『新しい課題』『福音と社会 147』共に「諸国民の権利」となっている。ラテン語版は "novum 《ius gentium》"（文中では "novo 《iure gentium》" と奪格で用いられている。）となっている。ところで、ius gentium は、「万民法」（文脈によっては「国際法」）が定訳である。では、万民法とは何か。それは、「国内法的諸制度及国際法的諸制度を樹立する際に諸民族に共通の経験によって実効的となった自然法」である（J. Messner, Das Naturrecht, 7. Aufl, S. 377, 2. Aufl, S. 206.）。万民法の概観は、たとえば、三島淑臣『法思想史』（青林書院新社）113 頁以下、122 頁以下、及び、碧梅純一『法と社会』（中公新書 125）93-100 頁を参照されたい。又、万民法と国際法との関係に就いては、田畑茂二郎『国際法』第二版（岩波全書）「第一章第一節　近代国際法の形成過程」、

248 第5章 『百周年回勅』の今日的意義

特に 26-38 頁を参照のこと。尚、メスナーの万民法理解には傾聴すべき点が含まれているので、後に改めて取り上げよう。

23 英語版では "the violation of the rights of workers"、即ち、「労働者の諸権利の侵害」とある。独語版では、„die Verletzung der Rechte der Arbeit"、即ち「労働の諸権利の侵害」と訳されている。

24 CA, 23. "per pacificam omnino contentionem quae armamentis solis utitur veritatis et iustitiae" 「真理と正義という武器のみを用いた、専ら平和的戦いによって」

25 CA, 53 参照。

26 CA, 25. "Non ideo solum non licet hominis naturam ethica ratione transire, quae in libertatem est nata, sed ne fieri quidem istud reapse potest." 「それ故に、自由（の中）へと生れた人間の本性を踏躙る（transire）ことは、倫理的観点からして許されないばかりか、そのようなことは実際決して生じ得ないのである。」

27 CA, 25 冒頭で "moralia principia" 道徳的諸原理と言われているものを「自然法」と言い換えたまでである。自然法 (lex naturalis 乃至 ius naturale) に関しては、差当たって、次の文献を挙げておきたい。邦語文献として、ジャン・ダバン『法の一般理論 新版』（水波朗訳、創文社）「第三章　自然法、正義および法規範」、水波朗『トマス主義の法哲学』（九州大学出版会）、欧語文献として、J. Messner, *Das Naturrecht*, 7. Aufl. 及び、A. Verdross, *Abendländische Rechtsphilosophie*, 2. Aufi,. bes. S. 286-290.

28 CA, 25. "Praeterea ad libertatem conditus homo in sese vulnus originalis portat peccati quod in malum usque eum allict facitque ut redemptione indigeat." 「更に、自由へと（向けて）創造された人間は、原罪という傷 vulnus を負っている。そしてこの傷が人間をして常に悪へと誘惑し、彼が救いを必要とするものたらしめているのである。」

29 CA, 25. "Quod ad officium evangelicae animationis rerum humanarum advocantur christiani ac praesetim laici una sane cum universis voluntatis bonae hominibus." "res humanae" は、英語版では "human realities" 「人間的現実」となっている。本文では一応ラテン語版に即して「人間的諸事物」と直訳した。それは、人間が関わる諸々の外的事物というよりは、ここでは寧ろ「人間社会、人間世界」という程の意味であろう。

30 CA, 29. "Progressio denique non concipi debet aliqua ratione dumtaxat nummaria verum aestimatione prorsus humana." 「最後に、前進 progressio は、単に貨幣（即ち経済）の観点からではなく、徹頭徹尾人間的な評価の下で理解されねばならない。」

31 "possessio privata et universalis bonorum addictio" と実質的に同様のことは既に CA, 6 に於いて語られている (principium bonorum terrae addictionis universalis 尚、当該箇所を『福音と社会』は、「地上の財貨は万人の需要を満たすためのもの」と旨く訳している。）。又、CA, 31 の冒頭では "communa bonorum destinatio" と表現されている。第四章では、私的所有（制）、私的所有権は、possessio privata（箇所によっては proprietas private）、ius possessionis privatae と区別されている。"Leonis XIII Successores duplicem affirmationem iteraverunt：possessionem privatam esse neccessariam

ideoque licitam, simul autem eandem esse circumscriptam."「レオ 13 世の後継者は、二重の確言を繰返し説いた。即ち、私的所有制は必要でありそれ故許容されるが、同時に又、その制約も（書込まれて）受けている。」その外、"(Ecclesia) ……universalem bonorum corporeorum destinationem inculcabat……" など参照。

32　CA, 31. 本節にはすこぶる重要な記述が見られる。"Deus terram dedit universo humano generi ut ea omnia huius membra sustentaret, nullo excluso nullo anteposito. Hic *radix reperitur universalis destinationis bonorum terrae.*" 念のため、直訳しておくと、「神は、全人類に大地を与えた。誰も排除せず誰も贔屓せず、総ての人々を養わんがためである。ここに、地上の諸財が万人に与えられている起源がある。」英語版、独語版は、それぞれ "This is the foundation of the universal destination of the earth's goods." „Hier liegt die Wurzel der universalen Bestimmung der Güter der Erde." とある。邦訳では、「大地の産物の普遍的用途の基礎」とか「地上の財貨の普遍的目的の基礎」となっているが、これでは意味が不明確になってしまう。ここで言われているのは、大地の諸善益、財は、根源的には、全人類共同体の共有物である、ということである。そこで、私は、やや生硬な表現ではあるが、「財の名宛の普遍性」と仮に訳出しておきたい。この問題に連関し、水波朗『基本的人権と公共の福祉』（九州大学出版会、1990 年）55-63 頁の印象的な記述を参照されたい。Messner, Ethik, S. 451ff., bes. S. 452.

33　CA, 31. "Hodie prasertim laborare est *cum aliis laborare et laborare pro aliis*；est aliud facere pro aliquo."

34　CA, 32. "*possessio haec est cognitionis, tecnicae artius, totius scientiae.*"、英語版では、"the possesion of know-how, technology and skill" とある。scientia が skill と対応する背後には、Fr. Bacon の有名な言葉（厳密には思想）"Scientia est potential" が窺われる。

35　CA, 32. "*facultas consilia capiendi et opera conducendi*" の訳。英語版は、"initiative and entrepreneurial ability"「発展と企業家的の能力」となっている。若干説明をしておくと、それは、「瑞々しい精神で進取的に未来に企投的に関わるなかで創意発案し、一旦実行し始めたからには、最後まで誠実に、真剣に、少々の関門にも怯むことなく遣遂げる能力」である。

36　CA, 32. 引用文中「凝離」という訳語は、社会学の術語に倣った。英語版は "Thus, if not actually exploited, they are to a great extent marginalized"「かくして、彼等は、現実に搾取されているのではないにせよ、大いに周辺に追い遣られている。」

37　この問題に関して、貧しい国々は、全世界市場との交渉を断ち、自力で発展を遂げようとしたが、これは失敗に終わった「国際市場への公正な参入」aequus accessus ad mercanturam internationalem の重要性が強調されている。(CA, 33)

38　CA, 35. "Magnus fecundusque campus patescit *navitatis et contentionis*, iustitiae nomine, pro opificum collegiis ceterisque operariorum consociationibus."

39　CA, 36. 直訳すれば、「事物を消費する過度の偏愛」。英語版 "the phenomenon of

consumerism"、独語版 „das Phänomen des Konsumismus" ともに「消費主義という現象」とある。

40 CA, 36. この箇所は、ラテン語版、英語版、独語版に若干の相違が見られる。

41 CA, 37. "Homo enim magis habere cupiens et gaudere quam esse erescere, immodice et sine moderatione opes terrae et suae ipsius vitae absorbet." 引用文中の gaudere は、一般的には必ずしも否定的情緒意味を有する語ではないが、ここでは明らかにそうした意味を担わされているので、「享楽する」と訳しておく。

42 CA, 37 参照。この問題につき、啓蒙書として、加藤尚武『環境倫理学のすすめ』（丸善ライブラリー、平成３年）特に１、９、10章参照。その外、読み応えのある最近の論文として、高橋広次「環境倫理学と現代―自然法論の Umdenken に向けて―」『自然法の多義性』（阿南、水波、稲垣編、創文社、平成３年）を挙げておきたい。

43 Cf. CA, 38. "Non solum terra a Deo homini data est, qui ea uti debet primigenium propositum obsenvans pro quo ei tamquam bonum est data；sed etiam homo sibi ipsi a Deo datus est eique est ideo observanda structura nuturalis et moralis qua est donatus." 尚、"structura naturalis" は、他の箇所では観点を少し変えて "loci naturals" とも表現されている。

44 CA, 38. Vgl. J. Messner, *Das Naturrecht*, S. 147ff.

45 CA, 40. 従って、経済活動を市場原理に完全委任してしまう立場――回勅では「市場原理の偶像化」と呼ばれる――は支持されない。それが市場論理では充足され得ない「共同の質的諸必要」、「人間の諸要請」、本質的に売買に馴染まないものを正しく評価することを拒むからである。

46 CA, 41. 英語版は、"The concept of alienation needs to be led back to the Christian vision of reality, by recognizing in alienation a reversal of means and ends." 「疎外のうちに手段と目的の転倒（があること）を認識して、……」、独語版は、„Wir müssen den Begriff, 'Entfremdung' auf seinen christlichen Sinngehalt zurückführen und in ihm die Umkehrung von Mitteln und Zielen wieder aufleben lassen." 「我々は『疎外』の概念をキリスト教的意味内容へと連戻し、そこに於いて手段と目的との逆転を実現しなければならない（転倒せしめられた手段と巨的との関係を再度逆転し、正しい関係を生出さねばならない）。」とある。

47 英語版では "business economy"、独語版では „Unternehmenswirtschaft"、何れも「企業経済」の意、となっている。

48 "radicalis ideoIogia capitalismo consentanea" の訳。英語版、独語版ともに、「急進的資本主義イデオロギー」とある。

49 ラテン語版では "administratio"（指導、管理）であるが、英語版 "enterprise"、独語版 „Unternehmen" に従って、「企業」としておく。

50 CA, 43. "Administratio haberi non potest tantummodo《capitum pecuniarum societas》；ca simul est《societas personanrum》, cuius participes sunt, modo diverso et propriis cum oneribus, simul illi qui caput suppeditant ad eius actionem necessarium, simul qui per

suum laborem cooperantur."

51 CA, 43. "Suo labore homo semper curam adhibet non de se solo, sed etiam *de ceteris et cum ceteris* eam suscipit."

52 直訳すれば「国家と精神文化」。英語版も独語版も「国家と文化」(State and Culture, Staat und Kultur) となっている。精神と関わりを有しない文化などそもそもあり得ぬことを考慮すると、「精神文化」というのは冗語表現か。cultus だけでは「耕作」のニュアンスが濃すぎる故に、animus 精神の自己耕作 (animi cultus) で「文化」を表現していると見るのが正当であろう。

53 Cf. CA, 44. Rerum novarum, no. 26. "Itaque per quos civitas regitur, primun conferre operam generatim atque universe debent tota ratione legum atque institutorum, scilicet efficiendo ut ex ipsa conformatione atque administratione, riepublicae ultro prosperitas tam communitatis quam privatorum efflorescat." ラテン正文、独語版、英語版の何れも、少なくとも二権の分立を前提としていることが解る。しかし、邦訳 (『教会の社会教書』66 頁) ではそれすら不明になっている。「国家の元首は、まず法律や制度の全体によって、全般的な協力を実行しなければならない。すなわち、社会が、自然に、公共の繁栄と個人の繁栄とをもたらすように、これを組織し、統治しなければならない。」

54 CA, 44. "Illud addatur：totalitarismum ex veritate obietive negate oriri：……" Hodierni igitur totalitarismi radix in negatione reperitur dignitatis transcendentis humanae personae,……

55 CA, 46. "At suscepta tantummodo veritate plene et perfecte aestimatur libertas.", „Aber die Freiheit erhält erst durch die Annahme der Wahrheit ihren vollen Wert.", "But freedom attains its full development only by accepting the truth." 独語版は、ラテン版に近い。英語版及び日本語版は、「自由は、その完全な発展に達する」、「自由は十全な発展を遂げることができます」となり、自由が幾分実体化された表現になっている。自由が意味を有するのは、真理との関わりに於いてである。

56 国家目的としての「世俗的公共善」le bien public temporel については、ジャン・ダバン『国家とは何か』(水波朗訳、創文社) 69-165 頁、特に 89-109 頁、及び水波朗『法の観念』(成文堂) 165-171 頁、の極めて優れた論述を参照されたい。その外、トマス主義の法哲学、社会哲学の欧語文献は夥しい数にのぼる。

57 水波朗「福祉国家の法理」365-379 頁『トマス主義の憲法学』(九州大学出版会、1989 年) 所収、参照。「国家は個々の『人格者』の自由なイニシャーティブと自己責任による第一次決断とその実行とを、また一切の中間諸社会のそれらを、第二次的に補完することによって公共善を生み出す国民共同の営為である。」(同書、242 頁)

58 CA, 49. "Inter necessitudinum nexus persona aetatem agit et 《societatis subiectivitas》 invalescit." "It is in interrelationship on many levels that a person lives, and that society becomes more 'personalized'." „Der Mensch lebt in der Vielheit der zwischenmenschlichen Beziehungen, und in ihr wächst die, Subjekthaftigkeit der Gesellschaft."

252　第 5 章　『百周年回勅』の今日的意義

59　„Via est Ecclesiae homo" 直訳すれば、「教会の道は人間である。」、「外ならぬ人間、それが教会の道である。」となる。英語版、独語版は、"Man is the way of the Church"、„Der Mensch ist der Weg der Kirche" となっており、邦訳のように、「人間は教会の道である。」を許容しない訳ではないが、「人間こそ、教会の道である。」をも意味し得る。そして、ここでは、後者の意に解さねばならない。それは、次の引用文からも明かである。"Sequitur ideo hinc ut Ecclesiae hominem deserere non liceat et sit 《hic ipse homo ……prima veluti via, quam Ecclesia in suo munere implendo emetiatur oportet, ……quam ipse Christus aperuit quaeque per mysterium lncarnationis et Redemptionis constanter transit》." （CA, 53）"Tertio quoque ingressuro mille annorum spatio, remanet 《signum……et tutamentum transcendentiae humanae personae》, quem ad modum efficere simper studiut primis a vitae suae initiis ambulans videlicet cum homine per saeculorum aetates." （CA, 55）

60　"iustitia igitur ut compleatur feliciterque cedant hominum conatus ad eam exsequendam, gratiae munus a Deo profluens postulator." 「かくして正義が成就され、正義を実現しようとする人々の努力が実を結ぶためには、神より発出する恩寵の賜物が要請される。」カトリック社会論、伝統的自然法論が社会現実主義 Sozialrealismus であるのは、こうした問題と深く連関している。Vgl. J. Messner, *Das Naturrecht*, Kap. 11.

61　CA, 60. "……, sed definita exposcere principia ethica et religiosa necnon animorum conversionem et morum et structurarum."

62　他の人々との協力の必要性は、前に引用した RN, 13 に於いて言及されている。「善意の人々」が文書に登場した例として、しばしばヨハネ 23 世の Pacem in terries （1963）が引き合いに出されるが、それ以前に同教皇による Mater et Magistra （1961）の 221 節で見出される。但し、"men of goodwill everywhere"、„alle Menschen guten Willens" に対して、ラテン語版は、"egregie cordatos homines universos"「素晴らしく思慮深い総ての人々」となっている。

63　三島淑臣『法思想史』105 頁以下、特に 113 頁以下参照。より詳細な記述は、船田享二『ローマ法第一巻』（岩波書店）218-224 頁を参照されたい。

64　三島『法思想史』114 頁参照。「いずれにしても、自然法観念はローマ法学者たちの下で単なる抽象的理論から法形成のための実践的道具へと転化し、古来のローマ市民法をより合理的＝人道的な万民法の形姿へと高め、当時としては可能な限り普遍人類的な法体系を作り上げる上で指導的な役割を演じたのである。」（三島『法思想史』115 頁）更に、船田『ローマ法第一巻』222 頁以下参照。

65　Franz Klüber, *Katholische Gesellschaftslehre*. 1. Band：Geschichte und System, Osnabrück 1968, S. 639-642., Gallus M. Manser, O.P., *Das Naturrecht in thomistischer Beleuchtung*, Verlag der Paulusdruckerei, 1944, S. 95-102.

66　田畑茂二郎『国際法』第二版 16-24 頁。

67　田畑『国際法』25-27 頁。

68　Vitoria, *Relectio de lndis*, tit. Leg. 2, "Quod naturalis ratio inter omnes gentes constituit, vocatur jus gentium." (zitiert aus Alfred Verdross, *Abendländische Rechtsphilosophie*, 2. Aufl., S. 93)

69　田畑『国際法』32-35 頁。

70　Verdross, *Völkerrecht*, 5. Aufl., 1964, S. 97. „Durch diese Methode kommt Vitoria zum Begriffe des allgemeinen VR, wodurch er die damals, im Zeitalter der großen Entdeckungen beginnende Ausweitung des europäischen zum universellen VR vorwegnimmt." 引用文中の „VR" は „Völkerrecht" (国際法) の略である。Vgl, auch J. Messner, *Das Naturrech*, S. 678-680.

71　フェアドロスの説明に拠れば、「ビトリアの考えでは、万民法は自然 Natur から完璧な姿で導出されるのではない。何となれば、自然法 Naturrecht は、人間的行為の根本原理を規律するのみであって、自然法原理の具体的形成 Ausgestaltung は慣習（consuetude）と契約（pactum）とに委ねられるのであるから。」(A. Verdross, *Völkerrecht*, S. 97) 万民法と自然法とは相互に区別されている。それをより明確にしたのはスアレスであった。彼は、万民法の自然法的基礎附けと実定法たる万民法それ自身とを区別したのだ。とは言え、「国際法（＝万民法）Völkerrecht は、中央立法部の権威にではなく、人類の合意に、或いは少なくとも人類の多数の合意に基づくものであるから、動もすれば自然法と取違えられる程に自然法と緊密な関係に立っている。それでもやはり、理性的本性の押し促しの下で形成されるものであるから、慣習の漸次的改変を通じて再た変更され得るのである。」(A. Verdross, *Völkerrecht*, S. 97)

　　ビトリア、スアレス、グロティウスの国際法思想については、伊藤不二男博士による極めて優れた三部作、『ビトリアの国際法理論』（昭和 40 年）、『スアレスの国際法理論』（昭和 32 年）、『グロティウスの自由海論』（昭和 59 年）（何れも有斐閣刊）がある。概観を得るための文献としては、田畑『国際法』及び A. Verdross. *Völkerrecht*, S. 97-102., ders., *Abendländische Rechtsphilosophie*, S. 92-113 を挙げておく。

72　J. Messner, *Das Naturrecht*, 5. Aufl., S. 377. 傍点は、原著者による斜体強調。

73　今日一般に言われる国際法とは、主権国家間の条約法並びに国際慣習法である。尚、国際法の法的性質については、田畑茂二郎『国際法Ⅰ』新版（昭和 48 年、有斐閣）66-84 頁。及び、加藤新平『法哲学概論』（昭和 51 年、有斐閣）396-419 頁を参照されたい。

74　J. Messner, *Das Naturrecht*, S. 377.

75　Thomas Aquinas, *Summa theologiae*, Ⅱ-Ⅱ, 57, 3.

76　J. Messner, *Das Naturrecht*, S. 378. メスナーは、『文化倫理学』において、諸民族は「学問的」反省によってではなく「習俗と習慣」Sitte u. Gewohnheit の発達してゆく過程で、こうした諸制度の基底にある原理を受容するに至っただけであると言い、それは要するに、共通の人間本性が彼らをして万民法（の生成）へと押し促し、万民法に内含される自然法原理が人間本性と本質的に融合していることを証するのである、と言う（Messern, Kulturethik, S. 133）。

77　J. Messner, *Das Naturrecht*, S. 378. Ferner ders., Naturrecht in Evolution, in

254　第 5 章　『百周年回勅』の今日的意義

Internationale Festschrift für Stephan Verosta zum 70. Geburtstag, 1980. Duncker u. Humblot.

78　J. Messner, *Das Naturrecht*, S. 378.

79　J. Messner, *Das Naturrecht*, S. 379.

80　J. Messner, *Das Naturrecht*, S. 379. 尚、初版では引用文の直前に「全人類史を通じて、万民法は、人間的進歩の強力な動力たることを自ら証明している。」(1. Aufl., S. 207) という一文があった。

81　J. Messner, *Das Naturrecht*, S. 380. 尚、初版では、die Freiheit der Person「人身の自由」が挙げられており、die Freiheit des Gewissens は見られない。他方、第 5 版では、die Freiheit des Gewissens「良心の自由」が挙げられる代りに、die Freiheit der Person が削除されている。それをどう理解すべきか。次の二つの推測が可能であろう。第一に、メスナーは、die Freiheit der Person を、人身の自由を意味する通常の用法とは違って、初版では die Freiheit des Gewissens と同一視し得る「人格の自由」という意味で使用しており、誤解を避けるために第 5 版ではより明瞭な表現、詰り、die Freiheit des Gewissens に書き改めた、という推測。第二に、「人身の自由」は、近代の人権の中では、既に古典的地位を占めているので、今日の万民法に含めるまでもないとメスナーが判断したのではないか、とする推測。私自身は、メスナーは第一の趣旨を擁いていたのではないかと思っている。Vgl. CA, 21.

82　J. Messner, *Das Naturrecht*, S. 380. Vgl. CA, 21.

83　J. Messner, *Das Naturrecht*, S. 380. 共同善に就いても力動性が強調されている。Vgl. *Das Naturrecht*, S. 199, 212, 846ff. 葛生栄二郎教授は、主著『自由社会の自然法論』の第三章「自然法と万民法」において、万民法の歴史を丁寧に辿り、高度の普遍性を有する慣習法であるが故に広い意味で「自然法」に属する万民法を抱擁していた自然法論の長い歴史において眺めるならば、リゴリスティックな自然法論が寧ろ特異なタイプであったことを論じている。葛生教授の「開かれた自然法論」は文化的歴史的相対性を重視し、他方でその発展的展開力を人間本性に基礎づけて論じるメスナーの動態的自然法論とその重要な点で一致する。

84　J. Messner, *Das Naturrecht*, S. 377.

85　本書 219 頁。

86　本書 206 頁。

87　J. Messner, *Ethik*, 451, *Das Naturrecht*, S. 1067. 前著『倫理学』及び『自然法』初版では「私的所有権」、『自然法』第 5 版では「私的所有原理」。

88　J. Messner, *Das Naturrecht*, S. 1067.「生産財としての事物に対する私的所有権が問題となるのであって、消費財に対する私的所有権、これは真剣に争われることがない。」(*Ethik*, 451)

89　„die ausschließliche und uneingeschränkte Herrschaftsgewalt über Sachen" (*Das Naturrecht*, S. 1067.) 我が国法に即して註釈しておくと、先ず、所有権を雛形とする物権は、「一定の物を直接に支配しうる権利、ないし、一定の物について直接に利益

を享受しうる権利」（舟橋諄一『物権法』有斐閣、6 頁）であって、この物の直接支配権という物権の本質から物権の「排他性」が論理上の帰結として導出される。即ち、「同一物上に互に相容れない内容の物権が二個以上同時に成立することは、法律上不可能だとされる。」（舟橋 9 頁）たとえば、一筆の土地 X の上に甲の所有権が存すると同時に乙の所有権が存することは不可能であり（勿論、共有はあり得るが）、甲のために抵当権が設定されている場合には、最早乙には同順位の抵当権は設定出来ない仕組みになっている。尤も、実務上は、前に登記された抵当権が一番抵当権として、登記が遅れた二番抵当権に優先するのだが。しかし、土地 X を、A が B と売買契約をした後でも A は C と売買契約を有効に締結し得る。契約が債権であるからである。次に、所有権の内容たる「直接的な物的支配権能」は、「物の有する使用価値および交換価値について、その全部に全面的に及ぶ。」（舟橋 339 頁）従って、他の物権、即ち、①物の使用価値の一部を享受乃至支配し得る権利としての用益物権（地上権、永小作権、地役権、入会権）、②物の交換価値の全部又は一部を享受乃至支配し得る権利としての担保物権（先取特権、質権、抵当権など）は、所有権の部分機能を内容としているという意味で、「制限物権」と講学上呼ばれている。（舟橋 2-3 頁、8-9 頁、337-339 頁、広中『物権法』［第 2 版増補］415 頁、参照。詳細は、川島武宜『所有権法の理論』）実定法上は、使用価値・交換価値という用語ではなく、「使用」、「収益」、「処分」が用いられている。

90 *Das Naturrecht*, ebendort.

91 Vgl. *Das Natunrrecht*, S. 228f., 626ff.

92 Vgl. *Das Naturnecht*, S. 42ff.（1. Aufl., 36ff.）『文化倫理学』（*Kulturethik*, S. 156f, usw）では „die wesenhaften Lebenszwecke des Menschen" という術語が用いられている。

93 重要な箇所であるので、原文を掲げる。„Wie jedes Recht, so findet auch das Privateigentumsrecht seine Begründung im Rechtszweck. Dabei steht der *gesellschaftliche Zweck im Vordergrund*：Die Güter der Erde sind zum Dienste für alle Menschen bei der Erfüllung ihrer existentiellen Zwecke bestimmt, weshalb in diesem Sinne auch *allen gemeinsam* ist." 特に問題になるのは、weshalb 以下である。先ず、„allen alles gemeinsam is" は、聖トマスの "omnia sunt communia" の独語訳であって、それぞれ邦語では「万人に万物は共有である」、「万物は共有（的）である」などと訳されるのが一般であろう。訳語の検討を通して、聖トマス並びにトミスムの所有権論を明確化する作業を、次項に於いて試みる。次に "auch" の意味であるが、前の一般的所有原理を承けて、聖トマスか語ったようにも又表現できる、即ち、トマス風に短縮表現も可能である、と理解すべきではないかと思う。要するに、「も又」は、「この意味に於いて」をも「万人に」をも意味上承けない、と考えるのである。

94 Vgl. *Das Naturrecht*, S. 1067f. Thomas Aquinas, S. th., Ⅱ-Ⅱ, Qu66, art. 7. 水波朗『基本的人権と公共の福祉』55-63 頁参照。

95 *Das Naturrecht*, S. 1068.「比例的配分」の意味に就いては、Kapitel 24. Das Gemeinwohl als Ordnung 及び、本書第 3 章「共同善、社会、国家」第 40 及び 41 番を参照。

256　第5章　『百周年回勅』の今日的意義

「社会的協同」die gesellschaftliche Kooperation に就いては、*Das Naturrecht*. Ⅱ. Teil Die Natur der Gesenschaft：Sozialphilosophie（S. 149-220）及び本書第3章第4節参照。

96　*Das Naturrecht*, ebendort.

97　Gallus M. Manser O.P., *Angewandtes Naturrecht*, Paulusverlag Freiburg i.d. Schweiz, 1947. S. 74f. 引用文中下線はゴチック体、傍点は斜体強調である。

98　それは、基本的には原罪と贖罪に関するキリスト教神学である。Vgl. J. Messner, *Das Naturrecht*, Kap. 2, 11. 尚、拙著『ヨハネス・メスナーの自然法思想』第一章第二節第一項「カトリック自然法論の人間観・社会観」をも参照。

99　*Das Naturrecht*, S. 1068. 引用文中「人間本性一般の発現形態」の原語は、„Verhalten der menschlichen Natur im allgemeinen“ である。

100　Cf. S. Thomas Aquinas, *Summa theologiae*, Ⅰ-Ⅱ, Qu94, a. 5, ad3.

101　Vgl. *Das Naturrecht*, S. 1068f.

102　補完性原理に就いては、本書第3章「共同善、社会、国家」第七章、及び同章（注20）を参照。

103　Vgl. *Ethik*, S. 452. 本根拠に関しては、『自然法』の初版と5、6、7版、及び本文に意訳した『倫理学』の記述は、内容的には齟齬の見られぬものの、表現に相違がある。『倫理学』の記述が最も明快であるので、これを本稿では採用した。

104　⑤と⑥に述べた理由附けは、回勅『レールム・ノヴァールム』の中で教皇レオ13世によって宣言されたものである。

105　Vgl. *Das Naturrecht*, S. 1069ff.

106　『倫理学』では、「稀少財」die knappen Güter（Ethik, S. 453）とある。

107　*S.T.*,　Ⅰ-Ⅱ, Qu105, art. 2. 人々の交流 communicatio（稲垣良典教授の訳では「相互関係・交渉」『神学大全』13 冊、創文社、386 頁 Otto Hermann Pesch の独語訳は „Gemeinsamkeit“（共同、共通性））には二種が見られる。一つは、「君主の権威」auctoritas principum によって成立する「国家」、もう一つは、「個々人の固有の意思」propria voluntas privatarum personarum によって成立する「社会」である。

108　「社会体」及びその有機体との類比的考察に就いては、J. Messner, *Das Naturrecht*, Kap. 20 u. 21. 及び本書第3章第5章、特に第30、31番を参照。「私的所有制にあっては、社会成員及び社会集団は、自主的に相互の為に働くのであって、社会生産物の配給者としての国家の為に働くのではない。」（*Das Naturrecht*, S. 1070）

109　*Das Naturrecht*, S. 1069. 初版で „die Erfüllung ihrer existentiellen Zwecke“（1. Aufl, S. 717）となっていた表現がより一層厳密に語られている。„Das Privateigentum ist die Erstreckung der menschlichen Person in die materielle Welt bei der Erfüllung ihrer in den existentiellen Zwecken begründeten Lebensaufgaben.“

110　*Das Naturrecht*, S. 1071. „Das Privateigentum fördert und schützt die natürliche Ordnung von Gesellschaft und Staat. Denn diese Ordnung ist, weil im Dienste der menschlichen Person, wesenhaft Freiheitsordnung.“ 初版では、この直後に（1. Aufl., S.

註　257

719）人格の自由が、経済的社会的、政治的自由と不可分であることが記されている。尚、「社会と国家の自然本性的秩序」の意味に関しては、本書第3章第5、第6節を参照。

111　*Das Naturrecht*, ebendort.

112　Vgl. *Das Naturrecht*, S. 1072.

113　所有秩序を可能態、即ち、本質乃至理念の次元に於いてではなく、現実態、即ち、具体的現実の次元に於いて問題にするならば、そこで「社会的」及び「歴史的」諸要因が深く関与してくるのは当然である。そして、社会的要因としては合意の要素、歴史的要因としては社会と文化の発展に連関する諸事情が考えられる。Vgl. *Das Naturrecht*, S. 1071f.

114　*Das Naturrecht*, S. 1072.

115　*Das Naturrecht*, ebendort.

116　それらの相互関係に就いて、前掲拙稿「メスナー自然法論の思想的境位」参照。

117　極く最近のもののみを挙げると、野尻武敏「社会回勅と社会体制—レールム・ノヴァールム 100 年」、『社会倫理研究』第 1 号、33、34 頁、橋本昭一「『レールム・ノヴァールム』刊行の意義—社会回勅の 100 年を振り返って—」『社会倫理研究』第 1 号、62-63 頁、W.E. フォン・ケテラー『現代の大社会問題』第 1 説教『南山経済研究』第 2 巻、第 2、3 号、1988 年の桜井健吾教授の訳注 186-188 頁。

118　広中俊雄『物権法』［第 2 版増補］（青林書院、1987 年）419 頁。通常は、④互有を除外した三形態が共同所有の諸形態として論じられている。この点に就き、船橋諄一『物権法』（有斐閣、昭和 35 年）372 頁以下、遠藤、川井、原島、広中、水本、山本編『民法⑵物権』第 3 版（有斐閣、1987 年）201 頁以下、参照。尚、船橋『物権法』373 頁によると、近代的共同所有関係として、①通常の共有、②組合共有（＝合有）、③社団所有が、前近代的遺制として、④総有が、語られる。但し、社団所有は、法律上社団による「単独」所有の取扱を受ける。

119　舟橋『物権法』354 頁、広中『物権法』388 頁以下、『民法⑵』181 頁以下。

120　舟橋、373 頁。「単独所有の場合に所有者が『自由ニ』所有物の『使用、収益及ヒ処分』をなしうる（206 条）のと異なり各共有者による共有物のそれは制約されるが、この制約は、客体が単一の物であることによるものであって、共同所有者間になんらかの結合関係があることによるものではない。持分権処分の自由および分割請求の自由は、共有者たちが単純に多数性（Vieheit）において存在し単一性（Einheit）において存在するのではないということに基礎を持っている。」（広中、419-420 頁）

121　共有の法律的性質に就いては、舟橋、375 頁以下、及び『民法⑵』202 頁以下を参照。

122　舟橋 376 頁、広中 422 頁。たとえば、民法第 249 条「各共有者ハ共有物ノ全部ニ付キ其持分ニ応シタル使用ヲ為スコトヲ得」、250 条「各共有者ノ持分ハ相均シキモノト推定ス」、その外、253 条、261 条中の「其持分ニ応シテ」に見られる「持分」は「持分の割合」の意である。

258 第5章 『百周年回勅』の今日的意義

123 舟橋 378-380 頁、広中 437-438 頁、『民法⑵』206-210 頁、参照。

124 広中 422 頁。

125 舟橋 378 頁、広中 426-427 頁参照。

126 舟橋 387-389 頁参照。

127 舟橋 388 頁。勿論、共有者間に特約（不分割契約）がある場合は、その限度で分割
自由に制限が認められる（256 条 1 項但書及び 2 項）。その他、境界線上の設置物（257
条）、組合財産（676 条 2 項）、遺産（908 条、907 条 3 項）、共有林（森林法 186 条）
に就き、分割の制限乃至特例が定められている。

128 舟橋 390 頁、広中 441 頁、『民法⑵』218 頁。尚、目的物が不動産の場合には、当然
登記の問題が生ずる。しかし、この問題に深入りすることはできない。又、本稿の趣
旨からしてその必要もない。但し、次注 46 参照。

129 「組合員カ組合財産ニ付キ其持分ヲ処分シタルトキハ其処分ハ之ヲ以テ組合及ヒ組
合ト取引ヲ為シタル第三者ニ対抗スルコトヲ得ス②組合員ハ清算前ニ組合財産ノ分
割ヲ求ムルコトヲ得ス」因みに、民法上「組合」は、①組合契約の意（民法第 3 編第
2 章第 12 節の標題）と、②組合契約によって創設される団体の意（第 12 節の条文中
の「組合」）の両義を有する。更に、組合契約という語も、最初の組合設立行為と組
合規約の両者を意味し得る。又、「民法上の組合」は、労働組合や農業協同組合の如
き「特別法上の組合」とも商法上の匿名組合と異なる。尚、組合共有の場合持分処分
が制限されているにも拘らず、登記実務上、通常の共有と同様の取扱いを受けること
に由来する不都合とその解決策に就き、来栖三郎『契約法』（昭和 49 年、有斐閣）651-
654 頁参照。

130 我妻栄『債権各論中巻二』（岩波書店、昭和 37 年）[1204]、舟橋 374 頁、広中 420
頁、『民法⑵』201 頁、『民法⑹』232-233 頁。

131 広中 420 頁。

132 舟橋 436 頁。

133 尚、地盤面から見た入会の態様としては、①国有地入会、②公有地入会、③私有地
入会が、利用形態面から見た態様としては、①団体直轄利用形態、②個人分割利用形
態、③契約利用形態が有る（舟橋 438-446 頁参照）。

134 広中 421 頁。

135 本章では、持分処分と分割請求の自由の観点からのみ三者を比較した。その外、共
同所有者の結合状態の観点、管理と収益の相互関係の観点からも重要な相違が見出
されるが、今は詳述できない。

136 田中二郎『新版行政法中巻』全訂第二版（弘文堂、昭和 51 年）302、306-307 頁、
広岡隆『新版行政法総論』（ミネルヴァ書房、1992 年）94 頁参照。

137 田中『新版行政法中巻』302 頁。国有行政財産は、国有財産法により、公用財産、
公共用財産、皇室用財産、企業用財産の四種に分たれる。

138 田中 305 頁。広岡 93 頁参照。

139 田中前掲は、定義に含まれる四要件（①個々の有体物、②直接、③行政主体によっ

て、④公の目的）を論ずるが、本稿にとって直接関わる問題は、第四要件である。尚、田中 309 頁、広岡 94 頁参照。

140　田中 308-309 頁、広岡 93-94 頁参照。

141　田中 320-325 頁、広岡 98-101 頁参照。更に、広岡隆『公物法の理論』（ミネルヴァ書房、1991 年）「第四章公共施設の利用関係」をも参照されたい。因みに、本書は、ウィットとユーモアに富んだ、それでいて法理論的にも冴え渡った著作である。公物及び公産（domaine public）概念の発展に就いては同書第一章参照。

142　広岡『行政法総論』98 頁。

143　田中 321 頁。

144　広岡『行政法総論』101 頁。

145　尤も、排他的独占的使用という意味で、「専用（権）」という語もある。「共用権」」に対する語である。

146　Franz Klüber, *Katholische Gesellschaftslehre*. 1. Band：Geschichte und System, Osnabrück, 1968, ders., *Naturrecht als Ordnungsnorm der Gesellschaft*. Köln, 1966, ders., *Eigentumstheorie und Eigentumspolitik*, Osnabrück, usw.

147　Fr. Klüber, *Der Umbruch des Denkens in der katholischen Soziallehre*, Pah1-Rugenstein, 1982.

148　Fr. Klüber, *Der Umbruch*, S. 269. クリューバーは、神学、哲学、国民経済学、法学を修めた極めて広い視野と豊かな学殖に裏打ちされた体系的思想家である。又、本文に引用した箇所を始め、外にも、たとえば、Miteigentum（共有）が法律用語として使用される場面とそうでない場面とをよく意識している（z.B. *Katholische Soziallehre und demokratischer Sozialismus*, 1974, Verlag Neue Gesellschaft GmbH, S. 95. Anm. 92）。

149　Rodger Charles, S.J. with Drostan MacLaren, O.P., *The Social Teaching of Vatican II*. Its Origin and Development, Catholic Social Ethics：an historical and comparative study, Plater-Ignatius, 1982, p. 299 footnote123.

150　Cf. Gaudium et spes, n. 71. *Texte zur katholischen Soziallehre*, S. 393 に見られる訳語は „Gemeineigentum" である。

151　アリストテレス『政治学』第二巻第 5 章参照。

152　Fr. Klüber, *Der Umbruch*, S. 269. „Das Eigentum hat nur diesen einen Sinn, Mittel der Persönlichkeitsentfaltung zu sein. Weiterreichende Zwecke und Wirkungen, die man mit dem Eigentum anstrebt, müssen zurückgewiesen warden, weil sie sich nicht begründen lassen." 表現は異なるが、メスナーも同趣旨である。これに就き、本章注 10 参照。

153　Fr. Klüber, *Der Umbruch*, ebenda.

154　Fr. Klüber, *Der Umbruch*, S. 269f.

155　*Mater et Magistra*, n. 113, n. 116f.

156　Fr. Klüber, *Der Umbruch*, S. 272. 反対説を説く高名な論者として、ウッツ教授がいる。Arthur-Fridolin Utz, Der Begriff des Eigentumsrechts in der katholischen Soziallehre und seine Beziehung zur Wirtschaftsordnung. in：A.F. Utz Hg., *Die katholische Soziallehre*

260　第5章　『百周年回勅』の今日的意義

und die Wirtschaftsordnung, S. 116f., ders., Die Eigentumslehre des hl. Thomas v. Aquin. in：*Ethik und Politik*, Seewald 1970, S. 386ff. ウッツ教授によれば、古代キリスト教の神学者達は、私有財産に物を言わせた豪奢浪費と戦ったのであって、如何にすれば物質財が慎重に、そして生産的に管理利用される（Verwaltung）かという発想は念頭になかった。「専ら司牧関心に導かれた教父達にとって重大であったのは、キリスト教徒を道徳的に覚醒せしめることであった。」（*Der Begriff des Eigentumsrechts*, S. 117）又、別稿で曰く、「教父達は、既述の如く、そして更に詳論するように、垂直的視線を保持した。他方、水平的視線、即ち固有に法的な関係は、中世に於いて初めて明らかに評価されることとなった。」（*Die Eigentumslehre*, S. 386）

157　Fr. Klüber, *Der Umbruch*, S. 272.

158　Fr. Klüber, *Der Umbruch*, ebenda.

159　Fr. Klüber, *Der Umbruch*, ebenda.

160　Fr. Klüber, *Der Umbruch*, S. 272f. 問題の書は、Otto Schilling, *Reichtum und Eigentum in der altkirchlichen Literatur. Ein Beitrag zur sozialen Frage*, Freiburg 1908 である。尤も、クリューバーが異を唱えるのは、シリングの学説全体にではなく、所有思想に就いてである。

161　Matthias Laros, Vom christlichen Eigentumsrecht. In：*Hochland*, 25, 1928, 2. Bd.

162　Cf. *Rerum novarum*, n. 7ff. et 12.

163　Vgl. Johannes Messner, *Die Magna Charta der Sozialordnung*, Verlag J.P. Bachem 1981, S. 4f.（邦訳「社会秩序の大憲章―『レールム・ノヴァールム』90周年―」『社会と倫理』第10号、2001年），A.F. Utz, Der Begriff des Eigentumsrechts, S. 147f. u.a. タパレッリに就いては、差し当たり次を参照。Johannes Messner, Die Erfahrung in der Natur-rechtslehre von Taparelli d'Azeglio, In：*Miscallanea Taparelli*, *Analecta Gregoriana*, 1964, A. F. Utz, Der Begriff des Eigentumsrechts, S. 136-148., Marcel Thomann, Der rationalistische Einfluß auf die katholische Soziallehre, in：*Die katholische Soziallehre und die Wirtschaftsordnung*, S. 183-192.

164　本章第一部第4節及び註（31）。

165　*Rerum novarum*, n. 7. "Cetrum utcumque inter privatos distributa, inservire communi omnium utilitati terra non cessat." 当該箇所の日本語版は、「しかし、土地は分割されて私有物となっても、皆の共有物であることにかわりはない。」と意味不明の訳文となっている。

166　本章第二部第一節を参照。メスナーは、ius gentium を動態に於いて理解する独自の観点を有する。それに対して、たとえば、Gallus M. Manser, *Das Naturrecht in thomistischer Beleuchtung*, Verlag Paulusdruckerei, 1944, S. 100-102 は、古い「万民法」と本来的国際法の相違を格別強調して、国際法がキリスト教の文化遺産であることを主張する。マンセルの如き理解に立つならば、クリューバーの言分は納得し易い訳である。その外、A.F. Utz, Der Begriff des Eigentumsrechts, S. 124 をも参照。

167　Vgl. Fr. Klüber, *Der Umbruch*, S. 274. この背景には、当然のことながら、ius gentium

は、少なくとも広義に於ける ius naturale であるとの理解が存在する。Cf.., *S.T.* Ⅱ-Ⅱ, 57, 3.

168　*S.T.* Ⅱ-Ⅱ, 66, 2ad1.

169　Fr. Klüber, *Der Umbruch*, S. 273.

170　Vgl. Gallus M. Manser, *Angewandtes Naturrecht*, 1947, S. 76f.

171　A.F. Utz, Der Begriff des Eigentumsrechts, S. 118f. vgl. auch ders., Die Eigentumslehre des hl. Thomas v. Aquin, S. 400ff. 消極的共産主義（消極的共有思想）に就いては、野尻武敏「トミズムによる所有制の原理—聖トマス所有権思想の研究—」『神戸大学経済学研究年報10』1963 年、187 頁以下、A.F. Utz, Die Eigentumslehre des hl. Thomas v. Aquin, S. 401-402 Anm. 18 等を参照されたい。

172　A.F. Utz, Der Begriff des Eigentumsrechts, S. 118. この道徳命令を、クリューバーは、die Norm des Gemeingebrauchs der Güter, im Dienste der Gemeinschaftsbestimmung der Sachwerte, das Prinzip des Gemeingebrauchs der Glüter, 或いは簡単に、das Gemeingebrauchprinzip と呼んでいる。

173　トマスによる私的所有制の基礎付けに就いては、野尻前掲論文（殊に 195 頁以下）が詳しい。その外、本章第一節で紹介したメスナーの論拠、A.F. Utz, Der Begriff des Eigentumsrechts, S. 145ff 等を参照されたい。

174　Arthur F. Utz, *Freiheit und Bindung des Eigentums*, F.H. Kerle Verlag, Heidelberg, 1949, S. 124. 同じドミニコ会師ヴェルティ教授は、*Herders Sozialkatechismus* Ⅲ. Band, 2. Aufl., 1961 に於いて、ウッツ教授の所説に依拠して冒頭の二教程を論述している。

175　S.T. Ⅱ-Ⅱ, 187, 3., zitiert aus A.F. Utz, Freiheit und Bindung des Eigentums, S.124.

176　*S. T.* Ⅰ-Ⅱ, 97, 4. "RESPONDEO dicendum quod dispensatio proprie importat commensurationem alicujus communis ad singular：unde etiam gubernator familiae dicitur dispensator, inquantum unicuique de familia cum pondere et mensura distribuit et operationes et necessaria vitae." Langenscheidts Großes Schulwörterbuch Lateinisch-Deutsch によれば、dispensatio は、genaues Abwiegen（厳密な重量測定）を元来意味する、と言う。

177　『神学大全』第 13 分冊、136 頁。

178　Cf. *S.T.* Ⅱ-Ⅱ, 117, 4, Ⅱ-Ⅱ, 78. 1. 尚、野尻前掲論文 194-195 頁をも参照。

179　A.F. Utz, Der Begriff des Eigentumsrechts, S. 120. Thomas Aquinas Quest. quodlibet. q. 6, a. 12.

180　*S.T.* Ⅱ-Ⅱ, 66, 7.

181　水波朗『基本的人権と公共の福祉』62-63 頁をも参照。

182　その外、たとえば財産の使用と再分配の問題を論じた、極めて優れた野尻武敏「トマス・アクィナスによる財産所有の規制原理」『神戸大学経済学研究年報11』1964 年等を参照されたい。

183　Ⅱ-Ⅱ, 64. 1. "In rerum autem ordine imperfectiora sunt proten perfectiora."

184　Fr. Klüber, *Der Umbruch*, S. 277.

262   第5章　『百周年回勅』の今日的意義

185   この観点から、村上陽一郎教授の提言を理解し得る。村上陽一郎「新しい時代の技術の課題」『南山社会倫理研究所論集第6号』（平成3年、南山大学社会倫理研究所）、同「地球家政学の提唱」『東洋学術研究』1993年。環境倫理学全般についての導入書として、高橋広次『環境倫理学入門――生命と環境のあいだ』勁草書房、2011年を推奨する。

186   森林の自然哲学的省察を行った貴重な文献として、今道友信『自然哲学序説―人間と自然―』（講談社学術文庫、1993年）「第6章　森林の歌」がある。森林を「社会的共通資本」の観点から論じた宇沢弘文博士の活動は注目に値する。『社会的共通資本』（岩波新書、2000年）のほかに、ここでは『宇沢弘文の経済学―社会的共通資本の論理―』（日本経済新聞社、2015年）を挙げておく。「社会的共通資本」の項目において次の如くある。「森林は、伐り出されて、材木として売られる樹木のたんなる集合体を超えて、自然的、社会的、文化的な面において重要な役割を果たす。雨水は、森林のなかで涵養され、清冽な水となって、すべての生物の生存に欠くことのできない役割を果たす。土壌は、水、樹木を契機として、さまざまな微生物を育み、自然のエコロジカルな均衡を維持するために中心的な役割を果たしている。」地球温暖化の主因である二酸化炭素の蓄積を抑制する森林の炭素同化作用、微生物の医療への有益性などを指摘した後に「森林は、人工的な破壊に対して無力であり、ひとたび破壊されたとき、元の姿に復元するためには大きな費用と長い時間を必要とする」と続く。更に、「経済学の用語法を用いるならば、森林は大きな外部経済をもち、その破壊は往々にして不可逆的であるとおってよい。したがって、森林はたとえその法的な所有権がある特定の個人ないしは団体に所属していたとしても、その処分、利用に関しては、たんなる私的な希少資源として、所有者の自由に任せることはできない。なんらかの意味における社会的な基準にしたがって、森林の利用、処分が規定されるのは、もっぱら森林のもつ経済的特性とその社会的、自然的役割にもとづく。」(49-50頁) トマス説に合致するにとどまらず、真に傾聴に値する。

第6章 孟子、共同善、洞見知

初めに——自然法論の問題意識——

1 人は誰しも、人間は何か尊厳なものであると内心で確かに知っている。今日では「人間の尊厳」hominis dignitas, human dignity, Menschenwürde という標語で一括表現され、一般的承認を得ているところの、この人間の確知は[1]、洋の東西・古今の別を問わず、我々人間の各自のうちに所懐されている[2]。なるほど、「人間の尊厳」という概念を説明し、他者を説得しようという段に到ると、その所説は区々様々に分岐し、場合によっては対抗的に現れもする。しかし、「人間の尊厳」は、柔らかく言いなおすと、「人は何か尊いものであって、人間らしく人として対応されなければならない」とか「人は物のようにあしらわれてはならない」とかは、およそ誰もがそれに同意することへと本性的に傾けられているという動かし難い現実として存在する。

右に述べたことは、「ペルソナ」即ち「人格」として人間を把握し理解する自然法論の立場からのものである[3]。人格としての人間は、要するに我々は、一人一人が人格として「尊い」、「かけがえない」生命を賦与されている。この人生は、誰もが経験する通り、孤立した存在としてではなく他者と「交流し」相互協力しつつ人間としての自己完成を希求し志向し努力することのうちに歩まれる[4]。この事実は、太古の人類の成員であろうと現代人であろうと将来世代の誰であろうと変わりはない。このように個人的でもあり同時に同等に深く社会的でもある人間は、社会的結合により社会・共同体を樹立し、そこで社会・共同体の独自の存在形態を創り出し、即ち、自然法論の用語を借りると「共同善」を生み出して、それに参与しつつ生きて来たし、この後もそうすることであろう。社会・共同体が人間本性に定礎されて形成されること、それは取りも直さず各人の自己完成に資すべきことを我々が洞見して

いることを示唆していると私は考える。

2　こうした問題意識を背景にして、本章において私は、孟子の豊穣な思想のうち、もしかしたら我国に於て或る意味でこれまで余りにも看過されて来たのではないかと思われる「或る側面」に考察の眼を、しかも「或る独特の視座から」考察の眼を向けてみようと欲する[5]。「或る側面」とは共同善に関わる側面である[6]。尤も、共同善という言葉や概念が古代中国の思想界にあったとか、況や流布していたなどと言うのでは勿論ない。しかし、明確な形での共同善思想が見られない、より正確を期して言えば、西洋法思想・国家思想における共同善思想に比肩し得るものが秩序だった仕方で我々にとって捉えにくいということは、そのまま所謂孟子思想には共同善思想がなかったのだ、ということを意味しないのではないか。「或る独特の視座から」と私がたった今述べたのはこの問題に連関する。とは言うものの、『孟子』の本文中から任意に都合のいい箇所だけを抜き取って「孟子に於ける共同善」思想を語るとすれば、それは学問的には不毛であると言わねばなるまい。そこで、私は、こうした問題に能う限り配慮した上で以下に若干の考察を、孟子の主として共同善思想に就いて施し、更にその根柢に潜むものに接近したい。先ず『孟子』から孟子の思想の概要を本稿に必要な限りで正確に描くことにしたい。しかし思想概要の叙述に先んじて、孟子の生きた時代背景並びに接近方法に就いての注意事項が、よし詳論とまではいかなくとも、最小限語られなくてはならない（第1節及び第2節）。そして、その方法論で示唆された成果を『孟子』に即して論証してみたい（第3節及び第4節）。勿論、最終的にはこれまで蓄積されて来た先学の諸業績を再整理するという域を出ないかも知れない。否、それどころか、未消化を自己表白する結果に終るかも知れない。しかし、私としては、少なくとも志向として、方法論的自覚を一方では保持しつつ、孟子の思想に新しい光を当ててそれを味読すると共に、できれば新しい見方を提示したいと考えているのである。

第1節　孟子の生きた時代背景

第1項　政治・社会状況

3　孟子は、戦国時代に生を享け活躍した儒家の代表的な思想家で、後世「亞聖」と呼ばれている[7]。

　先ず、一般的に戦国時代の特徴を記そう。周王朝の幽王が異民族に殺され、平王が洛邑に東遷してから秦の始皇帝による天下統一までの時期を、即ち紀元前 770 年から紀元前 221 年までの凡そ 550 年間の時期を春秋戦国時代、又、東周時代とも人は呼ぶ。戦国時代はその後半である。これに関しては、異説もあるが[8]、一般には晉王朝が上記三国に取って代られた年（韓、魏、趙の三氏が諸侯に列せられた年）即ち紀元前 403 年から前 221 年までを指す。社会変動の激しい時代で、既往の氏族制的な都市国家乃至邑制国家に基礎を置く周の封建制秩序が、農民や手工業者に対する世襲的な領主支配が崩れ始め、やがて中央集権的官僚国家が成長し樹立されて行く時代である。戦国時代を確定するに当っては、その年代の確定作業もさることながら、その「実質的な時代の変貌」こそが重要である[9]〔それは丁度「現代」を規定するのに単に第二次世界大戦以後とか 20 世紀後半などとするのではなく、現代が「現代」以前と何によって区別されるのか、その指標を尋ねることこそ重要であるのと同じである[10]。〕。そしてその特徴は「奴隷制社会から封建制社会に移行する過渡期」と規定される。又、加賀榮治博士によると[11]、春秋戦国時代は「西周王朝の建国に見られるいわゆる封建制から、秦漢帝国の成立に見られるいわゆる郡県制への過渡期」であった。金谷博士も加賀博士も共に、孟子が生きていた時代の特徴を激動の「過渡期」と見る点では一致している。即ち、前に述べたように、晉は韓、魏、趙の三氏が晉の大氏族知伯を滅ぼした年（従来は紀元前 453 年とされていた。）に事実上は既に三晉に分かたれていたが、この三氏は、「諸侯」として周王に認められた。紀元前 403 年のことであった。晉に限らず、由緒ある山東の大国齊に於いても、家老の田氏が主家を簒奪して斉の君主となった。紀元前 389 年のことであった。紀元前 316 年には、北方の燕の国王子噲が宰相子之に脅かされて国を譲り、燕に内乱が発生するという

266　第6章　孟子、共同善、洞見知

事件があった。何れにせよ、孟子は、こうした下剋上の戦国時代の中頃、紀元前4世紀に生きた。その時期は、奇しくもアリストテレスからはやや遅れるのではあるが、大凡重なると言ってよいであろう[12]。しかし、これに連関する問題は本章の詳論するところではない。

4　次ぎに、『孟子』の中に当時の人々の生活情況を知るための貴重な記録が遺されているので、これを手掛かりに当時の状況を確認することにしよう。

　第一の例として先ず、当時の情況を今に伝える叙述の内で、比較的最初の方に登場する文章は次の通りである[13]。

「**狗彘**（こうてい＝犬と豚）**人の食を食へども、檢するを知らず。塗に餓莩**（がへう＝飢えて斃れた者）**有れども**、發する［米蔵を開く］を知らず。人死すれば、則ち我に非ざるなり、歳なりと曰ふ。是れ何ぞ人を刺して之を殺し、我に非ざるなり、兵［武器］なりと曰ふに異ならんや。」（梁惠王上篇第三章）
「**狗彘食人食、而不知檢。塗有餓莩**、而不知發。人死、則曰非我也、歳也。是何異於刺人而殺之、曰非我也、兵也。」

この章[14]は、冒頭部に於いて惠王は孟子に対して、「寡人の國に於けるや、心を盡すのみ［私は国事のために心を尽くして働いている。］。河内凶なれば、則ち其の民を河東に移し、其の粟を河内に移す［河内が凶作のときは、その民を河東に移住させ、（移住できない者のためには、）食料を河内に輸送調達してやっている。］。河東凶なるも、亦然り。鄰國の政を察するに、寡人の心を用ふるが如き者無し。鄰國の民少きを加へず、寡人の民多きを加へざるは、何ぞや［隣国の民の人口が少なくなって行かず、自国の民の人口が増加しないのは、一体どういう訳であろうか］。」と問うている。即ち、惠王としては、孟子の助言を実行してはみたものの、成果が上がらないのは何故なのか、と言わば詰問しているところなのであろう[15]。対話本文から推すに、王としてはこのように、善政を行っていると主張したいのであろう。しかし、実情は上引したように惨憺たる状況であった。又、王の主張に連関して、渡邊卓博士は「君主や官僚はこういう惨状に無為無策、たまにやれば姑息な強制移民か食糧放出。しかも、あとの方には翌年にすごい高利がつく[16]。」と註されて

いる。

5　<u>第二の例</u>は、梁惠王上篇第四章[17]に見える。比較的短い章であり、又、孟子の弁論の巧みさも織込まれている故、全文を読み下しておきたい。

「梁の惠王曰く、寡人願はくは安んじて敎を承けん、と。孟子對へて曰く、人を殺すに梃を以てすると刃（を以てする）と、以て異なる有るか、と。曰く、以て異なる無きなり、と。刃を以てすると政（を以てする）と、以て異なる有るか、と。曰く、以て異なる無きなり、と。曰く、**厨に肥肉有り。厩に肥馬有り。民に飢色有り、野に餓莩有り**。此れ獸を率ゐて人を食ましむるなり。獸相食むすら、且つ人之を惡む。民の父母と爲りて、政を行ひ、獸を率ゐて人を食ましむるを免れず。惡んぞ其の民の父母たるに在らんや。仲尼曰く、始めて俑を作る者は、其れ後無からんか、と。其の人に象りて之を用ふるが爲なり。之を如何ぞ、其れ斯の民をして飢ゑて死なしめんや、と。」（梁惠王上篇第四章）

「梁惠王曰、寡人願安承敎。孟子對曰、殺人以梃與刃、有以異乎。曰、無以異也。以刃與政、有以異乎。曰、無以異也。曰、**厨有肥肉。厩有肥馬。民有飢色、野有餓莩**。此率獸而食人也。獸相食、且人惡之。爲民父母行政、不免於率獸而食人。惡在其爲民父母也。仲尼曰、始作俑者、其無後乎。爲其象人而用之也。如之何、其使斯民飢而死也。」

　この章の中段に当時の描写が挟まれて活写されている。即ち、「厨（くりや）に肥肉有り。厩（うまや）に肥馬有り［台所には脂の乗った肉があり、馬屋に飼ってある馬は肥え太っている。］。民に飢色有り、野に餓莩（がへう）有り［それなのに、民衆は飢えて顔色が悪く、野には行き倒れの人がいる。］。此れ獸を率ゐて人を食ましむるなり［これでは正に獸を使って人食いをさせているようなものだ。］。」と[18]。凶作の年や、或いは苛斂誅求の故に、当時の民衆は塗炭の苦しみを嘗めていた。前段では孟子が惠王から人を殺すのに手段の相違は本質的ではないとの、同意乃至言質を予め取っておき、畳み掛けるように、君主の資格は無いと、王の虐政の実態を論難するのであった。

　第一例の章が五十歩百歩の出典である旨、先註（12）に記しておいたが、その巧みな比喩を語り出すときに孟子は、「王戰を好む。請ふ戰を以て喩へん。」と言っている[19]。戦国時代の諸侯の目標は、富国強兵であり、その実態

268 第6章 孟子、共同善、洞見知

は、国内的には、土地開墾、生産増強、徴税強化、軍備拡張、兵役賦課、国際的には、侵略戦争による領土拡大と、合従連衡による安全保障、連合侵略等であった[20]。惠王も勿論その一人であった。

6 第三の例は、梁惠王上篇第五章に見られ、これも梁の惠王との問答の章である。王は、晉国、即ち昔日栄えた梁が度重なる敗戦で、今や隣国に辱めを受けている。自分の目が黒い内に何とか雪辱を果したい、と孟子にその方法を問う場面で始まる。仁政を敷きなさい。孟子の返事ははっきりしている。仁政を施したならば、「棍棒だけでも、楚秦の堅固な甲冑や鋭利な武器をも打ちひしぐことが出来る」[挺を制して（杖を手にひっさげて）以て秦・楚の堅甲・利兵を撻たしむ可し] と答えた[21]。

第四の例は、梁惠王上篇第七章最後に近い箇所[22]であり、宣王との問答を記した『孟子』中最も長い章で、牽牛章としても著名である。

「今や民の産を制して［生業を計らってやるのに］、仰いでは以て父母に事（つか）ふるに足らず、俯しては以て妻子を畜（やしな）ふに足らず、樂歳には終身苦しみ、凶年には死亡を免れず。此れ惟死を救うて而も贍（た）らざるを恐る。奚（なん）ぞ禮義を治むるに暇あらんや。」（梁惠王上篇第七章）
「今也制民之産、仰不足以事父母、俯不足以畜妻子、樂歳終身苦、凶年不免於死亡。此惟救死而恐不贍。奚暇治禮義哉。」

この記述によると、豊年にも長く苦しまねばならず、凶年には餓死を免れないほどであるから、生存確保がやっとのこと故、とても人間の道である禮義を学んでいる暇などはない、というのである。

7 かように、我々は当時の社会情況を記した幾つかの箇所を概観した。『孟子』に描かれた情況は相当凄惨な社会情況であった。これに関して、渡邊博士は、「このような戦国民衆の窮状を活写した同時代の散文は、『墨子』に同じ程度に、『韓非子』に僅か見えるくらいで、孟子の目がいかに鋭く深く民衆に向っていたかを知ることができる[23]。」と言い、加賀博士は、「『墨子』など、たしかに現実認識は鋭い。しかし、現実描写の迫真性に至っては、『孟子』にまさるものがないといってよい[24]。」と言われる。孟子は、彼の見据えたこう

した情況の中にあって、彼の理想とする社会を将来すべく実際に動き出したのであった。このことは記憶に留めておくべきであろう。

戦国諸侯は、とにかく富国強兵を目指していた[25]。社会変動の激しい下剋上の時代、彼らは有能な人材を求めていた。次の節では、そうした時代に起こった思想を眺めてみよう。

第2項　思想状況

8　戦国時代になると、新興支配層は自己の勢力拡大を目論み、そのために広く人材を求めた。「諸侯たちの関心は、大国では、どうして世界を統一するかであり、小国では局地的な安全をはかりながら、いかにして漁夫の利をえるかということであった[26]。」他方では、下剋上の時勢下にあって、更に上記諸侯らの関心の在り処といった事情を背景にして、定職を持たずして知識を売り物にする者、即ち所謂諸子百家が輩出した[27]。この故に、戦国時代は諸子時代とも呼ばれる訳である。これは、丁度同じ時期に遥かかなたの古代ギリシャにおいて所謂ソピステース（ソフィスト）が輩出したのに比べられよう[28]。ソピステースとは知恵（ソポス）を有する者の意である。古代中国に於ても「知恵」を売り物にする者が横行したのであった[29]。

これに相当する内容を『孟子』本文中に求めることが出来るが、その前に、我々は次の孟子の言葉を見ておきたい。「孔子より而来、今に至るまで百有餘歳。聖人の世を去ること、此の若く其れ未だ遠からざるなり。聖人の居に近きこと、此の若く其れ甚だしきなり。然り而して有ること無しとせば、則ち亦有ること無からん。[30]」最後の一文は、訓読に幾通りかがあって、そしてそれは解釈の相違と連動している訳であるが、何れにせよ、孔子の道を、その思想を自分が伝えるのでなければ、どうして後世にその道が伝えられようか、という孟子の使命感、抱負、が込められていることに異論はないであろう。この章は、実は先行文があり、聖人の五百年周期説や後世の「道統」乃至は「道学」の成立と関連するのではあるが、今は立ち入らない。孔子亡き後、百有余年して孟子が生れ或いは志を立てたということ、孟子が奮起しなくてはならないような思想情況が訪れていたということ、この二点を確認することで一先ず満足しよう。

9　では、孟子が奮起しなくてはならないような思想情況とは一体どのような情況であったのだろうか。それは言うまでもなく、諸子百家の跋扈横行であった。と同時に、儒学も振るわなくなっていた、ということもあった。即ち、孔子の学は、その門人によって各地に移植されていったが、そこでは門人各々の個性に応じて色合いも異なった。曾氏派と子夏・子游派との対立もあったであろう。そして孟子の時代にあっては、孔子の真意から離れ離反する者さえ現れていた[31]。趙岐に依れば、「放蕩の言以て時を干（犯）し衆を惑わす者、一にあらず。」という風であった。ならば、その諸子百家にはどんな思想家や学派が見られたのか。張儀、蘇秦の如き合従連衡を説く縦横家、惠施、下っては公孫龍を始めとする論理学に通じた名家等が見られはしたが、孟子の眼には特に墨子学派と楊子学派の擡頭が対決すべき論敵と映った。それは何故であったか。その思想的特徴はどうであったのか。こうした問題を次に検討することとしたい。

10　我々が先ず注目すべき箇所は滕文公下篇第九章である。この章は、門人の公都子が孟子に対して、世間では先生のことを弁論好きだと言っているが、とその理由を尋ねるところから始まり、孟子がそれは「已むをえず」行っているのだ、と応ずる。聖人堯舜の一治、その後暴君紂を頂点とする一乱、武王周公による一治、その後の世の衰退、即ち、「世衰へ道微にして、邪説暴行有（また）作（おこ）る」という一乱。かかる情況下で、孔子が本来は天子のみの為すべき仕事である『春秋』を作成した、と語られる。更に孟子の弁論は楊墨両派の擡頭の指摘とそれらへの批判へと展開していく。

　「聖王作（おこ）らず、諸侯放恣なり。處士横議［勝手な議論］し、楊朱・墨翟の言、天下に盈（み）つ。**天下の言楊に歸せざれば則ち墨に歸す。**楊氏は我が爲にす、是れ君を無みするなり。墨氏は兼愛す、是れ父を無みするなり。父を無みし君を無みするは、是れ禽獣なり。……**楊墨の道息（や）まずんば、孔子の道著（あらは）れず。**是れ邪説民を誣ひ［騙し］、仁義を充塞［塞いで邪魔をすること］すればなり。仁義充塞すれば、則ち獣を率ゐて人を食ましむ。人將に相食まんとす。吾此が爲に懼れて、**先聖の道を閑（まも）り、楊墨を距（ふせ）ぎ、淫辭を放ち［追放し］、邪説の者作ることを得ざらしむ。**［其の心に作れば、其の事に害あり。其の事に作れば、其の政に害あり。聖人復起るも、吾が言を易へじ[32]。］」（滕文公下

第1節　孟子の生きた時代背景　271

篇第九章)

「聖王不作、諸侯放恣。處士横議、楊朱墨翟之言、盈天下。**天下之言、不歸楊則歸墨**。楊氏爲我、是無君也。墨氏兼愛、是無父也。無父無君、是禽獸也。……**楊墨道不息、孔子之道不著**。是邪説誣民、充塞仁義也。仁義充塞、則率獸食人。人將相食。吾爲此懼、**閑先聖之道、距楊墨、放淫辭、**邪説者不得作。[作於其心、害於其事。作於其事、害於其政。聖人復起、不易吾言矣。]」(滕文公下篇第九章)

　当時の思想界の大勢は、上掲文によれば、「天下の言楊に歸せざれば則ち墨に歸す」という有様であった。その内の墨子学派の思想は、兼愛主義に立ち、我が父と他人の父とを隔てず、我国と他国とを隔てず、自他の区別を除いていこうとする。これは、孟子によって「父を無みす」と評される。楊朱は爲我主義に立ち、「国家社会のことよりも個人の問題を重視して自他の分界を厳密に立てよう[33]」し、孟子によって「君を無みす」と評される。

11　さて、楊朱と墨翟は、実は他にも言及した箇所があり、そこには次ぎのようにある。

「孟子曰く、**楊子は我が爲にす**（るを取る）。一毛を抜いて天下を利するも、爲さざるなり。**墨子は兼愛す**。頂を摩して踵に放（いた）るも、天下を利するは之を爲す。子莫は中を執る。中を執るは之（真理）に近しと爲すも、中を執りて權すること無ければ、猶一を執るがごときなり。一を執るに悪む所の者は、其の、道を賊ふが爲なり。一を擧げて百を廢すればなり、と。」(盡心上篇第二十六章)

「孟子曰、**楊子取爲我**。抜一毛而利天下、不爲也。**墨子兼愛**。摩頂放踵、利天下爲之。子莫執中。執中爲近之、執中無權、猶執一也。所悪執一者、爲其賊道也。擧一而廢百。」

　ここでも楊朱の爲我主義と墨子の兼愛主義とは両極端に位置することが言明されている。中を執るとしても、子莫のように執中、詰り、權衡すること無き固執としての執中は、真実の道を害する、その意味に於いて真の中庸には程遠い。孟子は、かくして、極端な自己中心の「爲我」を説く楊朱に対しては仁を強調し、無差別平等「兼愛」を説く墨翟に対しては義を強調する必要があった。そこから仁義の併称が始まるのである。孟子に言わせれば、人

の真心、仁は否定すべくもなく、かと言って、愛の心に親疎の別乃至親疎の程度に差があるのも否定できない現実であった。換言すれば、家族愛を重視しないで本当の兼愛、博愛が実現可能とは考えられなかった[34]。

　ところで、墨家集団に就いて、それが下級武士集団をその思想母体とするのか、或いは工人集団をそれとするのか、これは今問わないとして、重要と思われることは、「その兼愛の思想が、そもそも封鎖的な宗族を中心とする旧来の秩序を破り、新しい社会の現実の具体的な紐帯に根ざして生まれたと考えられたことである[35]。」墨子の兼愛思想は、交利と連結されており、功利主義的色彩が濃厚であることは、その『墨子』「兼愛篇」、とりわけてその「兼愛篇」中に明らかに見て取れる[36]。楊朱の為我主義も、旧来の宗族的な血縁関係との対比で見るとき、それをやがて破壊する傾向を有するものと捉えられたことであろう。「兼愛も為我も、いずれもが宗法的秩序の崩壊した現実を認め、新しい社会に安全に対処していこうとする現実的な要求に発したもので、前者がパーソナルな結合関係を中心とする集団に依存するのに対して、後者はわが一身一家の力だけに頼ろうとするものにほかならない[37]。」と金谷博士は要約される。確かに、孟子が楊墨の立場を「父を無みし君を無みする」立場であって、それは「禽獣」と撰ぶところがない、と決め付けたのにはそれ相応の理由があった。何となれば、楊墨の思想は、血縁的な紐帯から離反し、身分的な成層社会を否定するのであるから。詰り、両方とも、伝統的な社会を否定するものであったのだから[38]。

12　『孟子』には、楊墨の外に、墨家の夷之、やはり墨家系と思われる平和論者宋牼（そうこう）（第22番、第28番）、農家系の許行、縦横家の公孫衍及び張儀、弁舌士の淳于髡（じゅんうこん）、そして告子等が登場する。この中には重要な論者も見られるが、今は先を急いで、孟子の思想へ如何なる接近方法を採ることが妥当であり、亦、有効であるか、という方法論の問題を検討する段階に進もう。尚、附言しておかねばならないが、楊墨の思想的特徴に就いては、その重要性に鑑みて第3節（第26-第29番）において改めて詳細に論述することになろう。

第2節　孟子思想への接近方法

第1項　体系的論述と思想発展史的論述

13　孟子の思想に限らず、一般に、或る思想家の思想を考察し論述する場合には、その出来上がった体系に即してそれを行う手法とその思想が形成されて行く過程に即して観ていく手法とが考えられる[39]。孟子の思想に即して言うならば、従来は出来上がった孟子の思想体系を論ずる域を超え出ることが困難であった[40]。即ち、仁義説と性善説との組み合わせという仕方で体系的に論ずるか、さもなくば、他の古典文献、『論語』は言うまでもなく、『大学』や『中庸』との関連で解説するのを常とした。しかもその際、宋の大儒朱子の影響下に於いて、前者を曾子の述作、後者を子思の著述したものであると、長きに亙って信じられてきた。しかし、それらは実際には『孟子』よりも後世に著わされたものであることが、より厳密には『中庸』については子思原作になる部分と後世の補筆の部分とを認定しなくてはならないのであるが、文献批判の作業を通じて明らかにされたのである[41]。こうであってみれば、我々は、例えば、孟子が誠を説く場合、最早これを『中庸』に基づかせることは出来ない。何となれば、誠を説く『中庸』後半部分は、恐らく秦の時代に成立したと考えられるからである[42]。固より、私はここで、『孟子』という古典に就いて、そしてその主役である孟子自身の思想に就いて、他の著作や思想家との相互関係乃至は緊張関係の中で然るべき思想定位を行うことを、そしてその有する意義を否定する意図はさらさら無い。それは当然為されるべきである。しかし、文献批判という折角の基礎作業が蓄積され提供されるという、恵まれた学術環境が提供されている今日、これは十分尊重し、かつ踏まえた上で活用するのが当然であろう。

14　ところで、思想発展史的論述と対比される他の論述方法、即ち、出来上がった体系に即して或る思想家の思想を論じる場合においても、より厳密を期して言うなら、これとてもあるがまま、ありしがままの体系と並んで、あるべき、あるべかりしならん体系、換言すれば、事実に於ける体系と志向に於ける体系とが区別されるであろう。これに関しては、『法の観念—ジャン・

ダバンとその周辺―』に記された水波朗博士の次の発言が参考になる[43]。

「よく知られたことであるが、一九一二年、若かりしジャック・マリタンは、『二つのベルグソニスム』という論文を書いて、『事実のベルグソニスム』と『志向のベルグソニム』とを区別した。前者はベルグソンによって明白に意識され体系化されたかぎりでのベルグソンの思想であり、後者はベルグソン哲学誕生の微妙な個人的・伝記的事情を通じて見抜かれるベルグソンの志向あるいは希求に即しての、そうあるべかりしベルグソニスムである。前者は聖トマスの哲学に遠く、後者はそれに近いもので、マリタンがこの二つのベルグソニスムを分けたのは、後者によって前者を批判するためであった。
わたしの本書も、これにいくぶん似た区別を樹てて書かれている。つまり一方ではすでに体系化されてでき上っている『事実としてのダバン学説』であり、他方では、ジャン・ダバンがそれからインスピレーションをえたアリストテレス＝聖トマス学説に顧みて、他の違った仕方で体系化しようと思えばできた筈の、ありえたダバン学説、その意味での『志向のダバン学説』である。」

　この区別を自覚することは非常に示唆的であるように私は思う。その区別を実際活用できればこれに越したことは無いであろう。この点について説明を試みよう。どんなに偉大な思想家であっても時代や社会の制約下に置かれていると言わねばならない。具体的時代情況、思想情況の中で思索し、自己を賭ける。それ故、苟も或る思想家の思想を十全に理解しようと志すならば、その思想家の思想を「一緒に辿ってみること」は不可欠であるように思われる。その意味で、当然ながら、解明された限りでの原典批判の成果を十分顧みる必要があるだろう。このことによって始めてある思想家の思想をその発展相において捉えることが可能となるのだから。しかし、「動態的な」と形容すれば聞こえが良く、「静態的な」思想理解に対して如何にも優越的な方法であるかのような印象を我々は受け勝ちであり、少なくともそのように思われるが、そうした言わば「外的な」表示ではなくて、真にその思想家の思想がそこから発出して来る「源泉」或いは「根源」「根基」に理解の眼が透徹するならば、その時には「動態的」も「静態的」も未分化の境位に立つのではなかろうか。そこからこそ、我々は思想を、そして思想家を、延いては他者を

理解すべきなのではなかろうか。かように考えてくると、思想発展史的論述として前述した方法は、正しく解された体系的論述、換言すれば、「志向に即した体系的論述」へと統合昇華されるのではないか。寧ろ、そのように為されるべきではないか。そればかりか、逆に、発展史的方法は、時間的に後から現れるものをより価値あるとする、本来異質の判断を知らず知らずの内に混入させる惧れすらあるのではなかろうか。更に、発展史的方法で私が警戒するのは、たった今述べたことと略重なることになると思うが、思想の意味や価値を因果的に、心理的に説明することで満足してしまうことである。

15 以上述べたことを、より簡明に説明しておきたい。孟子であれ、他のどの思想家であれ、言うまでもないことだが、有限の身である人間として、思想を完成の極限にまで齎した者はいない。しかし、その思想は、その人格と一体化しつつ確かに輝いている。その輝きは、後世の我々が我々の勝手な「解釈」によって与えたものではなく、その思想家がそれへ向って歩み続けた志向性を伴った、それと一体となった生き様に由来するものであろう[44]。この事実に想到するとき、時折見られるようであるが、現代の価値基準をもって単純に思想断罪を行う愚を犯さぬよう警戒し、それによってそうした愚行を我々は避けることが出来るであろう。又、孟子と共に、現代の諸問題に立ち向かう根本的な人間的決意、態度を持ち得るのではなかろうか。しかし、それは一体如何にして可能となるのであろうか。恐らく、人間の本性に立ち返ることを措いて外に無いであろう。それを、私は孟子を手掛りに少しばかり試みてみたいと考えた訳である。本章の冒頭でも記した通り（第2番）、私自身断章取義の誤謬を避けるべく最大限の努力を払いたいと思う者であるが、次項では『孟子』に関する原典批評の若干の［文字どおり若干にとどまるが、その］成果を紹介することを通じて、本論への最小限の準備作業を果たすこととしたい。

第2項 『孟子』本文の構成

16 現在我々が手にする『孟子』は、梁恵王篇、公孫丑篇、滕文公篇、離婁篇、萬章篇、告子篇、盡心篇の七篇より成る。そしてこれら七篇の排列もこの順序である。しかし、後漢の班固（西暦32-92年）の『漢書』藝文志には「孟

子十一篇」とある[45]。又、趙岐（106？-201年）によると外書として四編があったという[46]。しかし、これらは現存していない。そもそも趙岐自身が『孟子』に註釈を施すに当って、外書四篇は内篇と似ておらず、「孟子の本真にあらず。後世依放して之に託する者に似たり。」として［詰り、偽作として］これを取上げなかった。この問題に対する趙岐の態度は、司馬遷（紀元前145？-86年？）の『史記』を参照しても肯ずることが出来るであろう。と言うのは、『史記』の「孟子筍卿列傳第十四」中に「退きて萬章の徒と、詩・書を序し、仲尼の意を述べ、孟子七篇を作る[47]。」とあるからである。即ち、歴史的事実としては、小林博士の言われる如く、「藝文志の十一篇本にはあった筈の外書四篇なるものは、司馬遷の史記以後のものであって、班固の藝文志よりも早[48]」い、ということである。詰り、これら外書は、史記以降の時代に後学の手になるものと考えられるのである。

　かくして、現存の『孟子』は七篇より成っていること、それには十分な理由があることが一先ず確認された。そして各篇は夫々上下巻に分かたれている。従って、形式上は都合十四巻と言うことになる。このことは、かなり形式的な問題であると言えるかも知れない。

　尚、司馬遷の『史記』の「孟子筍卿列傳第十四」冒頭文には「太史公曰く、余、孟子の書を讀み、梁の惠王の何を以て吾が國を利せんとすると問ふに至りて、未だ嘗て書を廢して歎ぜずはあらず。」と見える。この一文を手掛りに、とりわけて「至梁惠王問何以吾國」の「至」の字義解明を手掛りとして、小林勝人博士は、周到な考察を行った後で次のように推測される。即ち、「趙岐は題辞には書いてないが、孟子校定の際、史記のころには第一章ではなくて、もっと後ろの方にあったらしい梁惠王の利国問答をば移して、開巻劈頭の第一章として現在のような形にしたのではなかろうかと推察される。またそれと同時に若干の移動や整理を行なったのではあるまいかと推測されるのである[49]。」と。

17　さて、趙岐、若しくは他の者が、『孟子』の編纂再整理に当って若干の移動をも行ったであろうということであるならば、そこでは如何なる意図なり方針なりが採用されたのであろうか、という疑問が当然わいて来よう。今この問題を考える上で金谷治博士の所論と小林博士の論考とが手掛かりを与え

てくれる[50]。特に小林博士の考察は詳細で厳密を極めるが、本稿では本文で
大まかな立論を紹介し、註において可なり厳密忠実な考察の紹介を行うこと
とする。

　金谷博士によると、七篇の成立事情を考える場合、隠退してから孟子が門
人と共に『孟子』の編纂に当ったという伝統的通説が概ね妥当であるとして
も、「文章の記述のしかたからみると、七篇のそれぞれのあいだにはかなりの
相違があって、とても同じ人の著作とは思えない[51]。」との由である。実際『孟
子』を通読してみると直ぐに気づくことであるが、梁惠王篇や公孫丑篇とか
に見られる、比較的長文の問答体の章からなるものがあるかと思うと、他方
では、盡心篇の如く、宛ら『論語』を思わせるような、断片よりなる比較的
簡単な章をも含んだ諸章から成る篇もある。これをどう理解すべきであるの
か。この相違は何に由来するのか。尤もな疑問である。この点に就き、既に
伊藤仁斎（1627-1705 年）は、『孟子古義』総論において、『孟子』七篇を、梁
惠王篇、公孫丑篇、滕文公篇の上孟三篇と、離婁篇、萬章篇、告子篇、盡心
篇の下孟四篇とに区別した。「梁惠王篇から滕文公篇に至るはじめの三篇は、
孟子のことばとともに、そのことばが語られるについての事情をもしるして
いて、孟子の事蹟が知れるように配慮されているが、離婁篇以下の四篇では、
ただ孟子の説を伝えることだけが主意である。」との理由からであった[52]。金
谷博士は、これに連関して、「出処事行を記した上孟のなかでも、特にはじめ
の梁惠王篇には遊歴各国の名が備わり、整然とした趣があって、何か意味あ
りげな特色を備えている[53]。」と示唆される。

18　ここで我々は、金谷博士の示唆された問題に対する一応の解答を得る前
に、それを補強するであろう小林博士の立論を大筋において辿っておきたい。
但し、我々のここでの目的は文体論の厳密な論証を再現することではないの
で、必要と思われる程度に思い切って圧縮してその成果を学ぶこととしたい
（詳細は註に譲る[54]）。小林博士は、『孟子』中に見られる、遊歴先の諸侯と孟子
との問答の形式を具に比較検討し、それを A、B、C の三類型に分ける[55]。

　第一の型は、「王問曰、［または公問曰］……。孟子對曰……」という形式
で書かれている梁惠王篇に見られる都合 12 の章の A 型。第二の型は、「王曰、
……。孟子對曰、……」という形式で書かれている梁惠王篇の五つの章の B

型。第三の型は、五章あり（梁惠王下篇第一章、同第六章、同第七章、離婁下篇第三章、萬章下篇第九章）、「王曰、……。曰、……」の形式を採るC型である。更に、以上のA、B、C、何れの類型にも属しない諸侯との問答が二章見られる。その一つ、公孫丑下篇第四章は、孔距心との問答が主で「余りにも簡単にすぎる不完全な王との問答」という理由から、又、他の章（梁惠王下篇第九章）も「一種の文章体」であるとの理由から、問答形式の考察から除外される。

　かくして、『孟子』の原文に三類型が認められるのは何を意味し示唆するのだろうか。三人の筆録者の存在を予想することが出来るであろう。では、それは誰であったか。段落を改めて、この問いに対する小林勝人博士の見解を纒めてみよう。

　A型の筆録候補者は公孫丑である。最も合理的に想定され得る（即ち、歴史的事実の展開過程に即して書かれていたであろう）「斉人伐燕」に関連する記事の原典（Urtext）が、現行本では、公孫丑下篇第八章、梁惠王下篇第十章、梁惠王下篇第十一章、公孫丑下篇第九章の順に配置されており、これは奇異なことであり、何故に途中の二章だけが梁惠王下篇にあるのか、同じことであるが、何故に最初と最後の二章が公孫丑下篇にあるのかと考えてみるに、その理由は、元々公孫丑篇にあった一連の記事の中から、途中の二章の記事が梁惠王篇に「選び抜かれて」、最初と最後の二章は公孫丑篇に「取り残された」からである[56]。これと幾分類似の章が滕文公に関しても見られ、これも同様に解し得る。かくして、小林博士は、A型を「公孫丑型」と呼ばれる。

　B型の筆録者と目される人物は、「孟子とともに梁の国に居た人であり、有名な開巻劈頭の第一章を物したと思われる人」であるものの不明である。そこで、このB型様式は、篇名に因んで「梁惠王型」と名付けられる。

　C型の筆録候補者は、門人の中でも特に大先輩格に見られている人のようであり（盡心下篇第三十七章に「萬子」、つまり「万先生」と登場）、萬章篇の多くで「本名」で呼んでいることなどから、筆録者は萬章自身であると推定されることに基づき、このC型は「万章型」と呼ばれる[57]。

19　かくして小林勝人博士の所説の結論は、「孟子と諸侯との（延いては孟子七篇）はあくまでも一人一時の記述によるものではなくて、少なくとも三種

類の筆録が先ず存在していて、それらに本づいて編纂されたものであると推定されるのである[58]。」ということであった。

　ところで、先に我々は、梁惠王篇は「何か意味ありげな特色を備えている。」との金谷博士の言を指摘しておいた(第17番末尾)。これに対する解答は、元々他の篇にあったものを、何らかの理由から、抜き取って新しく梁惠王篇という一篇を起したということである。又、小林博士は、「それら滕関係の筆録に本づいて、梁惠王篇の編纂者は滕の文公に関する初期の記録である三章はそのまま現在の滕文公篇に残しておいて、後期の記録である三章だけを選び出して梁惠王篇に移し、さらに同じようにそれぞれ心を籠めて選び抜いた斉の宣王関係のものを十二章、梁の惠王・襄王の父子関係のも六章とを合わせ、それに鄒の穆公・魯の平公関係のもの各々一章ずつを附け加えて、合計二十三章をもって一篇として編成したものが梁惠王篇なのだろう[59]。」と推考される。そればかりか、梁惠王篇は、「孟子の遊歴順にそれぞれ配列されている『諸国遊歴記』であり、『君主との問答集』であって、孟子七巻の壓巻でもある[60]。」

20　金谷治博士によっても、小林博士の場合と大凡同様のことが主張されている[61]。即ち、孟子は、先ず梁で遊説を開始し、その後、齊に赴き数年をそこで過ごし、「伐燕」を期に齊を離れ、その後、鄒・滕・魯へ遊歴の旅に出た。かくして、梁惠王篇は、孟子の公的な活動の記録書という性格を有する。これに公孫丑下篇第三十五章を参照することによって、より詳細な孟子の足取りが判明する[62]。金谷博士は、「孟子の思想を、静かに横たわったまとまりとしてとらえるよりは、発展的な動きのすがたで、つまりそれを時間的な系列のうえにのせてとらえ」ることを目指された。「七篇の内容を精察すると、その各篇にはそれぞれに著るしい特色がみられるが、いまその思想的特質を梁惠王篇によって知られる土地の先後に配して考えると、そこに自ずからなる思想発展の系譜が描き出される[63]」との方針で、その『孟子』(岩波新書)を上梓された。では、その思想的発展の概要はどうであったのか。これも金谷博士自身に語ってもらおう。「孟軻は故郷の鄒でその根本思想である仁義王道説を確立し、惠王の招きに応じて梁に出遊したが、一、二年で襄王の世となり、その人となりを嫌って梁を去って齊に遊んだ、そして宣王のもとにいること六、七年の長きに及び、この間稷下の学士をはじめ種々の思想家と接触

280　第6章　孟子、共同善、洞見知

して自説を深化拡充したが、ここに性善説を明確に唱えるに至ったもので、やがて諸国をめぐるにつれてその根本思想は一面一層徹底し一面若干の変更をも、みるようになった[64]。」

　以上で、私は『孟子』本文の構成と成立に就いての紹介を一先ず終えたい。一先ずと言うのは、前節で述べたように、私自身としては、発展相において思想を捉えることの意義を十分評価しながらも、それを基礎に据えて更なる考察が必要であるのではないかと考えるからである。

第3項　発展史的論述の実例

21　我々は前項で『孟子』の各篇の構成及び特徴を一通り眺めて来た。ここでは、やや趣向を変えて、孟子の思想の発展相について、その具体例の幾つかを、先人の他の業績に拠りながら紹介しておきたい。

　加賀栄治博士は、その『孟子』第一部「孟子その人、その時代」中の「自己学説の形成期」に於いて、不明の時期を憶測で書く危険を冒すよりは、「この時期の孟子について一切触れないのが賢明かもしれない。」と一応は慎重を期すものの、直ちにそれに続けて決意を表明される。「しかし、わたくしは、でき上がった孟子の思想の紹介だけをすることに躊躇を覚える。わたくしは、なんのために、この小論の筆を執ったのであろうか。一箇の人格が偉大な学者・思想家となってゆく、その自己形成過程の中にこそ、わたくしは、自己の学を形成する糧を学びとるべきではないか。こうした欲求は、わたくし一人だけのものであろうか。わたくしは、読者とともに、この過程の解明のために、微力ながらも努めてみたい。そのためには、『孟子』をよく読み、孟子の思想そのものに突き入って、内側からその思想の形成過程、その時、その人、その要素を考察するしか方法がないであろう[65]。」と。誠実な思想家は、他の思想家との格闘を通して、自己の学説の形成、深化を推し進めて行く。孟子も勿論その例に漏れる者ではなかった。

22　孟子の思想乃至主張の特徴として、「仁義」の併称、王道の提唱を挙げることに異論はないであろう。実際『論語』には仁への言及が夥しく見られるものの[66]、仁義の併称は見られない。勿論、仁義の併称は、楊氏墨氏との対決を通して生れたものであっただろう。王道の提唱も孟子に特徴的なものであ

る。又、性善説も『論語』には明説されておらず、これも孟子に始まる。こうした孟子に始まる諸説は、時代情況の中での他者との交流、接触、格闘無しには産み出され得なかったであろう。では、その接触があった時期は何時であったか、そしてそれは何処に於いてであったか。この問の内、場所が当時多くの学者が集った齊の首都臨淄（りんし）であったであろうことに就いては、恐らく異論がないであろう。この国都は、当時随一の繁栄を築いた大都市であった。とりわけて齊の威王、宣王と続く時代の五十年間ほどは、多数の思想家、学者が齊都に招聘されて百花繚乱の状態を呈していた。彼らは都城の西門、別名稷門（しょくもん）の外に設けられた所謂文化地区に邸宅を授与されたので、「稷下学士」或いは「稷下先生」と呼ばれた[67]。無名の学士として稷下に遊学していた孟子がこれら稷下先生等と接触をしたらしいことが『孟子』を通して窺われるとは、加賀博士の見解である[68]。この想定を補強し得る典拠が三つ程提示される。一つは、告子下篇第四章に登場する宋牼を孟子が「先生」と呼んでいることである。宋牼（そうこう、又は、そうけい）は、戦国時代の代表的思想家の一人で、墨子学派の非戦論者で、平和主義者として有名であった[69]。加賀博士は、一つにはこの箇所での記述が『孟子』中で孟子が「先生」と呼んでいる唯一の例であること、第二には『孟子』の中で「先生」と呼びかけている三例中二例までが孟子の弟子たる樂正子が孟子に向って言っているものと、曾子の弟子が曾子に向って言っているものであることから、「宋牼は、孟子とかなり接触交渉があり、孟子の敬愛する相手ではなかったろうか[70]。」と推測される。直ぐそれに続けて「石丘での問答の時期は定かでないが、通説の通り、孟子が齊の宣王のもとを去った後、宋牼の最晩年のころと考えられるから、孟子はそれ以前、それもかなり前、孟子の壯・中年期、しかも齊の稷下で、宋牼との接触交渉をもったと考えられる。」と。孟子の性善説の基底に心術の学、乃至心学があることを思うとき、この推測は益々補強されるように思われる[71]。

　第二の典拠は、孟子が人性問答を行った論敵告子[72]に関連する。この告子は、告子上篇中四章に登場すると共に、公孫丑上篇のかの有名な所謂不動心章［浩然章とも呼ばれる。］（後述第4節第2項参看。）にも見える。

282　第6章　孟子、共同善、洞見知

「公孫丑問うて曰く、夫子齊の卿相を加え［地位を身に加え、地位に就き］、道を行ふことを得ば、此によりて覇王たらしむと雖も、異しまず。此の若くんば則ち心を動かすや否や、と。孟子曰く、否。我四十にして心を動かさざりき、と。曰く、是の如くんば則ち夫子孟賁に過ぐること遠し、と。曰く、是れ難からず。告子は我に先だちて心を動かさざりき、と。」（公孫丑上篇第二章）

「公孫丑問曰、夫子加齊卿相、得行道焉、雖由此覇王、不異矣。如此則動心否乎。孟子曰、否。我四十不動心。曰、若是則夫子過孟賁遠矣。曰、是不難。告子先我不動心。」

　この時期は何時であったのか。この問題に就いて、加賀博士は、公孫丑と問答している孟子の語気から考えて、後年のことであろうとし[73]、「とするならば、孟子と告子とが接触交渉をもった時期は、ここで見るかぎり、孟子四〇歳前後のころに措定できる[74]」と言う。博士は、孟子が告子と人性に就いての問答を交しているのもこれと近接した時期であった、と推定される。何故か。その理由は、告子との論争を注意深く読むと、その四章中孟子の論理が首尾一貫しているのは告子上篇第二章のみで、第一章は論理が噛合わず、第四章は孟子完敗、と言う[75]。第三章を見ては、孟子の性格の欠点が出たようなもので、本文を読んでもそうであるし、どの註釈に当っても誠に評判が宜しくない[76]。ところが、孟子の弁論の巧みさは衆目の一致して認めるところである。加賀博士は、梁惠王下篇第六章を引いて、孟子の論の運びを以って、「これは、巧妙な説得であって、詭弁ではない。」と言われる。直ぐ言葉を次いで、「また、前の告子との問答のような未熟さを含む客気は見られない。ここには、それとの時間の隔たりを感じさせるものがある[77]。」と。では、その巧みな比喩、弁論を、次に少しでも味わっておこう。

「孟子、齊の宣王に謂ひて曰く、王の臣、其の妻子を其の友に託して、而して楚に之きて遊ぶ者あらんに、其の反るに比（及）んでや、則ち其の妻子を凍餒せば［預かっていた妻子を凍え飢えさせていたとしたならば］、則ち之を如何せん、と。王曰く、之を棄てん、と。曰く、士師［獄官、裁判官］、士を治むること能はずんば、則ち之を如何せん、と。王曰く、之を已めん、と。曰く、四境の内［齊の国内］治らずば、則ち之を如何せん、と。王左右を顧みて他を言ふ。」（梁惠王下篇第

六章）

「孟子謂齊宣王曰、王之臣、有託其妻子於其友、而之楚遊者、比其反也、則凍餒其妻子、則如何之。王曰、棄之。曰、士師不能治士、則如何之。王曰、已之。曰、四境之内不治、則如何之。王顧左右而言他。」

　この章に就いて、内野博士は、「七十四字という短い文章中に、二人の姿態が活敍されて躍動する妙文である。」と評され、宇野博士は、「ここは蟲の居どころでも悪かつたのか、巧みにつり込んで辛辣にきめつけてゐる。このたとへ話は、單なるたとへ話にとどまらず、自から意味がある。即ち、君主は天から人民を保全する附託を受けてをり、役人を取締る責任があるからである。」と補説され[78]、又、金谷博士は、「他人の責任を追及することは急でも、自分の責任は率直にとれないのが人情である。」と言われる[79]。因みに、ここに「顧みて他を言う」という成語の出典がある。

　以上見たように、孟子は、その壮年期、未だ無名であった頃、稷下学士との接触交流があり、その中で自己の学説を他者批判という作業を通じて鍛えて行ったと考えられる。そのとき、天才的な雄弁家として知られた淳于髠からも多くを学び取ったであろう、と加賀博士は推測されるが[80]、今は指摘するにとどめておく。

23　本項で私が示そうとしたことは、一つには勿論その題目が示すとおり、孟子思想の発展をやや具体的に追求することであった。そして、多くを加賀博士の著書に依拠して述べた。もう一つは、第二項で述べたことを、若干修正する必要があるのではないか、という問題の指摘であった。即ち、小林、金谷両博士の著作に拠りながら、孟子の足跡を辿ってみた訳であるが、そこでは文献批判の手法を駆使して、かなりの成果が上がったと私は思う。しかし、他方で、例えば、金谷博士が、孟子思想をその発展相で把捉して論述する、と言われ、それを果たされた時、斉の宣王に招かれてそこで稷下学士と始めて論争に至り学説の深化を果たしたように説かれるが[81]、これは加賀説と両立しない。私はここで、何れが妥当であるのか、判定する能力は無い。唯、この問題に就いては、結論の部に於いて、再度論及することとなろう。

　これまでの叙述で私が当初目論んでいた「孟子の『共同善』思想」を論及

284 第6章 孟子、共同善、洞見知

するための前提が略出揃った。即ち、人間孟子がそこに生れ生活し人生を捧げた時代背景が、政治・社会情況とその情況を然く在らしめている思想情況との両側面から語られ、次ぎに、そうした情況の中で築かれ展開されて行った孟子の思想への接近方法が自覚的に取上げられ論じられた。第3節以下、孟子の「共同善」思想とその根底にあるものを論じよう。その行論に於て、方法論的な問題が再度具体的に取上げられ、解明されて行くであろう。

第3節　孟子に於ける共同善思想

第1項　仁義の高唱とその本旨——仁義に本づく対楊墨宣言——

24 「孟子見梁惠王。王曰、叟、不遠千里而來。亦將有以利吾國乎。孟子對曰、王何必曰利。亦有仁義而已乎。」

　上引の『孟子』の開巻劈頭、即ち、梁惠王上篇第一章開講一番の孟子の言葉は余りにも有名であり、且つ彼の王道講説者としての姿勢をこの上なく明確に雄弁に語っている。梁の惠王に初めて謁見した孟子に対して、戦国の七雄の一人である老王（当時かなりの高齢で九十歳位と推定される。）は、当然のこととして、遠方よりはるばるお出で下さったからにはきっと「我国に利益を齎してくれる妙案をお持ちなのでしょうか（な）。」と語り掛ける。それは外でもない、梁、即ち魏[82]は、惠王の時代になってから、西は秦の東進の勢いに圧され大梁への遷都を余儀なくされ、東は斉に敗退する憂き目に遭い、南は楚に辱めを受け、国威の挽回に躍起になっていたところであった。富国強兵に腐心している最中に遊説家を迎えたのであったから。しかし、それに対する孟子の返答は惠王の予想に反していた。「王何必曰利。亦有仁義而已乎。」この文は、通常「王何ぞ必ずしも利と曰はん。亦（また）仁義あるのみ。」と読まれて来ている[83]。これに対して、小林勝人博士は、「亦」を、上文を承けない独立の助辞と看做し、「惟」「ただ」の如く限定を意味すると解される[84]。即ち、「王何ぞ必ずしも利を曰はん。亦（ただ）仁義あるのみ。」と訓ずる[85]。何れにせよ、孟子の基本姿勢が『孟子』冒頭に置かれていることに就いては諸家に異存がなく、当時の思想界にあって「利を排して仁義を高唱する」ことに格別の意義が見出されるであろう。

25　勿論孟子とて完全な夢想家ではなかった。利益を完全排除したのではない。直ぐ後（本節第2項）で見るように、たといそれに対する批判の余地は有り得るとしても、とにかく彼は具体策を有していた。しかし、仁義を後回しにした当世風の政治統治では凡そ人間に相応しい生き方は困難となり、遂には不可能とならざるを得ない。引用文の続きを読み下して見よう。

「王は何を以て吾が國を利せんと曰ひ、大夫は何を以て吾が家を利せんと曰ひ、士庶人は何を以て吾が身を利せんと曰ひ、上下交々利を征れば、國危し。萬乘の國、其の君を弑する者は、必ず千乘の家なり。千乘の國、其の君を弑する者は、必ず百乘の家なり。萬に千を取り、千に百を取る（は）、多からずと爲さず。苟も義を後にして利を先にすることを爲さば、奪はずんば饜（あ）かず。未だ仁にして其の親を遺つる者は有らざるなり。未だ義にして其の君を後にする者は有らざるなり。王亦（ただ）仁義を曰はんのみ。何ぞ必ずしも利を曰はん。」（梁惠王上篇第一章）

「王曰何以利吾國、大夫曰何以利吾家、士庶人曰何以利吾身、上下交征利、而國危矣。萬乘之國、弑其君者、必千乘之家。千乘之國、弑其君者、必百乘之家。萬取千焉、千取百焉、不爲不多矣。苟爲後義而先利、不奪不饜。未有仁而遺其親者也。未有義而後其君者也。王亦曰仁義而已矣。何必曰利。」

　一国の支配者から始め、上級官僚、下級役人、一般庶民に至るまで、総ての人々が利益に走る国家は、何れ衰亡滅亡を免れない。内野博士は、冒頭の章を形容して、「彼畢生の熱い念願が、一流の雄弁となって、仁義的人間主義者の面目躍如たるもの[86]」と説かれる。諸家の註釈も亦略同様に、『孟子』開巻劈頭を飾るに実に相応しいとの積極的評価を与える。渡邊博士によると[87]、功利を排し仁義を取るべきことを「どぎつい表現と畳みかけるような速度でいい放った」孟子の宣言は、重大な意義を含む。第一、ここに政治的倫理を至上とする儒家の立場が強力に表明されている。即ち、いわば倫理的個人主義の枠を超え出て、仁義に本づく王道政治論を提唱した。第二に、しかし、それは単に利益、私利を排斥したのではなく、寧ろ、「仁義と利を計量したうえ、前者を選ぶほうが遙に功利的だと考えたのに違いない。」第三に、以上の宣言は、墨家に向けられたものであった。しかし、「このような私利排撃の態

286 第6章 孟子、共同善、洞見知

度はそれ自体のなかに多くの問題点をはらむことになる。」と、渡邊博士は指摘される[88]。通常は、この第三点に就いて、梁恵王上篇第一章の宣言は、既に第一章第二節で観た通り、対楊墨宣言と理解されている。と同時に、第二点に就いても、成る程そうした傾向が皆無で有るとは言えないまでも、しかし、私はそこまで断言することには躊躇を覚える[89]。それ故、次ぎに我々は、孟子に於ける対楊墨の立論を吟味しなくてはならないであろう。

26 さて、既に引いた滕文公下篇第九章から、重要関連箇所を確認すべく再度引用しておこう。「楊氏は我が爲にす、是れ君を無みするなり。墨氏は兼愛す、是れ父を無みするなり。父を無みし君を無みするは、是れ禽獣なり。」爲我主義と兼愛主義との両者は、共に孟子の目から見れば、「禽獣の道」を説くものであった。そして、無父無君の乱世に対して、孔子と同じく治世へ献身する者の立場に自己を位置付ける。かくして、「孟子の『対楊墨闘争宣言』の文全体は、彼のいだく一治一乱の歴史観と、孔子の宣揚者たらんとする使命感と、楊・墨の排撃・追放という当面の闘争目標とを、織り合わせたものなのである[90]。」と加賀博士は解される。孟子の真意は、しかし、ただ単に楊墨に纏綿すると見られる無父無君を批判することにあったのではない。又、爲我主義と兼愛主義の両者を足して二で割ることで事足りたのでもない。これに就いては、既に第一節にて、子莫の折衷主義は「執中」である点で本来的な中庸から程遠いことを、我々は確認済みである。類似の設例がアリストテレスの『ニコマコス倫理学』にあり、一〇で多くて二で不足する場合に、算術的比例における「中項」としては「六」であるが、「われわれへの関係における中」を考えると事はそう簡単ではないと語られる。即ち、一〇ムナの食物は多すぎて二ムナでは少なすぎるという場合、体育指導者は、大食漢で有名な競技者ミロンに六ムナ与えることはしないし、又、体育を始めたばかりの初心者にそれは多すぎるのである。「かくして、すべて識者は超過と不足を避け、『中』を求めてそれを選ぶ。ただし、この場合における『中』とは、ことがらに即してのそれではなく、われわれへの関係におけるそれである。[91]」孟子も、言わばここに所謂識者として、正確に「中」を執ることが出来なくてはならない。では、その「中」は如何にして獲得されるべきであるのか。対極者楊子と墨子とが、そしてその単純な折衷主義者子莫が共に「道を賊ふ」

ものであるならば、その共通の根拠は何処にあるのだろうか。これに関し、加賀博士は、墨子と楊朱の思想に就いて、最近の研究成果を借用しつつ、大体以下に述べるようなことを提示された[92]。

27　墨子ないし墨家の主張が端的に示されるのは、「尚賢」、「尚同」、「兼愛」、「非攻」、「節用」、「節葬」、「天志」、「明鬼」、「非楽」、「非命」であり、就中「兼愛」、「非攻」、「節用」である。その主張は、勿論儒家からすれば、一気に兼愛を説いたり、薄葬論に走るところなど若干の異論はあろうとも、大観した場合、さほど大きな欠点を指摘できそうにない。それに対して、楊朱に就いては、為我主義者にして利己主義者の中心主張は、「全生（＝全性）」、即ち、「生を全うすること」にあった。楊朱の全生の主張は、節欲主義に立脚する。彼の解する聖人が節欲主義を守る理由は、感覚器官の欲望を満たすためであった。そこには人間を感性的存在として把握する見方があった。そして、その点では、墨子墨家も同様であり、両者には「感覚論的唯物主義」が共有されている、と加賀博士は見られる。確かに、一旦そうした視点が得られてみると、『墨子』中には、それを窺わせる箇所が、然も重要な箇所が見出せる。例えば、「貴義篇」で義が最も貴い、とする立論の前提には「一身が外物よりも、天下よりも貴い」との理解がある。

　　「『墨子』の中で説かれる『義』は、あらゆる存在の、また価値の根拠というべき重要なものではあったが、その中核にあるものが感覚論的唯物主義に立つ利益であるかぎり、墨家の主張のあらゆる面に、この『利』がつきまとうことになる。そもそも墨家の大きなスローガンである『兼愛』は、『交利（こもごも利すること）』と不離一体で説かれるし（「兼愛」中・下）、賢者を貴べと主張するその実質も、賢者を富まし貴くすること、つまり物質的に優遇することとなっている（「尚賢」上・中・下）。また、有名な非戦論も、その説く根拠が『利』『不利』の相対論となっているし（宋牼と孟子の問答。「告子下」四・164）、儒家の説く仁義孝悌の道徳さえも、すべて『利』で一括され、包みこまれている（「非儒」下）。[93]」

　このように理解することが許されるとするならば、例の「楊朱・墨翟の言天下に盈つ。天下の言楊に帰せざれば則ち墨に帰す。」という文章の意味するところが今や明らかになる。即ち、天下は目下「利益」優先の風潮が充満し

ているのである。さすがに『孟子』の編集者は慧眼の持ち主で、開巻劈頭に「孟子見梁惠王。王曰、叟、不遠千里而來。亦將有以利吾國乎。孟子對曰、王何必曰利。亦有仁義而已乎。」と置いたのであった。

28　或る時、孟子は、墨子学派で非戦平和論者として有名な、そして恐らくは孟子が既に知己を得ていたと思われる宋牼に石丘（宋国内の地名）で出遭った。宋牼は、一触即発の緊迫下の楚秦問題を解決すべく、先ず楚に赴いて、戦争を何とか食い止めようとのことである。その詳細は別として、その指 [＝要旨] を訊ねた孟子に「我將に其の不利を言はんとす。」と答える。しかし、これに対する孟子の反応は次ぎのようであった[94]。

「先生の志は則ち大なり。先生の號は則ち不可なり。先生利を以て秦・楚の王に説かんに、秦・楚の王利を悦び、以て三軍の師 [一軍は一万二千五百人、ここは大軍の意] を罷めば、是れ三軍の士、罷むることを樂しみて利を悦ばん [三軍の将士は戦争をやめることを楽しんで、利を悦ぶようになる。]。人の臣たる者、利を懷きて以てその君に事へ、人の子たる者、利を懷きて以てその父に事へ、人の弟たる者、利を懷きて以てその兄に事へば、是れ君臣父子兄弟、終に仁義を去り、利を懷きて、以て相接するなり [臣たる者が常に利を所懷して君に仕え、子が常に利を所懷して父に仕え、弟が常に利を所懷して兄に仕えるということになれば、君臣父子兄弟の間は、ついには仁義を捨て去り、利ばかりを考えて、互いに接するようになる。]。然り而して亡びざる者は、未だ之有らざるなり [そうなってしまって、滅びない国は古来ない。]。先生仁義を以て秦・楚の王に説かんに、秦・楚の王仁義を悦び、而して三軍の師を罷めば、是れ三軍の士、罷むることを樂しみて仁義を悦ばん。人の臣たる者、仁義を懷きて以てその君に事へ、人の子たる者、仁義を懷きて以てその父に事へ、人の弟たる者、仁義を懷きて以てその兄に事へば、是れ君臣父子兄弟、終に利を去り、仁義を懷きて、以て相接するなり。然り而して王たらざる者は、未だ之有らざるなり。何ぞ必ずしも利と曰はん。」
（告子下篇第四章）

「曰、先生之志則大矣。先生之號則不可。先生以利説秦楚之王、秦楚之王悦於利、以罷三軍之師、是三軍之士、樂罷而悦於利也。爲人臣者懷利以事其君、爲人子者、懷利以事其父、爲人弟者、懷利以事其兄、**是君臣父子兄弟、終去仁義、懷利、以相接。**然而不亡者、未之有也。先生以仁義説秦楚之王、秦楚之王悦於仁義、而罷三軍之師、是三軍之士、樂罷而悦於仁義也。爲人臣者、懷仁義以事其君、爲人子者、懷仁義以事其父、爲人弟者、懷仁義以事其兄、是君臣父子兄弟、**終去利、**

懐仁義、以相接。然而不王者、未之有也。何必日利。」

　仮に宋牼の説得が奏効して戦争を回避できたらそれで果して本当によいと言えるのであろうか。孟子は考える。否。それは功利主義の勝利であって、仁義主義という一種の義務主義の敗北ではないだろうか。とすれば、目前の利益に目を奪われて、真に人間的に重要な道徳を後回しにし軽んずるならば、やがてそれは大いなる害毒を齎すであろう。即ち、社会の退廃と国家の滅亡を。

29　かくして、確かに仁義を為政者が優先した方が結局のところ利を手に入れることが出来るのだというが如き立論が、一見当っているようではあるが、『孟子』をよく読んでみると、やはり成立し難いことが解明されたことと私は思う。我々は、ここで仁義に本づく国家経営、即ち、王道政治の究明と、利の充満ではなく仁義によって保たれた社会国家の根底にある人間論の究明とを目指さなくてはならないだろう。前者に就いては、直ぐ引き続き論じ、後者に就いては、その後に論じることとしよう。

第2項　王道の具体的内容——政治に於ける共同善——

30　齊の宣王との問答録の第一は、牽牛章とも呼ばれる梁惠王上篇第七章である。天下統一の野心を有する宣王が遊説家孟子に「齊桓晉文の事、聞くことを得可きか。[95]」と切り出した。孟子は、実は熟知していたのであるが、孔子学派内では齊桓晉文のことを語る者がなく、従って、伝承もなく、私は聞いたことはない、と言い、「以む（＝已む）無くんば則ち王か。」と続けた。ここに「王」とは王道の謂である。戦国諸侯が天下統一の為に躍起となっている姿は、正に覇道を履践する覇者のそれであった。言及に値する王道覇道の区別、王覇の別をここで取上げ一瞥しよう。一体孟子はこれをどのように捉えていたであろうか。

　「孟子曰く、力を以て仁を假る者は霸たり。霸は必ず大國を有（たも）つ。徳を以て仁を行ふ者は王たり。王は大を待たず。湯は七十里を以てし、文王は百里を以てす。力を以て人を服する者は、心服に非ざるなり。力贍〔＝足〕らざればなり。

290   第6章　孟子、共同善、洞見知

徳を以て人を服する者は、中心悦んで誠に服するなり[96]。」（公孫丑上篇第三章）
「孟子曰、以力假仁者霸。霸必有大國。以徳行仁者王。王不待大。湯以七十里、文
王以百里。以力服人者、非心服也。力不贍也。以徳服人者、中心悦而誠服也。」

　武力を用いる覇道と徳を用いる王道との相違がここに明確に表明されてい
る。斉人伐燕に関連する箇所（梁惠王下篇第十一章）で、宣王を揶揄して「千
里を以て人を畏るる者」という表現が見られるが、覇者は一時も心から安心
することは出来ない。家臣は常に王位簒奪の機会を窺っているのであるから
[実際、春秋戦国の時代にそれが見られたではないか。]。
　さて、宣王の問いに対して「以む無くんば則ち王か。」と話題を王道に誘導
した孟子は、「民を保んじて王たらんには、之を能く禦（とど）むる[禦（ふせ）
ぐ]莫きなり。」と断言する。更に、王が犠牲に捧げられる牛を助命してやっ
たとの伝聞が事実であるとの確認を王自身から得た上で、「是の心以て王た
るに足れり。」即ち、血塗りの儀式に曳かれていく牛を見るに忍びないという
宣王の心が天下の王者となるに十分な条件である、と励ます。我々は、宣王
との最初の対話の比較的最初に位置する部分に「保民」という語が孟子の口
から語られていることを注目すべきであろう。即ち、遊説の最初の地梁に於
ける惠王との対話では、「仁義」の重要性が真っ先に説かれたのであった。こ
こでは「**保民**」、即ち、「人民の生活を安定させること」、「民を安らかに暮ら
させること」の重要性が説かれているのである。統治者は、従って、保民と
いう使命を有する、より厳密には負託されている訳である。では、保民とい
うことで、人民生活の安定、言い換えれば、経済生活の問題及びその解決が
理解され、実際その実施を見たならば、それで十分なのであろうか。確かに、
牽牛章に登場する「恆産無くんば恆心無し。」という表現は、経済生活の重要
性を明示している。しかし、だからと言って、それで王道政治が終わるので
はない。例えば、同じ牽牛章末尾でも「庠序（しょうじょ＝郷土の学校）の教へ
を謹み、之に申（かさ）ぬるに孝悌の義を以てせば[その上、孝悌の正しい道
を行わせるようにするならば]云々」とあり、又、滕文公上篇第四章に「飽
食煖衣[飽きるほど食べ、十分暖かく衣服を身につけること]、逸居して教へ
らるる無ければ、則ち禽獣に近し。」と見える。学校乃至教育の意義（第34

番）が常に言及されているのは注目に値すると思う。かように、孟子によっ
て経済問題に続いて教育問題が取上げられることになる。言い換えれば、孟
子の王道政治論では物質的諸価値の問題と精神的諸価値の問題が取り上げら
れているのである。これら諸価値の問題探求は、孟子に於ける政治的次元で
論じられる共同善課題である。然も、これら諸価値には次元の相違がはっき
りと認識されてもいた。尤も、こうした問題に即座に取り組むことの出来る
位置にあった者は、当時は断るまでもなく諸侯であった。従って、孟子は諸
国を訪れ、王道を説いて已まなかったのであった。それは孔子におけると同
様であったと一応は言える。しかし相違もそこには既に現れていたと言わね
ばならない。その点は次の第四節で述べられるであろう。ここでは先ず共同
善課題の具体的内容を、改めて、孟子自身に原文に即して訊いてみよう。

31 さて、先の牽牛章の続きであるが、孟子は巧みな譬え話を挿んで言う。
王に申す者がいて、「自分の力は百鈞もの重い物を挙げることが出来るが、一
羽を挙げることは出来ない。自分の視力は秋の獣の毛先までも見分けられる
が、しかし車に積んだ薪を見ることが出来ない。」と言ったら、王はこれを許
されようか、と。王は勿論「不可なり。」と言う。しかし、実は、王自身がたっ
た今「不可なり。」といったその者なのであった。

> 「今恩は以て禽獣に及ぶに足れども、功は百姓（ひゃくせい＝一般人民）に至らざ
> る者は、獨り[97]何ぞや。然らば則ち一羽の挙らざるは、力を用ひざるが爲なり。輿
> 薪（よしん）の見えざるは、明を用ひざるが爲なり。百姓の保んぜられざるは、恩
> を用ひざるが爲なり。故に王の王たらざるは、爲さざるなり。能はざるに非ざる
> なり。」（梁惠王上篇第七章）
> 「今恩足以及禽獸、功不至於百姓者、獨何與。然則一羽之不擧、爲不用力焉。輿薪
> 之不、爲不用明焉。百姓之不見保、爲不用恩焉。**故王之不王、不爲也。非不能也。**」

　馬鹿げたことを言うのは王自身であった、という話の持って行き方も巧み
であるが、「不爲也。非不能也。」これも名言ではなかろうか。そして、この
引用文中には重要な語が顔を出している。「恩」の語がそれである。宣王は、
不爲者と非不能者との相違を孟子に説明させる。この説明も面白い。「王の王

たらざるは、太山を挟みて以て北海を超ゆるの類に非ざるなり。王の王たらざるは、是れ枝を折るの類なり。」と。さて、その次の段落。

「吾が老を老として以て人の老に及ぼし、吾が幼を幼として以て人の幼に及ぼさば、天下は掌（たなごころ）に運（めぐ）らす可し。詩に云ふ、寡妻に刑し、兄弟に至り、以て家邦を御（おさ）む、と。斯の心を挙げて諸を彼に加ふるを言ふのみ。故に恩を推せば、以て四海を保んずるに足り、恩を推さざれば、以て妻子を保んずる無し。古の人、大いに人に過ぎたる所以の者は、他無し。善く其の為す所を推すのみ。今恩は禽獣に及ぶに足り、而も功は百姓に至らざる者は、獨り何ぞや。權して然る後に輕重を知り、度して然る後に長短を知る。物皆然り。心を甚だしと為す。王請ふ之を度れ[98]。」（梁惠王上篇第七章）
「老吾老以及人之老、幼吾幼以及人之幼、天下可運於掌。詩云、刑于寡妻、至于兄弟、以御于家邦。言擧斯心加諸彼而已。**故推恩、足以保四海、不推恩、無以保妻子。**古之人、所以大過人者、無他焉。善推其所爲而已矣。今恩足以及禽獣、而功不至於百姓者、獨何與。權然後知輕重、度然後知長短。物皆然。**心爲甚。**王請度之。」

　孟子は、『詩経』大雅思斉篇から引用して、自説の有力な補強とするが、「斯の心を挙げて諸を彼に加ふる」とは、金谷博士によれば、「自分の内的な良心を、近きより遠きにおし及ぼしてゆくこと」[つまり推恩]であって、この主張こそ儒教の重要な伝統であった[99]。渡邊博士によれば、<u>牽牛章の眼目は、実にこの「**推恩**」にこそある</u>[100]。そしてこの推恩と深く連関して「權然後知輕重、度然後知長短。物皆然。心爲甚。王請度之。」が語られるのである。通常の理解では、「秤で計って、その後に物の軽重を知り、物差で計って、その後にその物の長短をしる。天下の総ての物は、こうして軽重長短を知るのである。そして、心というものは、傾きやすいものだから、いつも計ってみるべき必要の度合は、他のものに比して一層はなはだしいものである。であるから、王よ、どうか常に王の心を測り、王自身の心が物の本末軽重を誤っていないかどうかを、よく考えて下さい。」とされる[101]。別の註釈は「はかりや物さしの基準によってこそ軽重長短がわかるが、人の心こそそうした基準を最も必要とする。王よ、どうか基準に照らしてよく考えてください。」とする[102]。

これに対して、渡邊博士は、「心爲甚。」の「心為が主語であり、甚が述語である」と、全く別の解釈を提示された。即ち、「このように計量してこそ物の実体は知ることができる。なかでも心の計量作用は最も精妙で、自他を含むあらゆる物の実体を計量できるのだ。」と。そして更に註釈を施し、「この一段においても孟子は、『恩』の実践すなわち『推恩』こそが家はもとより天下をも治める唯一の方法だ、と強調した。しかも最も注目すべき点は、この『推恩』が『心』の作用に支えられて成功する、と力説したことである。もともと彼は心を天与の性と考え、その精妙な自律作用に万幅の信頼を置いた。この立場は『心為甚』（心のわざこそ甚し）の三字によく現れている。彼は、心が固有する『度』（計量する）の性能を最も精妙だと考えたからこそ、宣王に対し、『心』の作用にのっとり、『推恩』の効果が庶民にまで及ぶ方法を『度れ』と要請したのである[103]。」と。実に卓見である。

　続いて、戦争によって天下を制覇するのは、「木に縁りて魚を求むるがごとく」ただ単に不可能であるばかりでなく、却って後難を招くようなものであって、危険でさえある、と王を説く。この箇所で、孟子の文体の巧妙さ（翻弄、見くびり、意地わる、無関心、脅迫などの戦術）が見られる、と渡邊博士は見られる。いよいよ、本文は佳境に迫ってきた。

32　武力による政治、覇道を去り、仁義に本づく王道に拠らねばならぬことを会得させた孟子は、更に励行を促す。王が今仁政を施したならば、天下の役人、農民、商人は皆、王の国に遣って来るであろう。旅人は王国の領内を通行したがるようになるであろう。自国の王を快く思わぬ者、具体的には、虐政に喘いでいる民衆は皆、王の下へ訴え相談したがるようになるであろう。「其れ是の若くんば、孰（たれ）か能く之を禦（とど）めん。」そうした趨勢が現実化したならば、誰もこれを止めることは出来ない。これと深く連関する箇所として、公孫丑上篇首章を紹介しておきたい。斉人の諺を引き、時勢の重大さを語り、今こそ王道を実行する機が熟している。「今の時は然し易きなり[104]。」その理由を見よう。

「仁政を行うて王たらば、之を能く禦（とど）むる［禦（ふせ）ぐ］莫きなり。且つ王者の作（おこ）らざるは、未だ此の時より疏（なが／ひさし）き者有らざるな

り。民の虐政に憔悴せるは、未だ此の時より甚だしき者有らざるなり。飢うる者
は食を爲し易く、渇する者は飲を爲し易し［飢えている者は、どんな物でも喜ん
でかぶりついて食べようとし、渇いている者は、どんな飲み物でもがぶがぶと飲
もうとしやすい。それと同じく、仁政に飢えている民は、仁政を行なう者に対し
ては、たやすく帰服するものである。］。孔子曰く、徳の流行するは、置郵［早馬、
早飛脚］して命を傳ふるより速やかなり、と。今の時に當り、萬乘の國、仁政を
行はば、民の之を悦こぶこと、猶倒懸［逆さ吊りの刑罰］を解くがごとくならん。
故に事は古の人に半ばにして、功は必ず之に倍せん。惟此の時を然りと爲す。」
（公孫丑上篇第一章）
「行仁政而王、莫之能禦也。且王者之不作、未有疏於此時者也。民之憔悴於虐政、
未有甚於此時者也。飢者易爲食、渇者易爲飲。孔子曰、徳之流行、速於置郵而傳
命。當今之時、萬乘之國、行仁政、民之悦之、猶解倒懸也。故事半古之人、功必
倍之。惟此時爲然。」

仁政を施せば齊の天下到来も夢ではない。機はそれほど熟していた。詰り、
人民は虐政に苦しみ王者の出現を待望していた。宣王は神妙に「我不敏なり
と雖も、請ふ之を試嘗せん。」と、孟子の教えを請う。これに対する孟子の返
答は人口に膾炙された表現を含んでいる。

「曰く、**恆産無くして恆心有る者は、惟士のみ能くすることを爲す。民の若きは、
則ち恆産無ければ、由つて恆心無し。苟くも恆心無ければ、放辟邪侈、爲さざる
無きのみ。**罪に陥るに及んで、然る後、從つて之を刑す。是れ民を罔するなり。
焉んぞ仁人位に在る有りて、民を罔して爲す可けんや、と。」（梁惠王上篇第七章）
「曰、**無恆産而有恆心者、惟士爲能。若民、則無恆産、由無恆心。苟無恆心、放辟
邪侈、無不爲已。**及陷於罪、然後、從而刑之。是罔民也。焉有仁人在位、罔民而
可爲也。」

恒産、即ち一定の生業、収入がなくとも恒心を、常に善を志向する心を保
持することの出来るのは極く一部の者だけであって、凡庸の一般人は恒産無
ければ恒心を持てないのが通例である。ここには士人層に志操堅固を期待す
る孟子に特有の意識が見て取れる。尚、滕文公上篇第三章に類似の表現が見
られる。そこには、「民の道たるや［そもそも人民の通性として］、恆産有る

者は恆心有り。恆産無き者は恆心無し。」とある。何れにせよ、民衆経済の安定が先ず求められる所以である。我々は、再び梁惠王上篇第七章に話を戻そう。

33 ではその経済生活を安定確保するための施策基準はどうであろうか。古の名君は、「上は父母に充分仕えることが出来、下は妻子を十分養うことが出来、豊年には長く飽き足りるようにし、凶年でも死亡は免れるようにした。」[是故名君制民之産、必使仰足以事父母、俯足以畜妻子、樂歳終身飽、凶年免於死亡。然後驅而之善。故民之從之也輕。] 今の世はそうではない（第6番をも参照）。金谷博士は、「社会構成の基礎単位である家族の生活、それをとどこおりなく行なわせるのが、経済政策の目標であった。」と言う[105]。「**王之を行はんと欲せば、則ち蓋ぞ其の本に反らざる。**」かくして、孟子はいよいよ「**其の本**」を実現するための具体策を進言する。

「五畝の宅、之を樹うるに桑を以てせば、五十の者以て帛を衣るべし。鶏豚狗彘の畜、其の時を失ふ無くんば、七十の者以て肉を食ふ可し。百畝の田、其の時を奪ふ勿くんば、八口の家、以て餓うる無かる可し。庠序（しょうじょ）の教へを謹み、之に申ぬるに孝悌の義を以てせば、頒白（はんぱく）の者道路に負戴せず[胡麻塩頭の老人が道路で荷物を背負ったりなどという光景がなくなる。]。老者帛を衣、肉を食ひ、黎民[通常一般民を指すが、ここでは老者に対して若者を意味する。]飢ゑず寒えず、然り而して王たらざる者は、未だ之有らざるなり、と[106]。」（梁惠王上篇第七章）
「五畝之宅、樹之以桑、五十者可以衣帛矣。鶏豚狗彘之畜、無失其時、七十者可以食肉矣。百畝之田、勿奪其時、八口之家、可以無餓矣。謹庠序之教、申之以孝悌之義、頒白者不負戴於道路矣。老者衣帛食肉、黎民不飢不寒、然而不王者、未之不有也。」

井田法により、一世帯毎に百畝の田地と五畝の宅地を分与して養蚕、畜産を奨励する。農繁期には軍事や夫役に駆り出したりせず、家畜の繁殖生育期に殺さないようにさせると、八人位の家族ならば十分暮らしていける。ここに孟子によって描かれているのは、民衆の念願であると解されもしよう[107]。民衆の念願する「和平」であり、これと戦国諸侯の天下統一の野心とを何と

か架橋しようとしたところに孟子の涙ぐましい努力を見る思いがしてならない。「庠序の教へ」とは郷土学校での教えのこと（周では庠、殷では序と言ったらしい。）で、「之に申ぬるに孝悌の義を以てす」とは、丁寧に繰返し親への孝と目上への悌の道徳を教えてやること。ここでの悌は、「広義では地域社会の年長者に対する尊敬を意味する。」こうした敬老精神、老人愛護の主張は、「過去の経験や技術を極度に尊重した農耕社会の要求に適応し、孟子の生命を半永久的にさせた強い一因となっている。」と渡邊博士は指摘される[108]。

34　許行章とも呼ばれる滕文公上篇第四章に「飽食煖衣、逸居して教へらるる無ければ、則ち禽獣に近し。」と見えることは先に指摘した（第30番参照）。この章は、神農氏の説いた道を奉じている許行に共鳴した陳相との問答録である。又、牽牛章に次いで第二の長文でもある。社会分業論が既に主張せられていること、鉄器が当時既に農具として普及していたと推測されることなど、興味深い記述があるが、我々は共同善論としての王道論に話を限定しなくてはならない。該当箇所を次ぎに引用する。

> 「后稷［農事を司る官名］は民に稼穡［農事の謂い］を教へ、五穀を樹藝す。五穀熟して民人育す。人の道有るや［そもそも人民の通性としては］、飽食煖衣、逸居して教へらるる無ければ、則ち禽獣に近し。聖人之を憂ふる有り。契をして司徒たらしめ、教ふるに人倫を以てす。父子親有り、君臣義有り、夫婦別有り、長幼序有り、朋友信有り。放勳［堯帝の号］曰く、之を勞（ねぎら）ひ之を來らし、之を匡し之を直くし、之を輔け之を翼け、之を自得せしめ、又從つて之を振徳せよ、と。」（滕文公上篇第四章）
> 「后稷教民稼穡、樹藝五穀。五穀熟而民人育。**人之有道也、飽食煖衣、逸居而無教、則近於禽獣**。聖人有憂之。使契爲司徒、**教以人倫**。父子有親、君臣有義、夫婦有別、長幼有序、朋友有信。放勳曰、勞之來之、匡之直之、輔之翼之、使自得之、又從振徳之。聖人之憂民如此。而暇耕乎。」

民衆の、農民の生活の安定を遊説の第一に掲げて王道を唱道した孟子は、経済問題の次には必ず教育問題を説くことを止めなかった。実際、人間は物質生活の満足だけでは「太った豚」に過ぎないのではないか。孟子の常套語句を用いるならば、それは禽獣であろう。道徳、倫理においてこそ、人間は

人間としての価値を、資格を発揮できるのではないか。それが、「**人の道有るや、飽食煖衣、逸居して教へらるる無ければ、則ち禽獣に近し。**」の一文に込められていると私は思う。これは下手な説明や「巧妙な」反証を許さない人間の本性的な洞察ではないだろうか。

　衣食が足りることはそれ自体非常に結構なことであるが、栄辱を知らず、礼節を弁えないようでは問題である。経済的安定が確保せられたならば、精神的安定が当然求められなくてはならない。そのための教えであり、教育である。然も、ここに言う教育は、知育と言うよりは寧ろ徳育であって、引用文中に「**教ふるに人倫を以てす。**」とある通りである。その内容は、直下の「父子親有り、君臣義有り、夫婦別有り、長幼序有り、朋友信あり。」に窺える。所謂五倫説[109]である。『中庸』に五達道が説かれている。それは、「君臣、父子、夫婦、昆弟、朋友の交はり」である。『孟子』とは「君臣、父子」の順序が入れ替わっている。執筆成立の時期の問題もあろうが、それ以上に、私は孟子の基本姿勢の然らしめるところではなかったか、と考える。

35　孟子思想の理解に資すると考えられるので、ここでごく簡単にでも伝統的自然法論が共同善をどのように捉えているかについて、割り込む形ではあるが、紹介しておきたい。出発点は、本章の冒頭に述べたように、人間を人格と捉えるところに置かれている。即ち、人間は個人的であると同時に社会的でもある。時代によって地域によって、要するに人間が置かれた様々な具体的文化状況下で、両者の捉えられ方及び実生活での生きられ方は区々様々であろう。しかし、両極の何れか一方のみを肯定し他方を否定することなど出来る相談ではない。人間は、他の動物と違って、最初から文化的存在である。そうであるからこそ、個人的存在でもあれば社会的存在でもあり得る[110]。「社会的なもの」das soziale を「人間の結合統一体を形成するもの」としての「人間諸個人の多統一体」とヴァルター・ケルバーは定義して、社会的なものの基礎を尋ねる。そして、有名な「欠如存在」Mängelwesen として人間を捉える説を不十分として、批判する。自然本性的な必要性とか欠乏として「社会性」を解釈するのは浅薄かつ表面的である。言語という現象に見られる如く、社会性は人間存在の核心にまで届いている。ケルバーは、「人間の社会性は、他者をして自己の認識と価値経験を共有せしめる能力として、それ故に

豊かさとして現れる」という。「社会性は精神的内容のコミュニケーションにおける結合を意味しており、外的依存性にではなく、人間自身の有限な人格性に──それも真理と価値を社会的及び歴史的にのみ把握し実現できる限りにおいて──根差している」と言わねばならない[111]。同じことを、メスナーは、「交流と協同」という概念を用いて説明した。かくして、人間は個々人として孤立して存在するのではなく、他者と交わり協力して、人間的な集団を結成し──家族に始まり、部族、地域共同体、ポリスの如き国家、労働組合、趣味のクラブ、株式会社、最終的には世界共同体など──、そこにおいて個々人では生み出し得ないもの、即ち共同善を生み出すことに寄与し、共同善の応分の分け前に与ることによって、その生を全うする。人間的生の充足に役立つためにこそ社会・共同体があり、その共同善が存在するのだから、そこで重要な内容は、客観的な性格のものでなければならない。メスナーはこの共同善機能を、「全人間的実存にとっての前提条件となる共同生活秩序を、人間本性のより低い傾動素質によって脅かす妨害から防衛すること」と「社会成員の完全な人間的実存を達成することに関わる」援助提供とに区別して説いている。前者の消極機能は平和秩序樹立、後者の積極機能は福祉秩序樹立とも呼ばれる[112]。

　その共同善には、二層が認められ、社会全体の価値善益それ自体とそれ自体共同善の一部を成すものではあるが下位の価値領域に属するため「共同善に仕える手段」と呼ばれ得るものが区別される。手段的なものは、様々な制度や機関であり、法制度、公的教育制度、福祉施設、軍隊、警察交通網、電気供給、上下水道の整備などが含まれる。要するに、行政法が論じる公共事業に代表されるものである。これらが仕えるべき価値善益として、「社会の平和と秩序、社会成員の自由の保障、自己責任と自助努力による本質的生存使命達成を万人に可能とすること、社会全体の良好な衛生状態、将来及び子々孫々のためにする経済的生活基盤の保障」がメスナーによって挙げられている[113]。ここに叙述された共同善は究極的には個々人の自己完成に資すべきものである。

36　本項を締め括るに当り、極く簡単に伝統的自然法論との連関に言及しておきたい。王道の具体的内容という項目の下で縷説して来たことは、自然法

論の共同善思想と通底するものと私の眼には見えるのである。苟くも人間が国家へと、或いは政治的集団へと結集して存在することを目指すからには——そしてここに「目指す」とは意識的反省的な次元を超えた人間本性に由来する客観的実在的な規定性を指して言うことを注意しておかねばならないが——、そこには存在論的な原因がなくてはならないだろう。その最も重要な原因は、目的因としての共同善であり、公共善である。アリストテレス風に言えば、それはポリスにおける「善き生活」の実現である。国家は、なるほど、経済問題、軍事問題、その他諸々の問題に取組むであろう。しかし、国家はそれに汲み尽くされない。自然法論で、トミスムで「完全社会」societas perfecta 或いは「総体社会」Gesamtgesellschaft として国家を規定する所以である。それ故に、国家は、総体社会として、共同善を、より厳密には「公衆の善」le bien public を全面的に実現すべき課題を負うのである[114]。孟子流に表現すれば、第一に、民に恒産あらしめる。そのためには、無用の戦争を慎み、節度ある税制を採用し、井田法を実施する。こうした経済政策によって、先ずは民百姓に経済的な安定を齎して、その上で、第二に、文化政策、即ち、精神的社会的な安定を将来すべき教育を行う。然も、それは人倫教育、人間教育であった。王道とは、かようにして、仁政の実施に外ならず、「人に忍びざるの心」を近きから遠きに徐々に推し及ぼしていくことであった。孟子の王道は、確かに保民を目指し、推恩の実施を促進しようとする姿勢に、即ち、「民衆の生活への温いおもいやり」に貫かれていた[115]。

第3項　王道可能性と性善説及び四端説——家族に於ける共同善——

37　齊の宣王との問答に有名な一節がある。たった今かなり詳細に検討して来た牽牛章と呼ばれる梁惠王上篇第七章である（第30番-第33番）。何故この章が重要であると考えられるのか。勿論その一つの理由として、王道論の具体的な内容が語られているということがあった。しかし、その内容が提唱されるだけでは現実性を未だ獲得しない訳であるから［人間本性と現況社会の現実を踏まえずに理想論を一方的に語ることは昔も今も十分あり得る訳であるから］、王道の担い手が当然射程に入ってこなくてはならない。その最も有望な者が齊の宣王であった、と一先ず[116]言えるであろう。そこで、孟子とし

ては、王に真の王者となる資質が確かに備わっていることを説く必要があり、実際それを行った。更に孺子入井を手掛りに四端説を説く公孫丑上篇第六章「人皆有不忍人之心章」も参照されなくてはならない。この両章は、君主がそもそも王道政治を実施することが可能であることを説得するためにも書かれていると見ることが出来る[117]。牽牛章冒頭では「寡人の如き者も、以て民を保んず可きか。」と問う宣王に、「可なり。」と孟子は請合った。牛に対して「不忍之心」を示したからには人民にそれを示せない筈は無い。善政を実施できないのは、「できない」のではなく「しない」のである（「非不能也、不為也。」第31番）。「ここでは、万人の本性が善だという主張はまだみられない。しかし、それを育成すれば大きな働きをとげるはずの善根が、宣王自身にも気づかれない心の奥底に厳然と存在していることを指摘するのは、そのまま性善説につながることであった。」と金谷博士は指摘される[118]。四端説章では、王道実現のための、即ち共同善実現のための、より規模の大きい孟子一流の生命論が、勿論性善説との連関で開陳されている。この章を詳細に玩味する前に、我々は性善説登場の背景を一瞥しておきたい。

38　人間本性の善悪を問題にすることは、孟子が活躍した時代の風潮であったらしい[119]。そうした情況下で孟子は、孔子の教のうち特に忠恕を力説して以て仁の完成を期さんとする曾子学派の衣鉢を継ぎ、更に一歩を進めて、忠恕説を基礎づけるべく性善説を唱えるに至った[120]。これに付き、宇野精一博士は次ぎの如く語られる[121]。

> 「性の問題は、上述の如く、孔子の門人たちの間で次第に考察されるようになつていつたが、それはまだ極めて常識的な善悪混在説の程度であつた。孟子の頃になると、告子は性には善も不善も無い、生れたままのものは白紙の状態であると主張し、他の別の説として、性は善に導くことも不善に導くこともできる、いはば善不善が混在してゐるといふ説と、人は生れついて善なるものと不善なるものがあるといふ説とがあつたといふ（「孟子」告子上篇）。このやうな學界の状態であつたから、孟子は性は善なりと喝破して、強くく自己の學説を主張したのである。思ふに性説の發生は、外部的には春秋時代以來の社會的變動により既成の道徳が次第にくづれ、人間のたよるべき信條は、自らこれを己に求めなければならなくなつたといふ點があらう。又内部的には、私見によれば、孔子の仁の主張は

第3節　孟子に於ける共同善思想　　301

人間性に根據をおくのであるから、當然、人間性の追及が問題となるのである。しかも亂世にあつて、必ずしも無條件に信頼することができない人間性に對しては、懷疑が生じてくるのも必然の勢であらう。さればこそ性説についていくつかの主張がなされて、人間性に對する疑惑が表明されたのであるが、そのやうな中にあつて、孟子は人間の先天的良心を確信して、敢然起つて性善を主張し、人間性に對する信頼を明白にした。これは混亂の世に迷ふ人間に自信を與へ勇氣づける上に、確かに効果のあつたことと思はれる。」

　性善説の勇気付け効果とでも言うべきことが、宇野博士によって指摘されているのが注目される。先の引用文の少し後に「吉田松陰が、後世、宋の程伊川や張橫渠などの性論が理論としてははるかに勝つてゐることを認めつつも、孟子は理論の問題でなく實踐的な教なのであるから、孟子の書はそのつもりで讀むべきだ（講孟餘話）と評してゐるのは一見識である。」ともある[122]。
39　さて、我々はいよいよこれも有名な四端説章［公孫丑上篇第六章］を訓んで行こう。章全文はさほど長文ではない。要点は、先ず仁政とは、人間誰しもが固有する「人に忍びざるの心」に本づくものであって、これを実施するならば天下を平定することは極めて容易であることを述べ、次ぎに、人間にはやがては四徳に成長する四端の心が賦与されていることを論証し、更に、この四端を拡充することが人の道であることを提唱するにある。それは、宇野博士が説かれる如く単に理論的と言うよりは実践的な教であるに相違無いとしても、それでもやはり虐政とは全く異なる仁政、覇道とは区別される王道の理論的な根拠を提供するという側面をも有することは否めない。以下段落を適宜設けて、丁寧に訓んで行く。

「孟子曰く、人皆人に忍びざるの心有り。先王人に忍びざるの心有り、斯に人に忍びざるの政有り。人に忍びざるの心を以て、人に忍びざるの政を行はば、天下を治むること、之を掌上に運らす可し。」（四端説章）
「孟子曰、**人皆有不忍人之心**。先王有不忍人之心、斯有不忍人之政矣。以不忍人之心、行不忍人之政、治天下、可運之掌上。」

　孟子は、「人皆人に忍びざるの心有り。」と主張する。人間には人の不幸を

302　第6章　孟子、共同善、洞見知

平気で見てはいられない同情心があるものだ。過去に於いて、実際この心に
本づく仁政は行われたことがある。戦国のこの世でも、もし本気で真心に本
づく政治を行えば、仁政を敷けば、天下国家を治むることは「之を掌上に運
（めぐ）らす」ことのように容易である。ここには王道論と四端説乃至良心論
を、別言すれば、政治と倫理とを一体的に理解する姿勢が見える。では<u>仁心</u>
<u>に立脚した政治が実現されるための前提条件として誰もが「人に忍びざるの</u>
<u>心」を本当に先天的に有すると言えるであろうか</u>。これに答えるのが、以下
である。

　「人皆人に忍びざるの心有りと謂ふ所以の者は、今人乍（たちま）ち［不意に］孺
　子（じゅし）の将に井に入らんとするを見れば、皆怵惕惻隠の心有り。交を孺子の
　父母に内（い）るる所以に非ざるなり。譽を郷黨朋友に要（もと）むる所以に非ざ
　るなり。其の聲を惡（にく）んで然るに非ざるなり。是によりて之を觀れば、惻隠
　の心無きは、人に非ざるなり。羞惡の心無きは、人に非ざるなり。辭讓の心無き
　は、人に非ざるなり。是非の心無きは、人に非ざるなり。惻隠の心は、仁の端な
　り。羞惡の心は、義の端なり。辭讓の心は禮の端なり。是非の心は、智の端なり。」
　（四端説章）
　「所以謂人皆有不忍人之心者、今人乍見孺子將入於井、皆有怵惕惻隠之心。非所以
　内交於孺子之父母也。非所以要譽於郷黨朋友也。非惡其聲而然也。由是觀之、無
　惻隠之心、非人也。無羞惡之心、非人也。無辭讓之心、非人也。無是非之心、非
　人也。惻隠之心、仁之端也。羞惡之心、義之端也。辭讓之心、禮之端也。是非之
　心、智之端也。」

　孺子の、詰り、乳飲み子、或いはよちよち歩きくらいの幼児が今にも井戸
に落ちそうになった時を考えてみるがよい。誰でも皆ハッと驚き、助けよう
とするであろう。人は、誰でも、仁義禮智の四徳の端、即ち、四端を持ち合
わせている、と孟子は言う。性善説支持の心理的な理由を仁徳の端に就いて
のみ挙げただけで、四端の存在を主張する孟子に対しては、金谷博士のよう
に[123]、義禮智の端に就いての論証が見られないことの不備を指摘することは
固より可能ではある。しかし、私としては、「この章は、孟子の論に飛躍があ
り、論理的でないといふ例に引かれる通り、確かに仁の端については論證し

たとしても、他の義・禮・智については全く説明なしに論を進めてゐるわけ
で、論としては不備である。併し、最も重要なのは仁であるから、根本だけ
はつかんでゐるといへる。もし義・禮・智についても人が説明を求めたら、
これに應ずる用意はあつたと思はれる。」という宇野精一博士の見解[124]に共
感を覚えるものであり、これを支持したい。

40　ここに四端の「端」を如何なる意味に解するかという問題がある。これ
に就いては、周知の如く、趙岐による古註と朱子による新註とがある。即ち、
古註は、或いは趙岐のように端を「首（はじめ）」と解し、或いは伊藤仁斎の
ように「本（もと）」と解す。新註は端を「緒（いとぐち）」と解す。古註に属
する端本説、乃至萌芽説は、仁義禮智の四徳が備わっているのではなく、や
がて四徳となるべき種子、即ち、端本が存在すると見る。内野台嶺、内野熊
一郎、金谷治、小林勝人、渡邊卓の諸博士がこの説を採る。これに対して、
新註に属する端緒説、乃至糸口説は、人間の本性には仁義禮智の完全な徳が
先天的に備わっており、その片端が外に表れたものが端である、と把握する。
宇野哲人、藤堂明保の諸博士がこの説を採る。宇野精一博士は、両説ともに
それなりの理由が認められるが、「私見では、孟子の性善説の理論としては、
仁以下の徳を具有してゐるべきだが、現實には物欲に覆われて善が隠れある
いは滅びようとしてゐる。ゆえに、端緒として現れたものを端本として擴充
する。つまり、理論としては端緒でもよいが、修養論としては端本と考へる
ことはいかがであらうか。」と、一種の折衷説を提示される[125]。内野台嶺博士
によると、端緒説が通説であるらしい。但し、博士の著書は昭和四年刊行で
あるから、それから約八十年後の現在では或いは逆転しているかも知れない。
この問題を明らめるべく、最後の段落を検討しよう。

「人のこの四端有るや、猶其の四體有るがごときなり。是の四端有りて、而して自
ら能はずと謂ふ者は、自ら賊ふ者なり。其の君能はずと謂ふ者は、其の君を賊ふ
者なり。凡そ我に四端有る者は、皆擴めて之を充すことを知らん。火の始めて然
え［燃え］、泉の始めて達するが若し。苟も能く之を充さば、以て四海を保んずる
に足るも、苟も之を充さざれば、以て父母に事ふるに足らず。」（四端説章）
「人之有是四端也、猶其有四體也。有是四端、而自謂不能者、自賊者也。謂其君不

能者、賊其君者也。凡有四端於我者、知皆擴而充之矣。若火之始然、泉之始達。苟能充之、足以保四海、苟不充之、不足以事父母。」

　人間には誰にでもこの四端が生得的に賦与されている。そうであるのに、自分はとてもそんな仁義禮智など実行できないという者は、「自ら賊ふ者」、自分で自分を傷つける者である。主君に仁政などとても出来ないとして勧めようとしない者は、「其の君を賊ふ者」である[126]。

41　さて、「**凡そ我に四端有る者は、皆擴めて之を充すことを知らん。**」の一文の解釈であるが、これは素直に読めば、一体自分に四つの徳目の端が生来備わっているのであるからには、人間はこの四端を推し拡め、充足すべき使命を負っていることを知っているものであろう。その次の比喩に関しては、13世紀の聖トマスの『神学大全』に類似の比喩[127]があるのが興味深い。四端を擴充していけば、四端は、火が燃え始めて、泉が噴き出して、始めの内はたとえ極く小さくとも、やがては大火となり、或いは大河となるように、勢いは盛んとなり、その及ぶ範囲は無限となる。かく説明されるときに、「擴充」の意を端緒説と端本説のどちらがより良く捉えているかと考えるに、端本説の方ではなかろうか。嘗て、内野台嶺博士は次ぎのように説かれた[128]。端本説、即ち、萌芽説で「擴充」の語を理解するのは極めて自然であるが、「端緒説によると、現はれた端をつかまへて推擴し、其の本然の量に充滿させるのだと説くのであるが、既に有せる者に對して、推擴するとか充滿させるとか説くのは、一體言葉の用法としてどうであらうか。尤も端緒をつかまへ推擴し充滿させるので、其の結果は本然の量に復するのだと論ずれば論じられるが、少しく無理な感じもするので、暫く前説に從つた次第である。」と。私は先人のこうした様々な研究成果を参考にして、更に、トミスム自然法論の観点をも考慮しつつ、別稿で端本説を支持する旨を公表したことがあった[129]。その後、極めて説得的な学説に接したので、それを次ぎに紹介しておきたい。

　それは渡邊卓博士によるもので、四端に限定されず、他の箇所の理解と連動しているのであるから、その点には十分配慮しなくてはならない。詳細は、博士の著書を直に見て頂くとして、要点を述べると、「**端**」の字は、「**真直ぐ**」という意符を有する偏（立）と、「根のある植物の萌芽が地表を突き破り、将

に伸び成長しようとする状態」をあらわす旁（耑）から成り立っている。「彼は、心のなかに惻隠・羞悪・辞譲・是非など四つの作用を先天的に営む性質のあることを認め、それがやがて仁・義・礼・智という美徳に成長し結実することを確信した。」孟子は、彼が人間の事象を考えるときには、決って植物の発芽、直立、成長、結実といった過程への具体的な形象を想起した。「端」は、それ故、「けっして抽象的な概念でなく、形象的な譬喩《芽生え》であった、としなくてはならない[130]。」と博士は説かれる。渡邊説は、第四節でも浩然の氣に連関して再度取り上げるであろう（第50番以下、特に第54番を参照）。四端に就いての説明を続いて引用することにしたい。

> 「いったい四端のように美しく逞しい生命力が自分自身に生まれながら備わっている厳然たる事実をつきとめたからには、人はそれを『拡げてこれを充（やしな）ふ』べきことを知らなくてはならない。ここに『拡』とは、四端という小さな芽生えじたいの内部に充満する生命力を《押しひろげ》それを風雨に耐える大きな強い幹に生長させる配慮である。また『充』とは、その幹をさらに《育て養い、長く高くさせる》配慮なのである。かく自然な生命力のうえに、慎重な拡充方法をつみかさねるならば、四端はやがて四つの美徳として完成するであろう。……孟子の感覚において人間内部の倫理的な生命力は、自然の火炎や泉水とそれこそ交響しつつ、高鳴る生命感の調べを奏でるものであった。だから彼は最後につけ加える。もしこの生命力を育て養い、逞しいものにするならば、それは王道実現に参加し、四海の人々を保んずることもできるであろう。だが、これに反してこの生命力の育成に失敗するならば、人は身近かにいる父母にさえ奉仕することはできないであろう[131]。」

実に孟子の思想の根源に触れる理解がここにあるように私は思う。これで四端説に就いての検討を終えるが、紙幅の関係から、性善説にとって必ず論及されるであろう他の箇所の多くは本稿では割愛しなくてはならない。ただ、少なくとも孟子の性善説は、理論的説明に終始することなく、実践的な促しを伴っており、随って又、不断の修養による四端の拡充や養生が必要であるとすることは確認しておかなくてはならないであろう。

42 以上我々は孺子入井を含む有名な四端説の章を検討して来たが、それを

306 第6章 孟子、共同善、洞見知

通じて孟子に於ける王道論と性善説及び四端説は、渾然一体となったものであり、従って政治と倫理も一体的であることが改めて判明した。更に、倫理の基本が家族倫理に置かれることを考慮に入れると、一歩を踏み込んで、我々は、孟子に於ては、政治に於ける共同善と家族に於ける共同善も実は一体的なるものであったと言えるのではないだろうか。実際、離婁上篇第二十七章及び告子下篇第二章をその補強として挙げることが許されるであろう。前者は、『論語』の学而篇の「有子曰、……**孝弟也者、其爲仁之本與**」(有子曰く、……孝弟なるものは、其れ仁の本爲るか、と。)と符合し、孝悌が百行の根本であることを説いている[132]。

> 「孟子曰く、仁の實[133](真髄)は、親に事ふること是なり。義の實は、兄に從ふこと是なり。智の實は、斯の二者を知つて去らざること是なり。禮の實は、斯の二者を節分すること是なり。樂の實は、斯の二者を樂しむ。樂しめば則ち［孝悌の心自ずから］生ず。生ずれば則ち惡んぞ已む可けんや。惡んぞ已む可けんやとならば、則ち足の之を踏み、手の之を舞ふことを知らず、と。」(離婁上篇第二十七章)
> 「孟子曰、仁之實、事親是也。義之實、從兄是也。智之實、知斯二者弗去是也。禮之實、節分斯二者是也。樂之實、樂斯二者。樂則生矣。生則惡可已也。惡可已、則不知足之蹈之、手之舞之。」

ここでは、仁義禮智に加えて、樂が挙げられている。然も、「音樂にも倫理的な使命があつて、民心を教化する目的が與へられていた[134]。」何れにせよ、親に事える孝、兄に事える悌、この二者が仁義の徳の真髄である。そしてこれは、金谷博士によって、「家族倫理に立脚する孟子の道徳の面目である。」と註される[135]。告子下篇第二章には「堯舜之道、孝弟而已矣。」とある。

このように検討してくると、孟子の主要思想とこれまで一般に諒解されて来たことは、実は共同善思想であったと我々は考えることが出来るのではあるまいか。以上において、何としても窮状に置かれている民衆の救済を図らねばならない、との仁義に本づく王道論の提唱と、それを支えそれと一体化した性善説及び四端説に見られる人間本性観と躍動する古代的な生命観とが確認されたと言ってよいだろう。これらをやや別の角度から眺め直してみよ

うというのが我々の次ぎの目標である。

第4節　孟子思想の根柢に在るもの

第1項　民本思想とその派生原理

43　以上主として牽牛章と四端説章とを手掛りとして、かなり忠実にと筆者は信ずるが、孟子の思想の概要を、しかも共同善という視角から論じて来た。しかし、我々は、尚論じ残した重要な孟子の思想に取組まなければならない。それは、彼が明説した所謂民本思想である。そして、これが更には周知の如く、革命理論と連結するのである。尤も、ここでいう革命とは、周知のように、既存体制の根本的変革、転覆を意味する西欧に於ける revolution とは異なり、天命思想に基づく革命論、即ち、易姓革命であることは断るまでもない。これらの点を若干説明しておこう。

　民本思想に該当する記述は『孟子』中に少なくとも数箇所は指摘し得るが、先ず梁惠王上篇第二章、梁惠王下篇第一章、及び第四章に君主たるべき為政者に、「民と偕に樂しむ」のでなくてはならない、と梁の惠王と齊の宣王に向って語られているのが注目されよう。鄒の穆公の人民誅罰論に反駁するときの論拠が、これまた保民政治を実施してこなかった所為である、と穆公の自業自得である所以を述べている（梁惠王下篇第十二章）。湯武放伐論も指摘できよう（梁惠王下篇第八章）。或いは更に、双務的君臣関係論とでも呼ぶべき主張も指摘できよう（離婁下篇第三章）。しかし、これらと一体的でありながら、より明確にその根本思想が表明されている有名な箇所が他にある。即ち、盡心下篇第十四章に曰く、「民を貴しと爲し、社稷之に次ぎ、君を輕しと爲す。」と。以下幾つかの点に就いて考えてみる。

44　先ず「民と偕に樂しむ」を手掛りとしてそこに現れた民本思想を見てみよう。梁惠王上篇第二章と梁惠王下篇第四章とは、類似の内容が夫々梁の惠王と齊の宣王に向って語られており、「あるいは一時の事が誤まって二つに書き分けられたかもしれない。[136]」と金谷博士は言われる。一つの章では、惠王が孟子を自慢の庭園に招いて、「賢者も亦此を樂しむか。」と尋ねる。「此」は、庭園沼池にいる鴻鴈麋鹿〔大小の雁、大小の鹿〕を指す。恐らくは、得

308 第6章 孟子、共同善、洞見知

意げにうっかり口を滑らしたその機会を逃さず、孟子は詩経や書経を引き、文王が民と偕に楽しんで本当の楽しみが得られたことを説き、それとは反対に、桀王は民と偕に楽しむことなく却って虐政を敷いて、遂には亡びてしまった、と説いた。

「詩に云ふ、[文王] 靈臺を經始し、之を經し之を營す [これを測量し従事した]。庶民之を攻 (おさ) め、日ならずして之を成す [幾日も経たないうちにこれを造り上げてしまった]。經始亟 (すみやか) にすること勿れ、と。庶民子のごとく來る。……古の人は民と偕に樂しむ。故に能く樂しむなり。湯誓に曰く、[民桀王を日、太陽に比して] 曰く、時 (こ) の日害 (いつ) か喪びん。予女 (汝) と偕に亡びん、と。民之と偕に亡びんと欲せば、臺池鳥獸有りと雖も、豈能く獨り樂しまんや、と。」(梁惠王上篇第二章)
「詩云、經始靈臺、經之營之。庶民攻之、不日成之。經始勿亟。庶民子來。……**古之人與民偕樂。故能樂也。**湯誓曰、時日害喪。予及女偕亡。民欲與之偕亡、雖有臺池鳥獸、豈能獨樂。」

ここには賢者の代表としての文王と、不賢者のそれとしての桀王とに対する民衆の実に対照的な態度が描かれている。実に、「賢者にして後此を樂しむ。不賢者は此有りと雖も、樂しまざる。」他の章、齊宣王見孟子於雪宮章を見ても、同様の趣旨が窺える。冒頭に近い箇所から一部引用しておこう。

「民の樂を樂しむ者は、民も亦其の樂を樂しむ。民の憂を憂ふる者は、民も亦其の憂を憂ふ。樂しむに天下を以てし、憂ふるに天下を以てす。然り而して王たらざる者は、未だ之有らざるなり。」(梁惠王下篇第四章)
「樂民之樂者、民亦樂其樂。憂民之憂者、民亦憂其憂。樂以天下、憂以天下。然而不王者、未之有也。」

梁惠王下篇第一章では、音楽を楽しむ場合でも、一人よりは数人、数人よりは大勢と楽しむ方がよい、と宣王に言わせておいてから、「民と偕に樂しむ」べきことを説くと言うわけである[137]。

封建時代に「民を貴しと爲し、社稷之に次ぎ、君を輕しと爲す。」と言うこ

とは殆ど考えられないことではなかっただろうか。案の定、後世、この民爲貴章［盡心篇下第十四章］は物議をかもした章でもある。

「孟子曰く、民を貴しと爲し、社稷之に次ぎ、君を輕しと爲す。是の故に丘民［＝衆民］に得られて天子と爲り、天子に得られて諸侯と爲り、諸侯に得られて大夫と爲る。諸侯社稷を危くすれば、則ち變置す。犠牲既に成り、粢盛（しせい）既に潔く［器に盛った穀類も十分清潔にしてあって］、祭祀時を以てす。然るに旱乾水溢あれば、則ち社稷を變置す、と。」（盡心篇下第十四章）
「孟子曰、**民爲貴、社稷次之、君爲輕**。是故得乎丘民而爲天子、得乎天子爲諸侯、得乎諸侯爲大夫。諸侯危社稷、則變置。犠牲既成、粢盛既潔、祭祀以時。然而旱乾水溢、則變置社稷。」

　　土地の神である社、穀物の神である稷、これらは建国に際し必ず祀る。その両者から成る社稷は、国と運命を共にするから、国家のシンボルとも言うべきものであって、後に国家を「社稷」とも言うようになった[138]。社稷よりも軽い君であってみれば、国を治めることが出来ないのであれば、即ち、虐政を行うのであれば、變置（変置）されて当然の理である。變置とは、「改めて（變めて）」「立つ（置つ）」ことで、小林訳註は、この變置は、天子から命ずることもあれば、一族大臣の合議によることもあろう、と言う[139]。

45　これも、我国で孟子の危険思想として排撃された暴君放伐論、革命論を説いた梁惠王下篇第八章の湯放桀章を一瞥しよう。

「齊の宣王問うて曰く、湯桀を放ち、武王紂を伐つと。諸有りや、と。孟子對へて曰く、傳に於て之あり、と。曰く、臣にして其の君を弑す、可ならんや、と。曰く、仁を賊ふ者之を賊と謂い、義を賊ふ者之を殘と謂ふ。殘賊の人、之を一夫と謂ふ。一夫紂を誅するを聞く、未だ君を弑するを聞かざるなり、と。」（梁惠王下篇第八章）
「齊宣王問曰、湯放桀、武王伐紂。有諸。孟子對曰、於傳有之。曰、臣弑其君、可乎。曰、賊仁者謂之賊、賊義者謂之殘。殘賊之人、謂之一夫。聞誅一夫紂矣、未聞弑君也。」

310 第6章 孟子、共同善、洞見知

ここに「一夫」とは、天命が去ってしまい、人民からも見放された、単な
る孤独な匹夫の謂いであるから、武王は、君たるの資格を失った一介の紂を
伐っただけである。殷王朝最後の天子であった紂は暴君で有名であった。こ
の天子を誅伐して次ぎに周王朝が始まるが、この王朝交代を殷周革命、或い
は商周革命という。何れにせよ、桀を放った湯は、桀の諸侯であり、紂を伐っ
た武王も紂の諸侯であった。「〔宣王〕曰、臣弑其君、可乎。」これに対して、
道徳のない出鱈目な人間は、殿様天子の位にあっても本当の殿様でも天子で
もない。そんな者はさっさと首のすげ替えをすればいい、そして新しい天子
を迎えれば好いのだ、と孟子は言ってのけた訳である。それを、面と向かっ
て、天子ではないが、当時の殿様に向かって言った[140]。尚、渡邊博士によれ
ば、孟子は必ずしも積極的革命論者ではない。「彼は父子間の人倫、とくに子
の父に対する孝の心情をなににもまして絶対視したが、君臣関係はどこまで
も相対視した。……問われているのは、祖先ではなく、当の本人が人間とし
て立派であるか否か、天子として大多数の人間に平和な安定した人倫生活を
営ませたか否か、だけだと言っても過言ではない[141]。」先に「王道の具体的内
容」を述べた第3節第2項において、「今の時は然し易きなり。」に言及した
(第32番)。実は、この公孫丑篇の首章は、暴君でもそう簡単には転覆するも
のでないことを述べており、この点を捉えて、宇野博士は、「孟子の革命論は、
相當に歴史的・社會的な見方」である、と言われる[142]。

『孟子』には一種の双務的君臣関係論を説いた章がある。離婁下篇第三章、
君之視臣章である。君臣関係が、君主の態度如何によってどのようにでもな
ることを、齊の宣王に対して孟子が説いており、これも後世において危険思
想とされた。

「君の臣を頽視ること手足の如くなれば、則ち臣君を視ること腹心の如し。君の
臣を視ること犬馬の如くなれば、則ち臣の君を視ること國人の如し。君の臣を視
ること土芥の如くなれば、則ち臣の君を視ること寇讎（こうしう）の如し。」(離婁
下篇第三章)

この章に関しては、内野博士のかなり長い註釈がある。そこから重要箇所

第4節　孟子思想の根柢に在るもの　311

を摘録すると、

「まず第一段については、君臣関係を全く相互的功利的非情的に見なし、人間の純粋な善意とか信愛とか真実とかを無視する如くである。……即ち孟子は、人間性の現実と、人間社会の現実とを、むき出しに検出し、それに適応する考えを導き出して、人間特に指導者層の反省を促したようである。……孟子のこの第二段と次の第三段の論旨は、檀弓篇の子思の説く所を詳述したものであることが判る。……第三段については、孟子が当時の君臣の実情を述べ、あたかも寇讎の如きやり方である、というのである。が、これは宣王に対する参考として進言しているので、別にこれを孟子が是認しているわけではない。[143]」と。

46　次ぎの話（齊宣王問卿章）は、卿に同姓と異姓の二種があって、その責務の相違を語るもので、萬章下篇最終章を成す。宣王が卿、大臣の責務を孟子に尋ねると、卿に同姓と異姓の二種（「貴戚之卿」と「異姓之卿」）がある、との返答。王が「貴戚の卿を請ひ問ふ。」と言うと、それに対する孟子の説明は、次の如くであった。

「君大過有れば、則ち諫む。之を反覆して聽かれざれば、則ち位を易ふ。」（萬章下篇第九章）

これには王もさすがに怒りの余り顔色を変えた。「王勃然として色を變ず。」大変緊迫した場面である。これに対して、孟子は、「王異（あや）しむこと勿れ。王臣に問ふ。臣敢て正を以て對へずんばあらず。」即ち、自分は思い切って、正理正道を答えないわけにはいかなかったのです、と答えた。王も顔色を取り戻して、平常心に戻って、異姓の卿、即ち、外様の大臣の職責を尋ねた。

「君過有れば、則ち諫め、之を反覆して聽かれざれば、則ち去る。」（同章）
「齊宣王問卿。孟子曰、王何卿之問也。王曰、卿不同乎。曰、不同。有貴戚之卿、有異姓之卿。王曰、請問貴戚之卿。曰、君有大過、則諫。反覆之而不聽、則易位。王勃然變乎色。曰、王勿異也。王問臣。臣不敢不以正對。王色定、然後請問異姓

312　第6章　孟子、共同善、洞見知

之卿。曰、君有過則諫、反覆之而不聽、則去。」

　この章に関連して、金谷博士は、次ぎのように述べておられる。「家来と思っている大臣に首のすげ替えをされるんだと面と向かって言われたら、それはびっくりするでしょう。『孟子』の中には、殿様の顔色が変わったと書いてあります。それだけショッキングなことを孟子という人は殿様に向かって言っているわけです。儒教の中にはそういう思想があるんです。権力に迎合するのではなくて、一つの信条のもとに権力にも抵抗するという思想です[144]。」この齊宣王問卿章は、民爲尊章、湯放桀章等と共に、不穏当な論議としてとりわけて我国では強く批判されて来た。

47　もう一章見ておこう。鄒與魯鬪章（梁惠王下第十二章）である。孟子の民本思想は、ここに至って民衆の抵抗権の肯定までも含んでいる。魯と鬪って、大敗を喫した鄒の穆公が、有司、即ち隊長に死者が33人も出たというのに、兵士たる民衆で隊長を守ろうとして戦死した者はなかった。誅罰しようにも、その数が多すぎて如何ともし難い。かと言って、何もせず終いでは示しがつかない、と孟子に助言を求める。

　「孟子對へて曰く、凶年饑歳には、君の民、老弱は溝壑（こうがく―溝や谷間）に轉じ、壯者は散じて四方に之く者、幾千人ぞ。而るに君の倉廩は實ち、府庫は充つ。有司［役人］以て［王に］告ぐる莫し。是れ上慢［怠慢］にして下を殘ふなり。曾子曰く、之を戒めよ、之を戒めよ、爾に出づる者は、爾に反る者なり、と。夫れ民今にして後、之を反すことを得たるなり。君尤（とが）むること無かれ。君仁政を行はば、斯に民其の上に親しみ、其の長に死なん、と。」（梁惠王下第十二章）
　「孟子對曰、凶年饑歳、君之民、老弱轉乎溝壑、壯者散而之四方者、幾千人矣。而君之倉廩實、府庫充。有司莫以告。是上慢而殘下也。**曾子曰、戒之、戒之、出乎爾者、反乎爾者也**。夫民今而後、得反之也。君無尤焉。君行仁政、斯民親其上、死其長矣。」

　「爾に出づる者は、爾に反る者なり。」この曾子の言葉は、或は「千古の名言」と言われ[145]、或は亦「政治の立場だけに止まらない、儒教一般の内省的な立場を、よく示している。」とも言われる[146]。金谷博士は、この章と、先に見

た諸章とりわけて齊宣王問卿章とを関連付けて「これを読むと、孟子が君臣関係に民衆をも含めて、それを双務的な関係と見ていたことがはっきりわかります。……ですから、孟子は一面で確かに封建的なことを言っているんですが、いわゆる封建倫理に固まっているというわけでは全然ないのです。」と記される[147]。

48 民本思想は、本項に述べたところに尽きるものではない。これは余り指摘されないのではないかと思うが、重要であると私は考える。民本思想とか民本主義というと、すぐさま人は民主主義に到達し得ていない政治思想乃至は政治体制と受け止めてしまうのではなかろうか。孟子に民本主義が見られることは、夙に知られている。しかし、それは孟子の思想全体の中で十分正当にその意味を理解されてのことではないように思われる。実際王道を唱導して已まなかった孟子を突き動かしていたものは、民生を第一とすべしとする、この共同善原理への内的直覚であったと私は大胆にも解釈するのである。但し、急いで註記しなくてはならないが、ここに共同善原理という場合の原理とは、何も意識的に国家や社会はかくかくしかじかの原則に則って作用を果たさなくてはならないという、抽象的概念的理解を指して言うのではない。民生を第一とすべしとする共同善原理への内的直覚（本性適合的認識或いは洞見知）が一方では、王道政治の主張となって現われ、他方では、天命思想乃至革命思想の主張となって現われていると見ることが出来るのではなかろうか。例えば、告子下篇第九章をその補強箇所として引合いに出すことも可能であろう。宇野精一博士は、本章に就いて、「當時一般に考へられた富國・兵の主張に對する反對論である[148]。」と註される。内野熊一郎博士は、「現在の有能な良臣は、民の賊である。国を治めるには、王道仁義によらないでは、真の繁栄興隆は求められないことを説いたもの。唱王排覇の孟子思想の一端を示している[149]。」とされる。そして、そのように解する余地があるとするならば、これは正に積極的共同善思想と消極的共同善思想と言い換えることが出来ようし、或いは少なくとも積極的及び消極的共同善思想に対応すると言うことが出来ると思うのである。それは、社会生理学としての共同善論と社会病理学としての社会問題論に比較され得るものであり、その意味で正しく社会倫理学を成すと考え得るのである[150]。要するに、王道政治は、政治的共

314 第6章 孟子、共同善、洞見知

同体が果たすべき課題を、なるほど戦国時代という古代中国の歴史的な限定並びに制約を当然蒙りながらも、政治共同体の存在理由が共同善の実現にあること、そして、その内容は今日のある種不可知論的で科学的であると思い誤る傾向とは異なって、空疎であるどころか却って現実の中から人間本性に合致する客観的な要請であることを雄弁に語っている。又、その政治的天命思想や易姓革命論は、共同善使命を最早果たし得なくなった政権の地位に関するものであり、抵抗権をも射程に入れたもので、共同善実現を裏側から保障するものである。その意味では、本来一体的なものなのである。上に見た諸章からも窺える如く、とりわけて鄒與魯鬭章がそれを示唆すると思われるが、孟子の場合は孔子に比して遙に民本主義の色彩傾向が濃厚になっているように思われる。孔子は、君主は有徳なるべしという「君主有徳」説を説いたが、それに対して孟子は、有徳者が君となるべしとの「有徳為君」説を説いた[151]。彼の革命論も、仮令それが所謂易姓革命の範疇に入っているとしても、相当根源的な革命論であったことが知られるであろう。それは、孟子が飽くまでも民衆を第一に考える、民衆のためにこそ政治は行われなくてはならない、その意味での民本主義を説き続けたことと密接に関連する。そしてこのことこそが今日でも我々の心に深い共感を呼び起こし、賛同を求めて已まない真の秘密ではないだろうか。

49 ここで民本主義に関してしばしば投ぜられる批判を手短に論じておきたい。孟子の思想は、せいぜい民本主義思想であって、決して民主主義思想ではないとの批判である。例えば、加賀博士は次ぎの如く論じられる[152]。

　「孟子の革命論も、結局、その社会観・人間観と一体化するに至ったのであるが、ただ、天意は民意を媒介とするその民意が、今日われわれの民主主義でいう民意でないことは、もはや多言するまでもないであろう。孟子のいう『民』は、たとえその中に『士』を含むものではあっても、それは明らかに大多数の民衆、庶民であった。しかし、その民意とは、天命によって賦与された徳性をもつ人間として、あくまでも『天』に連なるものであり、『民』が『民』と連なって人類の意識に至るものではなかったことを、銘記すべきである。」

然し、私は次ぎのように考える。天乃至人間を超えたもの、若しくは、人間の主観的な恣意を超えたもの、その意味で絶対的なるもの、それとの関わり、それへの定位においてのみ所謂民主主義も十全な民主主義たり得ると考えるべきではないだろうか。ただ横の連帯を言うのみでは、ややもすると、孟子が批判の対象とした功利による社会紐帯、その意味での愚民政治が行われることになるのではなかろうか。現代社会にもしばしばこうした事象は見られるのであってみれば、やはり、孟子の方向性は正しいものを有していると私は思う。

　最後に我々は、孟子に於ける人間理解の問題に取組もう。「浩然之氣」を孟子が説いている章、気の思想を踏まえて語られる幾つかの章、例えば、「一暴十寒」、存夜氣、「牛山之木」、大體小體、等を孟子が説いている諸々の章が参照されるであろう。そして、その多くは孟子の修養論に該当するであろう。

第2項　孟子に於ける人間理解（1）——「浩然之氣」を巡って——

50　孟子において儒家学説に様々な革新が齎された。性善説の導入然り、氣の思想を組み入れた心学の導入然り、王覇の区別論、革命論、更には、渡邊博士が指摘されるように、孟子に「著作意識」があったことも承認することが出来るかもしれない[153]。本項では、氣の思想を含んでいる「浩然之氣」章を扱うことにする。

　先ず『孟子』中第三番目の長文である公孫丑上篇第二章を見よう。内野熊一郎博士によれば[154]、「本章は、孟子の不動心章あるいは浩然章といわれるもので、前出の牽牛章と共に、孟子書中でも一ばん長い文章である。そして内容からいっても、重要な議論である。即ち牽牛章は主として孟子の政治論を表明したもの、この不動心章ないし浩然の章は彼の養気修養説に関する所懐を吐露したものであり、孟子学説の主要点は略これら二章中にこめられているともいえよう。」とあるので、益々通り過ぎる訳にはいかない。但し、紙幅の関係から、全文を訓読する余裕はないので、ここでも重要箇所に照準を当てて読みたい。尚、その際に理解に必要と考える範囲での要約を途中に挟んで行くという手法を採ることにする。

　浩然章とか浩然之氣章、不動心章とも呼ばれる公孫丑上篇第二章は、「公孫

316　第6章　孟子、共同善、洞見知

丑問曰」に続く文が「夫子加齊之卿相」である故、夫子加齊之卿相章と呼んでもよい。そしてこの章は、曾子の大勇、不動心、浩然の気、更に現在でも我々が使っている語句「助長」の出典ともなった宋人の挿話を含んでいる（第55番参照）。又、解釈の難解で知られる「知言」をも含んでいる。実のところ、直ぐ後に観る通り（第53番以下参照）、「浩然之氣」も難解な問題を抱えている。

51　さて、入門間も無い公孫丑が「夫子加齊之卿相、得行道焉、雖由此覇王、不異矣。」、即ち、「先生が斉の国の大臣になって、斉王を助け、かねて説いておられる道を実行することが出来れば、これによって斉王を、覇者なり王者なりにさせたとしても、一向に不思議ではありません。」と言い、それに続いて、「如此則動心否乎。」即ち、「その暁には、やはり先生でも心を動揺させることがありはしないでしょうか。」と尋ねた。それに対して、孟子は、四十歳で自分はどんな場合でも心を動かさなくなった、詰り、不動心を確立したが、告子は、もっと早くからそれを身につけている、と返事をした。丑から不動心を得る方法を尋ねられた孟子は、勇気を鍛錬する三つのタイプに就いて語りながら、その優劣を論ずる。第一類型は、北宮黝（ほくきゅうゆう）の勇で、肉体又は行動によって表現される「血気の勇」と呼ぶべきもの。第二類型は、孟施舎（もうししゃ）の勇で、勝敗を度外視して臨戦する勇気。孔子の弟子に子夏と曾子とがあったが、北宮黝は子夏に似ており、孟施舎は曾子に似ている、と前置きをしてから、しかし、曾子の勇（正確には孔子から教示されて曾子が目指した勇）こそ、真の勇、大勇であることを述べる。その箇所を引用しよう。

「孟施舎は曾子に似たり。北宮黝は子夏に似たり。夫（か）の二子の勇は、未だ其の孰れか賢（まさ）れるを知らず。然り而して孟施舎は守約なり。昔者曾子、子襄に謂ひて曰く、子、勇を好むか。吾嘗て大勇を夫子に聞けり。自ら反して縮（なほ）からずんば、褐寛博（下賎の男）と雖も、吾惴（おそ）れざらんや。自ら反して縮くんば、千萬人と雖も、吾往かん、と。孟施舎の氣を守るは、又曾子の守の約なるに如かざるなり。」（公孫丑上篇第二章）

「孟施舎似曾子。北宮黝似子夏。夫二子之勇、未知其孰賢。然而孟施舎守約也。昔者曾子謂子襄曰、子好勇乎。吾嘗聞大勇於夫子矣。**自反而不縮、雖褐寛博、吾不惴焉。自反而縮、雖千萬、吾往矣。**孟施舎之守氣、又不如曾子之守約也。」

第4節　孟子思想の根柢に在るもの　317

　上掲引用文中の「然而孟施舍守約也。」は、通常「守り約なり。」と訓ぜられ、「自分を守るものとしては、要を得ている。」と解釈されてきた[155]。これに対して、小林、金谷両博士は、上掲引用文中最後の「孟施舍守氣、又不如曾子之守約也。」と対応させて、「然而孟施舍守氣也。」と字を改めて、「然り而して孟施舍は氣を守る。」と訓ずる[156]。この場合「氣を守る」とは「気力を守る[157]」とか「自分の内的な気概を収める[158]」の意に解される。因みに、両博士は、「自反而不縮、雖褐寬博、吾不惴焉。」を「自ら反みて縮（＝直）からずんば、褐寬博と雖も、吾惴（ゆ）かざらん。」の如く、訓じておられる[159]。これに対して、渡邊博士は別の訓じ方を提示された。即ち、これまでの通説的な訓み方、新しい訓じ方は何れも、「縮」を「直」と疑うことなく訓んで来たのであるが、渡邊博士は、「ひきしめる」という更に新しい訓じ方を提示されたのである。「混乱を整理する。具体的には、自己反省したのち、弛緩した自己を除き、肅然たる自己にきたえあげることをいう。前後の『守約』と対応する語。」と註される[160]。随って、「自ら反みて縮（ひきし）めずんば、褐寬博と雖も、吾惴（おそ）れざらんや。自ら反みて縮（ひきし）むれば、千萬人と雖も、吾往かん。」となる。後文の意は、「実践と反省とが徹底し、自己の縮約が十分ならば、心中どこにもやましい点は一つもない。……もともと肉体から湧出する勇気に自己反省による凝縮が加わって、それが精神的勇気に転化しているのである[161]。」となる。

52　さて、次ぎの段落は、訓じ方はさほど問題とならないとしても、その内容把握に関しては、これも又、註釈を要する。弟子の丑が、告子と孟子の不動心の相違を質問する。

> 「曰く、敢て問ふ、夫子の心を動かさざると告子の心を動かさざると、聞くことを得べきか、と。告子は曰く、言に得ざれば、心に求むること勿れ。心に得ざれば、氣に求むること勿れ、と。心に得ざれば、氣に求むること勿れとは、可なり。言に得ざれば、心に求むること勿れとは、不可なり。夫れ志は、氣の帥なり。氣は體の充なり。夫れ志至り、氣次ぐ。故に曰く、其の志を持し、其の氣を暴すること無かれ、と。既に志至り、氣次ぐと曰ひ、又、其の志を持し、其の氣を暴すること無かれと曰ふ者は、何ぞや、と。曰く、志壹（もっぱら）なれば則ち氣を動か

し、氣壹なれば則ち志を動かせばなり。今夫れ蹶（つまづ）く者の趨るは、是れ氣なり。而して反つて其の心を動かす、と。」（同章）

「曰、敢問、夫子之不動心、與告子之不動心、可得聞與。告子曰、不得於言、勿求於心。不得於心、勿求於氣。不得於心、勿求於氣、可。不得於言、勿求於心、不可。夫志、氣之帥也。氣、體之充也。夫志至焉、氣次焉。故曰、持其志、無暴其氣。既曰志至焉、氣次焉、又曰持其志、無暴其氣者、何也。曰、志壹則動氣、氣壹則動志也。今夫蹶者趨者、是氣也。而反動其。」

　告子の言葉の意味確定に関して、加賀栄治博士は、今日では略朱子の注によっていることを指摘した上で、告子の本来的な趣旨を探ろうとされた。そもそも告子の真意が孟子によって歪曲されている。即ち、『管子』四篇、とりわけて内業篇、心術下篇を手掛りに告子の本来的思想を復元して理解すると、「言に得ざれば、心に求むること勿れ」とは告子による心理学的知覚表象の認識過程の分析である[162]。孟子のこの箇所に見られる発言と『管子』との比較検討も興味深いものではあるが、ここではそうした一切を省いて、加賀博士の結論をみよう。「孟子が、告子の『言ニ得ザレバ、心ニ求ムルコトナカレ』を不可としたのは、『心術の学』における心理学的分析方法がことさらに穿鑿立てする面を、拒否したためであった。だが、一方また、告子の『心ニ得ザレバ、氣ニ求ムルコトナカレ』を可とした。これは、いうまでもなく、孟子が『心術の学』における『氣』の学説を、たとえ全面的ではないとしても、肯定・摂取したことを意味する[163]。」我々は、孟子自身の言いたかったことを理解すべく努めたい。

53 孟子は、告子の主張内容を「言に得ざれば、心に求むること勿れ」と「心に得ざれば、氣に求むること勿れ」とに二分し、前者は不可、後者は可との評価を下した。そして、前者の説明は後回しにして、先ず、後者の説明から始めた。然も、理由陳述ではなく、自己の思惟展開という形をとる[164]。「それ志は気の帥なり。気は体の充なり。それ志の至（み）つれば、気は次（なら）ぶ。故に曰く、その志を持（にぎ）りて、その気を暴（そこな）ふなかれ、と。」ここには、志が主で、気は従という、両者の正則的関係が語られていると考えることが出来る。公孫丑には、孟子の言うことが矛盾しているのではない

か、と思われたので、更に質問を出してみた。一方では、「それ志の至つれば、気は次ぶ。」と言い、他方では、「その志を持りて、その気を暴ふなかれ。」と言うのは自家撞着していまいか。孟子に言わせれば、志が気を統率するのは、正則的な相関作用であって、場合によっては、反対の変則的な相関作用もあり得る。例えば、物に躓いた者が、その拍子に走ってしまうことがあるのは、走ろうとしてそうしたのではなく、無意識に走らせたのである。これを、「今夫れ蹶く者の趨るは、是れ氣なり。而して反つて其の心を動かす。」と孟子は言ったのである。心、志、気、体の正則、変則関係は、告子上篇第十五章（鈞是人也章）を参照することによって更に補強されると、渡邊博士は見る[165]。告子篇で孟子は、大體（人の本性、良心）も小體（情欲）も、言い換えれば、心の官も耳目の官も、共に「天の我に與ふる所の者」ではあるけれども、心と肉体（耳目）は夫々機能が異なり、前者が後者に優位しなくてはならないのであった。

　次ぎに、「浩然之氣」を孟子が説く段落を訓んで行こう。

「敢て問ふ、夫子惡にか長ぜる、と。曰く、我言を知る。我善く吾が浩然の氣を養ふ、と。敢て問ふ、何をか浩然の氣と謂ふ、と。曰く、言ひ難きなり。」（同章）

これに続く文は次ぎの如くある。

「其爲氣也、至大至剛以直養而無害、則塞于天地之間。其爲氣也、配義與道。無是餒也。是集義所生者、非義襲而取之也。行有不慊於心、則餒矣。我故曰告子未嘗知義、以其外之也。」（同章）

　先ず、通常の訓みを見よう。内野博士に依れば[166]、「其の氣たるや、至大至剛、直を以て養うて害すること無ければ、則ち天地の間に塞がる。其の氣たるや、義と道とに配す。是無ければ餒う。是れ集義の生ずる所の者にして、義襲うて之を取るに非ざるなり。行心に慊（こころよ）からざること有れば、則ち餒う。我故に告子は未だ嘗て義を知らず、と。其の之を外にするを以てなり。」この訓じ方と略同様でありながら、「至大至剛以直養而無害」の部分

を、「至大至剛以直」で区切り、「至大至剛以て直」と訓むのが宇野博士、小林、金谷両博士も実質同様である[167]。尤も、「是集義所生者」の訓じ方に就いては、宇野博士は内野博士と同じであって「内に義を集積したした結果」と解されるが、小林博士は「是れ義に集（会）いて生ずる所の者にして」と訓じ、金谷博士は「これ義に集いて生（やしな）わるるものにして」と訓じられ、「わが心内の道義に合って生育していくもので」と解される。かように、若干の点での相違が見られるのは確かに否めないが、しかし、全体の理解は略一致している。「浩然の気というのは、至大至剛、即ち、この上なく大きくこの上なく強く、真直ぐな正道を以て養い、これを害すること無ければ、（他の解釈では、浩然の氣は至って大、至って剛、然も正しいものである。これを立派に育てて行けば、となる。）則ち天地の間に塞がる、詰り、充満する。」それに続いて、「その気、即ち、浩然の気は、正義と人道とに連れ添ってこそ（配合、配偶の「配」）、養われるものであり、この二者がなければ飢え萎んでしまう。この気は沢山の道義的行為が重なって後、自然に生じてくるものであって、外から義が襲ってきて（遣って来て）浩然の気が出来るといったことではない。自分の心に何か疚しいところがあると、浩然の気は飢え衰えてしまう。以前私が『告子は義を知らない。』と言ったのは、彼がこの（内に在る）義を外に在るものとしているからである。」これで上掲箇所の通釈を一応終えた。「一応」と言うのは、実は、こうした従来の理解で果して孟子の真意を捉え得ているか懸念が払拭できないからである。

54　一体、「至大至剛、即ち、この上なく大きくこの上なく強い」とされる浩然の気が、どうして「飢え萎んでしまう」ことなどあるのか、あり得るのか。「養うて害すること無ければ」という条件など付けなくとも、最初から「天地の間に塞がる」ものこそが浩然の気ではないのか。従来の解釈にはどこか誤まりが潜んでいるのではないか。ごく自然な疑問であろう。渡邊博士は、この箇所を孟子の真意に沿って理解するために、二つの側面から考察を試みられた。一つは、古代中国人が一般に持っていた原始宗教的思惟の一類型としての「氣」を巡る自然生命把握である。もう一つは、趙岐の解釈、朱子の解釈双方ともが、間違いを犯していたのではないか、ということである[168]。第一点に就いて少し述べておくと、古代中国人にとっての「氣」とは、宇宙に

充満し、万物夫々の内部に入るとそれに活力を与え、出ると衰弱や死滅を齎すものと考えられた。「人間はこの世に生をうけると同時に気を与えられて肉体活動をはじめる。具体的にいえば、気は肉体のあらゆる部分、とくに血・五官・五臓などにゆきわたり、それぞれに活力を与える。ただ古代人において、このうち心臓は心理作用をつかさどる所と考えられたから、そこに宿る気もまた本来の肉体活動だけでなく、心気・意気・志気などの語例から明らかなように、心理作用にも関与するとされたらしい。」と一般的説明をされた後で、渡邊博士は、更に孟子の浩然の気に就いて、孟子が気を「一個のなまなましい生命体」と把捉していることに注意を促し、「食餌を与えて養わないと、それは飢え衰えて死滅するであろう、とするような信仰的思惟が目だつ。この限りにおいて孟子の《気》は具象的かつ信仰的ななまなましい存在概念であり、けっして宋学方面で主張するような抽象的かつ合理的な理念ではない。」と強調される[169]。

　第二点に就いて見てみよう。「**其爲氣也、至大至剛以直養而無害、則塞于天地之間。**」は如何に訓ずべきであろうか。趙岐は、「其爲氣也、至大至剛以直。」で一旦切る。然も、「以」を「而」と見なして、これを訓ずれば、「其の氣たるや、至大至剛にして直し。」となる。これ古註派の解釈である。朱子は、「其爲氣也、至大至剛。」で一旦切り、以下を「直を以て養ひて害すること無ければ」と訓む。古註、新註は、なるほど区切り方では相違を見せるが、他方「其爲氣也、至大至剛」に就いての解釈では一致している。然も、この新註の解釈では、「直」と「義」とが同一視されてしまう。しかし、我々は既に容易に処理できそうにない疑問を呈しておいた。至大至剛の浩然の気が、どうして改めて「養ひて害ふこと無ければ」と条件附けられねばならないのか。

　「**其爲氣也、至大至剛以直。**」これの別様の解釈はないのであろうか。渡邊博士は、「其の氣たるや、大に至り剛に至るに直を以てす。」と訓読すべしと言う、前人未発の新解釈を提示された。「至大至剛」中の「至」を「極めて」の意での「至って」ではなく、自動詞の「到達する」の意での「至る」と解すべし、とされた。とすると、「至大至剛」中の「大」も「剛」も名詞ということになる。前者に就いては、盡心下篇第二十五章中に「充實して光輝有る、之を大と謂ひ、……」とあるのを援用できるであろう。後者に関しては、『孟

子』中での使用例がこの一例のみではあるが、「剛なるもの」を意味するであろう、と推測されて、問題の文意を「その性質は、大いなるものをめざし強きものをめざし一直線に進むものだ」と解釈された。「**生命体としての浩然の気の性質と運動方向**」、これが上掲引用文の描写するところに外ならない[170]。

「養而無害、則塞于天地之間。」「養うて害すること無ければ、則ち天地の間に塞がる。」この文章は、「浩然の気の養い方とそれが成功した場合における状態を述べたもの」と解することが出来、かく解すると、全体の趣旨も明快で少しの矛盾も見られない。実に、如上の渡邊新説は卓見であると言わねばならない。生命体としての浩然の気に想到し、尚且つ、字義の新たな解釈を通じて、これまで必ずしもスッキリ理解することが出来なかった、しかもこの衆目が一致して孟子の重要箇所と認める、人口に膾炙した原文に新しい接近が今や可能となった。更に、生命体としての浩然の気に関する孟子の説明文に新しい光が投ぜられる。

「**其爲氣也、配義與道。無是餒也。**」一般にこの箇所は、「其の氣たるや、義と道とに配す。是なければ餒うるなり。」と訓まれている。この通説的な訓みでは、「この気たるものは、正義と人道とに配合されてあるものであって、決してそれとはなればなれになることは出来ない。もし義と道から離れれば、気は飢えて、活動が出来なくなってしまう。」と解される[171]。しかし、渡邊新説は、「其の氣たるや、義に配せば、道に與（くみ）す。是なければ餒うるなり。」と訓む。これは全く新しい解釈と一体化している。博士は、次ぎの如く語られる。

「ここでも浩然の気は第一になまなましい生命体として把捉されている。したがって第二にそれは『義』と配合させなければ、生命体としては飢えしぼみ枯れてしまう、と警告しているのである[172]。」

浩然の気が生命体であって、これに滋養分としての「義」を与えなければ、浩然の気はやがて飢え衰え死んでしまう、との警告を孟子は、更に二回与えている。「是集義所生者」は、通説の如く、「是集義の生ずる所の者にして」ではなく、渡邊説の如く、「是義を集めて生くるところのものにして」と訓ま

れるべきであろう。又、「行有不慊於心、則餒矣。」、即ち、「行心に慊（こころ
よ）からざること有れば、則ち餒う。」も日々の実践が「不義」であるならば、
浩然の気は飢えて死んでしまう、と述べている。では、何故に孟子は、浩然
の気の養い方にこれほど拘ったのか。渡邊博士によると、「気」は元々それ自
体としては「倫理的志向」を欠いている。従って、そうした「気」に絶え間
無く「義」を与え養い、その活発な生命力を発揮できるようにすると、やが
て「浩然の気」にまで昇華し、道、即ち、王道に参加するであろう、と孟子
は強調した。「ここに問題にしている文章は、一般的な『気』から《浩然の気》
への昇華方法を述べたのち、それが失敗する場合を想定しているのであ
る[173]。」

55 以上、私は、渡邊博士によって齎された新しい孟子の読み方を、忠実に
辿ってきた。看過できない重要論点を含んでいると確信したからである。所
謂浩然章には、この直後に苗の芯を引き抜いた宋人の笑い話が登場する。苗
は「か弱い植物」に過ぎない。しかし、それは内部に「大に至り剛に至るに
直を以てする」生命力を秘蔵している。適切な時期に適切な方法で育てられ
て、即ち、自然の恵みと農夫の然るべき手入れを受けて、すくすくと生長し、
やがては立派な食用穀物に生育する。それと丁度同じように、浩然の気も、
「養ひて害ふことなき」方法によって生長し、やがては天地の間に充満する。
我々は、前に四端説を論じたが（第三節第三項参照）、そこでもこの人皆に具
有される四端が拡充されれば、四海を保んずるに足る、という主張を看た。
趣旨は同一であろう。かくして、浩然の気の具体的な養い方として、次ぎの
三点が提示されたことになる。即ち、第一に、浩然の気を従属的な地位に置
き、指導的な地位に立たせてはならないこと（渡邊博士は、「必ず事（ふく）と
するありて、正とすることなかれ。」と訓ず。内野、宇野両博士は、「必ず事（こと）
とする有れ。而も正（あらかじ）めすること勿れ。」と朱子に従い、小林、金谷両博
士は、「[凡そ気を養うには] 必ず [義と道とに] 事（副）うことありて、[気を] 正
とすること勿れ。」と訓じられる。）。第二に、浩然の気の生長を心に忘れてはな
らないこと（「心に忘るること勿れ。」）。第三に、浩然の気の生長を無理やり助
長してはならないこと（「助けて長ぜしむること勿れ。」）、である。そして、助
長[174]の出典でもある「宋人の笑い話」に関して、渡邊博士は、ここには「自然

324　第6章　孟子、共同善、洞見知

の生命力への讃歌」があることを見失ってはならない、と注意される[175]。

56　更に、問答は、先に留保しておいた「知言」に及ぶ。その外、孔子を「聖の時」（萬章下篇第一章）と形容したように、ここでも進退去就の適切な聖者であって、自分の模範である、と孟子は説いている。否、寧ろ、孟子の理想像に孔子を引き寄せて解釈したと言うべきかも知れない。或いは又、孟子の自画像をそこで表現している、と考えられないこともない。

　尚、浩然章とか不動心章は、実は、便宜的な名称に過ぎず、主題そのものを明示してはいない。正しくは「王道講説者の生活信念」こそその主題である、と渡邊博士が主張されていることを記しておきたい[176]。

第3項　孟子に於ける人間理解（2）――良心論、修養論を中心に――

57　『孟子』には現在でも我々が何気なく使っている用語が見出される。又、巧みな比喩で語られていることも多々見られる。ここでは、そうした観点から、特に良心論と修養論に即して、孟子の人間理解に関わるものを幾つか取り上げながら、彼の思想に迫っていくこととしたい。

　先ず、告子上篇第十二章に「無名之指」を手掛りに、物事の軽重本末を弁えない人間の弱点を突き、戒めたものがある。

> 「孟子曰く、今無名の指、屈して信（＝伸）びざる有り。疾痛して事に害ある［仕事をするのに差し障りがある］に非ざるなり。如し能く之を信ばす者有らば、則ち秦楚の路も遠しとせず。指の人に若かざるが爲なり。指の人に若かざるは、則ち之を悪む［羞じる、気にする］ことを知る。心の人に若かざるは、則ち悪むことを知らず。此れを之類を知らずと謂ふなり、と。」（告子上篇第十二章）
> 「孟子曰、今有無名之指、屈而不信。非疾痛害事也。如有能信之者、則不遠秦楚之路。爲指之不若人也。指不若、則知悪之。心不若人、則不知悪。此之謂不知類也。」

　これと略同旨を述べたものに直後の章、「拱把桐梓」章がある。人は、桐や梓を生長させる方法は心得ていても、我が身のこと、徳の養い方についてはこれを知らない。思い違いも甚だしい、という趣旨である。

58　大人、小人を語る章がある。告子上篇第十四章（人之於身也章）と同第十

第4節　孟子思想の根柢に在るもの　325

五章（鈞是人也章）がそれである。第十四章によると、植木屋が桐や梓の如き
良木を見捨てておいて雑木ばかりを育てていたならば、人は「賤場師(せんじょ
うし)［無能で駄目な庭師］」と言うであろう。それと同様に、飲食は確かに必要
なことではあっても、それ以上に大事なことを捨てて顧みないのは小人のす
ることである。「體に貴賤有り、小大有り。小を以て大を害すること無く、賤
を以て貴を害すること無かれ。其の小を養う者は小人爲り。其の大を養う者
は大人爲り。」ここでは賤小口腹の養いは貴大心志の養いのためにこそある、
という孟子の見解が窺われる。丁度、恒産恒心の関係に比肩されるであろう。
第十五章は全文を次ぎに書き下すことにする。

「公都子問うて曰く、鈞しく是れ人なり。或は大人と爲り、或は小人と爲る、何ぞ
や、と。其の大體に從へば大人と爲り、其の小體に從へば小人と爲る、と。曰く、
鈞しく是れ人なり。或は其の大體に從ひ、或は其の小體に從ふは、何ぞや、と。
曰く、耳目の官は、思はずして物に蔽はる。物物に交はれば、則ち之を引くのみ。
心の官は則ち思ふ。思へば則ち之を得るも、思はざれば則ち得ざるなり。此れ天
の我に與ふる所の者、先づ其の大なる者を立つれば、則ち其の小なる者奪ふこと
能はざるなり。此れ大人たるのみ、と。」（告子上篇第十五章）
「公都子問曰、鈞是人也。或爲大人、或爲小人、何也。從其大體爲大人、從其小體
爲小人。曰、鈞是人也。或從其大體、或從其小體、何也。曰、耳目之官、不思而
蔽於物。物交物、則引之而已矣。心之官則思。思則得之、不思則不得也。此天之
所與我者、先立乎其大者、則其小者不能奪也。此爲大人而已矣。」

孟子によれば、人間の本性は善であった。万人に「不忍人之心」が天によっ
て賦与されているのであった。四端が具有されているのであった。これを拡
充していけば、仁が完成される。それにも拘らず、総ての人が仁者になれな
いのは何故なのだろうか。弟子の公都子が先生にその辺りを訊く場面である。
ここには、注目すべき二点が確認される。第一は、孟子が人間の平等を原則
的に認めていたことである。第二には、しかし、現実の人間界を見渡すと、
大人と小人との大きな相違が確かに生じている。それを、孟子は「心之官」
と「耳目之官」とに連関せしめた。しかも、両者共に「此天之所與我者」で
ある、と明言している。官能欲に引きずられてしまいがちな、性悪に繋がり

得る人間の実存的危機を認識した上で、孟子は心の官に従い、耳目の官に左右されない主体性の確立の必要を説いたのであろう。

59　さて、孟子は、官能的なものも天与のものであることを認めながら、しかし「性」とは呼んでいない。そこで、我々としては、こうした点を考慮に入れつつ、以下に性善説に連関する幾つかの章を見ておこう。

　先ず、弟子の公都子が師に恐らくは当時の儒者の間で主張されていた性説の中で、孟子だけが性善説を採っているが、その説が正しいならば、他は総て間違っているのかどうかを訊ねる章を取り上げよう。

　　「……孟子曰く、乃若其情、則ち以て善を爲す可し。乃ち所謂善なり。夫の不善を　　爲すが若きは、才の罪に非ざるなり。」（告子上篇第六章）

　「乃若其情」は、一般に「乃ち其の情の若きは」と訓まれて来たが[177]、ここは、公都子の質問に直接答えず、話題を転じて、自説を開陳し始めているのであるから、「乃若」を転語と見て、「されど」と訓ずる方が適切ではないかと思う[178]。続きを見よう。

　　「惻隱の心は、人皆之有り。羞惡の心は、人皆之有り。恭敬の心は、人皆之有り。　　是非の心は、人皆之有り。惻隱の心は、仁なり。羞惡の心は、義なり。恭敬の心　　は、禮なり。是非の心は、智なり。仁義禮智は、外由り我を鑠（しゃく）するに非　　ざるなり。我之を固有するなり。［自ら］思はざるのみ。故に曰く、求むれば則ち　　之を得、舍つれば即ち之を失ふ。或は相倍蓰（あいばいし）［二倍五倍と益々開く］　　して、算無き者［隔たりが大きくなって計算が出来ない］は、其の才を盡すこと能は　　ざる者なり、と。詩に曰く、天の蒸民を生ずる（や）、物有れば則有り。民の秉夷　　（へいい）、是の懿徳（いとく＝美徳）を好む、と。孔子曰く、此の詩を爲る者は、　　其れ道を知れるか、と。故に物有れば必ず則有り。民の秉夷、故に是の懿徳を好　　む、と。」（告子上篇第六章）
　　「惻隱之心、人皆有之。羞惡之心、人皆有之。恭敬之心、人皆有之。是非之心、人　　皆有之。惻隱之心、仁也。羞惡之心、義也。恭敬之心、禮也。是非之心、智也。　　仁義禮智、非由外鑠我也。我固有之也。弗思耳矣。故曰、求則得之、舍則失之。　　或相倍蓰、而無算者、不能盡其才者也。詩曰く、天生蒸民、有物有則。民之秉夷、　　好是懿德。孔子曰、爲此詩者、其知道乎。故有物必有則。民之秉夷也、故是好懿

第4節　孟子思想の根柢に在るもの　327

徳。」

　別の箇所、即ち、四端説章では、「恭敬の心」は「辞譲の心」となっている。
又、「惻隠の心は、仁なり。羞悪の心は、義なり。……」の表現は、四端説章
では、「惻隠の心は、仁の端なり。羞悪の心は、義の端なり。……」の如くなっ
ている。「仁義禮智は、外由り我を鑠するに非ざるなり。我之を固有するなり。
思はざるのみ。」即ち、仁義禮智の徳は、外部から持ってきて鍍金（めっき）
のように自分の心を飾り立てるもの（所謂付け焼刃）ではなく、元来自分で持っ
ていたものである。ただ、世人はそれをぼんやりして自覚しないだけのこと
である。玩味したいものである。又、この段落には注目すべき点がある。そ
れに関して、渡邊博士は、次ぎの如く解説を施しておられる[179]。

　「まず孟子が先人たちから受けついだ信念はつぎのようなものである。《人間は、
　天の創造によってこの世に誕生し、そのおかげにより生活しつづけることのでき
　る存在なのである。そして生活上のあらゆるものごとは天の示してくだされた法
　則にもとづいて営まれてゆく。だからもともと人間は天の不変の摂理をしっかり
　と握り、この永遠の美徳を好むように生まれついているのだ。》このような孟子
　の信念は、彼の引用から知られるように、直接には詩篇の示唆をうけ、また、そ
　れをたたえた孔子の推賞なるものによっても強められたらしい。そしてさらにさ
　かのぼれば、こういう信念は古来の上帝信仰から尾をひく民族的な宗教感情にほ
　かならない。孟子はこの生活感情を思想化したのである。」

　孟子に於ける宗教観念を反映していると思われる[180]「一暴十寒」の出典と
なっている告子上篇第九章を参照してみよう。

　「孟子曰く、［齊］王の不智を或［＝惑、怪］むこと無かれ。天下生じ易きの物有り
　と雖も、一日之を暴［＝曝、温］め、十日之を寒（ひや）さば、未だ能く生ずる者
　有らざるなり。吾［王に］見ゆること亦罕（まれ）なり。吾退きて之を寒す者至る。
　吾萌すこと有るを如何せんや。今夫れ奕（えき、囲碁のこと）の數たる、小數なれ
　ども、不専心致志、則ち得ざるなり。奕秋［えき＝囲碁をよくする秋という名の人
　物］は、通國の奕を善くする者なり。奕秋をして二人に奕を誨へしむるに、其の

一人は、専心致志、惟奕秋に之れ聽くことを爲す。一人は之を聽くと雖も、一心には［＝心の一方では］以爲へらく、鴻鵠有りて將に至らんとす、と。弓繳（きゅうしゃく）を援（ひ）きて之を射んことを思はば、之と俱に學ぶと雖も、之に若かず。是れ其の智の若かざるが爲か。曰く、然るに非ざるなり、と。」（告子上篇第九章）

「孟子曰、無或乎王之不智也。雖有天下易生之物也、一日暴之、十日寒之、未有能生者也。吾見亦罕矣。吾退而寒之者至矣。吾如有萌焉何哉。今夫奕之爲數、小數也、不專心致志、則不得也。奕秋、通國之善奕者也。使奕秋誨二人奕、其一人、專心致志、惟奕秋之爲聽。一人雖聽之、一心以爲、有鴻鵠將至。思援弓繳而射之、雖與之俱學、弗若之矣。爲是其智弗若與。曰、非然也。」

　天下にどんなに生育し易いものがあったとしても、これを一日だけ温めて十日間冷やすようなことをすれば、よく生育する筈がない。それと同様に、自分が王に会う機会が少ない上に、取巻きが王に萌しかけた仁心乃至は良心を害してしまう。尤も、孟子は王にも責任があることを、囲碁の名人奕秋について囲碁を学ぶ二人の弟子の譬えを引いて、解き明かす。本章に就いては、例えば、宇野精一博士は、「學習の要件として、繼續的にたびたび繰返すこと、及び學習者の精神集中といふことを說いたのは、極めて當然であるとともに、例によつてその比喩の巧妙に感ずる次第である。」と述べられる[181]。

60　ところで、私は読下し文の一部を原文のままにしておいた。「不專心致志」及び、「專心致志」である。この箇所は、通常「今夫れ奕の數たる、小數なれども、心を專らにし志を致さざれば、則ち得ざるなり。」「其の一人は、心を專らにし志を致し、惟奕秋に之れ聽くことを爲す。」と訓じられている[182]。ところが、ここでも渡邊卓博士は、別様の訓み方を提示された。「ここでも人間の内部に天与のものとして確実に存在する善への志向は、植物に譬喩されている。それは、植物のように、まずなまなましい生命体で、そのうえ自体を生長させる生命力をもつ。それゆえ人は善への志向に対し、ただ植物を栽培するような配慮をはらえばよい。ひたすら太陽の光で暖めろ、日かげに置くな。いま『一暴十寒』という成語は、たんに一日勤めて十日怠るという抽象的な教訓になりさがったが、その原義には右のように自然と人間とを同体一視した、いかにも古代人らしい生命感が流露していたのである[183]。」こうした

基本観に裏づけられて、「専心致志」は、「心を専（おさ）へ志を致（みた）す」と訓じられることになる。「専心致志」という表現は、孟子の良心説の本態を端的に語っている。「専心」とは、「《手で心を抑えつけ肉体外への失踪を予防する》意味で、わが古語の『魂結び』とほぼ同義語なのである。そして、かく心を自身のうちにつなぎとめてこそ、その心のなかには善をめざす志が自動的に充満するのである。それが《致志》の本来の意味なのである[184]。」かかる解釈は、既に検討した「浩然の氣」の箇所とよく符合していることが知られよう。

61　孟子は、嘗て齊の都の南方に在る牛山を話題にして、良心に就いて、從って又、性善説を語った。

> 「孟子曰く、牛山の木嘗て美なりき。其の大國に郊たるを以て、斧斤之を伐る。以て美と爲す可けんや。是れ其の日夜の息する所、雨露の潤す所、萌蘖（ほうげつ＝芽生えとひこばえ）の生無きに非ず。牛羊又從つて之を牧す。是を以て彼の若く濯濯たる［＝光潔の貌］なり。人其の濯濯たるを見て、以て未だ嘗て材有らずと爲す。此れ豈山の性ならんや［どうして山の本性であろうか］。人に存する者と雖も、豈仁義の心無からんや。其れ其の良心を放する所以の者、亦猶斧斤の木に於けるがごときなり。」（告子上篇第八章）
>
> 「孟子曰、牛山之木嘗美矣。以其郊於大國也、斧斤伐之。可以爲美乎。是其日夜之所息、雨露之所潤、非無萌蘖之生焉。牛羊又從而牧之。是以若彼濯濯也。人見其濯濯也、以爲未嘗有材焉。此豈山之性也哉。雖存乎人者、豈無仁義之心哉。其所以放其良心者、亦猶斧斤之於木也。」

　美しく繁っていた牛山も、人が入り材木として木々を伐採し、折角生じてきた芽生えやひこばえ［＝萌蘖］も放牧された牛羊によって食い尽くされてしまった。人の心に就いても同様であって、人がその固有の仁義の心、良心を失ってしまうのは、斧や斤で伐採するようなものである。これに続いて、養気の説が登場する。即ち、「平旦の氣」や「夜氣」である。共に「人間が明け方にもつ純良な気」である。

> 「……夜氣以て存するに足らざれば、則ち其の禽獸を違（さ）ること遠からず。人

330 　第6章　孟子、共同善、洞見知

其の禽獸のごときを見て、以て未だ嘗て才有らずと爲す者は、是れ豈人の［實］
情ならんや。故に苟くも其の養を得れば、物として長ぜざること無く、苟くも其
の養を失へば、物として消ぜざること無し。孔子曰く、操れば則ち存し、舍つれ
ば則ち亡す。出入時無く、其の郷を知る莫しとは、惟心の謂か、と。」（同章）
「……夜氣不足以存、則其違禽獸不遠矣。人見其禽獸也、以爲未嘗有才焉者、是豈
人之情也哉。故苟得其養、無物不長、苟失其養、無物不消。孔子曰、操則存、舍
則亡。出入無時、莫知其郷、惟心之謂與。」

　この段に関し、渡邊博士は、「彼の語った良心はここでも天与のなまなまし
い生命体である」こと、「出入時無く、其の郷を知る莫し」の背景に原始的な
宗教思想が横たわっていること、を指摘される[185]。即ち、古代中国では、霊魂
はしばしば人間の身外に脱け出し、外界を遊行した後に再度身内に帰ってく
ると信じられていた、という。遊離魂信仰の観念を踏まえているからこそ、
「良心を放つこと」に対する警告をしたのであった。「しっかり握りしめてい
ると存在するが、緩め放すと逃亡する。」と。金谷博士は、「万人に善性のあ
ることを強調した孟子は、ことばをあらためて、さればこそその善性を養な
い育てることが大切なのだ、と結びのことばを重々しく述べる。……人とし
ての高貴な善性、仁義に至る心を養ない育て、良心を放って乱暴な生活に身
をまかせるような、濫伐に似た行ないは慎まねばならない。」と記される[186]。
62　次ぎに孟子に於ける学問論を観ておこう。それは告子上篇第十一章に見
える。内野博士は、「人間本性の全的操守存養が孟子の学問である。そしてこ
れはまた、中国古来の学問の本質であり、特色である。」と言われる[187]。本文
を見てみよう。

「孟子曰く、仁は人の心なり。義は人の路なり。其の路を舍てて由らず。其の心を
放して求むることを知らず。哀しいかな。（哀れなるかな。）人鷄犬放する（こと）
有れば、則ち之を求むることを知る。心を放つこと有るも、求むることを知らず。
學問の道は他無し。其の放心を求むるのみ。」（告子上篇第十一章）
「孟子曰、仁、人之心也。義、人之路也。舍其路而弗由。放其心而不知求。哀哉。
人有鷄犬放、則知求之。有放心、而不知求。**學問之道無他。求其放心而已矣。**」

「仁は人の心なり。義は人の路なり。」この文は、仁が路でなく、義が心で
ない、ということを言おうとするのではない。しかし、重点を注目すれば、
「仁は心に重点が置かれ、義は行動の基準であって、路に喩えられる。」この
章に就いても、渡邊博士の解説は参照に価する。「この学問論は、例の霊魂観
を基礎にすえ、失踪した良心をよびもどし、その力強い生命力を復権させ、
それに依存しつつ、仁義すなわち人間の政治的＝倫理的な責務をめざめさせ
ようと試みている。……このように学問の目的をただ政治的＝倫理的な人間
の完成だけに限る傾向は、孟子ひとりの特徴ではない。それは、……とくに
宋学に至ると、修己治人をめざす体系として完成する。……この種の学問は、
……ややもすれば体制確立のために権力階層にだけ奉仕して閉鎖的な世界を
作り、本来の目的たる人間一般への服務に違背するという短所をも露呈す
る[188]。」

63 本項の締め括りは、修養論である。人間の本性は善であるとしても、耳
目の官が外物を感受して、物欲が生じ、悪が惹起されるのであった。当然
それへの対処が問題とされるであろう。ここから、孟子の人間修養論が導かれ
ることになる。積極的には良知良能を発揮せしめ、消極的には耳目の官を心
の命に従わしめることである[189]。更に詳述すれば、積極的修養法は、「存心」
であり、「拡充」と「養気」がこれに含まれる。消極的修養方法は「求放心」
であり、これには「寡欲」と「存夜気」とが含まれる。論じ残していた寡欲
論を見ておこう。盡心下篇第三十五章である。

> 「孟子曰く、心を養ふは寡欲より善きは莫し。其の人と爲りや、寡欲なれば、［心
> を］存せざる者（こと）有りと雖も、寡し。其の人と爲りや、多欲なれば、［心を］
> 存する者有りと雖も、寡し、と。」（盡心下篇第三十五章）
> 「孟子曰、**養心莫善於寡欲**。其爲人也寡欲、雖有不存焉者、寡矣。其爲人也多欲、
> 雖有存焉者、寡矣。」

「寡し」は度数が少ないことを表す。「存」は「存心」、即ち、「心が失踪し
ないように手指で保存する、押える」と解する。そしてこの「失踪する心」
を念頭において養心章の理解を試みると、詰り、渡邊流に解釈すると、以下

の如くなる。「天与の心を養い育てて生長させるには、官能の欲求を節制して少なくするのが、いちばんよい。寡欲につとめる人がらならば、かりに心をとり守れず、それが失踪する場合があるにしても、その度数は少ない。これに反し、多欲をほしいままにする人がらならば、かりに心をとり守る場合があるにしても、その度数は少ない[190]。」金谷博士も同解釈を採っておられる。他の解釈は、やや無理があるように思われる。

良能良知の論は、後世とくに王陽明によって「到良知」説として一大開花した。

「孟子曰く、人の學ばずして能くする所の者は、其の良能なり。慮らずして知る所の者は、其の良知なり。孩提（がいてい）の童［＝小さい子供］も、其の親（おや）を愛することを知らざる無し。其の長ずるに及びてや、其の兄を敬することを知らざる無し。親（しん）を親しむは仁なり。長を敬するは義なり。他無し、之を天下に達するなり、と。」（盡心上篇第十五章）
「孟子曰、人之所不學而能者、其良能也。所不慮而知者、其良知也。孩提之童、無不知愛其親也。及其長、無不知敬其兄。親親仁也。敬長義也。無他、達之天下。」

内野熊一郎博士によれば、「本章もまた、孟子思想上重要な章句である。良知良能説の定義と王道＝堯舜の道との連関に言及したもの。性善論の発展として必然的に考到されねばならないところ。後世宋明の良心論や到良知説などは、ここに淵源している[191]。」ここには簡潔な文章中に、倫理（学）と政治（学）との緊密性が説かれていることが判る。

結論――要約と新しい解釈の提示――

64　結論部に於いて、私はこれまで述べて来た内容を今一度整理して、読者の理解に供したい。否、寧ろ私自身の自己理解の確認のためにこそ、内容の整理を必要最小限でも行っておきたい。第1節では、孟子の生きた時代の背景が、政治・社会情況と思想情況という二つの側面から明らかにされた。それは所謂戦国中期に該当し、下剋上の見られた社会状況下に於いて、諸侯は

結論　333

覇を競い、民衆への配慮等期待すべくもない状態であった。他方、思想情況
はどうであったかと言うと、これは時代を、そして時代のうねりを反映して、
思想的な活況を呈してはいたものの［百花繚乱、百家争鳴］、楊墨二派が天下
を席捲するかの勢いであった。それらは、孟子の目には、社会をそして国家
を、遂には人間を「禽獣」にしてしまいかねない根本的に誤った思想である
と映った。こうした情況下で、孟子はかの有名な仁義説を史上初めて打出し
たのであった。第２節は、思想の方法論を扱った。先ず、一般的に思想家の
思想への接近方法として、二つの類型が、即ち、体系的論述と思想発展史的
論述が紹介される。前者に就いては、更に「事実としての体系的論述」と「志
向に即した体系的論述」とが区別され、「志向に即した体系的論述」の優位が
主張された。尤も、通常は体系的論述の下では静態的な体系的論述が解され
ており、それに対して、思想発展史的論述が優位を占めるかの如く主張され
もする。そして、近年所謂文献批判という手法による大きな学問的成果とし
て、我々は『孟子』を通じて、孟子自身の思想をその発展相に於いて理解す
ることが可能となった。いよいよ思想発展史的論述の有効性が説かれる情況
が生れた訳である。そうした動向を反映する形で本稿に於いても文体の比較
に基いて具体的な紹介があった（第18番参照。詳細は註（54）に回した。）。し
かし、それとても、万能ではないであろう。この点を明らかにすべく、不充
分であったかも知れないが、異説を対校して確定することの困難を示そうと
の試みが続いてなされた。文献批判という大変労苦の多い成果は存分に活用
すべきであるのは改めて言うまでも無いことであるとして、その上で、志向
に即した体系的解釈へと純化統合されるべきではなかろうか、更にそれは本
性適合的認識ないし洞見知という、人間の存在構造に直に融合した主体的認
識に即してのみ可能になるのではなかろうか、と私は考えるのである。そし
て、続く第３節、及び、第４節は、孟子の「共同善」思想及び人性論を『孟
子』という著作に厳密に即しつつ、即ち、主に所謂牽牛章と不動心章、告子
篇中の諸章とを能う限り忠実正確に訓じつつ、然も、首尾の如何は読者諸兄
のご判断に任せなければならないが、上述の私見を具体的に提示する目的を
以て起草されたのであった。

65　以上、私は本章で縷々述べ来ったことの趣旨を改めて簡単に要約してみ

た。しかし、私はここで立ち止まることなく、王道論に連関する異説を紹介し、それをも踏まえて更に若干の考察を加えてみたい。その異説とは、これも既に本稿で何度か引証した加賀博士の見解である[192]。博士は、孟子と言えば王道、王道と言えば孟子、というこの組合せは実に自然なことである、とした上で、問うに及ばずと思われる問を更に問われる。孟子は、果して本当に梁の惠王や齊の宣王に王道実現を期待して講説したのであろうか、と。この意表を突く問題提起の手掛りを、博士は盡心下篇第一章と公孫丑下篇第十四章に求められる。「不仁哉梁惠王也。」で始まる盡心下篇は、成程その主意は侵略的軍国主義批判にありと理解することは勿論出来る[193]。しかし、そこまで一般化してしまうのではなく、ここはやはり梁の惠王自身に対する孟子の度し難い思いを表白した章句と理解すべしとの見解も十分成り立ち得る。念の為に、全文を引いておこう。

> 「孟子曰く、不仁なるかな梁の惠王や。仁者は其の愛する所を以て、其の愛せざる所に及ぼし、不仁者は其の愛せざる所を以て、其の愛する所に及ぼす、と。公孫丑曰く、何の謂ぞや、と。梁の惠王は土地の故を以て其の民を糜爛（びらん）して之を戦はしめ、大いに敗れたり。将に之を復せんとして、勝つこと能はざるを恐る。故に其の愛する所の子弟を驅りて、以て之に殉ぜしむ。是を之れ其の愛せざる所を以て、其の愛する所に及ぼすと謂ふなり、と。」（盡心下篇第一章）
> **「孟子曰、不仁哉梁惠王也。仁者以其所愛、及其所不愛、不仁者以其所不愛、及其所愛。公孫丑曰、何謂也。梁惠王以土地之故、糜爛其民而戰之、大敗。將復之、恐不能勝。故驅其所愛子弟、以殉之。是之謂以其所不愛、及其所愛也。」**

惠王は、「土地の故」、即ち、己が野心を実現せんがために、民衆に血みどろの戦いを強い、それでもまだ野心を実現できぬとなれば、今度は「其の愛する所の子弟」までも戦場に駆り出して殉死させてしまった。それは、正に孟子唱える王道の逆を行うものであって、「不仁なるかな梁の惠王や。」との発言は、孟子の率直な考えを表していると見てよさそうである。では、孟子が王道実現の期待を託したかに見える齊の宣王に就いてはどうであったろうか。

孟子が齊の国を去って休［地名。齊の領地内か魯の領地内かは不詳。］に居

たときに公孫丑の問に答えて語る一節に次のように記される。

「孟子齊を去りて休に居る。公孫丑問うて曰く、仕へて祿を受けざるは、古の道
か、と。曰く、非なり。崇に於て吾王に見ゆることを得、退いて去る志有り。變
ずるを欲せず、故に受けざるなり。繼いで師命有り、以て請う可からず。齊に久
しきは、我が志に非ざるなり。」（公孫丑下篇第一四章）
「孟子去齊居休。公孫丑問曰、仕而不受祿、古之道乎。曰、非也。於崇吾得見王、
退而有去志。不欲變、故不受也。繼而有師命、不可以請。久於齊、非我志也。」

崇で齊の国王、恐らくは宣王に会ってみた孟子には、王は話し相手にはな
らない、王道の実現は期待しえない、との感触を得て、齊の国を去る気持ち
になっていた。しかし、間もなく戦争が始まり（「繼いで師命有り」）、暇乞いが
出来なくなってしまった。随って、齊に長逗留したのは已むを得ない事情か
らであって、決して本意からではなかった、と孟子は答えている。我々は、
孟子が宣王に相当の期待を抱いていたのではないか、との解釈を既に紹介し
ておいた。今ここに、それとは容易に一致し得ない箇所を見出している。こ
れを如何に受け止めるべきであろうか。そもそも上に引いた問答が行われた
時期は一体宣王の時のことであるのか、それとも湣（びん）王の時のことであ
るか、という問題もあろう[194]。しかし、ここは通説に従って、宣王の時代と理
解しておくと、一方では宣王に相当の期待を掛けつつ、この期に及んで、い
や実は最初から見込みがないと思っていたのだ、と言うようなものではない
か。こうした疑問は当然湧いて来よう。しかし、私はここで加賀博士の次ぎ
の説明を受け容れたい。曰く、「これは、孟子が王道講説者として破産した時
のことばであるから、多少割り引いて受けとめるべきかもしれない。しかし、
これが孟子の真意でないなどと、どうしていえよう。人は、挫折にあったと
きこそ、実は真の自己を語るものではないだろうか[195]。」と。
　このように観て来ると、当然次ぎの問が生ずる。そもそも実現を最初から
期待しないのであるならば、何故に孟子はあれほど熱心に王道を説かねばな
らなかったのであろうか。王道政治を説いて止まなかった孟子の真意は一体
何処にあったのであろうか。既に取上げた「王道の始め」の章句（梁惠王上篇

第三章）を想起してみよう。そこには、人民、民衆の生活安定こそが、即ち、「生を養ひ死を喪して憾無き」ことこそが王道の第一歩であるとの孟子の宣言があった。梁惠王上篇第七章末尾に斉の宣王に対して発せられた孟子の言に「王之を行はんと欲せば、則ち蓋ぞ其の本に反らざる。」とあるが、ここに見える「其の本」とは、王道の根本、即ち、民生の安定確保である。農民救済にこそ孟子の王道講説の狙いがあった。加賀博士自ら次ぎの如く約言される。

> 「要するに、孟子における王道政治提唱の真の標的は、講説対象者たる特定具体の梁・斉二国の王ではなく、実に、戦国の現実の社会、孟子が接し得た大国・小国の王・公を通して、その支配下にある大多数の人民、農民の救済であったのである。だからこそ王道政治の具体的内容は、小国滕の文公に向かって、より詳しく、より明確に説かれているのであり、また、おそらくそれは、宋国の要路にも説かれたであろう。[196]」

66 このように、孟子の王道講説に連関する加賀博士による問題提起を取上げて検討して来たが、そこでは一般に信ぜられて来たこととは意味重点の置き所が少しく異なっていた。しかも、それはそれで十分理解することが出来るものであった。否、寧ろ、その方が孟子の生涯を貫く信念により近いのではなかっただろうか、とさえ私は今考え始めている。孟子は、周知の如く、孺子入井の比喩を用いながら四端説を説くのであるが（第37番-第40番）、誰よりも先ず彼自身に於いて、その「怵惕惻隠之心」が始動せずにはおれなかった。様々な時代的、思想伝統的な背景を帯びながら、人間孟子は、彼が図らずも、「惻隠の心無きは」、「醜悪の心無きは」、「辭譲の心無きは」、「是非の心無きは」、何れも「人に非ざるなり」と揚言しているように、人としての已むに已まれぬ四端、四徳の発露として王道政治を説いて已まなかったのではなかろうか。一旦この様に考え始めると、例えば、民を何よりも貴いとする、一般に理解される儒教の「権威的」乃至「体制擁護的」体質から見れば余りにも過激な発言が孟子の口をついて出てきたことも我々は容易に理解することが出来る。又、中国古代に通有であったとされる天への崇拝との連関で、

更に西周時代に登場したとされる天命が革まるという意味での政治的革命思想が説かれている、と見ることが出来ないだろうか。そしてこの可能性を渡邊説が相当程度高めているように私は思う。孟子に於ける易姓革命論は単に体制擁護的な反動思想では決してなかった。それは、彼の民本思想に於けると同様である。又、ある点での理論的整合性の不備であるとか、或いは今日の価値規準を時代錯誤的に不用意に古代に持込んで民主主義思想への不徹底性であるとかが声高に指摘されることもあるが[197]、そうした難癖を言う以前に、私は、『孟子』という書物を手掛りに傾注される理解への努力を通して少しずつ姿を現して来る人間孟子に対して深い共感と尊敬の念を抱く[198]。それは、孟子が時代を超えて我々に訴えかける確かなものを捉えており、それが真に「貴いもの」であって、我々一人一人がそれに気付かされることによるのではなかろうか。本章で私が試みたい、と願ったのは外でもない、孟子の全生涯を規定するものが一体何であり、仮令それが一定不変の単純命題のようなものに簡単には還元されるものではなかったとしても、それが「何処へ」志向していたのか、を私なりに追求してみることであった。そして、繰返すまでもないと思うが、私は、それを孟子の「惻隠の心」の然らしめる主体的実践的な人間洞察に見た訳である。禽獣とは異なる惻隠の心を具有する「と与にある」存在[199]、天爵ほかからも窺い知ることができるように、より価値高いものへの眼差し、超越志向性を内在せしめている人間存在への直覚（自己理解）という意味での本性適合的認識・洞見知が『孟子』という作品には認められる。それは現代風に言えば、実行を伴った人格性とその同じ人格性の主体としての同胞に対する連帯性への眼差しと表現できるかも知れない。或いは、後世の儒学に於ける様に、王陽明による「萬物一體論」乃至「萬物一體の仁」として言い当てられるのかも知れない[200]。我々にとって重要なことは、少なくとも私はそう確信する者であるが、人間に於ける尊貴なるもの、本質、それへの主体的直接的洞察であって、理屈付ける以前の、概念化以前の主客未分化の本性適合的認識とそれに確かに定礎された反省的理論的認識との相互連関を十分顧慮して、思想家の思想に接近することではないだろうか。こうした点に着眼した場合に始めて、孟子のいう王道政治の出発点とそこから展開されるより詳細な具体的提言とがそして同時に彼の人間本性への

生々しい生命観とが「協同と交流を通じて国的組織を形成しつつその組織体の共同善を実現し、それを享受して生活する人間」という伝統的自然法論の理解する共同善の現実在とそれの構造法則と極めてよく呼応するものである、と見えて来るのである[201]。それを私は孟子に於ける「共同善」と一応呼んでみたのであったが、それは彼の民本思想と一体を成すものであった。然も、革命論をも含めての民本思想である。今ここで、孟子の場合には、その「共同善」思想をも含めて、即ち、革命論、所謂民本主義、王道論を総て一括して最広義に於ける「民本思想」と呼んでも良いのではないかとも思う。しかし、それは勿論、基本線としての「志向に即して観られた体系的な解釈」が受容されての話ではあるが。

67 本章を締め括るに当って、孟子思想の根幹にあると考えられるものを極手短に、幾つかのテーゼの形で提示し、残された課題にも触れておこう。

一、孟子の共同善思想とも呼ばれるべきものは、従来王道政治論及び民本主義として知られている所にほぼ該当する。但し、これらを一括して民本思想と呼ぶことも可能であるように思われる。即ち、人間が根本において平等であることを踏まえ（告子上篇第十五章「鈞是人也。」及び、離婁下篇第二十八章「舜人也、我亦人也。」参考）、尚且つ民衆こそが第一であって、その生活を人間的に確保すること、所謂保民が一方で重視され、これが王道と呼ばれたことであった。又、他方では、同じ民本思想が、虐政にあった場合の民衆の抵抗を許容する革命思想として現れた。この両者は、共に天への信仰に貫かれている[202]。

二、孟子の性善説と呼ばれるもの並びに養気論及び修養論は、儒家思想家のなかで始めて採り入れられた気の思想、心学と深く関わっている。そこには、古代の宗教思想が色濃く反映しているように思われる。その修養論は、別稿で論じたように、トミスムの徳論と重要な点で一致している[203]。

三、孟子は、王道を説く場合も、単なる抽象論に止まらず、具体的な政策を準備すると同時に、その議論の根底には人間本性の客観的な要請に合致する価値秩序への洞察が見られる。

四、孟子の生涯及びその思想には、孔子を私淑して、乱世に「仁義」を紐帯とする人間社会の実現を目指そうとする真摯な努力の跡が認められる。実に自らが四端を拡充せんとする生涯であった、と考えられる。

五、上述した諸点は、私見によれば、結局、孟子の思想がその時代的文化的な制約下にありそこから逃れることができなかったとしても（一例は、孟子の保民思想は現代の民主主義とは全く性格の異なったもので、特に主権在民といわれるばあいの民主主義とは相容れないとする解釈）、人間の個人的社会的、並びに、霊肉一体的な存在性格への「彼自身におけるそれと融合したままでの」洞察、即ち、人間「本性適合的な」洞察乃至洞見知[204]に根基しつつ概念化され、又、実行されたものであった。言い換えれば、孟子に於ける政治思想と倫理思想とは不可分割的である。更に、政治思想にしても倫理思想にしても、具体的内容を伴うものであり、少なくともそのいわば立体的に構造化された中心思想乃至提言は、存在論的に眺められた人間本性と共同体・社会の本性に合致すると言うことが許されるであろう。それ故にこそ、我々は、なるほど孟子の主張の中に時代に拘束された思想や未成熟な思想を見出すことは有るとしても、それでもやはり孟子思想の中心部分が人間存在の根幹に触れている限り、深い共感を有し得るのである。

68 テーゼ五に関連して若干の説明を補って本章の考察を終えたい。私は冒頭部に於いて（第3番参照）、アリストテレスに言及した。彼の実践哲学を今日に伝えるのは、主要には『ニコマコス倫理学』と『政治学』である。それらは、今日我が国で見られるような「倫理学」は文学部哲学科（又は倫理学科）で、「政治学」は法学部で研究され講義が提供されるといった風に別個独立のものではなかった[205]。即ち、彼の倫理学はポリス民（ポリテース）の倫理学であり、彼の政治学は都市国家（ポリス）の政治学であった。そのポリスは、「善き生活」を目的とする、民族や村落の完全で自足的な生活に於ける共同であった。山本光雄教授によるとそれは「ポリス民の善き生活を目的とする教育団体」である[206]。我々は本論（特に第39、第42、第63番）で、孟子思想においても政治と倫理とが、或いは政治的共同善と家族的共同善が一体的に把握されていることを見た。詰り、古代に東西において孟子とアリストテレスという思想家の思想に政治と倫理との有機的全体性における理解を確認しえた訳である。アリストテレス＝トマス主義といわれる系譜に立つヨハネス・メスナーに於いても、基本的には同じ姿勢が確認される。奇妙なことに、孟子やアリストテレス、或いはメスナー等とは対極に位置すると考えられるトマス・ホッ

340　第6章　孟子、共同善、洞見知

ブズに於いても、或る全く別の意味に於いてであるが、倫理と政治乃至人間論と国家論が緊密に理解されている[207]。では、政治と倫理が結局はそこからしかその十全な意義を獲得し得ないであろう根源に我々は如何にして接近することが可能なのであろうか。最後に、この問題に対するメスナーの見解を一瞥したい。

69　自然法研究の方法論としてメスナーは、時代思潮及び人間の現実を深く考慮した結果、最終的に「帰納的・存在論的方法」を採用して、この立場から旺盛な研究活動を展開した。それは一方では演繹的傾向の濃厚な方法と、他方では帰納的方法だけを認める方法と区別されるべきものであった[208]。自然法を論ずるに当たり、メスナーは帰納的存在論的な方法により、「人間本性から、即ち、家族的存在としての本性から」、自然法を「人間的実存秩序」として解明した[209]。人間は、生物学的にみた場合動物と違って、遙かに長期間、特にその天賦の理性と身体的能力が十分発達するまでは、家族生活を送る。それを通じて、人間は誰しも家族成員間の相互好意や相互尊重や、各人の自由領域をお互いに顧慮する必要性であるとか共同体全体の福祉とその第一要請としての平和樹立の配慮の必要性とか、そうしたことどもを具体的に学びながら成長していく。その間、人間が学ぶのはそれに限られない。全員にとって拘束力ある行為規範が、それを遵守する場合に、そしてその場合にのみ各人の自己実現が可能になるということ、そしてそれと一体的な仕方で、それら規範が家族共同体に於いて効力を有するということをも学ぶのである。

> 「各人が自己実現に必要とするものが何であるかは、身体的・精神的必要がこれを告知する。……それに適合した行為様態は、自己実現のために各人が払う努力において人間の存在素質の作用様態からもたらされる。その基準となる諸価値は、従って、先入観的な人間本性概念にも哲学的反省にも基づくものでなく、家族共同体において与えられた人間本性の作用様態に基づくのであって、各人の直接的経験の対象となる。経験と人間の存在素質に基礎付けられるのであるから、この根拠付けは帰納的・存在論的なものである[210]。」

自然人類学や霊長類学の研究者から人類の出現と生存における家族の格別

の意義の指摘があることは他日論じてみたいことであるが、メスナーは、法の本質の総ての要素が家族共同体の実存秩序のうちに於いて証明せられることを言い[211]、人間が如何に徹底的に家族的存在であるかを、経験科学的人類学、生物学、心理学、文化人類学、社会学、法史学、人類古代史などを引き合いに出しながら、説いている[212]。その結論部分を訳出してみよう。

「人間についての経験諸科学、それも最新の発展の成果によると、上述したように、我々の帰納的・存在論的自然法の根拠づけの基礎が確かであることについて疑う余地はない。即ち、人間は何よりも先ず家族的存在であること、人間は家族共同体の中で、愛だとか尊敬だとか互いへの配慮といった本性固有の傾動、自己の幸福及びこの制約条件ともなる全体の幸福への本性固有の傾動に促されて共同体秩序に押し遣られる。この共同体秩序において人間は実存秩序として自然法を経験し、自身の規定となる法諸原理を内容に満たされたものとして学び取りその直接的に自明である妥当要求を伴うものとして認識する[213]。」

70 共同善を考える上で特に重要であると考えることは、本文に於いて孟子の著作に即して検討してみた。そこで私は、家族と共同善の問題が実は人間一人一人の自己完成（哲学的に表現するなら「存在充足」）に資すべきものであり、人は自らの本性に主体的に融合してこれを生きている。それを応援することこそが政治の、国の舵取りを担う者の責務としての共同善遂行そのものであることを論じて来た。家族の共同善であれ、政治共同体の共同善であれ、共同善は客観的な存在であって、我々はそれを恣意的に解釈してはならないだろう。共同善にはいわば存在次元、存在層も認められる。孟子においてそれは経済問題、教育問題として一応区別することが出来た（第30番その他を参照）。その位階秩序への洞見も確認できたと思う。メスナーの場合は、共同善それ自体（Wertgüter）とそれに資すべき手段としての制度的なもの（das Institutionelle）とが区別されている（第35番）[214]。そして、メスナー自然法思想のごく一端を紹介する中で、家族の特別の意義が指摘された。これに就いては、今は指摘するにとどめる[215]。

尚、孟子に於ける「惻隠の心」乃至王陽明に於ける「萬物一體の仁」、及び、

342　第6章　孟子、共同善、洞見知

倫理的にも宗教的にも極めて重要であると考えられる「孝」[216]に就いては本稿では充分論ずることが出来なかった。他日を期さなくてはならない。

1　世界人権宣言（die Deklaration der Menschenrechte）。ドイツ連邦共和国基本法（das Grundgesetz für dieBundesrepublik Deutschland）。日本国憲法など。

2　水波朗『自然法と洞見知』全篇、特に第九章を参照されたい。

3　山田晶『アウグスティヌス講話』新地書房、1986年、「第三話　ペルソナとペルソナ性」。ジャン・マルク・トリジョー（水波朗訳）「人格的存在者（ペルソナ）」（水波朗・阿南成一・稲垣良典編『自然法と文化』創文社、2004年）。その外、稲垣良典『人格《ペルソナ》の哲学』創文社、2009年。自然法論者ではないが、西野基継氏の『人間の尊厳と人間の生命』（成文堂、2016年）は力作。

4　Johannes Messner, *Das Naturrecht. Handbuch der Gesellschaftsethik, Staatsethik und Wirtschaftsethik*, 1. u. 2. Aufl., Tyrolia, Innsbruck-Wien-München 1950；3. u. 4. Aufl., 1958；5. u. 6. Aufl., 1966；7. unveränderte Aufl., Berlin 1984. Walter Kerber, Sozialphilosophie, in：A. Klose, W. Mantl, V. Zsifkovits (Hrsg.), *Katholisches Soziallexikon*, 2. Aufl., Innsbruck-Wien-München 1980, Sp. 2746-2760. 昨今注目されてきているコミュニティ音楽療法の実践もこうした趣旨でじゅうぶん納得できる。

5　これまでに私は、孟子関連の論文を二篇公刊して来た。拙稿「孟子の倫理思想とメスナーの良心論―自然法と実践知に就いての一比較試論―」（阿南・水波・稲垣編）『自然法と実践知』、創文社、1994年（239-301頁）、拙稿「孟子における『共同善』思想―共同善、民本主義、人間本性に即して―」（水波・阿南・稲垣編）『自然法と宗教Ⅱ』創文社、2001年（13-57頁）。前者は東西比較思想のための試論として著された。後者は自然法論の観点から、その後の『孟子』との取り組みを反映させて新しく構想された論文の一部であったが、寄稿先「自然法の研究」の事情変更のため、続篇を公刊しないまま今日に及んでいた。この度、既刊二論文を土台にして、特に第二論文を加筆修正したものを、孟子の思想に関する伝統的自然法論の立場からの考察として纏め直してみた。

6　共同善に関する優れた文献として、以下を挙げておく。Arthur-Fridolin Utz, *Sozialethik, 1. Teil, Die Prinzipien der Gesellschaftslehre*, Heidelberg 1958. Jean Dabin, *Théorie générale du droit*, nouvelle édition, Dalloz Paris 1969. Johannes Messner, *Das Gemeinwohl—Idee, Wirklichkeit, Aufgaben*, 1. Aufl., Osnabrück 1962；2. wesentlich erweiterte Aufl., Osnabrück 1968. Johannes Messner, *Das Naturrecht*. 邦語文献では、稲垣良典『トマス・アクィナスの共通善思想』（有斐閣、1961年）、同『法的正義の理論』（成文堂、1972年）が卓抜な研究書である。その外、自然法論の観点からではないが、菊池理夫『共通善の政治学』勁草書房、2011年。

7　趙岐の「孟子題辞」中に既に「亞聖」の語は見える。「直にして倨（傲）らず、曲にして屈せず、命世（名世）亞聖の大才と謂うべき者なり。」（小林勝人訳註『孟子』

上巻 20 頁）。亞聖の称号が朝廷から正式に授与されるのは、元の文宗（在位 1328-1329 年）の御世であった。

【孟子の母の伝説】『列女傳』巻一の「鄒の孟軻の母」にみえる。前漢末の儒者劉向（りゅうきょう、前 77-前 6 年）は、当時の天子成帝（在位前 33-前 7 年）の宮廷の皇后、側室たちの風紀紊乱に頭を痛め、成帝の覚醒を促そうとして、婦道の確立を目指して『列女傳』を編述した。

孟母三遷の教え：初め墓地の近くに住んでいたが、孟子が葬式の真似をするので、孟母は考えた。これは吾が子を住まわせるに相応しい場所ではない。市中に引っ越したら、今度は商売ごっこをするので、孟母はここも子育てに適切な場所ではないと考えて、三度目に学校のそばに引っ越した。今度は、孟子は、俎豆（そとう）を設け、「揖讓（ゆうじょう）進退」するという遊びをするようになった。詰り、禮物を供え、禮儀作法の真似事を遊びとするようになったのである。孟母は判断した。「真に吾が子を居らしむべし。」と。終に、そこを永住の場所に決めた。孟子が長ずるに及んで、「六藝」を学び、終に「大儒」の評判を得るに到ったのは、孟母のこの努力があったからである、と『列女傳』は言う。

孟母断機の教え：勉学の途中で孟子が家に帰った時、孟母は「勉強は進んだかい」と尋ねた。孟子は、「相変わらずだよ。元のままさ。」と答えると、孟母は、突如刀を手にして、織りかけの機の縦糸を断ってしまった。「そなたが勉強を途中で止めるのは、今私がこの布を断ち切ったのと同じこと。女性が女の生きる道である<機織>を止めるのと、男性が男として立派に生きるための<徳を修める>ことを止めるのとは同じことだ。泥棒になるか、人に使われるしかないではないか。」と戒めた。孟子は縮み上がり、それから後は明け暮れ学問の道に励み、終には、子思に師事して天下の「名儒」になったのだ。

8　韓、魏、趙の三氏が晉の大氏族知伯を滅ぼして、事実上三晉に分裂した年、即ち紀元前四五三年を以て戦国時代の始まりとする説もある。加賀栄治『孟子』12-14、65 頁。鈴木修次『孟子』58-59 頁。従来前 453 年とされていたが、最近前 451 年に訂正されたようである。

【魏＝梁の歩み】この時代、最初に頭角を現したのは魏であった。魏の領域は「天下の胸腹」と呼ばれる地域で、しかも余喘（よぜん）を辛うじて保っていた周をその影響下においていた。文侯（前 445-396 在位）は人材を登用して国力を高めた。その中には孔子の門弟も含まれており、例えば、もともと子夏の高弟であったと言われる李悝（或は李克）は初めて魏の成文法典を定め、米価の安定策や増産の施策を図るなど、多くの治績をあげた。又、法治主義による政治を行った。その子武侯の時（前 395-370 在位）、東は淮河・泗河流域の小国を影響下に置き、西は河西地域に領土を拡大した。しかし、次の惠王（前 369-319 在位）時代になると、他の諸国も国力の強化を実現したため、魏は四方を強国に囲まれるという困難な立場になった。孟子が最初に出向いたのは、この魏王、惠王であった。そして孟子が梁に滞在したのは、前 321-319 年（或は、渡邊説に因れば、前 319-317 年）の足掛け三年である。

344　第6章　孟子、共同善、洞見知

　西方秦の献公（前384-362在位）は河西の領土奪回に努めていたが、次の孝公（前361-338年）になると、魏は秦によって河西の要衝少梁（陝西省韓城県）を攻略された。前361年には、魏は一方では秦の圧力を避けるため、他方では力を東に注ぐため、安邑（山西省解県）から大梁（河南省開封市）に遷都した。ここから魏を梁とも呼ぶ。『孟子』開巻劈頭（かいかんへきとう）では、「孟子見梁惠王、王曰、叟不遠千里而來、亦將有以利吾國乎」とある。前354年には、趙の攻撃を受けた衛を救うべく趙の都邯鄲（かんたん、河北省邯鄲市）を包囲したが、翌年齊の軍師孫臏（そんぴん）によって桂陵（河南省長垣（ちょうえん）県西）で破られた。魏は前343年に南の韓を攻めたが、この時も来援した齊の孫臏によって馬陵（河北省大名県）で大敗せしめられ、往時の勢力を失った。

　【齊の歩み】戦国時代の齊は、最早春秋期に活躍した太公望呂尚（たいこうぼうりょしょう）の子孫の齊ではなく、春秋後期に実権を握っていた陳からの亡命大夫田氏の齊であった。前387年には田和が康公を幽閉し、翌386年国を奪って諸侯となった。これが齊の太公（前386-384在位）。齊は後、威王（前356-320在位）、宣王（前319-301在位）の時代が最も繁栄した時代で、都の臨淄（りんし）は繁栄し、都城の稷門（しょくもん）の近くに学舎が造られ、諸国から学者を高禄で招いて自由に研究討論をさせた。孟子も宣王の時代に（加賀博士によれば、既に威王の時代にも）臨淄を訪れている。

　齊は、前314年内乱のあった燕に侵攻し、河北一帯を占領したが、楚と趙が燕を救うため齊に侵入したので、兵を帰し、完全に領有を果たすには至らなかった。『孟子』中にはこの時の記録があり、しかも、それが『孟子』編纂の事情の一端［梁惠王篇の編纂の意図］を物語っている（本文第18番を参照されたい）。

　【燕と趙】戦国時代には河北を押さえ、東北地方の南部を手に入れ、朝鮮にも力を伸ばすなどしていた燕は、齊の侵入を受けて以後、昭王（前311-279在位）は、前284年に諸国に呼びかけ、燕の将軍樂毅が総指揮を執って、韓・魏・趙・楚・秦の連合軍が齊を攻め、臨淄をも占領し、齊は数城を残すに過ぎないほどまでに追い込まれた。この情況は数年続いたが、昭王が死んで惠王（前278-272在位）が即位すると惠王は樂毅が齊で独立するのではないかと疑い、彼を燕に呼び戻した。その為、連合軍も解散し、齊はその領土を回復することが出来た。

　趙は、前386年、都を晋陽（山西省太原市）から邯鄲（かんたん、河北省邯鄲市）に遷都し、中原への進出を図っていたが、魏などに抑えられて、果たせなかった。武霊王（前325-299在位）は、北辺遊牧民から騎馬戦術を取り入れ、ズボンを着用する胡服を採用し、馬上での弓射を訓練し、行動力の大きな兵制に切り替え、魏の傘下にあった中山国（河北省霊寿県）を制圧し、次いで西北に転じ、陝西省北部から内蒙古南部まで領域を拡大した。

　しかし、燕・趙の活動は、何れも北方へ向ったため中原への影響は薄かった。

　【秦】孝公（前361-338年）は、亡命していた衛の公子鞅（こうしおう）［李悝の『法経』を学んだと言われる］を任用して、前356年と前350年に二回に亙る改革を断行

した。その結果、秦は富国強兵に成功し、先ず魏を攻めて、河西奪回を決定的なものとした。その功により、鞅は商（陝西省商県）に領地を与えられた。よって、**商鞅（しょうおう）**と呼ばれるようになる。しかし、孝公が死んで惠文王（前337-311在位）が即位すると、改革反対派によって攻め殺された。しかし、この法家登用は後の秦の成長の基礎となった。

惠文王を支えたのは、張儀と司馬錯の二人。秦は、黄河を東に渡って、皮氏（山西省河津県）、汾陰（同省臨猗県）などを取り、魏の旧都安邑（あんゆう）に迫り、他方黄河の南では、孝公の時に手に入れた函谷関から東に出て、焦と曲沃（共に河南省陝県近傍）を奪った。

【縦横家：蘇秦と張儀】秦の東進を畏れた諸国には、北の燕・趙から南の楚迄の東方の諸国が同盟を結んで秦に対抗しようとする考え、秦と同盟して他国を攻め、それによって自国に対する秦の攻撃を避けようとする考え、等が現われた。前者を合縦策、後者を連衡（連横）策と呼ぶ。蘇秦は合縦策を唱え、前333年に趙の粛侯（前349-326在位）を中心に、趙・燕・魏・齊・韓・楚の六国が同盟して秦に当たることになった。秦は直ちに公孫衍なる人物を魏・齊に送り、この二国に趙を攻撃させた。趙の粛侯は二国の背信を怒り、蘇秦を責めたので、蘇秦は恐れて、燕に齊を討たせて報復させると説いて、趙を去った。この時この同盟は瓦解した。尤も、この合縦策は時に諸国に採用され、前318年には六国の連合軍が秦を攻め、函谷関まで進んだが、これといった戦果もなく終った。

さて、張儀は各国に連衡策を説いて秦と同盟させるが〔部分的には秦の勢力拡張に貢献したのだが〕、惠文王の次の武王（前310-307在位）は張儀を信頼しなかったので、諸国は秦との同盟を破棄して合縦策を採り、数国が連合して秦に対抗しようとした。しかし、徐々に秦の勢力が東に及んで行き、終に前221年に中原を統一する。

9 金谷治『孟子』14頁。

10 今道友信『エコエティカ―生圏倫理学入門―』129頁以下、同『愛について』講談社現代新書、参照。

11 加賀『孟子』66頁。

12 「奇しくも」というのは、ソクラテスのピロソピア（愛知）がプラトンを経てアリストテレスに継承されていったのと同様、孔子の教えが曾子及びその門下を経て孟子に継承されて行ったからである。詰り、東西において略同時期に同様の事態の進展が見られた。しかも、アリストテレスと孟子との間には、私の眼には或る本質的共通性があると見える。例えば、倫理と政治との緊密一体的な相互関係、それと密接不可分と考うべき徳の完成を人間形成の（今日流に言えば、自己実現の）目標に置く点などを指摘し得ると思う。更に、時代情況の中で先師の思想に体系化を施しつつ「新しいもの」をそれに付加して後世への伝統形成に大きく寄与したことなども直ちに挙げることが出来るであろう。例えば、金谷治博士は、中庸を説くに際してアリストテレス『ニコマコス倫理学』と『孟子』とを対比しておられる。金谷『中国思想を考える』136頁参看。尤も、文体の側面から見るならば、『孟子』のスタイルは、アリスト

346　第6章　孟子、共同善、洞見知

テレスと言うよりは寧ろプラトンの対話篇に類似していることが判る。馮友蘭氏は、孟子をプラトンに、荀子をアリストテレスに比肩する。馮友蘭『中国哲学史』417頁。

13　内野熊一郎『孟子』19頁、小林『孟子』上巻40頁、宇野精一『宇野精一著作集　第三巻』30頁。この章には人口に膾炙している成句「五十歩百歩」が登場する。

14　尚、本章で出典箇所表示は、「梁惠王上篇第三章」の如く行う。勿論、「梁惠王章句上第三章」でも、「梁惠王章句上三」でもよかろう。

15　この指摘は、渡邊卓『孟子』(79-80頁) に拠る。

16　渡邊『孟子』27頁 (『古代中國思想の研究』416頁)。そういう中で、孔子門人の子夏の高弟であったといわれる李悝 (りかい) 又は李克という人物は、戦国の始め、魏の文侯に仕え、「魏の国の成文法典を定め、米価の安定策や増産の施策をはかるなど、多くの治績をあげた。」(金谷『孟子』16、25頁)。

17　内野『孟子』20-21頁、小林『孟子』上巻43-45頁、宇野『著作集　第三巻』31-33頁。

18　尚、これと同一の文章が、滕文公下篇第九章に、魯の賢人公明儀の言葉として引用されている。

19　他の箇所 (梁惠王上篇第六章) には、「今夫れ天下の人牧 (人君)、未だ人を殺すを嗜まざる者有らざるなり。」と見え、人君が皆戦争を好むことを伝えている。尚、人民の窮状がここでは枯死寸前の苗に喩えられている。

20　加賀『孟子』76頁。

21　その理由を述べるところに楚秦の実態が描かれている。「**彼 [＝楚秦] は其の民の時を奪ひ、耕耨 (こうどう：田を耕し草を切ること) して以て其の父母を養うことを得ざらしむ。父母凍餓し、兄弟妻子離散す。彼は其の民を陥溺す。**」ここに「民の時」とは、民が農業に専念しなくてはならない時期のこと。随って、楚秦に関する限り、この大切な時期に若者を夫役兵役に駆りだし、そのために家族は大変な目に遭っている。落し穴に落され、水の中に溺れさすような虐政をしている、と描写している。しかし、これは恐らく梁についても同様だったのではなかろうか。

22　内野『孟子』41頁。宇野『著作集　第三巻』51頁。小林『孟子』上巻64頁。

23　渡邊『孟子』28頁。

24　加賀『孟子』75頁。

25　「孟子の時代は、所謂戦國時代であつて、各國が勢力の擴大を圖る一方、思想界も空前絶後の活況を呈した。當時、周王朝の權威はやうやく衰へて、すでに囘復の望みは絶へ、一方、秦・楚・齊・燕・韓・魏 (梁)・趙の七雄が霸を競ひ、魯・衞・鄭・宋・薛・滕などの小國がその間にあつて、辛うじて存立を保つ有様であつた。『孟子』中にも、どうすれば自國を強大にすることができるか、どうすれば他國から侵略されずに濟むか、といふことが、諸侯の最も重大關心事であつたとともに、この戰亂の世を救濟して一つの世界に統一するにはどうすればよいか、といふことが、學派のいかんを問はず、思想家の根本問題であつたことが記されている。」(宇野『著作集第三卷』6-7頁)。

26 金谷『孟子』上巻17頁。

27 金谷『孟子』18-19頁。

28 三島淑臣『法思想史［新版］』36-55頁。教育哲学者村井実博士は、「教育」という語が『孟子』に登場していること、即ち、単に「教える」でもなく、単に「育てる」でもない或る必要性が両者を一括した「教育」という語で表わされたのではないかと推測し、但し、古代中国の文献にそれらを詳細に跡付けることが困難であるとみて、折しも遠く古代ギリシャの地で、新しい社会思想の必要から生まれたと考えられる「paideia（パイディア）」を手掛かりに、教育の発生的原義を解き明かそうと試みられた。中国では春秋戦国時代という政治的動乱期を迎えており、有能な人材を広く求めていた。ギリシャにおいても多数のポリスが王制、貴族制、民主制などの形態をとって地中海沿岸に覇を競い合う激動期に遭遇していた。中国では諸子百家、ギリシャではソフィストが活躍時代を迎えていた。こうした大転換期の社会に際会して、人々の間に、切実な関心が、特に若い世代、子供たちに向けられずにはいかなかった。村井実『教育学入門』上巻（講談社学術文庫）19頁以下。

29 次の引用は、趙岐の「孟子題辞」からの一節。「周が衰えてからのちは、いわゆる戦国時代となり、合縦・連衡の策にあけくれ、軍隊を使っては強大な国になろうとして、互いに侵したり奪ったりばかりしていた。当時人物を登用するには、何をおいても権謀術策の士を第一として、しかも口には賢者をば尊重するのだといっていた。かくて古の聖王の垂れたもうた偉大な道義は衰えすたれてしまい、聖賢の教と異なる思想や正しからぬ学説がつぎからつぎへと起ってきた。すなわち楊朱や墨翟のようなでたらめな根拠のない言説で、時代をあざむき衆人をまどわすものが、決して一人や二人にとどまらなかった。」（小林『孟子』上巻18-19頁）。

30 盡心下篇第三十八章、内野『孟子』513頁、小林『孟子』下巻440、442頁。

31 金谷『孟子』27頁。

32 鈎括弧内は、小林訳註（『孟子』上巻257頁）では衍文として省略する。

33 金谷『孟子』上巻247頁。

34 金谷『孟子』39頁。

35 金谷『孟子』上巻248頁。

36 薮内清訳注『墨子』平凡社（東洋文庫）、84-89頁。

37 金谷『孟子』上巻249-250頁。尤も、楊朱思想に就いては、その積極的評価を金谷博士は与えている。即ち、『韓非子』と『荀子』に収められている二つの説話は、「実はともに、軽々しい行動によって自己を失うことのないように、という戒めをふくんでいる。そして、それから想像すると、楊朱の自己主義というのは、個人の主体性を守ろうとするところから出たもので、外界の事物すなわち国家社会の問題に気を奪われて自分を失うことの多い、当時の思想家たちの在りかたに反逆したものだ、と考えられる。」（金谷『孟子』40-41頁）。

38 尤も、楊朱及び墨翟の思想がただ反伝統主義的であるという理由・意味からだけで批判の対象とされるのであるならば、孟子の伝統主義も同じ土俵の上で相対立する

348　第6章　孟子、共同善、洞見知

に過ぎない。もっと深い理由・根拠があって、そこから批判が展開されねばならない。この問題は、第26番以下で考える。

39　所謂「原典批判」（テクストクリティク）と呼ばれる地道な作業の実績と洗練化とによって、聖書の成立史とか、古典、例えばプラトン、アリストテレスの諸作品に就いてもその年代の前後関係の確定とか真偽とかが明らかにされて来た。この原典批判の手法が中国古典に就いても応用された結果、本稿で取扱っている孟子の思想も、「発展的に」跡付けることが可能となった訳である。アリストテレス研究に革命的な転回をもたらしたイェーガーの主張内容とその後の研究動向の概観は、得喪を含めてバランス良く、例えば、G・E・R・ロイド（川田殖訳）『アリストテレス』17頁以下に与えられている。

40　渡邊博士の次ぎの一文は実に辛辣である。「一般には彼の思想を天・人性・倫理・修養・政治・教育などの諸項目にわけ、この順序で、いわゆる『基本的』なるものから『派出的』なるものへの展開をつかもうとする試みが、よくおこなわれる。なるほど、この説明は便利なうえに西洋風な哲学史的叙述になじんだ現代の読者には説得的でもある。しかし、このような方法論はまさに逆立ちしており、それによると孟子における最も基本的な問題が見失なわれ、その独自な思想の論理と生活の風気とを把捉することができない。」（渡邊『孟子』44頁）

41　詳細は、赤塚忠『大学・中庸』明治書院（新釈漢文大系）「大学解説」及び「中庸解説」を参照。その他、鈴木『孟子』67-70頁。

42　馮友蘭『中国哲学史』534頁。

43　水波朗『法の観念―ジャン・ダバンとその周辺―』成文堂（基礎法学叢書）「序」1頁。

44　拙著『ヨハネス・メスナーの自然法思想』は、こうした問題意識に基づいて執筆されている。

45　小林『孟子』下巻461頁。この節の記述は、全面的に、小林勝人、金谷治、鈴木修次、加賀栄治諸博士の著書に拠る。

46　趙岐「孟子題辞」（小林『孟子』上巻23頁、25頁）。

47　水沢利忠『史記　九（列伝二）』3頁。

48　小林『孟子』下巻463頁。

49　小林『孟子』下巻469頁。

50　金谷「余論『孟子』七篇について」（『孟子』所収）、同「附録　梁惠王篇考」（『孟子』上巻所収）、並びに、小林「問答の形式から見た孟子」（471-484頁）及び「孟子小考」（485-512頁）（共に『孟子』下巻所収）。

51　金谷『孟子』173頁。

52　金谷『孟子』上巻27頁。金谷『孟子』176頁をも参考。

53　金谷『孟子』上巻241頁。傍点、引用者。

54　A型は梁惠王篇に見られる都合12の章（梁惠王上篇第七章、同下篇第二、第三、第四、第五、第八、第十、第十一、第十二、第十三、第十四、第十五章）で、「王問曰、

［または公問曰］……。孟子對曰……」という形式で書かれている。尤も、内二つの章（梁惠王下篇第四章、同第十一章）は、「王曰、……。孟子對曰、……」、「宣王曰、……。孟子對曰、……」という様に、「問」の一字が欠けているが、これらは共に前文があり、「問」の字が無くとも意味はよく通じるので、Ａ型の一種であり、Ａ型の変形であるとされる。Ｂ型は、「王曰、……。孟子對曰、……」という形式で書かれており、五つの章（梁惠王上篇第一、第二、第三、第四、第五章）がこれに属する。尚、一つの章（梁惠王上篇第六章）は、「卒然王曰」及び「孟子對曰」となるべきところ、「卒然問曰」及び「吾對曰」となっているが、これは前五章と一連の記事であり、Ｂ型の変形と見られる。Ｃ型は、五章あり（梁惠王下篇第一章、同第六章、同第七章、離婁下篇第三章、萬章下篇第九章）、「王曰、……。曰、……」の形式を採る。更に、以上の三類型に属しない諸侯との問答が二章見られる。その一つ、「距心の罪」をいう公孫丑下篇第四章は、孔距心との問答が主で「余りにも簡単にすぎる不完全な王との問答」という理由から、又、他の章（梁惠王下篇第九章）も「一種の文章体」であるとの理由から、問答形式の考察から除外されている。これを基礎的前提において、博士はいよいよ筆録者の問題に邁進される。先ず、同じ孟子の文章でありながら三つの形式が見られるということは、三人の筆録者の存在を予想させずにはおかない。段落を改めて、この問いに対する小林勝人博士の見解を纏めてみよう。

　三人の筆録者は一体誰であったのか。Ａ型に就いて先ず見てみよう。第一の候補者は公孫丑である。「斉人伐燕」に関連する記事を記したと考えられる四章を、「斉人が燕を伐ってこれを占領したが、孟子の助言を採用しなかった斉の宣王は燕人に独立されてしまい、孟子に慙じた」という、その内容の展開に即して順番に並べてみると、公孫丑下篇第八章、梁惠王下篇第十章、梁惠王下篇第十一章、公孫丑下篇第九章となる。これらは、元々は「一連の記事」と考えられる。それなのに、何故に途中の二章だけが梁惠王下篇にあるのか。別言すれば、何故に最初と最後の二章が公孫丑下篇にあるのか。その理由は、元々公孫丑篇にあった一連の記事の中から、途中の二章の記事が梁惠王篇に「選び抜かれて」、最初と最後の二章は公孫丑篇に「取り残された」からである＜小林『孟子』下巻 492 頁。金谷『孟子』177-178 頁。＞。これと幾分類似の章が滕文公に関しても見られる。即ち、文公初期の記事、詰り、文公が未だ世子であった時代の記事は滕文公篇に収められているのに対して、文公後期の記事は梁惠王篇（下篇第十三、十四、十五章）に収録されている。そして、梁惠王下篇に収録された三章の記事は、「滕の存立に関する重要問題で、極めて深刻な質問」であるが故に、文公の側近の同席なしに唯僅か孟子の極側近、秘書的な門人しか立ち会えず、その者の筆録になるとすれば、これも又、公孫丑その人であったのではないか＜小林『孟子』下巻 479-480 頁。＞。梁惠王下篇第十二章も鄒の穆公の不名誉に関わる問答を収録しているので、その筆録者は滕文公の場合と同一人物と見做し得るのである。かようにして、Ａ型に属する諸章は、公孫丑の手になると考えられる＜渡邊博士は、否定説を採る。渡邊『孟子』59 頁、『古代中國思想の研究』441 頁。＞。小林博士は、この様式を「公孫丑型」と呼ぶ。

350 第6章 孟子、共同善、洞見知

　　B型様式の章は、梁惠王上篇に六章見られる。その筆録者は、「孟子とともに梁の
国に居た人であり、有名な開巻劈頭の第一章を物したと思われる人」であって、「孟
子が梁を去ると間もなくなんらかの理由があって、おそらく孟子の側近でなくなっ
たのではあるまいか。」と小林博士は言われる＜小林『孟子』下巻482頁。＞。筆録
者不明であるが故に、このB型様式は「梁惠王型」と名付けられる。
　　残ったC型であるが、これは都合五章。その内、三章が梁惠王下篇に載っている。
二章は、離婁下篇と萬章下篇に見られる。この萬章は、司馬遷が孟子門人の中でも特
に重視している者である。孟子との問答も数多く、その大半が萬章篇に収められてい
る上に、「万章を本名で呼んでいることから察すると、この万章篇は万章自身の筆録
に本づいたものと察せられる。」彼は門人中でも相当年輩で、孟子と年齢が接近して
いたのではないか、と考えられる。又、前に記した如く、その書き振りが「王曰、……。
曰……。」という極めて簡潔であるが、逆に言えば、「ややぞんざい」な表現となって
いる。「これは年若くかなり後輩らしい公孫丑などとは違って、割合師匠に遠慮せず
に物を言える立場の人の書き振りではなかろうか。孟子の門人の中でそれに該当す
る人物としては、門人の中でも重きをなしていたらしい万章あたりがさしあたりこ
れにふさわしいのではあるまいか。」と言う小林博士によって、このC型様式は「万
章型」と呼ばれる＜小林『孟子』下巻483-484頁。＞。
55　小林『孟子』下巻471頁以下。
56　小林『孟子』下巻492頁。
57　小林『孟子』下巻483-484頁。
58　小林『孟子』下巻484頁。尚、渡邊『孟子』57頁（同『古代中國思想の研究』440
　　頁）によれば、「『孟子七篇』は、まず孟子の執筆・推敲した部分を中核として前三世
　　紀前半に最初の形（Urtext）が成立し、それから以後も前漢初期すなわち前二世紀中
　　葉までにかけ再三にわたり再編されつづけて、ほぼ今本の形を整えた、と思われる。」
59　小林『孟子』下巻490頁。
60　小林『孟子』下巻508頁。
61　金谷『孟子』上巻243頁。金谷『孟子』179頁。
62　加賀『孟子』59頁。尚、各篇の性質に就いては、例えば、渡邊『古代中國思想の研
　　究』第二部第一章（347-376頁）特に374-375頁を参照されたい。
63　金谷『孟子』上巻244頁。金谷『孟子』183頁。
64　金谷『孟子』上巻246頁。
65　加賀『孟子』36頁。
66　「仁の字が出ていること百五回の多きに及んでいる。これによって孔子が如何に仁
　　を重要視しておられたかがわかるが、然しこれ等の章に於て説かれているのは皆仁
　　に達する方法だけで仁道そのものの本質については語っていない。」(武内義雄『中国
　　思想史』14頁)。尚、宇野哲人『中国思想』58-66頁、木村英一訳註『論語』「解説三
　　論語に見える徳目の系譜」特に549-551頁をも参照されたい。上掲二書や金谷治『孔
　　子』等先学の業績に基づき、拙稿「孟子の倫理思想とメスナーの良心論」において、

孔子の仁思想とその展開をデッサンしたことがある。

67　司馬遷『史記』「田敬仲完世家」及び「孟子筍卿列傳」。

68　加賀『孟子』35-49頁。

69　小林『孟子』下巻282頁、訳註一、及び、宇野『著作集第三巻』425頁、語註。尚、『荘子』逍遥遊篇第一においては、「宋榮子」の名で、又、天下篇では「宋鈃」の名で見える。金谷治訳注『荘子　第一冊（内篇）』（岩波文庫）27頁、語註一、及び、金谷治『老荘を読む』190-193頁を参照。

70　加賀『孟子』41頁。

71　心術の学、乃至心学に就いては、加賀『孟子』42頁、113-128頁、及び、鈴木修次『孟子』23-29頁を参看されたい。但し、加賀説に対して、鈴木『孟子』（240-241頁）は、一定の留保を与えている。

72　旧註、新註、共にこの告子を盡心下篇大二十五章に見える浩生不害と混同していた。小林博士によれば、「この告子は名も閲歴も判然とはしない。」（『孟子』下巻219頁）。尚、加賀『孟子』（42頁）は、「墨家の出で、斉の人、孟子のやや先輩に当たる、とするのが正しい。」と言う。

73　この点、宇野博士（『著作集第三巻』101頁、語註）も同見解。

74　加賀『孟子』43頁。

75　加賀『孟子』45頁。

76　内野博士は、「ただ相手を弁論上で、へこましさえすればよい、と考えているかに見える所に、孟子の人物上の欠陥があり、こういう点は諸所に出て来るのであるが、いやな感じをもたせるものに外ならない。」（『孟子』381頁、余説）と記す。又、宇野博士は、「この章は孟子が告子を罠にかけたやうなものである。」（『著作集第三巻』384頁、補説）と言う。

77　加賀『孟子』46頁。

78　宇野『著作集第三巻』73頁、補説。

79　内野『孟子』64頁、余説。金谷『孟子』上巻84頁。尤も、特異な説として長尾龍一教授のものがあり、「儒者たちはこの箇所を、悪政を批判されて、ごまかしたというふうに解してきたが、実際には『また例の論法か』とうんざりしたのであろう。」（長尾龍一『古代中国思想ノート』50頁）と酷評する。しかし、賛成出来ない。

80　加賀『孟子』47頁。尚、この淳于髠に就き、内野博士は、「孟子の門下」と註される。内野『孟子』265頁、422頁。

81　金谷『孟子』上巻246頁。同『孟子』183頁。

82　「梁は魏の別名。魏は戦国時代の七つの強国の一つで、安邑（今の山西省の夏県）に都していたが、恵王のとき秦の圧迫を避けて、徒って大梁（今の河南省開封府）に都したので、魏のことを梁ともいう。」（小林『孟子』上巻34頁、語釈註一）。

83　内野『孟子』7頁。宇野『孟子』21頁。大意は、「王様は（国を治めるのに）何も利益、利益と言う必要はありません。昔の聖王のように王もまた［＝亦］仁義を行うという道があるだけです。」となる。

352　第6章　孟子、共同善、洞見知

84　小林『孟子』上巻34頁、語釈註四。

85　金谷『孟子』上巻36頁、渡邊『孟子』71頁も同様に訓ず。

86　内野『孟子』10頁、余説。

87　渡邊『孟子』73-74頁。

88　渡邊『孟子』74頁以下。

89　金谷『孟子』36頁は、「ここでかれが利をしりぞけたのは、末梢的な利益にはしる当時の一般的な風潮に対する批判としてであった。仁義の徳こそがより重要なものとして、もちろん結果的に大きな利益をもたらすものとして、その根本に横たわっていること、それを孟子は強調したかったのである。」と穏健な解釈を示している。

90　加賀『孟子』100-101頁。

91　アリストテレス（高田三郎訳）『ニコマコス倫理学』第2巻第6章（岩波文庫、上巻）88頁。

92　加賀『孟子』104-110頁。

93　加賀『孟子』109-110頁。

94　告子下篇第四章。読下しは、大体、内野『孟子』417-418頁に拠る。

95　宇野『著作集第三巻』52-53頁補説は、宣王はなかなか素直な人柄であり、「しかし、それだけに強い性格ではなかつたらしい。齊桓・晉文のことを問うたのも、王者となるのは望みが高すぎるといふわけで、むしろ遠慮してのことかもしれない。」と記す。

96　宇野『著作集第三巻』117頁補説は、「この孟子の如き實力無用論（ではないにしてもそれに近い）では、當時の諸侯から相手にされないのは當然である。さすがにこれは諸侯に對して言つた言葉ではないらしい。」と記す。

97　小林『孟子』上巻55頁は、「獨何與」を「將に」と同じく「獨（まさ）に」と訓ず。

98　内野『孟子』33-34頁。これが従来の一般的な訓みである。宇野『著作集第三巻』43-44頁も略同様の訓みである。特に「物皆然り。心を甚だしと爲す。」の部分。

99　金谷『孟子』上巻58頁。

100　渡邊『孟子』101頁語註。

101　内野『孟子』34頁に本づく。宇野『著作集第三巻』44頁も略同旨。

102　金谷『孟子』上巻58頁。

103　渡邊『孟子』103-104頁。宇野『著作集第三巻』45頁の語釈も基本的に同旨。

104　小林『孟子』上巻111頁は、「今時則易然也」を「今の時は則ち［王たらんには］易然（やす）し。」と訓ず。意味は同じ。

105　金谷『孟子』上巻64頁。

106　引用箇所は、梁惠王上篇第七章であるが、殆ど同文で（「老者衣帛食肉」が「七十者衣帛食肉」となっている。）梁惠王上篇第三章（寡人之於國也章）において惠王に対する孟子の進言が見られる。

107　渡邊『孟子』28頁（『古代中國思想の研究』417頁）。

108　渡邊『孟子』82-83頁。

註　353

109　「五倫」という言葉ができたのは明（ミン）以後のことである。金谷『孟子』44 頁。

110　この辺りは、ヨハネス・メスナーの見解を自由に要約している。

111　Walter Kerber, Sozialphilosophie, in：A. Klose, W. Mantl, V. Zsifkovits（Hrsg.）, *Katholisches Soziallexikon*, 2. Aufl., Innsbruck-Wien-München 1980, Sp. 2746-2760, hier Sp. 2749f.

112　J. Messner, *Das Naturrecht*, S. 190f.

113　J. Messner, *Das Naturrecht*, S. 194.

114　ジャン・ダバン（水波朗訳）『国家とは何か』81-89 頁。トミストではないが、実質的にほとんど同じ国家観を説く矢部貞二教授の次の発言は至当である。「国家は、多かれ少かれ、人間の団体性と分化性、権威と自由、連帯性と闘争性、保守性と進歩性などの二元的性情の綜合体であり、……。国家はその本質において、単に外的機械的な必要悪的な存在とも、単に功利的な道具とも、また階級支配の具とも見られるべきものではなく、無数の物質的欲求や職能的分化を包括しつつ、しかもそれらを超えた存在であり、公民としての人間の共同生活体と見られるべきものであるが、しかしそれは決して神秘的超越的な絶対存在なのではなく、国家の一般意思の具体的内容を決定し、国家生活を現実に担うところのものは、それを構成するすべての経験的な人間であり、国家の意思も目的も、このような個々人の意思と人格を通じて、初めて成立するものであることを忘れてはならない。」（矢部貞二『政治学新版』130-131 頁）。

115　金谷『孟子』76 頁。

116　「一先ず」と暫定の意の副詞を用いるのは、後に（「結論」において）宣王への提言の性格を改めて考えてみるからである。

117　これは、金谷『孟子』110 頁以下の記述、特に 111 頁による。

118　金谷『孟子』112 頁。

119　金谷『孟子』113 頁。

120　この点に就いては、拙稿「孟子の倫理思想とメスナーの良心論」250-252 頁を参看されたい。

121　宇野『著作集第一巻』415-416 頁。

122　宇野『著作集第一巻』417 頁。更に、同書 141 頁をも参看。加賀博士は、「歴史の陰にかくれて見えない壮・中年期の孟子の生きた姿を、なんとかとらえようとして突っこんでゆくと、かならずぶつかるのが楊・墨に対する闘争であり、また彼によって樹立された儒家の新学説も、ほとんどすべてといってよいほど、対楊・墨闘争の中から形成されたものであった。……とすれば、生きた孟子の生涯のすがたは、やはり厚い血潮が体内をめぐり、切れば鮮血がほどばしるような、戦う思想家孟子のそれではなかったろうか。」（加賀『孟子』215-216 頁）と記し、「まえがき」で吉田松陰の『講孟余話』こそが第一等の「孟子論」である旨宣言されていた趣旨に再度言及して、「松陰こそ、まさしく誠実な戦う思想家その人であったといえよう。松陰が『孟子』を愛読し、孟子その人とともに共鳴しているわけもまた、そこにあったと思う。」（「あとがき」216 頁）と語られる。博士は、「文は人なり」の意は、文字どおりの意味を超え

354　第6章　孟子、共同善、洞見知

て、「人間の誠実さに支えられて、始めて文章がその人の文章たりうるのだ、という
意味である。」と指摘する。「孟子は、疑いもなく誠実に生きた。『孟子』の文章にひ
きつけられる、そのうまさと迫力とは、みな孟子の誠実さに支えられたものである。」
（加賀『孟子』214頁）。

123　金谷『孟子』115-116頁。「この論証をみると、仁の端とされる同情心、すなわち
『忍びざる心』の内在については、いかにも経験的に得られたもののように思える。
しかし、羞恥心からあとについては、格別の証明らしいものはない。『忍びざる心』
から類推しただけで、それらが備わっていないのは人間ではないといわれても、いか
にもそらぞらしい強弁じみたひびきがある。孟子の論理には、こういうものが少なく
ない。つまり、四端説は、性善説を論証するためのことさらな発言であって、性善説
が得られた経験をのべたものではないといってよかろう。」

124　宇野『著作集第三巻』125頁補説。同旨、渡邊『孟子』158頁。尚、拙稿「孟子の
倫理思想とメスナーの良心論」255頁参照。

125　宇野『著作集第三巻』124頁「端」の語註。但し、宇野博士は、その『著作集第四
巻』440頁では明確に仁愛説を採っておられる。

126　これに連関して「自暴自棄」の出典ともなっている離婁上篇第十章には、「孟子曰
く、自ら暴ふ者は、與に言ふ有る可からず。自ら棄つる者は、與に爲す有る可からず。
言、禮義を非（そし）る、之を自暴と謂ふ。我が身、仁に居り義に由ること能はざる、
之を自棄と謂ふ。仁は人の安宅なり。義は人の正路なり。安宅を曠（むな）しうして
居らず。正路を舍（す）てて由らず。哀しいかな、と。」とある。

127　トマス・アクィナス『神学大全』第二部第一、第51問題、第3項。「火は即座に可
燃物を制し、それに打ちかつことができないところから、即座にそのものを燃え上が
らせることはなく、むしろそれに全面的に打ちかって、そのものに自らの類似性を印
刻するために、段々と paulatim（燃焼に）反対の状態を除去してゆくのである。」（稲
垣良典訳）

128　内野『孟子新釈』上巻210-211頁。

129　拙稿「孟子の倫理思想とメスナーの良心論」253-258、294-295頁。

130　渡邊『孟子』160頁。

131　渡邊『孟子』161-162頁。

132　内野『孟子』276頁余説。

133　宇野『著作集第三巻』269頁語釋【仁之實】は、「『實』とは名に對するもので、具
體的内容とでもいふ意味である（趙岐・焦循）。他にも説があるが妥當でない。」と註
す。

134　宇野『著作集第三巻』269頁補説。

135　金谷『孟子』下巻39頁。

136　金谷『孟子』87頁。

137　岡田武雄『儒教精神と現代』（25、39頁）は、『論語』微子篇の「我非斯人之徒與誰
與」に孔子の根本思想が集約されていると指摘する。

註　355

138　「國家」の出典も『孟子』である。即ち、梁惠王上篇第一章では、後に「國家」の語源となった、「萬乘之國」と「千乘之家」が見られる。この両語から国家という熟語が出来たのである。尤も、「國家」という熟語そのものが、『孟子』の他の箇所にも見えており、例えば、梁惠王下篇第九章で、掘り出した玉の彫琢は玉職人に任すのと同様に国家の運営は、その専門家である王道論者孟子に任すように、と宣王を説く中に登場する。公孫丑上篇第四章にも見える。離婁上篇第五章には「天下國家」という形で登場する。尚、国家と同義の「家邦」が牽牛章（梁惠王上篇第七章）に見られる。

139　小林『孟子』下巻398頁、語註四。本項後述の萬章下篇最終章の「貴戚之卿」についての問答をも参照されたい。

140　金谷『中国思想を考える』12頁。

141　渡邊『孟子』115-117頁。

142　宇野『著作集第三巻』100頁補説。尚、孟子は、文献批判という仕事も手がけており、『書』の整理編纂にも関わっているようである。この点に就き、加賀『孟子』132頁以下参看。但し、その孟子ですら、武成［『書』の篇名］の校閲批判では（盡心下篇第三章）「先入観にとらわれた解釈をしているわけであって、牧野の一戦は旧勢力たる殷の軍と、革新勢力たる周の軍との間のかなり激しい戦闘であった、と察せられるのである。」と竹内照夫『四書五経』17頁は記す。

143　内野『孟子』284頁余説。

144　金谷『中国思想を考える』13頁。

145　内野『孟子』76頁余説。

146　金谷『孟子』上巻94頁。

147　金谷『中国思想を考える』15頁。

148　宇野『著作集第三巻』443頁補説。

149　内野『孟子』433頁余説。

150　この点に就き、拙稿「カトリック社会理論における自然法の意義―カトリック社会理論入門―」（南山大学社会倫理研究所『社会倫理研究』第四号、所収）を参看されたい。

151　宇野『著作集第三巻』11頁。

152　加賀『孟子』209頁。尚、渡邊『孟子』35頁には次ぎのようにある。「彼の王道論は、ひたすら君主中心の統治をめざすもので、……もとより、それは、民衆の自律的な政治力を高く評価する民主主義と質的に違っており、主権在民の要素などはひとかけらも持ちあわせない政治説である。現に王道政治のもとでは、大多数の民衆は被治者として労働の成果を君主や官僚など治者階層にささげるだけに過ぎない。」

153　渡邊『孟子』55-56、86-88頁。

154　内野『孟子』104頁余説。

155　内野『孟子』93頁、宇野『著作集第三巻』102頁。

156　小林『孟子』上巻118頁語註10、金谷『孟子』上巻112頁。

157　小林『孟子』上巻119頁。

356　　第6章　孟子、共同善、洞見知

158　金谷『孟子』上巻112頁。宇野『著作集第三巻』104頁の語註によれば、「守気」とは、「氣力を守るだけで、道理に基づく眞の勇氣ではない。」

159　小林『孟子』上巻116頁、金谷『孟子』上巻113頁。

160　渡邊『孟子』121頁語註。

161　渡邊『孟子』123頁。

162　加賀『孟子』121-124頁を参看されたい。

163　加賀『孟子』125頁。『孟子』離婁下篇第二十六章が補強箇所として援用されている。

164　渡邊『孟子』124-127頁。

165　渡邊『孟子』126頁。

166　内野『孟子』95頁。

167　宇野『著作集第三巻』106頁。小林『孟子』上巻122頁。金谷『孟子』上巻116頁。

168　渡邊『孟子』130-133頁。

169　渡邊『孟子』130-131頁。

170　渡邊『孟子』133-134頁。

171　内野『孟子』96頁。小林『孟子』上巻122、124頁。金谷『孟子』上巻116-117頁。尚、宇野『著作集第三巻』107頁語註には、「『配』とは配合・配偶。『義』と『道』とは本來別物ではないが、區別して言へば、事に處して宜しきを得るのが義、物自體に存するのが道である。」とある。

172　渡邊『孟子』135頁。

173　渡邊『孟子』136頁。

174　四書五経、とりわけて四書は、以前であれば教養ある日本人の誰もが親しんでいた古典文献である。現在でも漢文教育の一環として教材に含まれていると思う。しかし、昨今の我が国においては、学習負担の軽減であるとかの理由と併せて目先の実用性に走り、本来の意味での教養教育軽視の姿勢・動向が見られる。国際条約の公式訳を見ても、又、国内法の重要法律の条文にも「助長」をプラスの肯定的な意味で用いている（例をあげれば、生活保護法第1条「この法律は、日本国憲法第二十五条に規定する理念に基き、国が生活に困窮するすべての国民に対し、その困窮の程度に応じ、必要な保護を行い、その最低限度の生活を保障するとともに、その自立を助長することを目的とする。」とある。）。驚くべきことではなかろうか。他により適切な候補語句が複数あるであろうにも拘らずである。これに限らぬ誤用は、条文や教科書、註釈書を通じて拡散していくのである。尤も、本来の語法に従った用例も見られる。カトリック社会倫理学の研究で貴重な著書（W・E・ケテラー著（桜井健吾訳・解説）『労働者問題とキリスト教』、晃洋書房、2004年、W・E・ケテラー著（桜井健吾訳・解説）『自由主義、社会主義、キリスト教』、晃洋書房、2006年、）を上梓している桜井健吾教授の訳出されたベッケンフェルデ著「世俗化過程としての国家の成立」（『法の理論』22、成文堂、2003年、47-74頁）68頁に次の如くある。「そのような価値は客観的妥当性を要求することによって、自由の確立に貢献するよりも、むしろ自由の破壊を助

長する。」

175　渡邊『孟子』139 頁。

176　渡邊『孟子』152 頁に以下の如く見られる。「この一章は、……、孟子が公孫丑の質問に答え、不動心の方法を語るところから始まる。すなわち彼は、かりに天下統治の重責を双肩ににになうような場合に臨んでも微動だにしない余裕をもつための平素の準備について集約的に次の二点を強調する。第一は『善く浩然の気を養ふ』ことによって活発な行動を展開し王道実践に参加する。第二は『言を知る』ことによって正しい論陣を張り王道講説を効果あらしめる。このような不動心の方法は、いわば王道講説者の行動と言論とを内側からささえ、その主体性の確立をめざすものであった。彼はこの信念にもとづき、過去における優れた知識人たちの君主や民衆に対処した姿勢を批判したのち、理想的な典型を孔子のうちに発見し、最大級の讃辞を使って、その進退去就や業績をほめたたえる。以上がこの一章の大筋であるが、右のように見るかぎり、その主題は、……、まさに《王道講説者の生活信念》にほかならない。」

177　内野『孟子』386 頁、及び、宇野『著作集第三巻』392 頁語註。共に、「乃若」を発語の辞と解す。

178　小林『孟子』下巻 233 頁、語註七。同じ訓みをするのは、金谷『孟子』下巻 158 頁、及び、渡邊『孟子』167 頁。

179　渡邊『孟子』168-169 頁。

180　渡邊『孟子』178-181 頁。

181　宇野『著作集第三巻』401 頁補説。他の注釈書も略同旨である。その意味で、渡邊説は特異であり、それ故に又、卓見であると思う。それは随所の読解に現れている。スコラ学では、habitus の意義を説き続けて来た。稲垣良典『習慣の哲学』参照。

182　内野『孟子』395 頁、宇野『著作集第三巻』400 頁。小林『孟子』下巻 246 頁、及び、金谷『孟子』下巻 168 頁は、「心を専らにし志を致（つく）す」と訓ずる。

183　渡邊『孟子』180 頁。

184　渡邊『孟子』181 頁。

185　渡邊『孟子』175、176 頁。

186　金谷『孟子』下巻 166-167 頁。

187　内野『孟子』400 頁余説。『論語』憲問第十四、二四に「子曰く、古の學者は己の爲にし、今の學者は人の爲にす。」と見える。人間形成、修養の学が、真の学という意味での「實學」であった。林竹二『学ぶということ』国土社（現代教育 101 選、12）1990 年、15 頁。これに就いては、本書第 7 章「生命への畏敬と教育の根源—林竹二博士の人と教育哲学—」392-393 頁をも参照されたい。『孟子』中には、天爵と人爵を論ずる章がある。告子上篇第十六章、及同第十七章。

188　渡邊『孟子』187-188 頁。

189　武内『中国思想史』63 頁。拙稿「孟子の倫理思想とメスナーの良心論」295-299 頁をも参照されたい。

190　渡邊『孟子』208 頁。

358　第6章　孟子、共同善、洞見知

191　内野『孟子』454頁余説。

192　加賀『孟子』186-198頁。

193　内野『孟子』484頁、余説。

194　内野『孟子』157頁、余説。宇野『著作集第三巻』164頁、補説。内野博士は、二つの可能な解釈の何れも矛盾ないし疑問が拭えず、「かたがた、本章の実際史実は、明瞭には判らないのである。今はただ暫く一通りの解釈を試みておくに止める。」と謙抑的に判断停止をされる。宇野博士は、公孫丑下篇第十一、十二、十三、十四章の「各章によると、孟子の遊説は、斉が最後であつて、これ以後、政治への希望を諦めたやうに思はれる。」と註される。

195　加賀『孟子』189頁。金谷『孟子』上巻（169-170頁）は、「この記述は、上にみてきた宣王に対する期待と、何かうらはらな感じがする。けれども、去ろうとは思いながら、また心ひかれて残り惜しく、何とかしたいという情熱にもかられて去就に悩んだとすれば、そこにまた、孟子の人間らしさも、みることができるであろう。『斉に久しきは、わが志にあらざりしなり』というこのことばには、完全に期待が敗れた今、すぎこし方をふりかえってのしみじみした詠歎のひびきが感ぜられる。そして、このことばで孟子が在斉時の記事である公孫丑篇が終わっているのも、また決して偶然なことではないであろう。」と記す。

196　加賀『孟子』192頁。

197　加賀『孟子』209頁。渡邊『孟子』35頁。

198　同旨、鈴木『孟子』180-184頁。金谷『孟子』104-105頁をも参看。金谷博士は、「民衆のための政治ではあっても、民衆の権利を正当と認める近代的なデモクラシーの思想では、ついになかった。」（104頁）と容認された上で、更に公平な観点から、「しかし、こういう点を十分考慮に入れてその限界を認めたところで、孟子の政治哲学が持つヒューマニズムや民主的な傾向は、やはり歴史的なものとして高く尊重されねばならない。」（105頁）と言う。

199　岡田武彦『儒教精神と現代』7-16頁、同『中国思想における理想と現実』26-30頁、同『現代の陽明学』9-21頁。

200　岡田『儒教精神と現代』84-114頁。万物一体論の重要性に就き、私は岡田博士の諸著書から学ぶべき多くを見出した。しかし、本章ではそれらを論ずる余裕は無かった。他日を期したい。

201　水波朗『基本的人権と公共の福祉』、及び、本書第3章「共同善、社会、国家―トミズムの観点から―」。

202　儒教の宗教的性格に就いて、山下龍二『朱子学と反朱子学―日本における朱子学批判―』、同『儒教と日本』を参照されたい。

203　拙稿「孟子の倫理思想とメスナーの良心論」293-300頁を参照されたい。儒教に於ける「性」論の特別の意義に就いて宇野博士曰く、「孔子が生きてゐるうちは、弟子たちにとつて孔子といふ理想像があつたわけですが、いざ亡くなつてみると、人間性に對する疑問が起るのも無理はないでせう。そこで人間の本性といふことが儒者の

間に問題になつたのだといふ風に私は考へるのであります。かういふ性についての論を學問思想の自然の發展の結果出て來たのだなんてすましてはゐられないのであります。もし學問の自然の發展で人間の本性といふものについての關心が高まるものであるならば、儒教以外の學派においても、性についての關心が高まるはずであるにもかかはらず、儒教以外の學派においては、この問題については、全く論ぜられることがないといつてよろしいのです。人間の性といふ問題について論じてゐるのは儒教だけであります。ですからその性といふ問題が、中心に論議されたといふこと自體、儒教の、一つの本質を示してゐると、私は考へるのであります。」（『著作集第一卷』459 頁）尚、『著作集第四卷』143 頁をも參照。

204　本性適合的認識（洞見知）に就いては、水波朗博士の一連の著書・論文を參照されたい。前註に引用した文献の外に多數ある中で、特に「自然法における存在と當為―ヨハネス・メスナーの倫理学体系に即して―」（水波朗・阿南成一・稲垣良典編『自然法における存在と當為』創文社 1996 年）［水波朗『自然法と洞見知』創文社、2005 年に所収］を推賞しておきたい。稲垣良典『トマス・アクィナス哲学の研究』「第五章　親和性（connaturalitas）による認識」（119-141 頁）。

205　„Die Vollendung und das Ganze der Sittlichkeit haben wir im Staat vor uns. Aristoteles weiß nichts von der modernen Antinomie zwischen Politik und Moral, sondern sieht in der Politik die Großorganisation der Sittlichkeit." (Johannes Hirschberger, *Geschichte der Philosophie*, Band Ⅰ, S. 235.)

206　山本光雄『アリストテレス』128 頁。

207　„Was Hobbes über den Menschen denkt, kommt erst voll heraus in seiner Lehre vom Staat. Wir meinen seine berühmte Theorie vom Naturzustand und Staatsvertrag, durch die, mag man diese Begriffe historisch oder als Fiktion verstehen, die Interpretation dessen gegeben werden soll, was wir Staat heißen." (Johannes Hirschberger, *Geschichte der Philosophie*, Band Ⅱ, S. 195.)

208　拙著『ヨハネス・メスナーの自然法思想』「まえがき」ⅱ-ⅲ、特に第二章第二節を參照されたい。

209　„Der letztgenannte, von uns beschrittene Weg erweist das Naturrecht als menschliche Existenzordnung *induktiv-ontologisch* aus der Natur des Menschen, nämlich als der eines Familienwesens." (J. Messner, *Das Naturrecht*, S. 345.)

210　Johannes Messner, *Johannes Messner Ausgewählte Werke, Band 6：Menschenwürde und Menschenrecht*, S. 253.

211　J. Messner, *Das Naturrecht*, S. 347.

212　J. Messner, *Das Naturrecht*, S. 347-351.

213　J. Messner, *Das Naturrecht*, S. 351. „Die Erfahrungswissenschaften vom Menschen in ihrer neuesten Entwicklung lassen nach dem im vorangehenden Dargelegten keinen Zweifel über die Gesichertheit unseres Fundaments der induktiv-ontologischen Naturrechtsbegründung：*daß der Mensch zuvörderst und zuallererst Familienwesen ist*, daß

360   第 6 章　孟子、共同善、洞見知

die Menschen in der Familiengemeinschaft durch ihre natureigenen Triebe der Liebe, der Achtung, der Sorge füreinander sowie der［die?］natureigenen Triebe zum Streben nach dem eigenen Wohl und dem dieses bedingende Wohl des Ganzen zu einer Gemeinschaftsordnung gedrängt sind, in der sie das Naturrecht als Existenzordnung erleben, die sie bestimmenden Rechtsgrundsätze in inhaltlicher Erfülltheit erlernen und in ihrem unmittelbar einsichtigen Geltungsanspruch erkennen.“

214　J. Messner, *Das Naturrecht*, S. 190ff. 本文第 35 番で述べたように、メスナーは共同善に関して、二つの側面からの説明を行った。平和秩序樹立と福祉秩序樹立という機能の面からみられた共同善と、「価値善益としての共同善」と「制度としての共同善」といういわば位階秩序からみられた共同善である。そして、価値善益のうちで人間にとって最も重要であるのは、「人格としての完全な人間存在にとって基礎的な自由」であり、その意味で共同善秩序は何よりも真っ先に「自由の秩序」„Freiheitsordnung“であると註しているのが興味深い（J. Messner, *Das Naturrecht*, S. 196）。ダバンの場合にも、公共善 le bien public を形相的観点から論じて、㈠正義の秩序の樹立による平和と安全の保障［秩序］、㈡私的活動の合理的調整［調整］、㈢私的善益の現実化への援助［援助］、㈣必要な善益を私人に肩代わりして提供すること［肩代り］という形式で国家課題を論じている。又、こうした公共善の形相的要素間には「価値の位階秩序」が存してはいるものの、「緊急性の位階秩序」がしばしば事の「重要性の秩序」に優先することをも言う（ダバン『国家とは何か』89-100 頁）。

215　十数年来の親交のあるアンネマリー・ブーフホルツ博士 Dr. Annemarie Buchholz-Kaiser の訃報に接した。彼女は、元々はA・アードラーの心理学を出発点においた理論研究家であったが、その後スイス・チューリヒを拠点に長年、共同善創出という課題に取り組んでこられた実践家でもあった。**Zeit-Fragen** 特別号に掲載された多くの記事の中から、彼女自身が書き遺した短い節を、家族と学校教育に関連せしめて、ここに引用しておきたい。„Der Schutz der Familie und ihre Aufgaben für die Erziehung und Entwicklung der nächsten Generation wird zu einer Hauptaufgabe unserer Zeit. Denn hier ist der Ort, in dem der Grundstein für die Wahrnehmung und Achtung der Menschenwürde gelegt wird.“ „Die Schule in der Demokratie kann sich ihrer menschlichen und demokratiebildenden Aufgabe nicht entziehen. Sie ist mehr als nur die Vermittlerin von Kulturtechniken und von Wissen. Sie hat—an die Familie anknüpfend—die geistigen und menschlichen Fähigkeiten der Kinder und Jugendlichen zu Entfaltung zu bringen und jene auf das Leben weiter vorzubereiten.“（Zitate aus **Zeit-Fragen**, 11. Juni 2014, 23. Jahrgang Nr. 12, S. 2）

216　我国では、中江藤樹が「孝の形而上学」をその思想の精髄とすることで知られる。水波朗「東洋の自然法論と本性適合的認識」（『トマス主義の法哲学』所収論文）、特に 481 頁参照。孝［父（母）との関係で「孝」と呼ばれる「仁」愛］の宗教的意義を説くものとして、加地伸行『儒教とは何か』、同『沈黙の宗教』がある。次は、「忠孝思想と民主主義」に就いての宇野精一博士の見解を引用紹介しておく。「我國におい

ては、戦争中の反動もあつて、戦後は特に、忠孝は民主主義の仇敵と稱せられるよう
になつた。しかしそれは全く誤りであり、忠孝と民主主義が兩立できることは上述し
た通りである。……第一、忠孝思想は倫理思想であり、民主主義は本來民衆政治の意
であつて政治思想である。（中略）しかし人間にとつては、それ以外に動物と違う點
がある。それを人間の道徳性にあると言つたのが孔子の見解である。（中略）忠孝と
いふと、直ちに封建思想・封建道徳として排斥する人もゐるが、大體、人間社會乃至
國家において、この兩者を否定してゐる國家・民族は世界に一つも存在しないのであ
る。……第二に、忠孝思想は人間主體を根柢とし、民主主義は個としての自己の確立
と主張を根柢とする。（中略）結局、忠孝思想であらうと、民主主義であらうと、自
己の主體性、個我の確立があると同時に、一定の制約の下に、個我を抑壓し、滅却し
なければならないのである。これが人間且社會の冷嚴な事實である。第三、倫理思想
と政治思想とは、終局的に對立してはならないものである。儒家思想は勿論、ギリシ
ア思想でも、倫理と政治とは一本であることを主張する。近代西洋學では、倫理學と
政治學は、全然體系を異にする學問となつて居り、日本でも現代において、古代思想
と同じやうに倫理によつて政治が行はれるとは考へられない。しかし倫理と政治と
は、全然無緣なものではないことも事實である。今日でも、政治家に特に清廉・誠實
などの美徳が要求されるのは、洋の東西を問はないことである。從つて、忠孝思想と
民主主義は、互ひに矛盾相剋するものではなく、それぞれの立場に從つて、協調しな
ければならないものであり、また、協調することができるものと信ずる。」（『著作集
第四卷』180-184頁）

第7章　生命への畏敬と教育の根源
——林竹二博士の人と教育哲学——

初めに

　教育におよそ何らの関心を有しない、示さないという者は稀なのではなかろうか。実際、人間が誕生した瞬間から特に母親はわが子を優しく世話し育てていく。所謂育児である。幼児は周囲の者の配慮なくしては自力ではもちろん育ち得ない。こうした事は誰でもが十分知っていることである。ゲーレンがヘルダーの用語を借用して「欠如存在」乃至「欠陥生物」と言おうが、ポルトマンが「一年早産」の説を唱えようが、そんな概念や理屈とは無関係に誰もが知っていることである。そして、更に、我々は周囲の者の幼児、児童への関与の仕方がその心身の発達に大きな影響を与えることを知っている。又、これから育っていく者への働き掛けに教育が含まれることに就いて異論は見られないであろう。（ここでは躾の問題を殊更に論じる積りはない。）このように身近な経験を顧みるだけでも、教育が人間にとって大変密接なものであることが判るが、又、人間がその生存様式、生活の在り方を築くに際して、殆ど本能的に生活様式や行動様式を規定されている他の動物と異なり、大幅な自由領域に恵まれながら自らの工夫と責任で過去の文化遺産を継承発展させる特異な「文化的存在」であることも、我々に教育の問題へ注目することを促さずにはおかない。詰り、個人のレベルで見ても、人間という集団乃至種のレベルで見ても、我々人間にとって教育は実に身近なものであり、それだけに一層各人が各人なりの考えを有し、しかもその考えに固執する傾向もある訳である。

　他方、人間の本性がその存在を充足出来るか出来ないかの決め手となる客観的な法則を具有しているならば、そして私自身はそのように確信する自然

364　第7章　生命への畏敬と教育の根源

法論者であるが、人間本性に内在する客観的法則たる自然法が人間形成に密接し重大な役割を担っているに違いない教育と深いところで連関していると考えるのは極めて自然なことであろう。そういう訳であるから、私は別稿で以前予告したことでもあり[1]、この機会に、教育について自然法論の観点から若干の考察を試みてみようと思い立ったのである。そうは言うものの、私は所謂教育学者ではない。そこで、私自身心服出来る二人の教育学者に依拠して事柄の中心へと論を進めていくのがよいのではないか、と思う。一人は村井実教授である。村井教授の著作には十年以上親しんで来ている。他の一人は林竹二博士である。林博士の著作に初めて接したのはほんの1年弱前のこと、即ち1998年3月のことであったが、その最初に読んだ『教育亡国』から余りにも強い印象を受けたものだから、その後参考文献欄に掲載されている著作のうちで星印の附いたもの［詰り、現在入手可能なもの］を取り寄せて読んだのであった。両者共に、教育哲学者であり、ソクラテス学徒であり、キリスト教徒である。以下により詳細に見ていくが、教育に対する態度、人間としての生き方に共通するものを拙論から読者に読み取って頂きたい、と願うものである。本章は林竹二博士の人と思想及び行動を論ずる。

第1節　林竹二博士の人と思想——誕生から復員軍人・
軍学徒大学受験講習まで——

第1項　誕生からキリスト教との出合いまで

　前に記した通り、私が林竹二博士に出会ったのは1998年3月のことであった。勿論林氏は故人であるので、その著作を通じて出会った訳である。私の友人の中には林竹二のことを大なり小なり知っている者がいた。深い共感をもつ者もいたようだ。私自身は、何れにせよ、それ迄は全く知らないままであった。しかし、一旦少しでも知った以上は自己改革を促さずにはおかない「或るもの」がその著作中に感じ取られる。尤もその「或るもの」を明らかにしようなどと目論んでいるのでは決してない。幸いにも、林氏に極めて長期に亙って［ほぼ40年間］師事した日向康氏の著作『林竹二　天の仕事』が利用できるので、それに依りながら先ず簡単にでも、林竹二博士の生涯と仕事と

を振り返っておきたい[2]。

1906（明治 39）年 12 月 21 日に栃木県矢板町に視学矢板大安とヤイの次男として出生。1923（大正 12 年）1 月 15 日に山形県寒河江町にて母親が急死したとの知らせを受けて、当時山形県立山形中学校（旧制）4 年生であった矢板竹二［＝林竹二］は、急遽寒河江町に駆け付け、真直ぐ母の枕元に駆け込み、「じっと頭を垂れたまま、何時間も座り続けて」いたという[3]。妹堀きみえ氏の回想によると、その後竹二青年はまるで人が変わったように温和しくなった。

同年春、父の移動に伴って、竹二も山形中学校から新庄中学校へ転ずるが、ここで英語教師として着任した神学修士角田桂獄に出会い、多大なる影響を受ける。即ち、バプテスト派キリスト教徒の角田に導かれ、洗礼を受ける[4]。竹二は、卒業後第二高等学校（旧制）へ進むよう父親から強く勧められるが、角田の影響で「旧制高等学校への進学を放棄して、一年間の浪人をしても悔いないほど」[5]であった訳である。竹二の希望は神学科であったが、角田の勧めに従い東北学院専門部［後に高等学部に改組］師範科に結局入学した。1925（大正 14）年 4 月のことである。そして、同年 6 月に師の角田桂獄は、新庄中学校から東北学院専門部（兼神学部）教授として招聘された。かくして、師弟行を共にした形になるが、ここ東北学院で山川丙三郎教授（英語・英文学）の徹底した英語教育を受ける。山川教授は、ダンテの翻訳に一生を捧げることを神の御旨に応えることと確信したキリスト教徒であった。今日でも我々はその訳出になる『神曲』（岩波文庫）に接することが出来る[6]。

第 2 項　角田桂獄とジョン・G・メイチェン

角田桂獄は、米国留学中（1918-1922 年）に、ジョン・グレッサム・メイチェン（1881-1937 年）に師事し、帰国後その著書を『キリスト教とは何ぞや─リベラリズムと対比して』として翻訳出版している（1931 年 9 月）が、昭和 5 年［1930 年］10 月 14 日付の同書訳者序文中に、山川丙三郎氏と矢板竹二氏への謝辞がある。矢板竹二、詰り、後の林竹二は、1925（大正 14）年に東北学院専門部師範科に入学して後、病気の療養のための 1 年間の休学を含めて、予科 1 年、本科 4 年を経て、1930（昭和 5）年卒業し、同年 4 月より 1 年間同学院

中学部の非常勤講師として英語を担当した[7]。従って、竹二は、東北学院在学中及び非常勤時代、角田の訳業を手伝っていたことになる。1931（昭和6）年4月に矢板竹二は東北帝国大学法文学部哲学科へ入学する。アリストテレスの質料論を研究したいとの意思を抱いてのことであった。

　敗戦直後初めて林竹二先生に出会った頃、日向氏は先生から「どうも、日本に来ると、キリスト教もゆるくなりますね。」という言葉を聞いたと言う[8]。又、山川丙三郎、阿部次郎、高橋里美諸氏については、林竹二氏は日向氏に、彼等の学問から日常の挿話に至るまで、様々なことを語ったが、角田桂嶽のことを話した機会は唯一回、東北学院を選んだ理由を語るときであって、しかもその師の名に言及しただけであった[9]。その角田桂嶽は、実は、『キリスト教とは何ぞや』が刊行される二ヶ月前に、即ち、1931（昭和6）年7月に東北学院を解職されている。今その詳細を語る暇はないが、日向氏の考察によると、「彼にとっての解職理由の直接、かつ最大なものはモダニズム、あるいはリベラリズムと呼ばれた『進歩派』に対した正統（と、メイチェンらが信じた）改革派の争いと言うことになるだろう。[10]」という。

　角田解職事件の真相に迫るために払われた日向氏の丹念な作業の中から、そしてその作業は「どうも、日本に来ると、キリスト教もゆるくなりますね。」という林竹二先生の言葉の真意を明らかにしようとの意図の下で開始されたのであるが、その間に、日向氏は「すこぶる重大な事実を発見した。[11]」と言われる。「それは、メイチェンの説くキリスト教である。自らをキリスト教正統派とするメイチェンが保守主義として、リベラリズムやモダニズムと呼ばれる教徒から攻撃された経過は先に記したが、そのメイチェンの説くキリスト教が林先生のなかに、一生を通じて流れていたことに気付いたのである。[12]」と。そこで、我々はもう少し、林竹二博士の人と思想を知るために、日向氏に依りながら、メイチェンのキリスト教の特徴を見ておこう。

　メイチェンは、『キリスト教とは何ぞや』の中で、当時1920年代の社会に関して、社会主義社会で個人選択の領域が最小限に迄縮小されるばかりではなく、反社会主義の社会でも同じ傾向が現われている、即ち、「現代社会のすべての発展は、個人の自由の領域を制限する方向に邁進してきた。[13]」と言う。それに引続いて「多数が、ある制度を有益であるとひとたび決定すれば、

その制度は何の躊躇もなく、個人の上に容赦なく強要されるのである。『福祉』はよいものであるが、強制された福祉は悪いものかも知れないということを、現代の立法府は考えたことがないようである。言葉を換えて言えば、功利主義がその論理的結論にまで押し進められているのである。自由の大原理が、物質的幸福のために、無惨にも風に吹き散らされてしまっている。……自由は、ひとたびそれを裏づける原理が失われると、全く不確かな存在になってしまう。……以前は生活細部に対して官僚制がないことを自ら誇りとしていたアメリカのような国においてさえ、今や大勢は、一切の高きものへの願望を失わしめる単調な功利主義へと向かっている。[14]」日向氏は、上記引用文中の一節、即ち、「多数が、ある制度を有益であるとひとたび決定すれば、その制度は何の躊躇もなく、個人の上に容赦なく強制される」と言う一節に注目し、そこに人間を「量」によって扱うことに対する拒否の態度を見る[15]。そして、それは人間を「量」としてではなく、「個」として把えるべきことを意味し、それこそ林竹二先生の思想の基本であったのだ、と言う。[16]この事実に一旦気付くと、様々な「先生の言動が髣髴として眼前に浮かびあがってきた」とのことであるが、我々は、矢板竹二氏の東北学院専門部師範科卒業時点（1930年、昭和5年）に話を戻すことにしよう。

　卒業後、矢板竹二は、東北学院中学部の非常勤講師として1年間英語を担当した。次の引用は、当時生徒として先生の授業を受けた清水浩三氏の思い出である。「誠に優しい先生で、懇切丁寧に教えて下さったのが今も忘れられない。生徒がミスをすると、大変困ったような、恥ずかしそうな笑顔で間をとり、あとゆっくりした口調で直して下さったものであった。決して大きな声は出されず、静かな話しぶりであり、それが却って、やんちゃ坊主どもをして静かにさせておく効果があった。[17]」日向氏自身も同じ様な経験があり、「しばらくの間、さも、面白そうに先生は笑っておられたが、やがて、少々、はにかんだような顔をこちらに見せ、ゆっくりした調子で話を進められた。先生は相手の無知を正し、自分を説明するとき、こんな顔をされることが多かった。[18]」と記している。こうした林竹二氏の人柄であったればこそ、児童や生徒は、初対面で短い授業の中でも林先生に対して心を開くことが可能となったのではないのだろうか。教育者の条件としての資質乃至人柄の問題は、

368　第 7 章　生命への畏敬と教育の根源

後に再度触れることになろう。

第 3 項　哲学研究と復員軍人・軍学徒大学受験講習会

　矢板竹二は、1931（昭和 6）年 4 月に東北帝国大学法文学部に入学する。入学以前に、既に述べたように、アリストテレスの質料論研究を志していた。それが大学にも聞こえていたと言う。同大学では石原謙教授に師事し、古代中世哲学を学び、ギリシャ語は久保勉教授に学ぶ。竹二は又、高橋里美教授の土曜会、阿部次郎教授の木曜会に欠かさず出席した[19]。この面会日で「本当だと思うことは誰にも気がねなく語る習慣」が養われた、と竹二氏は言う[20]。1934（昭和 9）年 3 月に東北帝国大学法文学部哲学科を卒業した矢板竹二は、同学部の副手の職に就き、「プラトンにおける『場所』」を公刊、昭和 10 年 3 月に同学部助手となる。そして、この年の 12 月に林瑞栄と結婚し、林家を継ぐこととなる[21]。

　林竹二は、1938（昭和 13）年 3 月より法文学部教務嘱託となり、1940（昭和 15）年 9 月に宮城県女子専門学校非常勤講師を併任され、翌 1941（昭和 16）年 4 月 3 日付で同校専任講師となる[22]。しかし、僅か 9 ヶ月後に［翌年 1 月に］辞任することとなった。その経緯はこうである。専任となった林竹二の眼前に開かれてきた通称「女専」の内情は彼を驚かすに足るものであったらしい。又、同校には「過酷な管理体制」が布かれていたようでもある。そうした状況下、或る女学生が登校時刻に遅れたために奉安殿（御真影）に欠礼したが、その時この女学生を一方的に処分した校長に抗議する形で、林竹二は辞職した。日向氏は、「むしろ、当時の宮城女子専門学校の管理体制に対する抗議辞職と訂正すべきである。そして、この辞職を契機に先生は学問一途を志し、それに合致するよう生活を変革するが、そのことに、より重い意味があるといえるだろう。」と追記している[23]。

　その後、林竹二は、仙台臨時教員養成書や文部省科学研究補助技術員東北帝国大学養成所選鉱精錬科等の非常勤講師を歴任することとなる[24]。この間テイラー（A.E. Taylor）の『ソクラテス』の翻訳に専念する。全編 400 頁のうち、約 150 頁を訳者による補説と注釈が占めるものであったが[25]、本文訳出及び校正が完了した 1944（昭和 19）年 3 月に「訳者序」が書かれるのだが、

現実の出版迄には更に2年間を要した。一つは、簡単に済ます積りの訳注作成が、様々な問題の浮上により、難航したということ。それでも、1945（昭和20）年2月に「跋」文を書き上げて訳書『ソクラテス』は完成しはしたものの、製本段階で空襲に逢い、刷り直しの途中で再度空襲により灰燼に帰した[26]。1946（昭和21）年元旦「あとがき」の末尾に附された文は次のようであった。「一切の不備と未熟にも拘わらず、訳注や補説のうちに訳者の語ろうとしたものが、むしろ終戦後の祖国の現実に対して訴うべきものをもつであろうことは、訳者の私かに信ぜんと欲するところである。」と[27]。日向氏によると、「戦時中に計画された出版物は、戦後、あわてて衣更えしたのが普通だったが、先生は単に『あとがき』に先ほど引いた文章を追記しただけで、敗戦の祖国に送ったのだった。[28]」

　敗戦直後の林竹二の事績として復員軍人・軍学徒大学受験講習会の準備と実施は、特記されねばならないだろう。それは、当時の混乱した状況下で「思想はどのような凄惨な現実にも、なお十分に打ち克つということを証明する事実もないわけではなかった。[29]」と形容されるべき林竹二の人間と教育に対する姿勢を鮮やかに反映しているからである。

　敗戦後、復員業務を執行するために設立された東北復員監部に勤務する一部の旧軍人（山之口甫元陸軍中佐、稲村良平元陸軍少佐等）は、若い復員軍人のために、彼等がこれからの人生を出直すに際して力となるような、再教育を与えるべきだと考えた[30]。東北帝国大学学生部長の金倉円照教授の紹介で山之口、稲村両氏は林竹二氏を哲学研究室に訪れた。そこで、再教育のための講習会の開催について両者の間で合意を見る。林竹二は講師選定やプログラムを担当した。講習会は、昭和20年12月8日に開講された[31]。講習会自身に意味を持たせようとした林竹二の努力の程は、次の人選の中に明らかに見て取ることが出来る。普通クラスの英語は林竹二自身が担当し、ビュアリの『思想の自由の歴史』を読んだ。上級英語は、山川丙三郎氏に担当して貰った。常任講師には三宅剛一（哲学）、細谷恒夫（哲学）、奥津彦重（ドイツ語）等の名が連なった。又、病後の阿部次郎（美学）には昭和21年3月27日の午後、特別講演「新しき門出の餞に」をひきうけて貰った[32]。次に開講の辞の要旨を、少し長くなるが、そこに講習会に限らず我々にとって多くの考えさせら

れるべき点を含むが故に、引用しておきたい。

「諸君は今まで、実にはっきりした目的を持った教育を受けて来た。つまり、軍人に対する教育は戦争をすること、そしてひどい困難に耐えて勝利への途を確保するための教育であった。

私は、いまこのような軍の特殊な教育が間違っていたかどうかについて、語ろうとは思わない。ただ、諸君の受けた教育が、目的を常に他から与えられていた教育であることを指摘するだけである。

だが、これからの諸君の生活は違う。諸君が軍服を脱いだ瞬間から、諸君の生活は諸君自身で生活目的を探して生きてゆくことを命ずるものに変化した。

私は、諸君の先輩である山内さんや稲垣さんの後輩を思う情熱に動かされて、この仕事を引き受けたが、私はこの講習会を諸君の再出発に役立てたい。諸君は、ぜひこれからの生活のなかで諸君を支えてくれるものを、この講習会から学び取ってもらいたいと思う。

だから、この講習会は必ずしも大学受験講習会にとらわれるものではないが、大学へ進学したい希望者がほとんどのために、受験ということも一応の考慮に入れることにした。しかし、私は受験のための講習会、入学を目的にした講習会のやり方をとらない。

大学で勉強するということは、職業教育でもなければ、俗に言う出世のためでもないことは、すでに諸君が十分に理解しているところと思う。

大学というところは、学問をするところである。そして、学問をするということは、疑問を疑問のままにながい間持ちつづける力を養うことからはじめられなくてはならない。

一方の方向にのみ教育されて来た諸君が、自由なものの考え方をすることができるようになること、そしてこれからも先の長い将来、どのような事態になったとしても、動揺しないあるものが諸君の内部に育ってほしいこと、これが私の願いである。

学問をするということは、なにも大学へ入学することだけではない。それは、どのような人生の場合場合においても、もっとも大切なことであるはずだ。

もし、大学への受験のみを目的とするならば、不幸にして不合格の場合、この講習会の意味がまったく失われてしまうことになるが、この講習会自身に意味を持たせようとする私の願いが十分にみたされれば、今後諸君の人生がどのような状況におかれても対応できる力になるだろうし、また、本来の意味での大学を受験するのにもっともふさわしい講習会になると私は考える。

そして、この私のひそかな願いにそって講習会が終了したときこそ、中途で挫折した諸君の不幸を償って余りあると信ずる。[33]」

第2節　大学紛争の渦中における林竹二の行動とそれを支えたもの

第1項　東北大学時代

　敗戦直後の林竹二は、一方では『ソクラテス』の翻訳出版を果たし、他方では復員軍人再教育のための講習会を企画運営したことは既に述べた。その講習生のほぼ全員が東北帝国大学に入学する。林竹二は、希望者に対して自宅でプラトンの読書会を開くことにした。かくして、旧軍人のために準備された講習会は、更に林竹二の好意で私塾に発展していった。それは「如月会」と命名された。「今の日本は凍てついた冬の寒さのなかに漂うにも似ているが、遠からず、春の到来することも間違いない事実だ。まあ、如月といったところだからな。」日向氏は、この言葉が耳に鮮やかに残っていると言う[34]。

　林竹二は、その後、東北帝国大学工学部講師等を経て、1949（昭和24）年7月に東北大学第一教養部助教授、1952（昭和27）年7月に同大学教育学部に転じ、翌昭和28年4月教育学部教授となっている[35]。この時期に、短いが重要な「学問について―季節はずれの考察―」が書かれている[36]。

　朝鮮動乱が始まった。マッカーサーに代って着任したリッジウェイ連合軍最高司令官は、占領政策の方向転換を示す声明を1951（昭和26）年5月1日に出した。この声明以後日本は大きく変わっていく。文部省の動向については、林竹二著『教育亡国』が詳細に記しているが、その中には、例えば、教育委員の公選制から任命制への変更、学習指導要領の作成権や教科書検定権の法律操作による回収作業等が含まれる[37]。そうした動きに林竹二は「猛烈な抗議の運動を展開した。[38]」「昭和30年代（1955-1964年）、先生はよく活動を続けた。そして、30年代の末期に、東北大学教育学部が教員養成課程を分離するという事態を迎えて、先生の活動は一つの頂点を迎えたのである。」と日向氏は記す[39]。

　東北大学は、旧七帝国大学の中で唯一つ、戦後、教育学部の中に教員養成

372　第7章　生命への畏敬と教育の根源

課程を組み入れた。教員養成課程の母体となったのは宮城師範学校であった。ともかくも、占領軍の圧力のお陰で、一旦は教育学部の中に教員養成課程が組み込まれはしたものの、様々の理由が絡まって旨く行かなかった。

　一つには、戦前は教員養成が大学でなく、中等教育段階の師範学校で行われており、従って、教員養成という仕事は大学における学術研究よりも一段低い仕事であるとの旧来の観念が根強く存在した[40]。次ぎに組織面での問題は、東北大学教育学部は教育科学科と教員養成課程の二部門から成り、後者は1964（昭和39）年に教養部に併合され、しかも、教員養成の実際の責任を負わせられるも、「教員養成に関する形式的な責任は、教育学部の教授会（教育科学部内のメンバーだけで構成されている）が負う建て前になっていた」ことである[41]。こうした矛盾を取り除く努力が為されない以上、所詮は分離問題は避け難いことであったかも知れない。リッジウェイ声明以後、政府が戦後改革の手直しの一つとして教員養成課程の変更に乗り出したとき、宮城県では宮城教育大学の設置が当事者抜きの形で、文部省と東北大学当局によって強行されたのであった[42]。小林洋文教授によれば、「評議会を開く前に、すでに学長をはじめ大学当局は、大学内部の意見の一致をみないうちに文部大臣［宮城県選出の愛知揆一議員］と会いまして、教育学部の予算をよろしくという条件のもとに、教員養成課程分離を内諾して帰って来ていた」由である[43]。「日ごろ、我々学生に向かってきわめて理解のあるような態度を示し、一見きわめて進歩的なことを言い続けておられた先生方が、最後には態度を翻していった。その中で林先生だけは最後まで自説を貫かれた。[44]」

　かくして、昭和39年12月15日に東北大学評議会は、教育学部の教員養成課程の分離を決定した。しかも、学外で警官隊に守られてそれは行われた[45]。

　東北大学教員養成課程の強行分離の件で不信任案を突きつけられて辞任に追い込まれた時の教育学部長の後任選挙において（昭和40年2月）、こともあろうに教育科学科内で唯一人分離に反対していた林竹二教授が学部長に選出されてしまった[46]。教員養成分離問題に引き続いて、東北大学は、又もや政府の高度成長経済政策と所得倍増政策と呼応する形で、工学部の拡大と連動した農学部移転問題に巻き込まれることになる。ここでも「大学当局は、農学部を移転させて、その跡地を新たに開設される宮城教育大学の用地に使用さ

せることを、評議会にはからず文部省と約束していた。そのため農学部を移転させるための当局の工作は、執拗をきわめた。これが協議会の多くの評議員と学生たちのはげしい反発を呼んで深刻な学園紛争の火種となり、ついに全学ストにまで発展して、学長の辞任によって、ようやく事態が収拾された。[47]農学部の移転先として計画されていた久保田山の土壌は、稲や他の作物栽培に不適であるとの理由で、農学部教授会は久保田山移転反対の決議をしていた。大学当局は、当事者の決議を無視し、詰り、農学部の自治を侵害し、全学部の意思統一を見ないまま、今回も強行しようとしたのであった[48]。

東北大学教育学部長時代の二年間は、針の蓆に座らせられた大変な時期ではあったが、「自分はこの時期、一番研究をしたとも言われました。」と小林氏は記している[49]。それは、昭和38年3月に渡米し、森有礼や幕末海外留学生、新井奥邃に関する新資料を多数発見し、9月に帰国した後、学部長職にありながら世に問うた「森有礼研究」(第一・第二)を指している。

第2項　宮城教育大学学長就任と大学封鎖

1969 (昭和44) 年6月16日、全国的な大学紛争の火の手が燃えさかる中、林竹二教授は、宮城教育大学の学長に就任した[50]。就任5日目の6月20日に林学長は、「事務局と教授会に無理をいって(「学長の責任において」)、体育館に学生を集めてもらい」全学生に対して「就任の挨拶」を行った[51]。その前日、学長は、岩間学生部長から「学生の大学に対する諸要求」を提示されていた。それには、「学部の制度運営に関するもの」11項目、「大学の対外姿勢に関するもの」3項目、計14項目が含まれていた[52]。学長就任挨拶で林竹二は専ら「大学とは何か」についての持論を披瀝し、その後宮城教育大学の抱えていた問題のほぼ全領域に互る質疑応答が行われた。

7月1日未明、学生集団により第一次の封鎖(人文棟)がなされた。前日(6月30日)夜8時から学生代表4名と話し合っていた学長は、ゲバ棒ヘルメット姿の他大学の学生が会談の行われていた人文棟第4演習室に入り込んで来たとき、それまで「議論をしていた相手のTの面上に驚愕の色の走るのを見た。この時点でのゲバ棒を持った学生の出現は、彼にも思いがけない出来事であったらしい。」と後日記している[53]。その後、学長提唱による全学集会(7

374　第7章　生命への畏敬と教育の根源

月1日と7月3日）が開かれた。7月9日には、横須賀薫講師の打診に即座に応じて、林学長は封鎖棟に入った。午後8時15分であった。これに関し、林竹二は次のように語っている。「就任5日目の学生への挨拶がすんでいなかったら、私はこのことバリケードの中に入るわけにはゆかなかっただろうが、挨拶を済ましていても、同氏のさそいかけがなかったら、私の封鎖棟入りはなかったろう。……横須賀君のさそいかけは、何ともありがたいさそいかけであった。[54]」棟内では、封鎖学生と封鎖反対の学徒・Mとの間で既に討論が行われていた。Mとは後のお茶の水大学教授宮原修である。それで、このMが立会人のような形で会談が行われた[55]。

　長時間の話し合いを通じて、林学長には、封鎖へと学生たちを駆り立てた根本動議が判って来た。「それは、東北大学にいたころ教員養成課程の分離、即ち東北大学の、教員養成の切り棄てにいろいろとその理由をあげて強硬に反対したその教官たちが、宮城教育大学に移ってから、そこで現実にやっていることは、一々がかつての主張を裏切ることばかりではないか、教官たちのこの背信への告発として我々は大学を封鎖したのだというのが、おお根においての学生たちの言い分であった。[56]」林学長は、学生たちのこの告発を正直に教授会は受けとめなくてはならないと考え、「学長の責任において」教授会と学生との団交を約束したのであった[57]。団交について大略同意が成立したとき、宮原は大学側が封鎖を理由として学生を処分しないという一項を加えてはどうかという提案をしたが、封鎖学生は、これに対して、「処分する、しないは団交できまることだ」との理由で、その提案を断った。林学長は、「私はかれらをいさぎよいと感じた。これが、私が学生を信ずることができると感じた最初のきっかけであった。」と記す[58]。封鎖学生間での意見が一致しない間、夜中2時頃から、林学長は封鎖棟内で2時間余熟睡する[59]。早朝封鎖の外に出る。「何人もの教官が、私の身を案じて、夜通し戸外に立ちつくしていてくれた。有りがたかった。」との回想に続けて、10時間ほど学生と過ごした経験から、「学生たちを捉えている不安のふかさを身に沁みて知った。」と言う[60]。持ち越した結論を伝えるために、やって来た学生代表から昨日の話合いを御破算にしたいと聞かされた林学長は一旦立腹するのだが、「封鎖は我々にとって思想の表現であるのに、われわれは断行と引き換えに封鎖を解

第 2 節　大学紛争の渦中における林竹二の行動とそれを支えたもの　　375

くことを申し出た。それは封鎖を取引きの具に供したことで恥ずかしい。」との説明を聞いて、「私は腹を立てたのを恥じた。」と記している[61]。

　この封鎖は、7 月 10 日、学生集団が無条件で自主解除することによって終了した。しかし、秋に入ってから学生による第二次封鎖が為された。9 月 19 日早暁のことである。

　第二次封鎖は、学期末試験初日に行われた。全共闘（準）の学生たちは、学寮問題との学生の取組みに水を差すような形になるとの理由で、定期試験の暫時的延期を要求したが（9 月 11 日）、教授会がこれを拒否したのであった[62]。学寮問題は、第一時封鎖のときから「紛争の日」であった。教授会と学生との間に交わされていた暫時入寮に関する公約に、林学長は、到底容認し得ない欺瞞が含まれていることを発見してそれが自分の良心にかかわる問題だと受け止めて、その問題を討議するために、何度も臨時教授会を開いた。教授会で「公約」の破棄を求めたのである。「それは、学長の全教授会を相手とする『団交』のようなものになった。それだけのことをして、私はようやく暫時入寮によって学寮問題を解決しようとする教授会の方針を撤回してもらうことができた[63]。」「一方で『○管規』そっくりの学寮規程を発効させる行動をとりながら、学生と一緒になって『○管規絶対反対』を声明することは、私にはできなかった[64]。」

　この第二次封鎖の間、林学長は封鎖棟内の学生たちと延べ 30 乃至 40 時間を過ごしたと言う。取引きをしないことを前提とした話合いであるから、それは「不毛の対話」と言えなくはない。それでも、林学長は、「私に出来た唯一つのことはこの『対話』を、不毛、即ち、直接の成果がないことの故に、断つことをしないということであった。[65]」と記す。宮城教育大学では、封鎖の最中でも、学長を始め教官や事務局の人までも封鎖棟に入ることがあった。飽くまでも対話を持続した。機動隊導入が常識的になっていたとき、何故宮城教育大学は、そして林学長は、封鎖解除のための機動隊への出動要請をしなかったのか。それは、林学長が、東北大学の第一の事件、即ち、教員養成課程の東北大学からの切り捨ての経緯を知悉していたからであった。そこで林学長は、「どんなことがあっても、大学内に起きた問題を、警察の力を借りて解決するようなことはすまいという肚をかためていた。警察の力を借りて

封鎖を解除する道をとらないとすれば、残された道は一つしかない。それは『封鎖』そのものを教育の場に取り入れることだ。」と考えたのであった[66]。

ここで、封鎖中の林竹二学長に関するエピソードを二人の教授の証言によりつつ紹介しておこう。嶋田教授の回想によると、「林さんが、封鎖のときには寝泊りを覚悟して毎日何食かをたずさえてきたのには、私たちもびっくりしたし、封鎖学生の奨学金について事務の人が相談もなくいち早くカットしようとしたのに対して、林さんが珍らしく怒りの声をあげたのも記憶に生々しい。」という[67]。林学長は、「定期航路のように」封鎖棟に入って学生と対話を続けた。これに関して、河原田廣司教授の証言を引くと、「第二次封鎖の前半までは、林先生は何回も封鎖棟の中に入って学生と話し合うことができたようだ。だが、後半には、『学長と話をすると危険だ。会わないようにすることになった。』と私は学生から聞いた記憶がある。……世間からは、新左翼系の学生は危険視されていた。その学生集団からも、林竹二氏は危険人物であるというレッテルを押されるに至った。林竹二氏を危険というのは、感化されてしまいそうだという意味であるのは言うまでもないが。[68]」

封鎖中、宮城教育大学では、全学集会や討論集会が開かれた。10月14日と10月17日に出された学長声明にも思想に裏打ちされた学生への呼び掛けが読み取れる。「私はすべての学生諸君、特に占拠中およびこれを支持する学生諸君が、占拠が現実にもたらすものが何であるかを真剣に直視して、理性的な解決に協力することを切望する。……教授会の反省を諸君が自らの手でたしかめるまで、改革構想そのものも信じえないと感じているとすれば、教授会の責任は重大である。[69]」「占拠中の学生諸君が、私との討論の中で示した、宮教大及び日本の命運についての信念が、真に生かされる道がなにかを真剣に探求してほしい。それは現在の行為についての自己吟味と深くかかわるものであることは君たち自身が知っているはずである。すべての学生諸君、この出発したばかりの大学を真に創造的に発展させる道を、今というこの時点で探求してほしい。教育の場にふさわしい解決をしよう。それが本学の真に生きる道ではないだろうか。[70]」11月20日には学長提唱による全学集会が「大学改革と当面する諸問題」という議題の下で開かれた。そして、翌21日、第二次封鎖も、第一次封鎖のときと同様に、学生集団は自主的に無条件で解除

第2節　大学紛争の渦中における林竹二の行動とそれを支えたもの　　377

したのであった[71]。かくして、宮城教育大学は、2度の封鎖を2回とも学生に
よる自主解除を見るという、全国でも例外中の例外の解決を経験した。しか
も、こうした問題との取組みから継続的に大学改革を進めて行ったことが注
目される。次にそれを一瞥しておこう。

第3項　学長時代の大学諸改革

　小林洋文氏は、林学長時代に進められた諸改革を八項目掲げている[72]。先
ず、合同研究室（合研）の新設。第二に、1年次からのゼミナール形式の採用。
第三は、小学校教員養成課程を中核に据えた教員養成改革。第四は、学生に
よる学長、学生部長のリコール制度の導入。第五は、教授会を討論の場とし
たこと。第六は、一切の形式的行事の廃止。第七は、学長自身授業を持った
こと。第八は入試方法の改革である。日向康氏は、その外「附属授業分析セ
ンター」の設置（昭和49年4月1日）を挙げている[73]。

　例えば、最初の三つの改革は、第二次封鎖の中から工夫されて生まれて来
たものである。即ち、第二次の封鎖は講義棟で、その封鎖は9月19日から11
月21日迄の凡そ2ヶ月に及んだ。第一次人文棟封鎖とは異なり今回は直ちに
授業に差支えた。9月19日に已むを得ず休講措置。10月15日には休講措置
は解除されはしたものの、講義棟は使用できない。そこで「教官の研究室や
実験室を使ってするゼミが教育の中心になった。」それでゼミ形式の一般教
育が考えられるようになり、50以上のゼミが開かれることとなる。「教師の
研究の場が、そのまま学生の教育の場になるという大学の姿は、学生にも教
師にも歓迎された。この経験がのちの合研設置を核とする再配置計画を推進
する原動力となったのである。」と林竹二は言う[74]。第四のリコール制度が導
入されたのは、大学改革のための必要不可欠の前提であると林学長が考えた
からであった。危機的状況の下に置かれた時でも、大学が徒らに形式的に民
主的な教授会中心の運営を固執することは許されない。他方、学長の「権限」
強化で大学維持を図るのも大学の本質にそぐわない。そこで林学長は、「すく
なくとも危機的状況のもとでは、学長が教授会の議長として以上に何等の役
割を有すべきでないという考え方は、無責任だと考えざるを得なかった。
……私は学長の権限強化でなく、学長の責任における決断が時として要求さ

378 第7章 生命への畏敬と教育の根源

れることを考え、この決断に道を開くことが、私がリコールの制度を考えた根本動機であった。」と言う[75]。

　以上の如く、林竹二学長は封鎖という事件に直面して、様々な試みを行った。「不毛な対話」を通して、学生を捉えている不安だとか孤独だとかを身に沁みて知った。又、「従来自明のことと思いならわしてきた大学の運営や教育や研究にかかわる諸問題を、反対の側から眺め、凡そちがった角度から見るという経験」も有った。そして、それこそ「学ぶということのはじまり」ではないか、と言うのである[76]。多難の学長時代を回顧して、次のように語っている。「私がまったく思いがけず就任することになった学長であったことと、就任2週間目に封鎖という事件にぶつかったことで、否応なく学生たちと正面から向き合うことから、私は学長としての仕事——学習をはじめることができた。これを私は何ものにもかえがたい仕合せなことであったと思っているのである。[77]」と。

　当初の予定では、本節の第3項において、国立大学（国大協）の在り方に関する林竹二学長の思想と事績にも言及しようと思っていたが、紙幅と時間の制約から、これは割愛して[78]、学生に対する林竹二氏の基本姿勢を語っておきたい。「宮城教育大学の学長としての私の行動を根本のところで支えてくれていたのは、結局、学生は信ずることができるという思いであったようだ。」と林氏は記す[79]。実際、合同研究室という制度は、学生への不信のあるところでは成立し得ないであろう。又、小林洋文氏は、先生との初対面のときから直感的に、先生は学生を信頼してくれている、と感じたと言う[80]。そして、「東北大学附属病院に入院されて、もう意識混濁の状況の中にあって、林先生は、病室の窓の外を強い風が吹き抜けていたとき、その風の音を聞きながら、『宮教大の学生たちが来て、歌を歌ってくれている』といって喜ばれたそうです。」という小林氏の恩師伊藤光威先生が告別式で紹介したエピソードを書き遺している[81]。

第3節　授業研究から授業巡礼へ
——授業実践の深化と問題提起——

第1項　授業実践を始める

　前節において、我々は林竹二氏が所謂大学紛争の中でそれとどのように取組み、そこから何を学び、それをどういう形で活かしていったかについて眺めてきた。前半は東北大学教授時代、後半は宮城教育大学学長時代の林竹二氏の足跡を論じた。その学長就任の昭和44年6月16日以降の当初1年半程は、林学長は、新設の宮城教育大学に「大学らしい形を与える作業に[82]」、即ち、一連の大学諸改革に取り組んだのであった。その改革の基礎には、当然のことながら、大学の本質についての林学長の信念があった。大学という共同体（community）を共同体たらしめているもの、それは、「学ぼうとする意志における共同体」であり、「教師と学生とが同じように学ぶ意志を持っている」ことである。大学という共同体の魂は、それ故、教師と学生との学ぶ意志における共同である[83]。そして、大学紛争というものの経験を踏まえての、林学長による大学改革の一つとして全学集会とリコール制の制度化へ提言があった。そして、この提案が掲載された「宮城教育大学広報」No.10が発行されたと同じ昭和45年10月22日に、林竹二氏による最初の授業が宮城教育大学附属小学校6年1組で行われたのである[84]。

　では、林学長は何故授業を始められたのであったか。その動機を氏自身、次のように記している。「私は、いっぺん授業と言うものをしてみたかった。すこし詳しくいえば、『教科書で教える』ということが、どのようなことであるかを経験してみたかったのである。[85]」と。この動機形成には、斎藤喜博氏の著作が関与していた。そして、斎藤氏の著書『教育学のすすめ』を読むきっかけを最初に与えたのは、当時宮城教育大学研生であった小林洋文氏であった。小林氏によってその事情は次の如く説明されている[86]。氏は、東北大学教育学部の卒業論文に「斎藤喜博の教育思想と実践」を取り上げた。大学院入試の時の面接官の一人が林竹二教授で、林面接官から斎藤氏について説明を求められて小林氏はそれに答えた。大学院に入学した小林氏は、修士課

380　第7章　生命への畏敬と教育の根源

程終了数ヶ月前に思うところあって退学をするのだが[87]、昭和45年4月から林先生を慕って、宮城教育大学へ研究生として行く。その5月、学内の生協書籍部で林先生と逢ったとき、小林氏は先生に斎藤喜博の『教育学のすすめ』を勧めたところ、林先生は「読んでみよう」と言って購入された、という。林竹二氏は、この直後、6月初めから手術を受けるため、東北大学医学部附属病院に約40日間入院することとなったが[88]、この間「その名と仕事について学生から聞いて感心をもっていた斎藤喜博氏の全集をとりよせて、貪るように読んだ。たしか当時七冊出ていたとおもうが、病院内で大部分を読みとおした。[89]」と言う。

　林竹二氏の最初の授業は、前述の如く、昭和45年10月22日に附属小学校で行われた。授業内容は開国であったが、それは、6年生を相手に、氏が50歳代に7、8年間にわたって行った幕末・明治維新の執拗な研究の成果に基づいて行われた。その後、授業実践の進む中で、テーマは、更に、「人間について」、「ソクラテス」、「創世記」、「田中正造」が加わるが[90]、初回の授業は、林学長本人の意識では、殊更「開国」という授業ではなく、「教科書による社会の授業」であった[91]。

　第2回と第3回の「開国」についての林学長による「授業」は、同年10月26日と11月11日に実施された。その二回の授業に、即ち、「林竹二の授業」の初期に立ち会った横須賀薫氏（当時講師）は、次のように伝えている[92]。授業後に林学長に、「私の授業どうでしたか」と意見を求められて、横須賀氏は、「先生はあれを授業だと考えているのですか」と答えた。氏は、「その先、林が教師たちの固定した授業観として嘆き、抗議し続けることになるものと同質の批評をした第一号として記録されることになってしまった。」と言う。そして、続けて、「今から思えば、私は授業というものを直接目で見えるもの、耳に聞こえるもののレヴェルでしかとらえていなかったのである。教師が問い、子供が挙手で意志表示して、発言する、その発言のつながりを授業の過程として考えていて、その無駄のない進行をもって授業の巧拙とみていたにちがいない。子供の内面にまで自分の目や耳をもちこむ力をほとんどもっていなかったと言える。[93]」と、このように確認しているのである。

第3節　授業研究から授業巡礼へ　381

第2項　授業に「病みつき」になる

　林竹二教授の教え子の一人に宮前貢教諭がいる。宮前氏は、福島大学学芸学部小学校教員養成課程を終えて、東北大学大学院修士課程で林教授の指導を受けた。大学院入学試験で宮前氏は林先生と「出会う」が、氏によれば、「この林先生こそ、わたしが修士課程終了後、小学校の教師として教壇に立つという決意を決定的に固めてくださった先生[94]」であった。終了間近のある日、林先生のところに初志を貫きたい旨相談に行くと、大変喜び、「教育は小学校です。」との激励を受けた[95]。そして、宮前氏は初志を貫き福島県へ帰って、小学校の先生となった。宮前氏の勤務する郡山市白岩小学校での林学長による授業は昭和46年2月19日に行われた。その授業の主題は、「人間について」であった。では何故この主題が選ばれたのか。それは、「人間にかかわる本質的な事実にふれたものであれば、大学においてと同じように、小学校においても、子供にふかく考えさせることができるはずだという予想」に基づいてのことであった[96]。果して予想は裏切られなかった。「人間について」の最初の授業は、『授業・人間について』（14-28頁）に収録されている。その授業の翌日、宮前教諭は、授業日に欠席していた児童をも含めて全員に感想を書かせて、それを林先生に送ったのであるが、この感想の贈物が林氏の心を強く把えて、それ以後の「授業への病みつき」の最初のきっかけとなったのである[97]。その経緯を、子供たちの感想の幾つかを引きながら[98]、我々も共感すべく努めてみよう。

　2月19日薄ぐもりで寒い日、6年生の子供達は朝からはしゃいで、林先生が来られるのを待っていた。タクシーが到着すると、子供達は急に緊張し始めるのであったが、開口一番の林先生の挨拶に、佐藤友信君は、「林先生に会うまでは、林先生の前でまちがったらどうしようという心配がありましたが、あったら心配がいっぺんに消えてしまいました。それは林先生がとても感じがよくて、やさしそうな先生だったからです。宮前先生が転任してきて、ぼくたちとはじめてあった時は、やさしそうなふうには見えませんでした。やっぱり林先生はえらいんだなと思いました。」と感想を書いている[99]。では、その授業の最初の部分を聞いてみよう[100]。

私は、宮前先生の先生なんですけれども、きょうは、宮前先生の弟子になろうと思っています。みなさんを教える授業では、宮前先生のほうが私よりもずっとずっと先輩です。きょうは、宮前先生の授業を見せてもらいましたが、これから私も授業をやってみます。

じつは、きょう、わたしは、みなさんと一緒にたいへんむずかしいことを考えてみようと思って来たんです。

それは、「一体、人間というのは何だろうか」ということなんです。

どうですか？　たいへんむずかしいけれども、「むずかしくて私にはわからないや」とはいえないね。

そうだろう。みんな人間だものね。

このように語りかけて来る林先生の人となりを直かに感じ取った子供達は、宮前氏の証言によると、「急に肩の荷がおりて、明るく、さわやかな、にこにこ顔の子供たちになって」しまった[101]。それを、佐藤君は、あのような感想として表したのである。林先生によるこの授業を担任の宮前教諭は、次のように見ている[102]。子供達は緊張感から開放され、今度は「人間とは何か」という大問題に直面させられた。しかし、林先生は、この困難な問題を一緒に子供達と考えるため、ありとあらゆる努力と工夫を授業の中で払った。林先生は、まるで生きたソクラテスのようであった。その様子を「視点をかえて、子どもたちに問題を追求させて、一段一段階段を登りつめるようにして、『ほんとうのところにたどりつく』授業が進められて行きました。」と宮前氏は語っている。林氏の言葉で言うと、突きつけられた問題を自分の問題として主体的に追っかけていたということであろう。次に、林先生が子供達を実によく見ていたことが指摘されている。そして、そこでは紛れもなく、先生と子供達との間で、一対三十の「対話」が成立していた。第三に宮前氏が指摘するのは、授業記録からも読み取れるように、「人間とは何か」という大問題を子供達と一緒に考察して追求していくために、林先生が準備した資料乃至教材の豊富さである。そうした豊富な教材を使いこなして、古代ギリシャから定式化されている人間の本質定義、即ち、「人間とは理性的動物である」という定義を子供達が十分理解できるところまで連れて行く訳である。第四にあげたい、と宮前氏が語られるのは、子供の発言に対して、林先生が「敏感

第3節　授業研究から授業巡礼へ　　383

に」「驚き」「感動し」「喜ぶ」ということである。そうした雰囲気の中で子供達によって生きられた45分という授業の中から、31枚の感想が生まれたのであった。

　林竹二氏は、「送られてきた感想はその一つ一つがそれぞれの子供の持ち味をそのままつたえていて、珠玉のように美しく、貴重なわたしのたからものになった。[103]」と語られるが、更に附け加えて、「三十一人の、それぞれに美しい手紙の中に、こういう一通があった。この一通が、私の心の中にふかく沁みいって、他の三十通の手紙にそれぞれに美しい光をはなたせるようなはたらきをしてくれたとさえ、私は感ずる。[104]」と記している。その一通とは、大河原秋男君のものだった[105]。

　　二月十九日の日は、林先生に、ならって、ぼくは、とてもいい勉強に、やくだったなと、思いました。あと、人間についてのことを、ならったので、たいへん、よい、勉強に、なったなと、思いました。あと、中学校になっても、林先生が、人間についてのことを、ぼくのひみつにしておきたいと、思いました。それから、林先生も、ぼくたちのことを、いっしょう、わすれることは、ないとおもいました。しかし、ぼくだったら、すぐわすれているかもしれませんけど、ゆるしてください。林先生、元気で、いてください。

　林竹二氏は、この大河原君の感想から大きな感動を受けた。そこに「心のやさしさ、素直さが裸になっていて、じかにひびいてくるのを感」じ、「この文章のたどたどしさ、しかも非常に高い心の純度を、そのままつたえる表現」を見ぬいてのことであった[106]。これは、授業後1年位経って書かれたものであるが、6年位後に次のように書かれている。「私は子どもの感想を作文といわれると腹が立つ。たとえば秋男君のこの感想は、作文などというものではない。これを書かせたのは、作文の力ではない。授業の中で秋男君の内面に何かが生じた。そして秋男君が、私と共にもった四十五分の時間の充実から、この文章は、ひとりでに流れ出てきたものだ。[107]」林氏によると、「白岩小学校の子どもたちの感想と木町通り小学校の、＜わたしはひとことも発言しませんでしたけれども、ひとりで林先生の講義を聞いているような気がしまし

384 第7章 生命への畏敬と教育の根源

た＞という感想、あれが最初にわたしをつかまえてしまった。」そして、授業に「病みつき」になってしまった、と言うのである[108]。後の方の感想とは、昭和46年7月13日に仙台市立木町通り小学校6年生相手に行われた授業「人間について」についての高野陽子さんのものである[109]。

　上掲大河原秋男君の感想文について、林門下生の一人である小林洋文教授は、次のように記している。「林先生には見えるけれども、私には見えないことがいっぱいあるんです。林先生には理解できるけれども、私には理解できないことがいっぱいあるんです。たとえば、この大河原秋男君のこの感想を読んでも、『文字も心のきめこまかさをあらわして、まことにうつくしい』とは、私には感じ取れないんです、残念ながら。[110]」と。子供の作文を「教育学者の中では、いちばんに近いくらい読んでいるのではないかと内心自負していたくらい」の横須賀薫教授も次のように発言している。「びっくりしたのは、この書［＝『教えるということ』］に収録してある『子どもの目、子どもの事実』を原稿で読ませられた時である。七二年六月頃のことである。私にはさっぱり面白くもないし、子どもそのものが読みとれてこないのに、林は見事にそれを読みとっているのである。林の解説文つきで読んでみるとなるほど子どもの内側で動いているものが実によく出ているではないか。……林の解説つきでなら面白い。なるほど林はこういうふうに読みとるのか、こんな断片から見事に子どもの内面をつかみとるのか、こんなに誤字脱字だらけでよくぞ読みぬくものだ、と感心し、面白く思うのである。……実は写真の読みとりについても同じことが言える。もう、くだくだ書かないが、私はやっぱり林の解説つきでないとほんとうのところ、写真の中の子どもの表情の意味を読みとれないのである。[111]」こういう証言を聞き、そして自分で林氏の諸著作に接してみて思うのは、林竹二という人は、子どもたちの目、子どもの事実、その内部で動くものに余人とは比較にならぬ程到達し、共振することが出来たのであろうことである。何れにせよ、我々は、林竹二学長のその後長期に亘って続けられることとなる授業実践の機縁と授業に「病みつき」となった理由を確認し得た。

第3項 「授業を根本から考え直す」ことを訴える

さて、300回にも及ぶ授業実践、否、その授業巡礼を通じて、林竹二博士が我々に訴えかけようとしたものは何か。それは「授業を根本から考え直す必要性」であり、又、教育を、延いては人間を根本から問い直してみることの必要性であろう。以下限られた紙幅の下で、私が理解し得た限りで、少し述べてみよう。

先ず、北海道のある小学校で授業後に書かれた「大変たどたどしい感想[112]」に出会ったときの林竹二先生の人間愛を語ることから始めよう。この岡山真理ちゃんの感想は、『問いつづけて』の26頁に図版で2枚（2種と言うべきか）載っている。上段のものが現物から取った粗末なコピーで、それには文章にも間違いが多い。「始めて」の漢字は、旁と偏とが丁度逆になっている。又、「蛙」の漢字も間違っていた。「写真」の代りに「写貝」とか、「先生ん先生」とか[113]。林先生は、子供達の未習漢字の「蛙」を板書してしまった。それを真理ちゃんは一所懸命思い出そうと努力した。「こんなことを考えながら、これを見ますと、私はこのお子さん、真理ちゃんの思いというのが、そのまんまこの感想の間違いだらけの字面から伝わってくるように感じるのです。この感想に、真理ちゃんの、かけ替えのない生命の証しを見るような思いがするわけです。[114]」林氏が現物を欲しいと頼むと、「先生が手を入れて修正したもの[115]」が送って来た。通念では、「思い遣り」からこの教師は訂正版を送ったのであろう。しかし、林氏は厳しく「その背後には、この感想文のもっているかけ替えのない価値というものが、この先生には映っていないのではないかという問題があるわけです。[116]」と追及する。別の箇所にはこうある。「教師がもし、この感想のもつ重みを十分にうけとめる力があれば、私はこんな字のまちがいなどは、すぐなおってしまうと思います。ところが、この感想のもつすばらしさを感じとることができないで、ここがまちがっている、ここにもまちがいがある、とその間違いだけが気になっている教師にかかっては、子どもはいつまでも間違うことから開放されることはないでしょう。[117]」真理ちゃんの感想は、「私は、こんなに先生と授業をしたのははじめてです。こんな先生先生がいたらいとおもいます。」で終わっている。林竹二氏は、こう書いた子のいたのをいつまでも忘れることが出来ない[118]。

386　第7章　生命への畏敬と教育の根源

　先生はいつもは一体「誰と」授業をしているのだろうか。無数の真理ちゃんが初めから授業から締出されていることはないだろうか。やはり授業を根本から考え直す必要がありそうである。山形県寒河江市と言えば、林竹二氏の母親が息を引き取った土地であるが、そこの醍醐小学校で氏が5年生に授業を行ったときのことである。その学校のベテラン教師は、自分の学校の生徒は東京永田町小学校の生徒のようには授業で集中していなかったでしょう、と勝ち誇ったように語ったという[119]。しかし、事実はその発言とは全く反対であった。或る男子は、25枚という長大な感想を書いた。林先生の「授業の経緯を、終始実に正確にたどって、しかも授業を外から見るのではなく自分の内部の経験として、捉え[120]」たからこそ、それが出来たのである。この子と同程度の実質内容を或る女子は5枚の感想にまとめた。その結びの部分を次に引用しよう[121]。

　　……それでこんどはいぬをまえにおいていぬのわきにたべものをおきました。
　　それでわたしたちはかんがえてしまいました。そのもんだい［ケーラーの実験］
　　がいちばんむずかしかった。
　　林先生は、わからない人にもかける。わたしは林せんせいにかけられたときわた
　　しはなにおいっていいかこまってしまいました。
　　でもわたしはまちがったっていいというきもちでこたえました。
　　はやしせんせいのべんきょうはたのしかったいつものべんきょうよりたのしか
　　った。かくこともしないからただしゃべるのだからすこしかんたんだけどすこ
　　しむずかしかった。（できるならまたきてください）さようなら。

　この感想文が林氏の注意を引いた。担任が「あの子のことをご存じだったのですか」と尋ねたことを思い出した。「この子は自分を『わからない人』の枠でとらえていて、その自分に林が問いをしかも一番むずかしい問いを——かけたことに、おどろきを感じているのではないか。この子は、教師が自分にまともに問いをかけてくることがあるとは考えなくなっていたのではないか。[122]」この子は所謂境界線児童である[123]。真理ちゃん同様、いつも授業から締出されているのではないか。この子の感想に対する林氏のコメントはこう続く。「この子の感想をよくみてみると、最後の『さようなら』の前に、『で

きるならまたきてください』と書いて、消しゴムで消したあとがあった。もう一度来てもらって、ああいう授業をうけたいというこの子の気持ちの切なさが、この消された十三文字にこめられているようだった。遠慮深くそれが消されているだけに、その願いの切なさが一層つよくひびいてくるようだった。[124]」

醍醐小学校の５年生は、実に深く授業に入りこんでいた。授業への参加度と発言の有無とか多少とかは関係ない。ところが、教師は一般に、「発言の多さ」によって、授業の良し悪しを判定しがちである。こうした授業についての迷信は根強い。それは、例えば、「学長先生の授業は、一と口にいうと、先生だけがペラペラしゃべって、私たちにあまりしゃべらせてくれなかった。私が予想していた授業は、いつも受持の先生がしてくださるように、先生がしゃべるよりも、私たちがしゃべる回数の方が多い授業だと思っていたが、全く正反対だった。」と感想を書いた子がいる[125]。それは或るベテラン教師のクラスの子で教師の「良い授業観」が、言わば、刷り込まれている訳である。醍醐小学校の教師も、記録映画「授業」が東京で上映されたときの参加教師にも[126]、更に又、城南小学校での授業に対する教師たちにも[127]、自分の眼前で生じている子供達の内面の動きが全く見えずに、不成功の授業しか見えてこない。これは一体どうしてなのか。それは、やはり、「授業研究における言語主義」とも言うべきものではないか。授業中の子供達と教師の「発言」によって授業を研究することが可能であるとする一つの思い込みである。この妄想から授業研究を解放する必要を林竹二に教えたのは、子供達の書いてくれた「感想文」であり、次いで小野成視カメラマンが写してくれた「授業の中の子供達の写真」であった[128]。

授業中一言も発言しなかったが、授業参観していた斎藤喜博氏が一番深い学習をしていると見当をつけた畑谷由紀子さん（宮城教育大学附属小学校６年）の感想を次に見てみよう[129]。

もし、私が、今日、先生の授業を受けていなかったら、「開国」ということについて、きっと浅い考えしかもてなかったにちがいありません。
今まで、私は、開国という言葉を、聞いて、ああ、ビッドルが来て、ペリーが来

388　第7章　生命への畏敬と教育の根源

て、ハリスが来て、それで幕府は開国したという事しか、頭にうかびませんでした。

でも、今日の授業で、ああ、これが勉強なんだと感じ、それとともに、本当の開国ということを学びました。

　発言の有無と深い学習の行われる授業の成立とは関係ない。しかし、現場ではこの判り切ったことが軽視されがちであろう。畑谷さんが受けた「開国」の授業は、林教授が徹底して研究したテーマである。そして、「開国」の授業に林教授は大抵2時間を費した。その場合、多くは、一時間を世界史における当時の日本の状況を子供達に理解させるために費す。即ち、林先生が一人で喋る。すると、この点を教師たちは後で批判するのが常であった。「しかし、子どもたちをその歴史的な状況の中につれこむという作業が教師が言葉を惜しんでできることでしょうか。その状況を限定させるために、その状況の中に子どもをつれこんで、阿部正弘なら正弘がおかれた立場に子どもを立たせて、阿部正弘が直面したと同じ問題に子どもを直面させるのです。それができた時に、子どもたちは、はじめて自分で考えることができるのです。子どもが考えるための材料をつきつけることをしない限り、本当に主体的に考えることはできないのです。」と林氏は説く[130]。畑谷さんは授業の中で、それ迄持っていた通俗的な開国についての知識、借りものの知識［＝ソクラテスのいう「ドクサ」］で自足していた状態を打ち破って、これが勉強だということを感じ、本当の知識［＝ソクラテスのいう「エピステーメー」］へと向かって動き出すのを経験したのである[131]。

　以上我々は、授業における参加と集中の問題を、それに続いて、授業におけるドクサの吟味を論じて来た。ドクサの吟味に関連する事例をもう一つ見ておこう[132]。永田町小学校4年で「人間について」の授業中、ビーバーの巣のカラー写真を示されて、中川さんが「ビーバーの巣です。」と答えた。普通の授業はそれで終るかも知れない。しかし、林先生は違った。答えの理由を尋ねる。すると、「図鑑にありました」と返事がある。「図鑑にありましたでは、答えになりませんよ、何かこの写真の中に、そう考えた理由があるでしょう。それは何ですか」と林先生は追求した。中川さんは、立往生し、かなり長い

時間立っていた。永田町小学校の先生は、後でハラハラして見ている。あんなに厳しくしなくても、と思っている。しかし、同じクラスの伊藤君は、非常に肯定的に見ているのである。中川さん自身も次のように書いている[133]。

> 私は、よその学校の先生と勉強したのは、初めてです。いくらかかたくなりましたが、しばらくすると友だちのように思えてきました。……
> 勉強は、だいたい動物と人間の違いだと思います。動物は、ビーバーの例でした。とてもわかりやすく、一時間（四十分）があっという間に過ぎてしまいました。
> （中略）
> 今度図鑑を引くときは、何か目当てを持ち、正しく引くことにしようと思います。ただ、むやみに引くことよりか、目あてをもって引く方が、頭によく入ることがわかった。

こうしてみると、教師の目と子どもの目には離齬があるように思われる[134]。昭和46年12月に行われた長町小学校の5年生との授業で質問された柿沼由利さんは、なかなか答えられなかった[135]。太田良顕君は、「柿沼さんはそのときわかりませんでしたが、林先生はやさしく生徒をわかるまで教えてくれるやさしい先生だと思います。」と言い[136]、相沢麗子さんは、「わたしは、（そのうち、だれかにあてるだろう。）と、柿沼さんのほうを見ていた。でも、林先生は、いつまでたっても柿沼さんに質問した。わかるまで質問した。わたしは、（この先生、わかるまで質問したり、教えたりするのかなあ。）と思った。だけど先生は、にこにこしながら質問していた。」と感想を書いている[137]。この授業については、質問にうまく答えられずにいる生徒に、時間をかけて、問いの形をかえ、何とかして生徒が答えることができるように努める教師の作業に、他の生徒が見事に「参加」している。柿沼さん自身も、「先生は、とてもやさしいです。先生は、わからないと、わかるまで聞いて答えさせます。そういうところがよい先生だと思います。」と書いており、「私は、授業が終ると考えたのは、林先生に国語や算数、理科、社会、音楽、家庭科などをおしえてもらったら、どうなるかなあ、と考えました。たまには、こういう先生もよいと思いました。私は、たったの一時間で先生をだいすきになりました。」と

結んでいる[138]。

相沢さんの2回目の感想文中に登場するように、林先生の授業は、「わからないときは、わかるまでその人に聞く」先生の厳しい態度が「ほかの先生とちがう」点であり、同時にそれが「やさしさ」として受けとめられている。厳しく吟味を受けることの中に、子供達は教師の優しさ、温かさを見るのである[139]。

第4項　授業とは何なのかを考える

ここで、これ迄述べて来たことを踏まえて、そもそも授業とは、そして延いては、教育とは何なのか、という問題を考えてみたい。よい授業というのは、決して発言の多いとか活発な発言の横行するとかいった授業であり得ないことは明白となった。子供達が集中し、それに参加することの出来る授業が望ましい、と一応言えるであろう。それを我々は、授業における子供の集中と参加という形で上述したのであった。「そもそも、子供は皆、成績のよしあしに全く関係なく、勉強したがっている。」これが全国各地の、主に小中学校で授業をし、子供達が書いてくれた膨大な量の感想をくり返し読んで到達した林竹二の「動かしようのない結論」であった[140]。担任によると「全く勉強する気のない」吉岡洋子さん（小学6年）は、「私は、きのう林先生におそわって、とっても楽しいと思った。……私は林先生におそわったことを一生わすれません。でも、こんなにたのしいと思ったのは、はじめてです。」と書いている[141]。同じクラスの佐藤和真君も、「ぼくは、林先生に、べんきょうをおしえられていて、はじめて、人間はいったいなんなのかというぎもんをかんじた。林先生に、ぼくは、このいち年間、人間のことをおそわりたかった。」と言うが、この子も担任によれば、「成績は3の下、勉強する気のない子」である[142]。授業は、こうした「学びたがっている」子供達の気持に応えるものでなくてはならない。そして、膨大な量の子供達の証言から、林氏は、「子どもはみんな手ごたえのある学習にうえているのだ」と確信するに至った[143]。

勉強したがっている子供達に、教師は授業において「手ごたえのある学習」を提供すべく努力しなくてはならないだろう。子供達の求めている授業は、「その中に学習のある授業」である[144]。と言うことは、授業の中に学習のない

ことが子供を勉強ぎらいにするのではないのか[145]。言い換えると、勉強ぎらいな子供をつくるのは、外ならぬ学校なのではないのか[146]。「子どもは本性上学ぶことへの強い希求を持っている。この希求にこたえる授業をすれば、子どもは授業に夢中になる。パン（本当に人間として自分を成長させる糧になる）を求めている子に石を与えるから、子どもは勉強ぎらいになるのである。人間は幼い子——特に嬰児などの成長を見ていると、生きることは成長することであり、成長することはすなわち学ぶことだということがよくわかる。そして大事なことは、学ぶこと自身に、深いところから湧き上がってくるようなよろこびが伴っていることである。[147]」

　授業というものは、従って、一般に誤解されているように、一定の知識を切り売りして教えるというものであってはならない。授業は、「教師と子どもが、いっしょになって一つの問題を追求する場」である[148]。授業は、「子どもの内に一つの事件をひきおこす営み」である、と林氏は表現する[149]。この内面に惹き起こされた事件を子供達の表情写真が我々に雄弁に語ってくれる。『問いつづけて』の79-80頁の4枚の写真は、ビーバーの授業を受けながら、4年生の少年が問題に追いつめられて、苦悶の姿に変化する様子を伝えている、と林氏は解説する[150]。子供達の内面における同様の変化を様々な写真が証言している[151]。林氏は、こうした写真や感想によって、授業というものが、「知識の授受という静的な、平板な知的作業」ではなく、「子どもの内面に一つの事件がおきるにいたる、劇的な経過をふくんでいること」を学んだと言う。「子どもたちは、授業の中で自分自身との格闘を経験している。そして追いつめられて、自分をのりこえているのである。これが、私に、授業を山登りにくらべるべき営みとして考えさせるようになった。山登りにおいては、心身のすべてが動員される作業へのふかい集中がある。ことばの量は必要最小限であるのが当然だろう。言葉だけによって授業をとらえれば、授業における最も決定的な部分は切りすてられる。[152]」かくして、我々は林竹二独特の授業［実は教育と言い換えることも出来る］の定義に到達する。即ち、「授業とは、子どもたちが自分たちだけでは到達できない高みにまで、自分の手や足をつかってよじのぼるのを助ける仕事である。[153]」

　「よじのぼるのを助ける仕事」が、授業であり、教育である。具体的には授

業における教師による子供の発言の吟味である。それ故、発言の多さは殆ど
それ自体として意味を有しないことは、今や明らかであろう。「吟味を経たと
きにはじめて、子どもの発言は意味をもつ——学習の中で動かない意味を持
つものになる。……したがって吟味のない授業は、授業でない。発言があっ
ても吟味がない場合には、授業は成立しないわけです。教師はこれがわから
ない。そして形式的に子どもの発言が多ければよい授業だなどといっている。
だがそういう教師に駄目にされないかぎり、子どもは感じとる力が実にする
どい。こうして、『答えを出すと、どこまでも問い詰めるので、勉強がたのし
くできます。』という感想になるわけです。」と林氏は語る[154]。従って、教師の
仕事は、医者などよりも実は遥かに困難であるということになる。

　さて、我々は今授業における教師の仕事を看た。それを子供、学習者の側
から眺めるとどうなるだろうか。それは借り物の知識、ドクサという垢にま
みれている日常性から授業乃至学習における自己吟味を通じて魂を浄めるこ
とである。即ち、カタルシスである[155]。林氏は、「いっぺんこういうきっかけ
で、自分自身を乗り越えるというような経験があると、そこから永続的な変
化が生まれてくる」と言う[156]。

第5項　学ぶとは何なのかを考える

　第3節を締めくくるに当って、我々は、「学ぶということ」についての林氏
の基本的理解を是非とも見ておくべきであろう。既述の内容から、その大筋
は与えられているので、それを少し詳細に見ることになる。大学での仕事に
連関して、林氏は、研究によって、新しい事実を発見することと新しい価値
を創造することとを挙げている[157]。「事実の発見と価値の創造とは、かれにお
いて不可分一体のものだった。そして、なによりも事実に対する、十分な時
間をかけての徹底した追求が、かれのしごとの核をなしていた。これは、研
究者として当然のことであり、なにも新しいことではない。しかし、かれの
場合、このような姿は、あらゆる場合をとおして一貫していた。」と小野四平
教授は語る[158]。

　学問を林竹二氏は「実学」と捉えていた。それは孔子の学問観に連なるも
のである。「子曰はく、古の学者は己の為めにし、今の学者は人の為めにす。[159]」

林氏は「学問について」の中で次のように述べている。「古人は、学が為己である時に、それは真実に学——実学だと考えたのである。ここに我々から古人を隔てているものの大きさを見るべきである。……真実の学は、如何なる歴史上の時期に於ても常に困難であった。これは人間的決意の問題だからである。学を決意の如きものから、全く離れたものと考えるところに、人間の頽落に伴う近代の迷信が潜んでいないだろうか。[160]」と。「季節外れの考察」という副題を伴ったこの論文は昭和23年公表されたものである。ここに、我々は、林竹二氏が氏の学問観の基本を明言し、自覚的に歩んでいたことを知ることが出来る。しかも、実学とは、正しく解される時、林竹二氏のいう意味での「為己の学」でなくてはならないだろう。かくして、実学は、我国における通俗的意味での実学から明確に区別されるべきものとなる[161]。

　林氏は、「学問とは、すでに出来上った知識の若干を身につけることではない。自分がぶつかる問題とまともにとりくんで、それを追求する意志とその方法が学問だと思うのです。」と、教員養成大学の改革に関するインタビューの中で発言している[162]。又、「学ぶ意志を欠いては、学問は学問ではない。また大学は大学にならないのです。」とも言う[163]。学問とは、為己の学であり、真実の学との意味で実学である。そこでは学ぶ意志があくまでも要請される。そして、学ぶ意志とは、「真実を真実であるが故に尊重し、追求する意志、あるいは志操」であって、それが「問題を何度でも問いなおさせる力」になる[164]。「方法的に獲得され、確認されていない知識（ソクラテス的には、吟味を経ていない知識）を、私はソクラテスにならって、ドクサ doxa（知識以前の意見、信念）とよぶことにします。このドクサの吟味がソクラテスにおいては、学問そのものです。」と林氏は言う[165]。そのドクサの内容を形成しているのが世間の通念であってみれば、ソクラテスの学問をそして為己の学を追求している者にとって「その世間的価値や思想そのものを吟味にかける」のは必至である。この道筋では、授業を根本から考え直してみる必要性の告発と教育行政の責任についての断罪があった。

　ここで、学ぶということに連関して、子供達の証言や変貌の実例を紹介しておきたい。泉市黒松小学校5年の荒木久美子さんの感想を先ず見て頂きたい[166]。

394　第7章　生命への畏敬と教育の根源

私はこの「人間とは何か」を勉強して感じたことはふつうの算数や国語などとちがうし、算数のように答で終わってしまうんではなく考えれば考えるほど問題が深くなっていく。私は勉強していてどこでおわるのか心配になってきたほどだ。私は一つのことをもっともっとと、深くなっていく考えかたがこんなにたのしいものかとびっくりした。……こんどから私は少しの時間をつかってでもいいから、今の勉強とはぜんぜんちがっていて問題がどんどん深くなっていくような勉強をクラスのみんなとやってみたいな、と思う。

　この荒木さんの感想には実に様々の事柄が語られている。覚え込むのとは違った、或いは、簡単に素通りしてしまうのとは違った学習に子供が喜びを覚えること。「答で終わってしまう」勉強ではなく、「答で始まる」勉強の可能性。「深まっていく」持続的な勉強の充実感。「子どもは授業の中で、自分自身の問題に出会って、それを誰にも強いられることなく、本気で辛抱強く追求することにふかい喜びを感じている。それを子どもたちは心から楽しいことと受けとめている。[167]」そうした学習は荒木さんにとって初めての体験であった。逆に言うとそうした学習はいつもは無いのである。もう一つ実例を挙げておくのがよいと思う。『教育の再生をもとめて』の中に林竹二氏が湊川高校で行った授業「創世記」が全文載っているが[168]、その授業中「極楽と地獄というのは単なる作りばなしではないように、私はおもいます。」と林先生が言うと、すかさず米田君が「今現にあることやろ。……僕ら金ほしい、金を持ってるもの、極楽、働いとるもの、地獄。[169]」と、「軽口めいた、しかしある実感をこめて[170]」言った。1年半余り後に行われた授業「田中正造」の5回目が終わると直ちに米田君は林先生のところに近寄っていった。「田中正造の授業を聞いていたら、地獄・極楽あるの信ずるわ。金、関係ない。」というのを言うためであった[171]。「この米田君は軽口のように吐いた言葉を、一年半自分の胸に刻みつけていたのです。そして、一年かけて田中正造の授業をうけているうちに、地獄・極楽はあるのだ、しかも、それは金とは関係はないのだということが腑におちた。そして、わざわざ、一年半前の自分の言葉を取り消しにきたのです。」と林氏は言う[172]。湊川高校ではこの米田君の外にも、授業を受けてから、持続的に自己変貌を遂げている生徒がいる。

第3節　授業研究から授業巡礼へ　395

　林竹二博士は、思想家として研究者として、ソクラテスは固より、近代日本史上の特異な人物の研究を残した。新井奥邃の未完の研究は惜しむに余りあるが、森有禮に関する第一次資料に基づいた新しい再評価の土台を築いた一方、田中正造についても力作を遺した[173]。ここでは、『田中正造の生涯』から次の部分を引いておきたい[174]。それは、木下尚江と田中正造における理解の相違に関係する。

　　何かを「理解する」あるいは「見える」ということが、正造と尚江では、ひどく異なった事態であったようにおもわれる。正造の場合は、一つの事を理解する、あるいは理解できるようになるのは、理解できなかったときの自分と別の人間になることであった。見えるということも同じで、見えなかったものが見えるようになったということは、見えなかったときの自分とは別のものに自分がなったことを意味していた。

　そして、かような意味での「理解」乃至「見えること」は正造における「学ぶこと」と一体的なるものであった。「学ぶということは、田中正造の師友新井奥邃の理解にしたがえば、自己を新にすること、すなわち、旧情旧我を誠実に自己の中に滅ぼしつくす事業であった。その事がなしとげられないあいだ正造においては『理解』は成立しなかったのである。[175]」林博士の田中正造研究には、同様に生きる者にして始めて読み取ることが出来たのではないかと思われる節が感じられる。何れにせよ、授業を巡る諸問題の指摘と検討を通じて、我々は林博士の思想と行動、或いは、受肉した思想を明らかにすることに努めて来た。そして、その途上で、林博士による「授業」の独特な定義に着目した。更に、教える側から眼を転じて、教わる側、即ち、学ぶがわからの「学ぶ」という行為を論じて来た。いま本節を締括るに当り、次の文章に如くものを私は知らない[176]。

　　学ぶということは、覚えこむこととは全くちがうことだ。**学ぶとは、いつでも、何かがはじまることで、終わることのない過程に一歩ふみこむことである。**一片の知識が学習の成果であるならば、それは何も学ばないでしまったことではないか。**学んだことの証しは、ただ一つで、何かがかわることである。**

結　論　教育の根底にあるもの

　林竹二博士の事績に関して論じ得なかったことは甚だ多い。それについては他日別稿を期する外ない。ここでは是非言及しておくべきと思われる事項を取り上げ、最後に「教育の根底にあるもの」に言及しよう。

　第3節で、授業を始めた機縁、授業に「病みつき」になった理由を我々は見た。詰り、林竹二博士は、授業から離れられなくなった。それは、「授業のなかに没頭してゆく子供たちの沈思と高揚の入り交じった不思議な姿を見る驚きに、また、様ざまのものを子供たちから学ぶ喜びに先生がとらえられたためでもあるが、最大の理由は現場を実地に歩いてみて、授業を根本から考え直す必要のあることを痛感したからだった。」と日向氏は記している[177]。では、何故、林博士は、繰返し執拗に、「授業の可能性」や「授業の成立」を問題にし、授業を根本から考え直す緊急の必要性を訴え続けたのか。教師はそもそも教材を深く把えて、授業を厳しく組織するという責任を果たすことにより、授業を成立させねばならない[178]。しかし、教師がその責任を放棄する時、授業は授業でなくなる。名は授業であっても、実はそこに授業はなく、それは恰も名は法（又は法律）であっても、人間の人格性や共同善を根本的に破壊するようであれば、実はそれは法としては存在せず、寧ろ不法と呼ばれるのに比較されよう。教師と子供達とが一緒に問題を追求するという意味での授業が存在しない時、授業は容易に「生存競争の場」となってしまい、そこでは多数の子供がその犠牲となり、所謂「お客様」にされてしまう。林竹二氏は、「私がある学校で、授業をしたとき、――私はこんなに先生と授業をしたのは、はじめてです。――と書いた子のいたのをいつまでも忘れることができない。わたしがくりかえし、くりかえして、授業の可能性やその成立を問題にして、授業を根本から考えなおす緊急の必要性を訴えつづけているのは、このように、授業の中で授業からしめ出され、ふみつけられて、哀れな位置にすえ置かれつづけている子どもたちのなまの声が、耳について離れないからである。」と説明している[179]。そう、あの無数の真理ちゃんの声が耳について離れないのである。

結　論　教育の根底にあるもの　　397

　或る時、日向氏は林先生に向って、教育荒廃現象の原因は種々あろうが、特に家庭乃至社会がその最大原因ではないかとの考えを述べたと言う。すると、「君の言う通りでしょう。しかし、そんなふうに原因を分析したり、論じたりしていては解決になりません。現に切り捨てられている子供たちがいるのです。その子供たちが授業を変えることによって、救われる道が少しでも残されていると思うならば、それを求めるのは当然でしょう。」との返事があった[180]。かくして、林博士の授業巡礼は継続された。

　授業巡礼を続ける中で、林博士の眼に教育における子供達の不幸の根本原因が、そして「教育荒廃の大きい根源」が次第に明らかになっていった。それは、授業の不在であり、より詳説すると、「授業が、こどものそれぞれにもっている個性的な力を、さぐり当てたり、掘りおこしたりする創造的な営みではなくて、一定の、どこかで教えるべきものと決めたことを教える、下請けの機械的な作業になってしまっているところ[181]」に存する。別言すれば、封建的教学の理念——「子に教えざるは父の咎なり、教えても学ばざるは子の罪なり」——が戦前も戦後も生き続けているということである[182]。そして、「人間の子を人間らしい人間に育てる場」である筈の学校が、現実には「工場」の如くに看做されている。工場は「いい製品を作る」のが目的であるから、そのために「最もいい材料」を集め、精密な設計を作り、設計通り製品を作ればよい。しかし、学校は、「いろいろな資質、いろいろな能力をもった子どもたちを集めて、その子どもたちのもっている最善なものを、それぞれの子から引き出す。そのことに対して学校と教師は責任がある」筈ではないのか[183]。参議院文教委員会における陳述では、「学校教育のあらゆる段階における学校教育の空洞化」が深刻な事実として指摘されている[184]。そして、最晩年に至って、学校という世界に根底からの環境破壊を持ち込んだ「原因物質」を突き止めるべく[185]、『教育亡国』が執筆された。今は要約を省いて、結論を言うと、「学校教育の退廃の直接の、そしてもっとも根本的な原因をなしているものは、文部省の中央集権化された行政権力と財界産業界との『合体』であった。そのことをわれわれは、はっきりと押えておく必要がある。[186]」かくして、林博士は、文部省は大政を、人民に、奉還する必要があるのではないか、と結ぶ[187]。

398　第7章　生命への畏敬と教育の根源

　最初の構想段階では、林竹二氏に多大な影響を与えた斎藤喜博氏との授業観、教育観の比較検討を予定していたが、これは日向氏の著作や横須賀氏の著作を参照して頂きたい[188]。要は、教育をポイエーシスの観点で捉えるか、それともプラクシスのそれで捉えるかという相違に帰着する。又、林竹二氏が授業を行って成功したのは、例えば「人間について」というような主題であったからで、他の科目では相当困難ではないか、との疑念を抱く向きがあるかも知れない。しかし、この疑念は二点で誤っているのではなかろうか。第一に、林博士は、子供達の深く蔵している無限の可能性、たからが授業によって引き出されないままになっている現状を認識して貰い、真剣に授業の可能性や成立の問題に取組んで貰うことを願ったのであったという、この点を誤解しているだろう。第二に、別に道徳に限らず、他の科目でも可能であることが、例えば遠藤豊氏との共著『いま授業を変えなければ子どもは救われない』で述べられている[189]。更に、城南小学校という普通の小学校での実践記録も、仮に武田忠氏が大学教員の身でありながら空前絶後の小学校留学をし、しかも永井文部大臣の時期に遭遇しそれが可能になったという好条件が協働したとは言え、感動的に有力な証言をしている[190]。

　「生命への畏敬だけが教育を可能にする」――これを銘記すること以上の緊急事はない[191]。そして、その教育についての洞察は、最晩年に林竹二博士が「わかくさ学級」に巡り合うことによって、更に深められることになった。須賀川養護学校の重症心身障害児訪問部の教師達の実践に出会ったのである。そこの安藤哲夫先生の五重の重い障害を一身に背負って生きている勝弘少年との出会いと関わり続ける姿に深い感銘を受けない者はいないであろう[192]。「私は、介助というものは教師がわきについていることによって子どもの中に動こうという意志が生まれてくる。そして、動く上にちょっとした支えを出してやる、そういうことが介助だと思っておりますけれども、そういう介助に教育の原点があるのではないかと思うわけです。[193]」

　1　拙稿「カトリック社会理論の現代的意義」（高橋広次編『現代社会とキリスト教社会論』1998年、南山大学社会倫理研究所）195頁。
　2　以下の記述は、全面的に日向康『林竹二　天の仕事』（1992年、社会思想社刊、現

代教養文庫）に負っている。年月日については特に、同著 3-4 頁、371-377 頁。その外、小林洋文『人間を学ぶ—林竹二の人と思想—』（1990 年、径書房）178-179 頁。

3　日向『林竹二　天の仕事』75 頁。

4　角田桂嶽については、日向前掲書、81 頁以下、特に 103-115 頁。その外 133 頁。

5　日向前掲書、106 頁。

6　日向前掲書、27-30 頁、371 頁。

7　日向前掲書、78-79 頁。

8　日向前掲書、80 頁、100 頁。傍点は原著者による強調。

9　日向前掲書、135-136 頁。そもそも日向氏の『林竹二　天の仕事』に収録された論文「その学問、その思想——核としてのキリスト教を中心に」（69-178 頁）は同書の中でも格別の位置を占めるものであるが、本文中に引用した林竹二先生の言葉やその師に関する沈黙、一時的にせよ、林先生がキリスト教から離れたかのように見えること、こうした問題を解明する目的をも有して執筆されたものである。尚、山川丙三郎については、林竹二『学ぶということ』252-253 頁、高橋里美については、同書 259-262 頁を参照。

10　日向前掲書、114 頁。傍点は原著者による強調。

11　日向前掲書、117、119、124 頁。

12　日向前掲書、117 頁。

13　日向前掲書、118 頁。引用に際して原著者によるルビは原則として省略した。以下同様。訳文は、吉岡繁訳『キリスト教とは何か——リベラリズムとの対決』（1976 年、聖書図書刊行会）の孫引。

14　日向前掲書、118-119 頁。

15　日向前掲書、119 頁。

16　日向前掲書、119、123-124、127-131 頁。

17　日向前掲書、79 頁。

18　日向前掲書、200 頁。その外、日向氏のご子息と林先生との間で交わされた挿話（219-220 頁）も実に印象的である。

19　日向前掲書、371-372 頁。小林『人間を学ぶ』178 頁。

20　日向前掲書、80 頁。

21　日向前掲書、156、372 頁。

22　日向前掲書、156 頁。

23　日向前掲書、31-32 頁。「先生の辞職は“女専”の管理体制に対する抗議からであった。それが、『自己の主体にかかわ』るものであると考えられたために、先生は辞職の道を選ばれたのである。」（同書、157 頁）

24　国土社編集部（編）『林竹二——その思索と行動』298 頁。

25　日向前掲書、32 頁。

26　日向前掲書、159 頁。

27　日向前掲書、33 頁。

400 第7章 生命への畏敬と教育の根源

28 日向前掲書、34頁。「先生にとって、思想をもつということは自己の全存在と行動とで、その思想に責任を持つ事であった。これを書かれたのは、ずいぶん後のことだが、総べての価値が一変すると言う敗戦を迎えたその時期に、先生はすでに『思想を持つ』行為を果たされていた。私は、このような先生を尊敬する。」(同書、160頁)

29 日向前掲書、35頁。

30 日向前掲書、36、286頁。尚、36頁から56頁迄の記述の中では、林竹二氏は竹林として、又、山之口甫氏は山内元中佐として、稲村良平氏は稲垣元少佐として登場している。「事実の記録に留まらず、登場人物の心理や感情にまで踏み込むこともあったため仮名を用いた」由である(同書、35頁)

31 日向前掲書、48頁では「予定どおりに、開講は昭和20年12月1日である。」と書かれているが、同書42頁で訂正されている。尚、同書287頁をも参照。

32 日向前掲書、50頁。

33 日向前掲書、48-50頁。

34 日向前掲書、273頁。如月会については、「如月会」時代(同書286-297頁)参照。

35 日向前掲書、372頁。

36 「学問について—季節はずれの考察—」は、現在、林竹二『学ぶということ』(1-17頁)に収録されている。

37 林竹二『教育亡国』第4章参考。

38 日向『林竹二——天の仕事』58頁。

39 日向前掲書、59頁。

40 小林洋文『人間を学ぶ』38-39頁。

41 林竹二『教育亡国』90頁。小林『人間を学ぶ』39頁。

42 林『教育亡国』91頁。

43 小林『人間を学ぶ』42頁。

44 小林前掲書、41頁。

45 林『教育亡国』91-92頁。尚、嶋田隆「東北大の教員養成切り棄てと学長就任」(国土社編集部編『林竹二——その行動と思索』)をも参照。

46 林『教育亡国』93-94頁。

47 林『教育亡国』93頁。無期限全学ストライキ突入は9月15日、学長辞任は9月28日のことであった。

48 小林『人間を学ぶ』45-46頁。「何より大きい教訓は、大学はその進路について、ある政治的選択をすると、学外で評議会を開いて、警察の力を借りて学生からそれを守ってもらってでも、その意思を貫徹することを恥じないという情ない事実の発見であった。……自己自身のあり方を改めて問いなおすことをしないで、警察の力に頼って学園の秩序の回復を図る精神は、『大学の運営に関する臨時措置法』(昭和44、8、17施行)の公布以前から大学に無縁ではなかったのである。」(林『教育亡国』94頁)

49 小林『人間を学ぶ』47頁。

註 401

50 林『教育亡国』87頁。宮城教育大学の初代学長は、「東北大学の教員養成課程の分離推進の中心であった東北大学学長の兼任であり、そのあとを任命制の第二代金倉円照学長がつぎ、そのあとの三代目になって、はじめて、教授会の手で選任されて、私が学長に就任したのである。」(同頁)尚、学長時代の林竹二の事績については、小野四平教授の手になる「林竹二・宮城教育大学学長略年譜」(林竹二『学ぶということ』271-280頁)を参看されたい。又、東北大学教育学部からの教員養成課程の分離及び宮城教育大学の設立の過程における林竹二教授を語るものとして、稲垣忠彦「教師への『苦言』の意味するもの」(国土社編集部編『林竹二——その思索と行動』)、特に102-106頁を参看されたい。

51 林『教育亡国』100頁。林『学ぶということ』272頁。

52 林『学ぶということ』21-22頁。

53 林『教育亡国』100頁。『学ぶということ』にはこれに対応する描写は見られない。

54 林『教育亡国』101頁。

55 林『教育亡国』101頁。『学ぶということ』27頁。

56 林『教育亡国』101-102頁。

57 林『教育亡国』102頁。『学ぶということ』27頁。

58 林『教育亡国』102頁。

59 林『教育亡国』97-98頁。この辺りの記述は、横須賀薫氏による「林竹二紹介文」(宮城教育大学の大学祭［昭和51年11月］の記念講演の参考資料に掲載。後、林竹二『教えるということ』228-229頁に再録)に応答したものである。

60 林『教育亡国』103頁。「学生たちは明らかに私を『客』として遇してくれた。この封鎖棟の内側で、封鎖学生とともにすごした十時間ばかりの時間の中に、私の学生との最初の『出会い』があったと私は思っている。」(同書98頁)

61 林『教育亡国』103頁。『学ぶということ』28頁。

62 林『学ぶということ』32-33頁。『教育亡国』105頁。

63 林『教育亡国』106頁。尚、『学ぶということ』137-138頁。

64 林『教育亡国』107頁。

65 林『教育亡国』104頁。

66 林『教育亡国』96頁。

67 国土社編集部編『林竹二——その思索と行動』243頁。

68 国土社編集部編『林竹二』252-253頁。

69 林『学ぶということ』36頁。

70 林『学ぶということ』38頁。

71 林『学ぶということ』272頁。

72 小林『人間を学ぶ—林竹二先生の人と思想—』55-58頁。

73 日向康『林竹二——天の仕事』66頁。尚、『林竹二——その思索と行動』234-235頁をも見よ。林竹二・伊藤功一『授業を追求するということ——城南小におこったこと』(1990年、国土社)によると、附属学校に課せられた本来的課題、即ち、「教員養成の

402　第 7 章　生命への畏敬と教育の根源

仕事の中で、医師養成の仕事の中で付属病院が引受けている任務を引受けること」並びに教員養成の基礎となるべき「臨床的な教育諸科学」の創出に寄与するという課題を遂行すべく、それまでの慣行とは異なる副校長人事が行われ（先ず中学副校長、後に小学校副校長も）、現職教育講座が先ずはプライベートな形で 47 年 4 月から、翌 48 年からは正式に開講され、49 年 4 月には授業分析センターの設立が認められた。そして、このセンターの基礎づくりの任に堪える人物として、教授学担当教授として斎藤喜博氏が抜擢されたのであった（同書 233-245 頁）。

74　林『教育亡国』108 頁。

75　林『教育亡国』111 頁。『学ぶということ』41 頁。

76　林『教育亡国』104 頁。林、伊藤『授業を追求するということ』232 頁。

77　林『教育亡国』88 頁。

78　国立大学協議会第 45 回総会途中退席の経緯については、林『学ぶということ』182-199 頁。『教育亡国』114-129 頁。尚、波多野完治氏の回想（『林竹二──その思索と行動』91-93 頁）をも見られたい。

79　林『教育亡国』108 頁。

80　小林『人間を学ぶ』52 頁。

81　小林『人間を学ぶ』53 頁。

82　日向『林竹二　天の仕事』210 頁。

83　林『学ぶということ』49 頁。

84　「宮城教育大学広報」10 号（昭和 45 年 10 月）、同 11 号（昭和 45 年 12 月）掲載の「全学集会」と「リコール制」の趣旨、方法についての提案と制度化については、林『学ぶということ』148-164 頁を参照。

85　林竹二著作集第七巻「巻末に」。但し引用は、日向康『林竹二　天の仕事』181 頁からの孫引。

86　小林洋文『人間を学ぶ』70-71 頁。

87　小林『人間を学ぶ』15-16 頁。

88　日向『林竹二』374 頁。

89　林『授業・人間について』179 頁。

90　日向『林竹二』375 頁、小林『人間を学ぶ』179 頁。「人間について」は、林竹二『授業・人間について』に、「ソクラテス」と「創世記」は、林竹二『教育の再生を求めて、湊川でおこったこと』（1977 年、筑摩書房）に、「田中正造」は、林竹二編『続・授業による救い、南葛飾高校で起こったこと』（1993 年、径書房）に収載されている。

91　林『授業・人間について』181 頁。

92　横須賀薫「林竹二について」（林『教えるということ』所収）、特に 235 頁以下を参照。

93　横須賀「林竹二について」237 頁。

94　宮前貢「最初の授業にたちあって」（林『授業・人間について』所収）242 頁。

95　林『授業・人間について』181、243 頁［宮前執筆］。

註　403

96　林『教えるということ』82 頁。林『授業・人間について』182 頁。

97　林『教えるということ』11 頁。林教授は、宮前氏が卒業するとき、氏の職場に応援に行くことを約束していた。その約束を果たすべく、氏の卒業から 5 年経った昭和 41 年に氏の職場であった白岩小学校を訪れたのであった（『教えるということ』54 頁）。

98　林『授業・人間について』76-92 頁に、郡山市立白岩小学校 6 年生 31 名の感想が載っている。

99　感想の全文は、林『授業・人間について』77-78 頁に見える。

100　林『授業・人間について』14-15 頁。

101　林『授業・人間について』246 頁［宮前貢執筆］。

102　林『授業・人間について』特に 247-252 頁［宮前執筆］。

103　林『教えるということ』55 頁。

104　林『教えるということ』60 頁。

105　林『授業・人間について』77 頁。この感想文は、多くの箇所で引用されている。例えば、林『教えるということ』11、60-61 頁。林『授業の成立』65-66 頁。そして、林『問いつづけて、教育とは何だろうか』4 頁には、その図版が載っている。

106　林『教えるということ』61 頁。

107　林『教えるということ』11 頁。

108　林『授業・人間について』222 頁。

109　林『授業・人間について』110-111 頁。

110　小林洋文『人間を学ぶ』83 頁。

111　横須賀薫「林竹二について」（『教えるということ』所収）238-240 頁。

112　林『問いつづけて』25 頁。

113　小林『人間を学ぶ』93 頁によると、16 箇所間違いがある。

114　林『問いつづけて』25 頁。

115　林『問いつづけて』26 頁下段図版参照。

116　林『問いつづけて』25-27 頁。

117　林竹二著作集第七巻 264 頁。但し、小林『人間を学ぶ』97 頁からの孫引。

118　林『授業の成立』158 頁。

119　林『授業の成立』122 頁。尚、小学校の特定は、林竹二、灰谷健次郎『教えることと学ぶこと』（1996 年、倫書房）30 頁により可能である。

120　林『授業の成立』123 頁。

121　林『授業の成立』125-173 頁。林『問いつづけて』81 頁。引用は、林、灰谷『教えることと学ぶこと』30 頁によった。

122　林『授業の成立』174 頁。

123　林、灰谷『教えることと学ぶこと』30 頁。『問いつづけて』81 頁。

124　林『授業の成立』174-175 頁。

125　林『授業の成立』143 頁。尤も、このクラスに一人だけ例外があった。同書 144 頁

404 第7章 生命への畏敬と教育の根源

参看。

126 林竹二、伊藤功一『授業を追求するということ、城南小におこったこと』（1990年、国土社）204-205頁。

127 林竹二、伊藤功一『授業を追求するということ』「林先生との出会い」［伊藤功一執筆］特に12-22頁。

128 林『授業の成立』171頁。

129 林『授業の成立』83、101-102、127-128、163頁。林『学ぶということ』113頁。

130 林、伊藤『授業を追求するということ』207頁。

131 ドクサの吟味としてのソクラテスの問答法については、林『授業の成立』15-16、79-84頁。

132 林『学ぶということ』105-108頁。

133 林『学ぶということ』105頁。

134 林『授業の成立』65-69頁。

135 林『教えるということ』65-68頁。林『授業・人間について』173-175頁。

136 林『授業・人間について』130頁。

137 林『授業・人間について』131頁。

138 林『授業・人間について』132-133頁。

139 林『授業・人間について』132頁。林『教えるということ』68頁。子供が吟味という作業における「仮借のない厳しさ」を「優しさ」として受けとめる感受性を有することについて、林『問いつづけて』76-78頁を参照。

140 林『教育亡国』177頁。林『教えるということ』12-15頁。林『問いつづけて』22頁。

141 林『教えるということ』105-154頁。林『教育亡国』179頁。林『授業の成立』117、154頁。

142 林『教えるということ』12-13、105、149頁。林『教育亡国』178-179頁。林『授業の成立』152頁。

143 林『教えるということ』40頁。

144 林『教育亡国』184頁。

145 林『問いつづけて』22-23頁。

146 林『授業の成立』7頁。

147 林・灰谷『教えることと学ぶこと』220-221頁。

148 林『教えるということ』151頁。

149 林『教えるということ』14頁。

150 林『教育亡国』156頁。同じ写真が、林竹二『決定版　教育の根底にあるもの』の22-23頁に載っている。尚、この少年は、「どうかすると授業の途中で室を飛び出して一時間帰ってこないというようなことがある子なんだそうです。」と他の箇所で説明されている（林・伊藤『授業を追求するということ』208頁）。

151 林『決定版　教育の根底にあるもの』や林『問いつづけて』を参照。

註　405

152　林『授業の成立』171-172 頁。

153　林『教えるということ』17 頁。林『教育の再生をもとめて』64 頁。

154　林『教育の再生をもとめて』56-57 頁。

155　林『教育の再生をもとめて』63 頁。林『問いつづけて』75-78 頁。林『決定版　教育の根底にあるもの』32-33 頁。

156　林『決定版　教育の根底にあるもの』33 頁。

157　林『学ぶということ』89 頁。但し、表現は、小野四平教授の「林竹二における学問」（『林竹二、その思索と行動』所収）44 頁から借用した。

158　小野四平「林竹二における学問」45 頁。小野教授の叙述は一読に値する。

159　『論語』憲法第十四、二四（木林英一訳・注、講談社文庫）379 頁。

160　林『学ぶということ』15 頁。

161　小野「林竹二における学問」36-37 頁。

162　林『学ぶということ』177-178 頁。

163　林『学ぶということ』85 頁。

164　林『学ぶということ』92-93 頁。

165　林『学ぶということ』93 頁。

166　林『授業・人間について』272 頁。

167　林『授業の成立』154 頁。

168　林『教育の再生をもとめて』122-156 頁。

169　林『教育の再生をもとめて』144 頁。林『問いつづけて』115 頁。林『決定版　教育の根底にあるもの』43 頁、及び林『教育亡国』165 頁では少し表現が変わっている。

170　林『教育亡国』165 頁。

171　林『教育亡国』164 頁。林『問いつづけて』114 頁。その時の写真が『問いつづけて』121 頁、『決定版　教育の根底にあるもの』44 頁に載せられている。

172　林『教育亡国』165 頁。

173　小林『人間を学ぶ』130-170 頁。

174　林竹二『田中正造の生涯』（1976 年、講談社）137-138 頁。

175　林『田中正造の生涯』160 頁。

176　林『学ぶということ』95 頁。ほぼ同文で、林『教えるということ』105-106 頁。

177　日向康『林竹二　天の仕事』210 頁。

178　林『学ぶということ』132 頁、『授業の成立』14-18 頁。

179　林『授業の成立』158-159 頁。又、別の箇所では、「私は六年間に小中学校で 230 回ばかり授業をして、子供が素晴しい力をもっていることに驚嘆した。だがその力は、学校教育の中でほとんど引出されないで、つぶされてしまっている。また子供はみんな勉強したがっている。それなのに、学校教育が彼らを勉強ぎらいにしてしまっている。私は次第に学校教育における子供の不幸を、そのまま見すごしにできなくなっていた。」（『教育の再生をもとめて』「はしがき」）とある。

180　日向『林竹二』211-212、187 頁。

406 第 7 章 生命への畏敬と教育の根源

181 林『教育の再生をもとめて』「はしがき」。
182 林『教育亡国』185-186 頁。
183 林『問いつづけて』21 頁。
184 林『学ぶということ』240-250 頁。
185 林『教育亡国』9-10、14 頁。
186 林『教育亡国』314 頁。
187 林『教育亡国』314-316 頁。
188 日向『林竹二』188-191、193-205 頁。横須賀薫『斎藤喜博、人と仕事』（1997 年、国土社）147-172 頁。
189 林竹二、遠藤豊『いま授業を変えなければ子どもは救われない』（1981 年、太郎次郎社）。算数の事例として、『決定版　教育の根底にあるもの』44-45 頁。
190 例えば、武田忠氏の体験報告が林、伊藤『授業を追求するということ』181-190 頁に収録されている。更に、武田忠『私の小学校留学記』（NHK ブックス）をも参照。
191 林『教えるということ』34-35 頁。
192 林『決定版　教育の根底にあるもの』48-64、158-173 頁。
193 林『決定版　教育の根底にあるもの』50 頁。尚、同書 173 頁をも参照。

407

Anhang I
Philosophische Überlegungen
über die Menschenrechte und -würde

Vorbemerkung
I. Der Mensch als staatsbezogenes Familienwesen
II. Der Mensch als sittliches sowie rechtliches Wesen
III. Der Mensch als klagendes Wesen
Schlussbemerkung

Vorbemerkung

Heutzutage wird niemand offensichtlich bestreiten, dass die Würde des Menschen vorgeht und die Menschenrechte zu achten sind. Doch differenzieren sich die Meinungen immer aus, wenn es sich um etwas Konkretes handelt. Wir möchten natürlich womöglich etwas Gemeinsames aus verschiedenen Meinungen erringen. Aber wie könnte es sich vollziehen? Zu dieser Aufgabe, wie ich hoffe, soll diese Abhandlung etwas beitragen, indem ich mich zunächst mit dem Gedanken „Mensch als staatsbezogenes Familienwesen", von mir zum erstenmal so formuliert[2], befasse. Dann werde ich an die Unvermeidlichkeit der Autorität bei der Frage der Menschenrechte herangehen. Meine Abhandlung wird sich in drei Teile gliedern.

I. Der Mensch als staatsbezogenes Familienwesen

Wenn man an die Aufgabe, die Natur des Menschen zu erklären und zu ergründen, herangehen will, scheint es mir angebracht, den Menschen vor allem als Familienwesen aufzufassen, was *Johannes Messner*, ehemaliger Wiener Sozialethiker, in seinen Werken deutlich ausgeführt hat[3]. Nach *Messner* sind objektive und subjektive Wirkweise des Naturgesetzes im Menschen zuinnerst verbunden. Weil der Mensch in Wirklichkeit viel ursprünglicher und zu allererst Familienwesen ist, als üblich in sich fertiges Wesen

408   Philosophische Überlegungen über die Menschenrechte und -würde

gadacht. „In der Familie erfährt er die Formung seiner Haltungen und Verhaltensweis-
en wie überhaupt seines Geistes bis auf den tiefsten Grund, und in der Familiengemein-
schaft lernt er, was ihm als Gesellschaftswesen und als Einzelwesen im Streben nach
Erfüllung seines Glückstriebes, also in seinem Wertstreben, wahrhaft zum Wohle ist. Es
ist die unmittelbare, ihm in diesem Zusammenleben durch seine Natur aufgenötigte
Erfahrung, die für seine Selbstbestimmung der Anlaß zu den seiner Natur gemäßen
Verhaltensweisen wird[4]." Weil in der Familie inhaltsbezogen erfahren und erlernt, sind
die sittlichen sowie rechtlichen Prinzipien, also die Naturrechtsprinzipien in unter-
schiedlichen Bereichen dementsprechend anwendbar[5]. Sie sind also nicht inhaltsleer,
wie *Hans Kelsen* und *Ernst Topitsch* kritisieren.

Der Mensch strebt, wie alle anderen Lebewesen, nach seiner Vervollkommnung und
Vollkommenheit. *Aristoteles* spricht von dem Guten und der Eudaimonia, was wörtlich
Gutsein der Seele bedeutet[6]. Niemand wird sich wohl dagegen äussern, allerdings kann
man darunter nicht immer das gleiche verstehen. Auf diese Frage werden wir nachher
noch näher eingehen müssen.

Es ist heute allgemein anerkannt, dass der Mensch in seiner Geschichte immer in der
Familiengemeinschaft gelebt hat[7]. Darauf hinzuweisen allein reicht aber nicht aus.
Ebenso weiss man, dass es verschiedene Gemeinschaften und Gesellschaften, wie z.B.
Familie, Stamm, die regionalen Einheiten, Berufsgemeinschaft, polis (Stadtstaat),
Nationalstaat usw gibt[8]. Unter diesen verschiedenen Gesellschaften bzw. Gemeinschaf-
ten soll dem Staat eine grosse Bedeutung zukommen[9]. Man muss ihm daher besondere
Aufmerksamkeit widmen. Aber aus welchem Grunde? Wegen der Stelle und Rolle sowie
des Gemeinwohlzwecks des Staates. Anders ausgedrückt ꞉ der Mensch könnte
sein „gutes Leben *(eu zen)*" nicht führen, ohne den Staat und ohne im Staat zu leben.
Das ist Grundgedanke der traditionellen Naturrechtslehre, beginnend von *Aristoteles*
über *Thomas von Aquin* und die Salamanca Schule bis die heutigen Vertreter wie
Johannes Messner und andere mehr[10].

Der Mensch, von seiner Sozialnatur gedrängt und getrieben, bildet verschiedene
Gesellschaften und lebt in ihnen. Das wird nur dann möglich, wenn der Mensch durch
die gesellschaftliche Kooperation gegenseitige Hilfe und Opfer zu leisten bereit ist. Jede
Gesellschaft hat ein ihr eigenes Gemeinwohl. Soviel Beitrag die Gesellschaften auch
leisten mögen, sie allein führen nicht zur Integration. Über die allen Gesellschaften
stehend muss eine Gesamtgesellschaft aus verschiedenen Tätigkeiten der Einzelnen
und der Gesellchaftten eine Art Koordination schaffen können. Diese Gesamtgesell-

schaft ist keine andere als der Staat, von den Naturrechtlern als *societas perfecta* bezeichnet. Der Staat gelangt durch die politische Form, die staatliche Natur des Menschen zu seiner Existenz[11]. Der Zweck des Staates wird von *Messner* definiert als „die umfassende und allseitige Erfüllung der von der Vollwirklichkeit der menschlichen Natur geforderten gesellschaftlichen Grundfunktionen des Selbstschutzes der Gemeinschaft sowie der Sicherung ihrer Rechtsordnung und ihrer allgemeinen Wohlfahrt"[12].

Das im ersten Kapitel Gesagte betrifft den Menschen als staatsbezogenes Familienwesen, wenn kurz zusammengefasst.

II. Der Mensch als sittliches sowie rechtliches Wesen

Der Mensch ist sozialer sowie individueller Natur und auf die gesellschaftliche Kooperation angewiesen[13]. Durch die gesellschaftliche Kooperation wird all das, was für den Menschen lebenswichtig ist, geschaffen. Das kann man „Kultur" nennen. In und durch Kultur kann der Mensch in Wirklichkeit „Mensch" werden. Mit der Kultur und vor allem mit der Tradition erhält er eine ganz andere Ausgangslage seiner Entwicklung im Gegensatz zu der des Tieres. Das Tier nämlich findet immer die gleiche Ausgangslage vor. Der Mensch dagegen „empfängt alles für seine Vollentfaltung Wesentliche zunächst aus der gesellschaftlichen Tradition, empfängt also ganz und gar von außerhalb seiner physischen Natur das, was ihn zu dem macht, was er seiner Natur nach ist, zum Kulturwesen"[14]. In diesem Sinne kann man den Menschen auch mit Recht „Kulturwesen" bezeichnen.

Im Verlauf der Geschichte hat der Mensch durch Kooperarion immer etwas Neues zu der bisherigen Kultur zugefügt und damit ein immer besseres Leben geführt, oder noch genauer gesagt, zu führen versucht. Auf diese Weise ist die Kultur im Grunde genommen immer reicher geworden. Der Mensch hat von Anfang bis heute in der Familie gelebt. Er hat dann verschiedene Gesellschaften und Einrichtungen gebildet. Eine Form von ihnen und wahrscheinlich die wichtigste ist der Staat[15]. Im Prozess dieser Entwicklung ist der Drang des Menschen nach Guten und Glück immer am Werk gewesen. Dieser Glückstrieb hat sich aber mit dem Leben im Staat nicht begnügen können. Er hat überdies dem Menschen Anlass gegeben, über die Staatsgrenze hinaus in die Weite zu streben und mit den ausländischen Leuten Kommunikation sowie Tausch, ob geistig oder materiell, herzustellen. In dieser Natur des Menschen, seine

410   Philosophische Überlegungen über die Menschenrechte und -würde

Welt zu erweitern, ein besseres Leben zu führen, neue Erfahrungen zu sammeln, liegt, wie mir scheint, wenn nicht die eine, doch eine der wichtigsten Voraussetzungen für das Entstehen des Völkerrechts. Ich habe kurz vorhin gesagt, dass die Kultur des Menschen immer reicher geworden ist. Gilt das auch für das Recht und die Gerechtigkeit? Wer der Tatsache gerecht werden will, muss dies sicher mit Ja beantworten. Hierfür sollen zwei Beispiele angeführt werden.

Das erste betrifft das sittliche Bewusstsein. Das sittliche sowie rechtliche Bewusstsein und somit auch das der Gerechtigkeit sind, wie theoretische Erkenntnis des Menschen überhaupt, der Entwicklung unterworfen[16]. In diesem Zusammenhang ist der Bemerkung von *J. Messner* über das Wertgesetz als Wachstumsgesetz der Kultur wohl besondere Aufmerksamkeit zu schenken[17]. Nach *Messner* besteht Wesen und Sinn der Kultur in der Schaffung der Voraussetzung und der Ausweitung der Lebenserfüllung des individuellen Menschentums durch die gesellschaftliche Kooperation. Damit entsteht unvermeidlich die sogenannte Arbeitsteilung.

Wichtig dabei ist „das bestimmte Wissen aller Kulturprozeß beteiligten Gruppen um ihren Anspruch auf eine verhältnismäßige Anteilnahme an dem, was in der kulturellen Arbeitsteilung an Voraussetzungen und Möglichkeiten kultureller Lebenserfüllung geschaffen wird"[18]. Er setzt seine Betrachtung fort : „In dem bestimmten Wissen um diesen Anspruch wurzelt das Gesetz der Gerechtigkeit als Bewegungsgesetz der Kulturen[19]." Man denke an die Erneuerungskraft des Naturrechts, vor allem an die Antriebskraft des Naturrechts im Bewusstsein des Kampfes um Recht und Gerechtigkeit[20]. Dabei handelt es sich um das rechtliche Apriori im Sinne von *Johannes Messner*.

Das zweite Beispiel, dem ich im Hinblick auf die Dynamik des Rechts und der Gerechtigkeit besondere Beachtung schenken möchte, betrifft das von *Messner* vortrefflich weiterentwickelte „heutige ius gentium". Unter dem ius gentium pflegt man zu oft allein das römische ius gentium im Unterschied zum ius civile und höchstens das ius gentium als ius inter gentes, das sich nachher zum Völkerrecht entwickelt hat, zu verstehen. All diese Formen kann man als „das ius gentium im geschichtlichen Sinn" bezeichnen. Wagt man sich nach dem Ursprung des ius gentium zu fragen, so kommt man zur Erkenntnis, sein tatsächlicher Ursprung werde in der Entwicklung von Sitte und Rechtsgewohnheit in Auswirkung des natürlichen Rechtsgewissens in der Verbindung mit der Erfahrung gesucht[21]. Einmal so verstanden, ist es leicht zu ersehen, wie *Messner* behauptet, dass das ius gentium „das Gefäß eines wachsenden Erbes angewandter Naturrechtsprinzipien" ist[22]. Vor dem Hintergrund dieser Betrachtungen hat *Messner* festgehalten, dass der Inbegriff der Rechtsprinzipien, wie z.B. die Freiheit des Gewissens, der Religionsausübung, der Rede, der Vereinigung usw. „das natürliche Rechtsbewußtsein der Völker auf der heutigen Stufe seiner Entwicklung" darstellt, weshalb er das „heutige ius gentium" bildet[23].

Uns begegnet in der Sozialenzyklika Centesimus annus in Abschnitt Nr. 21 der Terminus „novum ius gentium", der in der deutschen Fassung als „ein neues Völkerrecht" und in der englischen als „a new right of nations" vorkommt[24]. Mir scheint viel passender zu sein, wenn der lateinische Terminus in den übrigen Übersetzungen verwendet würde, zumal wir dann einen guten Anknüpfunspunkt an die dynamische Naturrechtslehre haben könnten. In diesem Sinne kann man mit Johannes Messner erklären : „Das ius gentium ist keineswegs nur eine historische Kategorie. Seine Geschichte ist selbst Zeugnis für seinen auch die Gegenwart einbeziehenden Entwicklungscharakter[25]."

Ⅲ. Der Mensch als klagendes Wesen

Im vorangehenden haben wir den originellen Gedanken von *Johannes Messner* über das heutige ius gentium vorgestellt. Ein Katalog der das heutige ius gentium bildenden Rechtsprinzipien könnte ohne weiteres vorgelegt werden, wie zum Beispiel unter Berufung auf die von der Generalversammlung der Vereinten Nationen beschlossene Deklaration der Menschenrechte (Universal Declaration of Human Rights) vom 10. 12. 1948 und auf die zwei Pakten über Menschenrechte : nämlich den Pakt über bürgerliche und politische Rechte und den Pakt über wirtschaftliche, soziale und kulturelle Rechte (International Covenant on Civil and Political Rights and International Covenant on Economic, Social and Cultural Rights) vom 16. 12. 1966[26]. Es wird oft von der Unveräusserlichkeit und Absolutheit der Menschenrechte, zumindest von der der fundamentalen Menschenrechte als selbsteinsichtig (self-evident) gesprochen.

In der Unabhängigkeitserklärung der Vereinigten Staaten von Amerika vom 4. Juli 1776 heisst es : „Wir halten als in sich selbst gewiß die Wahrheiten, alle Menschen sind gleich geschaffen, mit bestimmten unveräußerlichen natürlichen Rechten ausgestattet, zu denen das Leben, die Freiheit und das Glückstreben zählen[27]." In der Déclaration des Droits de l'Homme et Citoyen de 1789 liest man das ähnliche. „Les hommes naissent et demeurent libres et égaux en droits. Les distinctions sociales ne peuvent être fondées

412   Philosophische Überlegungen über die Menschenrechte und -würde

que sur l'utilité commune[28]." Die beiden Erklärungen sagen, dass alle Menschen von Geburt an bzw. von Natur gleich geschaffen sind. Stimmt das? Sind alle Menschen von Geburt an wirklich gleich? Einer mag es bejahen. Ein anderer mag es dagegen verneinen. Es ist wahrscheinlich sinnlos, wenn man einen Elefanten mit einem Apfel vergleichend sagt : der Elefant ist dem Apfel gleich oder alle Elefanten sind gleich usw. Sinnhaft gesprochen, alle Elefanten sind in der Länge des Rüssels gleich oder nicht. Wenn einer sagt, alle Äpfel sind in der roten Farbe gleich, dann kann man prüfen, ob die Aussage der Tatsache entspricht. Natürlich wissen wir, dass es verschiedene Arten Äpfel verschiedener Farbe gibt.

Alle Menschen sind gleich. Aber in welcher Beziehung? Man muss darüber klar sein, woran der Mensch zu vergleichen ist. An der Hautfarbe? An der Tätigkeit des Kopfes, z. B. an der Tüchtigkeit zu rechnen? All das führt zum Ergebnis : hier handelt es sich um etwas anderes. Um etwas tieferes an der menschlichen Qualität? Können wir vielleicht so sagen, dass alle Menschen in der Vernunft gleich sind? Oder ob alle in der Humanität gleich sind? Streng genommen, so scheint es mir, dass alle Menschen sowohl körperlich als auch geistig, sowohl dem Aussehen nach wie auch den Tugenden nach ungleich sind. Dennoch will ich auch zustimmen, alle Menschen sind gleich (geboren). Aber wie kann es so sein?

Vergleichen wir die Arten der fundamentalen Menschenrechte. Das Recht auf Leben geht in Hungersnot offensichlich vor dem Recht auf Eigentum. Die beiden Rechte hier widersprechen einander. Nehmen wir ein gedankliches Beispiel. Zwei Menschen sind in einem Boot. Aus irgendeinem Grund kann jetzt aber das Boot nur einen tragen. Welcher von diesen zwei Personen hat das unveräusserliche naturgegebene Recht auf Leben? Das ist ein seit der Antike viel diskutiertes Problem. Es fragt sich, ob der Mensch von Geburt an kein absolutes Recht auf Leben hat.

Wollen wir unseren Weg um einen Schritt weiter gehen. „All Men are created equal." All Men „are endowed by their Creator with certain unalienable Rights". Among these unaliable Rights „are Life, Liberty, and the Pursuit of Happiness". Betrügen uns die angeführten Erklärungssätze? Sie sind in einem Sinne falsch, in einem anderen Sinne richtig. Es gibt zwei Wendungen für den Ist-Satz. „Ich bin Mensch." Der Satz beschreibt die Tatsache, dass ich Mensch bin. Wenn eine Katze den Satz in einem Comic spricht, widerspricht der Satz der Tatsache, also ist er falsch. Ist-Sätze sind somit meistens „verifizierbar". Wenn nun aber auf dem Plakat der Satz „Ich bin Mensch." steht, bedeutet er nicht einfach, dass er zu Menschen gehört und Mensch ist. Er kann

III. Der Mensch als klagendes Wesen   413

bedeuten, z.B. dass er mehr Geld gewinnen möchte, um ein reicheres Leben zu führen, oder dass er als Arbeiter von der Firma bessere Arbeitsbedingungen erwartet. Wenn ein Richter vor Gericht sagt ： „Ich bin Mensch.", kann das sein Mitleid mit dem Beklagten zeigen. Der Ist-Satz „Ich bin Mensch" hat zwei Bedeutungen, nämlich eine tatsächliche und eine moralische.

Aus dem Gesagten ist uns jetzt klar geworden der Sinn der Erklärung der Menschenrechte. Die Sätze der Unabhängigkeitserklärung beschreiben keine blosse Tatsache des Menschen, sondern sie geben moralische Klage und Eid kund. „We hold these Truths to be self-evident." Das sind Wahrheiten, und zwar moralische Wahrheiten. Moralisch verwende ich hier als gleichbedeutend wie sittlich. Mein Anliegen hier liegt an der moralischen Überlegenheit über die Tatsache. Aus blossen Tatsachen allein, soviel sie auch gesammelt werden mögen, wird keine Moral oder keine Sittlichkeit. Hier taucht eine zu beantwortende Frage. Wenn dem so ist, dass das Recht (im subjektiven Sinn) moralisch entsteht und dass der Mensch damit nicht von Geburt an (od. von Natur aus) ausgestattet ist, warum sagen wir trotzdem, der Mensch hat fundamentale Menschenrechte, die Rechte sind dem Menschen naturgegeben usw?

Mit einem Jahr fängt der Mensch an, allmählich auf zwei Füsse zu gehen. Er lernt dann viel von seiner Umgebung, seiner Umwelt, vor allem das Lebenswichtige in Form der Tradition. Das beinhaltet „die überkommen Verhaltensweisen einer Gruppe auf gesellschaftlich geformter Haltungen[29]". „Diese Haltungen beruhen auf Vorstellungsweisen, Denkweisen (Sprache), Wahrheits-, Wert- und Rechtsüberzeugungen, die alle zusammen die Tradition bilden, in der der Mensch heranwächst. Tradition ist das grundlegende Kulturphänomen[30]." Heranwachsen ist für den Einzelmenschen Sich-Aneignen der Kultur, Gestaltung seiner Persönlichkeit und zugleich Verinnerlichung des Sozialen sowie Kulturellen.

Was das Menschengeschlecht angeht, kann man auch seine Entwicklung und zwar am Rechtsdenken in seiner Geschichte feststellen. Das zwanzigste Jahrhundert ist, so sagt man oft, das Jahrhundert der Menschenrechte. Vielleicht muss man dazu auch das „der Kriege" hinzufügen. Wann hat der Mensch angefangen, nach den Rechten zu fragen und sie zu behandeln? Davon wird jetzt die Rede sein.

Es war etwa vor zweitausendfünfhundert Jahren im Griechenland. Damals haben sich die Griechen mit Spannung Überlegungen über Verschiedenes, sogar alles mögliches angestellt. Das gilt auch für die Rechte des Menschen. Wir wollen uns nun mit der griechischen Tragödie „Antigone" von *Sophokles* befassen, um daraus bei näherer

414   Philosophische Überlegungen über die Menschenrechte und -würde

Betrachtungen möglicherweise etwas Wichtiges ans Licht zu bringen.

Antigone, Tochter des Königs von Theben Ödipus, hatte zwei Brüder, Eteokles und Polyneikes, und eine Schwester Ismene. Nach dem Tod des Königs Ödipus kämpften die beiden Brüder gegeneinander und erschlugen einander im Kampfe. Der neue Herrscher Kreon hat ein Gebot erlassen, das demjenigen mit der Todesstrafe droht, der den Staatsfeind Polyneikes begräbt. Antigone erklärt seiner Schwester Ismene ihren Plan, von dem sie Antigone vergeblich abrät. Antigone begeht die Begrabung ganz allein. Auf frischer Tat wurde sie gefangen und vor Kreon geführt. Auf die Frage des Herrschers：„Dennoch hast du mein Gebot zu übertreten gewagt?" antwortet unsere Antigone entschieden wie folgend：

„Es war nur dein Gesetz, dem ich getrotzt.

Nicht Zeus hat die Bestattung mir verboten,

Noch Dike, die das Recht der Toten schützt.

Für Menschensatzung gibt es eine Grenze

Und dein Gebot hat nimmermehr die Macht,

Daß es das ungeschriebne Recht der Götter,

Das unerschütterliche, beugen könnte.

Denn das ist nicht nur gestern oder heute,

Es ist von Ewigkeit zu Ewigkeit[31]."

Wir hören für eine Weile gut zu, was die beiden sagen[32].

Kreon：„Du allein siehst dies so von diesen Nachkommen des Kadmos."

Antigone：„Auch diese sehen es, dir nur schmeicheln sie mit ihrem Mund."

Kreon：„Du aber schämst dich nicht, wenn du mit deinem Denken alleine stehst?"

Antigone：„Es ist keine Schande, die Blutsverwandten fromm zu achten."

…

…

Kreon：„Wenn du ihn doch gleichermaßen ehrst wie den Feind?"

Antigone：„Kein Sklave fand den Tod, sondern mein Bruder."

Kreon：„Er wollte diese Stadt zerstören, der andere trat für sie ein."

Antigone：„Gleichwohl fordert Hades gleichen Brauch."

Kreon：„Doch kann der Gute nicht Gleiches erlangen wie der Schlechte."

Antigone：„Wer weiß, ob dort unten dieses heilig ist?"

Kreon：„Kein Feind wird jemals, wenn er stirbt, ein Freund."

Antigone：„Nicht um Feind, nein, um Freund zu sein, ward ich geboren."

Kreon will aber kein Ohr für Antigone haben und beharrt auf dem sofortigen Vollzug der ihr angedroten Todesstrafe. „Was für Gebote der Götter habe ich übertreten? Man sagt, ich habe einen Frevel begangen, eben weil ich dem ungeschriebenen Recht gefolgt habe[33].“ Haimon, Sohn des Herrschers Kreon und Bräutigan der Antigone, bemüht sich vergebens, den Vater von seinem Entschluss abzubringen. Er ging zur toten Braut, wo er Selbstmord beging. Eurydike, Mutter Haimons, folgte sogar ins Grab nach. Das ist ein grober Vorgang der Tragödie.

Antigone, sie ergriff uns sehr. Ich glaube, man kann diese Ergriffenheit auf einige Stufen analysieren. Erstens, wir haben Mitleid mit ihr, dass sie wegen des Gebots nichts tun kann, obwohl der Leichnam ihres Bruders unbegraben gelassen ist. Zweitens, durch das menschliche Gebot sieht sie sich verletzt ein. Das Eingreifen des menschlichen Gebots lässt, drittens, ihre Prüfung aus mit der Schlussfolgerung, dass der Mensch mit Missbrauch der Gewalt das Volk nicht quälen darf. Und schliesslich kommt diese Schlussfolgerung zu einer Form und Formel, wie sie schon oben angeführt ist. *Alfred Verdross* weist bei den Tragikern auf das Entstehen eines ganz neuen Gedanken des möglichen Konflikts zwischen dem göttlichen und menschlichen Recht hin[34]. Darüber hinaus dürfte man hierin die Erklärung der Menschenrechte mit Geburtswehen, wenn man so sagen könnte, erblicken.

Schlussbemerkung

Wir haben im vorigen Kapitel anhand der Tragödie „Antigone" zu verstehen versucht, wann und wie das Bewusstsein und die Erklärung der Menschenrechte entstanden sind. Lehrbücher der Verfassung pflegen das Problem der Menschenrechte als das der Neuzeit zu bezeichnen und ihren geschichtlichen Schau höchstens von der Magna Charta beginnend zu geben. Viel älter hat doch das Bewusstsein des Menschen das Problem der Menschenrechte erfasst, wie oben in Antigone geschildert.

Nun möchte ich auf einige beachtenswerte Punkte hinweisen. Der erste Punkt bezieht sich darauf, dass es sich bei den Rechten um Klagen und Appellieren handelt. Der zweite betrifft die Tatsache, dass Klagen und Appellieren bei Antigone ursprünglich moralischer Art sein musste, doch umgebildet in der Weise, dass der Mensch mit den natürlichen Rechten ausgestattet ist und die Rechte von den Göttern gewährleistet sind. Antigone appelliert gegen Kreon unter Berufung auf das göttliche Gesetz. Der Einzelne ist zu schwach vor der herrschenden Gewalt. Wenn er unter der Verletzung seiner

416   Philosophische Überlegungen über die Menschenrechte und -würde

Rechte durch die Gewalt leidet, wie und unter Berufung worauf kann er seine Rechte verteidigen? Einer wird an den Gott appellieren. Ein anderer an die Götter. Derjenige, der keinen Gott kennt, wird nicht umhinkönnen, an den Himmel oder an die Natur zu appellieren. Daraus ist wohl zu ersehen, dass der Mensch von Natur aus zumindest eine *übermenschliche bzw. übernatürliche Autorität* unbedingt braucht. Der dritte Punkt heisst, dass das menschliche Gesetz bzw. das positive Recht, das aus Gewohnheiten und Satzungen besteht, auch seinerseits einen guten Grund hat. Es verteidigt das Gewohnheitliche, die tradierten Lebensweisen in der Gesellschaft und den Stand der Gesetze, die auf das gute Leben als Gemeinwohl hin erlassen werden sollen.

Aristoteles spricht von „zoon politikon". Wir haben von dem Menschen als staatsbezogenem Familienwesen sowie von dem als klagendem Wesen gesprochen.

Wir Menschen haben verschiedene Gesellschaften gebildet und führen unser Leben in ihnen mit den Mitmenschen, und zwar immer um guten Lebens willen. Dazu sollen der Staat, Gesetze, Autorität und anderes mehr dienen. Unter Umständen leider und heute noch werden die Rechte des Menschen von dem Staat, von der Regierung oder von den anderen verletzt. Was könnte man tun, um den Rechtsverletzungen der anderen vorzubeugen? Man sollte vor allem das Ohr für Klagen und Appellieren des anderen haben. Der Klage des anderen das wichtige zu entnehmen heisst den anderen als Person zu achten.

Der Raum und die Zeit erlauben es mir nicht, das zu behandeln, was ich eigentlich geplant habe. Das wird ein anderes Referat brauchen. Aber ich bin fest davon überzeugt, dass die anderen als klagende Personen anzuerkennen und sie zu achten von grosser Wichtigkeit ist, was das Ergebnis unserer bisherigen Überlegung ausmacht. Und man weiss sich von Natur aus dazu geneigt und befähigt.

Und noch einmal sollen in bezug auf die Menschenrechte und die Menschenwürde skizzenhafte Thesen vorgeschlagen werden.

1 . **Der Mensch braucht unbedingt eine übermenschliche Autorität**, wenn es sich eben um die Menschenrechte und somit um die Menschenwürde handelt.

2 . **Menschenrechte sind in der Natur des Menschen begründet.** Ganz richtig ist also die Aussage ： „Alle Menschen sind frei und gleich an Würde und Rechten geboren. Sie sind mit Vernunft und Gewissen begabt und sollen einander im Geiste der Brüderlichkeit begegnen." (Art. 1 der Allgemeinen Erklärung der Menschen-rechte, 10. 12. 1948)

3 . Es ist in Wirklichkeit nicht ausreichend, den Menschen nur als klagendes Wesen zu

definieren. Man denke zum Beispiel an das Recht auf Leben des ungeborenen Kindes. Interessenethik, wie sie *Peter Singer*, *Helga Kuhse* und *Norbert Hoerster* vertreten, behauptet, das Recht auf Leben stehe nur demjenigen zu, der die Personalität aufweist[35]. Das Ergebnis ist inhuman. „So scheint es, daß etwa die Tötung eines Schimpansen schlimmer ist als die Tötung eines menschlichen Wesens, welches aufgrund einer angeborenen geistigen Behinderung keine Person ist.[36]" Ich würde vielmehr zur Ansicht von *Günther Pöltner* neigen und ihr zustimmen, wenn er sich ausdrückt,

Mit jedem Menschen ist etwas erfahrbar Unbedingtes in die Welt gekommen—in allen Bedingtheiten. Diese Erfahrung zeigt, daß es eine Bedeutsamkeit gibt, die mit dem vorgegebenen Sein des entsprechenden Seienden identisch ist—und nicht einer menschlichen Wertschätzung oder Interessenabwägung entstammt. Weil diese Bedeutsamkeit ein Unbedingtheitsmoment aufweist, spricht man von Würde, die anerkannt und geachtet sein will. Die Würde des Menschen liegt in der Repräsentation des Unbedingten[37].

4. **Die Würde des Menschen ist mit dem Leben eines Menschen koextensiv.** Die Würde ist nichts, was Menschen einander oder jeder sich selbst willkürlich zuerkennen können, sondern **das, was von uns als vorgegeben nur anerkannt werden möchte**[38].

5. **Die Würde des Menschen fordert den Schutz der Familie.** Denn sie ist die Urgemeinschaft des Menschengeschlechts. Und je gesunder die Familie, desto grössere Chance des guten Lebens des Menschen[39].

Anmerkungen

1   Diese Abhandlung wurde zuerst konzipiert als die für das jährliche Diskussionsforum der Europäischen Arbeitsgemeinschaft **Mut zur Ethik** „Die Würde des Menschen zuerst" vom 2. bis 4. September 2011 in der Ostschweiz. Sie wurde publiziert mit dem gleichnamigen Artikel in **Zeit-Fragen**, 20. Dezember 2011, 19. Jahrgang, Nr. 51. Sie wurde dann sowohl auf französisch wie auch auf englisch zugänglich gemacht. Réflexions philosophiques sur les droits humains et la dignité humaine, en **Horizons et débats** : Journal favorisant la pensée indépendante, l'éthique et la responsabilité pour le respect et la promotion du droit international, du droit humanitaire et des droits humains, **No51**, 28 décembre 2011. Philosophical reflections on human rights and human dignity, in : **Current**

418   Philosophische Überlegungen über die Menschenrechte und -würde

Concerns No. 1, 15 January 2012, Zurich.

2   Vgl. Hideshi Yamada, Gemeinwohl und Gerechtigkeit in der Entwicklung, auf der Suche nach einer integralen Lehre vom Menschen, in Rudolf Weiler u. Akira Mizunami (Hrsg.), *Gerechtigkeit in der sozialen Ordnung. Die Tugend der Gerechtigkeit im Zeitalter der Globalisierung*. Berlin 1999, S. 51ff.

3   Johannes Messner, Das Naturrecht. Handbuch der Gesellschaftsethik, Staatsethik und Wirtschaftsethik, 7. Aufl. Berlin 1984. „Der letztgenannte, von uns beschrittene Weg erweist das Naturrecht als menschliche Existenzordnung induktiv-ontologisch aus der Natur des Menschen, nämlich als der eines Familienwesens." (a.a.O.S. 345) und ders., *Kulturethik mit Grundlegung durch Prinzipienethik und Persönlichkeitsethik*, Innsbruck-Wien-München 1954.

4   J. Messner, *Das Naturrecht*, S. 57.

5   Vgl. J. Messner, *Das Naturrecht*, Kap. 47, bes. S. 314f., S. 320f. *Kulturethik*, Kap. 2 u. 15 sowie S. 400f.

6   Aristoteles, *Nikomachische Ethik*, I. Buch.

7   Shoji Ehara, Genesis und Evolution des Menschengeschlechts, Tokio 1993 ; Masao Kawai, *Genesis des Menschengeschlechts*. 2 Bde., Tokio 1992 ; ders., *Geschichte vom Affen zum Menschen*, Tokio ; Junichi Yamagiwa, *Die Entstehung der Familie*, Tokio 1994. Hideshi Yamada, Gemeinwohl und Gerechtigkeit in der Entwicklung (Anm. 1), S. 53f.

8   J. Messner, *Das Naturrecht*, II. Buch Gesellschaftsethik.

9   Schon seit langem, wie zum Beispiel seit Aristoteles ist der Akzent fast immer, wenn vom Gemeinwohl gesprochen, auf den Staat und somit auf das Gemeinwohl des Staates gelegt worden. Messner spricht allerdings sorgfältig für den Gemeinwohlpluralismus. Hierzu vgl. J. Messner, *Das Gemeinwohl*, 2. wesentlich erw. Aufl. Osnabrück 1968, S. 251.

10   Um nur noch einige Wissenschaftler aus deutschsprachigem Raum zu nennen, Alfred Verdross, Ferdinand Hermens, Joseph Höffner, Arthur Utz, Martin Rhonheimer usw.

11   Ferdinand A. Hermens, *Verfassungslehre*, 2. Aufl. Köln 1968, S. 6-10.

12   J. Messner, *Das Naturrecht*, S. 725.

13   Man beachte die Absicht von Messner, der seine Sozialphilosophie seines Hauptwerks „Naturrecht" mit dem Satz beginnt : nämlich „Der Mensch ist von Natur ebensosehr ein gesellschaftliches wie ein Einzelwesen." (*Das Naturrecht*, S. 149)

14   J. Messner, *Kulturethik*, S. 346.

15   Vgl. Aristoteles, *Politik*, I. Buch Kap. 2. bes. 1253a 30.

16   Vgl. Thomas von Aquin, *Summa theologiae*, I - II qu. 97 art. 1. Dort heisst es : „Ex parte quidem rationis, quia humanae rationi naturale esse videtur ut gradatim ab imperfectio ad perfectum perveniat."

17   J. Messner *Kulturethik*, S. 412ff.

18   J. Messner, *Kulturethik*, S. 412ff.

Anmerkungen 419

19 J. Messner, *Kulturethik*, S. 413. Siehe auch sein *Naturrecht*, S. 362ff.

20 Vgl. J. Messner, *Das Naturrecht*, S. 381f.

21 J. Messner, *Das Naturrecht*, S. 378.

22 J. Messner, *Das Naturrecht*, S. 379.

23 J. Messner, *Das Naturrecht*, S. 380. Hier heisst das erste Beispiel „die Freiheit des Gewissens", während in der ersten Auflage des Naturrechts statt ihrer „die Freiheit der Person", die in letzter Auflage gestrichen ist, vorkommt. Wie sollte man das verstehen? Zwei Möglichkeiten könnte man angeben. Die eine mögliche Interpretation heisst, Messner verstand unter der Freiheit der Person anders als das übliche wie Habeas Corpus Act, sondern genau die Freiheit des Kerns der Person, nämlich die Freiheit des Gewissens. Später hat er den Ausdruck durch „die Freiheit des Gewissens" korrigiert, um Missverständnissen vorzubeugen. Die andere mögliche Auslegung wäre ： Die Freiheit der Person gilt als klassische Freiheit, weshalb Messner dachte, er braucht sie nicht zum heutigen ius gentium zu zählen. Ich neige zur ersten Interpretation.

24 *Centesimus annus*, Nr. 21. Im lateinischen Text tritt im Ablativ „novo iure gentium", im deutschen im Genitiv „eines neuen Völkerrechts" auf.

25 J. Messner, *Das Naturrecht*, S. 380.

26 Vgl. Ignaz Seidl-Hohenveldern, *Völkerrecht*, 9., neubearbeitete Aufl. Köln-Berlin-Bonn-München 1997, S. 299.

27 „We hold these Truths to be self-evident, that all Men are created equal, that they are endowed by their Creator with certain unalienable Rights, that among these are Life, Liberty, and the Pursuit of Happiness."

28 Artikel 1 der Erklärung der Mensch- und Bürgerrechte vom 26. Aug. 1789.

29 Johannes Messner, *Das Gemeinwohl*, 2. Aufl., S. 37.

30 J. Messner, *Das Gemeinwohl*, S. 37f.

31 *Antigone*, Vers 449ff. Zitiert aus Alfred Verdross-Drossberg, *Grundlinien der antiken Rechts- und Staatsphilosophie*, 2. erw. Aufl. Wien 1948, S. 36.

32 Antigone, Vers 508ff. Zitate stammen aus der Übersetzung von Norbert Zink. Universal-Bibliothek Nr. 7682 Reclam 1981, S. 45.

33 *Antigone*, Vers. 920ff.

34 A. Verdross, *Grundlinien der antiken Rechts- und Staatsphilosophie*, S. 36.

35 Peter Singer, *Praktische Ethik*, 2. Aufl., Stuttgart 1994, S. 120. Dort heisst es ： Auf jeden Fall schlage ich vor, „Person" in der Bedeutung eines rationalen und selbstbewußten Wesens zu gebrauchen, um jene Elemente der landläufigen Bedeutung von „menschliches Wesen" zu erfassen, die von „Mitglied der Spezies Homo sapiens" nicht abgedeckt werden.

36 Peter Singer, *Praktische Ethik*, S. 156.

37 Günther Pöltner, Achtung der Würde und Schutz von Interessen, in ： Johannes Bonelli

420   Philosophische Überlegungen über die Menschenrechte und -würde

(Hrsg.), *Der Mensch als Mitte und Maßstab der Medizin*, Wien 1992, S. 31.

38   Vgl. Günther Pöltner, *Grundkurs Medizin-Ethik*, 2. Aufl., Wien 2006, S. 50.

39   In diesem Zusammenhang sei hier ein hochinteressante Interview-Artikel mit Frau Publizistin Gabriele Kuby „Für eine Kultur des Lebens", Zeit-Fragen, 25. Juli 2011, 19. Jahrgang Nr. 30, genannt. In Bezug auf den Stellenwert der Familie für den Menschen verweise man auf die Aussage Johannes Messners, nämlich : „Der Trieb nach der vollmenschlichen, nur im Gemeinschaftsleben erreichbaren Existenz (der „Glückstrieb", drängend zur Erreichung des Einzelwohles und des Gemeinnutzes) überläßt es gar nicht der Willkür des Menschen, ob er einsehen will oder nicht einsehen will, was sachlich rencht und unrecht ist. Dabei ist, wie wir zeigten, grundlegend für diese Wirkung des Naturgesetzes die Natur des Menschen als Familienwesen : daß der Mensch für seine Vollentfaltung ganz und gar an die Familengemeinschaft gebunden ist. Es ist die Menschennatur selbst, die zu einer allen ein menschliches Dasein ermöglichenden Ordnung des Zusammenlebens in der Familiengemeinschaft hindrängt. Nicht theoretische Einsichten in die menschliche Natur führen dazu, sondern die *Erfahrung* des Menschen von dem, was er braucht, um sich in den *wichtigsten leiblichen und seelischen Ansprüchen* befriedigt zu wissen. Alle Lebewesen streben nach ihrem Wohlsein durch Befriedigung ihrer Grundtriebe und Grundbedürfnisse." (J. Messner, *Das Naurrecht*, S. 314-315.)

Anhang II
Der Mensch als Familienwesen in der Naturrechtslehre und in der personalen Psychologie, in tiefer Verbundenheit und zum Gedenken an Frau Dr. Annemarie Buchholz-Kaiser gewidmet

Vorwort

Wir mussten Abschied nehmen von der grossen, liebevollen und sozialethisch engagierten Frau Dr. Annemarie Buchholz-Kaiser. Es ist eine unermesslicher Verlust für uns alle. Angesichts dessen ist es schwierig, die passende Worte zu finden. Das wesentlichste, was über das Lebenswerk von Dr. Buchholz-Kaiser gesagt werden muss, ist in *Zeit-Fragen vom 11. Juni 2014, 23. Jahrgang Nr. 12* sehr zutreffend geschrieben worden.

Frau Dr. Eva-Maria Föllmer-Müller hat mir vorgeschlagen, dass ich auf irgendeine Weise etwas zum Gedenken an Annemarie zu Wort kommen lassen könnte. Als (naturrechtlich orientierter) Rechtsphilosoph dachte ich dann, ein Referat zu halten, und zwar unter besonderer Berücksichtigung des Menschen in seiner Wirklichkeit, das heisst des Menschen als eines personales Wesens und als Familienwesens, das seine Persönlichkeit nur in und durch die Familie entwickeln und voll entfalten kann.

Einwände gegen das Naturrecht

Ein wichtige Frage stellt sich dabei : Kann das Naturrecht heute überhaupt noch als Anhaltspunkt funktionieren, der uns hilft, ethische Probleme zu behandeln und zu lösen? Im Verlauf der Geschichte haben sich—sehr grob gesagt—die Naturrechtslehre (was von Natur aus Recht ist) und der Rechtspositivismus (vom Menschen gesetztes Recht) immer abgewechselt, natürlich in je verschiedenen Formen. Das ist sehr vereinfacht gesagt, um deutlich zu machen, um was es grundsätzlich geht.

In der Nachkriegszeit hat man sich—nach der Katastrophe des Zweiten Weltkriegs— oft auf das Naturrecht berufen. Heute aber scheint die Naturrechtslehre nicht mehr so

422   Der Mensch als Familienwesen

populär zu sein. Warum ist das so? Ist es unwissenschaftlich, vom Naturrecht zu sprechen? Schon im Jahre 1932 hat Johann Sauter in einer der schärfsten Formen seine Einwände gegen das Naturrecht vorgebracht.

Im vollständigen Gegensatz zur herrschenden Lehre behaupten wir auf das bestimmteste, daß das Naturrecht nicht evident ist... Die obersten Prinzipien, als welche man z.B. angegeben hat : *Bonum est faciendum, malum vitandum*, oder *Quod tibi non vis fieri etc.*, oder *Suum quicue tribuere* oder *Honeste vivere*, die sind freilich evident, da sie ja nur lauter formale Sätze über das Naturrecht darstellen. Allein, „was" das *Bonum, Honestum* usw. „an sich" oder „für uns" ist, das wissen wir mit solchen Sätzen noch nicht. Zu diesem Zweck müssen wir erst den mühsamen Weg über die Seinsordnung, in die wir gestellt sind, beschreiten, was ja schon der aristotelisch-scholastische Idealismus klar erkannte[1].

Seine Behauptungen enthalten auch Richtiges. Erstens : Zur „Konkretisierung" der Naturrechtsprinzipien, d. h. ihrer Forderungen in der konkreten Situationen ist die Einsicht in die Seinsordnung, in die „Natur der Sache" unerläßlich. Und zweitens : Die obersten Naturrechtsprinzipien sind solche „über" das verpflichtende Wesen des Naturrechts. Er irrt aber in der Annahme, die Naturrechtsprinzipien, die den Kern des Naturrechts bildenden einfachen Rechtswahrheiten seien nur formaler Art. Diesem Irrtum, der bei vielen zu finden sind, liegt die Annahme zugrunde, dass zuerst die Kenntnis allgemeinster Prinzipien vorhanden sei, dann die Seinserkenntnis hinzukommen müsse und daraus die Einsicht in gegenständliche Rechtsforderungen zustande komme. Damit sind uns zwei Fragen gestellt, die es nun zu beantworten gilt.

Die erste Frage ist : Wie kommt es zur Einsicht in die evidente allgemeine Prinzipien. Die zweite (ist) : Wie kommt es zu einer Entsprechung zwischen der evidenten Einscht in Prinzipien und den seinsbestimmten, für ihre Anwendung massgeblichen konkreten, Realfaktoren. Die erste Frage ist psychologisch-erkenntnistheoretischer Art, die zweite Frage ist ontologisch-erkenntnistheoretischer Art. Den Einwänden, die u.a. von (dem bereits erwähnten) Sauter vertreten wurden, liegt zumeist die Ansicht zugrunde, so interpretiert Johannes Messner[2], als seien die evidenten Prinzipien der Vernunfterkenntnis in den verschiedenen Erkenntnisbereichen, also auch in den Bereichen von Sittlichkeit und Recht, der Vernunft „angeboren" und nicht zu erwerben.

Das ist einleuchtend, dass Johannes Messner diese Ansicht zurückweist. So schreibt er : „Tatsächlich sind die obersten Prinzipien wie auf allen Erkenntnisgebieten, so auch im sittlichen und rechtlichen Bereiche *keineswegs angeborener Besitz der Vernunft.*" Und er fährt fort.

Was angeboren ist, besteht nicht in fertigen Erkenntnissen auch nur der einfachsten sittlichen und rechtlichen Wahrheiten, sondern *nur in der anlagehaften Befähigung zu deren Erkenntnis.*[3]

Messner sagt weiter, „daß in der Menschennatur auch Antriebe als Ordnungskräfte und damit als Wirkkräfte für das Zustandekommen jener Erkenntnis im Zuge der Entfaltung des Vollgebrauches der Vernunft gelegen sind[4]."

Nun zur Frage, wie der Mensch zur Erkenntnis der wesentlichsten Rechtsgrundsätze kommt. Thomas von Aquin in seiner Summa Theologiae, I - II , qu. 91, art. 2 formulierte das folgendermassen : Unde patet quod lex naturalis nihil aliud est quam participatio legis aeternae in rationali creatura. (Mithin wird klar, daß das natürliche Gesetz nichts anderes ist als eine Teilhabe am ewigen Gesetz im vernunftbegabten Geschöpf.) Das Mittelalter war vielleicht mit solcher Erklärung zufrieden. Die Gegenwart ist es wohl nicht. Wir müssen also uns an die Erfahrung selbst halten. Durch Erfahrung sehen wir, dass den Einwänden wie denen von Sauter, Karl Bergbohm und Ernst Topitsch „eine falsche Fragestellung zugrundeliegt, die schon am Ansatz auf eine falsche Antwort hindrängt[5]".

Widerlegung der Einwände durch unsere Erfahrung

Das Naturrecht im Menschen wirkt sowohl durch seine Vernunft*erkenntnis* als auch durch seinen Vernunft*willen*. Die Vernunft*erkenntnis* erfüllt eine doppelte Funktion, nämlich „Werteinsicht" und „Sacheinsicht". Der Vernunft*willen* erfüllt auch eine doppelte Funktion, nämlich „Gewissensgebot" und „Wertstreben". „Dieser Trieb nach dem vollmenschlichen Sein wird zunächst erfüllt *im Leben der Familiengemeinschaft* (Hervorh. v. A.) mit der durch die Vitalbeziehungen zwischen ihren Gliedern sich ergebenden Achtung und Liebe für einander. Mit dem vollen Gebrauch der Vernunft erweisen sich dem Menschen die dafür maßgebenden Verhaltensweisen als die wahrhaft menschlichen, es entwickelt sich die Vernunfteinsicht in die sittlich verpflichtenden Grundwerte oder Prinzipien und das Gewissensurteil für das Verhalten in der konkreten Situation." Diese Vernunfteinsicht kann man als die psychologisch-subjektive Seite

424   Der Mensch als Familienwesen

bzw. „Vernunftordnung" im Sinne des Naturgesetzes bezeichnen. „Nicht minder wichtig ist die ontologisch-objektive Seite, nämlich die in der Familiengemeinschaft durch die darin wirksamen Vitalbeziehungen bedingte Grundordnung menschlicher und gesellschaftlicher Beziehung („Seinsordnung", weil auf die Triebnatur der Menschennatur zurückgehend) ; beide Seiten zusammen als Wirkweise der menschlichen Natur bilden das ihr eigene Naturgesetz.[6]"

Wir haben von falschen Annahmen über das Naturrecht gesprochen. Im Gegensatz dazu gilt es festzuhalten, dass in der Menschennatur Vernunfteinsicht *und* Sacheinsicht bei der Erkenntnis der elementaren Rechtsprinzipien in unzertrennlichen Zusammenhang stehen, und zwar von Anfang an.

Der Mensch lernt die einfachen Naturrechtsprinzipien nicht in ihrer abstrakten Form, sondern er lernt sie *leben* in ihrer konkreten Geltungsweise in der *Familiengemeinschaft*. Was er lernt sind die Wahrhaftigkeit, der Gehorsam, die Redlichkeit (suum cuique), das Worthalten (pacta sunt servanda), die Ehrlichkeit, eben das Verhalten nach den Grundprinzipien des Naturrechts. Er lernt sie *verstehen* als die Verhaltensregeln, die das Gemeinschaftsleben der Familie in *Frieden und Zufriedenhait für alle* ermöglichen, er erfaßt damit aber auch ihre Geltung für alles menschliche Zusammenleben und lernt sie auf die sich dabei ergebenden Situationen anwenden[7].

Es handelt sich hier nicht um einen blossen Vorgang des Genkens, sondern um unsere alltägliche, universelle konkrete Erfahrung, die jeder machen muss. Sonst könnten wir das allgemeine Bemühen um die Gestaltung des sittlichen, rechtlichen sowie politischen Gemeinwohls nicht mitvollziehen (oder realisieren/umsetzen).

Familie als Urgemeinschaft

Der Mensch als Familienwesen hat auf jedem Fall ein Minimum von seinen körperlichen und geistigen Bedürfnissen zu erfüllen, und zwar durch Kommunikation und Kooperation, indem er das Gemeinwohl mitgestaltet und zugleich davon profitiert. Das macht den Menschen als Person aus. Somit ist es „**die Menschennatur selbst, die zu einer allen ein menschliches Dasein ermöglichenden Ordnung des Zusammenlebens in der Familiengemeinschaft hindrängt**. Nicht theoretische Einsichten in die menschliche Natur führen dazu, sondern die Erfahrung des Menschen von dem,

Familie als Urgemeinschaft   425

was er braucht, um sich in den wichtigsten leiblichen und seelischen Ansprüchen befriedigt zu wissen.[8]"

Johannes Messner war immer bereit aufzunehmen, was zu einem besseren Verstehen des Naturrechts dienen würde. Aus dem Bereich der Biologie zitiert er gern Adolf Portmann, einen bekannten schweizer Zoologen und Anthropologen[9]. Seit jeher gilt zoologisch bzw. biologisch als bestätigt, dass der Mensch als Familienwesen bis zum Alter der Reife viel längere Zeit benötigt als andere Tiere, die auch als „Familienwesen" bezeichtet werden könnten. Portmann geht aber noch weiter. Er hat gezeigt, dass der Mensch im Unterschied zum Tier ein **traditionsbedingtes Wesen** ist[10]. Ohne Kultur wäre der Mensch überhaupt nicht Mensch. Und Kultur wird von Generation zu Generation weitergegeben bzw. überliefert. Daraus entsteht Tradition. Der Mensch empfängt „alles für seine Vollentfaltung Wesentliche zunächst aus der gesellschaftlichen Tradition, empfängt also ganz und gar von außerhalb seiner physischen Natur das, was ihn zu dem macht, was er seiner Natur nach ist, zum Kulturwesen[11]." In diesem Sinne können wir sogar von „der Kultur als Naturzustand des Menschen" sprechen. „Trägerin und Vermittlerin der von Portmann so sehr betonten Tradition ist die Familie.[12]"

Wenn es mir die Zeit erlauben würde, würde ich auch die Ergebnisse der Forschung über Primaten einbeziehen. Darauf muss ich jedoch verzichten.

Annemarie Buchholz-Kaiser hat zur Frage nach dem Menschen als einem Familienwesen aus anderer Perspektive Wesentliches beigetragen ; nämlich, aus der Sicht der Entwicklungs- und personalen Psychologie[13]. Sie weist auf „einige Resultante der modernen Entwicklungspsychologie" von John Bowlby und von Mary Ainsworth hin. Auf die Einzelheiten ihres Beitrages einzugehen ist hier nicht der Ort. Doch ich bin mit ihrem Beitrag und den daraus gezogenen Schlussfolgerungen einverstanden. Die Entwicklungspsychologie hat, wie Buchholz-Kaiser präzise beschreibt, einen wichtigen Beitrag zur Menschenkenntnis geleistet. In Bezug auf Bowlby sagt sie : „Die ganze seelische, intellektuelle und moralische Entwicklung des Menschen nimmt in diesem zwischenmenschlichen Zusammenspiel ihren Anfang. **Emotionale Bindung** bleibt...für das ganze menschliche Leben von tragender Bedeutung[14]". Aus der Untersuchung soll deutlich werden, „dass die Stabilität und die Sicherheit in der emotionalen Beziehung zur Mutter **die Grundlage für eine gesunde Persönlichkeitsentwicklung des Kindes** ist[15]". Indem die Mutter „das Kind als eigenständige, individuelle Persönlichkeit wahrnimmt und achtet, legt sie beim Kind **den Grundstein für das, was man später abstrakter als Achtung der Menschenwürde bezeichnet**[16]". Mit Bezug auf

426   Der Mensch als Familienwesen

Ainsworth wird der Begriff der „verlässlichen Basis" erwähnt, der für das Baby von grosser Bedeutung ist. Ich könnte viele Passagen zitieren. Um nur noch einige zu erwähnen, die mir aus naturechtlicher Sicht wichtig erscheinen : „Moralität (muss) dem Menschen nicht auf gezwungen werden... : Sie hat **ihre Wurzel in der Empatie**, welche sich in einer positiven Bindung des Kindes an seine ersten Bezugspersonen entwickelt[17]". „Aus der Erfahrung einer sicheren menschlichen Beziehung erwächst dem Kind aber auch **der Mut, sich selbst treu zu sein, sich gegen etwas angemessen zur Wehr setzen zu können und später auch ohne falsche Rücksicht auf gesellschaftliche Folgen seinen eigenen Überzeugungen und Wertvorstellungen gemäass handeln zu können".[18]** Daran schliessen Ausführungen über den Beitrag von Alfred Adler an.

Abschliessend soll die Zusammenfassung von Dr. Annemarie Buchholz-Kaiser zitiert werden. Sie schreibt :

Zusammenfassend kann gesagt werden : Der Mensch als soziales Lebewesen wird, wenn die Erziehung gut verlaufen ist, gerne bei anstehenden Fragen mitdenken und—geleitet vom menschlichen Mitgefühl—gemeinsam nach würdigen Lösungen suchen. In diesem Sinne gibt die personale Psychologie wichtige Antworten darauf, wie soziales Verantwortungsgefühl und Verbundenheit mit dem Mitmenschen entwickelt werden kann[19].

Schlusswort

Ziel dieses Referats war es, anhand der Einwände, die gegen das Naturrecht vorgebracht wurden, das Naturrecht in seiner Wirklichkeit klarzumachen. Das ist notwendig, wie mir scheint, weil es manchen oder sogar vielen heutzutage schwer zugänglich erscheint. Naturrecht ist das, was wir immer erleben und leben. Diese Erfahrung ist mit der Existenz aller (zusammen) „gegeben". Und der Ort, wo diese Erfahung gemacht wird, ist die Urgemeinschaft, nämlich die Familiengemeinschaft. Annemarie Buchhholz-Kaiser zieht daraus mit folgendem Satz den Schluss :

Der Schutz der Familie und ihrer Aufgabe für die Erziehung und Entwicklung der nächsten Generation wird zu einer Hauptaufgabe unserer Zeit[20].

Anmerkungen

* Herr Dr. Joachim Hoefele hat aus seiner Freundlichkeit spontan die erste Version meines Referats, die ich vor der Einreise in die Schweiz per Email gesendet hatte, linguistisch korrigiert. Dafür mich bei ihm zu bedanken ist meine Pflicht und Freude. Dieser Vortrag wurde zuerst von mir im Rahmen des jährlichen Diskussionsforums Mut zur Ethik zum Thema „**Mehr soziale Verbundenheit leben**" am 29. August 2014 in der Ostschweiz, Sirnach gehalten, dann erischien er mit dem gleichnamigen Artikel in *Zeit-Fragen, 23*. September 2014, 23. Jahrgang, Nr. 23/24, S. 8-9. Gleichzeitig wurde er auch sowohl auf französisch als auch englisch zugänglich gemacht.

L'être humain en tant qu'être familial selon le droit naturel et la psychologie personnaliste. En accord profond et en souvenir d'Annemarie Buchholz-Kaiser, en *Horizons et débats* : Journal favorisant la pensée indépendante, l'éthique et la responsabilité pour le respect et la promotion du droit international, du droit humanitaire et des droits humains, N°23/24, 29 septembre 2014, pp. 1-3. (http://www.horizons-et-debats.ch/index.php?id=4399)

Homo familiaris—human beings and their families according to natural law and personalist psychology. In commemoration of Dr Annemarie Buchholz-Kaiser, in *Current Concerns. English Edition of Zeit-Fragen* (The international journal for independent thought, ethical standards, moral responsibility, and for the promotion and respect of public international law, human rights and humanitarian law), 5. October 2014, *No 23/34*, pp. 14-16. (http://www.currentconcerns.ch/index.php?id=2845)

1 J. Sauter, Die philosophischen Grundlagen des Naturrechts, Wien 1932, S. 222f. Zitiert aus *Johannes Messner Ausgewählte Werke* hrsg. von Anton Rauscher und Rudolf Weiler in Verbindung mit Alfred Klose und Wolfgang Schmitz, Verlag für Geschichte und Politik Wien u. Verlag Oldenbourg München. Band 6 : *Menschenwürde und Menschenrecht* : *Ausgewählte Artikel*, eingeleitet von Anton Rauscher und Rudolf Weiler, Wien-München 2004, S. 57. Dazu auch J. Messner, *Das Naturrecht*, 7. Aufl., Berlin 1984, S. 313.

2 J. Messner, *Das Naturrecht*, S. 314.

3 J. Messner, *Das Naturrecht*, S. 314.

4 J. Messner, *Das Naturrecht*, S. 314.

5 J. Messner, *Das Naturrecht*, S. 314.

6 J. Messner, *Das Naturrecht*, S. 56.

7 J. Messner, *Menschenwürde und Menschenrecht*, S. 58.

8 J. Messner, *Das Naturrecht*, S. 315.

9 Messner schätzt Portmann sehr hoch. „Die Arbeiten Portmanns, des Zoologen der Basler Universität, sind in ihrer Art wissenschaftlich vorbildlich, weil er sich in allen Schlußfolgerungen unbeirrbar an die Tatsachen hält, im Gegensatz zu nicht wenigen seiner Kollegen auf dem Gebiete der Zoologie, Biologie und Anthropologie." (J. Messner,

428   Der Mensch als Familienwesen

Kulturethik mit Grundlegung durch Prinzipienethik und Persönlichkeitsethik, Wien 1954, S. 341 Anm. 10.)

10   Adolf Portmann, *Biologische Fragmente zu einer Lehre vom Menschen*, Basel 1944.

11   J. Messner, *Kulturethik*, S. 346.

12   J. Messner, *Das Naturrecht*, S. 349.

13   Annemarie Buchholz-Kaiser, Personale Psychologie—Der Beitrag von Psychologie und Pädagogik zur Menschenwürde, in : *Mut zur Ethik. Die Würde des Menschen*, 1998 Zürich.

14   Annemarie Buchholz-Kaiser, Personale Psychologie, S. 83.

15   Annemarie Buchholz-Kaiser, Personale Psychologie, S. 84.

16   Annemarie Buchholz-Kaiser, Personale Psychologie, S. 84f.

17   Annemarie Buchholz-Kaiser, Personale Psychologie, S. 87.

18   Annemarie Buchholz-Kaiser, Personale Psychologie, S. 87.

19   Annemarie Buchholz-Kaiser, Personale Psychologie, S. 89.

20   Annemarie Buchholz-Kaiser, Personale Psychologie, S. 88.

Anhang III
Einige Gedanken zum Thema
„Rechtlichkeit stärken"

Grüss Gott, meine liebe Freundinnen und Freunde! Es ist mir dieses Jahr auch erlaubt und gelungen, Sie in der Ostschweiz, nämlich Sirnach wieder begrüssen zu können. Das Thema der Septembergesprächen von «Mut zur Ethik» in diesem Jahr lautet wie alle wissen :

„Gewissen bilden, Rechtlichkeit stärken, Frieden fördern—**Wie weiter in Zeiten des Umbruchs?**"

In Verbindung mit Frau Dr. Föllmer-Müller per Email ist mir vorgeschlagen, etwas zum Thema „Rechtlichkeit stärken" zu Wort zu kommen. Das habe ich auch gut gefunden.

I. Kurze Bemerkungen zum Wort „Rechtlichkeit"

Um von der Rechtlichkeit überhaupt zu sprechen, ist es wohl angebracht, dass man zunächst die Bedeutung des Wortes erklärt. So ist nun kurz im Wörterbuch nachzuschlagen. Zu diesem Zweck habe ich das 6. Band des Duden (in 8 Bänden) verwendet.

rechtlich (Adj.) **1.** *das Recht betreffend ; gesetzlich :* -e Fragen, Normen ; -e Gleichstellung ; eine -e Grundlage für etw. schaffen ; ···**2.** (veraltend) *rechtschaffen, redlich :* ein -er, r. denkender Mensch.
Rechtlichkeit, die ; - : **1.** *Rechtmäßigkeit.* **2.** *Rechtschaffenheit, Redlichkeit.*

Hier können wir zunächst feststellen, dass das Wort bei dem Adjektiv „**rechtlich**" fast immer in bezug auf das Recht benutzt wird. Das heisst, die andere Bedeutung im Sinne von „*rechtschaffen, redlich*" ist veraltend, also nicht mehr so alltäglich gebraucht,

430   Einige Gedanken zum Thema „Rechtlichkeit stärken"

wahrscheinlich besonders bei jungen Leuten. Auf der anderen Seite ist jedoch das
Substantiv **„Rechtlichkeit"** heute noch in zweierlei Bedeutung geläufig. Das kann ich
nur vermuten, und zwar anhand des Wörterbuchs. Die aktuelle Wortpraxis kennen Sie
sicher sehr nah aus.

Wenden wir unsere Aufmerksamkeit auf das Wort **„Rechtschaffenheit"** und **„Red-
lichkeit"** und schlagen wir es nach, so heisst es wie folgt.

rechtschaffen (Adj.) **1.** *ehrlich u. anständig* ; *redlich* ː ein -er Mann ; r. sein, handeln ;
< subst. ː > etwas Rechtschaffenes (*Ordentliches*) lernen. **2. a)** *groß, stark,
beträchtlich* ː einen -en Hunger, Durst haben ; **b)** (intensivierend bei Adj. u. Verben)
sehr, überaus, stark ː r. müde, satt sein ; sich r. plagen müssen.

Rechtschaffenheit, die ; - ː (veraltend) ː *rechtschaffene* (*1*) *Art.*

redlich (Adj.) **1.** *rechtschaffen, aufrichtig, ehrlich u. verläßlich* ː ein -er Mensch ; eine -
e Gesinnung ; -e Arbeit ; er ist nicht r. ; r. arbeiten ; sich r. durchs Leben schlagen. **2.
a)** *sehr groß* ː sich -e Mühe geben ; wir hatten -en Hunger ; **b)** *tüchtig, ordentlich,
sehr* ː r. müde sein ; sie gibt sich r. Mühe, hat sich r. geplagt ; die Belohnung hast du r.
(*wirklich, mit voller Berechtigung*) verdient.

Redlichkeit, die ; - ː *redliches Wesen, Rechtschaffenheit, Ehrlichkeit* ː *einundzwanzig
Jahre der Treue, des Fleißes, der Redlichkeit* ; *an der R. seines Urteils besteht kein Zweifel.*

Aus der Darlegung kann man wohl so sagen, dass der Ausdruck „Rechtlichkeit
stärken" einerseits „Gesetzmässigkeit der handelnden Menschen bzw. der fungieren-
den Organisationen u. ä. zu stabilisieren, zu stärken und zu fördern" und
andererseits „geistige Haltung der handelnden Menschen bzw. der Organisationen zu
korrigieren und sie zu stärken" bedeuten kann.

Ⅱ. Rechtlichkeit im Sinne von Rechtmässigkeit bzw. Gesetzmässigkeit, oder um den Rechtsstaat und den gemeinwohlverwirklichenden Staat

Wir wohnen jetzt sozusagen in einem Rechtsstaat, woran fast niemand zweifeln
würde. Hier ergibt sich selbstverständlich sofort die Frage nach dem Rechtsstaat,
nämlich ; was ist der Rechtsstaat? Wann ist er entstanden? Er ist der Staat, der die
bürgerlichen, politischen und sozialen Rechte nicht nur gesetzlich, d. h. schriftlich
garantiert sondern auch sie tatsächlich achtet bzw. in der Lage ist, es zu erfüllen. Das
heisst, **er sichert die oben genannten Rechte gegenüber der Willkürherrschaft**

II. Rechtlichkeit im Sinne von Rechtmässigkeit bzw. Gesetzmässigkeit   431

der staatlichen Machthaber[1]. Er ist jüngen Datums, ja ein spätes Produkt der Rechtsentwicklung. Ist er umso wichtiger.

Mit guten Gründen unterscheidet man zwischen den individualistisch orientierten Rechtsstaat, den der deutsche Sozialist Ferdinand Lassalle (1825-64) einamal treffend als „Nachtwächterstaat" ("the night-watchman state") bezeichnete, und den „sozialen Wohlfahrtsstaat" ("the social welfare state"), der sich vom „Versorgungsstaat" ("the provider state") unterscheiden muss[2].

Hier ist das Gemeinwohl als Zweck und Aufgabe der Gesellschaft kurz, doch in seinen Grundzügen zu erwähnen und zu erklären. Bevor wir aber auf diese Frage antworten, empfiehlt es sich zunächst, die mindeste Erklärung über das Verhältnis der Gesellschaft mit den Menschen zu machen. Die Gesellschaft entsteht aus der Natur des Menschen. Mit anderen Worten : Die Gesellschaft findet ihren Seinsgrund und ihre Seinsordnung in der Menschennatur. Was besagt das? Der Mensch muss mit einander helfend in der Gemeinschaft und Gesellscahft zusammenleben, um sich als Mensch befriedigt zu wissen. Was bedeutet das?

Niemand würde bestreiten, **dass der Mensch von Natur aus ebensosehr ein gesellschaftliches wie ein Einzelwesen ist**[3]. Mit diesem menschlichen Wesen hängen sehr eng zusammen die Leibnatur und die Geistnatur des Menschen. Zwei Tatsachen sind festzustellen. Zum einen sind die Menschen gleich in ihrer wesenhaften Natur mit den darin der sittlichen Verantwortung vorgezeichneten menschlichen existentiellen Zwecken. Zum anderen sind die Menschen ungleich in ihrer individuellen Natur zufolge ihrer verschiedenen Ausstattung mit Anlagen und Fähigkeiten[4].

„Der Geist, in der menschlichen Natur an die Materie gebunden, ist den Begrenzungen der Materie unterworfen : Das begründet **die Notwendigkeit der Ergänzung**. Aber gerade auf Grund ihres physischen Wesens ist die individuelle Menschennatur auch **zur Ergänzung befähigt** : Weil aus der Einheit von Geist und Körper bestehend, erhält die einzelmenschliche Natur die Besonderheit ihrer individuellen Anlagen und Fähigkeiten, die die gegenseitige Ergänzung, die dem Gesellschaftsprozeß zugrunde liegt, ermöglicht[5]."

Die zwei Ergänzungsmöglichkeiten und —Eigenschaften (Ergänzungsnotwendig-keit und Ergänzungsfähigkeit) bieten uns Menschen die Bereitschaft zur gegenseitigen Hilfeleistung und ermöglichen dadurch die Vervollkommnung des individuellen

432   Einige Gedanken zum Thema „Rechtlichkeit stärken"

menschlichen Existenz. Die Menschen sind gleich in ihrer wesenhaften Natur ; in ihrer individuellen Natur sind die Menschen ungleich, so haben wir festgestellt. Darin besteht der Grund und die Unvermeidlichkeit der Gesellschaft für uns Menschen. „Die Ungleichheit der Menschen und ihre Ergänzungsbedürftigkeit sind es ja, sie verpflichten, die Erreichung ihrer vollmenschlichen Existenz vermittels der gesellschaftlichen Verbundenheit zu erstreben. Für alle Glieder der Gesellschaft die Voraussetzungen einer solchen Existenz zu schaffen, ist der Grundzweck der gesellschaftlichen Verbundenheit[6]."

Nun sind wir an den Ort gelangt, wo der Zweck und die Aufgabe der Gesellschaft und vor allem des Staates zu erläutern sind. Der Zweck der Gesellschaft und somit der des Staates ist das Gemeinwohl und somit seine Verwirklichung. Mit anderen Worten und noch klarer ausgedrückt, umfasst das Gemeinwohl als Zweck der Gesellschaft zwei Grundfunktionen. **Die erste Funktion** besteht in der Abwehr der von den niedrigen Triebanlagen der Menschennatur drohenden Störungen der die Voraussetzungen für die vollmenschliche Existenz bildenden Ordnung des Zusammenlebens. Diese Abwehr ist die eine Seite der Hilfeleistung der Gesellschaft, sozusagen **eine negative, doch lebenswichtige Funktion** für unser Leben : **die Begründung des Friedens.** Sie ist die Aufgabe der Rechtsordnung mit ihrer Zwangsordnung. **Die zweite und positive Grundfunktion** betrifft die Ermöglichung der vollmenschlichen Existenz für die Gesellschaftsglieder : **die Begründung der Wohlfahrtsordnung.**[7] Diese zweite Funktion der Gesellschaft kann man auch als „die Schaffung der Voraussetzungen für die bestmögliche eigenverantwortliche Erfüllung der wesenhaften Lebenszwecke durh ihre Glieder[8]" formulieren.

Ⅲ. Rechtlichkeit im Sinne von Rechtschaffenheit bzw. Redlichkeit

Im vorangehenden Abschnitt haben wir den Begriff „Rechtlichkeit" zunächst in bezug auf den Rechtsstaat behandelt. Der Gedanke darüber hat uns weiter zur Frage nach dem Gemeinwohl und seiner Verwirklichung als Zweck und Aufgabe der Gesellschaft inklusiv des Staates geführt. Die Gesellschaft, und vor allem der Staat hat zwei Grundfunktionen ; Friedensschaffung und Wohlfahrtsordnungsbegründung. Im ursprünglichen Rechtsstaat wurde Gewicht hauptsächlich auf den ersten Zweck gelegt. Der Rechtsstaat entwickelte sich danach mit verschiedenen Erfahrungen zum Wohlfahrtsstaat, der zweifelsohne für die Friedensbegründung verantwortlich bleibt und daneben zusätzlich die Begründung der Wohlfahrtsordnung als seine echte Aufgabe

III. Rechtlichkeit im Sinne von Rechtschaffenheit bzw. Redlichkeit   433

weiss.

Dieser dritte Abschnitt geht auf eine andere Seite bzw. Phase des Wortes „Rechtlichkeit" ein. Wie oben im ersten Abschnitt dargelegt, bedeutet das Wort „Rechtlichkeit" „rechtschaffene Art", d.h. Ehrlichkeit, Aufrichtigkeit, Anständigkeit, Redlichkeit und so weiter. Diese Beschaffenheiten beziehen sich auf die Menschen, Personen, die mit Vernunft und Wille ausgestattet von den anderen Lebewesen zu unterscheiden sind. Das veranlässt uns zum Nachdenken über die Wichtigkeit der von Zeit und Ort ganz verschiedentlich ausgestalteten Kulturen. Ja in der Kultur und nur durh die Kultur wird der Mensch zum Menschen. Der Mensch ist deshalb im eigentlichen Sinne Kulturwesen. So enthält die Geschichte für uns auch grosse Bedeutung und zwar im Sinne der Orientierung nach einer immer menschenwürdigeren Entwicklung der Gesellschaft. Dabei handelt es sich natürlich um Einrichtungen oder Systeme, die zur Sicherung der Rechtsordnung beitragen, aber nicht nur darum, sondern auch um die Bereitschaft der Menschen als Mitglieder der Gesellschaft, die mehr oder weniger als Träger der Gesellschaft sowie der geschichtlich—gesellschaftlichen, kurz, menschlichen Werte sich verhalten und an deren Gestaltung mitwirken.

Menschliche Aktivitäten in verschiedenen Arten in der Gesellschaft können durch die Gesetze oder Vorschriften entweder hindernd oder fördernd geregelt und unterstützt werden. Manchmal sind die sogenannten Tatsachen zu komplex, als dass man ihnen gerecht werden könnte. Bei solchen Fällen versucht man mit guten Gründen aus verschiedenen Blickwinkeln mit den anderen zusammenzuarbeiten. Jeder wird dann aufgefordert, in seiner Stelle seine Aufgabe zu erfüllen. Das heisst, nach dem hl. Thomas von Aquin ist die Gerechtigkeit „Habitus, kraft dessen der Mensch mit stetem und ewigem Willen einem jeden sein Recht zuteilt[9]".

Jeder Mensch mit offener Herz wird leicht sehen können, dass Prinzipien, und Regeln, die die menschlichen Tun und Unterlassen betreffen, ursprünglich zur Vermeidung des Übels und zur Förderung des Guten beitragen sollten. Prinzipien und Regeln und ähnliches mehr müssen aber von uns tatsächlich ins Werk geführt werden. Wir sollen sie in der Wirklichkeit mit Herz und Mund und Tat verwirklichen. Dazu braucht jeder nicht nur Willen und Mut zu haben, sondern jeder muss sich durch ununterbrochene Selbstzucht entwickelt haben[10].

IV. Von der Wirklichkeit des Menschen in einer naturrechtlichen Perspektive

In diesem vierten Abschnitt möchte ich über die Wirklichkeit des Menschen aus einer erfahrungsmässigen Perspektive nachdenken. Zur Veranschaulichung nehmen wir einige Beispiele.

Es ist fast unmöglich für uns, wenn einer auch genug trainiert wäre, innerhalb 10 Sekunden hundert Meter zu laufen. Vielleicht ist es nicht schwierig für Sportlerinnen und Sportler, in weniger als 12 Sekunden es zu machen. Sie müssen jeden Tag bis heute hart trainiert haben. Was das Klavierspielen anbetrifft, gilt wohl das gleiche, so denke ich. Von grosser Bedeutung ist die stetige Haltung zum Üben und zwar tatsächliche strenge unermüdliche Bemühungen. Hinter jeden grossartigen Aufführungen verstecken sich ein grosser Haufen der ständigen Schulung, Bestrebungen und festes Willens. Hier haben wir gute Gelegenheit mit den anderen Teilnehmern echte Meinungstausche zu praktizieren. Dabei hilft uns sehr das wunderbare Dolmetscher-Service. Übung macht den Meister. Wenn man diesen Basis „habitus" (Gewohnheit, Tugend) nennt, dann ermöglicht sie hier und jetzt die konkrete Handlung.

Ein bester Sprinter könnte jedoch nicht innerhalb von 4 Sekunden laufen, was für ein Gepard ganz leicht ist. Zusammenfassend kann man sagen, dass die Kraft der Gewohnheit (habitus) die konkret hier und jetzt aufzuführende Handlung ermöglicht, eine Handlung, die durch die betreffende Person selbst mit Selbstzucht geübt und geübt erworben ist, und zwar innerhalb der Grenze der Fähigkeit des menschlichen Wesens.

Das oben geschilderte gilt meines Erachtens auch von geistigen und moralischen Handlungen. Sind universale humane Moralprinzipien uns allen kundgegeben, so sind sie kraft der Synderese (synderesis) des Einzelnen erfasst. Mit Hilfe der Synderese zieht jeder ein Urteil von gut und böse über dies und jenes Verhalten. Dieses Urteil wird als Gewissen (conscientia) bezeichnet[11]. Das Gewissen verbietet, warnt, erlaubt, spornt an, fördert, klagt an, beisst. Durch unzählige Gewissensentscheidungen und durch deren tatsächliche Ausführungen wird unser moralischer, ethischer, politischer Basis, also unsere Persönlichkeit geformt und gefestigt. So wird einer zu einem enthaltsamen Menschen, ein anderer dagegen zu einem unenthaltsamen. Dabei spielt der Wille eine grosse Rolle.

Wir müssen deswegen die Bereitschaft zum Frieden stark beibehalten.

Vielen Dank für Ihre Aufmerksamkeit und Geduld!

IV. Von der Wirklichkeit des Menschen in einer naturrechtlichen Perspektive　435

Anmerkungen

* Dieser Vortrag „Einige Gedanken zum Thema «Rechtlichkeit stärken»" wurde in den Septembergesprächen im Rahmen von *Europäischer Arbeitsgemeinschaft* **Mut zur Ethik** zum Thema **„Gewissen bilden, Rechtlichkeit stärken, Frieden fördern—Wie weiter in Zeiten des Umbruchs?"** am 31. August 2018 in Sirnach, Ostschweiz gehalten.

1　*Johannes Messner*, Das Naturrecht. Handbuch der Gesellschaftsethik, der Staatsethik und der Wirtschaftsethik. 5, 6. Aufl., Tyrolia-Styria Verlag 1966 und 7. unveränderte Aufl., Duncker u. Humblot 1994, S. 737.

2　*J. Messner*, Das Naturrecht, S. 737, 752.

3　*J. Messner*, Das Naturrecht, S. 149.

4　*J. Messner*, Das Naturrecht, S. 152.

5　*J. Messner*, Das Naturrecht, S. 153.

6　*J. Messner*, Das Naturrecht, S. 442 f. Das Wort „Verbundenheit" in dem Zitat kann gegen „Kooperation" ausgetauscht werden. Nach der englischen Übersetzungsausgabe lautet dieser Satz so : "The fundamental aim of social cooperation is to create, for all members of society, the conditions for such existence." (Social Ethics, p. 645.)

7　*J. Messner*, Das Naturrecht, S. 189ff.

8　*Johannes Messner*, Ethik. Kompendium der Gesamtethik, Innsbruck 1955, S. 260.

9　*Arthur-Fridolin Utz*, Sozialethik. II. Teil Rechtsphilosophie, unveränderter Nachdruck Sieburg, S. 104. „iustitia est habitus secundum quem aliquis constanti et perpetua voluntate ius suum unicuique tribuit." (Summa theologiae, II - II, Qu. 58. art. 1.)

10　*Johannes Messner*, Kulturethik mit Grundlegung mit Prinzipienethik und Persönlichkeitsethik, Innsbruck—Wien—München 1954, S. 285ff.

11　Zur Begriffsklassifikation vgl. *J. Messner*, Kulturethik S. 14-54.

Anhang IV
„···in Richtung auf mehr Menschlichkeit zu führen."

Interview mit **Prof. Dr. jur. Hideshi YAMADA**

Interviewer Joachim HÖFELE und Moritz NESTOR

6. September 2011[1]

Was würden Sie sagen, was ist die Kernaussage des Naturrechts. Was ist Naturrecht?
Zunächst halte ich es für wichtig, zu unterscheiden, nicht zu trennen, zwischen dem Naturrecht *selbst* und den Gedanken und Lehren *über* das Naturrecht. Wir können ohne das Naturrecht nicht über Naturrecht sprechen. Naturrecht und Naturrecht*sdenken* sind zwei Dinge. Zum Beispiel diese Tasse hier auf dem Tisch. Ohne diese objektiv ausserhalb meines Bewusstseins existierende Tasse kann ich nicht über diese Tasse sprechen. Die Tasse als objektive Realität und mein Reden darüber hängen eng zusammen.

Das Naturrecht ist für uns immer im zweifachen Sinne vor Augen oder im Kopf oder im Herzen. Meiner Meinung nach wirkt es zu jeder Zeit, in jedem Menschen gleichermassen. Aber es kann nicht von selbst wirken wie in Pflanzen, in Tieren oder so. Das Naturrecht in uns Menschen immer in Verbindung mit der Vernunft ; je nachdem, wie vernünftig ein Mensch ist oder in welcher Gefühlssituation er sich befindet. Er kann sich zum Schlechteren wie zum Besseren entfalten ; und wer zum Beispiel immer mutig zu handeln sucht, wird auf längere Frist mutiger. Daher sind die Tugenden für den Menschen so wichtig. Denn wenn ein Mensch zum Beispiel mehr Mut erworben hat, dann fällt es ihm leichter, mutig zu handeln, als anderen, die nicht so innerlich gefestigt sind. Das Naturrecht wirkt sich also in zweifacher Weise aus : Zum einen als bewusstes Naturrecht, zum anderen als unbewusstes Naturrecht, das als Disposition in der *Conditio Humana* liegt. Und von daher kommen die natürlichen Kräfte in uns, sich als Mensch entwickeln zu können. Von daher bekommt jeder Mensch die *Richtung* seiner Entwicklung als Mensch.

Was muss man sich unter dieser Entwicklungsrichtung vorstellen?

438 „···in Richtung auf mehr Menschlichkeit zu führen."

Es ist die Richtung, das Ziel, wohin wir uns entwickeln, nämlich zu immer mehr (Mit)
Menschsein ; dass wir unsere Anlagen als Mensch ausbilden. So würde ich sagen. Ein
Christ würde wahrscheinlich sagen : zu Gott hin. Als Naturrechtslehrer muss ich es
ausgewogen formulieren und würde sagen : In uns wirken natürliche Kräfte, das ist das
Naturrecht oder das Naturgesetz, ob wir das wollen oder nicht. Wenn wir im Einklang
mit dem Naturrecht leben, können wir eine menschliche Existenz erreichen. Sonst
verliere ich meine menschliche Existenz, da ich gegen meine Natur handle.

Heisst das, dem Naturrecht liegt ein anthropologisches Prinzip zugrunde?

Ja.

Und wie würden Sie das beschreiben?

Ich bin ein Mensch. Als solcher habe ich einen Körper, der aus verschiedenen
Elementen besteht, die physikalisch, chemisch oder biologisch analysiert werden
können.

Das ist die materielle Seite.

Aber der Mensch besteht nicht nur aus dem Materiellen. Das Ich ist etwas
Psychisches, Geistiges, das ich nicht aus Materiellem ableiten kann. Woher das kommt,
weiss ich—ehrlich gesagt—nicht. Das ist für mich ein Mysterium. Wie und warum kann
ich, dieser Körper, sich eine geistige Vorstellung von sich machen? Und wie können wir
uns durch Sprache verstehen? Sprache ist schon etwas Besonderes. Ich spreche jetzt
Deutsch, für mich eigentlich eine ganz fremde Sprache. Aber Japanisch könnte für mich
auch ganz fremd sein, wenn ich in der Schweiz geboren wäre, dann wäre nämlich
Schweizerdeutsch meine Muttersprache. Jeder Mensch hat also die Fähigkeit, alle
möglichen Sprachen zu lernen.

Er hat die Anlage dazu von Natur.

Ja.

Das ist eine Wechselwirkung zwischen Anlage und Umwelt.

Ja. Der nächste Punkt, den ich erwähnen möchte, ist : Ich bin als Mensch etwas
Materielles, habe aber in mir auch Psychisches oder Geistiges als geistige Innenwelt.
Alle diese Elemente sind nicht zu trennen. Ich bin eine Leib-Seele-Einheit, im Kern das
Ich. Ich kann mich meiner selbst bewusst sein. Das ist ein geistiger Vorgang und macht
das Ich aus.

Mein Selbstbesitz.

Schon Selbstbesitz, aber für mich eine Gabe, ein Geschenk. Ich bekomme es. Man
sagt auch : Die Eltern schenken dem Kind das Leben—im materiellen wie im geistigen

Sinn. So denke ich.

Und was hat diese

Leib-Seele-Einheit mit dem Ich im Zentrum mit der Menschenwürde zu tun? Oder : Ist die Menschenwürde eine naturrechtliche Basis?

Vielleicht kann ich das an einem Beispiel erklären : Ein Fötus, ein Kind im Mutterleib, kann noch nicht so denken und fühlen wie wir Erwachsene. Er kann noch nicht seine Vernunft gebrauchen, aber er ist schon ein Mensch und hat alle Anlagen eines Menschen, nur noch nicht vollständig ausgebildet. Er befindet sich in einer anderen als wir Erwachsene, aber er ist schon ein Mensch.

Peter Singer und andere, wie zum Beispiel Norbert Hoerster aus Deutschland, behaupten, Personen seien nur die Menschen, die Vernunft und Interesse besässen. Ein Fötus habe noch kein Interesse, noch keine Vernunft, also sei er keine Person. Ich stimme Peter Singer zu, dass ein Fötus ein Mensch ist, dass er ein Angehöriger der Spezies Mensch ist. Aber Singer behauptet, der Fötus sei deswegen noch keine Person.

Das ist der Trick, denn nach Singer dürfen wir den Fötus oder geistig sehr niedrige Menschen töten, weil sie—angeblich—keine Personen seien. Damit spricht er solchen Menschen die menschliche Würde ab. Das ist eine verwerfliche und unhaltbare Schlussfolgerung. Ich habe von diesem Beispiel viel gelernt, und dabei hatte die Enzyklika Evangelium Vitae auf mich einen grossen Einfluss. Ich kenne eine japanische katholische Wissenschaftlerin, Prof. Etsuko Akiba an der Toyama Universität, die kämpft z. B. in Bioethik der Vatikanischen Akademie mit Übersetzungen und Erläuterungen, Chisen-Shokan Verlag 2005, gegen die allgemeine Meinung in Japan in Bezug auf Fötus oder ungeborene Kinder und verfichtet dafür, dass ungeborenen Kindern und Sterbenden ohne Bewusstsein geholfen werden soll und man sie nicht einfach töten darf.

Wenn wir die Würde des Menschen nicht mehr kennen, dann wird es immer schwieriger, den Menschen als Person, den Menschen als Mensch zu achten. Und für mich steht die Würde des Menschen nicht nur auf dem Papier der *Allgemeinen Erklärung der Menschenrechte* der UNO von 1948 geschrieben. Sie ist immer schon da, wo ein Mensch lebt, und das ist die Basis für die Menschenrechte. Ohne Bewusstsein, ohne Sprachfähigkeit ist der Mensch schon Person. Allein weil er da ist, hat er schon die Würde als Mensch, beziehungsweise bekommt er sie geschenkt.

Weil er als Mensch, als Gattungswesen da ist.

Die Würde des Menschen ist mit dem Menschsein gegeben.

440 „···in Richtung auf mehr Menschlichkeit zu führen."

Der Mensch selber.

Ja, so würde ich sagen. Günther Pöltner drückt so aus ᠄ „Die Würde ist mit dem Leben eines Menschen koextensiv" (*Grundkurs Medizin-Ethik*, 2. Aufl., 50). Am Grund des Naturrechts liegt die Würde des Menschen, ein Geschenk von irgendwoher, unverfügbar, nicht zu manipulieren. *Johannes Messner* hat eindrucksvollerweise in seinem Buch *Menschenwürde und Menschenrecht* ausgeführt, dass die Würde des Menschen für die Christen schon in der Bibel beschrieben ist, ganz, ganz lang, bevor *Immanuel Kant* sie auf seine Weise formuliert hat. Und Messner hat genau so eindrücklich beschrieben, wie der Kirchenlehrer *Thomas von Aquin* die Würde des Menschen auch beschreibt, und zwar nicht nur theologisch, sondern auch philosophisch.

Beide Wege.

Beide, ja.

Und Messner fügte hinzu, dass die Würde des Menschen den beiden *Internationalen Pakten* im Gefolge der *Allgemeinen Erklärung der Menschenrechte* der UNO zugrundeliegt. Und das ist eine feststellbare, von allen anzuerkennende Tatsache, die wir lesen und erkennen können.

Objektiv wie das Beispiel der Tasse vom Beginn des Gesprächs.

Wie die Tasse.

Das heisst doch, dass diese Tatsache eine sehr, sehr existentielle Bedeutung für alle politischen, sozialphilosophischen usw. Handlungen und Theorien hat.

Ja. Erstens ᠄ Aus der Sicht der Religion spricht schon sehr früh die Bibel über die Würde. Zweitens ᠄ Thomas von Aquin hat die Würde des Menschen nicht nur theologisch, sondern auch philosophisch begründet. Er verwendet dabei nicht den heutigen Begriff `Würde`. Aber von der Sache her schreibt er über die Würde. Und drittens ᠄ Die Würde des Menschen ist durch die Erfahrung als unleugbare Tatsache gegeben. In den genannten UNO-Dokumenten ist das niedergelegt. Das, müssen wir genau sehen, ist eine wichtige Erfahrung ᠄ Ohne die Würde des Menschen zu achten, können wir als Menschen, als Menschheit in Zukunft nicht gemeinsam überleben. Das ist eine Erfahrung.

Darum ist doch die Allgemeine Erklärung der Menschenrechte von 1948 nach dem Desaster des Zweiten Weltkriegs wie ein Gewissen.

Ja.

Wenn im Zentrum die Menschenwürde steht, welche Konsequenzen hat das dann für die Sozialethik, für die Sorge um das Gemeinwohl, für die politische Philosophie beziehungswe-

„...in Richtung auf mehr Menschlichkeit zu führen." 441

ise für das, was eigentlich der Zweck des Staates ist?

Der Mensch ist für mich ein ,staatsbezogenes Familienwesen'.

Eine schöne Formulierung.

Das ist wahrscheinlich die grundlegendste Definition.

Dann hat man nicht diese Trennung zwischen Familie und Staat. Das ist gut.

Diese Definition stammt aus zwei Quellen. Wie Sie schon wissen, denke ich dabei zum einen von Aristoteles her.

Das ,zoon politicon'.

Ja, das zoon politicon. Und meine andere Quelle ist Johannes Messner. Er geht immer von der Familie aus. Hier kann sich jeder Mensch in Liebe, Treu und Glauben, Vertrauen und Wohlwollen entwickeln. Hier werden Streitigkeiten nicht aggressiv, sondern eher versöhnend ausgetragen und Vater, Mutter, Onkel oder andere sorgen für die Kinder und leiten sie an, was richtig und falsch ist und was die Folgen ihres Handelns sind : „Nein, du sollst nicht." Oder : „Nein, du darfst das nicht, sonst hätte das für dich schlimme Folgen." Die Familie ist für uns die Urgemeinschaft, eine natürliche Gemeinschaft. Ohne sie kann niemand überhaupt existieren. Zwei grundlegende Gedanken führen mich zu dem Schluss, den Menschen als staatsbezogenes Familienwesen zu definieren. Was wir in der Familie erleben, ist grundlegend und notwendig für jeden Menschen und ist daher sozusagen allgemein erfahrbar. Diese allgemein erfahrbaren Tatsachen, welche die Regeln enthalten, wie wir als Menschen miteinander leben können, diese allgemein erfahrbaren Verhaltensweisen beinhalten verpflichtende Regeln, die wir nicht im Gehirn erdichten oder erfinden. Sie gehören somit zu unserer Realität, in der wir tatsächlich jeden Tag leben.

Diese Realität des Gemeinschaftslebens hat natürliche Regeln. Das ist ja das, was Samuel Pufendorf meinte, dass es wie in der äusseren Natur auch im sozialen Leben des Menschen natürliche Gesetzmässigkeiten gibt, die der Mensch erkennen kann.

Ja. Deswegen meine ich, dass Vertreter wie Kelsen oder Topitsch irren, wenn sie behaupten, das Naturrecht sei inhaltsleer. Das Naturrecht ist im Gegenteil inhaltsvoll, inhaltsbestimmt. Denn Naturrecht ist in mir, in Ihnen, in jedem immer am Werk. Seit den Anfängen der Menschheitsgeschichte erfuhren und erfahren wir Menschen es jeden Tag in der Familie.

Und wenn wir jetzt den Schritt machen zur Sozialethik, zum Staat?

Die Familie ist Grund und Zelle der Gesellschaft, des Staates überhaupt. Hier lernen wir die Regeln, die für jedes Zusammenleben notwendig sind. Wir lernen die Regeln im

442   „···in Richtung auf mehr Menschlichkeit zu führen."

Zusammenleben, so dass wir sie auf der nächsthöheren gesellschaftlichen Ebene anwenden können. Wir stossen auf neue und andere Anforderungen, und daran müssen wir uns allmählich gewöhnen und damit umgehen lernen, auch wenn neue oder unerwartete Dinge auftauchen. Immer stehen wir vor der Aufgabe, genau zu sehen, womit wir es zu tun haben und das wir entweder als einzelne oder meistens gemeinsam bewältigen sollen.

Das sind neue Phase des Lebens für den jungen Menschen. Er kommt aus der Familie, und er hat dann Basisfähigkeiten für das Leben im Staat erworben. Aber er muss jetzt das Leben im Staat mit dieser Basis erst lernen.

Ja. Und noch eins : Der Mensch ist ein Ganzes. Jeder Mensch ist ein auf die Gemeinschaft mit den anderen bezogenes Wesen und gleichzeitig immer auch Person und etwas Einmaliges. Aber wir brauchen immer Hilfe. Das bedeutet, hilfsbedürftig sind wir alle, und eigenständig sind wir auch alle. Diese zwei Pole, wie ich sie jetzt nennen will, spiegeln sich irgendwie in unseren Gesellschaften, Gemeinschaften wider. Eine Gemeinschaft ist eine sehr enge, gefühlsmässig und verwandtschaftlich verbundene Einheit. Der Staat als politische Einheit ist nicht so. Aber der Staat hat genau deswegen die besondere Aufgabe, die verschiedenen Personen und die unterschiedlichen gesellschaftliche Einheiten irgendwie zu integrieren und zu schützen. Das ist seine Aufgabe. Und dabei muss der Staat souverän sein. Mit dieser Souveränität kann er verschiedene Wünsche bzw. Interessen koordinieren. Und selbst wenn es keinen Staat gäbe, müsste es doch irgendeine Institution geben, die alle verschiedenen Gemeinschaften koordiniert, zusammenführt und der Gesamtbevölkerung Sicherheit und Gerechtigkeit gewährt.

···und das Zusammenleben vor Gewalt schützt.

Der Schutz vor Gewalt, ja.

Das heisst aber doch auch, dass der Staat eine andere, aber eine Form von Gemeinschaft ist.

Ja, so würde ich es auch sagen. Johannes Messner trennt in seinen Büchern nicht zwischen Gemeinschaft oder Gesellschaft, sondern spricht auch vom Staat als einer Gemeinschaft. Man hat dem entgegengehalten, der Staat sei etwas Mechanistisches und daher sollte man dafür den Begriff ‚Gesellschaft' und nicht ‚Gemeinschaft' verwenden. Aber : Jede Gesellschaft wird lebendiger und kräftiger, je mehr in ihr die Gefühlsverbundenheit unter den Menschen wächst. Und jede Gemeinschaft verfolgt bewusst Interessen. Zwecke sind nicht erst in der grösseren Gesellschaft da, sondern auch schon

„···in Richtung auf mehr Menschlichkeit zu führen." 443

in der Gemeinschaft. Daher halte ich es für irreführend, die Begriffe ‚Gemeinschaft'
und ‚Gesellschaft' für Gegensätze zu halten.

Unterschiedliche Formen menschlicher Gemeinschaften mit verschiedenen Gesichtern.
Ja, das meinte ich.

*Wir sollten noch etwas zu Demokratie, Gewaltenteilung und dem Gemeinwohlprinzip
sagen : Warum muss—naturrechtlich gedacht—der Staat ein demokratischer Rechtsstaat
sein?*

Ja. Darauf komme ich gern zu sprechen. Die Familie ist notwendig für die Menschen.
Und der Staat ist auch so notwendig, wenn wir in grossen Bevölkerungen zusammen
leben wollen. Die beiden sind notwendige Gesellschaften, bzw. Gemeinschaften. Aber
sowohl Familie als auch Staat sind kein Selbstzweck, sondern ihr gemeinsamer Zweck
ist es, dass jeder als Mensch menschlicher werde. Und das bedeutet, in ihnen kann ein
jeder sich als Person frei entfalten und entwickeln, und zwar aus Eigeninitiative, von
Inneren her mit wenig Gezwungenheit. Das gilt nicht nur für die Einzelnen in der
Familie, in der Gemeinde, in dem Dorf oder im Bezirk, sondern auch im Staat. Denn
auch der Staat ist kein Zweck an sich. Er existiert nur dort, wo wir als Menschen, aus
Eigeninitiative so viel wie möglich aktiv sind. Und Demokratie ist fast gleichbedeutend
mit Selbstverwirklichung des Einzelnen auf der politischen Ebene. In dem Sinne, so
denke ich, ist Demokratie als Staatsform mit dem Menschen vereinbar und
empfehlenswert. Darin erblicke ich die Notwendigkeit oder Möglichkeit der Demokratie
im Staat. Demokratie ist somit meiner Ansicht nach für den Menschen wohl passender
als jede andere Form.

*Dann könnte man doch in Ihrem Sinne sagen : Sie ist angepasst an die Natur des
Menschen, an sein Wesen als ‚staatsbezogenes Familienwesen'?*
Ja.

*Wenn ein junger Mensch in der Familie die Regeln des Gemeinschaftslebens gelernt hat
und dann in die Gemeinde hineinwächst, dann ist doch auch die Gemeinde für eine andere
Art Schule für ihn. Oder—wie würden Sie sagen?*

Eben, das gilt schon. Unsere Erfahrungen sind immer zeit- und ortbedingt. Ich zum
Beispiel, ich bin jetzt hier in der Schweiz. Ich habe hier dieses Mal sehr viele neue
Erfahrungen gemacht. Während dieser Zeit bin ich anders geworden. Genauso macht
auch ein junger Mensch in der Gemeinde neue Erfahrung, hört andere Meinungen, muss
diese neuen Elemente in sich aufnehmen, damit allmählich umgehen lernen und die
neuen Erfahrungen in sich verarbeiten. Und dabei wirkt auch das Naturrecht. Denn das

444 „···in Richtung auf mehr Menschlichkeit zu führen."

Naturrecht in ihm sagt zwar nicht klar : Das, was du jetzt erfahren hast, ist gut, oder das ist böse. Es sagt einem nicht, wie man neue Erfahrungen interpretieren muss. Das sagt das Naturrecht uns nicht. Aber es gibt uns schon die Grundrichtung. Es belehrt uns, wohin, in welche Richtung man seine Schritte lenken muss.

Dabei spielt doch die Schule schon eine ganz wichtige Rolle. Die Schule ist ja der erste Schritt in eine grössere Gemeinschaft, die auf das Leben im Staat vorbereitet. Hier lernt das Kind ja schon Bürgertugenden.

Ja, das hat auch John Dewey gesagt. Ich kann es nicht wörtlich zitieren, aber sinngemäss meinte er : Die Schule ist der Ort, wo Kinder Politik lernen.

In der Klasse kommen andere Kinder aus verschiedenen Gesellschaftsgruppen zum ersten Mal für das Kind zusammen, und es muss lernen, dass alle eine Würde haben. Das ist auch schon eine politische Tugend. Es lebt noch in der Familie, geht in die Schule und macht einen Schritt in den Staat.

Die Schule hat eine sehr, sehr grosse Aufgabe. In Bezug auf die Schule bin ich etwas skeptisch, was Japan betrifft. Ich höre oft, dass die Eltern in Europa, in der Schweiz wahrscheinlich auch, das Recht auf die Erziehung ihrer Kinder haben, nicht der Staat. Bei uns in Japan redet man nicht auf solche Weise. Dass das Recht auf die Erziehung der Kinder ein Elternrecht ist, hören wir nicht so oft in Japan. Früher war es so. Der Vater hatte das letzte Wort. Er war die natürliche Autorität und hatte das Erziehungsrecht. Aber jetzt nicht mehr. Das Ergebnis ist, dass das Kultusministerium die Inhalte bestimmt. Es bestimmt, was in der Grundschule gelernt und gelehrt werden muss. Und darauf haben die Eltern sehr wenig Einfluss. Von oben her, von der Regierung her wird fast alles bestimmt. Oder die Organisation der Lehrerinnen und Lehrer, die sicherlich politisch eingestellt ist, übt auch nicht gering zu schätzenden Einfluss aus. Das widerspricht offensichtlich dem Subsidiaritätsprinzip und dem Naturrecht. Das ist nicht gut, finde ich.

Das ist wahrscheinlich nach dem Zweiten Weltkrieg gekommen

Ja, richtig.

Das waren die 70er Jahre? Man hat die Autorität der Eltern in Frage gestellt?

Ja, so ist es gewesen.

Das ist der Teil der Umerziehung nach dem Zweiten Weltkrieg?

Ja. Richtig.

Eine rein politische Strategie.

Ja. Das glaube ich mir auch.

„···in Richtung auf mehr Menschlichkeit zu führen." 445

So kann man ein Volk von innen heraus sprengen. Max Horkheimer hat 1936 seinen Aufsatz „Autorität und Familie" geschrieben. Er schreibt dort, dass solche Kulturen am stabilsten sind gegen gesellschaftlichen Umsturz– und dann bringt er das Beispiel von China– wo die Autorität der Eltern und der Vorfahren sicher ist. Und daraus schliesst er ∶ Wenn wir die Gesellschaft revolutionieren wollen, müssen wir die Autorität, vor allem der Eltern, der Lehrer und der Behörden beseitigen.

–Ja. Genau das haben wir als besiegte Nation seit dem Zweiten Weltkrieg erlitten. Oder vielmehr haben wir es erleiden müssen.

Auch die Autorität des Glaubens.

Ja.

Sie haben vorhin gesagt, der Staat ist kein Selbstzweck. Der Selbstzweck ist der Mensch.

Ja.

Der Staat ist für den Menschen, nicht der Mensch für den Staat, wie Jacques Maritain aussagt.

Das ist Aristoteles.

···und die gesamte Tradition der Würde, dass der Mensch nicht als Mittel zum Zweck, wie Kant sagte, missbraucht werden darf. Habermas tritt heute auf und behauptet, die Moderne beginne mit John Rawls und der Trennung von Moral und Politik. Was bedeutet das für die Gesellschaft?

Ohne Ethik geht es nicht, das ist klar. Ohne Politik auch nicht. Beide, Ethik und Politik, haben eine innere Bezogenheit auf das Menschsein. Manche Professoren sagen, Ethik beziehe sich eher aufs Individuelle, so sagen die manchen Professoren, Politik habe mit der Macht zu tun. Aber ich bin anderer Meinung. Ethik ist sicherlich immer auch ein Individualproblem. Aber zugleich betrifft sie immer auch Gemeinschafts– oder Gesellschaftsprobleme. Denn Ethik ist nur sinnvoll, wo der Mensch nicht als isoliertes Wesen, sondern als Gesellschafts–, Gemeinschafts–, Sozialwesen lebt.

Und das ist schon immer in der Menschheitsgeschichte so gewesen.

Immer.

Es gab und gibt den Menschen immer nur als zoon politikon?

Ja.

Das solitäre Leben stammt aus Not.

Ja.

Und jetzt, eben, zum Staat ∶ Er muss doch letzten Endes seinen Zweck in der Ethik haben, im Gemeinwohl.

446 „···in Richtung auf mehr Menschlichkeit zu führen."

Ja, der Staat hat die ethische Aufgabe, verschiedene Gruppen und ungeheuer viele Menschen zu integrieren. Das ist eine ethische Aufgabe, nicht nur eine politische. Sie findet in der Politik statt, aber ist ethisch, denn nur so können wir Menschen uns entfalten.

Wenn ein Philosoph in der Gesellschaft philosophiert, trägt er dafür Verantwortung. Was ist Ihrer Meinung nach die gesellschaftliche Aufgabe der Philosophie als Naturrecht?

Die Stimme erheben- irgendwie und so viel wie möglich—und zu allen wichtigen Angelegenheiten einen nützlichen Beitrag leisten. Für mich heisst das zunächst, einen Beitrag dazu zu leisten, die sich entwickelnden Studentinnen und Studenten mit ihren grossen Fähigkeiten, in Richtung auf mehr Menschlichkeit zu führen. Das ist meine erste und wichtigste Aufgabe. Zweitens : In wissenschaftlichen Gruppen berichte und verbreite ich, was in Japan unter den Intellektuellen nicht so beliebt ist, aber doch sehr wichtig sein muss. Die meisten, 96 oder 97% der Rechtsphilosophen in Japan sind heute bewusste Naturrechtsgegner. In dieser wissenschaftlichen Gemeinschaft vertrete ich trotzdem das Naturrecht. Denn sonst verlieren wir etwas sehr Wichtiges, was direkt auf unser Menschsein bezieht. Und drittens : Ich muss als Heide, ich meine als Nicht-Christ, das Naturrecht vertreten, und zwar die katholische Soziallehre. Das ist für mich natürlich eine sehr grosse Aufgabe, sogar eine Herausforderung, die mich als Einzelnen wohl überfordert, das weiss ich, aber das nehme ich hin als meinen Beruf. Ich bin dazu wahrscheinlich berufen. So fühle ich in mir. Und viertens : An der Universität, in der Fakultät handle ich als Naturrechtler, ohne es zu äussern. Ich handle, ich verhalte mich gemäss meiner Auffassung vom Naturrecht, und wenn es mir gelingt, dass die anderen Kolleginnen und Kollegen in meinem Verhalten etwas Gutes finden, dann ist das Naturrecht sozusagen verifiziert. Nicht wahr?

Ja, ja. Jetzt ist mir gerade wieder deutlicher geworden, wie der klassische europäische Bildungsbegriff so untrennbar mit dem Naturrecht verbunden ist. Denn was Sie gerade sagten, ist eigentlich der klassische europäische Bildungsbegriff : Dass man—ganz im Sinne des Naturrechts- junge Menschen vor allem auch als Menschen bildet, in Richtung auf mehr Mitmenschlichkeit und als Bürger in einem demokratischen Staat. Und nicht als „Kompetenzträger", den man wirtschaftlich ausbeutet und militaristisch einzieht.

Das führt mich noch zu einer anderen Frage. Sie haben uns viel erzählt aus der chinesischen und japanischen Geschichte, auch Philosophiegeschichte, wo man gesehen hat, dass—so wie in Europa und anderen Kulturen—in der japanischen Kultur eine tief reichende naturrechtliche Tradition besteht. Was könnte Japan für Europa naturrechtlich

„···in Richtung auf mehr Menschlichkeit zu führen." 447

bedeuten, und umgekehrt. Wie könnten sich die beiden Kulturen gegenseitig befruchten?
Wir Japaner haben die Neigung, nicht nur vernünftig, sondern gefühlsmässig zu handeln. Unter Umständen bedeutet das nicht immer nur Gutes. Das heisst zum Beispiel : Wenn ich etwas nicht will, dann kann ich hier in Europa ganz einfach Nein sagen. In Japan ist das etwas anderes. Wenn ich dort etwas nicht will, dann nehme ich es trotzdem hin, weil damit der Friede erhalten oder ein Konflikt vermieden wird. Das ist auch ein Gutes. Ich ertrage dieses Hinnehmen ohne grosse Probleme. Den Dank dafür werde ich gern hinnehmen. Das ist in Japan überall sichtbar, fühlbar. Und das hängt eng mit unserem Lebensstil zusammen, den wir in unserer langen Geschichte entwickelt haben. Auf einem kleinen Boden mussten wir in enger Verbundenheit kooperieren, Reis anpflanzen, pflegen und ernten. Das ist unser gemeinsames Schicksal. Wir waren vom Klima, von der Geographie und der natürlichen Umwelt her dazu gezwungen, und das wirkt sich auf uns aus. Das alles hat uns Japanern das Wesentliche sozusagen eingeprägt. Von daher haben wir sozusagen unsere japanische Mentalität entwickelt, die schon tief in unserem Sein verankert ist. Trotzdem sind wir auch Individuen mit Verstand, doch immer in Verbundenheit mit den anderen lebend. Dieses Verbundenheitsgefühl ist wahrscheinlich lebendiger als bei Menschen aus einer anderen Umwelt. Das ist wohl klar. Und daher können wir sehr schnell mitfühlen, wenn andere in Not sind. Nicht gezwungen, nicht verstandesmässig, sondern einfach spontan fühlend. So sind wir. Die Europäer haben Vorteile, weil sie mit der Vernunft alles Mögliche logisch durchdenken und daran gewöhnt sind. Die Würde des Menschen zu achten, verlangt aber zweierlei von uns : Eine Sache genau zu erkennen. Aber nicht nur das, nicht nur Theorie. Es braucht auch die Praxis : mitfühlen, mittragen. Und mittragen heisst, etwas tun. Vernunft, Logos und Mitgefühl, Pathos - aus diesen beiden zusammen entsteht Ethos. Ethik beinhaltet in sich Verstand und Mitgefühl. Aus diesen beiden Seiten bestehen wir Menschen als menschliche Einheit. Man darf keine Seite vernachlässigen. So gesehen kann Europa für uns Japaner immer noch eine Bereicherung sein. Japaner müssen lernen, vernünftiger zu handeln, wir denken nicht so präzis logisch wie Sie, das ist unsere Schwachstelle. Aber wir würden gern gleichwertig in Auseinandersetzung treten und im Sinne dieses Gemeinschaftsethos etwas tun. Das können wir vielleicht. Und das müssen wir gemeinsam.

1 Das Gespräch über das Naturrecht und die Kultur wurde anlässlich des jährlichen Diskussionsforums der Arbeitsgemeinschaft ‹Mut zur Ethik› vom 2. bis 4. September 2011

in der Ostschweiz, Bazenheid am 6. September 2011 im Gasthaus zu Fischingen geführt. Dr. Joachim HÖFELE ist Professor der ZHAW (Zürcher Hochschule für Angewandte Wissenschaften) Angewandte Linguistik, und M. A.-& lic. phil. Moritz NESTOR ist Gründungs- und Vorstandsmitglied des Instituts für Personale Humanwissenschaften und Gesellschaftsfragen.

おわりに

　水波朗先生の門を叩いて、その下で終始一貫ヨハネス・メスナー先生の著作に取り組む学究生活を送ってきた著者は、伝統的自然法論のより徹底した理解を志しつつ、他方ではいわばその応用に相当する研究も意識してきた。本書に収めた7篇の論文はその一端である。どれもこれも完成稿には程遠く、特に第1章は素描の感を自分でも拭えない。にも拘らず、敢えて冒頭に置いたのは、やはり「幸福」の問題が人間にとって根源的な問いであるという事実に由来する。そして、当初第1章の末尾に置いていた附説をこの「おわりに」に移した。研究室に入ってからほぼ40年が経過して、今私が大切だと受け止めている事柄であることを考慮した結果である。

　思い返せば、南山大学在職時代に個性あふれる人士に巡り合ったが、そのうちの一人に女性の中世哲学者がおられた。66歳で膵臓癌発覚。その8か月後には旅立たれたが（2008年1月）、その間に、トマスの訳註書『自然の諸原理について』の共訳者松村良祐氏によると、長倉久子先生（南山大学名誉教授）は「これ（病気）も神様からの賜物ですよ」と語られたという（同書、あとがき）。つい先頃、私と同じ自然法論者の葛生栄二郎先生（岡山ノートルダム女子大学教授）が59歳で亡くなられた（2018年7月）。真弓未亡人によると、骨転移を遅らせることよりも大学での仕事を優先したという葛生先生ご自身が「自分にとっての仕事とは、プロテスタント信仰の証に他ならないとのべておりました」との由である（遺著『「ロマ書」の人間学』486頁）。ここで私は、倫理学の徳目史において「謙遜」という徳目が新たに誕生した（創り出された）という今道友信先生の一節を引用しておきたい。『新約聖書』において確認される「タペイノプロシューネー」という語がそれで、字義通りには「乞食の心構え」だそうである。

　乞食は、……十円だろうと一円だろうと、何でもいただくというのでなくては、せっぱつまった本当の乞食ではない。ですから、神様がくださるものは、試練ならもらわない、幸運なら手を出すというのでは、本当の神の

子ではないのであって、乞食のように手を出して、神が与えてくださるものは、どんなものでも恵みだと思って受けとる心、それが「心の貧しき者は幸いである」ということの本当の意味です。（今道友信『エコエティカ』101頁）

　長倉先生も葛生先生もキリスト教徒にとって最も重要な徳目「謙遜」を見事に生き抜かれた。2013年7月に逝去された蒔苗伸夫先生（京都ノートルダム女子大学副学長）も惜しみなく与える謙遜の人であった。心から尊敬し、またご冥福をお祈りする。

　上述した人間の死（本来的意味でのeuthanasia）の問題と並んで最近よく念頭に浮かぶ事柄があり、繰り返し味わう件がいくつかあるので、それを備忘的に記しておきたい。

　鎌田茂雄『維摩経講話』はしがき（原本）13頁に次の如くある。

　仏教のお経は、一生の間に何回でもくり返し、読むべきである。青年時代、壮年時代、老年時代と同じ経文を読んでも受け取り方はまったく異なる。青年時代につい見逃していた経文が、後になると、生き生きと迫真の力をもって自己の全存在に迫ってくることがある。**経文を読みとる力は、その人の人生の円熟度と人生に対する真剣さに比例する。**真摯に生きんとすればするほど深く読みとることができる。

　同じく、鎌田茂雄『般若心経講話』（59-60頁）を書き写しておきたい。

　われわれ普通の者が見ることも聞くこともできないような観音さんなどどうして持ちだす必要があるのか、と反論される方もおられると思う。たしかに観音さんがいようといまいと、山は山、川は川として存在している。現実に存在しているもの以外に絶対無とか、空とか、観音さんなどを持ちだす理由は何もないかも知れない。たしかにわれわれ凡夫の目で見ても、山は山であり、川は川である。何も観音さんなどを持ちだす必要はないが、実はちがう。われわれは人を見ても、山を見ても、草木を見ても、かならず自分の目、自分に都合のよい目で見るのである。至道無難はいう。

おのれを以て人を見るものなり。愚人の見るはおそろし。おのれに利欲あれば、人をも其心を以て見るなり。色ふかきは、色を以て見るなり。聖賢の人にあらざれば、見る事あやふし。

自分の立場、自分の力量をもって人を見るものである。自分に利欲の心があれば、人もそうであろうと、人の心を見るようになる。自分の立場で人を見ること、これがわれわれ凡夫の見方である。山を見ても川を見ても、あるものがあるがままにはけっして見えないのだ。自分のレンズを通して見るのであるから、そこに真実の相（すがた）は見えずに、自分に都合のよいように見えてくる。観音さんはそうではない。**自分が観音さんになりきってくれば、如実に観えるようになる。**真実が見えてくる。無相・空の心でものを観るからである。

次に、ヨゼフ・ピーパー（稲垣良典訳）『余暇と祝祭』は本文も実に示唆に富む好著と言うべきであるが、訳者による「解説」に興味深い記述がある。

本書でピーパーは、「人間らしく生きるとはどういうことか」という問いを我々に突き付けているのだが、この問いは、「人間にふさわしい真の幸福とは何か」と言い換えることができるとして、続いて稲垣は述べる。

このような問いをまじめに受けとめようとしない人、いろいろな口実をもうけてこのような問いを棚上げしたり、答えを無際限に先にのばしてしまおうとする人、そのような人にとってはピーパーのこの書物は何の意味もないに違いない。他方、こうした問いはほかならぬ自分に向けられたもので、それに対してはっきりした答えを与えることは、仕事や家庭のいろいろな問題を処理したり、計画を立てたりすることにおとらず、あるいはもっと大事なことなのだ、という考え方をする人にとっては、ピーパーのこの書物はかなり刺激的であり、新鮮な展望を開き、もしかしたら生き方の転換をさえもたらすかもしれない。なぜなら、ピーパーはこの書物のなかで人間が人間として生きるということの意味を徹底した仕方で追求しており、そしてこの問いに対する答えが思いがけない仕方で「余暇」の概念と結びついているからである。おそらく、ピーパーの議論を注意深くたどる読

452　おわりに

者のなかには価値観の逆転を経験する人も少なくないのではないか。（113頁）

……戦闘行為を止めることがそのまま真実の「平和」の到来を意味するのではないように。「余暇」をもつことができるかどうかはわれわれ自身の内面の問題なのである。（114頁）

ピーパーのいう「余暇」は、何もしないこと、怠けることではけっしてない。……余暇はたしかに生産的活動ではないが、やはり一種の活動──同時に憩いであり、深い悦びをともなうような──である。……余暇（あるいはむしろ「余暇する」こと）の最高の形態はコンテンプラチオ（観想）であり、……。（115頁）

本当に「在る」ものを、つまり単なる断片ではなく全体を、単なる現われや影ではなく本質を「見る」ためには心を開かなければならない。そのためにはしばしば大きな努力と労苦が必要である。**心を開かない者は自分が見たいもの、自分の心を占めているものを見るだけで、本当に「在る」ものを見ない。これに対して、心を開いて本当に「在る」ものを見るとき、われわれの深い願いがかなえられ、人間としての生命の満ちあふれと悦びが経験される──それが「コンテンプラチオ」**にほかならない。（116頁及び66頁以下）

トマス・アクィナスは『愛のあるところ、そこに眼がある』と言い切って、われわれをコンテンプラチオへとかりたてる原動力が愛であることを指摘している。……コンテンプラチオはたんなる知的直観ではなく、愛に満ちたまなざしなのである。（116-117頁）

プラトン（久保勉訳）『ソクラテスの弁明、クリトン』、訳者解説（ワイド版）102-103頁［通常版、118-119頁］に次の如くある。

　　詩人としてのプラトンは、あたかも真の画家が肖像を描く時の如く、必ずや芸術家的見地よりして事実の上にかなり自由なる取捨を、否、恐らく多少の添加をさえ施すの必要を感じたであろう。しかもまた**これは決して事の本質と真精紳を歪曲するが如きものではなく、偶然的なことはすべてこ**

れを除外して歴史的事件を永遠の見地に引上げることによって字句以上の
真実を、いっそう明確に発揮するためであったに相違ない。しかもまた彼
は見事にこれに成功しているのである。ところがもう一人の証人たるクセ
ノフォンの『ソクラテスの追懐』の如きは、プラトンの初期の対話篇に比
し、恐らく幾分多くの伝記的価値を有するとしても、それには著者自身の
ものが多く含まれていることは確かであるのみならず、決して充分にその
師の本質と精神とを捉え得たものとはいわれない。けだし人は一般にただ
己の分相応のものしか看取し理解するを得ないが故に、誠実ではあるが、
しかし平凡にして情熱なくかつ頭のきわめて狭いクセノフォンもまたその
畏敬せる師の本質から独り彼自身の性質に親縁あるもののみを了解し得た
に止まるであろう。

　私には眞琉子という姉があった。もっともその姉は1歳で亡くなっており
(1945年3月8日)、その後二人の姉（郁子、鈴子）と一人の兄（秀一）が生まれ
育って、私は秀光とエミの末っ子としてこの世に生を享けた。眞琉子姉ちゃ
んが存命であれば、おそらく私はこうして今此処には生まれて存在はしてい
なかったと思われる。こうした事情をだいぶ大きくなってから知った私は、
50歳頃から、じつは眞琉子姉ちゃんが私と共に生きているのだ、というよう
な感覚を持ち始めた。親しい感覚である。自分の生命は自分一人のものでは
ない、という感覚である。そのような中で、いわゆる生命倫理の諸問題にも
接することになった。本著には収録していないが、私の法哲学的思考、自然
法論的な考え方に次第に浸透してきているのではないかと思う。また、本書
で依拠している文献のほとんどは過去に一所懸命に生きた、或いは生き抜い
たと言った方がよいかも知れないが、そうした先人の遺産である。そうした
先人たちのお蔭で自分が何某かの思索を今此処で展開することが可能にされ
ている。最近では、こうしたことどもを幾度となくしみじみと思う。引用さ
れている文献の著作者だけでなく、無数の人々の様々な相互作用の織り成す
重層構造と言ってもよいような膨大な相互関係の中で私は、そして我々は生
かされているという事実が少しずつではあるが、確かに私の理解可能な圏内
に実感を伴って入って来ている。これを「社会的存在としての人間」と呼び、

454　おわりに

或いは連帯性原理で以て説いているのが伝統的自然法論であったのだ、と現在では私なりに捉えるようになった。これは仏教でも同じであって、「願わくは此の功徳を以て一切に及ぼし、我等と衆生と皆共に仏道を成ぜん」とは「他人と共に幸福を願う気持ち」なのではなかろうか（鎌田茂雄『法華経を読む』426頁）。先に引用した『維摩経講話』末尾に次のように見える。

　　自己と衆生とが共に完成に向かって一歩でも前進しようとする大悲が、この経典には常に動いている。自己の完成だけに目標を定めて、ただひたすら人が突き進むとき、破滅の深淵が待ちかまえている。人は自分だけでは生きられない。自分のみの完成は、存在そのものの否定に到らなければならないからである。

　現在の私があるのも、言うまでもないことであるが、無数の人々のお蔭を被ってのことである。その中には当然勤務先同僚及び事務職員の面々そして学生諸君が含まれる。ここでは40年来のご交誼を忝くしている向かいの研究室の平田元教授の名前を記して、日々示される温かくも時には厳しいご指摘並びにご教示に感謝の意を表しておきたい。
　尚、熊本地震に関連して。2016年4月14日と4月16日に長嶺西の自宅で前震と本震と呼ばれる熊本地震に際会した。特に本震のほうは最悪の事態も覚悟するほどの出来事で、その真只中で様々なことどもを殆ど一瞬のうちに考え、いのちの不思議さ、生きることの意味を考えさせられることであった。そのとき、日頃ほとんど連絡のない方々を含めて多くの方々から、電話やメールでの安否のお気遣いや差し入れやらを賜った。まことにまことに有り難いことであった。どれほど支えになったことか。玉名郡腹赤にある妻の実家にもしばらくの間身を寄せてお世話頂いた。2019年1月4日も玉名市横島町に滞在しているとき、夕刻に、そうとう強い揺れを体験。このときも安否確認等の連絡を頂いた。こうした方々に、一々お名前は列挙しないけれども、心からのお礼を申し上げたい。
　本書は、熊本大学法学会の援助を受け、同法学会叢書の一冊として刊行される。成文堂編集部の飯村晃弘氏にもたいへんお世話になった。此処に熊本

大学法学会会員各位及び飯村氏に感謝の意を表する。

　そして最後に、妻の実香には、幼い子供たち（秀翔と実和）の世話ばかりではなく、先妻ひとみの子（秀樹）の面倒も、そして何よりも厄介な私（秀）の面倒を見てもらっており、それに対して表明すべき適切な感謝の言葉も見つからない。改めてこの場を借りて伝えておきたい。ほんとうに有り難う。そして、これからも宜しく。

　2019 年 3 月 15 日

山田　秀

参考文献

　（掲載方法は、邦語文献では著者名の五十音順により、同一著者の著作に就いては出版年代順とした。外国語文献では著者名のアルファベット順によった。尚、最終的には本書に直接引用されなかった文献も若干含む。）

邦語文献

碧梅純一『法と社会』（中公新書 125）、昭和 42 年（1967 年）

赤塚忠『大学・中庸』明治書院（新釈漢文大系）、昭和 42 年（1967 年）

アリストテレス（高田三郎訳）『ニコマコス倫理学』上・下巻、岩波書店（岩波文庫）

アリストテレス（山本光雄訳）『政治学』岩波書店（岩波文庫）

安藤泰至「いのちへの問いと生命倫理――宗教にとって生命倫理とは何か？」『宗教哲学研究 No. 31 2014』（昭和堂、2014 年）

井川昭弘「書評　山田秀『ヨハネス・メスナーの自然法思想』成文堂（熊本大学法学会叢書 13）、2014 年。本文 355 頁。」（『日本カトリック神学院紀要』第六号、2015 年）

伊藤不二男『スアレスの国際法理論』有斐閣、昭和 32 年（1957 年）

伊藤不二男『ビトリアの国際法理論』有斐閣、昭和 40 年（1965 年）

伊藤不二男『グロティウスの自由海論』有斐閣、昭和 59 年（1984 年）

伊藤正己『プライバシーの権利』、岩波書店、1963 年

稲垣良典『トマス・アクィナスの共通善思想』有斐閣、1961 年

稲垣良典『トマス・アクィナス哲学の研究』創文社、昭和 45 年（1970 年）

稲垣良典『法的正義の理論』成文堂（基礎法学叢書）、1972 年

稲垣良典『習慣の哲学』創文社、昭和 56 年（1981 年）

稲垣良典『人格《ペルソナ》の哲学』創文社、2009 年

今道友信『愛について』講談社（講談社現代新書）、1972 年

今道友信『エコエティカ――生圏倫理学入門――』講談社（講談社学術文庫）、1990 年

今道友信『自然哲学序説――人間と自然――』講談社（講談社学術文庫）、1993 年

宇沢弘文『社会的共通資本』岩波書店（岩波新書）、2000 年

宇沢弘文『宇沢弘文の経済学――社会的共通資本の論理――』日本経済新聞社、2015 年

内野熊一郎『孟子』明治書院（新釈漢文大系）、昭和 37 年（1962 年）

参考文献　457

内野台嶺『孟子新釈』上・下、弘道館、昭和 4 年（1929 年）

宇野精一『宇野精一著作集』全六巻、明治書院、昭和 61 年-平成 2 年（1986-1990 年）［本著作集は全巻正假名遣、正漢字で統一されている。］

宇野精一『宇野精一著作集』第一巻（概論概説）、明治書院、昭和 61 年（1986 年）

宇野精一『宇野精一著作集』第三巻（孟子）明治書院、昭和 61 年（1986 年）［『新釈孟子全講』学燈社、昭和 34 年その後、『孟子』集英社（全釈漢文大系）、昭和 46 年］

宇野哲人『中国思想』講談社（講談社学術文庫）、1980 年

江原昭善『人類——ホモ・サピエンスへの道——［改訂版］』日本放送出版協会、1987 年

江原昭善『人類の起源と進化——人間理解のために——』裳華房、1993 年

江原昭善『稜線に立つホモ・サピエンス—自然人類学を超えて』京都大学出版会、2005 年

江原昭善『人類学者の人間論ノート』雄山閣、2017 年

遠藤、川井、原島、広中、水本、山本編『民法⑵物権』第 3 版、有斐閣、1987 年

岡田武彦『中国思想における理想と現実』木耳社、昭和 58 年（1983 年）

岡田武彦『王陽明(下)』明徳出版社、平成 3 年（1991 年）

岡田武彦『現代の陽明学』明徳出版社、平成 4 年（1992 年）

岡田武彦『儒教精神と現代』明徳出版社、平成 6 年（1994 年）

岡田武彦『東洋のアイデンティティ——中国古代の思想家に学ぶ——』批評社、1994 年

岡田武彦『王陽明小伝』明徳出版社、平成 7 年（1995 年）

加賀榮治『孟子』清水書院（人と思想）、1980 年

加地伸行『儒教とは何か』中央公論社（中公新書）、1990 年

加地伸行『沈黙の宗教——儒教——』筑摩書房（ちくま学芸文庫）2011 年

加藤新平『法哲学概論』（法律学全集）有斐閣、昭和 51 年（1976 年）

加藤尚武『環境倫理学のすすめ』（丸善ライブラリー）平成 3 年（1991 年）

門脇厚司『子どもの社会力』岩波新書、1999 年

金谷治『孟子』上・下、朝日新聞社（朝日文庫）、昭和 53 年

金谷治『死と運命——中国古代の思索——』法蔵館（法蔵選書）、昭和 61 年（1986 年）

金谷治『孟子』岩波書店（岩波新書）、1966 年

金谷治『老荘を読む』大阪書籍（朝日カルチャーブックス）、1988 年

金谷治『中国思想を考える——未来を開く伝統——』中央公論社（中公新書）、1993 年

458　参考文献

鎌田茂雄『般若心経講話』講談社（講談社学術文庫）、1986 年

鎌田茂雄『維摩経講話』講談社（講談社学術文庫）、1990 年

河合雅雄『人間の由来』上・下巻、小学館、1992 年［現在では、『河合雅雄著作集第五巻』、『河合雅雄著作集第六巻』］

河合雅雄『河合雅雄著作集第三巻　森林がサルを生んだ』小学館、1996 年

河合雅雄『河合雅雄著作集第七巻　サルからヒトへの物語』小学館、1998 年［初出は『サルからヒトへの物語』小学館ライブラリー、小学館、1996 年］

川下勝『太陽の歌――アシジのフランシスコ――』聖母の騎士社（聖母文庫）、1991 年

川下勝『アッシジのフランチェスコ』清水書院（Century Books 人と思想）、2004 年

川島武宜『所有権法の理論』岩波書店、昭和 24 年（1949 年）

河見誠「書評・山田秀『ヨハネス・メスナーの自然法思想』」（竹下賢・長谷川晃・酒匂一郎・河見誠編集『法の理論　35』成文堂、2017 年）

菊池理夫『共通善の政治学』勁草書房、2011 年

木田元『反哲学史』講談社（講談社学術文庫）、2000 年

木田元『わたしの哲学入門』講談社（講談社学術文庫）、2014 年

木村英一訳註『論語』講談社（講談社文庫）、1975 年

葛生栄二郎『自由社会の自然法論』法律文化社、1998 年

葛生栄二郎『「ロマ書」の人間学――ノモスにとらわれない生き方――』キリスト新聞社、2018 年

来栖三郎『契約法』有斐閣、昭和 49 年（1974 年）

K・クレッシェル（石川武訳）『ゲルマン法の虚像と実像』創文社、1989 年

W.E. フォン・ケテラー（桜井健吾訳注）『現代の大社会問題』第 1 説教（『南山経済研究』第 2 巻、第 2・3 号、1988 年所収）

国土社編集部（編）『林竹二　その思索と行動』国土社、昭和 60 年（1985 年）

小嶋和司『憲法学講話』、有斐閣、昭和 57 年（1982 年）

小林洋文『人間を学ぶ――林竹二先生の人と思想――』径書房、平成 2 年（1990 年）

小林勝人『孟子』上・下、岩波書店（岩波文庫）、1968、1972 年

小山昇『民事訴訟法［新版］』青林書院、2001 年

宗教哲学会『宗教哲学研究』No.31 2014、昭和堂、2014 年

鈴木修次『孟子――民を貴しと為す――』集英社（中国の人と思想）、昭和 59 年（1984 年）

高橋広次「環境倫理学と現代――自然法論の Umdenken に向けて――」（阿南、水波、稲垣編『自然法の多義性』創文社、平成 3 年所収）

参考文献　459

高橋広次『環境倫理学入門——生命と環境のあいだ』勁草書房、2011 年

竹内照夫『四書五経——中国思想の形成と展開——』第二版、平凡社（東洋文庫）、1981 年

武内義雄『中国思想史』改版、岩波書店（岩波全書）、1957 年

田中二郎『新版行政法中巻』全訂第二版、弘文堂、昭和 51 年（1976 年）

田中美知太郎『ソクラテス』（岩波新書）、岩波書店、1957 年

田畑茂二郎『国際法』第二版（岩波全書）、岩波書店

田畑茂二郎『国際法 I』新版、有斐閣、昭和 48 年（1973 年）

ジャン・ダバン（水波朗訳）『国家とは何か——「政治的なもの」の探求——』創文社、昭和 50 年（1975 年）

ジャン・ダバン（水波朗訳）『法の一般理論——新版——』創文社、昭和 51 年（1976 年）

内藤克彦『シラー』（Century Books 人と思想）、清水書院、1994 年

長尾龍一『古代中国思想ノート』信山社（信山社叢書）、1999 年

南山大学社会倫理研究所編『社会と倫理』（第 11・12 合併号、2001 年 7 月「特集 家族と世代間倫理」）所収の諸論文

西野基継『人間の尊厳と人間の生命』成文堂、2016 年

野尻武敏「トミズムによる所有制の原理——聖トマス所有権思想の研究——」『神戸大学経済学研究年報 10』1963 年

野尻武敏『長寿社会を生きる——美しく老いるために——』晃洋書房、1991 年

野尻武敏「社会回勅と社会体制——レールム・ノヴァールム 100 年」、『社会倫理研究』第 1 号、南山大学社会倫理研究所、1992 年

橋本昭一「『レールム・ノヴァールム』刊行の意義——社会回勅の 100 年を振り返って——」『社会倫理研究』第 1 号、南山大学社会倫理研究所、1992 年

濵口吉隆『結婚の神学と倫理』南窓社、2002 年

林竹二『授業・人間について』国土社、昭和 48 年（1973 年）

林竹二『田中正造——その生と戦いの「根本義」』二月社、1974（昭和 49）年

林竹二『授業の中の子供たち』日本放送出版協会、昭和 51 年（1976 年）

林竹二『田中正造の生涯』講談社、昭和 51 年（1976 年）

林竹二『授業の成立』一茎書房、昭和 52 年（1977 年）

林竹二『田中正造——その生と戦いの「根本義」増補版』田畑書店、昭和 52 年（1977 年）

林竹二『教育の再生をもとめて——湊川でおこったこと』筑摩書房、昭和 52 年（1977 年）

460　参考文献

林竹二『教えるということ』国土社、昭和 53 年（1978 年）

林竹二『学ぶということ』国土社、昭和 53 年（1978 年）

林竹二『対話　子供の事実——教育の意味（斎藤喜博氏との対談）』筑摩書房、昭和 53 年（1978 年）

林竹二『学ぶこと変わること——写真集・教育の再生をもとめて』筑摩書房、昭和 53 年（1978 年）

林竹二『教師たちとの出会い』国土社、昭和 53 年（1978 年）

林竹二『教えることと学ぶこと（灰谷健次郎氏との対談）』小学館、1977（昭和 52）年

林竹二『学校に教育をとりもどすために——尼工でおこったこと』筑摩書房、1980（昭和 55）年

林竹二『問いつづけて——教育とは何だろうか』径書房、1981（昭和 56）年

林竹二『今授業を変えなければ、子供は救われない（遠藤豊氏との共著）』太郎次郎社、1982（昭和 56）年

林竹二『授業を追求するということ——城南小におこったこと（伊藤功一氏との共著）』国土社、1982（昭和 57）年

林竹二『若く美しくなったソクラテス』田畑書店、1983（昭和 58）年

林竹二『教育亡国』筑摩書房、1983（昭和 58）年

林竹二『教育の根底にあるもの』径書房、1984（昭和 59）年

林竹二『学ぶということ』国土社（現代教育 101 選、12）1990 年

林竹二『決定版　教育の根底にあるもの』径書房、1991（平成 3）年

林竹二（編著）『授業による救い——南葛飾高校で起こったこと』径書房、1993（平成 5）年

林竹二（編著）『続授業による救い——南葛飾高校で起こったこと』径書房、1993（平成 5）年

林竹二著作集（全十巻、筑摩書房）1983（昭和 58）年〜1987（昭和 62）年配本
　　　　　　　第 1 巻　知識による救い——ソクラテス論考
　　　　　　　第 2 巻　森有礼——悲劇への序章
　　　　　　　第 3 巻　田中正造——その生涯と思想
　　　　　　　第 4 巻　幕末海外留学生の記録
　　　　　　　第 5 巻　開国をめぐって
　　　　　　　第 6 巻　明治的人間
　　　　　　　第 7 巻　授業の成立
　　　　　　　第 8 巻　運命としての学校

第 9 巻　教育に対する国の責任ということ
第 10 巻　生きること学ぶこと

日向康『林竹二　天の仕事』社会思想社、1992（平成 4）年

広岡隆『公物法の理論』ミネルヴァ書房、1991 年

広岡隆『新版行政法総論』ミネルヴァ書房、1992 年

広中俊雄『物権法』［第 2 版増補］青林書院、1987 年

船田享二『ローマ法第一巻』岩波書店

舟橋諄一『物権法』有斐閣、昭和 35 年（1960 年）

馮友蘭（柿村峻、吾妻重二共訳）『中国哲学史　成立篇』冨山房、1995 年

プラトン（久保勉訳）『ソクラテスの弁明、クリトン』岩波書店（岩波文庫）、1964
年

ポール・フルキエ（支倉崇晴、広田昌義共訳）『哲学講義 4：行動 II』ちくま学芸文
庫、1997 年

星野英一『民法論集』第七巻、有斐閣、1989 年

星野英一『民法のすすめ』岩波書店（岩波新書）、1999 年

三島淑臣『法思想史［新版］』青林書院、1993 年（初版 1980 年）

水波朗『法の観念――ジャン・ダバンとその周辺――』成文堂（基礎法学叢書）、昭
和 46 年

水波朗『トマス主義の法哲学――法哲学論文選――』九州大学出版会、1987 年

水波朗『トマス主義の憲法学――国法学論文選――』九州大学出版会、1987 年

水波朗『基本的人権と公共の福祉』九州大学出版会、1990 年

水波朗『自然法と洞見知――トマス主義法哲学・国法学遺稿集――』創文社、2005
年

水波朗（水波純子編集）『指月の譬え――学問と人生――』公栄社、2010 年

宗岡嗣郎『法と実存――〈反死刑〉の法理――』成文堂、1996 年

宗岡嗣郎『リーガルマインドの本質と機能』成文堂、平成 14 年（2002 年）

村井実『教育学入門』上・下巻、講談社（講談社学術文庫）1976 年

村上陽一郎「新しい時代の技術の課題」、南山大学社会倫理研究所『南山社会倫理研
究所論集第 6 号』平成 3 年（1991 年）

村上陽一郎「地球家政学の提唱」『東洋学術研究』1993 年

ヨハネス・メスナー（水波朗、栗城壽夫、野尻武敏共訳）『自然法――社会・国家・
経済の倫理――』創文社、1995 年

望月嵩『家族社会学入門――結婚と家族――』培風館、1996 年

森岡清美『現代家族の社会学』放送大学教育振興会、1991 年

森岡清美監修『家族社会学の展開』培風館、1993 年

森岡清美・望月嵩共著『新しい家族社会学』四訂版、培風館、1997 年

安岡正篤監修『王陽明全集第一巻　語録』修訂版、明徳出版社、(平成 3 年) 1991 年

安田三郎編著『基礎社会学　第一巻社会的行為』東洋経済新報社、1980 年

薮内清訳注『墨子』平凡社（東洋文庫）、1996 年

矢部貞二『政治学入門』講談社（講談社学術文庫）、1977 年

矢部貞二『政治学―新版』勁草書房、1981 年

山際寿一『家族の起源――父性の誕生――』東京大学出版会、1994 年

山際寿一『人類進化論――霊長類学からの展開――』裳華房、2008 年

山下龍二『朱子学と反朱子学―日本における朱子学批判―』研文社、平成 3 年（1991 年）

山下龍二『儒教と日本』研文社、平成 13 年（2001 年）

山田晟『法學［新版］』東京大学出版会、1992 年

山田晶『アウグスティヌス講話』新地書房、1986 年

山田秀「『善さ』を志向する人間本性――村井実博士の自然法論的教育思想――」（『南山法学』第 31 巻　第 1・2 合併号、2007 年）

山田秀『ヨハネス・メスナーの自然法思想』成文堂、2014 年

山田秀「メスナーの伝統的自然法論」（南山大学社会倫理研究所『社会と倫理』第 30 号、2015 年）

山根常男『家族と人格――家族の力動理論を目ざして――』家政教育社、1986 年

山根常男『家族と結婚――脱家父長制の理論を目ざして――』家政教育社、1990 年

山根常男『家族と社会――社会生態学の理論を目ざして――』家政教育社、1998 年

山本光雄『アリストテレス――自然学・政治学――』岩波書店（岩波新書）、1977 年

米倉正美「山田秀著『ヨハネス・メスナーの自然法思想』(成文堂、2014 年)」（南山大学社会倫理研究所『社会と倫理』第 32 号、2017 年）

ヨハネ・パウロ二世回勅（社研試訳版）『福音と社会』147、"チェンテジムス・アンヌス"、カトリック社会問題研究所、1991 年 8 月

ヨハネ・パウロ二世回勅（イエズス会社会司牧センター訳）『新しい課題――教会と社会の百年をふりかえって――』カトリック中央協議会、1991 年 10 月

アントン・ラウシャー（高橋広次訳）「家族の再発見」、南山大学社会倫理研究所『社会と倫理』第 7 号、1999 年

G・E・R・ロイド（川田殖訳）『アリストテレス』みすず書房、1973 年

我妻榮『債権各論中巻二』岩波書店、昭和 37 年（1962 年）

渡邊卓『孟子』明徳出版社（中国古典新書）、昭和 46 年（1971 年）

渡邊卓『古代中國思想の研究』創文社、昭和48年（1972年）

外国語文献

Thomas Aquinas, *Summa Theologiae*, Torino 1988.

Johannes Bonelli（Hrsg.）, *Der Mensch als Mitte und Maßstab der Medizin*, Wien 1992.

Johannes Bonelli u. Enrique H. Prat（Hrsg.）, *Leben-Sterben-Euthanasie?*, Wien 2000.

Rodger Charles, S.J. with Drostan MacLaren, O.P., *The Social Teaching of Vatican* Ⅱ. *Its Origin and Development*, *Catholic Social Ethics : an historical and comparative study*, Plater-Ignatius, 1982.

Jean Dabin, *L'Etat ou le politique*, *essai de définition*, Dalloz, Paris 1957.

Jean Dabin, *Théorie générale du droit*, nouvelle édition, Dalloz Paris 1969.

Franz Furger, *Christ und Gesellschaft*, *Elemente zu einer christlichen Sozialethik*, Imba Verlag, Freiburg Schweiz 1978.

Ferdinand A. Hermens, *Verfassungslehre*, 2. Aufl. Köln 1968.

Johannes Hirschberger, *Geschichte der Philosophie, Band Ⅰ : Altertum und Mittelalter*, Wien Sonderausgabe der 14. Auflage, 1991.

Johannes Hirschberger, *Geschichte der Philosophie, Band ⅠⅠ : Neuzeit und Gegenwart*, Wien Sonderausgabe der 13. Auflage, 1991.

Joseph Höffner, *Ehe und Familie*. *Wesen und Wandel in der industriellen Gesellschaft*.

Joseph Kardinal Höffner, *Christliche Gesellschaftslehre*, 8. erw. Aufl., Kevelaer 1983, （Neuausgabe, herausgegeben, bearbeitet und ergänzt von Lothar Roos, Kevelaer 1997）.

IOANNIS PAULI PP. II SUMMI PONTIFICIS **LITTERAE ENCYCLICAE** 《*CENTE-SIMUS ANNUS*》 venerabilibus in episcopatu fratribus clericisque et religiosis familiis universis necnon bonae voluntatis hominibus saeculo ipso Encyclicis ab editis Litteris RERUM NOVARUM transacto. Libreria Editrice Vaticana, MCMXCI.

ENCYCLICAL LETTER CENTESIMUS ANNUS addressed by the Supreme Pontiff JOHN PAUL II to his venerable brothers in the episcopate, the priests and deacons, families of men and women religious, all the Christian faithful, and to all men and women of good will on the hundredth anniversary of RERUM NOVARUM. Libreria Editrice Vaticana, Vatican City.

Enzyklika CENTESIMUS ANNUS Seiner Heilikeit Papst Johannes Paul II. an die verehrten Mitbrüder im Bischofsamt, den Klerus, die Ordensleute, die Gläubigen der

464   参考文献

Katholischen Kirche und alle Menschen guten Willens zum hundertsten Jahrestag von RERUM NOVARUM. Herausgeber : Sekretariat der Deutschen Bischofskonferenz. KAB (Hrsg.), *Text zur katholischen Soziallehre*. *Die sozialen Rundschreiben der Päpste und andere kirchliche Dokumente*, mit Einführung von Oswald von Nell-Breuning SJ u. Johannes Schasching SJ, 8. erweiterte Auflage, Kevelaer 1992. (KAB : Abk. von „Katholische Arbeiterbewegung Deutschlands")

Alfred Klose, *Die Katholische Soziallehre, Ihr Anspruch Ihre Aktualität*, Styria, Graz 1979.

Alfred Klose, Wolfgang Mantl, Valentin Zsifkovits (Hrsg.), *Katholische Soziallexikon*, 2. Aufl., Innsbruck-Wien-München 1986.

Franz Klüber, *Grundlagen der katholischen Gesellschaftslehre*, Osnabrück 1960.

Franz Klüber, *Eigentumstheorie und Eigentumspolitik*, Osnabrück, 1963.

Franz Klüber, *Naturrecht als Ordnungsnorm der Gesellschaft*. Köln, 1966.

Franz Klüber, *Katholische Gesellschaftslehre, 1. Band : Geschichte und System*, Osnabrück, 1968.

Franz Klüber, *Katholische Soziallehre und demokratischer Sozialismus*, Verlag Neue Gesellschaft GmbH, Bonn- Bad Godesberg 1974.

Franz Klüber, *Der Umbruch des Denkens in der katholischen Soziallehre*, Köln 1982.

Matthias Laros, Vom christlichen Eigentumsrecht. In : *Hochland*, 25, 2. Bd, 1928.

Gallus M. Manser, *Das Naturrecht in thomistischer Beleuchtung*, Verlag Paulusdruckerei, 1944.

Gallus M. Manser, *Angewandtes Naturrecht*, Verlag Paulusdruckerei, 1947.

Jacques Maritain, *Three Reformers*. Luther, Descartes, Rousseau, Greenwood Press, Connecticut 1970.

Johannes Messner, *Die soziale Frage der Gegenwart, Eine Einführung*, Tyrolia, Innsbruck-Wien-München, 1934.

Johannes Messner, *Die soziale Frage*, völlig neu bearbeitete 6. Auflage mit dem Untertitel : Im Blickfeld der Irrwege von gestern, der Sozialkämpfe von heute, der Weltentscheidung von morgen, 1956 ; 7. neubearbeitete und erweiterte Auflage, 1964.

Johannes Messner, *Kulturethik mit Grundlegung durch Prinzipienethik und Persönlichkeitsethik*, Innsbruck-Wien 1954.

Johannes Messner, *Ethik. Kompendium der Gesamtethik*, Innsbruck-Wien-München 1955.

Johannes Messner, *Die soziale Frage im Blickfeld der Irrwege von gestern, der Sozialkämpfe von heute, der Weltentscheidung von morgen*, neubearbeitete 6. Auflage, Tyrolia, Innsbruck-Wien-München 1956 ; 7. Aufl., 1964.

Johannes Messner, *Das Naturrecht*. *Handbuch der Gesellschaftsethik, Staatsethik und Wirtschaftsethik*, 1. Aufl., Tyrolia-Verlag Innsbruck-Wien-München 1950 ; 3. u. 4. Aufl., 1958 ; , 5. u. 6. neubearbeitete u. wesentlich erweiterte Aufl., Innsbruck-Wien 1966, 7. unveränderte Aufl., Duncker u. Humblot Berlin 1984.

Johannes Messner, Die Erfahrung in der Naturrechtslehre von Taparelli d'Azeglio, In : *Miscallanea Taparelli*, Analecta Gregoriana, 1964.

Johannes Messner, *Das Gemeinwohl*. *Idee, Wirklichkeit, Aufgaben*, 1. Aufl., Osnabrück 1962 ; 2. wesentlich erweiterte Aufl., Osnabrück 1968.

Johannes Messner, *Johannes Messner Ausgewählte Werke* hrsg. von Anton Rauscher und Rudolf Weiler in Verbindung mit Alfred Klose und Wolfgang Schmitz, Verlag für Geschichte und Politik Wien u. Verlag Oldenbourg München. **Band 4 :** *Widersprüche in der menschlichen Existenz :* *Ausgewählte Artikel*, eingeleitet von Anton Rauscher und Rudolf Weiler, Wien-München 2002.

Johannes Messner, *Johannes Messner Ausgewählte Werke, Band 6 : Menschenwürde und Menschenrecht :* *Ausgewählte Artikel*, eingeleitet von Anton Rauscher und Rudolf Weiler, Wien-München 2004.

Johannes Messner, *Die Magna Charta der Sozialordnung*, *90 Jahre Rerum novarum*, Kirche und Gesellschaft Nr. 76, Verlag J.P. Bachem Köln 1981.

Oswald von Nell-Breuning, *Gerechtigkeit und Freiheit*. *Grundzüge katholischer Soziallehre*, Wien 1980.

Oswald von Nell-Breuning, *Soziallehre der Kirche*. *Erläuterungen der lehramtlichen Dokumente*, 3. erw. Auflage, Wien 1983.

David J. O'Brien, Thomas A. Shannon （ed.）, *Catholic Social Thought*. *Encyclicals and Documents from Pope Leo XIII to Pope Francis*, 3rd Revised Edition, 2016.

Wolfgang Ockenfels, Ehe und Familie als Kernzellen der Gesellschaft. Sozialetische Perspektive, in Wolfgang Ockenfels （Hrsg.）, *Familien zwiscchen Risiken und Chancen*, Paderborn 2001.

Karl-Heinz Peschke, *Christliche Ethik. Spezielle Moraltheologie*, Trier 1995.

Günther Pöltner, Achtung der Würde und Schutz von Interessen, in : Johannes Bonelli （Hrsg.）, *Der Mensch als Mitte und Maßstab der Medizin*, Wien 1992.

Günther Pöltner, *Grundkurs Medizin-Ethik*, 2. Aufl., Wien 2006.

466 参考文献

Anton Rauscher, *Personalität, Solidarität, Subsidiarität. Katholische Soziallehre in Text und Kommentar*, Köln 1975 ; wieder abgedruckt in : ders., *Kirche ind der Welt, Bd. 1*, Würzburg 1988.

Anton Rauscher, *Die Wiederentdeckung der Familie. Kirche und Gesellschaft*, Nr. 215, Köln 1994.

Martin Rhonheimer, *Natur als Grundlage der Moral. Die personale Struktur des Naturgesetzes bei Thomas von Aquin* : *Eine Auseinandersetzung mit autonomer und theologischer Ethik*, Wien 1987.

Otto Schilling, *Reichtum und Eigentum in der altkirchlichen Literatur. Ein Beitrag zur sozialen Frage*, Freiburg 1908.

Franz Martin Schmölz, Staatsethik oder politische Ethik, in : *Das neue Naturrecht. Die Erneuerung der Naturrechtslehre durch Johannes Messner, Gedächtnisschrift für Johannes Messner*, herausgegeben von Alfred Klose, Herbert Schambeck und Rudolf Weiler, Berlin 1985.

Lothar Schneider, *Subsidiäre Gesellschaft- Erfolgreiche Gesellschaft*, 3. ergänzte Aufl., Paderborn 1983.

Ignaz Seidl-Hohenveldern, *Völkerrecht*, 9. neubearb. Aufl. Köln. Bonn. München 1997.

Peter Singer, *Praktische Ethik*, 2. Aufl., Stuttgart 1994.

Robert Spaemann, *Glück und Wohlwollen. Versuch über Ethik*, 4. Aufl., Stuttgart, 1998.

Robert Spaemann, *Moralische Grundbegriffe*, 6. Aufl., München 1999.

Robert Spaemann und Walter Schweidler (Hg.), *Ethik. Lehr- und Lesebuch. Texte-Fragen-Antworten*, 5. Aufl., Stuttgart, 2013.

Bernhard Sutor, *Politische Ethik. Gesamtdarstellung auf der Basis der Christlichen Gesellschaftslehre*, 2. Aufl., Schöningh-Verlag Paderborn-München-Wien-Zürich 1992.

Bernhard Sutor, *Kleine politische Ethik*, Opladen 1997.

Bernhard Sutor, *Einführung in die Katholische Soziallehre als politische Ethik. Leistungen und Defizite*, Schöningh-Verlag Paderborn-München-Wien-Zürich 2013.

Marcel Thomann, Der rationalistische Einfluß auf die katholische Soziallehre, in : Arthur Fridolin Utz (Hg.), *Die katholische Soziallehre und die Wirtschaftsordnung*, Paulinus-Verlag Trier 1991.

Michael Tomasello, *Becoming Human. A Theory of Ontogeny*, The Harvard University Press 2019.

Arthur F. Utz, *Freiheit und Bindung des Eigentums*, F.H. Kerle Verlag, Heidelberg,

1949.

Arthur-Fridolin Utz, *Formen und Grenzen des Subsidiaritätsprinzips*, Heidelberg 1956.

Arthur-Fridolin Utz, *Sozialethik, 1. Teil, Die Prinzipien der Gesellschaftslehre*, Heidelberg 1958.

Arthur-Fridolin Utz, *Ethik und Politik*. *Aktuelle Grundfragen der Gesellschafts-, Wirtschafts- und Rechtsphilosophie*, Stuttgart-Degerloch 1970.

Arthur-Fridolin Utz, Die Eigentumslehre des hl. Thomas v. Aquin. in : *Ethik und Politik*, Seewald 1970.

Arthur-Fridolin Utz, *Was ist katholische Soziallehre?*, Kirche und Gesellschaft Nr. 46, Köln 1978.

Arthur F. Utz, *Ethische und soziale Existenz*, *Gesammelte Aufsätze aus Ethik und Sozialphilosophie 1970-1983*, Walberberg, 1983.

Arthur Fridolin Utz, *Sozialethik, Ⅲ. Teil : Die soziale Ordnung*, Bonn 1986.

Arthur-Fridolin Utz, Der Begriff des Eigentumsrechts in der katholischen Soziallehre und seine Beziehung zur Wirtschaftsordnung. in : Arthur Fridolin Utz (Hg.), *Die katholische Soziallehre und die Wirtschaftsordnung*, Paulinus-Verlag Trier 1991.

Arthur-Fridolin Utz, *Ethik des Gemeinwohls*. *Gesammelte Aufsätze 1983-1997*, Schöningh-Verlag Paderborn-München-Wien-Zürich 1998.

Alfred Verdross, *Abendländische Rechtsphilosophie*. *Ihre Grundlagen und Hauptprobleme*, 2. Aufl. Wien 1963.

Wilhelm Weber, *Person in Gesellschaft*, Schöningh-Verlag Paderborn 1978.

Rudolf Weiler, Die „existentiellen Zwecke" im Verständnis von Johannes Messner, in : V. Zsifkovits u. R. Weiler (Hg.), *Erfahrungsbezogene Ethik*, Berlin 1981.

Rudolf Weiler, *Die internationale Ethik*. *Eine Einführung*, 2 Bde., Berlin 1986 u. 1989.

Rudolf Weiler, *Einführung in die katholische Soziallehre*, *ein systematischer Abriß*, Verlag Styria, Graz Wien Köln 1991.

Rudolf Weiler, *Die soziale Botschaft der Kirche*. *Einführung in die katholische Soziallehre*, Wien 1993.

Rudolf Weiler und Akira Mizunami (Hrsg.), *Gerechtigkeit in der sozialen Ordnung*. *Die Tugend der Gerechtigkeit im Zeitalter der Globalisierung*. Berlin 1999.

Eberhard Welty, *Herders Sozialkatechismus* : *ein Werkbuch der katholischen Sozialethik in Frage und Antwort* : in 3 Hauptteilen, Freiburg 1951-1958.

468   参考文献

Hideshi Yamada, „Kultur als Gemeinwohl und Gemeinwohl als Kultur", in：Verein zur Förderung der Psychologischen Menschenkenntnis（Hrsg.）, ***Bonum commune*-*Ethik in Gesellschaft und Politik***. Zürich 1999.

Hideshi Yamada, „Der Mensch als Familienwesen in der Naturrechtslehre und in der personalen Psychologie. In tiefer Verbundenheit zum Gedenken an Frau Dr. Annemarie Buchholz-Kaiser", in ***Zeit-Fragen***, 23. September 2014, 23. Jahrgang, Nr. 23/24, S. 8-9.

Der Mensch und die Gesellschaft. Naturrechtliche Forschungen

Inhaltsverzeichnis

Vorwort

Erstes Kapitel.　Der Glückstrieb in der menschlichen Existenz ········· 1

　Einführung　Der Glückstrieb ··· 1
　Ⅰ. Zwei Richtungen der Glücksauffassungen (1)：Epikur, Bentham und Laski
　　·· 2
　Ⅱ. Zwei Richtungen der Glücksauffassungen (2)：Platon und Aristoteles ······ 4
　Ⅲ. Der Mensch als schöpferisches Wesen ································· 7
　Ⅳ. Die schöpferische Uraufgabe und die Erfüllung der Existenz ··············· 9
　Ⅴ. Leiden, Hoffnung und Reue ··· 12
　Statt eines Schlusswortes ·· 18

Zweites Kapitel.　Die Familie und das Naturrecht ······················· 27

　Vorbemerkung ·· 27
　Ⅰ. Wie lässt sich das Naturrecht verstehen (1)：Grundlegende Betrachtungen
　　·· 28
　　1. Wichtige Punkte über das Naturrecht ····························· 28
　　　ⅰ. Naturrecht und Naturrechtslehren ······························· 29
　　　ⅱ. Die traditionelle und die moderne Naturrechtslehre ················· 30
　　2. Zugang zum Naturrecht ··· 32
　　3. Die Triebkonstitution der Menschennatur und die existentiellen Zwecke
　　　·· 35
　　4. Naturgesetz und Naturrecht ······································· 39
　Ⅱ. Wie lässt sich das Naturrecht verstehen (2)：Über das Gemeinwohl ······ 41
　　1. Die soziale Natur und die Individualnatur des Menschen ··············· 41

2. Wichtige Punkte über das Gemeinwohl ·······································42

   ⅰ. Vergesellschaftung, Enkulturation und Gesellschaftsgestaltungskraft

   ···42

   ⅱ. Das Staatsgemeinwohl als Bestandsgrund des Staates und die plurale

   Konstitution des Gemeinwohls ···44

Ⅲ. Wie lässt sich die Familie verstehen (1) : Beiträge von der Naturanthropologie und der Tiermorphologie···49

  1. Naturanthropologie und Tiermorphologie ·····························49

   ⅰ. Phyletische Evolution, Cladogenesis und Anagenesis ················49

   ⅱ. Was uns die Menschen macht ···50

  2. Tierökologie und Primatenforschung ····································52

   ⅰ. Morphologischer und ökologischer Gesichtspunkt·················52

   ⅱ. Das ganz von anderen Säugentieren differenzierter Tier ············53

   ⅲ. Tropenwälder ···53

   ⅳ. Strategien zum Vordringen auf die Tropenwälder····················55

   ⅴ. Anthropoiden dringen bis auf die Savannen vor ·····················57

   ⅵ. Die Geburt der Familie ···59

Ⅳ. Wie lässt sich die Familie verstehen (2) : Beiträge von der Soziologie der Familie ··62

  1. Wichtige Punkte über die Familie ·······································62

   ⅰ. Klärung der Begriffe ···62

   ⅱ. Typen und Klassifikation der Familie ·································63

   ⅲ. Welche zuerst, Familie oder Ehe? ·····································64

  2. Fragen der Familienfunktionen ···64

   ⅰ. Die Gruppenfunktionenlehre···64

   ⅱ. Die Familienfunktionenlehre···65

Ⅴ. Das Naturrecht und die Familie : Betrachtungen von der traditionellen Naturrechtslehre···68

  1. Vorbemerkung ··68

  2. Familie als „Zelle der Gesellschaft" ····································69

3 . Ursprüngliche Bedeutung der Familie als Ort der Naturrechtswirkung
....72

Schlussfolgerungen 74

Drittes Kapitel. Das Gemeinwohl, die Gesellschaft und der Staat in der thomistischen Schau 97

I . Der Thomismus und die *Geschichte des Rechtsdenkens* bei Prof. Mishima
....97

II. Die herrschende Meinung und ihre Defekte : Abwesenheit des Staats-
zwecks 99

III. Die traditionelle Staatsauffassung und der Seinszweck des Staates
nach Aristoteles und Johannes Messner 100

IV. Ontologische Betrachtungen über die soziale und staatliche Natur
des Menschen 105

V . Ontologische Betrachtungen über die Natur der Gesellschaft und
das Verhältnis zwischen Gesellschaft und Individuum 111

VI. Das Gemeinwohl : sein Wesen, seine Funktionen und seine Stellung ... 117

VII. Die Sozialprinzipien und die Aufgabe des Staates : Gemeinwohlprinzip,
Subsidiaritätsprinzip und die Rechtsfunktion des Staates 124

Zuzammenfassung und der Vorrang der Politik 133

Viertes Kapitel. Das Gemeinwohl und das Subsidiaritätsprinzip vom Standpunkt der traditionellen Naturrechtslehre 155

Vorbemerkung 155

I . Die Sozialenzykliken und das Subsidiaritätsprinzip 156

  1 . Die Hauptaufgabe und der Leitsatz der Enzyklika *Rerum novarum* 156

  2 . Das Subsidiaritätsprinzip in der Enzyklika *Quadragesimo anno* 159

II. Das Menschenbild und das Gesellschaftsbild in der traditionellen Natur-
rechtslehre 162

  1 . Das Menschenbild in der traditionellen Naturrechtslehre 162

472   Inhaltsverzeichnis

    2 . Das Gesellschaftsbild in der traditionellen Naturrechtslehre ·········· 166

    3 . Das Staatsbild in der traditionellen Naturrechtslehre ················· 168

Ⅲ. Die Sozialprinzipien der traditionellen Naturrechtslehre ················· 169

    1 . Zwei Aufgaben der Soziallehre ································· 169

    2 . Das Gemeinwohlverständnis in der traditionellen Naturrechtslehre··· 171

    3 . Die Sozialprinzipien ······································· 175

Schlussbemerkung ·· 182

Fünftes Kapitel. Zur heutigen Bedeutung der Sozialenzyklika *Centesimus annus* in rechtsphilosophischer Sicht ················ 199

Vorbemerkung··· 199

Ⅰ. Teil∶Aufriss der Enzyklika *Centesimus annus* ···················· 200

    1 . Einführung ·· 200

    2 . Charkteristiken der Enzyklika *Rerum novarum* ··················· 201

    3 . Über „res novae" von heute ······················· 202

    4 . Das Jahr 1989 ··· 204

    5 . Possessio privata et universalis bonorum addictio ·················· 206

    6 . Staat und Kultur ······································· 211

    7 . Der Mensch ist der Weg der Kirche ························· 214

    8 . Die Aufgabe des zweiten Teils ···························· 216

Ⅱ. Teil∶Zur heutigen Bedeutung der Enzyklika *Centesimus annus* ········ 217

    1 . Das ius gentium ······································· 217

    ⅰ. Das ius gentium im geschichtlichen Sinne ···················· 217

    ⅱ. Das ius gentium im heutigen Sinne ······················· 218

    2 . Das Privateigentum und das Naturrecht ······················ 221

    ⅰ. Die Privateigentumslehre in der traditionellen Naturrechtslehre ··· 221

    ⅱ. Das Wort „Privateigentum zum Gemeingebrauch" ··············· 226

      a . Privateigentum gegen Gemeingut ······················· 226

      b . Privateigentum gegen Gemeineingentum bzw. Staatseigentum··· 229

      c . Bedeutung des Gemeingebrauchs ······················· 231

3. Eine geschichtliche Skizze des Eigentumsdenkens in der traditionellen Naturrechtslehre ·· 232

   ⅰ. Fragestellung durch Franz Klüber ······································· 232

   ⅱ. Das Prinzip des Gemeingebrauchs der Güter···················· 233

   ⅲ. Das Privateigentum zuerst ··· 234

   ⅳ. Die Lehre von Thomas von Aquin ································· 236

Statt eines Nachwortes ··· 240

Sechstes Kapitel. Mencius, das Gemeinwohl und die konnaturale Erkenntnis ··· 263

Vorbemerkung··· 263

Ⅰ. Zeitsituation, wo Mencius lebte ·· 265

  1. Politische und soziale Situation ······································· 265

  2. Geistige Situation ··· 269

Ⅱ. Zugang zum Denken von Mencius ······································· 273

  1. Eine systematische und eine enwicklungsgeschichtliche Darstellung
   ·· 273

  2. Aufbau des Buches *Mencius* ··· 275

  3. Beispiele des Mencius Denken in seiner Entwicklung ··········· 280

Ⅲ. Das Gemeinwohldenken bei Mencius···································· 284

  1. Vertretung von Liebe und Gerechtigkeit ··························· 284

  2. Konkrete Inhalte des Königswegs···································· 289

  3. Möglichkeit des Königswegs und die Lehre von der guten Menschennatur und vier Ansatzpunkte ·· 299

Ⅳ. Das dem Denken von Mencius zugrudeliegende···················· 307

  1. „Demokratie" und ihre Subprinzipien······························ 307

  2. Menschenverständnis bei Mencius (1)：um die Idee „prächtiger Mut"
   ·· 315

  3. Menschenverständnis bei Mencius (2)：um das Gewissen, die Synderese und die Ausbildung ·· 324

474 Inhaltsverzeichnis

Schlussbemerkung 332

Siebentes Kapitel. Die Ehefurcht vor dem Leben und der Wurzel der Erziehung. Takeji Hayashi, sein Leben und seine Erziehungsphilosophie 363

Vorbemerkung 363

Ⅰ. Doktor Takeji Hayashi. Sein Leben und Denken 364

  1. Von der Geburt bis zur Begegnung mit dem Christentum 364

  2. Keigaku Kakuda und John Gresham Machen 365

  3. Philosophische Untersuchungen und der besondere Kurs für die entlassenen Soldaten 368

Ⅱ. Wie hat sich Rektor Hayashi zur Zeit der Studentenunruhe verhalten, und seine Verhaltenskernprinzipien 371

  1. Zur Lehrzeit an der Tohoku Universität 371

  2. Rektorantritt von Hayashi und die Universitätsblockade 373

  3. Universitätsreformationen zu seiner Rektoratszeit 377

Ⅲ. Aus der Unterrichtsforschung hat sich die Unterrichtswallfahrt entwickelt 379

  1. Mit der Unterrichtspraxis anfangen 379

  2. Von dem Unterrichtsgeben fasziniert 381

  3. Appell, den Unterricht aufs neue gründlich zu denken 385

  4. Überlegungen über den Unterricht 390

  5. Überlegungen über das Lernen 392

Schluss : Das der Erziehung zugrunde liegende 396

Anhang Ⅰ Philosophische Überlegungen über die Menschenrechte und -würde 407

Anhang II   Der Mensch als Familienwesen in der Naturrechtslehre
und in der personalen Psychologie, in tiefer Verbundenheit zum
Gedenken an Frau Dr. Annemarie Buchholz-Kaiser ······················ 421

Anhang III   Einige Gedanken zum Thema „Rechtlichkeit stärken"
·· 429

Anhang IV   „··· in Richtung auf mehr Menschlichkeit zu führen."
Interview mit Prof. Dr. jur. Hideshi Yamada ····························· 437

Nachwort ·· 449

Literaturverzeichnis ··· 457

著者紹介

山田秀（やまだ　ひでし）
1955年　鹿児島市に生まれる
1978年　九州大学法学部卒業後、同大学大学院法学研究科
　　　　入学（基礎法学専攻）
1982-1984年　西ドイツ・ミュンスター大学カトリック神学部
　　　　に留学。キリスト教社会科学及び教皇回勅を学ぶ。
1985年　法学研究科博士後期課程単位取得退学
　　　　同年九州大学法学部助手（比較憲制論）
1986年　法学博士（九州大学）
1986年　南山大学講師（社会倫理研究所所員）
1994-1995年　オーストリア共和国ヴィーン大学カトリッ
　　　　ク神学部客員教授
1998年　南山大学教授
2008年　熊本大学法学部教授（法哲学）
2019年　熊本大学附属図書館長

主要著作
『ヨハネス・メスナーの自然法思想（熊本大学法学会叢書
13）』（成文堂、2014年）
*Zur Naturrechtslehre von Johannes Messner und ihre
Rezeption in Japan*, Wien 1996.
Für eine Kulturethik im 21. Jahrhundert, in : Rudolf Weiler
(Hrsg.) *Wirtschaften-ein sittliches Gebot im Verständnis
von Johannes Messner*. Duncker & Humblot, Berlin 2003.
Rechtsethik von Krieg und Frieden im Blick auf *Pacem in
Terris*, in *ETHICA 2004. Jahrbuch des Instituts für
Religion und Frieden*, Institut für Religion und Frieden
beim Militärbischofsamt, Wien 2004.
Mensch und Naturrecht in Entwicklung aus Sicht eines
japanischen Naturrechtlers, in : Rudolf Weiler (Hrsg.)
Mensch und Naturrecht in Evolution, Wien 2008.

人間と社会　——自然法研究——
　　　　　　　　　　　熊本大学法学会叢書16

2019年6月15日　初版第1刷発行

著　者	山　田　　　秀
発行者	阿　部　成　一

〒162-0041　東京都新宿区早稲田鶴巻町514番地

発行所　　株式会社　成文堂

電話 03(3203)9201㈹
http://www.seibundoh.co.jp

製版・印刷　三報社印刷　　　　　　　製本　佐抜製本
Ⓒ 2019　H. Yamada Printed in Japan
☆乱丁・落丁本はおとりかえいたします☆　検印省略

ISBN 978-4-7923-0646-5 C3032

定価(本体8000円＋税)

熊本大学法学会叢書

1	日本社会主義史研究	本体 5000円
		岡本　宏著
2	行政手続法の研究	品　切
		海老沢俊郎著
3	十九世紀ドイツ私法学の実像	本体 6000円
		赤松秀岳著
4	近代日本の東アジア政策と軍事	本体 4000円
		大澤博明著
5	時代転換期の法と政策	本体 6000円
		中村直美・岩岡中正編
6	持続可能な地域社会の形成	本体 5300円
		上野眞也著
7	法化社会と紛争解決	本体 4200円
		吉田勇編著
8	パターナリズムの研究	品　切
		中村直美著
9	紛争解決システムの新展開	本体 5300円
		吉田勇編著
10	法と政策をめぐる現代的変容	本体 6000円
		山崎広道編著
11	対話促進型調停論の試み	本体 5000円
		吉田　勇著
12	イギリスの自白排除法則	本体 3500円
		稲田隆司著
13	ヨハネス・メスナーの自然法思想	本体 5300円
		山田　秀著
14	近代国家と組織犯罪	本体 5000円
		岡本洋一著
15	刑事訴訟における片面的構成	本体 5000円
		平田　元著
16	人間と社会	本体 8000円
		山田　秀著